2024

단 **8**회만에 한능검 **1급**으로 이끄는

설민석
한국사
능력검정시험

기 출 문 제 집

설민석 편저

Dankkumi

합격자 단꿈에 다있다!

설민석 선생님께 감사하고 또 감사합니다

저는 평소에 TV나 유튜브로 설민석 선생님의 역사 강의를 자주 접하여 한능검 대비로 설민석 선생님을 택하는 데 단 1초의 망설임도 없었습니다. 그리고 그 선택은 달리 표현할 수식어를 찾지 못할만큼 만족스러웠습니다.

한국사 강의 경력이 풍부한 설민석 선생님께서는 **학생들이 헷갈려 하는 파트를 정확하게 파악하**고 계셨습니다. 또한 **쉽게 암기할 수 있는 요령과 시각적인 CG 효과를 강의에 도입하여 한국사 학습과정이 수월하고 재미도 있었습니다.**

그 결과 한능검 첫 도전에 목표한 심화 1급 합격을 할 수 있었습니다. 선생님 감사합니다!

심화 1급 합격자 최*원

한능검 심화 1급입니다!

언젠가부터 한국사 공부를 좀 제대로 해 보고 싶었지만 선뜻 시작하기가 어려웠는데, 설민석 선생님 강의를 알게 되었습니다. 여러 매체를 통해 선생님의 강의 스타일을 알고 있었기에 주저할 이유가 없었습니다.

학교를 다니면서 수년간 배운 한국사의 내용보다 한 달이라는 짧은 시간 동안 들은 설민석 선생님 수업이 더 알찼습니다.

선생님 덕분에 어쩌면 **지루할 수도 있는 역사를 이야기처럼 물 흐르듯 이해할 수 있었습니다.**

덕분에 흥미를 갖고 전 강좌를 들을 수 있었고 좋은 성적도 받을 수 있었습니다. 좋은 강의 감사드립니다.

심화 1급 합격자 정*은

한국사는 설민석

한국사는 설민석이라는 말을 듣고 한국사 시험 준비를 위해 바로 단꿈교육 설민석 선생님으로 결정했습니다.

심화 1급을 목표로 하였고 시험까지 2~3주 정도 남아 있어서 이 짧은 기간 내에 내가 해낼 수 있을지 처음에는 의심을 많이 했습니다. 하지만 **강의를 들으면 들을수록 1급 합격을 확신**할 수 있었습니다.

앞뒤 흐름이 이해되는 선생님의 설명과 특히 한판 정리 덕분에 90점을 받아 1급으로 합격할 수 있었습니다. 또한 선생님이 설명해 주시는 판서 내용이 교재 내에 그대로 적혀 있어 강의에 더욱더 집중할 수 있었습니다.

한능검을 준비하는 많은 분들께 설쌤의 강의를 너무나도 추천합니다.

심화 1급 합격자 김*혁

한능검 합격 인증서로 당당히 증명하는
더 많은 찐 합격 후기는

단꿈자격증 **> 후기 > 합격인증 게시판에서 확인하세요!**

단 **8**회만에 한능검 **1급**으로 이끄는

설민석
한국사
능력검정시험

기출문제집

설민석 편저

Dankkumi

한국사능력검정시험을

준비하는
모든 분들께

안녕하십니까?
우리의 역사를 보다 재미있고 쉽게, 널리 알리고자 노력하고
있는 설민석입니다.

현재 군무원, 7급 공무원, 경찰 시험의 한국사 과목이
한국사능력검정시험으로 대체되었으며, 심지어
소방 공무원 시험의 한국사 과목 또한 한국사능력시험으로
대체되었습니다.

이렇듯 한국사능력검정시험을 치르고자 하는 수험생이
점차 늘어나고 있으나, 많은 수험생이 변화하는 출제 경향에
어려움을 겪고 있습니다.

이러한 상황 속에서 여러분께 심화 1급 합격의 꿈을
이루어 드리기 위하여, 저와 설민석 역사 연구소,
출판편집팀 모두 밤샘 작업을 진행하였습니다.

본 교재는 지금까지 축적해 온 한국사능력검정시험의
기출 데이터베이스를 총망라하여 야심차게 준비하였습니다.

다시 말해, 〈설민석 한국사능력검정시험 개념완성〉 교재로
학습한 이론이 실제로 시험에 어떻게 출제되는지
파악하는 데 최적화된 교재라고 할 수 있습니다.

시험 직전, 기출 유형 분석이 미처 이루어지지 않은 시기에
무조건 문제만 많이 푸는 '양치기' 학습으로는 높아진
1급 합격 컷을 넘기기 어렵습니다.

더 이상 의미 없는 양치기는 이제 그만!
최신 8회차 기출 문제에 엄선된 해설로,
단 8회 만에 여러분을 1급 합격의 길로 이끌겠습니다.

매번 널뛰는 합격률에 새로운 출제 유형까지,
기출 문제집만으로는 조금 아쉽다면?

실제 시험 경향을 100% 반영하여 제작한
〈설민석 한국사능력검정시험 봉투 모의고사〉로
마무리해 보세요.

설민석 한국사능력검정시험 시리즈와 함께라면
1급 취득의 기쁨이 코앞으로 다가올 것입니다.

한국사능력검정시험 취득!
언제나 그랬듯 아무 걱정하지 마십시오.

우리가 승리합니다!
설민석

한국사능력검정시험이란?

설민석 선생님

안녕하세요. 설민석 선생님입니다.

한국사능력검정시험을 본격적으로 준비하기 전에 과연
'한국사능력검정시험'이란 어떤 시험이고, 어떻게 준비하여야 하는지
알아 볼 거예요. 궁금한 점은 마음껏 물어봐 주세요.

선생님, 한국사능력검정시험은 어떤 시험인가요?

학교 교육에서 한국사의 위상은 날로 추락하는데, 주변 국가들은
역사 교과서를 왜곡하고 심지어 역사 전쟁을 도발하고 있어요.
지금은 무엇보다 한국사의 위상을 바르게 확립하는 게 시급합니다.
국사편찬위원회는 이러한 현실 속에 한국사능력검정시험을 시행하여,
우리 역사에 대한 패러다임과 한국사 교육의 위상을 강화하고자
하였답니다.

한국사능력검정시험을 시행하는 목적은 무엇인가요?

하나, 우리 역사에 대한 관심을 확산 및 심화시키는 계기를 마련하고,
둘, 균형 잡힌 역사의식을 갖도록 하며,
셋, 역사 교육의 올바른 방향을 제시하며,
넷, 고차원적 사고력과 문제 해결 능력을 육성하기 위함입니다.

한국사능력검정시험의 특징은 무엇인가요?

한국사능력검정시험은 한국사 학습 능력을 측정할 수 있는 대표적인
시험이랍니다. 국가 기관인 국사편찬위원회가 주관하지요.
매 시험마다 참신한 문항을 개발하기 위해 노력하고 있어요.

응시자 계층이 매우 다양한 점도 특징으로 들 수 있어요. 더불어 합격의
당락을 결정하는 '**선발 시험**'이 아니라 한국사 학습 능력을 인증하는
'**인증 시험**'인 점도 꼭 기억해 주세요.

심화 및 기본 시험은
어떻게 다른가요?

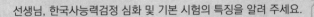 설민석 선생님

 질문있어요!

선생님, 한국사능력검정 심화 및 기본 시험의 특징을 알려 주세요.

 가장 중요한 질문이네요. **심화 및 기본 시험의 급수 체계**부터 확인해 볼까요?

심화 및 기본 시험의 인증 등급은 1급부터 6급까지 6개 등급으로 나뉩니다.

시험 종류	심화	기본
인증 등급	1급(80점 이상)	4급(80점 이상)
	2급(70~79점)	5급(70~79점)
	3급(60~69점)	6급(60~69점)
문항 수	50문항(5지 택1형)	50문항(4지 택1형)

❶ 배점 및 합격 점수: 심화 및 기본 시험의 배점은 100점 만점으로 난도에 따라 문항마다 1~3점으로 차등 배점됩니다. 심화 1급, 기본 4급 합격 점수는 80점 이상입니다.

❷ 문항 수: 심화 및 기본 시험 모두 객관식 50문항으로 출제되며, 심화 시험은 5지 택1형, 기본 시험은 4지 택1형으로 출제됩니다.

아하! 심화 시험과 기본 시험의 급수 체계가 이렇게 상세하게 나뉘는군요!

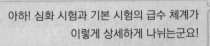 오케이

네. 국사편찬위원회는 **등급 간 위계성 확보 및 난이도 차별화**를 위하여 등급 인증을 위한 합격 점수와 시험 문항 수 및 선택지 수를 조정하였다고 발표하였답니다. 한국사능력검정시험의 인증 등급이 채용과 승진 등에 폭넓게 활용되는 현실을 고려하였죠.

수험생 본인이 취득하고자 하는 급수를 잘 파악해서 시험을 준비해야겠네요.

 오케이

심화 및 기본 시험은 어떻게 다른가요?

심화 시험과 기본 시험은 어떻게 다른가요?

쉽게 말해 **심화 시험**은 한국사에 대한 체계적 이해가 필요한 **한국사 심화 과정**이며, **기본 시험**은 기초적인 역사 상식을 바탕으로 하는 **한국사 기본 과정**에 해당합니다. 상세한 평가 내용은 아래 표를 확인해 주세요.

시험 종류	평가 내용 및 특징
심화	• 한국사의 주요 사건과 개념을 종합적으로 이해하고, 역사 자료를 분석하고 해석하는 능력 평가 • 한국사의 흐름 속에서 시대적 상황 및 쟁점을 파악하는 능력 평가
기본	한국사의 필수 지식과 기본적인 흐름을 이해하는 능력 평가

심화 및 기본 시험의 출제 경향은 어떠한가요? 새로운 출제 경향도 나타났나요?

네. 심화 및 기본 시험에서 **사료 하나에 두 문항이 딸린 새로운 문제 유형**이 등장하였고, 독립운동가 남자현을 단독으로 묻거나 병자호란 때 활약한 김준룡, 만주에서 이륭양행을 운영한 조지 쇼를 선지로 제시하는 등 **이전까지 출제되지 않던 생소한 인물**이 시험에 출제되었답니다.

조선 인조 때 발생한 이괄의 난과 같은 **빈출 주제**를 "왕이 도성을 떠나 공산성으로 피란하였다."라는 **낯선 설명**으로 표현하기도 하였죠.

문화사에서도 충주 미륵리 석조여래 입상, 「송석원시사야연도」, 「한임강명승도권」처럼 **새로운 불상과 그림이 등장**하여 수험생을 혼란스럽게 하였답니다. 하지만 이런 낯선 사료의 경우 대부분이 오답 선지로 제시되며, 우리에게 익숙한 빈출 사료가 정답 선지로 제시되는 경우가 많았습니다.

그뿐만 아닙니다. 수험생이 가장 어려워하는 유형이죠? **사건 발생 시기를 연도별로 세부적으로 구분하여야 문제를 풀 수 있는 고난도 문제**가 출제되기도 하였죠.

하지만 너무 걱정하지 마세요. 시험이 어렵게 출제될 수는 있어도 **지금까지 한국사능력검정시험에 등장한 핵심 빈출 키워드만 정확히 학습한다면** 쉽게 정답을 찾을 수 있습니다. 제가 콕 집어 드리는 한국사 핵심 개념과 그간의 기출 유형을 학습한 수험생이라면 반드시 합격할 수 있을 거예요.

아무 걱정하지 마세요. 우리가 반드시 승리합니다!

네! 열심히 공부해서 한 번에 합격하겠습니다!

Q. 한국사능력검정시험 자격증은 어떻게 활용되나요?

설민석 선생님

> 선생님 덕분에 열심히 공부해서 한국사능력검정 자격증을 취득했어요!
> 자격증을 어떻게 활용할 수 있을까요?

 선생님이 자세히 알려 줄게요.
먼저 공무원 시험 및 교원 임용 시험에 응시할 자격 및 추천자격 요건이 부여된답니다.

2급 이상 합격자		3급 이상 합격자
5급 국가공무원 공채 및 **외교관후보자** 선발시험 응시자격 부여	인사혁신처 시행 **지역인재 7급** **견습직원** 선발시험 추천자격 요건 부여	**교원임용**시험 응시자격 부여

또한 국가시험의 한국사 및 국사 과목이 한국사능력검정시험으로 대체되는 추세입니다.

2급 이상 합격자			3급 이상 합격자				4급 이상 합격자
소방간부 후보생 (2023년부터)	**국가(지방) 공무원 7급** 공채	**5급 군무원** 공채	**소방직 경채·공채** (2023년부터)	**경찰(순경)** 공채	**7급 군무원** 공채	**국비유학생, 해외파견 공무원, 이공계 전문연구 요원** 선발	**9급 군무원** 공채

사관학교 입시나 공무원 시험에서 가산점을 부여받을 수도 있어요.

입시·시험 가산점 부여		
일부 대학의 수시 모집 및 육군·해군·공군·국군 간호 사관학교 입시 가산점 부여	**공무원 경력경채** 시험 가산점 부여	일부 공기업 및 민간기업의 직원 채용이나 승진 시 반영

※ 인증서 유효 기간은 인증서를 요구하는 각 기관에서 별도로 정함

> 자격증이 활용되는 범위가 점차 확대되는 추세네요!
> 한국사 지식도 얻고 활용할 방법도 많은 일석이조 한능검 자격증!
> 모두 설민석 선생님 덕분입니다. 감사합니다.

팔방미인 기출문제집을 소개합니다!

여덟八 방법方 더욱더 美 이끌引

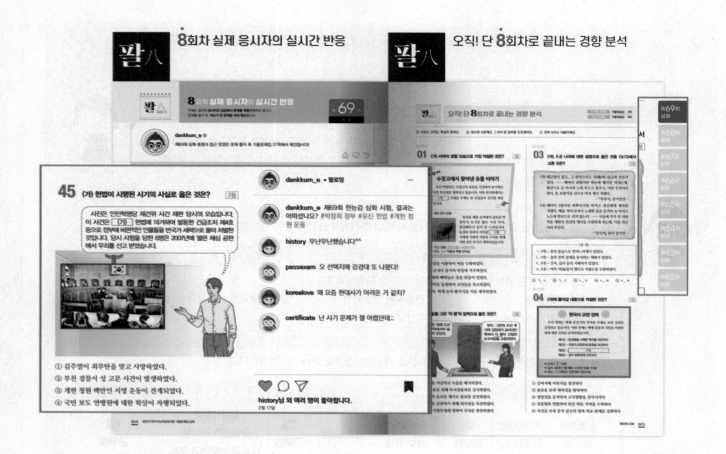

8회차 실제 응시자의 실시간 반응

오직! 단 8회차로 끝내는 경향 분석

기출문제를 풀어 봤는데 이 점수 실화야?
남들은 쉬웠다고?
내가 풀기엔 분명히 어려웠는데…
이번 시험, 어떻게 대비하여야 할까요?

<개념완성 심화> 교재로 이론 정리는 끝!
최근 기출문제를 얼마나 풀어야 하지?
10회? 12회?
허걱, 딱 8회차만으로 시험을 대비할 수 있다고?

▼ 매번 합격률이 오르내리는 한국사능력검정시험, 어떻게 준비하여야 할까요? 기출문제를 학습하면서 어려웠던 회차를 풀고 낮은 점수에 낙담하거나, 쉬운 회차를 풀고 "이거면 됐다!" 생각하다가 실제 시험에서 아쉽게 급수 획득에 실패하지는 않았나요? 무난한 난도로 출제되었다는 해설 강의가 와 닿지 않는다면?

한국사 선생님이 판단하는 난도와 시험장에서 응시자가 체감하는 난도는 다를 수밖에 없습니다. 이제는 철저히 응시자의 입장에서 문제를 재평가하여야 합니다.

설민석 선생님이 개편된 심화 시험을 포함하여, 최근에 시행된 8회차 시험에서 이슈가 되었던 고난도 문제와 실제 응시자의 생생한 반응, 그리고 현실적인 난도를 제시합니다.

▼ 이론 학습을 마무리한 후, 이제는 시험 직전 가장 중요한 기출문제 풀이만이 남았습니다.

최신 기출 10회분 수록, 12회분 수록 등 기출문제를 빵빵하게 수록한 문제집 중에서 어떤 것을 골라야 하는지 고민된다면? 회차로도 풀고, 단원별로 풀고, 풀고 또 푸는 기출 돌리기만 계속하고 있나요?

이론 학습을 끝낸 상태에서 의미 없는 양치기는 이제 그만, 단 8회차 최신 기출문제 풀이면 충분합니다. 출제 유형을 익히는 '기출 문제집' 콘셉트에 최적화된 교재! 오직, 단 8회차로 한능검 1급으로 이끌어 드립니다.

方 1급 획득을 위한 치밀한 학습 **방**략

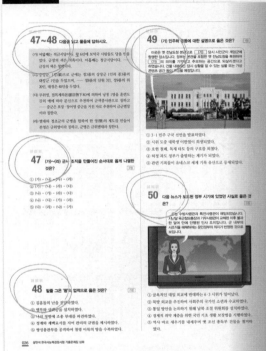

方 설민석 선생님의 총평과 접근 **방**법 제시

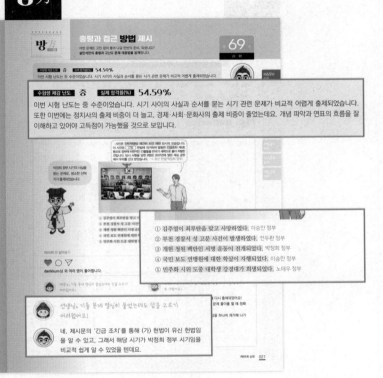

처음 보는 인물을 정답으로 찍었더니
결국 틀려 버렸어요. 어렵게 출제된
회차, 어떻게 대비하여야 할까요?

✔ 한국사능력검정시험은 회차마다 생소한 자료나 주제가 출제될 수도 있습니다. 특히 심화 시험으로 개편된 후 김준룡, 남자현, 박차정 등 기존에 잘 출제되지 않던 낯선 인물들이 새롭게 제시되었습니다.

처음 보는 선지에 당황한 수험생은 정답을 찾는 데 주저하게 되지요. 따라서 응시자 분들께서는 시험이 어떠한 난이도로 출제되더라도 문제를 쉽게 풀어나갈 수 있도록 만반의 준비를 하셔야 합니다.

각 회차 기출문제 풀이 직후에는 설민석 선생님의 총평과 정답 접근 방법이 제시됩니다. 응시자의 실시간 반응에서 언급된 생소한 자료와 주제에 대한 설민석 선생님만의 대응법을 공개합니다.

본 교재는 국사편찬위원회 홈페이지에서 누구나 다운로드할 수 있는 기출문제를 단순히 수록한 문제집이 아닙니다. 고난도 문항이 출제되더라도, 설민석 선생님만의 문제 풀이 꿀팁을 익힌다면 1급 획득이 눈앞에 다가올 것입니다.

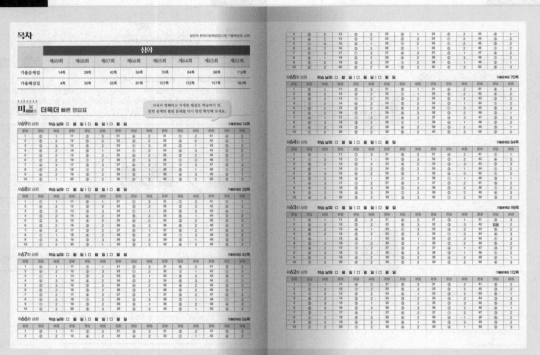

오! 정답표 덕에 채점도 빠르군! 드디어 1급컷 획득!
그런데 어디 보자,
내가 이 문제를 풀어서 맞혔더라, 아님 찍었더라…?

✔ 각 회차 문제 풀이 후 해설을 보기 전에 정답을 빠르게 확인하고 채점할 수 있도록 더욱더 빠른 정답표를 기출해설집 가장 앞에 구성하였습니다. 이로써 내가 어떤 문제를 틀렸는지 다시 한번 검토해 볼 수 있습니다.

한국사 개념을 확실히 알고 맞힌 문제인지, 찍어서 맞힌 문제인지 구분하는 게 정확한 한국사능력검정시험 학습의 첫걸음입니다.

해설을 찾아보기 전, 틀린 문제를 다음과 같이 분석해 보세요. '제시된 사료가 생소'하여 사료 해석이 어려웠는지, 또는 '다섯 개 선지 중 모르는 개념'이 있었는지요. 출제된 모든 사료와 선지는 더욱더 명쾌하고 자세한 해설이 책임져 드립니다.

수험생 여러분의 완벽한 기출문제 학습을 위하여, 저 설민석이 마무리까지 함께하겠습니다.

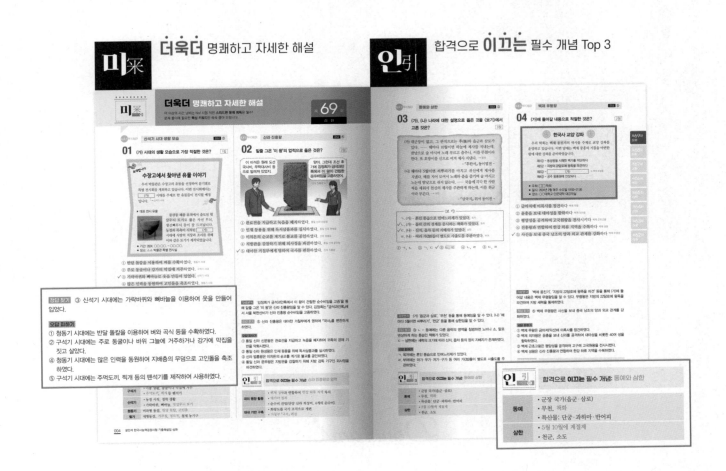

더욱더 명쾌하고 자세한 해설

합격으로 이끄는 필수 개념 Top 3

장황한 해설보다는 이 문제에 딱 들어맞는 명쾌한 해설이 필요해요. 제시된 자료의 의미가 무엇인지, 각 선지가 가리키는 개념이 무엇인지 직관적이고 빠르게 알고 싶어요!

이제 시험이 코앞으로 다가왔어요. 이 교재 한 권으로 시험에 나올 만한 핵심 키워드를 확인하고 싶어요.

☑ 핵심 주제나 키워드가 반복하여 출제되는 한국사능력검정시험 특성상, 출제 사료 및 정답과 오답 선지 모두 쉽게 지나칠 수 없습니다. 이번 회차 시험의 정답 선지가 다음 회차의 오답 선지로 제시되기도 하고, 그 반대의 경우도 빈번합니다.

내게 필요 없는 장황한 사료 및 선지 풀이는 이제 그만! 사료가 무엇을 말하는지, 선지가 왜 옳고 그른지 답이 한눈에 보이는 설민석 선생님만의 풀이법이면 충분합니다.

이 교재는 시험에 제시된 모든 사료와 정답 및 오답 선지에 어떤 교재보다 더욱더 직관적이고 명쾌한 해설을 제시합니다. 정답과 오답 키워드는 각각 다른 색 형광펜으로 표시하여 핵심이 한눈에 들어옵니다.

또한, 자료 분석 → 정답 찾기 → 오답 피하기로 이어지는 3단 해설이 수험생의 기출 유형 및 한국사 이론 복습을 돕습니다. 어떤 키워드로 주제를 유추하는지, 다른 선택지는 왜 답이 아닌지 더욱 더 자세히 살펴볼까요?

☑ 한국사능력검정시험에는 수차례 반복 출제되어 정답 찾기에 영향을 주는 키워드가 존재합니다.

설민석 선생님이 수년간 쌓아 온 한국사능력검정시험 기출 데이터베이스를 바탕으로, 여러분을 합격으로 이끄는 필수 개념을 문제마다 쏙쏙 뽑아 제시해 드립니다.

자, 오직 단 8회차 기출문제 풀이로 심화 1급 합격에 가까워질 준비, 되셨나요?

목차와 오늘의 학습 기록

개념완성에서 배운 내용을 다시
떠올리며 실전 감각을 높여 봅시다.

8회차 **실제 응시자의 실시간 반응**
이제는 철저히 응시자의 입장에서 문제를 재평가하여야 합니다.
문제를 풀기 전, **이슈가 된 문제**를 미리 확인합니다.

제**69**회
심화

dankkum_e ✔
제69회 심화 총평과 접근 **방법**은 문제 풀이 후 기출문제집 **27쪽**에서 확인합시다!

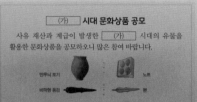
──── **(가)** 시대 문화상품 공모 ────
사유 재산과 계급이 발생한 **(가)** 시대의 유물을
활용한 문화상품을 공모하오니 많은 참여 바랍니다.

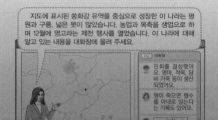
지도에 표시된 쑹화강 유역을 중심으로 성장한 이 나라는 평원과 구릉, 넓은 못이 많았습니다. 농업과 목축을 생업으로 하며 12월에 영고라는 제천 행사를 열었습니다. 이 나라에 대해 알고 있는 내용을 대화창에 올려 주세요.

(가) 왕은 당과 신라 군사들이 이미 백강과 탄현을 지났다는 소식을 듣고 장군 계백을 시켜 결사대 5천 명을 거느리고 황산으로 가서 신라 군사와 싸우게 하였다. 네 번 싸워서 모두 이겼으나 군사가 적고 힘이 모자라서 마침내 패하고 계백이 사망하였다.
(나) 검모잠이 국가를 부흥하려고 하여 당을 배반하고 왕의 외손안승을 세워 왕으로 삼았다. 당 고종이 대장군 고간을 보내 동주도 행군총관으로 삼고 병력을 내어 그들을 토벌하게 하니 안승이 검모잠을 죽이고 신라로 달아났다.

---

45 (가) 헌법이 시행된 시기의 사실로 옳은 것은? [2점]

사진은 인민혁명당 재건위 사건 재판 당시의 모습입니다. 이 사건은 **(가)** 헌법에 의거하여 발동한 긴급조치 제4호 등으로 정부에 비판적인 인물들을 반국가 세력으로 몰아 처벌한 것입니다. 당시 사형을 당한 8명은 2007년에 열린 재심 공판에서 무죄를 선고 받았습니다.

dankkum_e · 팔로잉 ···

dankkum_e 제69회 한능검 심화 시험, 결과는 어떠셨나요? #박정희 정부 #유신 헌법 #개헌 청원 운동

history 무난무난했습니다^^

passexam 오 선택지에 강경대 또 나왔다!

korealove 왜 요즘 현대사가 어려운 거 같지?

certificate 난 시기 문제가 젤 어렵던데;;

♥ 💬 ➤   🔖

history님 외 여러 명이 좋아합니다.
2월 17일

댓글 달기...   게시

① 김주열이 최루탄을 맞고 사망하였다.
② 부천 경찰서 성 고문 사건이 발생하였다.
③ 개헌 청원 백만인 서명 운동이 전개되었다.
④ 국민 보도 연맹원에 대한 학살이 자행되었다.
⑤ 민주화 시위 도중 대학생 강경대가 희생되었다.

적산 법화원은 산둥반도에 있었던 신라인 집단 거주지에 세워진 절이다. 이 절을 창건한 이 인물은 당에 건너가 무령군 소장이 되었다가 흥덕왕 때 귀국하여 활발히 활동하였다. 그러나 왕위 쟁탈전에 휘말려 암살당했다.

왕이 천덕전에 거둥하여 백관을 모아놓고 말하기를, "내가 신라와 굳게 동맹을 맺은 것은 두 나라가 길이 우호를 유지하고 각자의 사직(社稷)을 보전하기 위해서였다. 지금 신라왕이 굳이 신하로 있겠다고 요청하고 그대들도 그것이 옳다고 하니, 나의 마음이 매우 부끄러우나 여러 사람의 뜻을 거스르기가 어렵다."라고 하였다. 이에 신라왕이 뜰에서 예를 올리니 여러 신하가 하례하여 함성이 궁궐을 진동하였다. …… 신라국을 없애 경주라 하고, 그 지역을 김부의 식읍으로 하사하였다.

① 구법 순례기인 왕오천축국전을 지었다.
② 진성 여왕에게 시무책 10여 조를 올렸다.

① 빈민 구제 기관인 흑창을 설치하였다.
② 12목을 설치하고 지방관을 파견하였다.

 누가 거란 진영에 가서 담판을 벌여 군대를 물러가게 하겠는가?

 신, 서희 폐하의 분부를 받들겠습니다.

 양규가 적을 무로대와 이수 등지에서 크게 무찌르고 포로로 되찾았다고 합니다.

(가)

① 묘청이 서경에서 난을 일으켰다.
② 이자겸이 척준경에 의해 축출되었다.

○ 사료도 선지도 확실히 알아요. △ 생소한 사료예요. / 선지 중 일부를 모르겠어요. ✕ 전혀 모르는 내용이에요.

제69회 심화
제68회 심화
제67회 심화
제66회 심화
제65회 심화
제64회 심화
제63회 심화
제62회 심화

01 (가) 시대의 생활 모습으로 가장 적절한 것은? [1점]

초대합니다
수장고에서 찾아낸 유물 이야기

우리 박물관은 수장고의 유물을 선정하여 분기별로 특별 전시회를 개최하고 있습니다. 이번 전시회에서는 ____(가)____ 시대를 주제로 한 유물들이 전시될 예정입니다.

■ 대표 전시 유물

동삼동 패총 유적에서 출토된 빗살무늬 토기로 짧은 사선 무늬, 생선뼈무늬 등이 잘 드러납니다. 농경과 목축이 시작된 __(가)__ 시대에 식량의 저장과 조리를 위해 이와 같은 토기가 제작되었습니다.

■ 기간: 2024. ○○.○○. ~ ○○.○○.
■ 장소: △△ 박물관 특별 전시실

① 반달 돌칼을 이용하여 벼를 수확하였다.
② 주로 동굴이나 강가의 막집에 거주하였다.
③ 가락바퀴와 뼈바늘로 옷을 만들어 입었다.
④ 많은 인력을 동원하여 고인돌을 축조하였다.
⑤ 주먹도끼, 찍개 등의 뗀석기를 처음 제작하였다.

02 밑줄 그은 '이 왕'의 업적으로 옳은 것은? [2점]

이 비석은 원래 도선국사비, 무학대사비 등으로 알려져 있었지.

맞아. 그런데 조선 후기에 김정희가 금석과안록에서 이 왕이 건립한 순수비임을 고증하였어.

① 관료전을 지급하고 녹읍을 폐지하였다.
② 인재 등용을 위해 독서삼품과를 실시하였다.
③ 이차돈의 순교를 계기로 불교를 공인하였다.
④ 지방관을 감찰하기 위해 외사정을 파견하였다.
⑤ 대아찬 거칠부에게 명하여 국사를 편찬하였다.

03 (가), (나) 나라에 대한 설명으로 옳은 것을 〈보기〉에서 고른 것은? [3점]

(가) 대군장이 없고, 그 관직으로는 후(侯)와 읍군과 삼로가 있다. …… 해마다 10월이면 하늘에 제사를 지내는데, 밤낮으로 술 마시며 노래 부르고 춤추니, 이를 무천이라 한다. 또 호랑이를 신으로 여겨 제사 지낸다.
 ― 『후한서』 동이열전 ―

(나) 해마다 5월이면 씨뿌리기를 마치고 귀신에게 제사를 지낸다. 떼를 지어 모여서 노래와 춤을 즐기며 술 마시고 노는데 밤낮으로 쉬지 않는다. …… 국읍에 각각 한 사람씩을 세워서 천신의 제사를 주관하게 하는데, 이를 천군이라 부른다.
 ― 『삼국지』 위서 동이전 ―

―――〈보 기〉―――
ㄱ. (가) - 혼인 풍습으로 민며느리제가 있었다.
ㄴ. (가) - 읍락 간의 경계를 중시하는 책화가 있었다.
ㄷ. (나) - 신지, 읍차 등의 지배자가 있었다.
ㄹ. (나) - 여러 가(加)들이 별도로 사출도를 주관하였다.

① ㄱ, ㄴ ② ㄱ, ㄷ ③ ㄴ, ㄷ ④ ㄴ, ㄹ ⑤ ㄷ, ㄹ

04 (가)에 들어갈 내용으로 적절한 것은? [2점]

 한국사 교양 강좌

우리 학회는 백제 웅진기의 역사를 주제로 교양 강좌를 운영하고 있습니다. 이번 달에는 백제 중흥의 기틀을 마련한 왕에 대한 강좌를 준비하였습니다.

제1강 ― 동성왕을 시해한 백가를 처단하다
제2강 ― 지방의 22담로에 왕족을 파견하다
제3강 ― _____(가)_____
제4강 ― 공주 왕릉원에 안장되다

■ 주최: □□학회
■ 일시: 2024년 2월 매주 수요일 19:00~21:00
■ 장소: ○○대학교 인문대학 대강의실

① 금마저에 미륵사를 창건하다
② 윤충을 보내 대야성을 함락하다
③ 평양성을 공격하여 고국원왕을 전사시키다
④ 진흥왕과 연합하여 한강 하류 지역을 수복하다
⑤ 사신을 보내 중국 남조의 양과 외교 관계를 강화하다

05 (가), (나) 사이의 시기에 있었던 사실로 옳은 것은? [2점]

(가) 을지문덕이 우중문에게 시를 보내 이르기를, "신묘한 계책은 천문을 다 헤아렸고 기묘한 계획은 지리를 모두 통달하였도다. 싸움에 이겨 이미 공로가 드높으니 만족할 줄 알고 그치기를 바라노라."라고 하였다.

(나) 안시성 사람들이 황제의 깃발과 일산을 멀리서 바라보고, 곧장 성에 올라가 북을 치고 소리를 질렀다. 황제가 화를 내자, 이세적은 성을 함락하는 날에 남자를 모두 구덩이에 묻어 죽이자고 청하였다. 안시성 사람들이 이를 듣고 더욱 굳게 지키니, 오래도록 공격하여도 함락되지 않았다.

① 관구검이 환도성을 공격하여 함락하였다.
② 계백이 이끄는 군대가 황산벌에서 항전하였다.
③ 연개소문이 정변을 일으켜 권력을 장악하였다.
④ 광개토 대왕이 신라에 침입한 왜를 격퇴하였다.
⑤ 미천왕이 낙랑군을 축출하여 영토를 확장하였다.

06 다음 설명에 해당하는 문화유산으로 옳은 것은? [2점]

문화유산 발표 대회

경상남도 의령군에서 출토되어 1964년에 국보로 지정되었어.

고구려 승려들이 만든 천불(千佛) 중 하나야.

광배 뒷면에 고구려의 연호로 추정되는 연가(延嘉)라는 글자가 새겨져 있어.

① ② ③
④ ⑤

07 (가)~(다)를 일어난 순서대로 옳게 나열한 것은? [3점]

(가) 사찬 시득이 수군을 거느리고 소부리주 기벌포에서 설인귀와 싸웠으나 패배하였다. 다시 나아가 크고 작은 22번의 싸움에서 승리하고, 4천여 명의 목을 베었다.

(나) 흑치상지가 도망하여 흩어진 무리들을 모으니, 열흘 사이에 따르는 자가 3만여 명이었다. …… 흑치상지가 별부장 사타상여를 데리고 험준한 곳에 웅거하여 복신과 호응하였다.

(다) 검모잠이 국가를 다시 일으키기 위하여 당을 배반하고 보장왕의 외손 안승을 세워 임금으로 삼았다. 당 고종이 대장군 고간을 보내 행군총관으로 삼고 병력을 내어 그들을 토벌하니, 안승이 검모잠을 죽이고 신라로 달아났다.

① (가) - (나) - (다)   ② (가) - (다) - (나)
③ (나) - (가) - (다)   ④ (나) - (다) - (가)
⑤ (다) - (나) - (가)

08 (가) 국가의 경제 상황으로 옳은 것은? [2점]

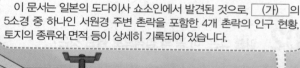

이 문서는 일본의 도다이사 쇼소인에서 발견된 것으로, (가) 의 5소경 중 하나인 서원경 주변 촌락을 포함한 4개 촌락의 인구 현황, 토지의 종류와 면적 등이 상세히 기록되어 있습니다.

① 경성과 경원에 무역소를 두었다.
② 수도에 서시와 남시를 설치하였다.
③ 주전도감에서 해동통보를 발행하였다.
④ 독점적 도매상인인 도고가 출현하였다.
⑤ 감자, 고구마 등을 구황 작물로 재배하였다.

제69회
심화

제68회
심화

제67회
심화

제66회
심화

제65회
심화

제64회
심화

제63회
심화

제62회
심화

09 (가) 국가에 대한 설명으로 옳은 것은? [2점]

> ### 명문(名文)으로 만나는 한국사
>
> …… 신이 삼가 [(가)] 의 원류를 살펴보건
> 대, 고구려가 멸망하기 이전에는 본디 이름도 없는
> 조그마한 부락에 불과하였는데, …… 걸사[비]우와
> 대조영 등이 측천무후가 임조(臨朝)할 즈음에
> 이르러, 영주에서 반란이 일어나자 그곳에서 도주
> 하여 황구(荒丘)를 차지하고 비로소 진국(振國)
> 이라고 칭하였습니다.
>
> [해설] 이 글은 최치원이 작성한 사불허북국거상표
> (謝不許北國居上表)의 일부입니다. 이를 통해 북국
> 으로 표현된 [(가)]의 건국 과정 등을 파악할
> 수 있습니다.

① 정사암 회의에서 나라의 중대사를 결정하였다.
② 지방의 여러 성에 욕살, 처려근지 등을 두었다.
③ 도병마사에서 변경의 군사 문제 등을 논하였다.
④ 서적 관리, 주요 문서 작성 등을 위해 문적원을 두었다.
⑤ 골품에 따라 관등 승진, 일상생활 등을 엄격히 제한하였다.

10 (가) 왕에 대한 설명으로 옳은 것은? [1점]

> 이 불상은 충청남도 논산시에 있는 개태사지 석조 여래 삼존입상으로,
> 큰직한 손과 신체의 굴곡이 거의 드러나지 않는 원통형의 형태가 특징
> 입니다. 개태사는 후삼국을 통일한 [(가)]이/가 이를 기념하여 세운
> 사찰입니다.

① 관학 진흥을 위해 양현고를 설치하였다.
② 쌍기의 건의를 받아들여 과거제를 시행하였다.
③ 전국에 12목을 설치하고 지방관을 파견하였다.
④ 전시과 제도를 처음 마련하여 관리에게 토지를 지급하였다.
⑤ 후대 왕들이 지켜야 할 정책 방향을 담은 훈요 10조를 남겼다.

11 다음 검색창에 들어갈 지역에서 있었던 사실로 옳은 것은? [3점]

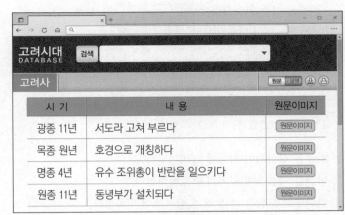

시 기	내 용	원문이미지
광종 11년	서도라 고쳐 부르다	원문이미지
목종 원년	호경으로 개칭하다	원문이미지
명종 4년	유수 조위총이 반란을 일으키다	원문이미지
원종 11년	동녕부가 설치되다	원문이미지

① 정몽주가 이방원 세력에게 피살되었다.
② 묘청이 반란을 일으키고 국호를 대위라 하였다.
③ 몽골의 침략으로 황룡사 구층 목탑이 소실되었다.
④ 흥덕사에서 금속 활자로 직지심체요절이 간행되었다.
⑤ 정서가 유배 중에 정과정이라는 고려 가요를 지었다.

12 다음 자료에 나타난 국가의 경제 상황으로 옳은 것은? [2점]

> ○이때에 은병을 화폐로 쓰기 시작하였다. 그 제도는 은 한 근으로
> 만들며 본국의 지형을 본뜨도록 하였다. 속칭 활구라 하였다.
>
> ○도평의사사에서 방을 붙여 알리기를, "지금부터 은병 하나를
> 쌀로 환산하여 개경에서는 15~16석, 지방에서는 18~19석의 비율로
> 하되, 경시서에 그 해의 풍흉을 살펴 그 값을 정할 것이다."라고
> 하였다.

① 솔빈부의 말을 특산물로 수출하였다.
② 서적점, 다점 등의 관영 상점을 운영하였다.
③ 청해진을 중심으로 해상 무역을 전개하였다.
④ 광산을 전문적으로 경영하는 덕대가 활동하였다.
⑤ 기유약조를 체결하여 일본과의 교역을 재개하였다.

13 (가)에 대한 고려의 대응으로 옳은 것은? 2점

변방의 장수가 보고하기를, "___(가)___ 이/가 매우 사나워 변방의 성을 침입하고 있습니다."라고 하였다. …… 드디어 출병하기로 의논을 청하여 윤관을 원수로 삼고 지추밀원사 오연총을 부원수로 삼았다. 윤관이 아뢰기를, "신이 일찍이 선왕의 밀지를 받들었고 지금 또 엄명을 받았으니, 어찌 감히 삼군을 통솔하여 ___(가)___ 의 보루를 깨뜨리고 우리의 강토를 개척하여 나라의 수치를 씻지 않겠습니까."라고 하였다.

① 광군을 창설하여 침입에 대비하였다.
② 박위를 파견하여 근거지를 토벌하였다.
③ 강화도로 도읍을 옮겨 장기 항전을 준비하였다.
④ 선물 받은 낙타를 만부교에서 굶어 죽게 하였다.
⑤ 동북 9성을 설치하고 경계를 알리는 비석을 세웠다.

14 다음 자료를 활용한 탐구 활동으로 가장 적절한 것은? 1점

○남쪽에서 도적들이 봉기하였다. 가장 심한 자들은 운문을 거점으로 한 김사미와 초전을 거점으로 한 효심이었다. 이들은 유랑민을 불러 모아 주현을 습격하여 노략질하였다.
○원율 사람인 이연년이 백적도원수라 자칭하며 많은 사람을 불러모아 여러 주군을 공격하여 노략질하니 최린이 지휘사 김경손과 함께 그들을 격파하였다.

① 노비안검법이 실시된 목적을 알아본다.
② 삼정이정청이 설치된 과정을 살펴본다.
③ 사심관 제도가 시행된 사례를 조사한다.
④ 집강소에서 추진한 개혁의 내용을 분석한다.
⑤ 무신 집권기 하층민의 반란이 발생한 배경을 파악한다.

15 다음 사건이 일어난 시기를 연표에서 옳게 고른 것은? 2점

조일신이 전 찬성사 정천기 등과 함께 기철·기륜·기원·고용보 등을 제거할 것을 모의하고 그들을 체포하게 하였는데, 기원은 잡아서 목을 베고 나머지는 모두 도망갔다. 조일신이 그 무리를 거느리고 나아가서 왕이 있던 궁궐을 포위하고, 숙직하고 있던 판밀직사사 최덕림, 상호군 정환 등 여러 사람을 죽였다.

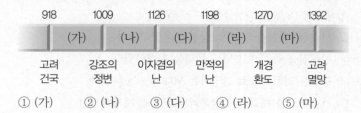

	918		1009		1126		1198		1270		1392
		(가)		(나)		(다)		(라)		(마)	
	고려 건국		강조의 정변		이자겸의 난		만적의 난		개경 환도		고려 멸망

① (가) ② (나) ③ (다) ④ (라) ⑤ (마)

16 밑줄 그은 '국가'의 문화유산으로 옳지 않은 것은? 2점

이것은 왕실의 종친인 신안공 왕전이 몽골의 침략을 받던 시기에 국가의 태평을 기원하며 발원한 법화경서탑도(法華經書塔圖)입니다. 감색 종이에 금가루 등으로 법화경 수만 자를 한 자씩 써서 칠층보탑을 형상화한 것이 특징입니다.

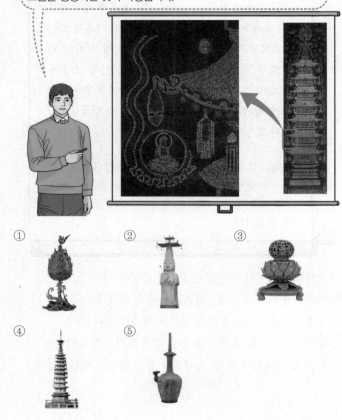

① ② ③
④ ⑤

17 (가), (나) 사이의 시기에 있었던 사실로 옳은 것은? 3점

(가) 살리타가 이첩(移牒)하기를, "황제께서 고려가 사신 저고여를 죽인 이유 등 몇 가지 일을 묻게 하셨다."라고 하면서 말 2만 필, 어린 남녀 수천 명, 자주색 비단 1만 필, 수달피 1만 장과 군사의 의복을 요구하였다.

(나) 첨의부에서 아뢰기를, "제국 대장 공주의 겁령구*와 내료(內寮)들이 좋은 땅을 많이 차지하여 산천으로 경계를 정하고 사패(賜牌)**를 받아 조세를 납입하지 않으니, 청컨대 사패를 도로 거두소서."라고 하였다.

*겁령구: 시종인
**사패: 토지 등에 대한 권리를 인정해 주는 증서

① 신숭겸이 공산 전투에서 전사하였다.
② 최승로가 왕에게 시무 28조를 올렸다.
③ 김방경의 군대가 탐라에서 삼별초를 진압하였다.
④ 강감찬이 개경에 나성을 축조할 것을 건의하였다.
⑤ 경대승이 정중부 등을 제거하고 권력을 장악하였다.

제69회
심화

제68회
심화

제67회
심화

제66회
심화

제65회
심화

제64회
심화

제63회
심화

제62회
심화

18 (가) 인물의 활동으로 옳은 것은? 2점

이것은 명의 철령위 설치에 반발하여 팔도도통사로서 요동 정벌을 추진하였던 (가) 의 초상입니다. 그는 요동 정벌에 반대한 이성계가 위화도 회군으로 정권을 장악하면서 죽임을 당하였습니다.

① 홍산 전투에서 왜구를 물리쳤다.
② 화통도감의 설치를 건의하였다.
③ 정변을 일으켜 목종을 폐위하였다.
④ 의종 복위를 도모하여 군사를 일으켰다.
⑤ 교정별감이 되어 국정 전반을 장악하였다.

19 밑줄 그은 '대책'에 대한 탐구 활동으로 가장 적절한 것은? 2점

양역(良役)의 편중됨이 실로 양민의 뼈를 깎아 지탱하지 못하는 폐단이 됩니다. 전하께서 이를 불쌍하게 여겨 2필의 역을 특별히 1필로 감하였으니, 이는 천지와 같은 큰 은덕이요 죽은 사람을 살려 주는 은혜입니다. …… 그러나 이미 포를 감하였으니 마땅히 그 대신할 것을 보충해야 하나 나라의 재원이 한정이 있습니다. …… 이에 신들은 감히 눈앞의 한때 일을 다행으로 여기지 않고 좋은 대책을 찾아 반드시 오래도록 이어지게 하였습니다.

① 공인이 등장하게 된 배경을 살펴본다.
② 당백전 발행이 끼친 영향을 파악한다.
③ 선무군관포를 징수한 목적을 찾아본다.
④ 토산물을 쌀, 동전 등으로 납부하게 한 원인을 조사한다.
⑤ 전세를 풍흉에 따라 9등급으로 차등 부과한 이유를 알아본다.

20 (가) 기구에 대한 설명으로 옳은 것은? 2점

총마계회도(聰馬契會圖)
총마들의 모임을 기념하기 위해 그린 그림으로, 총마는 감찰의 별칭이다. 감찰은 대사헌을 수장으로 하는 (가) 의 관원으로, 관리의 위법사항을 규찰하였다. 그림에는 계회 장소의 모습과 함께 왕이 내린 시문, 참석자 명단 등이 담겨 있다.

① 수도의 행정과 치안을 담당하였다.
② 왕명 출납을 맡은 왕의 비서 기관이었다.
③ 왕에게 경서 등을 강론하는 경연을 주관하였다.
④ 역사서를 편찬하고 사고에 보관하는 일을 맡았다.
⑤ 5품 이하 관리의 임명 과정에서 서경권을 행사하였다.

21 (가)에 들어갈 내용으로 가장 적절한 것은? 2점

이곳은 경기도 용인시에 있는 심곡 서원입니다. 반정 공신의 위훈 삭제 등 개혁을 추진하다가 사사된 인물의 학문과 덕행을 추모하기 위해 세워졌습니다. 이 인물에 대해 알고 있는 내용을 대화창에 올려 주세요.

조선 시대 인물을 찾아서

ON 대화창
호는 정암으로, 소격서 폐지에 앞장섰어요.
(가)
글쓰기 |

① 성학집요를 지어서 임금에게 바쳤어요.
② 김종직의 조의제문을 사초에 포함시켰어요.
③ 최초의 서원인 백운동 서원을 건립하였어요.
④ 소학의 보급과 현량과 실시를 주장하였어요.
⑤ 재상 중심의 정치를 강조한 조선경국전을 저술하였어요.

22 밑줄 그은 '이 왕'이 추진한 정책으로 옳은 것은? `2점`

역사적 평가가 엇갈리는 이 왕에 대한 생각을 말해 보자.

동생 영창 대군을 죽이고 어머니 인목 대비를 폐위한 것은 비난받을 행동이었어.

후금과의 관계 악화를 피하려 한 외교 정책은 국가의 안정을 도모한 적절한 선택이었다고 생각해.

① 6조 직계제를 처음으로 실시하였다.
② 학문 연구 기관으로 집현전을 두었다.
③ 전란의 피해를 복구하고 동의보감을 간행하였다.
④ 역대 문물 제도를 정리한 동국문헌비고를 편찬하였다.
⑤ 시전 상인의 특권을 축소하는 신해통공을 단행하였다.

23 밑줄 그은 '이 전쟁'의 영향으로 가장 적절한 것은?

`2점`

사료로 만나는 한국사

신풍부원군 장유가 예조에 단자를 올리기를 "외아들이 있는데 강도(江都)의 변 때 그의 처가 잡혀갔다가 속환되어 지금은 친정 부모집에 가 있습니다. 그대로 배필로 삼아 함께 조상의 제사를 받들 수 없으니, 새로 장가들도록 허락해 주십시오." 라고 하였다.

위 사료는 이 전쟁 중 강화도가 함락되면서 적국으로 끌려 갔다 돌아온 며느리를 아들과 이혼하게 해달라는 내용의 글이다. 국왕이 삼전도에서 항복하며 종결된 이 전쟁으로 많은 사람들이 포로로 끌려갔다. 여성들은 살아 돌아오더라도 절개를 잃었다는 이유로 억울하게 이혼을 당하기도 하였다.

◀ Ⅱ ▶

① 이완 등을 중심으로 북벌이 추진되었다.
② 김종서가 두만강 일대에 6진을 개척하였다.
③ 이종무가 적의 근거지인 쓰시마섬을 정벌하였다.
④ 강홍립이 이끄는 부대가 사르후 전투에 참전하였다.
⑤ 국방 문제를 논의하기 위해 비변사가 처음으로 설치되었다.

24 (가) 왕의 재위 시기에 있었던 사실로 옳은 것은? `2점`

만약 그 자신이 죽고 아내에게 전지가 전해지면 수신전이라 하였고, 부부가 모두 죽고 아들에게 전해지면 휼양전이라 일컫었으며, 만약 그 아들이 관직에 제수된다면 그대로 그 전지를 주고 과전이라 하였다. …… [(가)]이/가 이 제도를 폐지하고 현직 관리에게 전지를 주고 직전이라 하였다.

① 불교 경전을 간행하는 간경도감이 설치되었다.
② 음악 이론 등을 집대성한 악학궤범이 완성되었다.
③ 세계 지도인 혼일강리역대국도지도가 제작되었다.
④ 신하를 재교육하기 위한 초계문신제가 실시되었다.
⑤ 삼남 지방의 농법을 소개한 농사직설이 편찬되었다.

25 (가) 지역에서 있었던 사실로 옳은 것은? `2점`

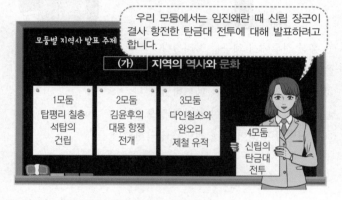

우리 모둠에서는 임진왜란 때 신립 장군이 결사 항전한 탄금대 전투에 대해 발표하려고 합니다.

모둠별 지역사 발표 주제

(가) 지역의 역사와 문화

| 1모둠 | 2모둠 | 3모둠 | 4모둠 |
| 탑평리 칠층 석탑의 건립 | 김윤후의 대몽 항쟁 전개 | 다인철소와 완오리 제철 유적 | 신립의 탄금대 전투 |

① 제1차 미소 공동 위원회가 개최되었다.
② 명 신종을 기리는 만동묘가 건립되었다.
③ 강주룡이 을밀대 지붕에서 고공 농성을 벌였다.
④ 고구려비가 남한 지역에서 유일하게 발견되었다.
⑤ 박재혁이 경찰서에서 폭탄을 터뜨리는 의거를 일으켰다.

26 (가) 시기에 있었던 사실로 옳은 것은? `3점`

며칠 전 주상 께서 희빈 장씨 가 낳은 왕자를 원자로 삼으셨 다고 하네.

중전께서 아직 젊으신데 너무 성 급한 결정은 아닌 지 우려스럽네.

장씨에게 내렸던 왕후의 지위를 거두고 옛 작호인 희빈을 내려주도록 하라.

(가)

① 무신 이징옥이 반란을 일으켰다.
② 송시열이 유배된 후 사사되었다.
③ 자의 대비의 복상 문제로 예송이 일어났다.
④ 정여립 모반 사건을 빌미로 기축옥사가 발생하였다.
⑤ 붕당 정치의 폐해를 막기 위해 탕평비가 건립되었다.

제69회
심화

제68회
심화

제67회
심화

제66회
심화

제65회
심화

제64회
심화

제63회
심화

제62회
심화

27 (가) 인물에 대한 설명으로 옳은 것은? 2점

이것은 청의 화가 나빙이 그린 (가) 의 초상으로, 이별의 아쉬움을 표현한 시가 함께 있습니다. (가) 은/는 연행사의 일원으로 여러 차례 청에 가서 그곳의 문인들과 폭넓게 교유하였습니다. 이 과정에서 북학의를 저술하여 청의 문물을 적극적으로 수용할 것을 주장하였습니다.

특별전
국경을
넘어선
우정

① 세계 지리서인 지구전요를 저술하였다.
② 의산문답에서 무한 우주론을 주장하였다.
③ 기기도설을 참고하여 거중기를 설계하였다.
④ 서자 출신으로 규장각 검서관에 기용되었다.
⑤ 양반전을 지어 양반의 허례와 무능을 풍자하였다.

28 다음 가상 대화가 이루어진 시기의 사회 모습으로 가장 적절한 것은? 1점

자네 소식 들었나? 지난달 진주에서 백성들이 난을 일으켜 관아를 습격하고 아전의 집을 불태웠다더군.

나도 들었네. 경상 우병사 백낙신의 탐학과 향리들의 횡포에 맞서 유계춘이 주도하였다고 하더군.

① 빈민 구제를 위해 흑창이 설치되었다.
② 원종과 애노가 사벌주에서 봉기하였다.
③ 홍건적의 침입으로 개경이 함락되었다.
④ 지배층을 중심으로 변발과 호복이 유행하였다.
⑤ 안동 김씨 등의 세도 정치로 매관매직이 성행하였다.

29 (가) 사건에 대한 설명으로 옳은 것은? 1점

••••• 📶   오전 11:40   62% 🔋

⏸ 🔊 ━━━━━●━━━━━━━━

대한민국 방방곡곡 - 전등사

史 한국사 채널   조회수 82,461

전등사는 강화도 정족산성 안에 위치한 사찰로 대웅전, 약사전 등 많은 문화유산을 보유하고 있다. 사찰 내에는 조선왕조실록을 보관하였던 정족산 사고가 복원되어 있다. 뿐만 아니라 (가) 때 프랑스군을 물리친 양헌수 장군의 승전비도 있다.

① 운요호 사건을 빌미로 일어났다.
② 왕이 공산성으로 피란하는 계기가 되었다.
③ 전개 과정에서 외규장각 도서가 약탈당하였다.
④ 사태 수습을 위해 이용태가 안핵사로 파견되었다.
⑤ 황사영이 외국 군대의 출병을 요청하는 원인이 되었다.

30 다음 자료에 나타난 사건의 영향으로 가장 적절한 것은? 2점

이때 세금을 부과하는 직책의 신하들이 재물을 거두어들여 자기 배만 채우면서 각영(各營)에 소속된 군인들의 봉급은 몇 달 동안 나누어 주지 않았다. 그리하여 훈국(訓局)의 군사가 맨 먼저 난을 일으키고, 각영의 군사가 잇달아 일어났다. 이들은 이최응, 민겸호, 김보현, 민창식을 죽였고 또 중전을 시해하려 하였다. 중전은 장호원으로 피신하였다.

① 강화도 조약을 체결하였다.
② 김기수가 수신사로 일본에 파견되었다.
③ 종로와 전국 각지에 척화비가 세워졌다.
④ 일본 공사관 경비 명목으로 일본군이 주둔하였다.
⑤ 통리기무아문을 설치하고 그 아래에 12사를 두었다.

31 (가)에 들어갈 내용으로 적절한 것은? `2점`

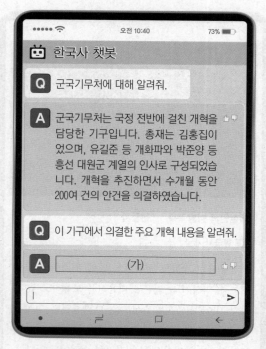

한국사 챗봇

Q 군국기무처에 대해 알려줘.

A 군국기무처는 국정 전반에 걸친 개혁을 담당한 기구입니다. 총재는 김홍집이었으며, 유길준 등 개화파와 박준양 등 흥선 대원군 계열의 인사로 구성되었습니다. 개혁을 추진하면서 수개월 동안 200여 건의 안건을 의결하였습니다.

Q 이 기구에서 의결한 주요 개혁 내용을 알려줘.

A (가)

① 공사 노비법을 혁파하였습니다.
② 5군영을 2영으로 통합하였습니다.
③ 건양이라는 연호를 제정하였습니다.
④ 한성 사범 학교 관제를 반포하였습니다.
⑤ 지계아문을 설치하여 지계를 발급하였습니다.

32 (가) 단체에 대한 설명으로 옳은 것은? `2점`

신들은 나라가 나라일 수 있는 조건은 두 가지가 있다고 생각합니다. 첫째는 자립하여 다른 나라에 의지하지 않는 것이며, 둘째는 자수(自修)하여 나라 안에 정법(政法)을 행하는 것입니다. 이 두 가지는 하늘이 우리 폐하께 부여해 준 하나의 큰 권한으로서, 이 권한이 없으면 나라가 없는 것입니다. 그래서 신 등은 ____(가)____ 을/를 설립하여 독립문을 세우고 위로는 황상의 지위를 높이며, 아래로는 인민의 뜻을 확고히 함으로써 억만년 무궁한 기초를 확립하고자 하였던 것입니다.

① 만세보를 발행하여 민중 계몽에 힘썼다.
② 일본의 황무지 개간권 요구를 저지하였다.
③ 일제가 조작한 105인 사건으로 와해되었다.
④ 중추원 개편을 통해 의회 설립을 추진하였다.
⑤ 독립운동 자금 마련을 위해 독립 공채를 발행하였다.

33 다음 자료에 나타난 민족 운동에 대한 설명으로 옳은 것은? `1점`

거액의 외채 1,300만 원을 해마다 미루다가 갚지 못할 지경에 이른다면 나라를 보존하기 어려울 것이니, 나라를 보존하지 못하면, 아! 우리 동포는 장차 무엇에 의지하겠습니까? …… 근래에 신문을 접하니, 영남에서 시작하여 서울에 이르기까지 담배를 끊어 나라의 빚을 갚자는 논의가 시작되었고, 발기한 지 며칠이 되지 않아 의연금을 내는 자들이 날마다 이른다 하니, 우리 백성들이 임금에게 충성하고 나라를 사랑하는 마음을 통쾌하게 볼 수 있습니다.

① 조선 총독부의 탄압과 방해로 실패하였다.
② 대한매일신보 등의 지원을 받아 확산되었다.
③ 대한민국 임시 정부가 수립되는 계기가 되었다.
④ 백정에 대한 사회적 차별 철폐를 목적으로 하였다.
⑤ 조선 민립 대학 기성회에서 모금 활동을 전개하였다.

34 다음 대화에 나타난 사건 이후의 사실로 옳은 것은? `3점`

며칠 전 황제 폐하께서 황태자 전하께 대리를 명하는 조칙을 내리셨다는 소식을 들었는가?

들었네. 그 다음날 일본 군대의 삼엄한 경계 속에서 양위식이 거행되어 대리가 아니라 사실상 황제께서 퇴위당하신 셈이지.

① 신식 군대인 별기군이 창설되었다.
② 묄렌도르프가 외교 고문으로 파견되었다.
③ 초대 통감으로 이토 히로부미가 부임하였다.
④ 기유각서가 체결되어 사법권을 박탈당하였다.
⑤ 관민 공동회가 개최되어 헌의 6조를 결의하였다.

35 밑줄 그은 '이 운동'에 대한 설명으로 옳은 것을 〈보기〉에서 고른 것은? 2점

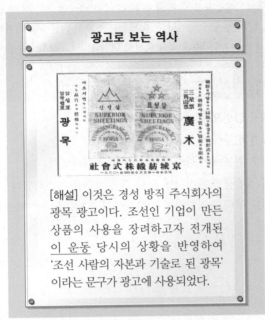

광고로 보는 역사

[해설] 이것은 경성 방직 주식회사의 광목 광고이다. 조선인 기업이 만든 상품의 사용을 장려하고자 전개된 이 운동 당시의 상황을 반영하여 '조선 사람의 자본과 기술로 된 광목'이라는 문구가 광고에 사용되었다.

〈보 기〉
ㄱ. 회사령 폐지 등이 배경이 되었다.
ㄴ. 황국 중앙 총상회의 주도하에 전개되었다.
ㄷ. 평양에서 시작되어 전국적으로 확산되었다.
ㄹ. 대동 상회 등 근대적 상회사가 설립되는 계기가 되었다.

① ㄱ, ㄴ ② ㄱ, ㄷ ③ ㄴ, ㄷ ④ ㄴ, ㄹ ⑤ ㄷ, ㄹ

36 (가) 단체에 대한 설명으로 옳은 것은? 2점

이달의 독립운동가

황상규

경상남도 밀양 출생이다. 1918년 만주로 망명하였으며 김동삼, 김좌진, 안창호 등과 대한 독립 선언서를 발표하였다. 1919년 11월 김원봉 등과 _____(가)_____을/를 조직하여 일제 기관의 파괴와 조선 총독 이하의 관리 및 매국노의 암살 등을 꾀하였다. 1920년에 국내로 폭탄을 들여와 의거를 준비하던 중 발각되어 7년의 징역형을 선고받았다. 1963년 건국훈장 독립장이 추서되었다.

① 조선 혁명 선언을 활동 지침으로 삼았다.
② 삼균주의를 기초로 한 건국 강령을 발표하였다.
③ 잡지 개벽 등을 발행하여 민족 의식을 고취하였다.
④ 홍커우 공원에서 일어난 윤봉길 의거를 계획하였다.
⑤ 조선 총독부에 국권 반환 요구서를 제출하려 하였다.

37 (가)~(다)를 발표된 순서대로 옳게 나열한 것은? 3점

(가) 우리들 민중의 통곡과 복상이 결코 이척[순종]의 죽음에 있지 않다는 것을 민중 각자의 마음속에 그것을 명백히 말해주고 있다. 우리들의 비애와 통렬한 애도는 경술년 8월 29일 이래 쌓이고 쌓인 슬픔이다. …… 금일의 통곡·복상의 충성과 의분을 돌려 우리들의 해방 투쟁에 바치자!

(나) 조선 민족의 정치적 의식이 발달함에 따라 민족적 중심 단결을 요구하는 시기를 맞이하여 민족주의를 표방한 신간회가 발기인의 연명으로 3개 조의 강령을 발표하였다. ……
1. 우리는 정치적·경제적 각성을 촉진함
1. 우리는 단결을 공고히 함
1. 우리는 기회주의를 일체 부인함

(다) 우리는 2천만 생령(生靈)을 사랑하고 조국을 사랑하는 광주 학생 남녀 수십 명이 중상을 입었다. 고뇌하는 청년 학생 2백 명이 불법으로 철창 속에 갇혀 있다. …… 우리들은 광주 학생의 석방을 요구하는 동시에 참을 수 없는 피눈물로 시위 대열에 나가는 것이다.

① (가) - (나) - (다)
② (가) - (다) - (나)
③ (나) - (가) - (다)
④ (나) - (다) - (가)
⑤ (다) - (나) - (가)

38 밑줄 그은 '시기'에 볼 수 있는 모습으로 가장 적절한 것은? 1점

이곳은 전라남도 여수시 거문도에 있는 해안 동굴 진지입니다. 국가 총동원법이 시행되던 시기에 일제는 이와 같은 군사 시설물을 거문도를 비롯한 각지에 구축하였습니다.

① 태형을 집행하는 헌병 경찰
② 원산 총파업에 참여하는 노동자
③ 황국 신민 서사를 암송하는 학생
④ 경성 제국 대학 설립을 추진하는 관리
⑤ 서울 진공 작전에 참여하는 13도 창의군 의병

제69회 심화
제68회 심화
제67회 심화
제66회 심화
제65회 심화
제64회 심화
제63회 심화
제62회 심화

39 (가), (나) 법령이 발표된 사이의 시기에 있었던 사실로 옳은 것은? 3점

> (가) 제1조 신한공사를 조선 정부에서 독립한 기관으로써 창립함. 공사는 군정장관 또는 그의 수임자가 후임자를 임명할 때까지 10명의 직무를 집행하는 취체역이 관리함.
> 제4조 …… 동양 척식 주식회사가 소유하던 조선 내 법인의 일본인 재산은 전부 신한공사에 귀속됨.
>
> (나) 제4조 본법 시행에 관한 사무는 농림부 장관이 관장한다.
> 제12조 농지의 분배는 농지의 종목, 등급 및 농가의 능력 등에 기준한 점수제에 의거하되 1가당 총경영 면적 3정보를 초과하지 못한다.
> 제13조 분배받은 농지에 대한 상환액 및 상환 방법은 다음에 의한다.
> 　　1. 상환액은 해당 농지의 주생산물 생산량의 12할 5푼을 5년간 납입케 한다.

① 조선 건국 동맹이 결성되었다.
② 한미 상호 방위 조약이 체결되었다.
③ 조선 사상범 예방 구금령이 공포되었다.
④ 5·10 총선거로 제헌 국회가 구성되었다.
⑤ 정부에 비판적인 경향신문이 폐간되었다.

40 다음 가상 인터뷰의 주인공에 대한 설명으로 옳은 것은? 2점

> 며칠 전 경성에서 조선사회경제사 출판 축하회가 있었습니다. 저자로서 책에 대한 소개를 부탁드립니다.

> 저는 우리 역사의 전개 과정을 세계사의 보편적인 발전 법칙에 따라 네 단계로 나누어 파악하였습니다. 이 책에서는 그 중 원시 씨족 사회와 삼국 정립기의 노예제 사회에 대해 서술하였습니다.

① 진단 학회를 조직하였다.
② 한국독립운동지혈사를 저술하였다.
③ 식민 사학의 정체성론을 반박하였다.
④ 우리말 큰 사전 편찬 사업을 추진하였다.
⑤ 민족의 얼을 강조하고 조선학 운동을 전개하였다.

41 (가) 부대에 대한 설명으로 옳은 것은? 2점

> 한국 독립운동을 촉진하고 한국 혁명 역량을 집중하기 위해 이번 달 15일 중국 국민당 군사 위원회는 조선 의용대를 개편하여 (가) 에 편입할 것을 특별히 명령하였다. 제1지대는 총사령에게 직속되어 이(지)청천 장군이 통할한다. …… (가) 의 총사령부는 충칭에 설치하기로 결정하였다.

① 자유시 참변으로 세력이 약화되었다.
② 영릉가 전투에서 일본군에 승리하였다.
③ 쌍성보 전투에서 한중 연합 작전을 전개하였다.
④ 국내 정진군을 편성하여 국내 진공 작전을 추진하였다.
⑤ 홍범도 부대와 연합하여 청산리에서 일본군을 격퇴하였다.

42 밑줄 그은 '전쟁' 중에 있었던 사실로 옳은 것은? 1점

> 이 비석은 북한군의 남침으로 시작된 전쟁 중 벌어진 장진호 전투를 기념하기 위해 미국 버지니아주에 세워진 것입니다. 장진호 전투는 북한을 돕기 위해 참전한 중국군을 상대로 유엔군 등이 벌인 주요 전투 중 하나였습니다.

① 애치슨 라인이 발표되었다.
② 가쓰라·태프트 밀약이 체결되었다.
③ 모스크바 3국 외상 회의가 개최되었다.
④ 흥남에서 대규모 철수 작전이 전개되었다.
⑤ 김구, 김규식 등이 남북 협상에 참여하였다.

43 다음 성명을 발표한 정부 시기에 볼 수 있는 모습으로 적절한 것은? [2점]

> 내각 책임제 속에서 행정부에 맡겨진 책무를 유감없이 수행하기 위해 무엇보다 먼저 행정부 내의 기강 확립에 주안점을 두지 않아서는 안 될 것입니다. …… 부정 선거 원흉의 처단은 이미 공소 제기와 구형을 한 터이므로 법원의 엄정한 판결이 있을 것을 기대하는 바입니다.

① 국민 교육 헌장을 읽고 있는 학생
② 서울 올림픽 대회에 참가하는 선수
③ 개성 공단 착공식을 취재하는 기자
④ 함평 고구마 피해 보상 투쟁에 참여하는 농민
⑤ 민의원에서 통과된 법안을 심의하는 참의원 의원

44 밑줄 그은 '개헌' 이후에 있었던 사실로 옳은 것은? [2점]

대한 변호사 협회장의 성명

이번 개헌 안건의 의결에 있어서 찬성표 수가 135이고 재적의원 수가 203인 것은 변하지 않는 수이다. 그러면 재적인 수의 3분의 2는 135.333이니 이 선에 도달하려면 동일한 표수가 있어야 될 것이다. …… 찬성표가 재적인 수에 도달하거나 또는 정족수 이상 되어야 하거늘 0.333에 도달하지 못하니 그것을 사사오입 이라는 구실로 떼어버리고 정족수인 3분의 2와 동일한 수라고 하는 것은 헌법 위반이 되는 것이므로 법조인으로서 이를 이해하기 곤란하다.

① 여수·순천 10·19 사건이 일어났다.
② 진보당의 당수였던 조봉암이 처형되었다.
③ 반민족 행위 특별 조사 위원회가 설치되었다.
④ 국회 프락치 사건으로 일부 국회의원이 체포되었다.
⑤ 여운형 등의 주도로 좌우 합작 위원회가 구성되었다.

45 (가) 헌법이 시행된 시기의 사실로 옳은 것은? [2점]

> 사진은 인민혁명당 재건위 사건 재판 당시의 모습입니다. 이 사건은 (가) 헌법에 의거하여 발동한 긴급조치 제4호 등으로 정부에 비판적인 인물들을 반국가 세력으로 몰아 처벌한 것입니다. 당시 사형을 당한 8명은 2007년에 열린 재심 공판에서 무죄를 선고 받았습니다.

제69회 심화
제68회 심화
제67회 심화
제66회 심화
제65회 심화
제64회 심화
제63회 심화
제62회 심화

① 김주열이 최루탄을 맞고 사망하였다.
② 부천 경찰서 성 고문 사건이 발생하였다.
③ 개헌 청원 백만인 서명 운동이 전개되었다.
④ 국민 보도 연맹원에 대한 학살이 자행되었다.
⑤ 민주화 시위 도중 대학생 강경대가 희생되었다.

46 (가) 정부 시기의 경제 상황으로 옳은 것은? [1점]

사진으로 보는 (가) 정부

경부 고속 도로 개통 / 포항 제철소 1기 준공

① 제3차 경제 개발 5개년 계획을 추진하였다.
② 미국과 자유 무역 협정(FTA)을 체결하였다.
③ 대통령 긴급 명령으로 금융 실명제를 실시하였다.
④ 국제 통화 기금(IMF)의 구제 금융 지원금을 조기 상환하였다.
⑤ 저임금 노동자의 생활 안정을 위해 최저 임금법을 제정하였다.

47~48 다음을 읽고 물음에 답하시오.

(가) 여덟째는 적금서당이다. 왕 6년에 보덕국 사람들도 당을 만들었다. 금장의 색은 적흑이다. 아홉째는 청금서당이다. …… 금장의 색은 청백이다.

(나) 응양군, 1령(領)으로 군에는 정3품의 상장군 1인과 종3품의 대장군 1인을 두었으며, …… 정8품의 산원 3인, 정9품의 위 20인, 대정은 40인을 두었다.

(다) 무위영, 절목계하본(節目啓下本)에 의하여 낭청 1명을 훈련도감의 예에 따라 문신으로 추천하여 군색종사관으로 칭하고 …… 중군은 포장·장어영 중군을 거친 자로 추천하여 금군별장이라 칭한다.

(라) 별대와 정초군의 군병을 합하여 한 영(營)의 제도를 만들어 본영은 금위영이라 칭하고, 군병은 금위별대라 칭한다.

47 (가)~(라) 군사 조직을 만들어진 순서대로 옳게 나열한 것은? [3점]

① (가) - (나) - (다) - (라)
② (가) - (나) - (라) - (다)
③ (나) - (가) - (라) - (다)
④ (나) - (다) - (가) - (라)
⑤ (다) - (라) - (나) - (가)

48 밑줄 그은 '왕'의 업적으로 옳은 것은? [2점]

① 김흠돌의 난을 진압하였다.
② 병부와 상대등을 설치하였다.
③ 나선 정벌에 조총 부대를 파견하였다.
④ 정계와 계백료서를 지어 관리의 규범을 제시하였다.
⑤ 쌍성총관부를 공격하여 철령 이북의 땅을 수복하였다.

49 (가) 민주화 운동에 대한 설명으로 옳은 것은? [1점]

이곳은 옛 전남도청 본관으로 [(가)] 당시 시민군이 계엄군에 항쟁한 장소입니다. 정부는 본관을 포함한 옛 전남도청을 복원하여 [(가)]의 의미를 기억하고 추모하는 공간으로 되살리겠다고 하였습니다. 건물 내부에는 당시 상황을 알 수 있는 실물 또는 가상 콘텐츠 공간 등이 조성될 예정입니다.

① 3·1 민주 구국 선언을 발표하였다.
② 시위 도중 대학생 이한열이 희생되었다.
③ 호헌 철폐, 독재 타도 등의 구호를 외쳤다.
④ 허정 과도 정부가 출범하는 계기가 되었다.
⑤ 관련 기록물이 유네스코 세계 기록 유산으로 등재되었다.

50 다음 뉴스가 보도된 정부 시기에 있었던 사실로 옳은 것은? [3점]

오늘 수방사령관과 특전사령관이 해임되었습니다. 지난달 육군참모총장과 기무사령관이 교체된 이후 불과 한 달여 만에 단행된 인사 조치입니다. 군 내부의 사조직을 해체하려는 문민정부의 의지가 반영된 것으로 보입니다.

① 굴욕적인 대일 외교에 반대하는 6·3 시위가 일어났다.
② 북방 외교를 추진하여 사회주의 국가인 소련과 수교하였다.
③ 통일 방안을 논의하기 위해 남북 조절 위원회를 설치하였다.
④ 경제적 취약 계층을 위한 국민 기초 생활 보장법을 시행하였다.
⑤ 역사 바로 세우기를 내세우며 옛 조선 총독부 건물을 철거하였다.

총평과 접근 **방법** 제시

어떤 문제든 고민 없이 풀어 나갈 만반의 준비, 되셨나요?
설민석만의 총평과 고난도 문제 대응법을 공개합니다.

제 **69** 회
심 화

제69회
심화

제68회
심화

제67회
심화

제66회
심화

제65회
심화

제64회
심화

제63회
심화

제62회
심화

 수험생 체감 난도 **중**   실제 합격률(%) **54.59%**

이번 시험 난도는 중 수준이었습니다. 시기 사이의 사실과 순서를 묻는 시기 관련 문제가 비교적 어렵게 출제되었습니다.
또한 이번에는 정치사의 출제 비중이 더 늘고, 경제·사회·문화사의 출제 비중이 줄었는데요. 개념 파악과 연표의 흐름을 잘
이해하고 있어야 고득점이 가능했을 것으로 보입니다.

---

dankkum_e • 팔로잉   ⋯

45 (가) 헌법이 시행된 시기의 사실로 옳은 것은?   2점

> 사진은 인민혁명당 재건위 사건 재판 당시의 모습입니다.
> 이 사건은 (가) 헌법에 의거하여 발동한 긴급조치 제4호
> 등으로 정부에 비판적인 인물들을 반국가 세력으로 몰아 처벌한
> 것입니다. 당시 사형을 당한 8명은 2007년에 열린 재심 공판
> 에서 무죄를 선고 받았습니다. → 유신 헌법(박정희 정부)

박정희 정부 시기의 사실을
묻는 문제로, 생소한 선택
지가 출제되었습니다.

① 김주열이 최루탄을 맞고 사망하였다. 이승만 정부
② 부천 경찰서 성 고문 사건이 발생하였다. 전두환 정부
③ 개헌 청원 백만인 서명 운동이 전개되었다. 박정희 정부
④ 국민 보도 연맹원에 대한 학살이 자행되었다. 이승만 정부
⑤ 민주화 시위 도중 대학생 강경대가 희생되었다. 노태우 정부

제69회 더 알아보기   정답 및 해설 | 기출해설집 **4쪽**

dankkum님 외 여러 명이 좋아합니다.

 선생님, 기출 문제 열심히 풀었는데도 답을 고르기
어려웠어요!

 네, 제시문의 '긴급 조치'를 통해 (가) 헌법이 유신 헌법임
을 알 수 있고, 그래서 해당 시기가 박정희 정부 시기임을
비교적 쉽게 알 수 있었을 텐데요.
하지만 선택지들이 최근 몇 년 간 자주 출제되지 않은 내용
이라 조금은 낯설었을 거 같아요.

 오오, 그런데 67회 때 출제됐었던 '강경대'가 4번 선택지에
또 나왔어요!

 네, 그때랑 동일한 선택지가 이번에 다시 출제되었어요!
그때는 생소했겠지만 우리는 기출 문제 풀이를 할 때 정확
하게 확인했었잖아요.
긴장하지 말고, 선택지를 보고 오답을 하나씩 제거해 나가
면 답을 찾을 수 있습니다!

팔 八 여덟 팔

8회차 **실제 응시자**의 **실시간 반응**
이제는 철저히 **응시자**의 **입장**에서 문제를 재평가하여야 합니다.
문제를 풀기 전, **이슈**가 된 문제를 미리 확인합니다.

제**68**회
심화

---

dankkum_e ✔

제68회 심화 총평과 접근 **방법**은 문제 풀이 후 기출문제집 **41쪽**에서 확인합시다!

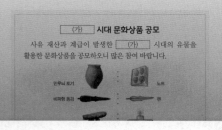

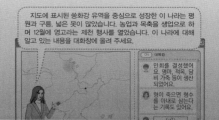

(가) 왕은 당과 신라 군사들이 이미 백강과 탄현을 지났다는 소식을 듣고 장군 계백을 시켜 결사대 5천 명을 거느리고 황산으로 가서 신라 군사와 싸우게 하였다. 네 번 싸워서 모두 이겼으나 군사가 적고 힘이 모자라서 마침내 패하고 계백이 사망하였다.

(나) 검모잠이 국가를 부흥하려고 하여 당을 배반하고 왕의 외손 안승을 세워 왕으로 삼았다. 당 고종이 대장군 고간을 보내 동주도 행군총관으로 삼고 병력을 내어 그들을 토벌하게 하니 안승이 검모잠을 죽이고 신라로 달아났다.

---

32 해설사가 설명하는 사건이 발생한 시기를 연표에서 옳게 고른 것은?
[3점]

> 조선 정부는 이곳에 해관을 설치하고 동래부 거류지의 일본 상인과 거래하는 조선 상인으로부터 세금을 징수하였습니다. 그러자 일본 상인이 조약 위반이라고 반발하였고, 결국 3개월 만에 수세가 중단되었습니다.

(가)	(나)	(다)	(라)	(마)

척화비 건립 / 제1차 수신사 파견 / 영국의 거문도 점령 / 함경도 방곡령 선포 / 청일 전쟁 발발 / 러일 전쟁 발발

① (가)　② (나)　③ (다)　④ (라)　⑤ (마)

---

dankkum_e • 팔로잉 　···

dankkum_e 제68회 한능검 심화 시험, 결과는 어떠셨나요? #1878년 #부산 #두모진 해관 사건

history 어려운 건 진짜 어려웠고 쉬운 건 진짜 쉬웠다

passexam 한능검에서 두모진 해관 처음으로 나왔네;; 이걸 어떻게 맞추냐 ㄷㄷ

korealove 두모진 해관 사건은 전혀 몰랐어요! @.@

certificate 역시 나만 모르는 게 아니었군..ㅎ

history님 외 여러 명이 좋아합니다.
12월 2일

댓글 달기... 　　　　　　　　게시

적산 법화원은 산둥반도에 있었던 신라인 집단 거주지에 세워진 절이다. 이 절을 창건한 이 인물은 당에 건너가 무령군 소장이 되었다가 귀국하여 활발히 활동하였다. 그러나 왕위 쟁탈전에 휘말려 암살당했다.

① 구법 순례기인 왕오천축국전을 지었다.
② 진성 여왕에게 시무책 10여 조를 올렸다.

왕이 천덕전에 거둥하여 백관을 모아놓고 말하기를, "내가 신라와 굳게 동맹을 맺은 것은 두 나라가 길이 우호를 유지하고 각자의 사직(社稷)을 보전하기 위해서였다. 지금 신라왕이 굳이 신하로 있겠다고 요청하고 그대들도 그것이 옳다고 하니, 나의 마음이 매우 부끄러우나 여러 사람의 뜻을 거스르기 어렵다."라고 하였다. 이에 신라왕이 뜰에서 예를 올리니 여러 신하가 하례하여 함성이 궁궐을 진동하였다. …… 신라국을 없애 경주라 하고, 그 지역을 김부의 식읍으로 하사하였다.

① 빈민 구제 기관인 흑창을 설치하였다.
② 12목을 설치하고 지방관을 파견하였다.

누가 거란 진영에 가서 담판을 벌여 군대를 물러가게 하겠는가?

신, 서희가 폐하의 분부를 받들겠습니다.

양규가 적을 무로대와 이수 등지에서 크게 무찌르고 포로를 되찾았다고 합니다.

① 묘청이 서경에서 난을 일으킨다.
② 이자겸이 척준경에 의해 축출되었다.

오직! 단 **8**회차로 끝내는 경향 분석

더 빠른 정답표 기출해설집 2쪽
정답 및 해설 기출해설집 30쪽

○ 사료도 선지도 확실히 알아요.　△ 생소한 사료예요. / 선지 중 일부를 모르겠어요.　✕ 전혀 모르는 내용이에요.

제69회
심화

제68회
심화

제67회
심화

제66회
심화

제65회
심화

제64회
심화

제63회
심화

제62회
심화

01 (가) 시대의 생활 모습에 대한 설명으로 옳은 것은? 1점

사진으로 만나는 고창 고인돌 유적

우리 박물관에서는 2000년 유네스코 세계유산으로 등재된 고창 고인돌 유적을 소개하는 특별전을 마련하였습니다. 고인돌은 계급이 발생한 (가) 시대를 대표하는 무덤입니다. 사진을 통해 다양한 고인돌의 형태를 살펴보시기 바랍니다.

■ 기간: 2023년 ○○월 ○○일~○○월 ○일
■ 장소: △△ 박물관 기획 전시실

① 반달 돌칼로 벼를 수확하였다.
② 소를 이용하여 깊이갈이를 하였다.
③ 주로 동굴이나 강가의 막집에서 살았다.
④ 오수전, 화천 등의 중국 화폐로 교역하였다.
⑤ 옷을 만들 때 가락바퀴와 뼈바늘을 이용하기 시작하였다.

02 (가)에 들어갈 내용으로 가장 적절한 것은? 2점

#8. 궁궐 안
손자와 대화하며 과거를 회상하는 장면

손자: 할아버지, 어떻게 왕이 되셨나요?
　왕: 이 땅에 들어와서 처음에는 국경 수비를 맡았다가 준왕을 몰아내고 왕이 되었지.
손자: 또 무슨 일을 하셨어요?
　왕: 왕검성을 중심으로 기반을 정비하고 백성을 받아들여 나라의 내실을 다졌단다. 그리고 (가)

① 율령을 반포하여 체제를 정비하였단다.
② 화랑도를 국가적인 조직으로 개편하였단다.
③ 내신 좌평 등 여섯 명의 좌평을 거느렸단다.
④ 진번과 임둔을 복속하여 영토를 확대하였단다.
⑤ 지방의 여러 성에 욕살, 처려근지 등을 두었단다.

03 다음 자료에 해당하는 나라에 대한 설명으로 옳은 것은? 2점

○산릉과 넓은 못[澤]이 많아서 동이 지역에서는 가장 넓고 평탄한 곳이다. …… 사람들은 체격이 크고 성품은 굳세고 용감하며, 근엄·후덕하여 다른 나라를 쳐들어가거나 노략질하지 않는다.
○은력(殷曆) 정월에 지내는 제천 행사는 국중 대회로 날마다 마시고 먹고 노래하고 춤추는데, 그 이름을 영고라 했다.

－ 『삼국지』 위서 동이전 －

① 신성 지역인 소도가 존재하였다.
② 혼인 풍습으로 민며느리제가 있었다.
③ 여러 가(加)들이 각각 사출도를 주관하였다.
④ 특산물로 단궁, 과하마, 반어피가 유명하였다.
⑤ 왕 아래 상가, 대로, 패자 등의 관직이 있었다.

04 (가)~(마) 문화유산에 대한 설명으로 적절하지 않은 것은? 2점

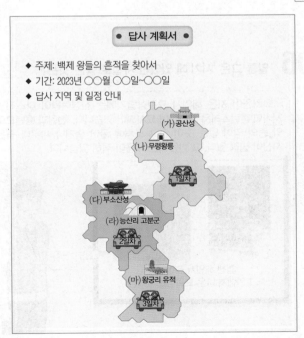

◆ 답사 계획서

◆ 주제: 백제 왕들의 흔적을 찾아서
◆ 기간: 2023년 ○○월 ○○일~○○일
◆ 답사 지역 및 일정 안내

(가) 공산성
(나) 무령왕릉
1일차
(다) 부소산성
(라) 능산리 고분군
2일차
(마) 왕궁리 유적
3일차

① (가) - 웅진성이라 불리기도 하였다.
② (나) - 중국 남조의 영향을 받았다.
③ (다) - 성왕이 전사한 곳이다.
④ (라) - 사신도 벽화가 남아 있는 무덤이 발견되었다.
⑤ (마) - 수부(首府)라는 글자가 새겨진 기와가 출토되었다.

05 (가), (나) 사이의 시기에 있었던 사실로 옳은 것은?

3점

(가) 겨울에 왕이 장차 백제를 쳐서 대야성에서의 싸움을 되갚으려고 이찬 김춘추를 고구려에 보내서 군사를 청하였다. 대야성 전투에서 패하였을 때 도독인 품석의 아내도 죽었는데, 바로 춘추의 딸이었다.

(나) 춘추가 무릎을 꿇고 아뢰기를, "…… 만약 폐하께서 천조(天朝)의 군사를 빌려주시어 흉악한 무리를 없애주지 않으신다면 저희 백성은 모두 포로가 될 것이니, 그렇다면 산 넘고 바다 건너 행하는 술직(述職)*도 다시는 바랄 수 없을 것입니다." 라고 하였다. 당 태종이 매우 옳다고 여겨서 군사의 출정을 허락하였다.

*술직: 제후가 입조하여 천자에게 맡은 직무를 아뢰는 것

- 『삼국사기』 -

① 문무왕이 안승을 보덕국왕으로 봉하였다.
② 안시성의 군사와 백성들이 당군을 물리쳤다.
③ 복신과 도침이 부여풍을 왕으로 추대하였다.
④ 계백이 이끄는 군대가 황산벌에서 항전하였다.
⑤ 진흥왕이 대가야를 정복하여 영토를 확장하였다.

06 밑줄 그은 '시기'에 있었던 사실로 옳은 것은?

2점

최치원이 지은 해인사 묘길상탑기에는 진성여왕이 다스리던 시기의 혼란스러운 사회상이 묘사되어 있습니다. '전란과 흉년으로 악 중의 악이 없는 곳이 없고 도처에 굶어 죽거나 싸우다 죽은 시신이 널려 있다.'고 한탄하는 내용이 적혀 있습니다.

합천 해인사 길상탑과
그 안에서 나온 묘길상탑기(탁본)

① 원광이 세속 5계를 제시하였다.
② 이차돈의 순교로 불교가 공인되었다.
③ 원종과 애노가 사벌주에서 봉기하였다.
④ 거칠부가 왕명에 의해 국사를 편찬하였다.
⑤ 자장의 건의로 황룡사 구층 목탑이 건립되었다.

07 (가) 나라에 대한 설명으로 옳은 것은?

2점

[가] 의 대표적 생활 유적지인 봉황대가 회현리 패총과 합쳐져 김해 봉황동 유적으로 확대 지정되었습니다. 이 유적은 김수로왕에 의해 건국되었다고 전해진 [가] 의 초기 모습을 추정해 볼 수 있는 귀중한 문화유산입니다.

김해 봉황동 유적, 사적으로 확대 지정

① 집사부를 비롯한 14부를 두었다.
② 집집마다 부경이라는 창고가 있었다.
③ 대가들이 사자, 조의, 선인을 거느렸다.
④ 철이 많이 생산되어 낙랑, 왜 등에 수출하였다.
⑤ 왕족인 부여씨와 8성의 귀족이 지배층을 이루었다.

08 밑줄 그은 '왕'의 업적으로 옳은 것은?

1점

○ 왕은 이름이 구부이고, 고국원왕의 아들이다. 신체가 장대하고, 웅대한 지략이 있었다.

○ 진(秦) 왕 부견이 사신과 승려 순도를 보내 불상과 경문을 주었다. 왕이 사신을 보내 답례로 방물(方物)을 바쳤다.

- 『삼국사기』 -

① 태학을 설립하여 인재를 양성하였다.
② 도읍을 국내성에서 평양으로 옮겼다.
③ 서안평을 점령하여 영토를 확장하였다.
④ 영락이라는 독자적인 연호를 사용하였다.
⑤ 을파소를 등용하고 진대법을 시행하였다.

09 밑줄 그은 '교서'를 내린 왕의 재위 기간에 볼 수 있는 모습으로 가장 적절한 것은?

3점

상평창을 양경(兩京)과 12목에 설치하고 교서를 내렸다. "『한서』 식화지에 '그해가 풍년인지 흉년인지에 따라 곡식을 풀거나 거두어들이는 것을 행한다.'라고 하였다. …… 경시서에 맡겨 곡식을 풀거나 거두어들이도록 하라."

① 서적포에서 책을 인쇄하는 관리
② 국자감 학생들을 가르치는 박사
③ 양현고의 재정을 관리하는 관원
④ 9재 학당에서 유교 경전을 읽는 학생
⑤ 청연각의 소장 도서를 분류하는 학사

제69회 심화
제68회 심화
제67회 심화
제66회 심화
제65회 심화
제64회 심화
제63회 심화
제62회 심화

10 (가) 국가의 문화유산으로 옳은 것은? [2점]

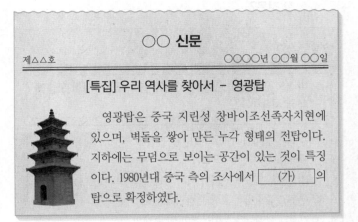

○○ 신문

제△△호 　　　　　　○○○○년 ○○월 ○○일

[특집] 우리 역사를 찾아서 – 영광탑

영광탑은 중국 지린성 창바이조선족자치현에 있으며, 벽돌을 쌓아 만든 누각 형태의 전탑이다. 지하에는 무덤으로 보이는 공간이 있는 것이 특징이다. 1980년대 중국 측의 조사에서 (가) 의 탑으로 확정하였다.

① 　② 　③

④ 　⑤

11 (가) 왕의 재위 시기에 있었던 사실로 옳은 것은? [1점]

공은 대송(大宋) 강남 천주 출신이다. …… 예빈성 낭중에 임명하고 집 한 채를 내려주었다.

이것은 고려에 귀화한 채인범의 묘지명으로 현존하는 고려 시대 묘지명 중 가장 오래된 것입니다. 노비안검법을 실시한 (가) 은/는 채인범, 쌍기 등의 귀화인들을 적극 등용하였습니다.

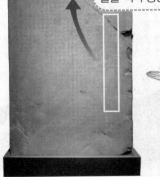 

① 최승로가 시무 28조를 건의하였다.
② 경기에 한하여 과전법이 실시되었다.
③ 신돈이 전민변정도감의 판사가 되었다.
④ 빈민 구제 기관인 흑창이 처음 설치되었다.
⑤ 광덕, 준풍 등의 독자적 연호가 사용되었다.

12 (가) 시대의 지방 통치 체제에 대한 설명으로 옳은 것은? [2점]

개경으로 가는 주요 길목인 혜음령에 세워졌던 혜음원에는 행인의 안전한 통행을 위한 숙소와 사원이 있었습니다. 혜음원지를 통해 개경 외에 남경, 동경 등이 설치되었던 (가) 시대 원(院)의 모습을 유추할 수 있었습니다.

고지도와 항공 사진을 통해 본 혜음원지

파주 혜음원지

① 22담로에 왕족을 파견하였다.
② 전국에 9주 5소경을 설치하였다.
③ 특수 행정 구역으로 향, 부곡, 소가 있었다.
④ 지방관을 감찰하기 위하여 외사정을 두었다.
⑤ 지방 행정 구역을 8도에서 23부로 개편하였다.

13 (가)~(다)를 일어난 순서대로 옳게 나열한 것은? [3점]

(가) 금의 군주 아구다가 국서를 보내 이르기를, "형인 금 황제가 아우인 고려 국왕에게 문서를 보낸다. …… 이제는 거란을 섬멸하였으니, 고려는 우리와 형제의 관계를 맺어 대대로 무궁한 우호 관계를 이루기 바란다."라고 하였다.

(나) 윤관이 여진인 포로 346명과 말, 소 등을 조정에 바치고 영주·복주·웅주·길주·함주 및 공험진에 성을 쌓았다. 공험진에 비(碑)를 세워 경계로 삼고 변경 남쪽의 백성을 옮겨 와 살게 하였다.

(다) 정지상 등이 왕에게 아뢰기를, "대동강에 상서로운 기운이 있으니 신령스러운 용이 침을 토하는 형국으로, 천 년에 한 번 만나기 어려운 일입니다. 천심에 응답하고 백성들의 뜻에 따르시어 금을 제압하소서."라고 하였다.

① (가) - (나) - (다)　　② (가) - (다) - (나)
③ (나) - (가) - (다)　　④ (나) - (다) - (가)
⑤ (다) - (나) - (가)

14

⊙에 대한 답으로 옳지 않은 것은? `2점`

- 이것은 하늘의 별자리를 새긴 조선 시대 대표적인 천문도야.
- ⊙한국의 역사에서 천문에 관한 또 다른 사례를 알려줄래?
- 천상열차분야지도라는 이름은 천문 현상을 12개 분야로 나누어 차례로 늘어놓았다는 뜻이래.

① 고구려 무용총에 별자리를 그린 벽화가 있어.

② 삼국사기에 일식, 월식에 관한 많은 관측 기록이 있어.

③ 충선왕은 서운관에서 천체 운행을 관측하도록 했어.

④ 선조 때는 날아가서 폭발하는 비격진천뢰가 개발되었어.

⑤ 홍대용이 의산문답을 통해 지전설과 무한 우주론을 주장했어.

15

(가) 군사 조직에 대한 설명으로 옳은 것은? `2점`

이것은 태안 마도 3호선에서 발굴된 죽찰입니다. 적외선 촬영 기법을 통해 상어를 담은 상자를 우□□별초도령시랑 집에 보낸다는 문장이 확인되었습니다. 우□□별초는 우별초로 해석되는데, 우별초는 최씨 무신 정권이 조직한 (가) 의 하나로 시랑은 장군 격인 정 4품이었습니다.

앞면 / 앞면 적외선 / 뒷면 / 뒷면 적외선

① 후금의 침입에 대비하고자 창설되었다.

② 원의 요청으로 일본 원정에 참여하였다.

③ 신기군, 신보군, 항마군으로 편성되었다.

④ 진도에서 용장성을 쌓고 몽골에 대항하였다.

⑤ 응양군과 용호군으로 구성된 국왕의 친위 부대였다.

16

다음 서술형 평가의 답안에 들어갈 내용으로 가장 적절한 것은? `2점`

서술형 평가 ○학년 ○○반 이름: ○○○

◎ 아래의 인물들이 활동한 시기에 볼 수 있는 사회 모습에 대해 서술하시오.

○윤수는 응방을 관리하였는데 권력을 믿고 악행을 행하여 사람들로부터 비난받았다.

○유청신은 몽골어를 익혀 여러 차례 원에 사신으로 가서 공을 세우고 충렬왕의 총애를 받아 장군이 되었다.

○기철과 형제들은 누이동생이 원 순제의 황후가 된 후 국법을 무시하고 횡포를 부렸다.

| 답안 | |

---

① 왕조 교체를 예언하는 정감록이 유포되었습니다.

② 대각국사 의천이 해동 천태종을 개창하였습니다.

③ 지배층을 중심으로 변발과 호복이 유행하였습니다.

④ 가혹한 수탈에 저항하여 망이·망소이가 봉기하였습니다.

⑤ 상민층이 납속과 공명첩을 활용하여 신분 상승을 꾀하였습니다.

17

(가) 문화유산에 대한 설명으로 옳은 것은? `2점`

2023년 프랑스 국립 도서관에서 열린 '인쇄하다! 구텐베르크의 유럽' 전에서 (가) 이/가 공개되었습니다.

1973년 '동양의 보물' 전 이후 50년 만에 대중에게 전시되었다는 점에서 의미가 있습니다.

승려 백운이 편찬한 불서로 제자들이 1377년 청주 흥덕사에서 인쇄하였습니다. 현재 하권만 프랑스에 남아 있습니다.

① 신미양요 때 미군이 탈취하였다.

② 현존하는 최고(最古)의 금속 활자본이다.

③ 거란의 침입을 물리치기 위해 제작하였다.

④ 장영실, 이천 등이 제작한 활자도 인쇄하였다.

⑤ 불국사 삼층 석탑을 보수하는 과정에서 발견되었다.

제69회 심화

제68회 심화

제67회 심화

제66회 심화

제65회 심화

제64회 심화

제63회 심화

제62회 심화

18 밑줄 그은 '인물'에 대한 설명으로 옳은 것은? [2점]

① 최초의 서원인 백운동 서원을 건립하였다.
② 일본에 다녀와서 해동제국기를 편찬하였다.
③ 성학십도를 지어 군주의 도를 도식으로 설명하였다.
④ 조선경국전을 저술하여 통치 제도 정비에 기여하였다.
⑤ 경세유표를 집필하여 국가 제도의 개혁 방향을 제시하였다.

19 (가) 왕에 대한 설명으로 옳은 것은? [3점]

① 주자소를 설치하여 계미자를 주조하였다.
② 현직 관리를 대상으로 직전법을 실시하였다.
③ 조선의 기본 법전인 경국대전을 완성하였다.
④ 기유약조를 체결하여 일본과의 무역을 재개하였다.
⑤ 폐비 윤씨 사사 사건을 빌미로 갑자사화를 일으켰다.

20 (가) 전쟁에 대한 탐구 활동으로 가장 적절한 것은? [1점]

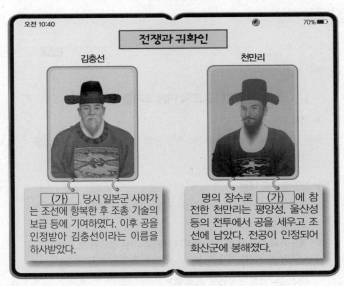

① 나선 정벌의 전적지를 검색한다.
② 북학론이 끼친 영향을 파악한다.
③ 명량 해전의 승리 요인을 분석한다.
④ 삼정이정청의 활동 내용을 찾아본다.
⑤ 4군과 6진을 개척한 과정을 알아본다.

21 (가)의 활동으로 옳은 것은? [3점]

문학으로 만나는 역사 인물	[해설]
請看千石鐘 非大扣無聲 爭似頭流山 天鳴猶不鳴 천 석 들어가는 큰 종을 보소서 크게 치지 않으면 소리가 없다오 어떻게 해야만 두류산*처럼 하늘이 울어도 울지 않을까 *두류산: 지리산의 별칭	(가) 이/가 만년에 지리산 기슭 산천재에서 학문을 연구하고 제자들을 가르치며 지은 시이다. 지리산에 빗대어 자신의 높은 기상을 표현하였다. 그의 호는 남명으로, 조선 중기 경상우도의 대표적인 성리학자로 알려져 있다. 평소 경(敬)과 의(義)를 강조하며 학문의 실천성을 강조하였다.

① 곽재우, 정인홍 등의 제자를 배출하였다.
② 기기도설을 참고하여 거중기를 설계하였다.
③ 위훈 삭제를 주장하여 훈구 세력의 반발을 샀다.
④ 북학의를 저술하여 수레와 배의 이용을 권장하였다.
⑤ 양명학을 체계적으로 연구하여 강화 학파를 형성하였다.

22 밑줄 그은 '왕'의 재위 기간에 있었던 사실로 옳은 것은?

2점

⟨역사 다큐멘터리 제작 기획안⟩

조선, 전국적인 규모의 여론 조사를 실시하다!

■ 기획 의도

여론 조사를 통해 정책을 추진하려는 왕의 모습에서 '민본'의 의미를 생각해본다.

■ 장면별 주요 내용

#1. 왕은 관리와 백성을 대상으로 공법 시행에 대한 전국적인 찬반 조사를 명하다.

#2. 호조에서 찬성 98,657명, 반대 74,149명이라는 결과를 보고하다.

#3. 여러 차례 보완을 거쳐 토지의 비옥도와 풍흉에 따라 조세를 차등 징수하는 내용의 공법을 확정하다.

① 세계지도인 혼일강리역대국도지도가 제작되었다.

② 각지의 농법을 작물별로 정리한 농사직설이 간행되었다.

③ 유능한 인재를 양성하기 위해 초계문신제가 시행되었다.

④ 우리나라와 중국의 의서를 망라한 동의보감이 완성되었다.

⑤ 전국의 지리, 풍속 등이 수록된 동국여지승람이 편찬되었다.

23 다음 상황이 나타난 시기에 볼 수 있는 모습으로 적절하지 않은 것은?

1점

송파장에 왔으니 산대놀이 보고 가자.

송파장에 사람들도 많고 상평통보도 두둑이 챙겨서 좋네.

쌀 팔고 고추, 담배 사러 왔는데 이런 구경도 하게 되는군.

① 벽란도에서 인삼을 사는 송의 상인

② 호랑이를 소재로 민화를 그리는 화가

③ 광산 노동자에게 품삯을 나눠주는 덕대

④ 여러 장시를 돌며 물품을 판매하는 보부상

⑤ 저잣거리에서 영웅 소설을 읽어주는 전기수

24 다음 왕에 대한 설명으로 옳은 것은?

2점

초상과 어진으로 만나는 조선의 왕

왼편은 연잉군 시절인 20대의 초상이며 오른편은 50대의 어진이다. 그는 즉위 후 탕평 교서를 반포하고 탕평비를 건립하였다. 준천사를 신설하여 홍수에 대비하였으며, 신문고를 다시 설치하여 백성들의 억울함을 듣고자 하였다.

① 통치 체제를 정비하기 위해 대전회통을 편찬하였다.

② 왕권 강화를 위해 친위 부대인 장용영을 설치하였다.

③ 각 궁방과 중앙 관서의 공노비 6만여 명을 해방하였다.

④ 어영청을 중심으로 국방력을 강화하고 북벌을 추진하였다.

⑤ 균역법을 시행하여 백성들의 군역 부담을 줄여주고자 하였다.

25 (가) 관서에 대한 설명으로 옳은 것은?

2점

체험 활동 소감문

2023년 12월 2일 ○○○

지난 토요일에 '승경도' 놀이를 체험했다. 승경도는 조선 시대 관직 이름을 적은 놀이판이다. 윷을 던져 말을 옮기는데, 승진을 할 수도 있지만 자칫하면 파직이 되거나 사약까지 받을 수 있어 흥미진진했다.

놀이 규칙에 은대법이 있는데, (가) 을/를 총괄하는 도승지 자리에 도착한 사람은 당하관 자리에 있는 사람들이 던진 윷의 결괏값을 이용할 수 있는 규칙이다. 은대가 무엇인지 몰랐는데, (가) 을/를 뜻함을 알게 되었다.

① 수도의 행정과 치안을 맡아보았다.

② 재상들이 합의하여 국정을 총괄하였다.

③ 반역죄, 강상죄를 범한 중죄인을 다스렸다.

④ 왕의 비서 기관으로 왕명의 출납을 담당하였다.

⑤ 외적의 침입에 대비하기 위한 임시 기구로 설치되었다.

제69회 심화
제68회 심화
제67회 심화
제66회 심화
제65회 심화
제64회 심화
제63회 심화
제62회 심화

26 다음 상황이 나타난 시기를 연표에서 옳게 고른 것은? 3점

○ 송준길이 아뢰었다. "적처(嫡妻) 소생이라도 둘째부터는 서자입니다. …… 둘째 아들은 비록 왕통을 계승하였더라도 (그를 위해서는) 3년 복을 입어서는 안 됩니다."
○ 허목이 상소하였다. "장자를 위해 3년 복을 입는다는 것은 위로 쳐서 정체(正體)이기 때문입니다. …… 첫째 아들이 죽어서 적처 소생의 둘째를 세우는 것도 역시 장자라고 부릅니다."

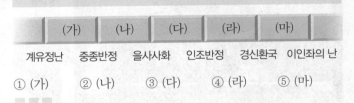

| (가) | (나) | (다) | (라) | (마) |

계유정난　중종반정　을사사화　인조반정　경신환국　이인좌의 난

① (가)　② (나)　③ (다)　④ (라)　⑤ (마)

27 (가) 문화유산에 대한 설명으로 옳은 것은? 1점

이 건물은 (가) 의 정전입니다. (가) 은/는 태조 이성계가 개경에 처음 세웠는데, 도읍을 한양으로 옮긴 후 지금의 위치에 건립하였습니다. 사직과 더불어 왕조 국가를 표현하는 상징이었습니다.

① 경내에 조선 총독부 청사가 세워졌다.
② 역대 국왕과 왕비의 신주가 모셔져 있다.
③ 대성전과 명륜당을 중심으로 구성되어 있다.
④ 일제 강점기에 창경원으로 격하되기도 하였다.
⑤ 토지와 곡식의 신에게 제사를 지내는 공간이다.

28 (가)에 들어갈 대답으로 적절한 것은? 2점

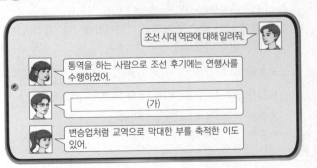

조선 시대 역관에 대해 알려줘.
통역을 하는 사람으로 조선 후기에는 연행사를 수행하였어.
(가)
변승업처럼 교역으로 막대한 부를 축적한 이도 있어.

① 사간원에서 간쟁을 담당하였어.
② 매매, 상속, 증여의 대상이었어.
③ 수군, 봉수 등 천역에 종사하였어.
④ 수령을 보좌하면서 향촌 실무를 담당하였어.
⑤ 사역원에서 노걸대언해 같은 교재로 교육받았어.

29 다음 특별전에서 볼 수 있는 도시의 역사에 대한 설명으로 적절하지 않은 것은? 2점

송악(松嶽)
개주(開州)
열린 성(城)의 도시
특별전

① 고려 태조 왕건이 도읍으로 삼았다.
② 원의 영향을 받은 경천사지 십층 석탑이 축조되었다.
③ 조선 후기 송상이 근거지로 삼아 전국적으로 활동하였다.
④ 일제 강점기 강주룡이 을밀대 지붕 위에서 고공 농성을 하였다.
⑤ 북위 38도선 분할 이후 남한에 속했다가 정전 협정으로 북한 지역이 되었다.

30 다음 대화가 오갔던 회담 결과 체결된 조약에 대한 설명으로 옳은 것은? 2점

운요호가 작년에 귀국 경내를 통과하다가 포격을 받았으니, 귀국이 교린의 우의를 저버린 것입니다.

운요호는 국적과 이유를 밝히지 않고 곧장 우리가 수비하는 곳으로 진입해왔으니, 변방 수비병의 발포는 부득이한 것이었소.

일본 전권변리대신
구로다 기요타카

조선 접견대관
신헌

① 천주교 포교가 허용되었다.
② 갑신정변의 영향으로 체결되었다.
③ 일본 측의 해안 측량권이 인정되었다.
④ 통신사가 처음 파견되는 계기가 되었다.
⑤ 외국 상인의 내지 통상권을 최초로 규정하였다.

31

(가)~(다)를 일어난 순서대로 옳게 나열한 것은? [2점]

(가) 고부에서 민란이 다시 일어났다는 소문이 자자합니다. ……
장흥 부사 이용태를 고부군 안핵사로 임명하여 밤새 달려가
엄격히 조사하여 등급을 나누고 구별하여 보고하게 하소서.

(나) 전봉준은 무주 집강소에 다음과 같은 통문을 보냈다. "최근
일본이 경복궁을 침범하였다. 국왕이 욕을 당했으니, 우리들은
마땅히 달려가 목숨을 걸고 의로써 싸워야 한다."

(다) 청국의 간섭을 끊어버리고 우리 대조선국의 고유한 독립 기초를
군건히 하였는데, 이번에 마관(馬關, 시모노세키) 조약으로
말미암아 세계에 드러나는 빛이 더욱 빛나게 되었다.

① (가) - (나) - (다)
② (가) - (다) - (나)
③ (나) - (가) - (다)
④ (나) - (다) - (가)
⑤ (다) - (나) - (가)

32

해설사가 설명하는 사건이 발생한 시기를 연표에서 옳게 고른 것은? [3점]

조선 정부는 이곳에 해관을 설치하고 동래부 거류지의 일본 상인과 거래하는 조선 상인으로부터 세금을 징수하였습니다. 그러자 일본 상인이 조약 위반이라고 반발하였고, 결국 3개월 만에 수세가 중단되었습니다.

	(가)	(나)	(다)	(라)	(마)	
척화비 건립		제1차 수신사 파견	영국의 거문도 점령	함경도 방곡령 선포	청일 전쟁 발발	러일 전쟁 발발

① (가)
② (나)
③ (다)
④ (라)
⑤ (마)

33

(가) 사절단에 대한 설명으로 옳은 것은? [2점]

미국 공사의 부임에 대한 답례로 ___(가)___ 이/가 파견되었습니다. 8명의 조선 관리로 구성된 이들은 40여 일 동안 미국에 체류하면서 뉴욕의 전등 시설과 우체국, 보스턴 박람회 등을 시찰하였습니다.

① 에도 막부의 요청으로 파견되었다.
② 별기군(교련병대) 창설을 건의하였다.
③ 조선책략을 들여와 국내에 소개하였다.
④ 기기국에서 무기 제조 기술을 습득하고 돌아왔다.
⑤ 전권대신 민영익과 홍영식, 서광범 등으로 구성되었다.

34

(가)에 들어갈 내용으로 적절한 것은? [1점]

학술 발표회

우리 연구회에서는 중일 전쟁 발발 이후 실시된 일제의 식민 통치 정책에 대한 학술 발표회를 마련하였습니다. 관심 있는 분들의 많은 참석 바랍니다.

■ 주제: ___(가)___
■ 일시: 2023년 ○○월 ○○일 14:00~17:00
■ 장소: △△대학교 인문대학 소회의실
■ 주최: □□ 연구회

① 치안 유지법의 제정 배경
② 조선 태형령의 적용 사례 분석
③ 제1차 조선 교육령의 제정 목적
④ 경성 제국 대학의 설립 의도와 과정
⑤ 국가 총동원법의 제정과 조선에서의 시행

제69회 심화
제68회 심화
제67회 심화
제66회 심화
제65회 심화
제64회 심화
제63회 심화
제62회 심화

35 다음 자료에 나타난 민족 운동에 대한 설명으로 옳지 않은 것은? [2점]

한국인들이 독립 선언을 하다
- 집회에 참가한 수천 명 체포 -

일본 당국은 고종의 장례식을 계기로 문제가 발생할 것으로 예상하고 많은 헌병을 서울로 집결시켰다. …… 전국의 모든 도시와 마을에서 독립을 위한 행진과 시위가 일어났다. 일본 측은 당황했지만 곧 재정비하여 강력하고 신속한 진압에 나섰다. 그 결과 수천 명의 시위대가 체포되었지만 일본 측 보고서에는 수백 명으로 기록되어 있다.

① 중국의 5·4 운동에 영향을 주었다.
② 대한민국 임시 정부 수립의 계기가 되었다.
③ 신간회에서 진상 조사단을 파견하여 지원하였다.
④ 국외로도 확산되어 필라델피아에서 한인 자유 대회가 열렸다.
⑤ 평화적 만세 운동에서 무력 투쟁 사례가 늘어나기 시작하였다.

36 (가) 단체에 대한 설명으로 옳은 것은? [2점]

이 자료에 대해 말씀해 주시겠습니까?

이 자료는 (가) 의 활동 목적이 잘 드러나 있는 통용 장정의 일부입니다. (가) 은/는 안창호와 양기탁 등이 중심이 된 비밀 결사로 태극 서관을 설립하여 회원들의 연락 장소로 사용하였습니다.

본회의 목적은 ……
쇠퇴한 교육과 산업을 개량하고
사업을 유신시켜
유신된 국민이 통일 연합해서
유신이 된 자유 문명국을 성립시킨다.

① 복벽주의를 표방하였다.
② 13도 창의군을 결성하였다.
③ 일제의 황무지 개간권 요구를 저지하였다.
④ 근대 교육을 위해 배재 학당을 설립하였다.
⑤ 일제가 조작한 105인 사건으로 해체되었다.

37 밑줄 그은 '개혁'에 해당하는 내용으로 옳은 것을 〈보기〉에서 고른 것은? [2점]

【건축으로 보는 한국사】 석조전

고종은 황제로서의 권위와 근대 국가를 향한 의지를 보여주기 위해 서양의 신고전주의 양식으로 설계된 석조전 착공을 명하였다. 그러나 황제권 강화를 표방하며 개혁을 추진하던 고종은 석조전이 완공되기 전에 강제로 퇴위당하였다.

─〈보 기〉─
ㄱ. 박문국을 설치하여 한성순보를 발행하였다.
ㄴ. 통리기무아문을 설치하여 개화 정책을 추진하였다.
ㄷ. 관립 상공 학교를 설립하여 실업 교육을 실시하였다.
ㄹ. 지계아문을 설치하여 토지 소유자에게 지계를 발급하였다.

① ㄱ, ㄴ ② ㄱ, ㄷ ③ ㄴ, ㄷ ④ ㄴ, ㄹ ⑤ ㄷ, ㄹ

38 밑줄 그은 '회의'에 대한 설명으로 옳은 것은? [3점]

본 회의는 2천만 민중의 공의(公意)를 지키는 국민적 대회합으로서, 최고의 권위에 의해 국민의 완전한 통일을 견고하게 하며 광복 대업의 근본 방침을 수립하고, 이로써 우리 민족의 자유를 만회하고 독립을 완성하기를 기도하며 이에 선언하노라. 삼일 운동으로써 우리 민족의 정신적 통일은 이미 표명되었다. …… 본 대표들은 국민이 위탁한 사명을 받아 국민적 대단결을 힘써 도모하며, 독립 전도의 대방책을 확립하여 통일적 기관 하에서 대업을 기성(期成)하려 한다.

① 창조파와 개화파가 대립하였다.
② 대일 선전 성명서를 공표하였다.
③ 삼균주의를 기초로 하는 건국 강령을 발표하였다.
④ 파리 강화 회의에 김규식을 파견할 것을 결정하였다.
⑤ 지청천을 사령관으로 하는 한국광복군을 조직하였다.

39 밑줄 그은 '이 계획'에 대한 설명으로 옳은 것은? [1점]

이 계획 실시로 인하여 수리 조합비 부담이 커졌어. 가뜩이나 지세도 부담되는데 개량 종자 구입비로 돈이 더 들어가네. 이래서 살겠나.

우리 마을 박서방은 소작농으로 전락하였다지. 우리 집은 쌀이 없어 만주에서 들여온 잡곡만 먹고 있다네.

① 독립 협회 결성의 계기가 되었다.
② 국채 보상 운동의 배경이 되었다.
③ 재정 고문 메가타의 주도로 시행되었다.
④ 토지 조사 사업이 시행되는 배경이 되었다.
⑤ 일본의 쌀 부족 현상을 해결하기 위해 시행되었다.

40 (가) 부대에 대한 설명으로 옳은 것은? [2점]

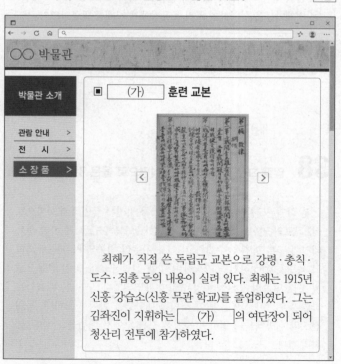

○○ 박물관

박물관 소개

관람 안내 >
전 시 >
소 장 품 >

■ (가) 훈련 교본

최해가 직접 쓴 독립군 교본으로 강령·총칙·도수·집총 등의 내용이 실려 있다. 최해는 1915년 신흥 강습소(신흥 무관 학교)를 졸업하였다. 그는 김좌진이 지휘하는 (가) 의 여단장이 되어 청산리 전투에 참가하였다.

① 대전자령에서 일본군을 기습하였다.
② 영릉가에서 일본군에 승리를 거두었다.
③ 동북 항일 연군으로 개편되어 유격전을 전개하였다.
④ 중광단을 중심으로 조직되어 항일 독립 전쟁에 참여하였다.
⑤ 인도·미얀마 전선에 파견되어 영국군과 연합 작전을 펼쳤다.

41 다음 가상 일기의 밑줄 그은 '운동'에 대한 설명으로 옳은 것은? [1점]

1925년 ○○월 ○○일

우리 백정들은 신분제가 폐지되었음에도 끊임없이 차별받았다. 다 같은 조선 민족인데 왜 우리를 핍박하는 걸까? 우리는 저울처럼 평등한 세상을 만들기 위해 몇 해 전부터 운동을 벌이고 있지만 사람들의 인식을 바꾸기는 쉽지 않은 것 같다. 얼마 전 예천에서는 '백정을 핍박하는 것은 죄가 아니다.'라고 말하는 사람도 있다고 하니 우리는 언제쯤 평등한 대우를 받을 수 있을까?

① 조선 형평사의 주도로 전개되었다.
② 대한매일신보의 지원을 받아 확대되었다.
③ 평양에서 시작하여 전국적으로 확산되었다.
④ 순종의 인산일을 기한 대규모 시위를 전개하였다.
⑤ 라이징 선 석유 회사의 한국인 구타 사건을 계기로 시작되었다.

42 교사의 질문에 대한 학생의 답변으로 적절하지 않은 것은? [2점]

우표로 보는 현대사

이 우표는 6·25 전쟁이 발발하고 북한군에 점령당했던 서울을 되찾은 것을 기념해 만들어졌습니다. 9월 28일 서울 수복 이후에 벌어진 상황에 대해 말해 볼까요?

① 반공 포로가 석방되었어요.
② 한미 상호 방위 조약이 체결되었어요.
③ 흥남에서 대규모 철수가 이루어졌어요.
④ 유엔군이 인천 상륙 작전을 전개하였어요.
⑤ 비상계엄이 선포된 가운데 발췌 개헌안이 통과되었어요.

43 (가) 정부의 통일 정책에 대한 설명으로 옳은 것은? 1점

저희 모둠은 우리 학교 학생들을 대상으로 (가) 정부의 연관 검색어를 조사해 보았습니다.

국가 인권 위원회 설립
최초의 남북 정상 회담 성사
한일 문화 교류   노벨 평화상 수상
2002 한일   기초 생활 보장 제도
월드컵 4강 진출   경의선 복원
인천 국제 공항 개항   사업 착공
대우 자동차 최종 부도 처리
중학교 의무 교육 전국 확대
의문사 진상 규명 위원회 출범

① 남북 기본 합의서에 서명하였다.
② 남북한이 유엔에 동시 가입하였다.
③ 7·4 남북 공동 성명을 발표하였다.
④ 6·15 남북 공동 선언을 채택하였다.
⑤ 남북 이산가족 고향 방문을 최초로 실현하였다.

44 (가) 민주화 운동에 대한 설명으로 옳은 것은? 2점

이것은 1959년 이승만의 84세 생일을 기념하는 '대통령 탄신 경축식' 사진입니다. 이러한 행사는 1949년부터 진행되었습니다. 이승만 대통령의 장기 독재는 3·15 부정 선거에 항거하며 일어난 (가) (으)로 결국 종말을 고했습니다.

① 긴급 조치 철폐를 요구하였다.
② 장면 내각이 출범하는 배경이 되었다.
③ 전남 도청에서 시민군이 계엄군에 맞서 싸웠다.
④ 민주화를 위한 개헌 청원 100만인 서명 운동이 전개되었다.
⑤ 5년 단임의 대통령 직선제 개헌이 이루어지는 계기가 되었다.

45 다음 사건이 있었던 정부 시기의 경제 상황으로 옳은 것은? 3점

사진으로 보는 현대사

YH 무역 여성 노동자들은 일방적인 폐업에 항의하며 신민당 당사에서 농성 시위를 벌이다 경찰에 의해 강제 해산되었다. 그 과정에서 노동자 김경숙이 사망하였다. 이 사진은 현장에 남아 있던 머리띠와 신발들이다. 머리띠에는 '안되면 죽음이다'라는 글귀가 쓰여 있다.

① 금융 실명제가 실시되었다.
② 연간 수출액 100억 달러가 달성되었다.
③ 개성 공단에서 의류 생산이 시작되었다.
④ 칠레와 자유 무역 협정(FTA)을 체결하였다.
⑤ 저금리, 저유가, 저달러의 3저 호황이 있었다.

46 밑줄 그은 '정부' 시기의 사회 모습으로 옳은 것은? 2점

야간 통행 금지를 해제했던 정부 시절 기억나는가?

프로 야구와 프로 축구가 출범되고 해외 여행도 갈 수 있게 되었지.

수많은 사람들이 불법적으로 삼청 교육대에 끌려 갔잖아.

① 금강산 관광이 시작되었다.
② 서울 올림픽 대회가 개최되었다.
③ 삼풍 백화점 붕괴 사고가 발생하였다.
④ 보도 지침을 통해 언론을 통제하였다.
⑤ 양성 평등 실현을 위해 호주제가 폐지하였다.

제69회 심화
제68회 심화
제67회 심화
제66회 심화
제65회 심화
제64회 심화
제63회 심화
제62회 심화

47 (가)에 들어갈 내용으로 옳은 것은? [2점]

한국사 대화형 인공지능

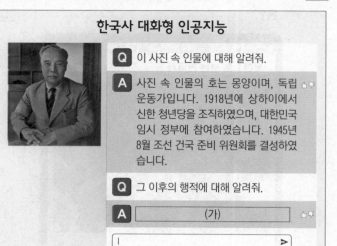

Q 이 사진 속 인물에 대해 알려줘.

A 사진 속 인물의 호는 몽양이며, 독립 운동가입니다. 1918년에 상하이에서 신한 청년당을 조직하였으며, 대한민국 임시 정부에 참여하였습니다. 1945년 8월 조선 건국 준비 위원회를 결성하였습니다.

Q 그 이후의 행적에 대해 알려줘.

A (가)

|

①한국 민주당을 창당하였습니다.
②5·10 총선거에 출마하였습니다.
③단독 정부 수립을 주장하였습니다.
④조선 혁명 선언을 작성하였습니다.
⑤좌우 합작 위원회를 조직하였습니다.

48 교사의 질문에 대한 학생의 대답으로 옳은 것은? [2점]

충남 부여 쌍북리에서 숫자들이 기록된 목간이 출토되었는데 놀랍게도 구구단이 쓰여 있었습니다. 삼국 시대에 살았던 사람들도 우리처럼 구구단을 공부했다는 것이 신기합니다. 삼국 시대 사람들의 학습 활동을 확인할 수 있는 또 다른 사례는 무엇이 있을까요?

①울주 대곡리 반구대에 고래 사냥 모습을 새겼습니다.
②이제현이 만권당에서 원의 학자들과 교류하였습니다.
③청소년들이 경당에서 책을 읽고 활쏘기를 배웠습니다.
④독특한 회계 정리 방식인 사개치부법을 사용하였습니다.
⑤정혜 공주 묘지석에는 유교 경전과 중국 역사서의 내용이 인용되어 있습니다.

49 (가)~(마)의 설명과 사진을 연결한 것으로 옳지 않은 것은? [3점]

(가) 태토와 유약이 모두 백색이고 1,200도 이상에서 구워 만든 자기다. 영국 여왕 엘리자베스 2세가 이 자기 중 하나를 보면서 '세상에서 제일 아름다운 그릇'이라는 찬사를 보냈다.

(나) 철분이 약간 함유된 태토에 유약을 입혀 고온에서 구워낸 자기다. 송 사신 서긍은 "푸른 빛깔을 고려인은 비색(翡色)이라 하는데 근래에 들어 빛깔이 더욱 좋아졌다."고 하였다.

(다) 회색 태토 위에 백토로 표면을 분장한 뒤에 유약을 입혀 구운 자기다. 고유섭이 회청색을 띠는 사기라는 의미로 '분장회청사기(분청사기)'라 하였다.

(라) 초벌구이한 백자 위에 코발트로 그림 그린 후 유약을 발라 구운 자기다. 코발트는 수입산 안료였기에 예종은 관찰사를 통해 백성들이 회회청(코발트)을 구해오도록 독려할 정도였다.

(마) 표면에 무늬를 파고 백토와 자토를 그 자리에 넣어 초벌구이한 후 유약을 발라 구워낸 자기다. 최순우는 "고려 사람들은 비색의 자기에 영롱한 수를 놓은 방법을 궁리해 냈다."고 하였다.

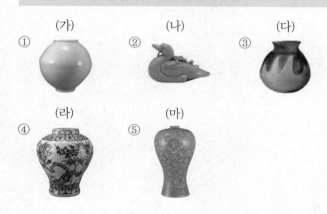

(가) ①   (나) ②   (다) ③

(라) ④   (마) ⑤

50 다음 사건의 영향을 받아 발생한 사실로 옳은 것은? [2점]

근로 기준법을 준수하라!

나는 아주 작은 바늘 구멍이라도 내기 위해서 죽는 것입니다. 그 작은 구멍을 자꾸 키워 벽을 허물어야 합니다. 그래야 없는 사람도 살고 근로자도 살 수 있는 것입니다.

①신한 공사가 설립되어 귀속 재산을 관리하였다.
②부산에서 조선 방직의 총파업 사건이 발생하였다.
③경제 자립을 목표로 제1차 경제 개발 5개년 계획이 추진되었다.
④미국에서 들여온 원조 물자를 기반으로 삼백 산업이 발달하였다.
⑤평화 시장 노동자들을 중심으로 한 청계 피복 노동 조합이 결성되었다.

총평과 접근 방법 제시

어떤 문제든 고민 없이 풀어 나갈 만반의 준비, 되셨나요?
설민석만의 총평과 고난도 문제 대응법을 공개합니다.

제 **68** 회

심화

제69회 심화

제68회 심화

제67회 심화

제66회 심화

제65회 심화

제64회 심화

제63회 심화

제62회 심화

수험생 체감 난도 중 **실제 합격률(%)** **59.35%**

이번 시험 난도는 중 수준이었습니다. 전반적으로 무난하게 출제되었고 합격률도 낮지 않았는데요. 다만, 일부 고난도 문제 때문에 어려움을 겪었을 것으로 보입니다. 당시 이슈가 되었던 문제는 32번인데요. 한국사능력검정시험에서 '두모진 해관' 이라는 키워드가 처음으로 출제되었기 때문입니다.

---

 dankkum_e • 팔로잉   ...

32 해설사가 설명하는 사건이 발생한 시기를 연표에서 옳게 고른 것은? [3점]

 두모진 해관 사건의 발생 시기를 묻는 문제가 출제되었습니다.

조선 정부는 이곳에 해관을 설치하고 동래부 거류지의 일본 상인과 거래하는 조선 상인으로부터 세금을 징수하였습니다. 그러자 일본 상인이 조약 위반이라고 반발하였고, 결국 3개월 만에 수세가 중단되었습니다.

우리나라 최초의 세관터 -두모진해관-

(가)	(나)	(다)	(라)	(마)
척화비 건립	제1차 수신사 파견	영국의 거문도 점령	함경도 방곡령 선포	청일 전쟁 발발	러일 전쟁 발발

① (가) ✔ ② (나) ③ (다) ④ (라) ⑤ (마)

제68회 더 알아보기   정답 및 해설 | 기출해설집 **30쪽**

                                                     ▮

dankkum님 외 여러 명이 좋아합니다.

 선생님, 두모진 해관은 처음 들어보는데요?

 네, 이번에 두모진 해관이라는 키워드가 시험에서 처음 출제되었어요.
우선 두모진 해관 사건이란, 1878년 개항장인 부산 동래부 두모진에서 조선 정부와 일본 상인 사이에 세금 문제로 충돌한 사건을 말해요!

 시험에서 계속 익숙하지 않은 내용들이 조금씩 나오는 거 같아요!

 네, 전반적으로 무난하지만 몇몇 어려운 문제들로 하여금 난이도를 조절하고, 변별력을 갖추는 경향입니다.
그래서 고득점을 얻기 위해서는 기출 문제를 풀어보고, 출제 포인트와 키워드의 내용을 정확히 파악하는 것이 중요해요!
왜냐면 자료로 제시된 내용이 다음 시험에서 선택지로 출제될 수 있기 때문이죠.

8회차 **실제 응시자**의 **실시간 반응**

이제는 철저히 **응시자**의 입장에서 문제를 **재평가**하여야 합니다.
문제를 풀기 전, **이슈가 된 문제**를 미리 확인합니다.

제 **67** 회
심 화

dankkum_e ✅

제67회 심화 총평과 접근 **방법**은 문제 풀이 후 기출문제집 **55쪽**에서 확인합시다!

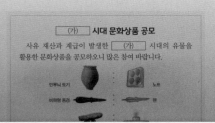

(가) 시대 문화상품 공모

사유 재산과 계급이 발생한 ___(가)___ 시대의 유물을 활용한 문화상품을 공모하오니 많은 참여 바랍니다.

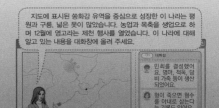

지도에 표시된 쑹화강 유역을 중심으로 성장한 이 나라는 평원과 구릉, 넓은 못이 많았습니다. 농업과 목축을 생업으로 하며 12월에 영고라는 제천 행사를 열었습니다. 이 나라에 대해 알고 있는 내용을 대화창에 올려 주세요.

(가) 왕은 당과 신라 군사들이 이미 백강과 탄현을 지났다는 소식을 듣고 장군 계백을 시켜 결사대 5천 명을 거느리고 황산으로 가서 신라 군사와 싸우게 하였다. 네 번 싸워서 모두 이겼으나 군사가 적고 힘이 모자라서 마침내 패하고 계백이 사망하였다.

(나) 검모잠이 국가를 부흥하고자 하여 당을 배반하고 왕의 외손 안승을 세워 왕으로 삼았다. 당 고종이 대장군 고간을 보내 동주도 행군총관으로 삼고 병력을 내어 그들을 토벌하게 하니 안승이 검모잠을 죽이고 신라로 달아났다.

---

49 (가) 정부 시기에 있었던 사실로 옳은 것은? [2점]

___(가)___ 정부의 민주화 운동 탄압 사례 중의 하나로 알려진 전국 민주 청년 학생 총연맹 사건의 관련 기록물이 세상에 나왔습니다. 국가기록원은 사건이 발생한 지 40여 년 만에 관련 인물 180명의 재판 기록과 수사 기록을 공개했습니다.

'민청학련 사건' 기록물, 세상 밖으로

dankkum_e • 팔로잉 ···

 dankkum_e 제67회 한능검 심화 시험, 결과는 어떠셨나요? #현대사 #박정희 정부 #민청학련 사건

 history 갑자기 지난 시험보다 너무 어려움...

 passexam 와 민청학련 처음 들어봤네요;;

 korealove 민청학련 사건이 뭔지 설명해 주실 분?

 certificate 앗 나는 전두환 정부 시기인 줄 알았는데;;

① 정부에 비판적인 경향신문이 폐간되었다.
② 국민의 요구에 굴복하여 대통령이 하야하였다.
③ 민주화 시위 도중 대학생 강경대가 희생되었다.
④ 장기 독재에 저항한 3·1 민주 구국 선언이 발표되었다.
⑤ 기존의 헌법을 유지하는 4·13 호헌 조치가 선언되었다.

❤️ 💬 ✈️ 🔖

history님 외 여러 명이 좋아합니다.
10월 21일

댓글 달기... 게시

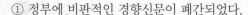

적산 법화원은 산둥반도에 있었던 신라인 집단 거주지에 세워진 절이다. 이 절을 창건한 이 인물은 당에 건너가 무령군 소장이 되었다가 흥덕왕 때 귀국하여 활발히 활동하였다. 그러나 왕위 쟁탈전에 휘말려 암살당했다.

① 구법 순례기인 왕오천축국전을 지었다.
② 진성 여왕에게 시무책 10여 조를 올렸다.

왕이 천덕전에 거둥하여 백관을 모아놓고 말하기를, "내가 신라와 굳게 동맹을 맺은 것은 두 나라가 길이 우호를 유지하고 각자의 사직(社稷)을 보전하기 위해서였다. 지금 신라왕이 굳이 신하로 되겠다고 요청하고 그대들도 그것이 옳다고 하니, 나의 마음이 매우 부끄러우나 여러 사람의 뜻을 거스르기 어렵다."라고 하였다. 이에 신라왕이 뜰에서 예를 올리니 여러 신하가 하례하여 함성이 궁궐을 진동하였다. …… 신라국을 없애 경주라 하고, 그 지역을 김부의 식읍으로 하사하였다.

① 빈민 구제 기관인 흑창을 설치하였다.
② 12목을 설치하고 지방관을 파견하였다.

  누가 거란 진영에 가서 담판을 벌여 군대를 물러가게 하겠는가?

신, 서희의 분부를 받들겠습니다.

 양규가 적을 무로대와 이수 등지에서 크게 무찌르고 포로를 되찾았다고 합니다.

① 묘청이 서경에서 난을 일으켰다.
② 이자겸이 척준경에 의해 축출되었다.

오직! 단 **8**회차로 끝내는 경향 분석

○ 사료도 선지도 확실히 알아요. △ 생소한 사료예요. / 선지 중 일부를 모르겠어요. ✕ 전혀 모르는 내용이에요.

제69회 심화
제68회 심화
제67회 심화
제66회 심화
제65회 심화
제64회 심화
제63회 심화
제62회 심화

01 (가) 시대의 생활 모습으로 옳은 것은? [1점]

계급이 출현한 (가) 시대의 생활상을 엿볼 수 있는 환호, 고인돌, 민무늬 토기 등이 울주 검단리 유적에서 발굴되었습니다. 특히 마을의 방어 시설로 보이는 환호는 우리나라의 (가) 시대 유적에서 처음 확인된 것으로, 둘레가 약 300미터에 달합니다.

① 철제 무기로 정복 활동을 벌였다.
② 주로 동굴이나 막집에서 거주하였다.
③ 소를 이용한 깊이갈이가 일반화되었다.
④ 비파형 동검과 청동 거울 등을 제작하였다.
⑤ 빗살무늬 토기에 음식을 저장하기 시작하였다.

02 (가)~(라)에 들어갈 내용으로 옳은 것을 〈보기〉에서 고른 것은? [2점]

< 여러 나라의 제천 행사 >

나라	내용
부여	(가)
고구려	(나)
동예	(다)
삼한	(라)

─── 〈보 기〉 ───
ㄱ. (가) - 무천이라는 제천 행사에서 밤낮으로 음주가무를 즐겼다.
ㄴ. (나) - 10월에 지내는 제천 행사는 국중대회로 동맹이라 하였다.
ㄷ. (다) - 영고라는 제천 행사를 열고 죄수를 풀어주기도 하였다.
ㄹ. (라) - 씨뿌리기가 끝난 5월과 농사를 마친 10월에 제사를 지냈다.

① ㄱ, ㄴ ② ㄱ, ㄷ ③ ㄴ, ㄷ ④ ㄴ, ㄹ ⑤ ㄷ, ㄹ

03 다음 자료에 해당하는 왕에 대한 설명으로 옳은 것은? [1점]

백제 제26대 왕 명농, 지혜와 식견이 뛰어나고 결단력이 있었다. 1/3
웅진에서 사비로 도읍을 옮기고 백제의 중흥을 꾀했다. 2/3
구천(관산성 부근)에서 신라의 복병에게 목숨을 잃었다. 3/3

① 국호를 남부여로 개칭하였다.
② 금마저에 미륵사를 창건하였다.
③ 고흥에게 서기를 편찬하게 하였다.
④ 윤충을 보내 대야성을 함락하였다.
⑤ 동진에서 온 마라난타를 통해 불교를 수용하였다.

04 (가)에 해당하는 문화유산으로 옳은 것은? [3점]

국보로 지정된 (가) 은 현존하는 신라 탑 중에 가장 오래된 것으로 평가받습니다. 이 탑은 돌을 벽돌 모양으로 다듬어 쌓았다는 특징이 있으며, 선덕여왕 3년에 건립된 것으로 추정됩니다.

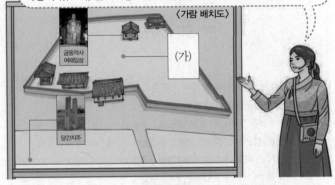

〈가람 배치도〉
금동약사여래입상
당간지주
(가)

①   ②   ③

④   ⑤

05 (가)에 들어갈 내용으로 적절한 것은? 3점

■ 한국사 동영상 제작 계획안

삼국이 하나 되다

○학년 ○반 ○모둠

■ 제작 의도

삼국 통일 과정을 사건의 발생 순서대로 구성하여 그 의의와 한계를 살펴본다.

■ 장면별 구성 내용

#1. 김춘추가 당과의 군사 동맹을 성사시키다
#2. 백제의 결사대 5천 명이 황산벌에서 패하다
#3. 연개소문이 죽고 내분이 일어나다
#4. _____(가)_____
#5. 신라 수군이 기벌포에서 승리하다

① 흑치상지가 당의 유인궤에게 항복하다
② 문무왕이 안승을 보덕국왕으로 책봉하다
③ 을지문덕이 살수에서 수의 군대를 물리치다
④ 부여풍이 백강에서 왜군과 함께 당군에 맞서 싸우다
⑤ 개로왕이 북위에 사신을 보내 고구려 공격을 요청하다

06 밑줄 그은 '이 승려'에 대한 설명으로 옳은 것은? 2점

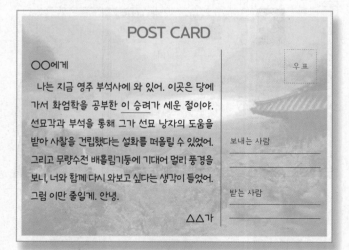

POST CARD

○○에게

나는 지금 영주 부석사에 와 있어. 이곳은 당에 가서 화엄학을 공부한 이 승려가 세운 절이야. 선묘각과 부석을 통해 그가 선묘 낭자의 도움을 받아 사찰을 건립했다는 설화를 떠올릴 수 있었어. 그리고 무량수전 배흘림기둥에 기대어 멀리 풍경을 보니, 너와 함께 다시 와보고 싶다는 생각이 들었어. 그럼 이만 줄일게. 안녕.

우표

보내는 사람

받는 사람

△△가

① 황룡사 구층 목탑의 건립을 건의하였다.
② 무애가를 지어 불교 대중화에 노력하였다.
③ 유식의 교의를 담은 해심밀경소를 저술하였다.
④ 승려들의 전기를 정리한 해동고승전을 편찬하였다.
⑤ 현세의 고난에서 구제받고자 하는 관음 신앙을 강조하였다.

07 (가) 왕의 업적으로 옳은 것은? 2점

대왕암이 내려다 보이는 이곳은 경주 이견대입니다. 선왕을 기리며 감은사를 완공한 (가) 은/는 이곳에서 용을 만나는 신묘한 일을 겪었고, 이를 통해 검은 옥대와 만파식적의 재료가 된 대나무를 얻었다고 합니다.

① 향가 모음집인 삼대목을 편찬하였다.
② 관료전을 지급하고 녹읍을 폐지하였다.
③ 인사를 담당하는 위화부를 창설하였다.
④ 건원이라는 독자적인 연호를 사용하였다.
⑤ 시장을 감독하기 위해 동시전을 설치하였다.

08 다음 상황 이후에 전개된 사실로 옳은 것은? 2점

이찬 김지정이 반역하여 무리를 모아 궁궐을 에워싸고 침범하였다. 여름 4월에 상대등 김양상이 이찬 경신과 함께 군사를 일으켜 김지정 등을 죽였으나, 왕과 왕비는 반란군에게 살해되었다. 양상 등이 왕의 시호를 혜공왕이라 하였다.

– 『삼국사기』 –

① 김흠돌이 반란을 도모하였다.
② 이사부가 우산국을 복속하였다.
③ 김대성이 불국사 조성을 주도하였다.
④ 장보고가 왕위 쟁탈전에 가담하였다.
⑤ 거칠부가 왕명에 의해 국사를 편찬하였다.

제69회
심화

제68회
심화

제67회
심화

제66회
심화

제65회
심화

제64회
심화

제63회
심화

제62회
심화

09 (가) 국가에 대한 설명으로 옳은 것은? [2점]

이 글은 양태사가 지은 '밤에 다듬이 소리를 듣고'라는 한시로, 정효 공주 묘지(墓誌) 등과 함께 (가) 의 한문학 수준을 보여주는 대표적인 사례입니다. 이 시에는 문왕 때 일본에 사신으로 파견된 그가 다듬이 소리를 듣고 고국을 그리워하는 마음이 잘 표현되어 있습니다.

서리 기운 가득한 하늘에 달빛 비치니 은하수도 밝은데
나그네 돌아갈 일 생각하니 감회가 새롭네
홀로 앉아 지새는 긴긴 밤 근심에 젖어 마음 아픈데
홀연히 들리누나 이웃집 아낙네 다듬이질 소리
바람결에 그 소리 끊기는 듯 이어지는 듯
밤 깊어 별빛 기우는데 잠시도 쉬지 않네
나라 떠나온 뒤로 아무 소리 듣지 못하더니
이제 타향에서 고향 소리 듣는구나
:

① 교육 기관으로 주자감을 설립하였다.
② 골품제라는 엄격한 신분제를 마련하였다.
③ 정사암에 모여 국가 중대사를 논의하였다.
④ 관리 선발을 위해 독서삼품과를 시행하였다.
⑤ 청연각과 보문각을 설치하여 학문 연구를 장려하였다.

10 다음 상황 이후에 있었던 사실로 옳은 것은? [3점]

파진찬 신덕, 영순 등이 신검에게 견훤을 금산사에 유폐하고 사람을 보내 금강을 죽이도록 권하였다. 신검이 대왕을 자칭하고 국내에 대사면령을 내렸다. 교서에서 이르기를, " …… 왕위를 어리석은 아이에게 줄 뻔하였다. 다행스러운 것은 상제께서 진정한 마음을 내리시니 군자들이 허물을 고쳤고 맏아들인 나에게 명하여 이 한 나라를 다스리게 하셨다는 점이다. …… "라고 하였다.

① 궁예가 광평성을 설치하였다.
② 장문휴가 당의 등주를 공격하였다.
③ 신숭겸이 공산 전투에서 전사하였다.
④ 왕건이 일리천 전투에서 승리하였다.
⑤ 김헌창이 웅천주에서 반란을 일으켰다.

11 (가) 왕이 추진한 정책으로 옳은 것은? [1점]

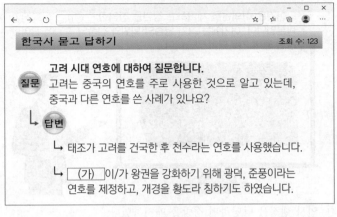

한국사 묻고 답하기   조회 수: 123

질문 고려 시대 연호에 대하여 질문합니다.
고려는 중국의 연호를 주로 사용한 것으로 알고 있는데, 중국과 다른 연호를 쓴 사례가 있나요?

┗ 답변
  ┗ 태조가 고려를 건국한 후 천수라는 연호를 사용했습니다.
    ┗ (가) 이/가 왕권을 강화하기 위해 광덕, 준풍이라는 연호를 제정하고, 개경을 황도라 칭하기도 하였습니다.

① 과거제를 도입하였다.
② 흑창을 처음 설치하였다.
③ 전시과 제도를 시행하였다.
④ 삼국사기 편찬을 명령하였다.
⑤ 12목에 지방관을 파견하였다.

12 (가) 왕의 재위 기간에 있었던 사실로 옳은 것은? [3점]

〈역사 연극 시나리오 구상〉

제목: (가) 의 험난한 피란길
○학년 ○반 ○모둠

장면1: 강조의 정변을 구실로 침입한 거란군이 서경까지 이르자 강감찬이 왕에게 남쪽으로 피란할 것을 권유한다.

장면2: 왕이 개경을 떠나 전라도 삼례에 이르는 동안 호위군이 도망가는 등의 어려움을 겪는다.

장면3: 나주에 도착한 왕은 강화가 성립되어 거란군이 물러간다는 소식을 듣고 안도한다.

① 만부교 사건이 일어났다.
② 초조대장경 조판이 시작되었다.
③ 사신 저고여가 귀국 길에 피살되었다.
④ 공주 명학소에서 망이·망소이가 봉기하였다.
⑤ 신돈을 중심으로 전민변정 사업이 추진되었다.

13 (가) 인물의 활동으로 옳은 것은? 2점

이것은 이의민을 제거하고 정권을 장악한 [(가)]의 묘지명 탁본입니다. 여기에는 그가 명종의 퇴위와 신종의 즉위에 관여한 사실 등이 기록되어 있습니다.

① 인사 행정을 담당하던 정방을 폐지하였다.
② 교정도감을 두어 국가의 중요한 사무를 처리하였다.
③ 삼별초를 이끌고 진도로 이동하여 대몽 항쟁을 펼쳤다.
④ 화약과 화포 제작을 위한 화통도감 설치를 건의하였다.
⑤ 후세의 정책 방향을 제시하기 위해 훈요 10조를 남겼다.

■ ■ ■

14 (가), (나) 사이의 시기에 있었던 사실로 옳은 것은? 2점

(가) 윤관이 포로 346구와 말 96필, 소 300여 마리를 바쳤다. 의주와 통태진·평융진에 성을 쌓고, 함주·영주·웅주·길주·복주, 공험진과 함께 북계 9성이라 하였다.

(나) 그해 12월 16일에 처인부곡의 작은 성에서 적과 싸우던 중 화살로 적의 괴수인 살리타를 쏘아 죽였습니다. 사로잡은 자들이 많았으며 나머지 무리는 무너져 흩어졌습니다.

① 외침에 대비하여 광군을 조직하였다.
② 서희의 활약으로 강동 6주를 획득하였다.
③ 이제현이 만권당에서 유학자들과 교유하였다.
④ 묘청 등이 칭제 건원과 금 정벌을 주장하였다.
⑤ 압록강에서 도련포까지 천리장성을 축조하였다.

■ ■ ■

15 다음 자료를 활용한 탐구 활동으로 가장 적절한 것은? 2점

시중 김방경과 대장군 인공수를 [상국(上國)]에 파견하여 표문을 올렸다. "우리나라는 근래 역적을 소탕하는 대군에 군량을 공급하는 일로 이미 해마다 백성에게서 양식을 거두어들였습니다. 게다가 일본 정벌에 필요한 전함을 건조하는 데 장정들이 모두 징발되었고 노약자들만 겨우 밭 갈고 씨 뿌리는 일을 하고 있습니다."

① 삼전도비가 건립된 계기를 찾아본다.
② 정동행성이 설치되는 배경을 살펴본다.
③ 사심관 제도가 시행된 원인을 조사한다.
④ 조위총의 난이 전개되는 과정을 알아본다.
⑤ 권수정혜결사문이 작성된 목적을 파악한다.

■ ■ ■

16 밑줄 그은 '불상'에 해당하는 문화유산으로 옳은 것은? 2점

이것은 이색의 목은집에 실린 시의 일부입니다. 그는 관촉사에서 열린 법회에 참여하였고 그곳에서 보았던 불상을 떠올리며 이 시를 지었습니다.

한산의 동쪽으로 백여 리쯤 되는 곳에
은진현이라 그 안에 관족사*가 있다네
여기엔 크나큰 석상 미륵존이 있으니
내 나간다 나간다며 땅속에서 솟았다네
⋮

*관족사: 현재의 관촉사

①   ②   ③

④  ⑤

■ ■ ■

17 (가) 교육 기관에 대한 설명으로 옳은 것은? 2점

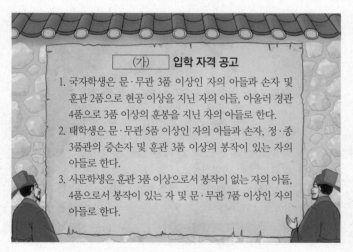

[(가)] 입학 자격 공고

1. 국자학생은 문·무관 3품 이상인 자의 아들과 손자 및 훈관 2품으로 현공 이상을 지닌 자의 아들, 아울러 경관 4품으로 3품 이상의 훈봉을 지닌 자의 아들로 한다.
2. 태학생은 문·무관 5품 이상인 자의 아들과 손자, 정·종 3품관의 증손자 및 훈관 3품 이상의 봉작이 있는 자의 아들로 한다.
3. 사문학생은 훈관 3품 이상으로서 봉작이 없는 자의 아들, 4품으로서 봉작이 있는 자 및 문·무관 7품 이상인 자의 아들로 한다.

① 문헌공도로 불리기도 하였다.
② 중앙에서 교수나 훈도가 파견되었다.
③ 전국의 부·목·군·현에 하나씩 설치되었다.
④ 장학 기금 마련을 위해 양현고가 설립되었다.
⑤ 사가독서제를 시행하여 학문에 전념하게 되었다.

제69회 심화
제68회 심화
제67회 심화
제66회 심화
제65회 심화
제64회 심화
제63회 심화
제62회 심화

18 ⊙~② 기구에 대한 설명으로 옳은 것을 〈보기〉에서 고른 것은? [2점]

🔍 **역사 돋보기** **왕실과의 혼인을 통한 이자겸의 출세**

음서로 관직에 진출한 이자겸은 1108년 둘째 딸이 예종의 비가 되면서 빠른 속도로 출세하였다.
1109년 ⊙추밀원(중추원) 부사, 1111년 ⓒ어사대의 대부가 된다. 1113년에는 ⓒ상서성의 좌복야에 임명되었고, 1118년 재신으로서 판이부사를 맡았으며, 1122년 ②중서문하성 중서령에 오른다.

〈보 기〉

ㄱ. ⊙ - 군사 기밀과 왕명 출납을 담당하였다.
ㄴ. ⓒ - 소속 관원이 낭사와 함께 서경권을 행사하였다.
ㄷ. ⓒ - 화폐·곡식의 출납과 회계를 담당하였다.
ㄹ. ② - 원 간섭기에 도평의사사로 개편되었다.

① ㄱ, ㄴ ② ㄱ, ㄷ ③ ㄴ, ㄷ ④ ㄴ, ㄹ ⑤ ㄷ, ㄹ

19 다음 상황이 나타난 시기를 연표에서 옳게 고른 것은? [2점]

명 황제가 말하기를, "철령을 따라 이어진 북쪽과 동쪽과 서쪽은 원래 개원로(開元路)*가 관할하던 군민(軍民)이 속하던 곳이니, 한인·여진인·달달인·고려인을 그대로 요동에 소속시켜라."라고 하였다. …… 왕은 최영과 함께 요동을 공격하기로 계책을 결정하였으나, 감히 드러내어 말하지 못하고 사냥 간다는 핑계를 대고 서쪽으로 해주에 행차하였다.

*개원로(開元路): 원이 설치한 행정 구역

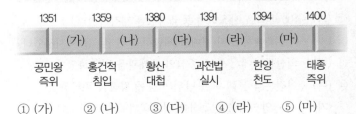

1351	1359	1380	1391	1394	1400
(가)	(나)	(다)	(라)	(마)	
공민왕 즉위	홍건적 침입	황산 대첩	과전법 실시	한양 천도	태종 즉위

① (가) ② (나) ③ (다) ④ (라) ⑤ (마)

20 밑줄 그은 '이 역사서'에 대한 설명으로 옳은 것은? [3점]

대개 이미 지나간 나라의 흥망은 장래의 교훈이 되기 때문에 이 역사서를 편찬하여 올리는 바입니다. …… 범례는 사마천의 『사기』를 따르고, 대의(大義)는 모두 왕께 아뢰어 재가를 얻었습니다. 본기(本紀)라는 이름을 피하고 세가(世家)라고 한 것은 명분의 중요성을 나타내기 위함이며, 가짜 왕인 신씨들[신우, 신창]을 세가에 넣지 않고 열전으로 내린 것은 그들이 왕위를 도둑질한 사실을 엄히 논죄하려는 것입니다.

① 발해사를 우리 역사로 체계화하였다.
② 고구려 시조의 일대기를 서사시로 표현하였다.
③ 불교사를 중심으로 고대의 민간 설화를 수록하였다.
④ 고조선부터 고려 말까지의 역사를 연대순으로 기록하였다.
⑤ 조선 건국을 정당화하는 입장에서 고려의 역사를 정리하였다.

21 (가) 기구에 대한 설명으로 옳은 것은? [2점]

우부승지 김종직이 아뢰기를, "고려 태조는 여러 고을에 영을 내려 공변되고 청렴한 선비를 뽑아서 향리들의 불법을 규찰하게 하였으므로 간사한 향리가 저절로 없어져 5백 년간 풍화를 유지할 수 있었습니다. 우리 조정에서는 이시애의 난 이후 (가) 이/가 혁파되자 간악한 향리들이 불의를 자행하여서 건국한 지 1백 년도 못 되어 풍속이 쇠퇴해졌습니다. …… 청컨대 (가) 을/를 다시 설립하여 향풍(鄕風)을 규찰하게 하소서."라고 하였다.
— 『성종실록』 —

① 조광조 일파의 건의로 폐지되었다.
② 좌수와 별감을 중심으로 운영되었다.
③ 풍기 군수 주세붕이 처음 설립하였다.
④ 대사성 이하 좨주, 직강 등의 관직을 두었다.
⑤ 매향(埋香) 활동 등 각종 불교 행사를 주관하였다.

22 다음 검색창에 들어갈 인물의 활동으로 옳은 것은? [2점]

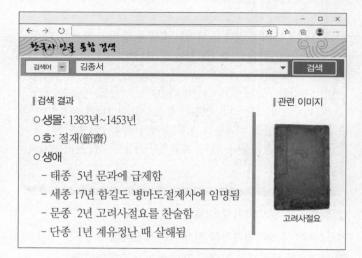

① 여진을 정벌하고 6진을 개척하였다.

② 불씨잡변을 지어 불교를 비판하였다.

③ 반정 공신의 위훈 삭제를 주장하였다.

④ 왜구의 근거지인 쓰시마섬을 정벌하였다.

⑤ 충청도 지역까지 대동법의 확대 실시를 건의하였다.

23 다음 가상 대화가 이루어진 시기에 볼 수 있는 모습으로 적절하지 않은 것은? [1점]

① 담배 농사를 짓고 있는 농민

② 관청에 종이를 납품하는 공인

③ 시사(詩社)에서 시를 낭송하는 중인

④ 장시에서 판소리 공연을 하는 소리꾼

⑤ 솔빈부의 특산품인 말을 수입하는 상인

24 다음 기사에 보도된 전투 이후의 사실로 옳은 것은? [2점]

> **역사 신문**
>
> 제△△호   ○○○○년 ○○월 ○○일
>
> **조·명 연합군, 평양성 탈환**
>
> 평안도 도체찰사 류성룡, 도원수 김명원이 이끄는 관군이 명 제독 이여송 부대에 합세하여 평양성을 되찾았다. 이번 전투에서 아군의 불랑기포를 비롯한 화포가 위력을 발휘하여 일본군은 크게 패하고 남쪽으로 내려갔다. 이 전투의 승리는 향후 전쟁의 판도를 바꿀 것으로 기대된다.

① 송상현이 동래성에서 항전하였다.

② 권율이 행주산성에서 적군을 격퇴하였다.

③ 이순신이 한산도 앞바다에서 대승을 거두었다.

④ 신립이 탄금대 앞에서 배수의 진을 치고 싸웠다.

⑤ 최윤덕이 올라산성에서 이만주 부대를 정벌하였다.

25 (가), (나) 인물에 대한 설명으로 옳은 것은? [2점]

> 북학의를 저술한 저는 청의 문물 도입과 소비 촉진을 통한 생산력 증대를 주장하였습니다.
>
> 오늘은 실학자 두 분을 모시고 어떤 활동을 하셨는지 들어보겠습니다.
>
> 저는 경세유표를 저술하여 국가 제도의 개혁 방향을 제시하였습니다.
>
> 홀로그램으로 만나는 역사 인물
>
> (가)   (나)

① (가) - 100리 척을 사용하여 동국지도를 제작하였다.

② (가) - 곽우록에서 토지 매매를 제한하는 한전론을 제시하였다.

③ (나) - 의산문답에서 중국 중심의 세계관을 비판하였다.

④ (나) - 여전론을 통해 마을 단위의 공동 경작을 주장하였다.

⑤ (가), (나) - 양명학을 연구하여 강화학파를 형성하였다.

26 (가)~(다)를 일어난 순서대로 옳게 나열한 것은? [2점]

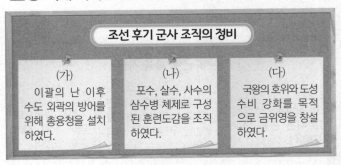

조선 후기 군사 조직의 정비

(가)	(나)	(다)
이괄의 난 이후 수도 외곽의 방어를 위해 총융청을 설치하였다.	포수, 살수, 사수의 삼수병 체제로 구성된 훈련도감을 조직하였다.	국왕의 호위와 도성 수비 강화를 목적으로 금위영을 창설하였다.

① (가) - (나) - (다)
② (가) - (다) - (나)
③ (나) - (가) - (다)
④ (나) - (다) - (가)
⑤ (다) - (나) - (가)

27 (가) 왕의 재위 기간에 있었던 사실로 옳은 것은? [1점]

이 그림은 화성능행도 8폭 중 일부로, (가) 이/가 혜경궁 홍씨를 모시고 현륭원에 다녀오는 모습을 그린 것입니다. 위엄을 갖춘 행렬의 장대함과 구경꾼들의 생동감 넘치는 표정이 잘 드러나 있습니다.

① 자의 대비의 복상 문제로 예송이 전개되었다.
② 명의 신종을 제사 지내는 만동묘가 설치되었다.
③ 문신을 재교육하기 위한 초계문신제가 실시되었다.
④ 붕당의 폐해를 경계하는 탕평비가 성균관에 건립되었다.
⑤ 비변사의 혁파로 의정부와 삼군부의 기능이 정상화되었다.

28 다음 상황이 나타난 시기를 연표에서 옳게 고른 것은? [3점]

사학(邪學) 죄인 황사영은 사족으로서 사술(邪術)에 미혹됨이 가장 심한 자였다. [그는] 의금부에서 체포하려는 것을 미리 알고 피신하였는데, 상복을 입고 성명을 바꾸거나 토굴에 숨어서 종적을 감춘 지 반년이 지났다. 포청에서 은밀히 염탐하여 지금에야 제천 땅에서 붙잡았다. 그의 문서를 수색하던 중 백서를 찾았는데, 장차 북경의 천주당에 전하려고 한 것이었다.

(가)	(나)	(다)	(라)	(마)

1728 이인좌의 난	1746 속대전 편찬	1791 신해 박해	1811 홍경래의 난	1834 헌종 즉위	1862 임술 농민 봉기

① (가)　② (나)　③ (다)　④ (라)　⑤ (마)

29 (가) 사건에 대한 설명으로 옳은 것은? [1점]

이 척화비는 자연석에 비문을 새긴 것이 특징입니다. 척화비는 제너럴 셔먼호 사건을 구실로 일어난 (가) 이후 전국 각지에 세워졌습니다. 이를 통해 서양 세력과의 통상 수교를 거부한 역사의 한 장면을 엿볼 수 있습니다.

① 청군의 개입으로 종결되었다.
② 외규장각 도서가 약탈되는 결과를 가져왔다.
③ 에도 막부에 통신사가 파견되는 계기가 되었다.
④ 사태 수습을 위해 박규수가 안핵사로 파견되었다.
⑤ 전개 과정에서 어재연 부대가 광성보에서 항전하였다.

30 (가), (나) 조약에 대한 설명으로 옳은 것은? [3점]

(가) 제4조 …… 조선 상인이 북경에서 규정에 따라 교역하고, 중국 상인이 조선의 양화진과 서울에 들어가 영업소를 개설한 경우를 제외하고 각종 화물을 내지로 운반하여 상점을 차리고 파는 것을 허가하지 않는다. ……

(나) 제37관 조선국에서 가뭄과 홍수, 전쟁 등의 일로 국내에 양식이 부족할 것을 우려하여 일시 쌀 수출을 금지하려고 할 때에는 1개월 전에 지방관이 일본 영사관에 통지하고, 미리 그 기간을 항구에 있는 일본 상인들에게 전달하여 일률적으로 준수하는 데 편리하게 한다.

① (가) - 통감부가 설치되는 계기가 되었다.
② (가) - 조선의 관세 자주권을 최초로 인정하였다.
③ (나) - 최혜국 대우를 규정한 조항을 담고 있다.
④ (나) - 일본 공사관의 경비병 주둔을 명시하였다.
⑤ (가), (나) - 갑신정변의 영향으로 체결되었다.

제69회 심화
제68회 심화
제67회 심화
제66회 심화
제65회 심화
제64회 심화
제63회 심화
제62회 심화

31 다음 검색창에 들어갈 신문에 대한 설명으로 옳은 것은? `2점`

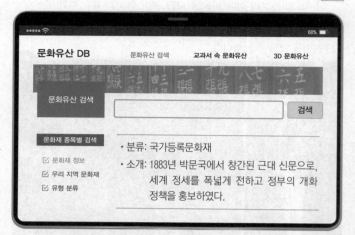

① 여권통문을 처음 보도하였다.
② 국채 보상 운동의 확산에 기여하였다.
③ 의병 투쟁에 호의적인 기사를 게재하였다.
④ 외국인이 읽을 수 있도록 영문으로도 발행되었다.
⑤ 순 한문 신문으로 열흘마다 발행하는 것이 원칙이었다.

32 다음 가상 뉴스에서 보도하는 사건 이후에 전개된 사실로 옳은 것은? `1점`

① 남접과 북접이 논산에서 연합하였다.
② 농민군이 황룡촌 전투에서 관군에 승리하였다.
③ 교조 신원을 요구하는 보은 집회가 개최되었다.
④ 사태 수습을 위해 안핵사 이용태가 파견되었다.
⑤ 전봉준이 농민을 이끌고 고부 관아를 습격하였다.

33 다음 대화에 해당하는 교육 기관에 대한 설명으로 옳은 것은? `2점`

① 7재라는 전문 강좌가 개설되었다.
② 조선 총독부의 탄압으로 폐교되었다.
③ 교육 입국 조서에 근거하여 세워졌다.
④ 주요 건물로 대성전과 명륜당을 두었다.
⑤ 헐버트, 길모어 등이 교사로 초빙되었다.

34 (가) 인물의 활동으로 옳은 것은? `3점`

① 샌프란시스코에서 흥사단을 창립하였다.
② 황준헌이 쓴 조선책략을 국내에 들여왔다.
③ 인재 양성을 위해 오산 학교를 설립하였다.
④ 국문 연구소를 설립하고 연구위원으로 활동하였다.
⑤ 독립 협회의 제안을 받아들여 중추원 관제 개편을 추진하였다.

제69회 심화
제68회 심화
제67회 심화
제66회 심화
제65회 심화
제64회 심화
제63회 심화
제62회 심화

35 (가)에 들어갈 내용으로 가장 적절한 것은? 2점

한국사 특강

우리 학회에서는 고종이 황제로 즉위한 이후 구본신참에 입각하여 추진한 정책을 주제로 강좌를 마련하였습니다. 많은 관심과 참여 바랍니다.

■ 강좌 내용 ■

제1강 ⬜⬜⬜⬜⬜ (가) ⬜⬜⬜⬜⬜
제2강 대한국 국제 반포와 황제 중심 정치 구조
제3강 지계 발급과 근대적 토지 소유권

○ 기간: 2023년 10월 ○○일~○○일
○ 일시: 매주 토요일 14:00~16:00
○ 장소: △△ 연구원

① 통역관 양성을 위한 동문학 설립
② 개혁 방향을 제시한 홍범 14조 반포
③ 통리기무아문 설치와 개화 정책 추진
④ 원수부 창설과 황제의 군 통수권 강화
⑤ 23부로의 지방 제도 개편과 지방관 권한 축소

36 (가), (나) 사이의 시기에 있었던 사실로 옳은 것은? 2점

(가)
두 달 전 체결된 협약에 따라 메가타가 탁지부의 재정 고문으로 온다는군.

일본이 우리 정부의 재정권을 침해하려는 의도인 것 같네.

(나)
지난달 군대를 해산한다는 조칙이 발표된 이후 군인들의 반발이 계속되고 있다는군.

들었네. 일부는 의병에 합류하여 일본에 저항하는 활동을 전개한다고 하네.

① 데라우치가 초대 총독으로 부임하였다.
② 13도 창의군이 서울 진공 작전을 전개하였다.
③ 기유각서를 통해 일제에 사법권을 박탈당하였다.
④ 상권 수호를 위해 황국 중앙 총상회가 조직되었다.
⑤ 헤이그에서 열린 만국 평화 회의에 특사가 파견되었다.

37 (가) 단체에 대한 설명으로 옳은 것은? 2점

판 결 문

피 고 인: 오복영 외 1인

주 문: 피고 두 명을 각 징역 7년에 처한다.

이 유

제1. 피고 오복영은 이전부터 조선 독립을 희망하고 있었다.
1. 대정 11년(1922) 11월 중 김상옥, 안홍한 등이 조선 독립자금 강탈을 목적으로 권총, 불온문서 등을 가지고 조선에 오는 것을 알고 천진에서 여비 40원을 조달함으로써 동인 등으로 하여금 조선으로 들어오게 하고
2. 대정 12년(1923) 8월 초순 ⬜ (가) ⬜ 단원으로 활약할 목적으로 피고 이영주의 권유에 의해 동 단에 가입하고
3. 이어서 피고 이영주와 함께 ⬜ (가) ⬜ 단장 김원봉 및 단원 유우근의 지휘 하에 피고 두 명은 조선 내 관리를 암살하고 주요 관아, 공서를 폭파함으로 민심의 동요를 초래하고 ……

① 일제의 황무지 개간권 요구를 저지하였다.
② 일제가 조작한 105인 사건으로 큰 타격을 입었다.
③ 단원인 나석주가 동양 척식 주식회사에 폭탄을 던졌다.
④ 조선 총독부에 국권 반환 요구서를 제출하고자 하였다.
⑤ 이륭양행에 교통국을 설치하여 국내와 연락을 취하였다.

38 밑줄 그은 '이 운동'에 대한 설명으로 옳은 것을 <보기>에서 고른 것은? 1점

이것은 1929년 11월 한일 학생 간의 충돌을 계기로 시작된 이 운동을 기념하는 탑입니다. 당시 민족 차별에 분노한 광주 지역 학생들이 대규모 시위를 전개하였고, 전국의 많은 학교가 동맹 휴학으로 동참하였습니다. 이 기념탑은 학생들의 단결된 의지를 타오르는 횃불로 형상화한 것입니다.

─── <보 기> ───
ㄱ. 조선인 본위의 교육 제도 확립 등을 요구하였다.
ㄴ. 대한매일신보의 후원 속에 전국으로 확산되었다.
ㄷ. 신간회에서 진상 조사단을 파견하여 지원하였다.
ㄹ. 일제가 이른바 문화 통치를 실시하는 배경이 되었다.

① ㄱ, ㄴ ② ㄱ, ㄷ ③ ㄴ, ㄷ ④ ㄴ, ㄹ ⑤ ㄷ, ㄹ

39 (가) 부대에 대한 설명으로 옳은 것은? 2점

대전자령은 태평령이라고도 하는데, 일본군이 서남부의 왕칭현 쪽으로 가려면 반드시 지나가야 하는 지점이었다. 대전자령의 양쪽은 험준한 절벽과 울창한 산림 지대로 되어 있어 적을 공격하기에 알맞은 곳이었다. 이 전투에 ____(가)____의 주력 부대 500여 명, 차이시잉(柴世榮)이 거느리는 중국 의용군인 길림구국군 2,000여 명이 참가하였다. …… 한중 연합군은 계곡 양편 산기슭에 구축되어 있는 참호 속에 미리 매복·대기하여 일본군 습격 준비를 마쳤다.
- 『청천장군의 혁명투쟁사』 -

① 영국군의 요청으로 인도·미얀마 전선에 투입되었다.
② 간도 참변 이후 조직을 정비하고 자유시로 이동하였다.
③ 중국 관내(關內)에서 결성된 최초의 한인 무장 부대였다.
④ 홍범도 부대와 연합하여 청산리에서 일본군과 교전하였다.
⑤ 한국 독립당의 군사 조직으로 북만주 지역에서 활약하였다.

40 밑줄 그은 '이 시기'에 있었던 사실로 옳은 것은? 1점

문학으로 만나는 한국사

"이제 곧 창씨개명이 문제가 아닌 날이 닥칠 겁니다. 그때는 사느냐 죽느냐, 이 문제가 턱에 걸려서 아무것도 뵈지 않을걸요. 아 왜 거년(去年) 칠월에 국가총동원법 제4조라고 허면서, 국민 징용령이 안 떨어졌습니까? 일본 본토는 그렇다 치고, 조선, 대만, 사할린, 남양 군도에까지 그 징용령이 시행되고 있는 판에, 징병령인들 떨어지지 않겠습니까? 지금 지원병 제도는 장차 징병 문제를 결정하려는 시험으로 해 보는 것이라고 허드구만요."
이기채는 가슴이 까닭 없이 덜컥, 내려앉는다.
- 『혼불』-

[해설] 이 작품에는 일제가 국가 총동원법을 제정하고 노동력 수탈을 위해 국민 징용령 등을 시행하던 <u>이 시기</u> 우리 민족의 삶이 잘 표현되어 있다.

① 조선 태형령이 공포되었다.
② 헌병 경찰 제도가 실시되었다.
③ 경성 제국 대학이 설립되었다.
④ 조선 농민 총동맹이 조직되었다.
⑤ 황국 신민 서사 암송이 강요되었다.

41 (가) 종교에 대한 설명으로 옳은 것은? 2점

기획 전시

방정환이 꿈꾼 어린이를 위한 나라

우리 박물관에서는 『어린이』 창간 100주년을 기념하는 특별전을 준비하였습니다. 동학을 계승한 종교인 ____(가)____ 계열의 방정환 등이 어린이들에게 다양한 읽을거리를 제공하기 위해 발간한 잡지 『어린이』의 전시와 함께 여러 체험 행사를 준비하였으니 많은 관심 바랍니다.

○ 기간: 2023. ○○. ○○.~○○. ○○.
○ 장소: △△ 박물관 특별 전시실
○ 전시 자료 소개

▲ 『어린이』 제7권 제3호   ▲ 『어린이』 제9권 제1호

① 한용운 등이 사찰령 폐지를 주장하였다.
② 만세보를 발행하여 민중 계몽에 앞장섰다.
③ 박중빈을 중심으로 새생활 운동을 펼쳤다.
④ 배재 학당을 세워 신학문을 보급하고자 힘썼다.
⑤ 의민단을 조직하여 항일 무장 투쟁을 전개하였다.

42 (가)에 들어갈 내용으로 가장 적절한 것은? 3점

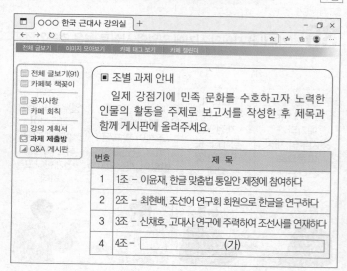

○○○ 한국 근대사 강의실

전체 글보기 | 이미지 모아보기 | 카페 태그 보기 | 카페 캘린더

전체 글보기(91)
카페북 책꽂이
공지사항
카페 회칙
강의 계획서
과제 제출방
Q&A 게시판

■ 조별 과제 안내

일제 강점기에 민족 문화를 수호하고자 노력한 인물의 활동을 주제로 보고서를 작성한 후 제목과 함께 게시판에 올려주세요.

번호	제 목
1	1조 - 이윤재, 한글 맞춤법 통일안 제정에 참여하다
2	2조 - 최현배, 조선어 연구회 회원으로 한글을 연구하다
3	3조 - 신채호, 고대사 연구에 주력하여 조선사를 연재하다
4	4조 - ____(가)____

① 정인보, 민족의 얼을 강조하고 조선학 운동을 전개하다
② 장지연, 황성신문에 시일야방성대곡이라는 논설을 싣다
③ 유길준, 서유견문을 집필하여 서양 근대 문명을 소개하다
④ 최익현, 지부복궐척화의소를 올려 왜양일체론을 주장하다
⑤ 신헌, 강화도 조약 체결의 전말을 기록한 심행일기를 남기다

제69회 심화
제68회 심화
제67회 심화
제66회 심화
제65회 심화
제64회 심화
제63회 심화
제62회 심화

43 밑줄 그은 '이 지역'에서 있었던 민족 운동으로 옳은 것은? [2점]

이것은 1923년 이 지역에서 발생한 지진 당시 희생된 조선인을 위로하기 위해 세운 추도비입니다. 지진이 일어나자 "조선인이 불을 질렀다", "조선인이 공격해 온다" 등의 유언비어가 퍼졌고, 이에 현혹된 사람들이 조직한 자경단 등에 의해 수많은 조선인이 학살되었습니다.

① 한인 자치 기구인 경학사를 설립하였다.
② 민족 교육을 위해 서전서숙을 건립하였다.
③ 유학생을 중심으로 2·8 독립 선언서를 발표하였다.
④ 대조선 국민 군단을 결성하여 군사 훈련을 실시하였다.
⑤ 대한 광복군 정부를 세워 무장 독립 투쟁을 준비하였다.

44 (가) 인물에 대한 설명으로 옳은 것은? [2점]

□□일보

제△△호   2023년 ○○월 ○○일

'몽양 (가) 장례식 만장' 117점 국가등록문화재 등록 예고

1918년 중국에서 신한 청년당을 조직하고 해방 후 좌우 합작 운동을 추진 (가) 선생의 마지막 길에 내걸린 만장(輓章)이 국가등록문화재가 된다. 만장이란 망자를 추모하는 글을 비단이나 종이에 적어 만든 깃발로, 1947년 거행된 그의 장례식에는 각계각층이 애도하는 만장이 내걸렸다.

이 만장은 독립운동에 헌신하고 광복 후 좌우대통합을 위해 노력했던 그에 대한 대중들의 인식과 평가를 담은 자료로서 중요한 역사적 가치가 있다.

① 조선 건국 동맹을 결성하였다.
② 한국독립운동지혈사를 저술하였다.
③ 권업회의 초대 회장으로 선출되었다.
④ 대한 광복회를 조직하여 친일파를 처단하였다.
⑤ 백산 상회를 설립하여 독립운동 자금을 마련하였다.

45 밑줄 그은 '개헌안'의 시행 결과로 옳은 것은? [2점]

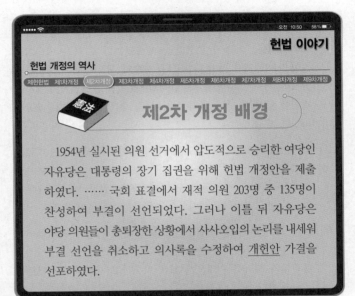

헌법 이야기

헌법 개정의 역사

제헌헌법 제1차개정 제2차개정 제3차개정 제4차개정 제5차개정 제6차개정 제7차개정 제8차개정 제9차개정

제2차 개정 배경

1954년 실시된 의원 선거에서 압도적으로 승리한 여당인 자유당은 대통령의 장기 집권을 위해 헌법 개정안을 제출하였다. …… 국회 표결에서 재적 의원 203명 중 135명이 찬성하여 부결이 선언되었다. 그러나 이틀 뒤 자유당은 야당 의원들이 총퇴장한 상황에서 사사오입의 논리를 내세워 부결 선언을 취소하고 의사록을 수정하여 개헌안 가결을 선포하였다.

① 통일 주체 국민 회의에서 대통령이 선출되었다.
② 5년 단임의 대통령이 직선제에 의해 선출되었다.
③ 대통령이 국회의원의 3분의 1을 추천하게 되었다.
④ 국회에서 간접 선거 방식으로 대통령이 선출되었다.
⑤ 개헌 당시의 대통령에 한하여 중임 제한이 철폐되었다.

46 (가)~(마)에 들어갈 내용으로 적절하지 않은 것은? [1점]

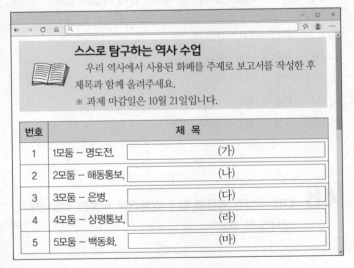

스스로 탐구하는 역사 수업

우리 역사에서 사용된 화폐를 주제로 보고서를 작성한 후 제목과 함께 올려주세요.
※ 과제 마감일은 10월 21일입니다.

번호	제 목
1	1모둠 – 명도전, (가)
2	2모둠 – 해동통보, (나)
3	3모둠 – 은병, (다)
4	4모둠 – 상평통보, (라)
5	5모둠 – 백동화, (마)

① (가) - 중국 연과의 교류 관계를 보여주다
② (나) - 의천의 건의로 화폐가 주조되다
③ (다) - 경복궁 중건을 위해 제작되다
④ (라) - 법화로 발행되어 전국적으로 유통되다
⑤ (마) - 전환국에서 화폐가 발행되다

47~48 다음 자료를 읽고 물음에 답하시오.

(가) 만적 등 6명이 북산에서 나무하다가 공사 노비를 불러 모아 모의하기를, "국가에서 경인년·계사년 이후로 높은 벼슬이 천한 노비에게서 많이 나왔으니, 장수와 재상이 어찌 종자가 있으랴. …… 그 주인을 죽이고 노비 문서를 불태워 삼한에서 천인을 없애면 모두 공경 장상이 될 수 있을 것이다."라고 하였다.

(나) 왕 7년, 노비를 안검하여 그 시비를 분별하도록 명하자, 노비로 주인을 배반한 자가 매우 많아지고 윗사람을 능멸하는 풍조가 크게 행해졌다. 사람들이 모두 탄식하고 원망하였다. 대목 왕후가 이를 간절히 간언하였으나 왕은 받아들이지 않았다.

(다) 1. 문벌, 양반과 상인들의 등급을 없애고 귀천에 관계없이 인재를 선발하여 등용한다.
　 1. 과부가 재가하는 것은 귀천을 막론하고 자신의 의사대로 하게 한다.
　 1. 공노비와 사노비에 관한 법을 일체 혁파하고 사람을 사고파는 일을 금지한다.

(라) "임금이 백성을 대할 때는 귀천이 없고 내외 없이 고루 균등하게 적자(赤子)로 여겨야 하는데, 노(奴)와 비(婢)라고 하여 구분하는 것이 어찌 똑같이 동포로 여기는 뜻이겠는가. 내노비 36,974명과 시노비 29,093명을 모두 양민으로 삼도록 하라. 그리고 승정원으로 하여금 노비 문서를 거두어 돈화문 밖에서 불태우도록 하라."

47 (가)~(라)를 일어난 순서대로 옳게 나열한 것은? 3점

① (가) - (나) - (다) - (라)
② (가) - (나) - (라) - (다)
③ (나) - (가) - (라) - (다)
④ (나) - (다) - (가) - (라)
⑤ (다) - (라) - (나) - (가)

48 (가)~(라)를 활용한 탐구 활동으로 적절한 것을 〈보기〉 에서 고른 것은? 2점

〈보 기〉
ㄱ. (가) - 무신 집권기에 발생한 하층민의 봉기에 대해 알아본다.
ㄴ. (나) - 호족의 경제적 기반을 약화시킨 제도를 살펴본다.
ㄷ. (다) - 균역법이 시행되는 배경을 파악한다.
ㄹ. (라) - 삼정이정청이 설치된 계기를 조사한다.

① ㄱ, ㄴ　② ㄱ, ㄷ　③ ㄴ, ㄷ　④ ㄴ, ㄹ　⑤ ㄷ, ㄹ

49 (가) 정부 시기에 있었던 사실로 옳은 것은? 2점

(가) 정부의 민주화 운동 탄압 사례 중의 하나로 알려진 전국 민주 청년 학생 총연맹 사건의 관련 기록물이 세상에 나왔습니다. 국가기록원은 사건이 발생한 지 40여 년 만에 관련 인물 180명의 재판 기록과 수사 기록을 공개했습니다.

'민청학련 사건' 기록물, 세상 밖으로

① 정부에 비판적인 경향신문이 폐간되었다.
② 국민의 요구에 굴복하여 대통령이 하야하였다.
③ 민주화 시위 도중 대학생 강경대가 희생되었다.
④ 장기 독재에 저항한 3·1 민주 구국 선언이 발표되었다.
⑤ 기존의 헌법을 유지하는 4·13 호헌 조치가 선언되었다.

50 다음 연설이 있었던 정부의 통일 노력으로 옳은 것은? 2점

진작부터 꼭 한 번 와 보고 싶었습니다. 참여 정부 와서 첫 삽을 떴기 때문에 …… 지금 개성 공단이 매출액의 증가 속도, 그리고 근로자의 증가 속도 같은 것이 눈부시지요. …… 경제적으로 공단이 성공하고, 그것이 남북 관계에서 평화에 대한 믿음을 우리가 가질 수 있게 만드는 것이거든요. 또 함께 번영해 갈 수 있는 가능성에 대해서 우리가 믿음을 갖게 되는 것이기 때문에, 이것이 선순환 되면 앞으로 정말 좋은 결과가 있을 것입니다.

환 개성 공단 방문 영

① 남북한이 국제 연합(UN)에 동시 가입하였다.
② 민족 자존과 통일 번영을 위한 7·7 선언을 발표하였다.
③ 남북 이산가족 고향 방문단의 교환 방문을 최초로 성사시켰다.
④ 7·4 남북 공동 성명 실천을 위해 남북 조절 위원회를 구성하였다.
⑤ 남북 관계 발전과 평화 번영을 위한 10·4 남북 정상 선언을 발표하였다.

수험생 체감 난도 중상   **실제 합격률(%)** 49.16%

이번 시험 난도는 중상 수준이었습니다. 이전 시험보다 합격률이 내려갔고 훨씬 난도가 높았는데요. 그 이유는 비교적 적은 정보를 제시하고 관련 시기나 주제를 유추해서 풀어야 했기 때문이에요. 따라서 이번 회차에서는 합격률이 감소하는 것을 확인할 수 있습니다.

 dankkum_e • 팔로잉   ···

49 (가) 정부 시기에 있었던 사실로 옳은 것은? [2점]

(가) 정부의 민주화 운동 탄압 사례 중의 하나로 알려진 전국 민주 청년 학생 총연맹 사건의 관련 기록물이 세상에 나왔습니다. 국가기록원은 사건이 발생한 지 40여 년 만에 관련 인물 180명의 재판 기록과 수사 기록을 공개했습니다.

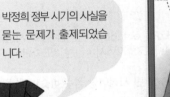

박정희 정부 시기의 사실을 묻는 문제가 출제되었습니다.

→ 박정희 정부

'민청학련 사건' 기록물, 세상 밖으로

① 정부에 비판적인 경향신문이 폐간되었다. 이승만 정부
② 국민의 요구에 굴복하여 대통령이 하야하였다. 이승만 정부
③ 민주화 시위 도중 대학생 강경대가 희생되었다. 노태우 정부
④ 장기 독재에 저항한 3·1 민주 구국 선언이 발표되었다. 박정희 정부
⑤ 기존의 헌법을 유지하는 4·13 호헌 조치가 선언되었다. 전두환 정부

제67회 더 알아보기   정답 및 해설 | 기출해설집 **55**쪽

dankkum님 외 여러 명이 좋아합니다.

 선생님, 이번 문제는 왜 선택하신 건가요?

 그런데 선택지에 '대학생 강경대'도 생소했어요!

 현대사의 빈출 주제인 박정희 정부 시기의 사실을 정리하기 위해 선택했어요.
박정희 정부와 관련된 문제는 정치와 경제 분야 모두 자주 출제되는 편입니다!
제시문의 '민청학련 사건'이 생소할 수 있지만 어느 정부 시기인지 알아야 쉽게 접근할 수 있는 문제였어요.

 네, 맞아요. 그동안 대학생 이한열과 김주열은 익숙했겠지만 강경대는 생소했을 거예요!
그렇기 때문에 기출 문제 풀이를 할 때 제시문분만 아니라 선택지도 꼼꼼히 살펴봐야 합니다.
한국사능력검정시험의 특성상 선택지는 비슷한 내용으로 반복해서 출제되는 경향이 있기 때문이에요!

8회차 **실제 응시자**의 **실시간 반응**
이제는 철저히 응시자의 입장에서 문제를 재평가하여야 합니다.
문제를 풀기 전, **이슈가 된 문제**를 미리 확인합니다.

제 **66** 회
심 화

dankkum_e ✔
제66회 심화 총평과 접근 **방법**은 문제 풀이 후 기출문제집 69쪽에서 확인합시다!

(가) 시대 문화상품 공모
사유 재산과 계급이 발생한 (가) 시대의 유물을
활용한 문화상품을 공모하오니 많은 참여 바랍니다.

지도에 표시된 쑹화강 유역을 중심으로 성장한 이 나라는 평
원과 구릉, 넓은 못이 많았습니다. 농업과 목축을 생업으로 하
며 12월에 영고라는 제천 행사를 열었습니다. 이 나라에 대해
알고 있는 내용을 대화창에 올려 주세요.

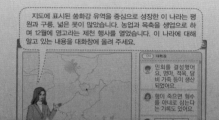

(가) 왕은 당과 신라 군사들이 이미 백강과 탄현을 지났다는 소식을
듣고 장군 계백을 시켜 결사대 5천 명을 거느리고 황산으로 가
서 신라 군사와 싸우게 하였다. 네 번 싸워서 모두 이겼으나 군
사가 적고 힘이 모자라서 마침내 패하고 계백이 사망하였다.
(나) 검모잠이 국가를 부흥하고자 하여 당을 배반하고 왕의 외손안
승을 세워 왕으로 삼았다. 당 고종이 대장군 고간을 보내 동주
도 행군총관으로 삼고 병력을 내어 그들을 토벌하게 하니 안승
이 검모잠을 죽이고 신라로 달아났다.

 **dankkum_e** • 팔로잉   ⋯

dankkum_e 제66회 한능검 심화 시험, 결과는
어떠셨나요? #지역사 #강릉 #오죽헌

history 저번 시험이랑 점수 비슷할 거 같아요!

passexam 강릉인 줄 어떻게 앎?

korealove 저는 경포대 여행 간 적 있어서 강릉
인 줄 알았어요

certificate 지역사 문제 중에서 어려운 편 ㅠ_ㅠ

48 (가)에 들어갈 내용으로 가장 적절한 것은? 2점

저는 지금 ○○시에 있는 경포대에 와 있습니다.
관동팔경 중 하나인 경포대 안에는 숙종이 직접 지은
시를 비롯하여 많은 명사의 글이 걸려있습니다. 이
지역에서 가 볼 만한 곳을 대화창에 올려 주세요.

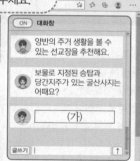

ON 대화창
양반의 주거 생활을 볼 수
있는 선교장을 추천해요.

보물로 지정된 승탑과
당간지주가 있는 굴산사지는
어때요?

(가)

글쓰기

① 율곡 이이가 태어난 오죽헌을 추천해요.
② 무령왕릉이 있는 송산리 고분군을 추천해요.
③ 어재연 부대가 항전했던 광성보에 가 보세요.
④ 팔만대장경판이 보관된 해인사를 방문해 보세요.
⑤ 삼별초가 활동한 항파두리 항몽 유적에 가 보세요.

history님 외 여러 명이 좋아합니다.
8월 13일

댓글 달기...   게시

작산 법화원은 산둥반도
에 있었던 신라인 집단 거주
지에 세워진 절이다. 이 절을
창건한 이 인물은 당에 건너
가 무령군 소장이 되었다가
흥덕왕 때 귀국하여 활발히
활동하였다. 그러나 왕위 쟁
탈전에 휘말려 암살당했다.

① 구법 순례기인 왕오천축국전을 지었다.
② 진성 여왕에게 시무책 10여 조를 올렸다.

왕이 천덕전에 거둥하여 백관을 모아놓고 말하기를, "내가 신라
와 우호를 맺어 동맹을 맺은 것은 두 나라가 길이 우호를 각자의
사직(社稷)을 보전하기 위해서였다. 지금 신라왕이 군이 신하로 있
겠다고 요청하고 그대들도 그것이 옳다고 하니, 나의 마음이 매우
부끄러우나 여러 사람의 뜻을 거스르기 어렵다."라고 하였다. 이
에 신라왕이 뜰에서 예를 올리니 여러 신하가 하례하여 함성이 궁
궐을 진동하였다. …… 신라국을 없애 경주라 하고, 그 지역을 김부
의 식읍으로 하사하였다.

① 빈민 구제 기관인 흑창을 설치하였다.
② 12목을 설치하고 지방관을 파견하였다.

누가 거란 진영
에 가서 담판을
벌여 군대를 물려
가게 하겠는가?

(가)

신, 서희
가 폐하의
분부를 받
들겠습니다.

양규가 적을 무로대
와 이주 등지에서 크
게 무찌르고 포로를
되찾았다고 하옵니다.

① 묘청이 서경에서 난을 일으켰다.
② 이자겸이 척준경에 의해 축출되었다.

○ 사료도 선지도 확실히 알아요.   △ 생소한 사료예요. / 선지 중 일부를 모르겠어요.   ✕ 전혀 모르는 내용이에요.

제69회 심화
제68회 심화
제67회 심화
제66회 심화
제65회 심화
제64회 심화
제63회 심화
제62회 심화

01 (가) 시대의 생활 모습으로 옳은 것은? [1점]

공주 석장리 (가) 축제

♥ 20개

내가 만든 주먹도끼 구경할 사람?
#공주_석장리_유적 #뗀석기_제작_체험

💬 댓글 2개
○○○: 주먹도끼가 뭐야?
└ △△△: (가) 시대의 대표적인 유물이야. 동물을 사냥하거나 가죽을 벗기는 등 다양한 용도로 사용했대.

① 반달 돌칼로 벼를 수확하였다.
② 주로 동굴이나 막집에서 살았다.
③ 반량전, 명도전 등 화폐를 사용하였다.
④ 빗살무늬 토기를 만들어 식량을 저장하였다.
⑤ 가락바퀴와 뼈바늘을 이용하여 옷을 만들었다.

02 다음 자료에 해당하는 나라에 대한 설명으로 옳은 것은? [2점]

호의 수는 5천인데 대군왕은 없으며 읍락에는 각각 대를 잇는 우두머리가 있다. …… 여러 읍락의 거수(渠帥)들은 스스로를 삼로라 일컬었다. …… 장사를 지낼 때에는 큰 나무 곽을 만든다. 길이가 10여 장이나 되며 한쪽을 열어 놓아 문을 만든다. 사람이 죽으면 임시로 매장한다. 겨우 시체가 덮일 만큼 묻었다가 가죽과 살이 다 썩은 다음에 뼈만 추려 곽 속에 넣는다. 온 집 식구를 하나의 곽 속에 넣어 두는데, 죽은 사람의 숫자만큼 나무를 깎아 생전의 모습과 같이 만들었다.

－「삼국지」 동이전 －

① 신성 지역인 소도가 존재하였다.
② 혼인 풍습으로 민며느리제가 있었다.
③ 범금 8조를 통해 사회 질서를 유지하였다.
④ 여러 가(加)들이 각각 사출도를 주관하였다.
⑤ 정사암에 모여 국가의 중대사를 논의하였다.

03 (가) 국가의 문화유산으로 옳은 것은? [2점]

천마총 발굴 50주년 특별전이 개최됩니다. 천마총은 (가) 의 대표적인 돌무지덧널무덤 중 하나로 발굴 당시 많은 유물이 출토되어 주목을 받았습니다. 그중에서도 가장 유명한 천마도의 실물이 9년 만에 세상에 공개됩니다.

① ② ③ ④ ⑤

04 밑줄 그은 '왕'에 대한 설명으로 옳은 것은? [2점]

○ 기해년에 백제가 맹세를 어기고 왜와 화통하였다. 왕이 순행하여 평양으로 내려갔는데, 신라에서 사신을 보내어 아뢰기를, "왜인이 국경에 가득 차 성지(城地)를 파괴하고 있습니다. …… 귀부하여 명을 받고자 합니다."라고 하였다.
○ 경자년에 왕이 보병과 기병 5만 명을 보내서 신라를 구원하게 하였다. 군대가 남거성을 거쳐 신라성에 이르니 왜적이 많았다. 군대가 도착하자 왜적이 퇴각하였다.

① 대가야를 병합하였다.
② 평양으로 도읍을 옮겼다.
③ 22담로에 왕족을 파견하였다.
④ 영락이라는 연호를 사용하였다.
⑤ 낙랑군을 몰아내고 영토를 확장하였다.

05 (가) 왕의 재위 시기 삼국의 상황으로 옳은 것은? `3점`

이 사진은 익산 미륵사지 서탑 출토 사리장엄구의 발견 당시 모습입니다. 삼국유사에는 ___(가)___ 이/가 왕후인 신라 선화 공주의 발원으로 미륵사를 창건했다고 되어 있지만, 금제 사리봉영기에는 왕후가 백제 귀족 사택적덕의 딸로 기록되어 있습니다. 이로 인해 미륵사 창건 배경과 ___(가)___ 의 아들인 의자왕의 친모가 누구인지에 대한 논란이 벌어지기도 하였습니다.

금제 사리봉영기

① 고구려 - 을지문덕이 살수에서 수의 대군을 격파하였다.
② 백제 - 고흥이 서기를 편찬하였다.
③ 백제 - 계백이 황산벌에서 군대를 이끌고 결사 항전하였다.
④ 신라 - 이사부가 우산국을 정벌하였다.
⑤ 신라 - 사찬 시득이 기벌포에서 당군에 승리하였다.

06 교사의 질문에 대한 학생의 답변으로 가장 적절한 것은? `2점`

지도는 이 국가의 교역로를 표시한 것입니다. 청해진을 설치하여 해상 교역을 활발하게 전개하였던 이 국가의 경제 상황에 대해 말해 볼까요?

① 삼한통보와 해동통보를 발행하였어요.
② 특산품으로 솔빈부의 말이 유명하였어요.
③ 고구마, 감자 등의 구황 작물을 재배하였어요.
④ 특수 행정 구역인 소에서 여러 물품을 생산하였어요.
⑤ 조세 수취를 위해 3년마다 촌락 문서를 작성하였어요.

07 (가), (나) 사이의 시기에 볼 수 있는 모습으로 가장 적절한 것은? `3점`

(가) 선덕왕이 죽었는데 아들이 없자, 여러 신하들이 회의를 한 후에 왕의 조카인 김주원을 옹립하고자 하였다. 주원의 집은 왕경에서 북쪽으로 20리 떨어진 곳에 있었는데, 마침 큰비가 와서 알천의 물이 넘쳐 주원이 건너 오지 못하였다. …… 여러 사람들의 뜻이 모아져 김경신이 왕위를 계승하도록 하였다.
– 『삼국사기』 –

(나) 나라 안의 모든 주군에서 공물과 부세를 보내지 않아, 창고가 텅텅 비어 나라 재정이 궁핍해졌다. 왕이 사신을 보내 독촉하니 곳곳에서 도적이 벌떼처럼 일어났다. 이때 원종과 애노 등이 사벌주에 근거하여 반란을 일으켰다.
– 『삼국사기』 –

① 계백료서를 읽는 관리
② 녹읍 폐지를 명하는 국왕
③ 성균관에서 공부하는 학생
④ 초조대장경을 조판하는 장인
⑤ 김헌창의 난을 진압하는 군인

08 (가)에 들어갈 내용으로 가장 적절한 것은? `1점`

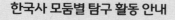

한국사 모둠별 탐구 활동 안내

◆ 주제: ___(가)___

◆ 방법: 문헌 조사, 인터넷 검색 등을 활용하여 아래에 제시된 문화유산을 탐구한다.

◆ 모둠별 탐구 자료

1모둠	2모둠
▲ 크라스키노 성 유적 출토 연꽃무늬 수막새	▲ 콕샤로프카 평지성 온돌 유적

① 백제 문화의 국제성
② 신라와 서역의 교류
③ 가야 문화의 일본 전파
④ 고려에서 유행한 몽골풍
⑤ 발해와 고구려의 문화적 연관성

09 밑줄 그은 '인물'에 대한 설명으로 옳은 것은? [2점]

대한민국 방방곡곡 - 김제 금산사

史 한국사 채널 　　조회 수 230,813

　　금산사는 삼국 시대에 창건된 유서 깊은 사찰입니다. 완산주를 도읍으로 국가를 세운 인물이 아들 신검 등에 의해 유폐되었다가 탈출한 곳으로 잘 알려져 있습니다. 이 사찰은 국보인 미륵전을 비롯하여 여러 점의 국가 지정 문화재를 보유하고 있습니다.

① 독서삼품과를 실시하였다.
② 동진으로부터 불교를 수용하였다.
③ 후당과 오월에 사신을 파견하였다.
④ 광평성 등의 정치 기구를 마련하였다.
⑤ 화랑도를 국가적인 조직으로 개편하였다.

10 다음 제도를 시행한 국가의 경제 상황으로 옳지 않은 것은? [2점]

　　문종 3년 5월 양반 공음전시법을 정하였다. 1품은 문하시랑평장사 이상으로 전지 25결, 시지 15결이다. 2품은 참정 이상으로 전지 22결, 시지 12결이다. 3품은 전지 20결, 시지 10결이다. 4품은 전지 17결, 시지 8결이다. 5품은 전지 15결, 시지 5결이다. 이를 모두 자손에게 전하여 주게 한다. …… 공음전을 받은 자의 자손이 사직을 위태롭게 할 것을 꾀하거나 모반이나 대역에 연좌되거나, 여러 공죄나 사죄를 범하여 제명된 것 이외에는 비록 그 아들에게 죄가 있더라도 그 손자에게 죄가 없다면 공음전시의 3분의 1을 지급한다.

① 활구라고 불리는 은병이 유통되었다.
② 벽란도가 국제 무역항으로 번성하였다.
③ 서적점, 다점 등의 관영 상점이 운영되었다.
④ 경시서의 관리들이 수도의 시전을 감독하였다.
⑤ 설점수세제의 시행으로 민간의 광산 개발이 허용되었다.

11 (가)~(다) 학생이 발표한 내용을 일어난 순서대로 옳게 나열한 것은? [2점]

< 한국사 주제 발표 >

주제: 거란에 대한 고려의 대응

광군을 창설하여 거란의 침입에 대비하였습니다.

강감찬이 귀주에서 거란군을 크게 물리쳤습니다.

서희가 소손녕과 외교 담판을 벌여 강동 6주 지역을 확보하였습니다.

(가)　　　　(나)　　　　(다)

① (가) - (나) - (다)
② (가) - (다) - (나)
③ (나) - (가) - (다)
④ (나) - (다) - (가)
⑤ (다) - (나) - (가)

제69회 심화
제68회 심화
제67회 심화
제66회 심화
제65회 심화
제64회 심화
제63회 심화
제62회 심화

12 (가) 기구에 대한 설명으로 옳은 것은? [2점]

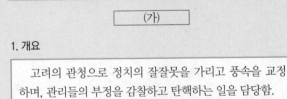

역사 용어 해설

(가)

1. 개요

　　고려의 관청으로 정치의 잘잘못을 가리고 풍속을 교정하며, 관리들의 부정을 감찰하고 탄핵하는 일을 담당함.

2. 관련 사료

　　유사(有司)에서 아뢰기를, "중광사 조성도감의 책임자 정장이 관리 감독하는 물품을 이서(吏胥) 승적과 함께 도둑질하였으니, 법에 따라 장형에 처하고 유배 보내길 청합니다."라고 하자, 왕이 가벼운 형벌을 적용하라고 명령하였다. 하지만 　(가)　에서 논박하기를, "법에 의거하여 판결하기를 청합니다."라고 하자, 이를 윤허하였다.
　　　　　　　　　　　　　　　　　　　　- 『고려사』 -

① 무신 집권기 최고 권력 기구였다.
② 원 간섭기에 첨의부로 격하되었다.
③ 고려 말에 도평의사사로 개편되었다.
④ 관직 임명에 대한 서경권을 행사하였다.
⑤ 서얼 출신의 학자들이 검서관으로 기용되었다.

13 (가)의 침입에 대한 고려의 대응으로 옳은 것을 〈보기〉에서 고른 것은? [2점]

> 강화중성은 (가) 의 침략에 맞서 고려가 강화도로 천도한 이후 건립한 내성, 중성, 외성 중 하나입니다. 강화중성은 당시 수도를 둘러싼 토성(土城)으로 이번 발굴 조사에서 방어를 위해 성벽의 바깥에 돌출시킨 대규모 치성(雉城)이 확인되었습니다.

─〈보 기〉─
ㄱ. 양규가 무로대에서 적군을 물리쳤다.
ㄴ. 김윤후가 충주성 전투에서 활약하였다.
ㄷ. 송문주가 죽주성에서 적군을 격퇴하였다.
ㄹ. 윤관이 별무반을 이끌고 동북 9성을 쌓았다.

① ㄱ, ㄴ ② ㄱ, ㄷ ③ ㄴ, ㄷ ④ ㄴ, ㄹ ⑤ ㄷ, ㄹ

14 다음 자료에 나타난 상황 이후의 사실로 옳은 것은? [2점]

> 경대승이 정중부를 죽이자, 조정 신하들이 대궐에 나아가 축하하였다. 경대승이 말하기를, "임금을 죽인 사람이 아직 살아 있는데, 무슨 축하인가?"라고 하였다. 이의민은 이 말을 듣고 매우 두려워하여 날랜 사람들을 모아서 대비하였다. 또한 경대승의 도방(都房)에서 자기들이 싫어하는 사람을 죽일 것을 모의한다는 말을 들었다. 이의민이 더욱 두려워하여 마을에 큰 문을 세워 밤마다 경계하였다.

① 묘청 등이 서경 천도를 주장하였다.
② 최충헌이 왕에게 봉사 10조를 올렸다.
③ 강조가 정변을 일으켜 왕을 폐위하였다.
④ 이자겸과 척준경이 반란을 일으켜 궁궐을 불태웠다.
⑤ 김보당이 폐위된 왕의 복위를 주장하며 군사를 일으켰다.

15 밑줄 그은 '왕'의 재위 기간에 볼 수 있는 모습으로 가장 적절한 것은? [1점]

> 이자춘이 쌍성 등지의 천호들을 거느리고 내조하니 왕이 맞이하며 말하기를, "어리석은 민(民)을 보살펴 편안하게 하느라 얼마나 노고가 많았는가?"라고 하였다. 그때 어떤 사람이 '기철이 쌍성의 반민(叛民)들과 몰래 내통하여 한패로 삼아 역모를 도모하려 한다'고 밀고하였다. 왕이 이자춘에게 이르기를, "경은 마땅히 돌아가서 우리 민을 진정시키고, 만일 변란이 일어나면 마땅히 내 명령대로 하라."라고 하였다. …… 이자춘이 명령을 듣고 곧 행군하여 유인우와 합세한 후 쌍성총관부를 공격하여 격파하였다.

① 초량 왜관에서 교역하는 상인
② 내의원에서 동의보감을 읽는 의원
③ 주자감에서 유학을 공부하는 학생
④ 전민변정도감에 억울함을 호소하는 농민
⑤ 황룡사 구층 목탑의 건립에 참여하는 장인

16 (가) 인물에 대한 설명으로 옳은 것은? [3점]

> 이것은 전라남도 강진군 월남사지에 있는 (가) 의 비입니다. 비문에는 지눌의 제자인 그가 수선사의 제2대 사주가 된 일, 당시 집권자인 최우가 그에게 두 아들을 출가(出家)시킨 일 등이 기록되어 있습니다.

① 화엄일승법계도를 지어 화엄 사상을 정리하였다.
② 해동 천태종을 개창하여 불교 교단 통합에 힘썼다.
③ 선문염송집을 편찬하고 유불 일치설을 주장하였다.
④ 권수정혜결사문을 작성하여 정혜쌍수를 강조하였다.
⑤ 보현십원가를 지어 불교 교리를 대중에게 전파하였다.

17 (가)에 해당하는 문화유산으로 옳은 것은? [3점]

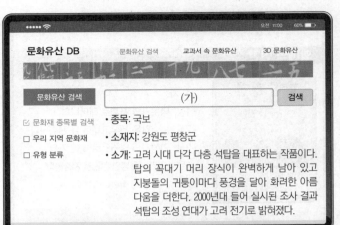

문화유산 DB   문화유산 검색   교과서 속 문화유산   3D 문화유산

[문화유산 검색]   [(가)   ]   [검색]

☑ 문화재 종목별 검색
☐ 우리 지역 문화재
☐ 유형 분류

• 종목: 국보
• 소재지: 강원도 평창군
• 소개: 고려 시대 다각 다층 석탑을 대표하는 작품이다. 탑의 꼭대기 머리 장식이 완벽하게 남아 있고 지붕돌의 귀퉁이마다 풍경을 달아 화려한 아름다움을 더한다. 2000년대 들어 실시된 조사 결과 석탑의 조성 연대가 고려 전기로 밝혀졌다.

① ② ③ ④ ⑤

18 다음 시나리오의 상황 이후에 전개된 사실로 옳은 것은? [2점]

#12. 이성계의 집

이방원이 정몽주를 죽였다고 말하자 이성계가 크게 화를 낸다.

이성계: 대신을 함부로 살해하였으니, 나라 사람들이 내가 몰랐다고 하겠느냐? 우리 가문은 평소 충효로 소문났는데, 네가 감히 불효를 저질러 이렇게 되었구나.

이방원: 정몽주 등이 우리 가문을 무너뜨리려 하는데, 어찌 앉아서 망하기만을 기다리겠습니까? 이것이야말로 효입니다.

① 최승로가 시무 28조를 올렸다.
② 권근 등의 건의로 사병이 혁파되었다.
③ 안우, 이방실 등이 홍건적을 격파하였다.
④ 망이·망소이가 공주 명학소에서 봉기하였다.
⑤ 쌍기의 의견을 수용하여 과거제가 시행되었다.

19 밑줄 그은 '왕'의 업적으로 옳은 것은? [2점]

이전에 주조한 활자가 크고 고르지 않았다. 이에 왕께서 경자년에 다시 주조하셨다. 그리하여 그 모양이 작고 바르게 되었으니, 이것으로 인쇄하지 않은 책이 없었다. 이를 경자자라고 하였다. 갑인년에 다시 『위선음즐(爲善陰騭)』의 글자 모양을 본떠 갑인자를 주조하니, 경자자에 비하여 조금 크고 활자 모양이 매우 좋았다.

① 조선의 기본 법전인 경국대전을 반포하였다.
② 역대 문물을 정리한 동국문헌비고를 간행하였다.
③ 삼남 지방의 농법을 소개한 농사직설을 편찬하였다.
④ 전세를 1결당 4~6두로 고정하는 영정법을 제정하였다.
⑤ 삼정의 문란을 시정하기 위해 삼정이정청을 설치하였다.

20 (가), (나) 사이의 시기에 있었던 사실로 옳은 것은? [2점]

(가) 정문형, 한치례 등이 아뢰기를, "지금 김종직의 조의제문을 보니, 입으로만 읽지 못할 뿐 아니라 차마 눈으로도 볼 수 없습니다. …… 마땅히 대역의 죄로 논단하고 부관참시해서 그 죄를 분명히 밝혀 신하와 백성의 분을 씻는 것이 사리에 맞는 일입니다."라고 하였다. …… 왕이 정문형 등의 의견을 따랐다.

(나) 의금부에서 전지하기를, "조광조, 김정 등은 서로 사귀어 무리를 이루고 자기 편은 천거하고 자기 편이 아닌 자는 배척하면서, 위세를 높여 서로 의지하며 권세가 있는 요직을 차지하였다. …… 이 모든 일들을 조사하여 밝혀라."라고 하였다.

① 정여립 모반 사건으로 기축옥사가 일어났다.
② 외척 간의 권력 다툼으로 윤임이 제거되었다.
③ 자의 대비의 복상 문제로 예송이 전개되었다.
④ 희빈 장씨 소생의 원자 책봉 문제로 환국이 발생하였다.
⑤ 폐비 윤씨 사사 사건을 빌미로 김굉필 등이 처형되었다.

21 다음 상황이 나타난 시기를 연표에서 옳게 고른 것은? [2점]

4월 누르하치의 군대가 무순을 함락하고, 7월에는 청하를 함락하였다. 이에 명에서 정벌을 결정하고 우리나라에 군사 징발을 요구하였다. 명의 총독 왕가수의 군문(軍門)에서 약 4만의 병사를 요구하였으나, 경략(經略) 양호가 조선의 병사와 군마가 적다고 하여 마침내 그 수를 줄여서 총수(銃手) 1만 명만 징발하였다. 7월 조정에서 강홍립을 도원수로, 김경서를 부원수로 삼았다.

– 『책중일록』 –

1453	1510	1597	1627	1728	1811
(가)	(나)	(다)	(라)	(마)	
계유 정난	삼포 왜란	정유 재란	정묘 호란	이인좌의 난	홍경래의 난

① (가)   ② (나)   ③ (다)   ④ (라)   ⑤ (마)

제69회 심화
제68회 심화
제67회 심화
제66회 심화
제65회 심화
제64회 심화
제63회 심화
제62회 심화

22 (가) 전쟁 중에 있었던 사실로 옳은 것은? [2점]

생생 한국사 교실
수행 과제: [(가)] 와/과 관련된 문화유산을 조사하여 사진과 설명을 올려 주세요.

동래부순절도
동래 부사 송상현과 관민의 항전을 묘사한 그림입니다.

금산 칠백의총
금산 전투에서 전사한 의병 7백여 명의 유해를 모신 곳입니다.

징비록
당시 영의정을 지냈던 유성룡이 전쟁의 상황 등을 기록한 것입니다.

① 김상용이 강화도에서 순절하였다.
② 이괄이 이끈 반란군이 도성을 장악하였다.
③ 정봉수와 이립이 용골산성에서 항전하였다.
④ 김시민이 진주성에서 적군을 크게 물리쳤다.
⑤ 이종무가 적의 근거지인 쓰시마섬을 정벌하였다.

■■■

23 (가) 왕에 대한 설명으로 옳은 것은? [1점]

특별 전시회

탕평 군주
[(가)] 을/를
만나다

■ 기간: 2023년 ○○월 ○○일~○○월 ○○일
■ 장소: △△ 박물관 특별 전시실

전시 유물 소개

「수문상친림관역도」
한성의 홍수 예방을 위해 실시한 청계천 준설 공사 현장을 [(가)] 이/가 지켜보는 모습을 담은 그림

「균역사실」
균역법의 제정 배경 및 과정, 균역청의 운영 등을 담은 책

① 학문 연구 기관으로 집현전을 두었다.
② 삼수병으로 구성된 훈련도감을 설치하였다.
③ 속대전을 편찬하여 통치 체제를 정비하였다.
④ 궁중 음악을 집대성한 악학궤범을 편찬하였다.
⑤ 시전 상인의 특권을 축소하는 신해통공을 단행하였다.

■■■

24 다음 인물에 대한 설명으로 옳은 것은? [3점]

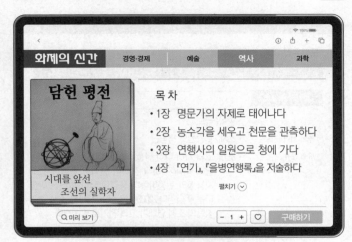

화제의 신간   경영·경제   예술   역사   과학

담헌 평전
시대를 앞선 조선의 실학자

목 차
• 1장 명문가의 자제로 태어나다
• 2장 농수각을 세우고 천문을 관측하다
• 3장 연행사의 일원으로 청에 가다
• 4장 『연기』, 『을병연행록』을 저술하다
펼치기 ⌄

미리 보기   - 1 + ♡   구매하기

① 지봉유설에서 천주실의를 소개하였다.
② 의산문답에서 무한 우주론을 주장하였다.
③ 양반전을 지어 양반의 허례와 무능을 풍자하였다.
④ 북학의를 저술하여 청의 문물 수용을 강조하였다.
⑤ 동의수세보원을 편찬하여 사상 의학을 정립하였다.

■■■

25 (가)에 들어갈 내용으로 가장 적절한 것은? [2점]

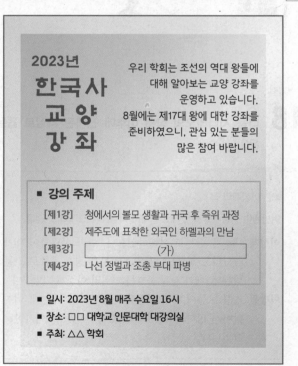

2023년 한국사 교양 강좌

우리 학회는 조선의 역대 왕들에 대해 알아보는 교양 강좌를 운영하고 있습니다. 8월에는 제17대 왕에 대한 강좌를 준비하였으니, 관심 있는 분들의 많은 참여 바랍니다.

■ 강의 주제
[제1강] 청에서의 볼모 생활과 귀국 후 즉위 과정
[제2강] 제주도에 표착한 외국인 하멜과의 만남
[제3강] [(가)]
[제4강] 나선 정벌과 조총 부대 파병

■ 일시: 2023년 8월 매주 수요일 16시
■ 장소: □□ 대학교 인문대학 대강의실
■ 주최: △△ 학회

① 어영청의 개편과 북벌 추진
② 위화도 회군과 과전법의 시행
③ 문신 재교육을 위한 초계문신제의 운영
④ 백두산정계비 건립과 청과의 국경 확정
⑤ 기유약조 체결을 통한 일본과의 무역 재개

제69회 심화
제68회 심화
제67회 심화
제66회 심화
제65회 심화
제64회 심화
제63회 심화
제62회 심화

26 다음 일기가 작성된 시기의 경제 상황으로 적절하지 않은 것은? 1점

5월 ○○일, 앞 밭에 담배를 파종했다.

5월 ○○일, 비록 비가 여러 날 내렸으나 큰비는 끝내 내리지 않았다. 가물어서 고답(高畓)은 모두 이앙을 하지 못하였다.

6월 ○○일, 목화 밭에 풀이 무성해서 노비 5명에게 김매기를 하도록 시켰다.

① 상평통보가 화폐로 사용되었다.
② 시장을 관리하기 위한 동시전이 설치되었다.
③ 관청에 물품을 조달하는 공인이 활동하였다.
④ 보부상이 장시를 돌아다니며 상품을 판매하였다.
⑤ 국경 지대에 개시 무역과 후시 무역이 이루어졌다.

27 (가) 궁궐에 대한 설명으로 옳은 것은? 3점

[(가)] 복원 기공식 대통령 연설문

임진왜란 때 [(가)]은/는 불길 속에 휩싸여 흥선 대원군이 그 당시의 국력을 기울여 중건할 때까지 270년의 오랜 세월 동안 폐허로 남아 있었습니다. 일제는 1910년 우리나라를 병탄한 뒤 우리 역사의 맥을 끊기 위해 350여 채에 이르던 전각 대부분을 헐어내고 옮겼습니다. 국권의 상징이던 근정전을 가로막아 총독부 건물을 세웠습니다. 이제 우리가 궁을 복원하려는 것은 남에 의해 훼손된 민족사에 대한 긍지를 회복하기 위한 것입니다.

① 일제에 의해 동물원 등이 설치되었다.
② 제1차 미소 공동 위원회가 개최되었다.
③ 도성 내 서쪽에 있어 서궐이라고 불렸다.
④ 조선 물산 공진회 개최 장소로 이용되었다.
⑤ 태종이 도읍을 한양으로 다시 옮기며 건립하였다.

28 다음 장면에 나타난 사건이 끼친 영향으로 가장 적절한 것은? 2점

평양부 방수성 앞 물가에 큰 이양선 한 척이 머무르다가 끝내 물러가지 않으며 상선을 약탈하고 총을 쏴 백성들을 살상하였습니다. 이에 평안 감사 박규수가 관민을 이끌고 공격하여 불태웠다고 합니다.

① 이용태가 안핵사로 파견되었다.
② 이원익이 대동법 시행을 건의하였다.
③ 정약종 등이 희생된 신유박해가 일어났다.
④ 로저스 제독이 이끄는 미군이 강화도에 침입하였다.
⑤ 황사영이 외국 군대의 출병을 요청하는 백서를 작성하였다.

29 다음 사건 이후에 전개된 사실로 옳은 것은? 2점

홍영식이 우정국에서 개업식을 명목으로 연회를 열어 세인들이 독립당이라고 칭하는 사람들과 각국 사관(使官) 등을 초대하였다. 연회가 끝날 무렵에 우정국 옆에서 불이 일어났다. …… 마침내 어젯밤의 사변에 따라 독립당이 정권을 획득하였다. 조보(朝報)에서는 새롭게 관리를 임명하겠다는 취지를 포고하였다. 박영효, 김옥균, 서광범은 승지가 되었고, 김옥균은 혜상공국 당상을 겸하였다.

- 『조난기사』 -

① 한성 조약이 체결되었다.
② 신식 군대인 별기군이 창설되었다.
③ 김윤식이 청에 영선사로 파견되었다.
④ 일본 군함 운요호가 영종도를 공격하였다.
⑤ 개화 정책을 총괄하는 통리기무아문이 설치되었다.

30~31 다음 자료를 읽고 물음에 답하시오.

(가) 고대 여러 나라들도 역시 각각 사관(史官)을 두어 일을 기록하였습니다. 그러므로 맹자께서 이르시기를, "진(晉)의 승(乘)과 초(楚)의 도올(檮杌)과 노(魯)의 춘추(春秋)는 모두 한가지다."라고 하셨습니다. 생각건대 우리 해동(海東) 삼국도 역사가 길고 오래되어 마땅히 그 사실이 책으로 기록되어야 하므로 폐하께서 이 늙은 신하에게 명하시어 편집하도록 하셨습니다. …… 신의 학술이 이처럼 부족하고 얕으며, 옛말과 지나간 일은 그처럼 아득하고 희미합니다. 그러므로 온 정신과 힘을 다 쏟아 부어 겨우 ㉠책을 만들었습니다. 그러나 보잘것 없기에 스스로 부끄러울 따름입니다.

(나) 고려가 끝내 발해사를 편찬하지 않아 토문강 북쪽과 압록강 서쪽이 누구의 땅인지 알 수 없게 되었다. 여진을 책망하려 하여도 할 말이 없고, 거란을 책망하려 하여도 할 말이 없다. 고려가 약한 나라가 된 것은 발해의 땅을 차지하지 못하였기 때문이니, 탄식할 수밖에 없다. …… 내가 내규장각 관리로 있으면서 비밀스런 책[祕書]을 꽤 많이 읽었으므로 발해에 관한 일을 차례로 편찬하여, 군고(君考)·신고(臣考)·지리고(地理考)·직관고(職官考)·의장고(儀章考)·물산고(物産考)·국어고(國語考)·국서고(國書考)·속국고(屬國考) 등 9편으로 구성된 ㉡책을 만들었다.

(다) 역사란 무엇인가? 인류 사회의 아(我)와 비아(非我)의 투쟁이 시간부터 발전하며 공간부터 확대하는 정신적 활동 상태의 기록이니, 세계사라 하면 세계 인류가 그리되어 온 상태의 기록이며, 조선 역사라 하면 조선 민족이 그리되어 온 상태의 기록인 것이다. 무엇을 '아'라 하며 무엇을 '비아'라 하는가? …… 무릇 주체적 위치에 선 자를 '아'라 하고, 그 외에는 '비아'라 하는데, 이를테면 조선 사람은 조선을 '아'라 하고, 영국·미국·프랑스·러시아 등을 '비아'라 하지만, 그들은 각기 제 나라를 '아'라 하고 조선을 '비아'라 하며, …… 그러므로 역사는 '아'와 '비아'의 투쟁의 기록인 것이다.

30 (가)~(다)를 작성한 인물에 대해 탐구한 내용으로 가장 적절한 것은? 3점

① (가) - 만권당에서 원의 학자들과 교유하였으며, 성리학의 보급에 기여하였다.
② (가) - 칠대실록의 편찬에 참여하였으며, 문헌공도를 만들어 사학을 진흥시켰다.
③ (나) - 금석학을 연구하여 북한산비가 진흥왕 순수비임을 고증하였다.
④ (다) - 한국통사를 저술하였고, 대한민국 임시 정부의 제2대 대통령을 역임하였다.
⑤ (다) - 대한매일신보의 주필로 활동하였으며, 폭력을 통한 민중의 직접 혁명을 주장하였다.

31 밑줄 그은 ㉠, ㉡에 해당하는 역사서에 대한 설명으로 옳은 것은? 2점

① ㉠ - 불교사를 중심으로 고대의 민간 설화를 수록하였다.
② ㉠ - 본기, 연표, 잡지, 열전 등으로 구성된 기전체 사서이다.
③ ㉡ - 사초와 시정기 등을 바탕으로 편찬하였다.
④ ㉡ - 고구려 건국 시조의 일대기를 서사시로 표현하였다.
⑤ ㉠, ㉡ - 우리 역사의 시작을 단군 조선으로 삼았다.

32 (가) 종교에 대한 설명으로 옳은 것은? 1점

역사 돋보기　　(가)의 교세를 확장한 해월 최시형

해월 선생은 제자들에게 '최보따리'라고도 불렸다. 포교를 위해 잠행을 하면서 보따리를 자주 쌌기 때문에 붙여진 별명이다. 교조 최제우의 처형으로 위축되었던 (가)의 교세는 2대 교주였던 그의 노력으로 크게 확장되었다. 그는 1897년 손병희에게 도통을 전수하였고 1898년 체포되어 재판을 받고 처형되었다. 그에게 사형을 선고한 판사 중에는 고부 학정의 원흉 조병갑이 있었다.

① 동경대전을 경전으로 삼았다.
② 항일 무장 단체인 중광단을 결성하였다.
③ 박중빈을 중심으로 새생활 운동을 펼쳤다.
④ 배재 학당을 세워 신학문 보급에 앞장섰다.
⑤ 프랑스와의 조약을 통해 포교가 허용되었다.

33 다음 자료를 활용한 탐구 활동으로 가장 적절한 것은? 2점

각국 공관에 보내는 호소문

지금 일본 공사가 우리 외부(外部)에 공문을 보내어 산림, 천택(川澤), 들판, 황무지에 대한 권리를 청구하였습니다. 우리나라 사람들은 이를 이용해 2~3년 걸러 윤작을 해야만 먹고살 수 있습니다. 그런데 만일 이를 외국인에게 주어버린다면 전국의 강토를 모두 빼앗기게 되며 수많은 사람이 참혹한 빈곤에 빠져 구제할 수 없게 될 것입니다. 일본인들의 침략을 막고 우리 강토를 보전하도록 힘써 주십시오.

1904년 ○○월 ○○일

① 독립문의 건립 과정을 알아본다.
② 보안회의 활동 내용을 파악한다.
③ 조일 통상 장정의 조항을 검토한다.
④ 화폐 정리 사업이 끼친 영향을 살펴본다.
⑤ 황국 중앙 총상회가 조직된 목적을 분석한다.

제69회 심화

제68회 심화

제67회 심화

제66회 심화

제65회 심화

제64회 심화

제63회 심화

제62회 심화

34 다음 상황의 배경으로 가장 적절한 것은? [2점]

근일에 의병을 일으킨 이들이 각처에 글을 보내어 말하기를, "정부에 변란이 자주 나고 각처에 도적이 일어나며 대군주 폐하께서 외국 공사관에 파천하여 환궁하실 기약이 없고 일본 사람들이 조선 인민을 어지럽게 하는 고로, 의병을 일으켜 서울에 올라와 궁궐을 지키고 대군주 폐하를 환궁하시게 한다."라고 하였다.

① 을미사변이 일어났다.
② 을사늑약이 체결되었다.
③ 용암포 사건이 발생하였다.
④ 헤이그에 특사가 파견되었다.
⑤ 대한 제국의 군대가 해산되었다.

35 다음 관제가 반포된 이후의 사실로 옳은 것은? [2점]

〈원수부 관제〉

대황제 폐하는 대원수로서 군기(軍機)를 총람하고 육해군을 통령하며, 황태자 전하는 원수로서 육해군을 일률적으로 통솔한다. 이에 원수부를 설치한다.

제1조
원수부는 국방과 용병(用兵)과 군사에 관한 각 항의 명령을 관장하며 특별히 세운 권한을 가지고 군부와 경외(京外)의 각 부대를 지휘 감독한다.

① 지계아문이 설치되었다.
② 군국기무처가 창설되었다.
③ 5군영이 2영으로 통합되었다.
④ 한성 사범 학교가 설립되었다.
⑤ 건양이라는 연호가 제정되었다.

36 (가) 부대에 대한 설명으로 옳은 것은? [2점]

남대관, 권수정 등은 전 한족총연합회 간부였던 지청천, 신숙 등과 함께 아성현(阿城縣)에서 한국대독립당을 조직하고 지청천을 총사령, 남대관을 부사령으로 하는 [(가)]을/를 편성하였다. …… [(가)]은/는 딩차오(丁超)의 군으로부터 무기를 지급받고 대원을 모집하여 일본 측 기관의 파괴, 일본 요인의 암살 등을 기도하였다.

① 청산리에서 일본군을 크게 격파하였다.
② 미군과 연계하여 국내 진공 작전을 준비하였다.
③ 대전자령 전투에서 일본군을 상대로 승리를 거두었다.
④ 중국 관내(關內)에서 결성된 최초의 한인 무장 부대였다.
⑤ 대한 국민회군 등과 연합하여 봉오동 전투에서 승리하였다.

37 밑줄 그은 '법령'이 시행된 시기 일제의 정책으로 옳은 것은? [1점]

□□신문

제△△호   ○○○○년 ○○월 ○○일

어려움에 빠진 한인 회사

회사를 설립할 때 조선 총독의 허가를 받도록 하는 법령이 제정되었다. 이후 한인의 회사는 큰 영향을 받아 손해가 적지 않기에 실업계의 원성이 자자하다. 전국에 있는 회사를 헤아려보니 한국에 본점을 두고 설립한 회사가 171개인데 자본 총액이 5,021만여 원이요, 외국에 본점을 두고 지점을 한국에 설립한 회사가 52개인데 자본 총액이 1억 1,230만여 원이다. 그중에 일본인의 회사가 3분의 2 이상이고, 몇 개 되지 않는 한인의 회사는 상업 경쟁에 밀리고 회사 세납에 몰려 도무지 유지하기가 어렵다고 한다.

① 신문지법을 제정하였다.
② 미쓰야 협정을 체결하였다.
③ 토지 조사 사업을 실시하였다.
④ 경성 제국 대학을 설립하였다.
⑤ 조선 사상범 예방 구금령을 시행하였다.

38 (가) 단체에 대한 설명으로 옳은 것은? [3점]

판결문

피 고 인 : 박상진, 김한종
주   문 : 피고 박상진, 김한종을 사형에 처한다.
이   유
피고 박상진, 김한종은 한일 병합에 불평을 가지고 구한국의 국권 회복을 명분으로 [(가)]을/를 조직하고 국권 회복을 위한 자금 조달을 위해 조선 각도의 자산가에게 공갈로 돈을 받아 내기로 하고 …… 채기중 등을 교사하여 장승원의 집에 침입하여 자금을 강취하고 살해하도록 한 죄가 인정되므로 위와 같이 판결한다.

① 중일 전쟁 발발 직후에 결성되었다.
② 군대식 조직을 갖춘 비밀 결사였다.
③ 파리 강화 회의에 대표를 파견하였다.
④ 일제가 꾸며낸 105인 사건으로 와해되었다.
⑤ 만민 공동회를 열어 열강의 이권 침탈을 비판하였다.

39 밑줄 그은 '시위 운동'의 배경으로 가장 적절한 것은?

1점

수신: 육군 대신

발신: 조선 헌병대 사령관

오늘 1일 새벽 경성에서 조선 독립에 관한 선언서를 발견함. 위 선언서에는 천도교, 기독교 신도들의 서명이 있는데, 이면에는 일본 및 조선의 학생들과 비밀리에 연락했을 가능성이 있어 수사 중. 오후 2시에 이르러 중학(中學) 정도의 학생 약 1,000명이 모이자, 민중이 이에 어울려 시내를 행진하고 시위 운동을 시작함. 지금 수배 중. 위 집단은 각 장소에서 한국 독립 만세를 외치나 난폭한 행동으로 나오지는 않아 매우 불온한 형세는 없음. 주모자를 체포하고 해산시킬 예정이고 선언서에 서명한 사람 대부분은 즉시 체포함.

① 간도 참변으로 민간인이 학살되었다.

② 상하이에서 국민 대표 회의가 개최되었다.

③ 언론사의 주도로 브나로드 운동이 전개되었다.

④ 조선 노동 총동맹과 조선 농민 총동맹이 결성되었다.

⑤ 도쿄 유학생들을 중심으로 2·8 독립 선언서가 발표되었다.

40 (가) 인물에 대한 설명으로 옳은 것은?

3점

문학으로 보는 한국사

내 고장 칠월은
청포도가 익어가는 시절

이 마을 전설이 주저리주저리 열리고
먼 데 하늘이 꿈꾸며 알알이 들어와 박혀

하늘 밑 푸른 바다가 가슴을 열고
흰 돛단배가 곱게 밀려서 오면

내가 바라는 손님은 고달픈 몸으로
청포(靑袍)를 입고 찾아온다고 했으니

내 그를 맞아 이 포도를 따 먹으면
두 손은 함뿍 적셔도 좋으련

아이야, 우리 식탁엔 은쟁반에
하이얀 모시 수건을 마련해 두렴

[해설]

이 시는 독립 운동가이자 문학가인 (가) 의 '청포도'이다. 그는 이 시를 비롯한 다양한 작품에서 식민지 현실에 맞서 꺼지지 않는 민족의식을 표현하였다.

그의 본명은 이원록으로 안동에서 태어났고, 1927년 장진홍의 조선은행 대구 지점 폭탄 의거에 연루되어 투옥되었다. 이후에도 그는 중국을 오가며 독립운동에 힘쓰다가 1943년 체포되어 이듬해 베이징의 일본 감옥에서 생을 마감하였다.

① 소설 상록수를 신문에 연재하였다.

② 광야, 절정 등의 저항시를 발표하였다.

③ 타이완에서 일본 육군 대장을 저격하였다.

④ 삼균주의를 바탕으로 한 건국 강령을 만들었다.

⑤ 여유당전서를 간행하고 조선학 운동을 전개하였다.

41 (가) 단체에 대한 설명으로 옳은 것은?

2점

□□신문

제△△호   1924년 ○○월 ○○일

이중교 폭탄 사건 주역은 (가) 의 김지섭

9월 1일 대지진 때 일어난 조선인 학살이 도화선

금년 1월 5일 오후 7시에 동경 궁성 이중교 앞에서 일어난 폭탄 투척 사건은 전일본을 경악하게 만든 대사건이었다. 당국은 이 사건에 대한 신문 게재 일체를 금지하였고, 동경 지방 재판소의 검사와 예심 판사가 수사를 진행하였다. 이번에 예심이 결정되고 당국의 보도 금지가 해제되었기에, 피고 김지섭 외 4명은 전부 유죄로 공판에 회부되었음을 보도한다. 김지섭은 조선 독립을 위해 (가) 의 단장 김원봉과 함께 과격한 방법을 강구하였고, 이를 일본에서 실행하기로 하였다고 한다.

① 김구가 상하이에서 조직하였다.

② 비밀 행정 조직인 연통제를 운영하였다.

③ 조선 혁명 선언을 활동 지침으로 삼았다.

④ 신흥 무관 학교를 세워 무장 투쟁을 준비하였다.

⑤ 조선 총독부에 국권 반환 요구서를 제출하려 하였다.

42 다음 자료에 나타난 민족 운동에 대한 설명으로 옳은 것은?

2점

2천만 피압박 민중 제군이여!

우리 2천만 생령(生靈)을 사랑하고 조국을 사랑하는 광주 학생 남녀 수십 명이 빈사(瀕死)의 중상을 입었다. 고뇌하는 청년 학생 2백 명이 불법으로 철창 속에 갇혀 있다. 그들은 정의를 위하여 거리로 나가 시위를 했다. 그러나 지배 계급의 미친개의 이빨에 물리고 말았다. 우리들은 광주 학생의 석방을 요구하는 동시에 참을 수 없는 피눈물로 시위 대열에 나가는 것이다.

- 감금된 학생을 탈환하자
- 총독 폭압 정치 절대 반대
- 교육에 경찰 간섭 반대
- 치안 유지법을 철폐하라

① 순종의 장례일을 맞아 가두시위를 벌였다.

② 대한민국 임시 정부 수립에 영향을 주었다.

③ 조선 사람 조선 것이라는 구호를 내세웠다.

④ 신간회의 지원을 받으며 전국적으로 확산되었다.

⑤ 일본, 프랑스 등의 노동 단체로부터 격려 전문을 받았다.

제69회 심화

제68회 심화

제67회 심화

제66회 심화

제65회 심화

제64회 심화

제63회 심화

제62회 심화

43

교사의 질문에 대한 학생의 답변으로 가장 적절한 것은? 1점

일제는 조선 민사령을 개정하여 일본식 씨명을 사용하도록 강요하였습니다. 이렇게 개정한 이후에 일제가 추진한 정책에 대해 말해 볼까요?

조선 민사령 중 개정의 건
(제령 제19호)

조선인 호주는 본령 시행 후 6개월 이내에 새로 씨(氏)를 정하고 이를 부윤 또는 읍면장에게 신고해야 한다. …… 신고를 하지 않을 때는 본령 시행 당시 호주의 성을 씨로 삼는다.

① 통감부를 설치하였습니다.

② 조선 태형령을 시행하였습니다.

③ 헌병 경찰제를 실시하였습니다.

④ 여자 정신 근로령을 공포하였습니다.

⑤ 동양 척식 주식회사를 설립하였습니다.

44

(가) 인물에 대한 설명으로 옳은 것은? 2점

항복 전에 정무총감 엔도 등이 법과 질서를 유지하고 일본인들이 생명과 재산을 지키기 위하여 ⟨ (가) ⟩와/과 논의하였다. …… 일본인들은 그가 유혈 사태를 막아줄 수 있다고 믿었던 것 같다. …… 그런데 ⟨ (가) ⟩은/는 조선 총독부가 생각했던 바를 따르지 않았다. 일본이 원했던 것은 연합군이 올 때까지 질서를 유지하기 위한 평화 유지 위원회 정도였다. 그러나 그는 실질적인 정부로 여겨질 수 있는 조선 건국 준비 위원회를 만들었다.

① 샌프란시스코에서 흥사단을 결성하였다.

② 조선어 학회 사건으로 구속되어 옥고를 치렀다.

③ 김규식과 함께 좌우 합작 위원회를 조직하였다.

④ 반민족 행위 특별 조사 위원회에서 활동하였다.

⑤ 미국에서 귀국하여 독립 촉성 중앙 협의회를 이끌었다.

45

(가) 전쟁 중에 있었던 사실로 옳은 것을 〈보기〉에서 고른 것은? 2점

사진으로 보는 ⟨ (가) ⟩

이 사진은 ⟨ (가) ⟩ 당시 끊어진 대동강 철교를 찍은 거란다. 유엔군은 중국군의 남하를 지연시키기 위해 철교를 파괴했다는구나.

한파가 몰아치는 한겨울에 끊어진 다리를 건너는 피난민의 모습을 보니 전쟁의 참혹함이 생생하게 느껴지는 것 같아요.

─── 〈보 기〉 ───

ㄱ. 애치슨 라인이 발표되었다.

ㄴ. 인천 상륙 작전이 전개되었다.

ㄷ. 부산에서 발췌 개헌안이 통과되었다.

ㄹ. 모스크바 3국 외상 회의가 개최되었다.

① ㄱ, ㄴ   ② ㄱ, ㄷ   ③ ㄴ, ㄷ   ④ ㄴ, ㄹ   ⑤ ㄷ, ㄹ

46

다음 뉴스가 보도된 정부 시기의 경제 상황으로 옳은 것은? 2점

서울-부산 간 고속 도로 준공식이 대구에서 열렸습니다. 대전-대구 구간을 마지막으로 경부 고속 도로가 완공되면서 서울에서 부산까지의 이동 시간이 4시간 30분 정도로 줄어들게 되었습니다. 하지만 2년 5개월여의 단기간에 고속 도로를 완공하면서 다수의 사상자가 발생하는 등 안타까운 일도 있었습니다.

① 제2차 경제 개발 5개년 계획이 추진되었다.

② 미국의 경제 원조로 삼백 산업이 발달하였다.

③ 귀속 재산 처리를 위해 신한 공사가 설립되었다.

④ 대통령 긴급 명령으로 금융 실명제가 실시되었다.

⑤ 최저 임금 결정을 위한 최저 임금 위원회가 설치되었다.

47 다음 발표가 있었던 시기를 연표에서 옳게 고른 것은? 2점

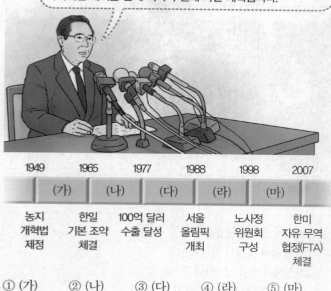

> 정부는 최근 겪고 있는 금융·외환 시장의 어려움을 극복하기 위해 국제 통화 기금(IMF)에 유동성 조절 자금을 지원해 줄 것을 요청하기로 결정하였습니다. …… 유동성 부족 상태가 조속한 시일 안에 해결될 것으로 기대합니다. 정부는 국제 통화 기금과 참여국의 지원과 함께 우리 스스로도 원활한 외화 조달을 위한 다각적인 대책을 함께 적극 추진해 나갈 계획입니다.

1949	1965	1977	1988	1998	2007
(가)	(나)	(다)	(라)	(마)	
농지 개혁법 제정	한일 기본 조약 체결	100억 달러 수출 달성	서울 올림픽 개최	노사정 위원회 구성	한미 자유 무역 협정(FTA) 체결

① (가) ② (나) ③ (다) ④ (라) ⑤ (마)

48 (가)에 들어갈 내용으로 가장 적절한 것은? 2점

> 저는 지금 ○○시에 있는 경포대에 와 있습니다. 관동팔경 중 하나인 경포대 안에는 숙종이 직접 지은 시를 비롯하여 많은 명사의 글이 걸려있습니다. 이 지역에서 가 볼 만한 곳을 대화창에 올려 주세요.

① 율곡 이이가 태어난 오죽헌을 추천해요.
② 무령왕릉이 있는 송산리 고분군을 추천해요.
③ 어재연 부대가 항전했던 광성보에 가 보세요.
④ 팔만대장경판이 보관된 해인사를 방문해 보세요.
⑤ 삼별초가 활동한 항파두리 항몽 유적에 가 보세요.

49 다음 민주화 운동에 대한 설명으로 옳은 것은? 1점

> ○○○○년 ○○월 ○○일
> 학생 대표의 연설이 끝나자 우리는 단단하게 스크럼을 짜고 교문 밖으로 행진했다. 3·15 부정 선거에 대한 분노와 얼마 전 마산에서 일어난 규탄 대회에서 김주열 군이 최루탄에 눈 부분을 맞고 마산 앞바다에 죽은 채 떠올랐다는 소문이 파다하게 퍼져있던 터였다. …… 시위대의 물결이 경무대로 향했다. 그때 귀청을 뚫을 듯한 총소리가 연발로 들렸다. 얼마나 지났을까. 총소리가 멈춘 후 고개를 들고 주위를 둘러보다가 벌떡 일어나고 말았다. 같은 반 친구가 바지가 찢어진 채 피를 흘리며 쓰러져 있었다. 나는 정신없이 달려가 그를 안았다. 그러나 그는 이미 사지를 축 늘어뜨린 채 힘이 없었다.

① 시민군이 조직되어 계엄군에 저항하였다.
② 당시 대통령이 하야하는 결과를 가져왔다.
③ 호헌 철폐, 독재 타도 등의 구호를 내세웠다.
④ 3선 개헌 반대 범국민 투쟁 위원회가 주도하였다.
⑤ 장기 독재를 비판하는 3·1 민주 구국 선언이 발표되었다.

50 (가), (나) 사이의 시기에 있었던 사실로 옳은 것은? 3점

> (가) 남북 간의 제반 문제를 개선, 해결하며 나라의 통일 문제를 다루는 남북 조절 위원회가 정식으로 발족하였다. 남북 조절 위원회는 판문점에 공동 사무국을 두기로 하였으며, 회의는 서울과 평양에서 번갈아 진행하기로 하였다.

> (나) 서울에서 열린 제5차 남북 고위급 회담에서 남북 사이의 화해와 불가침 및 교류·협력 등을 주요 내용으로 하는 남북 기본 합의서를 채택하였다. 특히 이번 합의서에서는 분단 이후 처음으로 남북 양측의 국호를 사용하였다.

① 금강산 육로 관광이 시작되었다.
② 6·15 남북 공동 선언이 발표되었다.
③ 평창 동계 올림픽에 남북 단일팀이 참가하였다.
④ 남북 경제 협력을 위한 개성 공업 지구가 조성되었다.
⑤ 남북 이산가족 고향 방문단의 교환 방문이 최초로 성사되었다.

총평과 접근 **방법** 제시

어떤 문제든 고민 없이 풀어 나갈 만반의 준비, 되셨나요?
설민석만의 총평과 고난도 문제 대응법을 공개합니다.

수험생 체감 난도 중하   **실제 합격률(%)** **58.97%**

이번 시험 난도는 중하 수준이었습니다. 지난 회차보다 약간 더 평이했고, 일부 문제를 제외하면 전반적으로 무난하게 출제되었습니다. 다만, 이번에는 지역사 문제를 푸는 데 어려움이 있었을 것으로 보이는데요. 그동안 자주 출제되었던 평양, 개성, 강화도 등이 아닌 강릉 지역이 출제되었습니다.

제69회 심화
제68회 심화
제67회 심화
제66회 심화
제65회 심화
제64회 심화
제63회 심화
제62회 심화

---

 dankkum_e • 팔로잉   ···

48 (가)에 들어갈 내용으로 가장 적절한 것은?   2점

지역사 문제로 강릉 지역이 출제되었습니다.

> 저는 지금 ○○시에 있는 **경포대**에 와 있습니다. 관동팔경 중 하나인 경포대 안에는 숙종이 직접 지은 시를 비롯하여 많은 명사의 글이 걸려있습니다. 이 지역에서 가 볼 만한 곳을 대화창에 올려 주세요.

우리 문화유산 물러보기   생방송 중

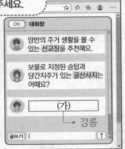

대화창
- 양반의 주거 생활을 볼 수 있는 선교장을 추천해요.
- 보물로 지정된 승탑과 당간지주가 있는 굴산사지는 어때요?
- (가)   → 강릉
글쓰기

✓ ① 율곡 이이가 태어난 오죽헌을 추천해요. 강릉
② 무령왕릉이 있는 송산리 고분군을 추천해요. 공주
③ 어재연 부대가 항전했던 광성보에 가 보세요. 강화도
④ 팔만대장경판이 보관된 해인사를 방문해 보세요. 합천
⑤ 삼별초가 활동한 항파두리 항몽 유적에 가 보세요. 제주도

제66회 더 알아보기   정답 및 해설 | 기출해설집 81쪽

                                          🔖

dankkum님 외 여러 명이 좋아합니다.

 선생님, 지역사 문제로 강릉이 나왔네요?!

 네, 맞아요. 저는 어느 지역인지 몰랐어요!

 네, 한국사능력검정시험에서 지역사 문제로 잘 다루지 않았던 강릉이 출제되었는데요.
이 지역에 대해서 알지 못하면 풀기 어려운 문제였어요. 그래서 여러분들이 체감상 더 어렵게 느꼈을 것 같아요!

 강릉에 여행을 가본 적 있는 수험생들은 경포대랑 오죽헌을 통해 정답을 쉽게 찾을 수 있었을 텐데요. 그게 아니라면 각 선택지가 '○○시'에 해당되는지 맞춰보는 것도 하나의 방법이었어요. 우선 3번 선택지가 강화도이고, 5번 선택지가 제주도이기 때문에 '○○시'에 해당되지 않음을 알 수 있죠. 이렇게 소거법을 통해서 정답을 찾는 데 도움이 될 수 있습니다.
강릉 지역은 다음에 다시 출제될 가능성이 있으니 기억하도록 해요!

8회차 **실제 응시자**의 **실시간 반응**
이제는 철저히 **응시자의 입장**에서 문제를 재평가하여야 합니다.
문제를 풀기 전, **이슈가 된 문제**를 미리 확인합니다.

제 **65** 회
심화

 **dankkum_e** ✓

제65회 심화 총평과 접근 **방법**은 문제 풀이 후 기출문제집 **83**쪽에서 확인합시다!

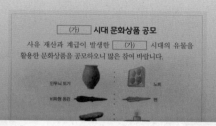

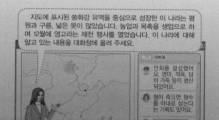

---

17 (가)에 해당하는 문화유산으로 옳은 것은? [2점]

충청남도 예산군에 있는 이 건물은 맞배지붕에 주심포 양식입니다. 건물 보수 중 묵서명이 발견되어 충렬왕 34년이라는 정확한 건립 연도를 알게 되었습니다.

국보로 지정된 불교 건축물

(가)

dankkum_e • 팔로잉   ⋯

 dankkum_e 제65회 한능검 심화 시험, 결과는 어떠셨나요? #고려시대 #문화유산 #수덕사 대웅전

 history 지난 시험보다 훨씬 쉬웠던 거 같아요!

 passexam 충청남도 예산군보고 수덕사인 줄 바로 알 았음 ㅋㅋㅋㅋ

 korealove 고려랑 조선 시대 건축물이 헷갈려요 ㅠㅠ

 certificate 저는 이 문제 틀렸습니다...

①	②	③
 수덕사 대웅전	화엄사 각황전	부석사 무량수전

④	⑤
봉정사 극락전	법주사 팔상전

♡ 💬 ✈ 🔖

 history님 외 여러 명이 좋아합니다.
6월 17일

댓글 달기...   게시

적산 법화원은 산둥반도에 있었던 신라인 집단 거주지에 세워진 절이다. 이 절을 창건한 이 인물은 당에 건너가 무령군 소장이 되었다가 흥덕왕 때 귀국하여 활발히 활동하였다. 그러나 왕위 쟁탈전에 휘말려 암살당했다.

① 구법 순례기인 왕오천축국전을 지었다.
② 진성 여왕에게 시무책 10여 조를 올렸다.

왕이 천덕전에 거둥하여 백관을 모아놓고 말하기를, "내가 신라와 굳게 동맹을 맺은 것은 두 나라가 길이 우호를 유지하고 각자의 사직(社稷)을 보전하기 위해서였다. 지금 신라왕이 굳이 신하로 있겠다고 요청하고 그대들도 그것이 옳다고 하니, 나의 마음이 매우 부끄러우나 여러 사람의 뜻을 거스르기가 어렵다."라고 하였다. 이에 신라왕이 뜰에 예를 올리니 여러 신하가 하례하여 함성이 궁궐을 진동하였다. …… 신라국을 없애 경주라 하고, 그 지역을 김부의 식읍으로 하사하였다.

① 빈민 구제 기관인 흑창을 설치하였다.
② 12목을 설치하고 지방관을 파견하였다.

 누가 거란 진영에 가서 담판을 벌여 군대를 물러가게 하겠는가?

 신, 서희가 폐하의 분부를 받들겠습니다.

 양규가 적을 무로대와 이수 동지에서 크게 무찌르고 포로를 되찾았다고 합니다.

(가)

① 묘청이 서경에서 난을 일으켰다.
② 이자겸이 척준경에 의해 축출되었다.

오직! 단 8회차로 끝내는 경향 분석

○ 사료도 선지도 확실히 알아요.　△ 생소한 사료예요. / 선지 중 일부를 모르겠어요.　✕ 전혀 모르는 내용이에요.

제69회 심화

제68회 심화

제67회 심화

제66회 심화

제65회 심화

제64회 심화

제63회 심화

제62회 심화

01 밑줄 그은 '이 시대'의 생활 모습으로 옳은 것은? [1점]

부여 송국리

축제에 초대합니다.

2023.00.00.~00.00.
부여 송국리 유적 일원

모시는 글

사유 재산과 계급이 출현한 이 시대의 대표적 유적지인 부여 송국리 유적에서 축제를 개최합니다. 다양한 행사에 참여하여 당시 생활을 체험해 보시기 바랍니다.

◆ 주요 프로그램 ◆

• 비파형 동검 모형 만들기
• 민무늬 토기 조각 맞추기
• 증강 현실로 환호와 목책 보기

① 소를 이용한 깊이갈이가 일반화되었다.
② 많은 인력을 동원하여 고인돌을 축조하였다.
③ 실을 뽑기 위해 가락바퀴를 처음 사용하였다.
④ 쟁기, 쇠스랑 등의 철제 농기구가 이용되었다.
⑤ 주로 동굴이나 강가에 막집을 짓고 거주하였다.

02 (가) 국가에 대한 설명으로 옳은 것은? [2점]

니계상 참이 사람을 시켜 (가) 의 왕 우거를 죽이고 와서 항복하였다. 그러나 왕검성은 끝내 함락되지 않았기에 우거왕의 대신(大臣) 성기가 한(漢)에 반기를 들고 공격하였다. 좌장군은 우거왕의 아들 장과 항복한 상 노인의 아들 최로 하여금 그 백성을 달래고 성기를 주살하도록 하였다. 드디어 (가) 을/를 평정하고 진번·임둔·낙랑·현도군을 설치하였다.

- 『한서』 -

① 동맹이라는 제천 행사를 열었다.
② 신성 지역인 소도가 존재하였다.
③ 읍락 간의 경계를 중시하는 책화가 있었다.
④ 여러 가(加)들이 별도로 사출도를 다스렸다.
⑤ 사회 질서를 유지하기 위해 범금 8조를 두었다.

03 (가) 지역에 대한 탐구 활동으로 가장 적절한 것은? [2점]

아! 달의 역사 인물

(가)에 백제의

새로운 터전을 잡다

문주왕
미상~477

고구려 장수왕의 공격으로 백제의 수도 한성이 파괴되고 개로왕이 전사하였다. 그에 이어 즉위한 문주왕은 위기를 수습하고자 (가) (으)로 도읍을 옮겼다.

① 무왕이 미륵사를 창건한 곳을 살펴본다.
② 무령왕과 왕비의 무덤이 발굴된 곳을 답사한다.
③ 성왕이 신라와의 전투에서 전사한 곳을 검색한다.
④ 윤충이 의자왕의 명을 받아 함락시킨 곳을 지도에 표시한다.
⑤ 계백이 이끄는 결사대가 신라군에 맞서 싸운 곳을 조사한다.

04 (가)에 해당하는 문화유산으로 옳은 것은? [2점]

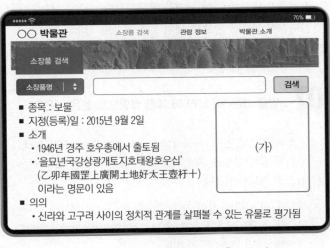

○○ 박물관　　소장품 검색　　관람 정보　　박물관 소개

소장품 검색

소장품명 ▾　　　　　　　　　　　　　검색

■ 종목 : 보물
■ 지정(등록)일 : 2015년 9월 2일
■ 소개
 • 1946년 경주 호우총에서 출토됨
 • '을묘년국강상광개토지호태왕호우십'
 (乙卯年國罡上廣開土地好太王壺杅十)
 이라는 명문이 있음
■ 의의
 • 신라와 고구려 사이의 정치적 관계를 살펴볼 수 있는 유물로 평가됨

(가)

① ② ③ ④ ⑤

05 다음 상황 이후에 있었던 사실로 옳은 것은? [2점]

10월에 백제왕이 병력 3만 명을 거느리고 평양성을 공격해 왔다. 왕이 군대를 출정시켜 백제군을 막다가 날아온 화살에 맞아 이달 23일에 세상을 떠났다.

① 유리왕이 졸본에서 국내성으로 천도하였다.
② 미천왕이 낙랑군을 축출하여 영토를 확장하였다.
③ 소수림왕이 불교를 공인하고 율령을 반포하였다.
④ 고국천왕이 을파소를 등용하고 진대법을 실시하였다.
⑤ 유주자사 관구검이 이끄는 군대가 환도성을 함락하였다.

06 (가), (나) 사이의 시기에 있었던 사실로 옳은 것은? [2점]

(가) 당의 손인사, 유인원과 신라왕 김법민은 육군을 거느려 나아가고, 유인궤 등은 수군과 군량을 실은 배를 거느리고 백강으로 가서 육군과 합세하여 주류성으로 갔다. 백강 어귀에서 왜의 군사를 만나 …… 그들의 배 4백 척을 불살랐다.

(나) 이근행이 군사 20만 명을 이끌고 매소성에 머물렀다. 신라군이 공격하여 달아나게 하고 말 3만여 필을 얻었는데, 노획한 병장기의 수도 그 정도 되었다.

① 장문휴가 당의 등주를 공격하였다.
② 원광이 왕명으로 걸사표를 작성하였다.
③ 을지문덕이 살수에서 대승을 거두었다.
④ 김춘추가 당과의 군사 동맹을 성사시켰다.
⑤ 검모잠이 안승을 왕으로 세워 부흥 운동을 벌였다.

07 밑줄 그은 '이 나라'에 대한 설명으로 옳은 것은? [1점]

○ 조영이 죽으니, 이 나라에서는 고왕이라 하였다. 아들 무예가 왕위에 올라 영토를 크게 개척하니, 동북의 모든 오랑캐들이 겁을 먹고 그를 섬겼다.

○ 처음에 이 나라의 왕이 자주 학생들을 경사의 태학에 보내어 고금의 제도를 배우고 익혀 가더니, 드디어 해동성국이 되었다. 그 땅에는 5경 15부 62주가 있다.

－『신당서』－

① 정사암 회의를 개최하였다.
② 9서당 10정의 군사 조직을 갖추었다.
③ 욕살, 처려근지 등의 지방관을 두었다.
④ 인안, 대흥 등 독자적인 연호를 사용하였다.
⑤ 광평성을 비롯한 각종 정치 기구를 마련하였다.

08 밑줄 그은 '이 인물'에 대한 설명으로 옳은 것은? [3점]

●●●●● 📶 　오전 10:40　 48%🔋

좋아요 28회　　　　　　　　　8시간 전

이곳은 이 인물을 제사하는 경주의 서악서원. 그는 한자의 음과 훈을 빌려 우리말을 표기하는 이두를 체계적으로 정리함. 우리말로 유학 경전을 풀이하여 후학들을 가르침. 원효의 아들임.

① 향가 모음집인 삼대목을 편찬하였다.
② 진성 여왕에게 시무책 10여 조를 올렸다.
③ 화랑도의 규범으로 세속 5계를 제시하였다.
④ 외교 문서 작성에 능하여 청방인문표를 지었다.
⑤ 국왕에게 조언하는 내용인 화왕계를 집필하였다.

09 밑줄 그은 '시기'에 볼 수 있는 모습으로 적절한 것은? [2점]

이 유물에는 민애왕을 추모하는 명문이 있습니다. 그는 혜공왕 피살 이후 왕위 쟁탈전이 치열했던 시기에 희강왕을 축출하고 왕이 되었으나, 다른 진골 세력에 의해 1년 만에 제거되었습니다.

전(傳) 대구 동화사 비로암 삼층 석탑 납석사리호

① 의창에서 곡식을 빌리는 백성
② 만권당에서 대담을 나누는 학자
③ 혜민국에서 약을 받아 가는 환자
④ 화엄일승법계도를 저술하는 승려
⑤ 청해진을 거점으로 해적을 소탕하는 병사

10 (가) 왕의 재위 시기에 있었던 사실로 옳은 것은? 2점

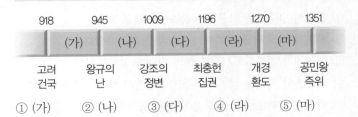

〈탐구 활동 보고서〉

○학년 ○반 이름 : △△△

1. 주제: ___(가)___, 안정과 통합을 꾀하다
2. 방법: 『고려사』 사료 검색 및 분석
3. 사료 내용과 분석

사료 내용	분석
명주의 순식이 투항하자 왕씨 성을 내리다.	지방 호족 포섭
「정계」와 「계백료서」를 지어 반포하다.	관리의 규범 제시
흑창을 두어 가난한 백성에게 곡식을 빌려주다.	민생 안정

① 개국 공신에게 역분전을 지급하였다.
② 외침에 대비하여 광군을 조직하였다.
③ 광덕, 준풍 등의 독자적 연호를 사용하였다.
④ 관학 진흥을 목적으로 양현고를 운영하였다.
⑤ 주전도감을 설치하여 해동통보를 발행하였다.

11 다음 상황이 나타난 시기를 연표에서 옳게 고른 것은? 3점

처음으로 12목을 설치하고 조서를 내려 말하기를, "부지런히 정사를 돌보면서 매번 신하들의 충고를 구하고 있다. 낮은 곳의 이야기를 듣고 멀리 보고자 어질고 현명한 이들의 힘을 빌리려고 한다. 이에 수령들의 공로에 의지해 백성들의 바람에 부합하고자 한다. 『우서(虞書)』의 12목 제도를 본받아 시행하니, 주나라가 8백 년간 지속하였듯이 우리의 국운도 길이 이어질 것이다."라고 하였다.

918	945	1009	1196	1270	1351
(가)	(나)	(다)	(라)	(마)	
고려 건국	왕규의 난	강조의 정변	최충헌 집권	개경 환도	공민왕 즉위

① (가) ② (나) ③ (다) ④ (라) ⑤ (마)

12 (가) 국가에 대한 고려의 대응으로 옳은 것은? 2점

이곳은 전라남도 나주시에 있는 심향사입니다. ___(가)___의 침입으로 나주로 피난한 고려 현종이 나라의 평안을 위해 이곳에서 기도를 올렸다고 전해집니다. 이 왕 때 부처의 힘으로 국난을 극복하고자 초조대장경의 조성이 시작되었습니다.

① 박위를 보내 근거지를 토벌하였다.
② 조총 부대를 나선 정벌에 파견하였다.
③ 개경을 방어하기 위해 나성을 축조하였다.
④ 압록강 상류 지역을 개척하여 4군을 설치하였다.
⑤ 국방 문제를 논의하기 위해 비변사를 신설하였다.

13 (가)에 들어갈 내용으로 옳은 것은? 2점

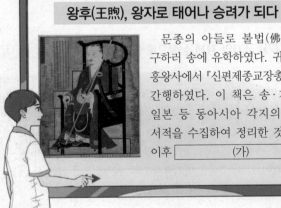

왕후(王煦), 왕자로 태어나 승려가 되다

문종의 아들로 불법(佛法)을 구하러 송에 유학하였다. 귀국 후 흥왕사에서 『신편제종교장총록』을 간행하였다. 이 책은 송·거란·일본 등 동아시아 각지의 불교 서적을 수집하여 정리한 것이다. 이후 ___(가)___

① 국청사의 주지가 되어 해동 천태종을 개창하였다.
② 불교 개혁을 주장하며 수선사 결사를 조직하였다.
③ 선문염송집을 편찬하고 유불 일치설을 주장하였다.
④ 불교 관련 자료를 중심으로 삼국유사를 집필하였다.
⑤ 인도와 중앙아시아를 순례하고 왕오천축국전을 남겼다.

제69회 심화
제68회 심화
제67회 심화
제66회 심화
제65회 심화
제64회 심화
제63회 심화
제62회 심화

14 (가)~(다)를 일어난 순서대로 옳게 나열한 것은? 3점

(가) 왕이 보현원 문에 들어서자 …… 이고 등이 왕을 모시던 문관 및 대소 신료, 환관들을 모두 살해하였다. …… 정중부 등이 왕을 모시고 환궁하였다.

(나) 이자겸과 척준경이 왕을 위협하여 남궁(南宮)으로 거처를 옮기게 하고 안보린, 최탁 등 17인을 죽였다. 이 외에도 죽인 군사가 헤아릴 수 없을 정도였다.

(다) 묘청이 서경을 근거지로 삼고 반란을 일으켰다. …… 국호를 대위, 연호를 천개, 그 군대를 천견충의군이라 불렀다.

① (가) - (나) - (다)　　② (가) - (다) - (나)
③ (나) - (가) - (다)　　④ (나) - (다) - (가)
⑤ (다) - (가) - (나)

15 다음 상황이 나타난 시기에 볼 수 있는 모습으로 적절한 것은? 2점

기철의 친척 기삼만이 권세를 믿고 불법으로 남의 토지를 빼앗았기에 정치도감에서 그를 잡아 장(杖)을 치고 하옥하였는데 20여 일 만에 죽었다. …… 그러자 정동행성 이문소에서 정치도감 관리들을 잡아 가두었다.

① 농사직설을 편찬하는 학자
② 초량 왜관에서 교역하는 상인
③ 도평의사사에서 회의하는 관리
④ 규장각 검서관으로 근무하는 서얼
⑤ 빈공과 응시를 준비하는 6두품 유학생

16 (가) 국가의 경제 상황으로 옳은 것은? 1점

명주의 정해현에서 순풍을 만나 3일이면 큰 바다 가운데로 들어가고, 다시 5일이면 흑산도에 도달하여 그 경계에 들어간다. 흑산도에서 섬들을 지나 7일이면 예성강에 이른다. …… 거기서 3일이면 연안에 닿는데, 벽란정(碧瀾亭)이라는 객관이 있다. 사신은 여기에서부터 육지에 올라 험한 산실을 40여 리쯤 가면 ＿＿(가)＿＿의 수도에 도달한다.

－ 『송사』 －

① 집집마다 부경이라는 창고가 있었다.
② 활구라고 불리는 은병이 주조되었다.
③ 동시전이 설치되어 시장을 감독하였다.
④ 계해약조가 체결되어 일본과 교역하였다.
⑤ 광산을 전문적으로 경영하는 덕대가 등장하였다.

17 (가)에 해당하는 문화유산으로 옳은 것은? 2점

충청남도 예산군에 있는 이 건물은 맞배지붕에 주심포 양식입니다. 건물 보수 중 묵서명이 발견되어 충렬왕 34년이라는 정확한 건립 연도를 알게 되었습니다.

국보로 지정된 불교 건축물

(가)

① 수덕사 대웅전

③ 부석사 무량수전

화엄사 각황전 (②)

④ 봉정사 극락전

⑤ 법주사 팔상전

18 다음 대화 이후에 전개된 사실로 옳은 것은? 2점

이번에 왕이 최영에게 명하여 요동을 정벌한다고 하네.

명 황제가 철령 이북을 일방적으로 명의 영토로 귀속시키려 한 것이 원인이라더군.

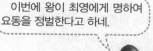

① 윤관이 별무반을 이끌고 동북 9성을 축조하였다.
② 서희가 외교 담판을 벌여 강동 6주를 획득하였다.
③ 이성계가 위화도에서 회군하여 정권을 장악하였다.
④ 배중손이 이끄는 삼별초가 용장산성에서 항전하였다.
⑤ 최우가 강화도로 도읍을 옮겨 장기 항전을 준비하였다.

제69회 심화
제68회 심화
제67회 심화
제66회 심화
제65회 심화
제64회 심화
제63회 심화
제62회 심화

19 밑줄 그은 '이 왕'의 재위 시기에 있었던 사실로 옳은 것은? [2점]

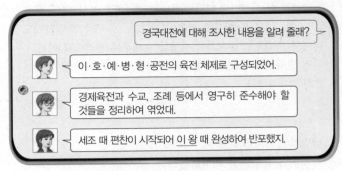

경국대전에 대해 조사한 내용을 알려 줄래?

- 이·호·예·병·형·공전의 육전 체제로 구성되었어.
- 경제육전과 수교, 조례 등에서 영구히 준수해야 할 것들을 정리하여 엮었대.
- 세조 때 편찬이 시작되어 이 왕 때 완성하여 반포했지.

① 독립된 간쟁 기관으로 사간원이 설치되었다.
② 함길도 토착 세력인 이시애가 난을 일으켰다.
③ 직제가 개편된 홍문관에서 경연을 주관하였다.
④ 집현전 관리를 대상으로 사가독서제가 시행되었다.
⑤ 붕당의 폐해를 경계하기 위한 탕평비가 건립되었다.

20 ㉠~㉤에 대한 탐구 활동으로 가장 적절한 것은? [3점]

㉠왕이 어려서 즉위하여 모후(母后)가 수렴청정을 하고, 사림 간에 큰 옥사가 연달아 일어난 데다가 ㉡요승(妖僧)을 높이고 사랑하여 불교를 숭상했으나 모두 왕의 뜻은 아니었다. …… ㉢부세는 무겁고 부역은 번거로웠으며 흉년으로 백성들이 고달프고 도적이 성행하여 국내의 재력이 고갈되었다. 그래서 왕이 비록 성덕(盛德)을 품었어도 끝내 하나도 펴지 못했으니 참으로 애석하다. 그러다가 ㉣문정왕후가 돌아가신 후에 국정을 주관하게 되자 …… ㉤을사사화 때 화를 당한 사람들을 풀어 주고 먼 곳으로 쫓겨난 사람들을 모두 내지로 옮겼다.

① ㉠ - 1차 왕자의 난이 일어난 이유를 찾아본다.
② ㉡ - 황사영 백서 사건이 가져온 결과를 살펴본다.
③ ㉢ - 예송 논쟁의 발생 배경을 파악한다.
④ ㉣ - 갑술환국의 전개 양상을 정리한다.
⑤ ㉤ - 윤임 일파가 축출되는 과정을 조사한다.

21 다음 상황이 전개된 배경으로 옳은 것은? [1점]

교지를 내려 이르기를, "전날 성삼문 등이 상왕(上王)도 그 모의에 참여하였다고 인정하자, 백관들이 상왕도 종사(宗社)에 죄를 지었으니 편안히 도성에 거주하는 것은 마땅치 않다고 하였다. …… 상왕을 노산군(魯山君)으로 낮추고, 궁에서 내보내 영월에 거주시키도록 하라."라고 하였다.

① 인조반정으로 북인 세력이 몰락하였다.
② 인현왕후가 폐위되고 남인이 권력을 차지하였다.
③ 계유정난을 통해 수양대군이 정권을 장악하였다.
④ 이인좌를 중심으로 한 소론 세력이 난을 일으켰다.
⑤ 폐비 윤씨 사사 사건으로 인해 김굉필 등이 처형되었다.

22 (가)에 해당하는 작품으로 옳은 것은? [1점]

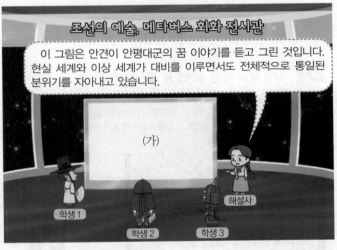

조선의 예술, 메타버스 회화 전시관

이 그림은 안견이 안평대군의 꿈 이야기를 듣고 그린 것입니다. 현실 세계와 이상 세계가 대비를 이루면서도 전체적으로 통일된 분위기를 자아내고 있습니다.

(가)

학생 1
학생 2
학생 3
해설사

①
②
③
④
⑤

23 밑줄 그은 '이 전쟁' 중에 있었던 사실로 옳은 것은? 2점

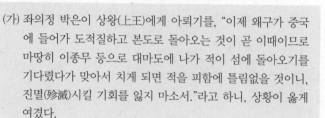

이달의 책

忠烈錄

이 책은 조선 후기 문인 김창협이 편찬한 『충렬록』이다. 이 전쟁에서 충의를 지키고자 죽은 김상용 등에 관한 기록과 그들을 기리기 위한 충렬사의 건립 경위를 담고 있다. 김상용은 세자빈과 봉림대군 등 왕실 사람들을 호종하여 강화도로 피난하였다가 이듬해 강화성이 함락되자 순절하였다.

① 조명 연합군이 평양성을 탈환하였다.
② 강홍립이 사르후 전투에 참전하였다.
③ 김준룡이 광교산 전투에서 승리하였다.
④ 김종서가 두만강 일대에 6진을 개척하였다.
⑤ 곽재우, 김천일 등이 의병장으로 활약하였다.

■■■

24 (가) 왕에 대한 설명으로 옳은 것은? 2점

이 시는 (가) 이/가 현륭원을 참배하고 화성행궁에 머물다가 환궁하는 길에 지은 것입니다. 아버지인 사도세자에 대한 마음이 잘 표현되어 있습니다.

혼정신성*의 그리움 다할 길 없어
오늘 또 화성에 와 보니
궂은 비는 침원에 부슬부슬 내리고
이 마음은 재전**을 끝없이 배회하누나
어찌하여 사흘 밤을 잤던고
아버님 영정을 모셨기 때문일세
더디고 더딘 걸음에 고개 들어 바라보니
오운이 저 멀리서 일어나누나

*혼정신성 : 부모님께 효도하는 도리
**재전 : 제사를 지내기 위하여 지은 집

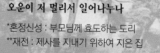

① 청과 국경을 정하는 백두산정계비를 세웠다.
② 통치 체제를 정비하고자 속대전을 편찬하였다.
③ 왕실의 위엄을 높이기 위해 경복궁을 중건하였다.
④ 삼정의 문란을 시정하려고 삼정이정청을 설치하였다.
⑤ 시전 상인의 특권을 축소하는 신해통공을 단행하였다.

■■■

25 (가) 제도에 대한 설명으로 옳은 것은? 2점

광해군 때 이원익이 방납의 폐단을 혁파하고자 선혜청을 두고 (가) 을/를 실시할 것을 청하였다. …… 맨 먼저 경기도 내에 시범적으로 실시하니 백성들은 대부분 편리하게 여겼다. 다만 권세가와 부호들은 방납의 이익을 잃기 때문에 온갖 방법으로 반대하였다.

－『국조보감』－

① 양반에게도 군포를 부과하였다.
② 수신전과 휼양전을 폐지하였다.
③ 양전 사업을 실시하여 지계를 발급하였다.
④ 전세를 풍흉에 따라 9등급으로 차등 과세하였다.
⑤ 관청에 물품을 조달하는 공인이 등장하는 배경이 되었다.

■■■

26 (가)~(라)를 일어난 순서대로 옳게 나열한 것은? 3점

(가) 좌의정 박은이 상왕(上王)에게 아뢰기를, "이제 왜구가 중국에 들어가 도적질하고 본도로 돌아오는 것이 곧 이때이므로 마땅히 이종무 등으로 대마도에 나가 적이 섬에 돌아오기를 기다렸다가 맞아서 치게 되면 적을 피함에 틀림없을 것이니, 진멸(殄滅)시킬 기회를 잃지 마소서."라고 하니, 상황이 옳게 여겨졌다.

(나) 김방경이 중군을 거느리게 하고 홀돈과 홍다구와 더불어 일본을 정벌하게 하였다. 일기도(一岐島)에 이르러 천여 명을 죽이고 길을 나누어 진격하였다. 왜인들이 달아나는데 쓰러진 시체가 마치 삼대와 같았다. 날이 저물어 이내 공격을 늦추었는데 마침 밤에 태풍이 크게 불어서 전함들이 많이 부서졌다.

(다) 왜구가 배 5백 척을 이끌고 진포 입구에 들어와서는 큰 밧줄로 배를 서로 잡아매고 병사를 나누어 지키다가, 해안에 상륙하여 여러 고을로 흩어져 들어가 불을 지르고 노략질을 자행하였다. …… 나세, 심덕부, 최무선 등이 진포에 이르러, 최무선이 만든 화포를 처음으로 사용하여 그 배들을 불태웠다.

(라) 왜장이 군사 수만 명을 모두 동원하여 진주성을 포위하였는데 성 안의 군사는 3천여 명이었다. 진주 목사 김시민이 여러 성첩을 나누어 지키게 하였다. …… 10여 일 동안 4~5차례 큰 전투를 벌이면서 안팎에서 힘껏 싸웠으므로 적이 먼저 도망하였다.

① (가) － (나) － (다) － (라)
② (가) － (다) － (나) － (라)
③ (나) － (가) － (라) － (다)
④ (나) － (다) － (가) － (라)
⑤ (다) － (라) － (나) － (가)

제69회
심화

제68회
심화

제67회
심화

제66회
심화

제65회
심화

제64회
심화

제63회
심화

제62회
심화

27 다음 가상 인터뷰의 주인공에 대한 설명으로 옳은 것은?

2점

성호사설에서 6가지 좀의 하나로 과업을 말씀하셨는데요, 어떤 점이 문제인가요?

요즈음 과거를 준비하는 유생들은 부모 형제와 생업도 팽개치고 종일토록 글공부만 하고 있으니, 이는 인간의 본성을 망치는 재주일 뿐입니다. 다행히 급제라도 하면 교만하고 사치스러워져, 끝없이 백성의 것을 빼앗아 그 욕심을 채웁니다. 때문에 나라를 좀먹는 존재로 표현했습니다.

① 마과회통에서 홍역에 대한 지식을 정리하였다.
② 의산문답에서 중국 중심의 세계관을 비판하였다.
③ 발해고에서 남북국이라는 용어를 처음 사용하였다.
④ 곽우록에서 토지 매매를 제한하는 한전론을 제시하였다.
⑤ 금석과안록에서 북한산비가 진흥왕 순수비임을 고증하였다.

28 밑줄 그은 '이 시기'에 볼 수 있는 모습으로 적절하지 않은 것은?

1점

범 나려온다 범이 나려온다♪ 송림 깊은 골로 한김생이 내려온다♪♫

내가 준비한 것은 판소리 수궁가에서 호랑이가 내려 오는 장면이야.

판소리는 신재효에 의해서 체계적으로 정리되었어.

한글 소설과 함께 판소리는 이 시기에 유행했지.

① 주자소에서 계미자를 만드는 장인
② 송파장에서 산대놀이를 공연하는 광대
③ 대규모 자본으로 물품을 구매하는 도고
④ 시사를 조직하여 작품 활동을 하는 중인
⑤ 인삼, 담배 등을 상품 작물로 재배하는 농민

29 (가), (나) 사이의 시기에 있었던 사실로 옳은 것은?

2점

(가) 대왕대비전이 전교하기를, "익성군이 이제 입궁하였으니, 흥선 대원군과 부대부인의 봉작을 내리는 것을 오늘 중으로 거행하도록 하라."라고 하였다.

(나) 종로에 비석을 세웠다. 그 비에서 이르기를, '서양 오랑캐가 침범하는데 싸우지 않으면 즉 화친하는 것이요, 화친을 주장함은 나라를 팔아먹는 것이다.'고 하였다.

① 영국이 거문도를 불법으로 점령하였다.
② 일본의 운요호가 영종도를 공격하였다.
③ 러시아가 용암포에 대한 조차를 요구하였다.
④ 독일 상인 오페르트가 남연군 묘 도굴을 시도하였다.
⑤ 미국이 조미 수호 통상 조약 체결 후 푸트 공사를 파견하였다.

30 (가)에 대한 설명으로 옳은 것은?

2점

동대문 일대 재개발 당시 발견된 하도감 터 사진이군요. 이곳은 어떤 용도로 사용된 장소인가요?

여기는 훈련도감에 속한 하도감이 있었던 장소로 군사를 훈련시키고 무기를 제작했던 곳입니다. 1881년부터 이듬해 구식 구인들에 대한 차별대우로 발생한 (가) 때까지 교련 병대의 훈련 장소로 사용되었습니다.

TV 교양 한국사

하도감 터

① 입헌 군주제 수립을 목표로 하였다.
② 조선 총독부의 방해와 탄압으로 실패하였다.
③ 우정총국 개국 축하연을 이용하여 일어났다.
④ 홍범 14조를 기본 개혁 방향으로 제시하였다.
⑤ 일본 공사관에 경비병이 주둔하는 계기가 되었다.

31. (가), (나) 사이의 시기에 있었던 사실로 옳은 것은? [2점]

(가) 복합 상소 이후에도 "물러나면 원하는 바를 시행할 것이다."
라던 국왕의 약속과 달리 관리들의 침학이 날로 심해졌다.
…… 최시형은 도탄에 빠진 교도들을 구하고 최제우의 억울
함을 씻기 위해 보은 집회를 개최하였다.

(나) 동학 농민군은 거짓으로 패한 것처럼 꾸며 황토현에 진을 쳤
다. 관군은 밀고 들어가 그 아래에 진을 쳤다. …… 농민군이
삼면을 포위한 채 한쪽 모퉁이만 빼고 크게 함성을 지르며
압박하자 관군은 일시에 무너졌다.

① 논산으로 남접과 북접이 집결하였다.
② 개혁을 추진하기 위해 교정청이 설치되었다.
③ 일본이 군대를 동원하여 경복궁을 점령하였다.
④ 고부 농민들이 조병갑의 탐학에 맞서 만석보를 파괴하였다.
⑤ 공주 우금치에서 농민군이 관군과 일본군에게 패배하였다.

32. 다음 글이 작성된 시기를 연표에서 옳게 고른 것은? [2점]

전보 제○○○호

발신인: 외무대신 하야시
수신인: 통감 이토

네덜란드에 파견된 전권 대사 쓰즈키가 보낸 전보 내용임.
한국인 3명이 이곳에 머물면서 평화 회의의 위원 대우를
받고자 진력하고 있다고 함. 그들은 오늘 아침 러시아 수석
위원 넬리도프를 방문하려 했는데, 넬리도프는 네덜란드 정
부로부터 평화 회의 위원으로 확인되지 않는 자는 만나지
않겠다고 함. 이들은 일본이 한국에 시행한 정책에 대해 항
의서를 인쇄하여 각국 수석 위원(단, 영국 위원은 제외한 것
으로 보임)에게도 보냈다고 함.

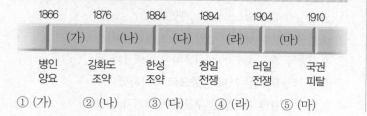

1866		1876		1884		1894		1904		1910
	(가)		(나)		(다)		(라)		(마)	
병인 양요		강화도 조약		한성 조약		청일 전쟁		러일 전쟁		국권 피탈

① (가)　　② (나)　　③ (다)　　④ (라)　　⑤ (마)

33. 다음 의병 부대에 대한 설명으로 옳은 것은? [2점]

이인영을 총대장으로 추대하고, 허위를 군사장으로 삼아 ……
각 도에 격문을 전하니 전국에서 불철주야 달려온 지원자들이
만여 명이더라. 이에 서울로 진군하여 국권을 회복하고자 ……
먼저 이인영은 심복을 보내 각국 영사에게 진군의 이유를 상세히
알리며 도움을 요청하고, 각 도의 의병으로 하여금 일제히 진군하게
되었다.

① 조선 혁명 선언을 지침으로 삼았다.
② 이만손이 주도하여 영남 만인소를 올렸다.
③ 상덕태상회를 통하여 군자금을 모집하였다.
④ 일본에 국권 반환 요구서를 제출하고자 하였다.
⑤ 고종의 강제 퇴위와 군대 해산에 반발하여 결성되었다.

34. 다음 상소가 작성된 이후의 사실로 옳은 것은? [1점]

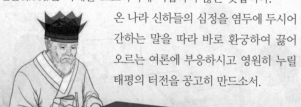

러시아 공사관으로 거처를 옮기시고 해가 바뀌었습니다. 그곳
유리창과 분칠한 담장은 화려하지만 그을음 나는 석탄을 때는
전돌(甎堗)은 옥체를 보호하기에 적합하지 않은 듯합니다. ……
온 나라 신하들의 심정을 염두에 두시어
간하는 말을 따라 바로 환궁하여 끓어
오르는 여론에 부응하시고 영원히 누릴
태평의 터전을 공고히 만드소서.

① 영선사가 파견되었다.
② 군국기무처가 설치되었다.
③ 대한국 국제가 반포되었다.
④ 제너럴 셔먼호 사건이 일어났다.
⑤ 조청 상민 수륙 무역 장정이 체결되었다.

35

(가)~(다)를 일어난 순서대로 옳게 나열한 것은? [3점]

주제: 일본의 경제 침탈에 대한 저항

상권을 수호하기 위해 황국 중앙 총상회가 창립되었어요.

일본의 황무지 개간권 요구를 저지하기 위해 보안회가 조직되었어요.

대구에서 서상돈을 중심으로 금주, 금연 등을 통한 국채 보상 운동이 시작되었어요.

(가)   (나)   (다)

① (가) - (나) - (다)
② (가) - (다) - (나)
③ (나) - (가) - (다)
④ (나) - (다) - (가)
⑤ (다) - (가) - (나)

36

(가) 단체에 대한 설명으로 옳은 것은? [2점]

[(가)]의 주요 간부인 이상재, 정교 등이 러시아의 요구에 대해 정부가 어떻게 대처할 건지를 밝히라는 글이군.

듣기에 절영도에 러시아 사람이 석탄고를 건축하려고 땅을 청구한다고 하니 …… 러시아 사람의 요청대로 빌려줄 건지, 잠깐만 빌려줄 건지, 영영 줄 건지, 빌려줄 때에는 정부 회의를 거치는지, 홀로 결정하여 도장을 찍는지 ……

① 정우회 선언의 영향으로 결성되었다.
② 만세보를 발행하여 민족의식을 고취하였다.
③ 중추원 개편을 통해 의회 설립을 추진하였다.
④ 어린이날을 제정하고 소년 운동을 전개하였다.
⑤ 태극 서관을 운영하여 계몽 서적 등을 보급하였다.

37

(가)~(마)에 대한 설명으로 옳은 것은? [3점]

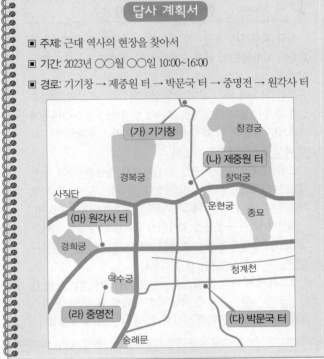

답사 계획서

■ 주제: 근대 역사의 현장을 찾아서
■ 기간: 2023년 ○○월 ○○일 10:00~16:00
■ 경로: 기기창 → 제중원 터 → 박문국 터 → 중명전 → 원각사 터

(가) 기기창 / 창경궁 / (나) 제중원 터 / 경복궁 / 창덕궁 / 사직단 / 운현궁 / 종묘 / (마) 원각사 터 / 경희궁 / 청계천 / 덕수궁 / (라) 중명전 / (다) 박문국 터 / 숭례문

① (가) - 우리나라 최초의 근대 신문이 간행되었다.
② (나) - 고종의 황제 즉위식이 거행된 장소이다.
③ (다) - 백동화가 주조되었다.
④ (라) - 을사늑약이 체결되었다.
⑤ (마) - 나운규의 아리랑이 처음 상영된 곳이다.

38

다음 판결이 내려진 시기에 있었던 사실로 옳은 것은? [1점]

판결문

피 고 인: 박○○

주   문: 피고인을 태 90에 처한다.

이   유

피고 박○○은 이○○가 '구한국의 국권 회복을 도모한다.'고 각지를 돌아다니며 유세한 것에 찬동하였다. …… 법률에 비추어 보니 피고의 소행은 …… 태형에 처함이 타당하다고 인정하여 조선 태형령 제1조, 제4조에 준하여 처단해야 한다. 따라서 주문과 같이 판결한다.

① 원수부가 설치되었다.
② 신간회가 창립되었다.
③ 치안 유지법이 적용되었다.
④ 헌병 경찰제가 실시되었다.
⑤ 동양 척식 주식회사가 설립되었다.

39

⑦~⑩에 대한 탐구 활동으로 적절하지 <u>않은</u> 것은? `2점`

> **🔍 역사 돋보기   한국 교육의 역사**
>
> 삼국 시대에는 ⑦<u>국가가 운영하는 기관</u>을 통해 제도적인 교육이 이루어졌다. 이때 교재는 유학 경전과 역사서가 중심이었다.
>
> 고려 시대에 와서 과거제가 실시되었다. 조상의 음덕을 입은 관직 진출도 있었지만, 과거에 합격하는 것을 영예롭게 여기기도 하였다. 이 과정에서 관학인 국자감 못지않게 ⑥<u>사학 역시 중요한 역할</u>을 하였다.
>
> 조선 시대의 교육 기관은 ⑥<u>관학으로 성균관·향교 등이 있었고</u>, 사학으로 서원 등이 있었다. 국가는 교육을 통해 성리학의 이념을 확산시키고, 통치 질서를 유지하려고 하였다.
>
> 19세기 말 서구 문물을 접하면서 교육에도 상당한 변화가 일어났다. ⑧<u>정부는 새로운 변화에 대처하고 행정의 실무를 담당할 필요에서 학교를 설치하였다.</u>
>
> 갑오개혁 때 ⑩<u>교육 입국 조서가 반포된</u> 이후에는 각종 관립 학교가 세워져 교육을 담당하였다. 한편 선교사들은 기독교를 전파고 서양 문화를 보급하려고 학교 설립에 앞장섰다.

① ⑦ - 태학의 설립 취지를 찾아본다.
② ⑥ - 9재 학당의 수업 내용을 조사한다.
③ ⑥ - 명륜당과 대성전의 기능을 알아본다.
④ ⑧ - 동문학과 육영 공원의 운영 목적을 분석한다.
⑤ ⑩ - 배재 학당, 이화 학당의 설립 시기를 파악한다.

40

다음 법령이 발표된 이후에 있었던 사실로 옳은 것은? `3점`

> 제1조 조선에서의 교육은 본령에 의한다.
> 제2조 국어[일본어]를 상용(常用)하는 자의 보통 교육은 소학교령, 중학교령 및 고등 여학교령에 의한다.
> 제3조 국어[일본어]를 상용하지 않는 자에게 보통 교육을 하는 학교는 보통학교, 고등 보통학교 및 여자 고등 보통학교로 한다.
> 제5조 보통학교의 수업 연한은 6년으로 한다. …… 보통학교에 입학할 수 있는 자는 연령 6세 이상으로 한다.

① 서당 규칙이 제정되었다.
② 2·8 독립 선언이 발표되었다.
③ 조선어 연구회가 결성되었다.
④ 조선 여자 교육회가 조직되었다.
⑤ 조선 민립 대학 설립 기성회가 창립되었다.

41

(가) 정부의 활동에 대한 설명으로 옳은 것은? `2점`

> 도내 관공서의 조선인 관리·기타 조선인 부호 등에게 빈번하게 불온 문서를 배부하는 자가 있어서 수사한 결과 이○○의 소행으로 판명되어 그의 체포에 노력하고 있다. …… 그는 (가) 의 교통부 차장과 재무부 총장 등으로부터 여러 가지 명령을 받았다. 조선에 돌아가서 인쇄물을 뿌리는 등 인심을 교란하는 동시에 (가) 이/가 발행한 독립 공채를 판매하는 한편, 조선 내부와의 연락 및 기타 기관을 충분히 갖추게 하는 것 등이었다.
>
> -『고등 경찰 요사』-

① 무장 투쟁을 위해 중광단을 결성하였다.
② 민족 교육을 위해 서전서숙을 설립하였다.
③ 독립군 양성을 위해 신흥 강습소를 세웠다.
④ 외교 활동을 위해 구미 위원부를 설치하였다.
⑤ 농촌 계몽을 위해 브나로드 운동을 전개하였다.

42

밑줄 그은 '시기'에 있었던 사실로 옳은 것은? `2점`

이곳 사할린에 있는 탄광으로 강제 동원되기 전 고향 생활 중 기억나는 것이 있으신가요?

그때는 중일 전쟁이 시작된 뒤여서 황국 신민 서사를 외우지 못하면 기차표 사기도 어렵던 시기였어요. 기차표를 사려고 하면 일본 사람들이 나보고 황국 신민 서사를 외워 보라고 시켰었지요.

① 원산 총파업이 발생하였다.
② 미쓰야 협정이 체결되었다.
③ 조선 형평사가 결성되었다.
④ 국가 총동원법이 시행되었다.
⑤ 임시 토지 조사국이 설립되었다.

43 (가)에 대한 설명으로 옳은 것은? 2점

전자 사료관

자료는 　(가)　의 창립 1주년을 기념하며 계림에서 촬영된 사진이다. 중국 국민당 정부의 지원을 받아 김원봉 등을 중심으로 창설된 　(가)　은/는 중국 관내(關內)에서 만들어진 최초의 한인 무장 부대이다.

① 자유시 참변으로 시련을 겪었다.
② 대원 일부가 한국광복군에 합류하였다.
③ 쌍성보 전투에서 한중 연합 작전을 전개하였다.
④ 독립군 양성 기관인 한인 소년병 학교를 설립하였다.
⑤ 홍범도 부대와 연합하여 청산리에서 일본군과 교전하였다.

44 (가)에 들어갈 내용으로 적절한 것은? 2점

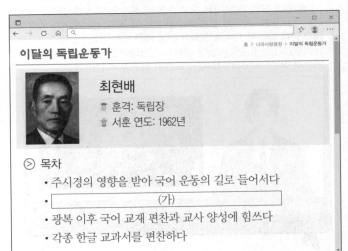

이달의 독립운동가

최현배
🎖 훈격: 독립장
📅 서훈 연도: 1962년

▷ 목차
• 주시경의 영향을 받아 국어 운동의 길로 들어서다
• 　(가)　
• 광복 이후 국어 교재 편찬과 교사 양성에 힘쓰다
• 각종 한글 교과서를 편찬하다

① 조선어 학회 사건으로 옥고를 치르다
② 파리 강화 회의에 독립 청원서를 제출하다
③ 복벽주의를 내세우며 독립 의군부를 조직하다
④ 국권 피탈 과정을 정리한 한국통사를 저술하다
⑤ 일제에 의해 조작된 105인 사건으로 재판을 받다

45 다음 총선거에 대한 설명으로 옳은 것을 〈보기〉에서 고른 것은? 3점

사진으로 보는 우리나라 첫 번째 총선거

회의중인 유엔 한국 임시 위원단 / 투표하는 사람들 / 투표 용지를 세는 개표 종사원

〈보 기〉
ㄱ. 좌우 합작 위원회가 주도하였다.
ㄴ. 장면 정부가 수립되는 계기가 되었다.
ㄷ. 제주도에서 무효 처리된 선거구가 있었다.
ㄹ. 제헌 국회의원을 선출하기 위해 실시되었다.

① ㄱ, ㄴ　② ㄱ, ㄷ　③ ㄴ, ㄷ　④ ㄴ, ㄹ　⑤ ㄷ, ㄹ

46 밑줄 그은 '이 전쟁' 중에 있었던 사실로 옳은 것은? 1점

사료로 보는 한국사

피하는 것은 죽는 것이요, 다 같이 일어나는 것은 사는 길이니 비록 중국군 2백만 명이 들어오기로서니 우리 2천만 명이 일어나면 한 놈도 살아날 수 없이 만들 수 있을 것이다. …… 각 도시나 촌락에서 모든 인민들은 쌀을 타다가 밥을 지어 주먹밥이라도 만들면 실어다가 전선에서 싸우는 사람들을 먹여야 하며, 또 장년들은 참호라도 파며 한편으로 결사대를 조직하여 적의 진지를 뚫고 적군 속에 들어가 백방으로 싸워야만 할 것이다.

[해설] 중국군의 개입으로 이 전쟁의 전세가 불리해진 상황에서 국민의 항전 의지를 독려하는 대통령의 담화문이다.

① 애치슨 라인이 발표되었다.
② 부산이 임시 수도로 정해졌다.
③ 한미 상호 방위 조약이 맺어졌다.
④ 푸에블로호 나포 사건이 발생하였다.
⑤ 국가 보위 비상 대책 위원회가 설치되었다.

47 다음 상황이 나타난 시기를 연표에서 옳게 고른 것은?

[3점]

□□신문

제△△호   ○○○○년 ○○월 ○○일

희망에 찬 전진을

제1차 경제 개발 5개년 계획을 성공적으로 매듭지은 현 시점에서 우리에게는 진실로 기뻐하고 자랑스럽게 생각해야 할 일이 있다. 우리나라가 새롭고 희망에 찬 생활을 향하여 전진을 거듭하고 있다는 사실에 대한 자각이 더욱 높아가고 미래에 대한 자신이 날로 굳어져 가고 있다는 사실이다. …… 여러분이 아시다시피 올해는 제2차 경제 개발 5개년 계획에 착수하여 이미 도약 단계에 들어선 조국의 발전에 일대 박차를 가해야 할 중대한 새 출발의 해인 것이다. 앞으로 4~5년 후에는 아시아에 빛나는 공업 국가를 건설해 보자는 것이 이 계획의 목표인 것이다.

1949	1965	1977	1988	1996	2007
(가)	(나)	(다)	(라)	(마)	
농지 개혁법 제정	한일 협정 체결	100억 달러 수출 달성	서울 올림픽 개최	경제 협력 개발 기구 (OECD) 가입	한미 자유 무역 협정(FTA) 체결

① (가)   ② (나)   ③ (다)   ④ (라)   ⑤ (마)

48 밑줄 그은 '정부' 시기에 있었던 사실로 옳은 것은?

[2점]

이것은 부천 경찰서에서 자행된 여성 노동자에 대한 성 고문 사건을 축소, 은폐하기 위해 내린 정부의 보도 지침 내용입니다. 당시 정부는 언론의 보도 방향을 통제하고, 민주화 운동을 탄압하였습니다. 이후 박종철 고문 치사 사건도 단순 쇼크사로 날조하였습니다.

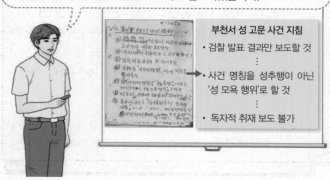

부천서 성 고문 사건 지침
• 검찰 발표 결과만 보도할 것
    ⋮
• 사건 명칭을 성추행이 아닌 '성 모욕 행위'로 할 것
    ⋮
• 독자적 취재 보도 불가

① 야당 총재가 국회의원직에서 제명되었다.
② 5년 단임의 대통령 직선제 개헌이 이루어졌다.
③ 국가 재건 최고 회의를 기반으로 군정이 실시되었다.
④ 평화 통일론을 내세우던 진보당의 조봉암이 처형되었다.
⑤ 긴급 조치 철폐 등을 포함한 3·1 민주 구국 선언이 발표되었다.

49 다음 지역에 대한 탐구 활동으로 적절한 것은?

[1점]

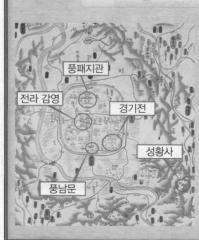

지도로 보는 우리 지역의 역사

1872년에 제작된 우리 지역 지도의 일부입니다. 조선 시대 전라도 일대를 총괄하는 전라 감영, 조선 왕실의 발상지라는 의미로 한(漢) 고조의 고사에서 이름을 딴 객사 풍패지관, 태조 이성계의 어진을 봉안하고 제사하는 경기전, 후백제의 왕성으로 알려진 동고산성 안에 있는 성황사 등이 표시되어 있습니다.

① 유형원이 반계수록을 저술한 장소를 답사한다.
② 견훤이 아들 신검에 의해 유폐된 장소를 알아본다.
③ 동학 농민군이 정부와 화약을 맺은 장소를 조사한다.
④ 기묘사화로 유배된 조광조가 사사된 장소를 검색한다.
⑤ 임병찬이 의병을 일으킨 무성 서원이 있는 장소를 찾아본다.

50 다음 뉴스가 보도된 정부 시기의 통일 정책으로 옳은 것은?

[2점]

대통령은 오늘 도쿄에서 오부치 일본 총리와 21세기 새로운 한일 파트너십 공동 선언에 합의하였습니다. 이 공동 선언문에는 일본이 과거 한때 식민지 지배로 인하여 한국 국민에게 다대한 손해와 고통을 안겨주었다는 역사적 사실을 겸허히 받아들이면서, 이에 대한 통절한 반성과 마음으로부터 사죄라는 표현이 명문화되어 있습니다.

대통령, 일본 국회 연설에서 일본 대중문화 단계적 개방 약속

① 남북 조절 위원회를 구성하였다.
② 6·15 남북 공동 선언을 채택하였다.
③ 한반도 비핵화 공동 선언에 합의하였다.
④ 판문점에서 남북 정상 회담을 개최하였다.
⑤ 남북 이산가족 고향 방문을 최초로 실현하였다.

총평과 접근 **방법** 제시

어떤 문제든 고민 없이 풀어 나갈 만반의 준비, 되셨나요?
설민석만의 총평과 고난도 문제 대응법을 공개합니다.

제**65**회
심화

제69회
심화

제68회
심화

제67회
심화

제66회
심화

제65회
심화

제64회
심화

제63회
심화

제62회
심화

수험생 체감 난도 **중하** **실제 합격률(%)** **57.61%**

이번 시험 난도는 중하 수준이었습니다. 지난 회차보다 합격률이 9% 정도 올랐어요. 전반적으로 무난하게 출제되었고, 개념을 충분히 학습하였다면 답을 구할 수 있는 문제들로 구성되었습니다. 다만, 이번에는 전근대의 문화 문제가 조금 까다롭게 느껴질 수 있었는데요. 문화를 공부할 때 개념과 함께 사진도 기억해 두는 것이 도움됩니다.

 dankkum_e • 팔로잉   ···

17 (가)에 해당하는 문화유산으로 옳은 것은? [2점]

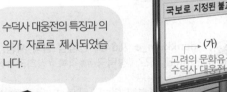
충청남도 예산군에 있는 이 건물은 맞배지붕에 주심포 양식입니다. 건물 보수 중 묵서명이 발견되어 충렬왕 34년이라는 정확한 건립 연도를 알게 되었습니다.

수덕사 대웅전의 특징과 의의가 자료로 제시되었습니다.

국보로 지정된 불교 건축물

(가)
고려의 문화유산인 수덕사 대웅전

✓ ① 수덕사 대웅전
고려 시대의 문화유산(예산)

② 화엄사 각황전
조선 후기의 문화유산(구례)

③ 부석사 무량수전
고려 시대의 문화유산(영주)

④ 봉정사 극락전
고려 시대의 문화유산(안동)

⑤ 법주사 팔상전
조선 후기의 문화유산(보은)

제65회 더 알아보기   정답 및 해설 | 기출해설집 **107쪽**

dankkum님 외 여러 명이 좋아합니다.

 선생님, 건축물의 특징을 전부 다 외워야 할까요?

 이 문제는 고려 시대의 건축물인 수덕사 대웅전에 관한 문제인데요.
고려 시대 건축물의 유형은 크게 수덕사 대웅전, 부석사 무량수전, 봉정사 극락전으로 구분해서 비교 학습하는 것이 중요해요!

 그래도 맞배 지붕이나 주심포 양식 등 이런 특징은 헷갈려요!

 충분히 헷갈릴 수 있어요!
부석사 무량수전과 봉정사 극락전도 주심포 양식이거든요. 하지만 각 건축물이 위치한 '지역'과 '의의'를 중심으로 암기하면 더 효과적이에요!
특히 지역명의 경우 자료에서 제시하고 있을 때가 많아요.
이 문제도 '충청남도 예산군'을 통해 수덕사 대웅전이 위치한 지역임을 알 수 있었답니다.

8회차 실제 응시자의 실시간 반응

이제는 철저히 응시자의 입장에서 문제를 재평가하여야 합니다.
문제를 풀기 전, 이슈가 된 문제를 미리 확인합니다.

제 **64** 회
심화

dankkum_e ✓

제64회 심화 총평과 접근 **방법**은 문제 풀이 후 기출문제집 **97쪽**에서 확인합시다!

(가) **시대 문화상품 공모**

사유 재산과 계급이 발생한 (가) 시대의 유물을 활용한 문화상품을 공모하오니 많은 참여 바랍니다.

지도에 표시된 쑹화강 유역을 중심으로 성장한 이 나라는 평원과 구릉, 넓은 못이 많았습니다. 농업과 목축을 생업으로 하며 12월에 영고라는 제천 행사를 열었습니다. 이 나라에 대해 알고 있는 내용을 대화창에 올려 주세요.

- 민회를 결성했어요. 명마, 적옥, 담비 가죽 등이 생산되었어요.
- 형이 죽으면 형수를 아내로 삼는다는 기록도 있어요.

(가) 왕은 당과 신라 군사들이 이미 백강과 탄현을 지났다는 소식을 듣고 장군 계백을 시켜 결사대 5천 명을 거느리고 황산으로 가서 신라 군사와 싸우게 하였다. 네 번 싸워서 모두 이겼으나 군사가 적고 힘이 모자라서 마침내 패하고 계백이 사망하였다.

(나) 검모잠이 국가를 부흥하려고 하여 당을 배반하고 왕의 외손안승을 세워 왕으로 삼았다. 당 고종이 대장군 고간을 보내 동주도 행군총관으로 삼고 병력을 내어 그들을 토벌하게 하니 안승이 검모잠을 죽이고 신라로 달아났다.

---

18 (가) 궁궐에 대한 설명으로 옳은 것은? [3점]

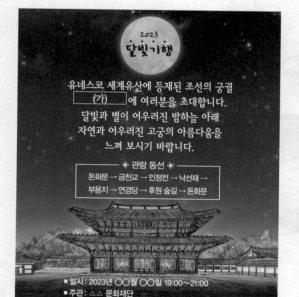

2023
달빛기행

유네스코 세계유산에 등재된 조선의 궁궐
(가) 에 여러분을 초대합니다.
달빛과 별이 어우러진 밤하늘 아래
자연과 어우러진 고궁의 아름다움을
느껴 보시기 바랍니다.

◆ 관람 동선 ◆
돈화문 → 금천교 → 인정전 → 낙선재 →
부용지 → 연경당 → 후원 숲길 → 돈화문

■ 일시 : 2023년 ○○월 ○○일 19:00~21:00
■ 주관 : △△ 문화재단

① 일제에 의해 동물원 등이 설치되었다.
② 도성 내 서쪽에 있어 서궐이라고 불렸다.
③ 인목 대비가 광해군에 의해 유폐된 장소이다.
④ 정도전이 궁궐과 주요 전각의 명칭을 정하였다.
⑤ 태종이 도읍을 한양으로 다시 옮기며 건립하였다.

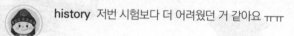

dankkum_e • 팔로잉 ⋯

dankkum_e 제64회 한능검 심화 시험, 결과는 어떠셨나요? #창덕궁 ##경복 #경희궁 #창경궁

history 저번 시험보다 더 어려웠던 거 같아요 ㅠㅠ

passexam 창덕궁인 거 나만 몰랐음? ㄷㄷ

korealove 선택지가 어렵고 생소했어요!!

certificate 오예 궁궐 문제 공부한 보람 있다~!

♥ 💬 ⍟   🔖

history님 외 여러 명이 좋아합니다.
4월 15일

댓글 달기...   게시

적산 법화원은 산둥반도에 있었던 신라인 집단 거주지에 세워진 절이다. 이 절을 창건한 이 인물은 당에 건너가 무령군 소장이 되었다가 흥덕왕 때 귀국하여 활발히 활동하였다. 그러나 왕위 쟁탈전에 휘말려 암살당했다.

① 구법 순례기인 왕오천축국전을 지었다.
② 진성 여왕에게 시무책 10여 조를 올렸다.

왕이 철여전에 거둥하여 백관을 모아놓고 말하기를, '내가 신라와 군에 동맹을 맺은 것은 두 나라가 길이 우호를 유지하고 각자의 사직(社稷)을 보전하기 위해서였다. 지금 신라왕이 굳이 신하로 있겠다고 요청하고 그대들도 그것이 옳다고 하니, 나의 마음이 매우 부끄러우나 여러 사람의 뜻을 거스르기가 어렵다.'라고 하였다. 이에 신라왕이 뜰에서 예를 올리니 여러 신하가 하례하여 함성이 궁궐을 진동하였다. …… 신라국을 없애 경주라 하고, 그 지역을 김부의 식읍으로 하사하였다.

① 빈민 구제 기관인 흑창을 설치하였다.
② 12목을 설치하고 지방관을 파견하였다.

누가 거란 진영에 가서 담판을 벌여 군대를 물러가게 하겠는가?

신, 서희가 폐하의 분부를 받들겠습니다.

양규가 적은 무로대와 이수 등지에서 크게 무찌르고 포로를 되찾았다고 하옵니다.

(가)

① 묘청이 서경에서 난을 일으켰다.
② 이자겸이 척준경에 의해 축출되었다.

○ 사료도 선지도 확실히 알아요.　　△ 생소한 사료예요. / 선지 중 일부를 모르겠어요.　　✕ 전혀 모르는 내용이에요.

제69회 심화
제68회 심화
제67회 심화
제66회 심화
제65회 심화
제64회 심화
제63회 심화
제62회 심화

---

01 밑줄 그은 '이 시대'의 생활 모습으로 옳은 것은? [1점]

> 화면 속 갈돌과 갈판, 빗살무늬 토기는 이 시대의 대표적인 유물로 알려져 있습니다.

> 농경과 정착 생활이 시작된 이 시대의 사람들은 토기를 만들어 곡식을 저장하고 음식을 조리하기도 하였습니다.

① 소를 이용하여 깊이갈이를 하였다.
② 반량전, 명도전 등의 화폐를 사용하였다.
③ 청동 방울 등을 의례 도구로 이용하였다.
④ 거푸집을 이용하여 세형 동검을 제작하였다.
⑤ 가락바퀴와 뼈바늘을 이용하여 옷을 만들었다.

---

02 (가) 나라에 대한 설명으로 옳은 것은? [2점]

> ○ ____(가)____ 의 풍속에는 가뭄이나 장마가 계속되어 오곡이 영글지 않으면, 그 허물을 왕에게 돌려 "왕을 마땅히 바꾸어야 한다."고 하거나 "죽여야 한다."라고 하였다.
> — 『삼국지』 동이전 —
>
> ○ ____(가)____ 사람들은 …… 활·화살·칼·창으로 무기를 삼았다. 가축의 이름으로 관직명을 지으니 마가·우가·구가 등이 있었다. 그 나라의 읍락은 모두 여러 가(加)에 소속되었다.
> — 『후한서』 동이열전 —

① 영고라는 제천 행사를 열었다.
② 한 무제의 공격으로 멸망하였다.
③ 정사암에 모여 재상을 선출하였다.
④ 읍락 간의 경계를 중시하는 책화가 있었다.
⑤ 제사장인 천군과 신성 지역인 소도가 존재하였다.

---

03 (가)에 들어갈 내용으로 가장 적절한 것은? [2점]

> 지금 보시는 자료는 안악 3호분 벽화 중 일부로, 무덤 주인공과 호위 군사 등의 행렬 모습을 자세히 보여줍니다. 이 벽화를 남긴 나라에 대하여 알고 있는 내용을 대화창에 올려 주세요.

대화창
- 책을 읽고 활쏘기를 익히는 경당을 설치하였어요.
- 제가 회의에서 국가 중대사를 결정하였어요.
- ____(가)____

① 연의 장수 진개의 공격을 받았어요.
② 골품에 따른 신분 차별이 엄격하였어요.
③ 빈민을 구제하기 위해 진대법을 실시하였어요.
④ 사회 질서를 유지하기 위한 범금 8조가 있었어요.
⑤ 왕족인 부여씨와 8성의 귀족이 지배층을 이루었어요.

---

04 (가)에 해당하는 문화유산으로 옳은 것은? [1점]

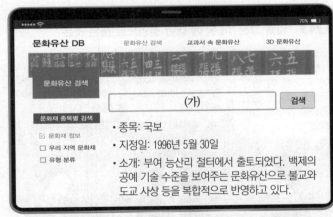

문화유산 DB　　문화유산 검색　　교과서 속 문화유산　　3D 문화유산

문화유산 검색 [____(가)____] 검색

문화재 종목별 검색
☑ 문화재 정보
☐ 우리 지역 문화재
☐ 유형 분류

- 종목: 국보
- 지정일: 1996년 5월 30일
- 소개: 부여 능산리 절터에서 출토되었다. 백제의 공예 기술 수준을 보여주는 문화유산으로 불교와 도교 사상 등을 복합적으로 반영하고 있다.

①　　②　　③　　④　　⑤

05 (가) 인물에 대한 설명으로 옳은 것은? `3점`

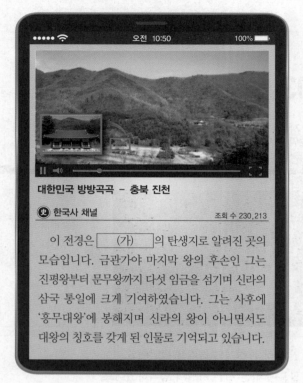

대한민국 방방곡곡 - 충북 진천

🏛 한국사 채널   조회 수 230,213

이 전경은 (가) 의 탄생지로 알려진 곳의 모습입니다. 금관가야 마지막 왕의 후손인 그는 진평왕부터 문무왕까지 다섯 임금을 섬기며 신라의 삼국 통일에 크게 기여하였습니다. 그는 사후에 '흥무대왕'에 봉해지며 신라의 왕이 아니면서도 대왕의 칭호를 갖게 된 인물로 기억되고 있습니다.

① 안승을 왕으로 추대하였다.
② 당의 등주를 선제 공격하였다.
③ 비담과 염종의 난을 진압하였다.
④ 기벌포 전투를 승리로 이끌었다.
⑤ 일리천에서 신검의 군대를 물리쳤다.

06 밑줄 그은 '이 왕'에 대한 설명으로 옳은 것은? `2점`

무령왕의 뒤를 이어 즉위한 이 왕은 국호를 고치고 중앙 관청을 22부로 정비하였어.

신라와 연합하여 한강 유역을 되찾았지만, 신라에 다시 빼앗겼지.

결국 신라와 전쟁을 벌이다가 관산성 전투에서 전사하였어.

① 금마저에 미륵사를 창건하였다.
② 수도를 웅진에서 사비로 옮겼다.
③ 윤충을 보내 대야성을 함락하였다.
④ 고흥으로 하여금 서기를 편찬하게 하였다.
⑤ 북위에 사신을 보내 고구려 공격을 요청하였다.

07 (가) 시기에 있었던 사실로 옳은 것은? `3점`

며칠 전 우리 고구려군이 안시성 전투에서 당군을 격퇴했다는 소식을 들었는가?

요동성, 백암성이 함락되는 위기를 맞았지만 안시성에서 끝내 물리쳤다네.

고구려 집권층 내부에 분열이 생겨 연남건이 자신의 형 연남생을 몰아냈다고 하네.

결국 연남생은 고구려의 여러 성을 당에 바치며 투항했다더군.

① 소수림왕이 율령을 반포하였다.
② 진흥왕이 대가야를 병합하였다.
③ 을지문덕이 살수에서 대승을 거두었다.
④ 김춘추가 당과의 군사 동맹을 성사시켰다.
⑤ 근초고왕이 평양성을 공격하여 고국원왕을 전사시켰다.

08 (가) 국가의 경제 상황으로 옳은 것은? `2점`

이 지도는 (가) 의 전성기 영역을 나타낸 것입니다. 이 국가에서는 각지에서 말이 사육되었는데, 그중에서도 솔빈부의 말은 당에 수출될 정도로 유명하였습니다. 특히, 고구려 유민 출신으로 산동 반도 지역을 장악하였던 이정기 세력에게 많은 말을 수출하였습니다.

① 벽란도를 통해 아라비아 상인과 무역하였다.
② 구황 작물로 감자, 고구마를 널리 재배하였다.
③ 해동통보를 발행하여 화폐 유통을 추진하였다.
④ 시장을 관리하는 관청인 동시전을 설치하였다.
⑤ 거란도, 영주도 등을 통해 주변국과 교역하였다.

09 다음 상황 이후에 전개된 사실로 옳은 것은? [2점]

청해진의 궁복은 왕이 딸을 [왕비로] 받아들이지 않은 것에 원한을 품고 반란을 일으켰다. 조정에서는 장차 그를 토벌하자니 예측하지 못할 환난이 생길까 두렵고, 그대로 두자니 그 죄를 용서할 수 없어서, 우려하면서도 어떻게 해야 할지를 몰랐다. 무주 사람 염장이란 자는 용맹하고 씩씩하기로 당시에 소문이 났는데, 와서 아뢰기를 "조정에서 다행히 신의 말을 들어주신다면 신은 한 명의 병졸도 번거롭게 하지 않고 맨주먹으로 궁복의 목을 베어 바치겠습니다."라고 하였다. 왕이 그의 말을 따랐다.

- 『삼국사기』 -

① 혜공왕이 귀족 세력에게 피살되었다.
② 최치원이 시무책 10여 조를 건의하였다.
③ 왕의 장인인 김흠돌이 반란을 도모하였다.
④ 자장의 건의로 황룡사 구층 목탑이 건립되었다.
⑤ 원광이 화랑도의 규범으로 세속 5계를 제시하였다.

10 다음 검색창에 들어갈 인물에 대한 설명으로 옳은 것은? [2점]

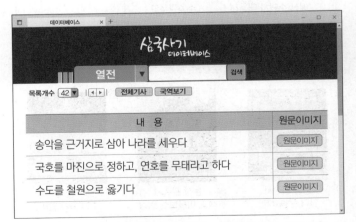

① 후당, 오월에 사신을 파견하였다.
② 이사부를 보내 우산국을 복속하였다.
③ 폐정 개혁을 목표로 정치도감을 설치하였다.
④ 광평성을 비롯한 각종 정치 기구를 마련하였다.
⑤ 정계와 계백료서를 지어 관리가 지켜야 할 규범을 제시하였다.

11 (가), (나) 사이의 시기에 있었던 사실로 옳은 것은? [3점]

(가) 거란에서 사신을 파견하여 낙타 50필을 보냈다. 왕은 거란이 일찍이 발해와 지속적으로 화목하다가 갑자기 의심하여 맹약을 어기고 멸망시켰으니, 이는 매우 무도하여 친선 관계를 맺어 이웃으로 삼을 수 없다고 생각하였다. 드디어 교빙을 끊고 사신 30인을 섬으로 유배 보냈으며, 낙타는 만부교 아래에 매어두니 모두 굶어 죽었다.

(나) 양규가 흥화진으로부터 군사 7백여 명을 이끌고 통주까지 와서 군사 1천여 명을 수습하였다. 밤중에 곽주로 들어가서 지키고 있던 적들을 급습하여 모조리 죽인 후 성 안에 있던 남녀 7천여 명을 통주로 옮겼다.

① 외침에 대비하여 광군이 조직되었다.
② 강감찬이 귀주에서 대승을 거두었다.
③ 화통도감이 설치되어 화포를 제작하였다.
④ 김윤후가 처인성에서 살리타를 사살하였다.
⑤ 철령위 설치에 반발하여 요동 정벌이 추진되었다.

12 밑줄 그은 '반란'이 일어난 시기를 연표에서 옳게 고른 것은? [1점]

이것은 경원 이씨 가문의 이자연 묘지명으로, 딸 셋을 모두 문종의 왕비로 보냈다는 내용이 기록되어 있습니다. 훗날 이 자연의 손자 또한 딸들을 왕비로 보내 최고 권력을 누렸는데, 이에 위협을 느낀 인종이 그를 제거하려 하자 척준경과 함께 반란을 일으켰습니다.

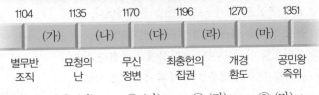

1104	1135	1170	1196	1270	1351
(가)	(나)	(다)	(라)	(마)	
별무반 조직	묘청의 난	무신 정변	최충헌의 집권	개경 환도	공민왕 즉위

① (가) ② (나) ③ (다) ④ (라) ⑤ (마)

제69회 심화
제68회 심화
제67회 심화
제66회 심화
제65회 심화
제64회 심화
제63회 심화
제62회 심화

13 교사의 질문에 대한 학생의 답변으로 가장 적절한 것은? 2점

홀로그램으로 만나는 역사 인물

화폐 사용을 주청한 저는 여진을 정벌하여 동북 9성을 축조하였습니다.

두 분은 모두 화폐 유통의 필요성을 주장하였어요. 이 인물들이 활동한 국가의 경제 상황에 대해 말해볼까요?

송에 다녀와 운반의 편리 등 화폐 사용의 장점을 강조한 저는 해동 천태종을 개창하였습니다.

① 집집마다 부경이라는 창고 있었어요.
② 관료전이 폐지되고 녹읍이 지급되었어요.
③ 상평통보가 발행되어 법화로 사용되었어요.
④ 당항성, 영암이 국제 무역항으로 번성하였어요.
⑤ 경시서의 관리들이 시전의 상행위를 감독하였어요.

14 (가) 인물의 활동으로 옳은 것은? 2점

고려 고종의 능인 홍릉이 강화도에 조성된 이유는 무엇일까?

몽골 침략 당시 실권자였던 (가) 이/가 항전을 위해 강화 천도를 강행한 후에 고종이 이곳에서 승하했기 때문이야.

① 인사 행정 담당 기구로 정방을 설치하였다.
② 봉사 10조를 올려 시정 개혁을 건의하였다.
③ 삼별초를 이끌고 진도 용장성에서 항전하였다.
④ 군사를 일으켜 정중부 등의 제거를 도모하였다.
⑤ 전민변정도감의 책임자로 임명되어 권문세족을 견제하였다.

15 다음 대화 이후에 전개된 사실로 옳은 것은? 2점

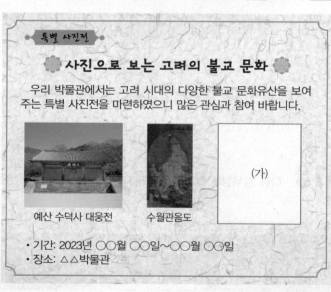

원의 공주와 혼인한 태자께서 돌아와 왕이 되신 건 알고 있는가? 이전에 변발과 호복 차림으로 돌아오신 걸 보고 눈물을 흘렸다네.

나도 그랬다네. 그나저나 며칠 앞으로 다가온 일본 원정이 더 큰 걱정이군.

① 빈민 구제를 위한 흑창이 처음 설치되었다.
② 망이·망소이가 공주 명학소에서 봉기하였다.
③ 김부식 등이 왕명으로 삼국사기를 편찬하였다.
④ 김보당이 의종 복위를 주장하며 난을 일으켰다.
⑤ 유인우, 이자춘 등이 쌍성총관부를 수복하였다.

16 (가)에 들어갈 문화유산으로 적절하지 않은 것은? 1점

특별 사진전
사진으로 보는 고려의 불교 문화

우리 박물관에서는 고려 시대의 다양한 불교 문화유산을 보여주는 특별 사진전을 마련하였으니 많은 관심과 참여 바랍니다.

예산 수덕사 대웅전 　수월관음도 　(가)

• 기간: 2023년 ○○월 ○○일~○○월 ○○일
• 장소: △△박물관

① 평창 월정사 팔각 구층 석탑

② 논산 관촉사 석조 미륵보살 입상

③ 원주 법천사지 지광국사 탑비

④ 보은 법주사 팔상전

⑤ 영주 부석사 무량수전

제69회 심화
제68회 심화
제67회 심화
제66회 심화
제65회 심화
제64회 심화
제63회 심화
제62회 심화

17 밑줄 그은 '왕'의 재위 시기에 있었던 사실로 옳은 것은? [2점]

이달의 책

동국정운

이 책의 제목은 우리나라의 바른 음이라는 뜻으로, 집현전 학사인 신숙주, 최항, 박팽년 등이 왕의 명을 받아 편찬하였습니다. 우리나라 한자음을 바로잡아 통일된 표준음을 정하려는 목적으로 만들어진 이 책은 국어 연구 자료로서 높이 평가되고 있습니다.

① 금속 활자인 갑인자가 제작되었다.

② 수도 방어를 위해 금위영이 설치되었다.

③ 훈련 교범인 무예도보통지가 편찬되었다.

④ 국가의 기본 법전인 경국대전이 완성되었다.

⑤ 신진 인사를 등용하기 위해 현량과가 시행되었다.

18 (가) 궁궐에 대한 설명으로 옳은 것은? [3점]

2023
달빛기행

유네스코 세계유산에 등재된 조선의 궁궐 (가) 에 여러분을 초대합니다.
달빛과 별이 어우러진 밤하늘 아래 자연과 어우러진 고궁의 아름다움을 느껴 보시기 바랍니다.

◈ 관람 동선 ◈
돈화문 → 금천교 → 인정전 → 낙선재 →
부용지 → 연경당 → 후원 숲길 → 돈화문

■ 일시: 2023년 ○○월 ○○일 19:00~21:00
■ 주관: △△ 문화재단

① 일제에 의해 동물원 등이 설치되었다.

② 도성 내 서쪽에 있어 서궐이라고 불렸다.

③ 인목 대비가 광해군에 의해 유폐된 장소이다.

④ 정도전이 궁궐과 주요 전각의 명칭을 정하였다.

⑤ 태종이 도읍을 한양으로 다시 옮기며 건립하였다.

19 (가)에 대한 설명으로 옳은 것은? [2점]

1. 처음 ___(가)___ 을/를 정할 때 약문(約文)을 동지에게 두루 보이고 그 마음을 바로잡고, 몸가짐을 단속하고, 착하게 살고, 허물을 고치기 위해 약계(約契)에 참례하기를 원하는 자 몇 사람을 가려 서원에 모아 놓고 약법(約法)을 의논하여 정한 다음 도약정(都約正), 부약정 및 직월(直月)·사화(司貨)를 선출한다. ……

1. 물건으로 부조할 때는 약원이 사망하였다면 초장 치를 때 사화가 약정에게 고하여 삼베 세 필을 보내고, 같은 약원들은 각각 쌀 다섯되와 빈 거적때기 세 닢씩 내어서 상을 치르는 것을 돕는다.

– 『율곡전서』 –

① 7재라는 전문 강좌를 두었다.

② 옥당이라고 불리며 경연을 담당하였다.

③ 중앙에서 파견된 교수나 훈도가 지도하였다.

④ 풍속 교화와 향촌 자치 등의 역할을 하였다.

⑤ 매향(埋香) 활동 등 각종 불교 행사를 주관하였다.

20 다음 자료에 나타난 시기에 볼 수 있는 모습으로 적절한 것은? [2점]

비변사에서 아뢰기를 "…… 우리나라는 물력(物力)이 부족하여 요역이 매우 무겁습니다. 매번 나라의 힘으로 채굴한다면, 노동과 비용이 많이 들어갑니다. 채은관(採銀官)에게 명해 광산을 개발한 이후 백성을 모집하여 [채굴할 것을] 허락하고 그로 하여금 세를 거두도록 하되 그 세금의 많고 적음은 [채은관이] 적당히 헤아려 정하게 한다면 관에서 힘을 들이지 않아도 세입이 저절로 많아질 것입니다. ……"라고 하니, 왕이 아뢴 대로 하라고 답하였다.

① 주자감에서 공부하는 학생

② 초조대장경 조판을 지켜보는 승려

③ 빈공과를 준비하는 6두품 출신 유학생

④ 과전법에 따라 수조권을 지급받는 관리

⑤ 고추, 담배 등을 상품 작물로 재배하는 농민

21 다음 상황이 전개된 배경으로 옳은 것은? [2점]

며칠 전 안핵사로 파견된 박규수가 전하께 특별 기구 설치를 상소하였다고 하네.

그렇다네. 전하께서 이를 받아들여 삼정이정청을 설치하고, 각 고을마다 대책을 모아 올려 보내라고 명하셨지.

① 이만손 등이 영남 만인소를 올렸다.

② 운요호가 강화도와 영종도를 공격하였다.

③ 동학교도가 교조 신원을 주장하며 삼례 집회를 개최하였다.

④ 황사영이 외국 군대의 출병을 요청하는 백서를 작성하였다.

⑤ 백낙신의 탐학이 발단이 되어 진주에서 농민들이 봉기하였다.

22 밑줄 그은 '전하'가 재위한 시기의 사실로 옳은 것은?

3점

무술년 봄에 양성지가 팔도지리지를 바치고, 서거정 등이 동문선을 바쳤더니, 전하께서 드디어 노사신, 양성지, 서거정 등에게 명하여 시문을 팔도지리지에 넣게 하셨습니다. …… 연혁을 앞에 둔 것은 한 고을의 흥함과 망함을 먼저 알아야 하기 때문이며 …… 경도(京都)의 첫머리에 팔도총도를 기록하고, 각 도의 앞에 도별 지도를 붙여서 양경(兩京) 8도로 50권을 편찬하여 바치나이다.

① 예학을 정리한 가례집람이 저술되었다.
② 외교 문서를 집대성한 동문휘고가 편찬되었다.
③ 국가의 의례를 정비한 국조오례의가 완성되었다.
④ 전통 한의학을 정리한 동의보감이 간행되었다.
⑤ 역대 문물 제도를 정리한 동국문헌비고가 만들어졌다.

23 (가)에 들어갈 내용으로 가장 적절한 것은?

2점

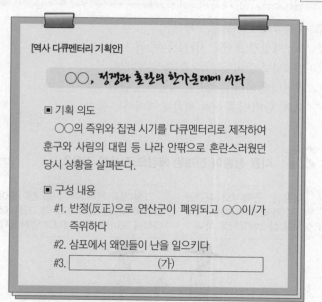

[역사 다큐멘터리 기획안]

○○, 격정과 혼란의 한가운데에 서다

■ 기획 의도
　　○○의 즉위와 집권 시기를 다큐멘터리로 제작하여 훈구와 사림의 대립 등 나라 안팎으로 혼란스러웠던 당시 상황을 살펴본다.

■ 구성 내용
　#1. 반정(反正)으로 연산군이 폐위되고 ○○이/가 즉위하다
　#2. 삼포에서 왜인들이 난을 일으키다
　#3. _____ (가) _____

① 이괄이 난을 일으켜 도성을 점령하다
② 허적과 윤휴 등 남인이 대거 축출되다
③ 정여립 모반 사건으로 기축옥사가 일어나다
④ 위훈 삭제를 주장한 조광조 일파가 제거되다
⑤ 조의제문이 발단되어 김일손 등이 화를 입다

24 (가) 전쟁 중에 있었던 사실로 옳은 것은?

2점

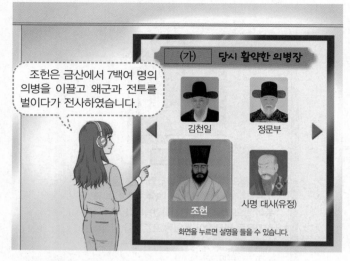

조헌은 금산에서 7백여 명의 의병을 이끌고 왜군과 전투를 벌이다가 전사하였습니다.

(가) 당시 활약한 의병장
김천일　정문부　조헌　사명 대사(유정)
화면을 누르면 설명을 들을 수 있습니다.

① 이종무가 대마도를 정벌하였다.
② 송상현이 동래성에서 항전하였다.
③ 김상용이 강화도에서 순절하였다.
④ 최영이 홍산 전투에서 크게 승리하였다.
⑤ 강홍립 부대가 사르후 전투에 참전하였다.

25 밑줄 그은 '시기'의 문화에 대한 설명으로 옳지 않은 것은?

1점

이 그림은 조영석과 김홍도의 풍속화입니다. 인부들이 말발굽에 징을 박는 모습과 기와를 이어나가는 모습을 묘사하고 있습니다. 이를 통해 이 그림이 그려진 시기 서민들의 일상생활을 생생하게 살펴볼 수 있습니다.

① 금강전도 등 진경 산수화가 그려졌다.
② 새로운 역법으로 수시력이 도입되었다.
③ 양반 사회를 풍자한 탈춤이 성행하였다.
④ 춘향가, 흥보가 등의 판소리가 유행하였다.
⑤ 홍길동전, 박씨전 등의 한글 소설이 널리 읽혔다.

26 밑줄 그은 '왕'의 재위 시기에 있었던 사실로 옳은 것은? [2점]

> 대전통편이 완성되었는데, 나라의 제도 및 법식에 관한 책이다. …… 왕이 말하기를, "속전(續典)은 갑자년에 이루어졌는데, 선왕의 명령으로서 갑자년 이후에 이루어진 것도 많으니 어찌 감히 지금과 가까운 것만을 내세우고 먼 것은 소홀히 할 수 있겠는가?"라고 하였다. 이에 김치인 등에게 명하여 원전(原典)과 속전 및 지금까지의 왕명을 모아 한 책으로 편찬한 것이었다.

① 인재 양성을 위해 초계문신제를 시행하였다.
② 홍경래 등이 봉기하여 정주성을 점령하였다.
③ 자의 대비의 복상 문제로 예송이 전개되었다.
④ 이인좌를 중심으로 소론 세력 등이 난을 일으켰다.
⑤ 신류가 조총 부대를 이끌고 흑룡강에서 전투를 벌였다.

27 (가) 인물에 대한 설명으로 옳은 것은? [1점]

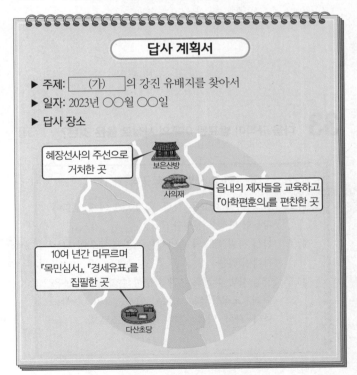

답사 계획서
▶ 주제: [(가)]의 강진 유배지를 찾아서
▶ 일자: 2023년 ○○월 ○○일
▶ 답사 장소

- 혜장선사의 주선으로 거처한 곳 — 보은산방
- 읍내의 제자들을 교육하고 『아학편훈의』를 편찬한 곳 — 사의재
- 10여 년간 머무르며 『목민심서』, 『경세유표』를 집필한 곳 — 다산초당

① 일본에 다녀와 해동제국기를 편찬하였다.
② 최초의 서원인 백운동 서원을 건립하였다.
③ 북한산비가 진흥왕 순수비임을 고증하였다.
④ 양명학을 연구하여 강화학파를 형성하였다.
⑤ 기기도설을 참고하여 거중기를 설계하였다.

28 밑줄 그은 '이 사건'에 대한 설명으로 옳은 것은? [2점]

> ### 사료로 보는 한국사
>
> 온 성의 군민이 모두 울분을 품고, …… 총환과 화살을 어지러이 발사하였으며 사생을 잊고 위험을 무릅쓰지 않는 자가 없었으니, 반드시 오랑캐를 도륙하고야 말 태세였습니다. 강 아래 위의 요해처에서 막고, 마침내 화선(火船)으로 불길이 옮겨 붙게 함으로써 모조리 죽여 살아남은 종자가 없게 된 것은 모두 이들이 …… 용감하게 싸운 것에 기인한 것이었습니다.
>
> [해설] 자료는 『환재집』의 일부로, 평양 군민들이 대동강에서 이양선을 격침한 이 사건의 전말을 서술한 것이다. 평안 감사가 여러 차례 조정에 올린 장계를 통해 당시의 생생한 상황을 파악할 수 있다.

① 신유박해가 원인이 되어 발생하였다.
② 신미양요가 일어나는 계기가 되었다.
③ 전개 과정에서 전주 화약이 체결되었다.
④ 외규장각 도서가 국외로 약탈되는 결과를 가져왔다.
⑤ 오페르트의 남연군 묘 도굴 사건을 배경으로 일어났다.

29 (가) 인물에 대한 설명으로 옳은 것은? [2점]

월간 역사   2023년 4월호

특집 [(가)]의 상소, 조선의 정치를 뒤흔들다!
- 흥선 대원군의 하야를 요구하는 상소를 올리다
- 지부복궐척화의소를 올려 왜양일체론을 주장하다
- 단발령에 반대하는 상소를 올리다

① 대한 광복회를 조직하여 친일파를 처단하였다.
② 국권 피탈 과정을 정리한 한국통사를 집필하였다.
③ 을사늑약 체결에 반대하여 태인에서 의병을 일으켰다.
④ 13도 창의군을 지휘하여 서울 진공 작전을 전개하였다.
⑤ 보국안민을 기치로 우금치에서 일본군 및 관군에 맞서 싸웠다.

제69회 심화
제68회 심화
제67회 심화
제66회 심화
제65회 심화
제64회 심화
제63회 심화
제62회 심화

30 다음 사건이 일어난 시기를 연표에서 옳게 고른 것은?

3점

　　심히 급박한 상황 중에 나는 적의 활동과 청국 군대의 내습을 우려하여 주상을 모시고 지키기 편리한 경우궁으로 옮기시게 한 후 일본 병사로 하여금 호위할 방침을 세웠다. 곧이어 주상께 일본군의 지원을 구하도록 요청하니, 주상은 곧 영숙문 앞 노상에서 연필로 "일본 공사는 와서 나를 보호하라."라는 글을 친히 쓰시어 주시는지라. …… 졸지에 변란을 만난 사대당의 거두들은 주상께서 경우궁에 계심을 듣고 입궐하다가 …… 민영목, 민태호 등은 용감한 우리 집행원의 손에 비참한 최후를 당하였다.

1866	1873	1882	1885	1894	1899
(가)	(나)	(다)	(라)	(마)	
병인 박해	고종 친정	임오 군란	텐진 조약	청일 전쟁 발발	대한국 국제 반포

① (가)　　② (나)　　③ (다)　　④ (라)　　⑤ (마)

31 밑줄 그은 '개혁안'의 내용으로 옳은 것을 〈보기〉에서 고른 것은?

2점

파리의 외무부 장관 아노토 각하께

　　전임 일본 공사는 국왕에게서 사실상 거의 모든 권력을 빼앗고, 개혁 위원회[군국기무처]가 내린 결정을 확인하는 권한만 남겨 놓았습니다. …… 이후 개혁 위원회[군국기무처]는 매우 혁신적인 개혁안을 발표했습니다. 그런데 일부 위원들이 몇몇 조치에 대해 시의적절하지 않다고 판단하더니 이에 대해 동의하기를 거부했습니다. …… 게다가 조선인들은 이 기구가 왕권을 빼앗고 일본에 매수되었다고 비난하면서, …… 어떤 지방에서는 왕권 수호를 위해 봉기했다고 합니다.
주 조선 공사 르페브르 올림

〈보 기〉

ㄱ. 건양이라는 연호를 제정하였다.
ㄴ. 탁지아문으로 재정을 일원화하였다.
ㄷ. 양전 사업을 실시하여 지계를 발급하였다.
ㄹ. 조혼을 금지하고 과부의 재가를 허용하였다.

① ㄱ, ㄴ　② ㄱ, ㄷ　③ ㄴ, ㄷ　④ ㄴ, ㄹ　⑤ ㄷ, ㄹ

32 (가) 단체에 대한 설명으로 옳은 것은?

2점

　　　(가)　　은/는 독립관에서 경축 모임을 열었다. 회장은 모임을 여는 큰 뜻을 설명하였다. "오늘은 황제 폐하께서 대황제라는 존귀한 칭호를 갖게 되신 계천(繼天) 경축일이니, 대한의 신민은 이를 크게 경축드립니다. 우리는 관민 공동회에서 황실을 공고히 하고 인민을 문명 개화시키며 영토를 보존하고자 여섯 개 조항의 의견안을 바쳤습니다."라고 말하였다. …… 이어 회원들은 조칙 5조와 헌의 6조 10만 장을 인쇄하여 온 나라에 널리 배포하고 학생들에게 그것을 배우고 익히도록 하였다. 경축연을 마친 회원들은 울긋불긋한 종이꽃을 머리에 꽂은 채 국기와　(가)　의 깃발을 세우고 경축가를 부르며 인화문 앞으로 가서 만세를 외치고 종로의 만민 공동회로 갔다.

① 일제의 황무지 개간권 요구를 저지시켰다.
② 러시아의 절영도 조차 요구에 반대하였다.
③ 태극 서관을 설립하여 계몽 서적을 보급하였다.
④ 민립 대학 설립을 위한 모금 운동을 전개하였다.
⑤ 조소앙의 삼균주의를 기초로 건국 강령을 발표하였다.

33 다음 규칙이 발표된 이후의 사실로 옳은 것은?

3점

한성 사범 학교 규칙

제1조　한성 사범 학교는 칙령 제79호에 의해 교원에 활용할 학생을 양성함
제2조　한성 사범 학교의 졸업생은 소학교 교원이 되는 자격이 있음
제3조　한성 사범 학교의 본과 학생이 수학할 학과목은 수신·교육·국문·한문·역사·지리·수학·물리·화학·박물·습자·작문·체조로 함
　　　　　　　⋮

① 길모어 등이 육영 공원 교사로 초빙되었다.
② 정부가 동문학을 세워 통역관을 양성하였다.
③ 이승훈이 인재 양성을 위해 오산 학교를 세웠다.
④ 함경도 덕원 지방의 관민들이 원산 학사를 설립하였다.
⑤ 교육의 기본 방향을 제시한 교육 입국 조서가 반포되었다.

제69회 심화
제68회 심화
제67회 심화
제66회 심화
제65회 심화
제64회 심화
제63회 심화
제62회 심화

34 (가) 신문에 대한 설명으로 옳은 것은? [1점]

경천사지 십층 석탑에 대한 일본인의 약탈 행위에 관해 보도한 (가) 기사를 읽어 보았는가? 보도 내용을 접한 헐버트가 사건 현장을 방문하여 사진을 촬영하고 목격자 의견을 청취했다더군.

일본인의 이런 행위가 알려진 것은 양기탁과 베델이 창간한 (가) 의 노력 덕분이라고 하네.

① 상업 광고를 처음으로 실었다.
② 천도교의 기관지로 발행되었다.
③ 국채 보상 운동의 확산에 기여하였다.
④ 일장기를 삭제한 손기정 사진을 게재하였다.
⑤ 순 한문 신문으로 열흘마다 발행하는 것이 원칙이었다.

35 밑줄 그은 '전쟁'의 중에 있었던 사실로 옳지 않은 것은? [3점]

당신은 무슨 이유로 이토 히로부미를 살해했는가?

일본은 전쟁 당시 우리나라의 독립을 보장해주겠다고 약속했다. 그러나 포츠머스 조약으로 전쟁이 종결되자, 이토는 우리 군신을 위협해 주권을 뺏으려 하였다.

① 일본이 독도를 불법적으로 편입하였다.
② 일본과 미국이 가쓰라·태프트 밀약을 맺었다.
③ 일본인 메가타가 대한 제국의 재정 고문으로 초빙되었다.
④ 대한 제국이 기유각서를 통해 일제에 사법권을 박탈당하였다.
⑤ 군사 전략상 필요한 지역을 일본에 제공하는 한일 의정서가 강요되었다.

36 다음 규정이 시행된 시기에 있었던 사실로 옳은 것은? [1점]

임시 토지 조사국 조사 규정

제1장 면과 동의 명칭 및 강계(疆界) 조사와 토지 신고서의 접수
제2장 지주 지목(地目) 및 강계 조사
제3장 분쟁지와 소유권에 부의(付疑)* 있는 토지 및 신고하지 않은 토지에 대한 재조사
제4장 지위(地位) 등급 조사
⋮
- 조선 총독부 관보 -

*부의(付疑) : 이의를 제기함

① 회사령이 실시되었다.
② 원산 총파업이 일어났다.
③ 국가 총동원법이 제정되었다.
④ 조선 노동 공제회가 조직되었다.
⑤ 조선 사상범 예방 구금령이 공포되었다.

37 (가) 단체에 대한 설명으로 옳은 것은? [2점]

역사 신문

제△△호   ○○○○년 ○○월 ○○일

민중 대회 개최 모의로 지도부 대거 체포

허헌, 홍명희 등 (가) 의 지도부는 광주 학생 항일 운동을 전국적 시위 운동으로 확산시키기 위한 민중 대회 개최를 추진하다가 경찰에 체포되었다. 이 단체는 사건 진상 조사 보고를 위한 유인물 배포 및 연설회 개최를 계획하고, 각 지회에 행동 지침을 내리는 등 시위 확산을 도모하였다.

① 암태도 소작 쟁의를 지원하였다.
② 민족 협동 전선으로 결성되었다.
③ 부민관 폭파 사건을 주도하였다.
④ 조선 혁명 선언을 활동 지침으로 하였다.
⑤ 어린이날을 제정하고 잡지 어린이를 간행하였다.

38 밑줄 그은 '이 운동'에 대한 설명으로 옳은 것은? [2점]

이것은 평양에서 조만식 등의 주도로 시작된 이 운동의 선전 행렬을 보여주는 사진이야.

이 운동은 '조선 사람 조선 것' 등의 구호를 내세웠지만, 자본가의 이익만을 추구하는 이기적인 운동이라고 비판받기도 했어.

① 통감부의 탄압과 방해로 중단되었다.
② 조선 관세령 폐지를 계기로 확산되었다.
③ 황국 중앙 총상회가 설립되는 결과를 가져왔다.
④ 한성 은행, 대한 천일 은행 설립에 영향을 끼쳤다.
⑤ 일본, 프랑스 등의 노동 단체로부터 격려 전문을 받았다.

39 밑줄 그은 '시기'에 볼 수 있는 모습으로 적절한 것은?

2점

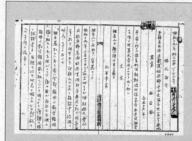

이 자료는 태평양 전쟁 발발 후 일제의 전시 동원 체제가 강화된 시기의 판결문이다. 판결문에는 피고인 임○○이 이웃 주민과의 집담에서 "자식이 지용되거나 근로 보국대에 가지 않도록 취직시킨다." 등의 발언을 하여 민심을 어지럽혔다는 이유로 징역형을 선고한다는 내용이 담겨 있다.

① 국가 보안법 철폐를 요구하는 학생
② 몸뻬 착용을 권장하는 애국반 반장
③ 경부선 철도 개통식을 구경하는 청년
④ 형평사 창립 대회 개최를 취재하는 기자
⑤ 헌병 경찰에게 끌려가 태형을 당하는 농민

40 다음 인물의 활동으로 옳은 것은?

2점

이달의 독립운동가

우리 말과 글을 지키는 데 앞장선 ○○○

- 생몰년 : 1888~1943
- 호 : 환산, 한뫼
- 주요 활동

김해 출신으로 합성 학교 등에서 교사로 재직하며 교육 계몽 운동을 전개하였다. 1919년 영변에서 만세 운동을 주도하였으며, 중국의 베이징 대학에서 역사학을 공부하였다. 귀국 이후 조선어 연구회에 가입하여 한글의 연구 및 보급에 앞장섰으며, 1942년 조선어 학회 사건으로 가혹한 고문을 받고 이듬해 옥사하였다. 1962년 건국훈장 독립장이 추서되었다.

① 한글 맞춤법 통일안 제정에 참여하였다.
② 미국과 유럽을 여행한 뒤 서유견문을 집필하였다.
③ 국문 연구소를 설립하고 연구위원으로 활동하였다.
④ 세계지리 교과서인 사민필지를 한글로 저술하였다.
⑤ 민족을 역사 서술의 중심에 둔 독사신론을 발표하였다.

41 (가) 부대에 대한 설명으로 옳은 것은?

1점

이것은 (가) 편련 계획 대강의 일부로 병력 모집에 대한 구체적인 계획이 담겨 있습니다. 이를 바탕으로 대한민국 임시 정부는 충칭에서 지청천을 총사령으로 하는 (가) 총사령부를 창설하였습니다.

1. 연내에 동북 방면에서 중국 관내로 들어와 화북 각지에 분포되어 있는 독립군 중에서 모집한다.
   ⋮
3. 한국 국내와 동북 지방 각자에 있는 장정들에게 비밀리에 군령을 전하여 그들로 하여금 응모하게 한다.
   ⋮
5. 포로로 잡힌 한인을 거두어 편성한다.

① 미국과 연계하여 국내 진공 작전을 계획하였다.
② 쌍성보, 대전자령 전투에서 일본군을 격파하였다.
③ 조선 민족 전선 연맹의 무장 조직으로 결성되었다.
④ 중국 의용군과 연합하여 영릉가 전투에서 승리하였다.
⑤ 간도 참변 이후 조직을 정비하고 자유시로 이동하였다.

42 (가) 시기에 있었던 사실로 옳은 것은?

2점

신문을 보니 며칠 전 정읍에서 이승만이 단독 정부 수립을 시사하는 발언을 했다네.

한국 독립당에서는 단독 정부 수립은 안 된다고 했다더군.

우리 소련의 주장은 작년 제1차 미소 공동 위원회 때와 같습니다.

우리 미국은 신탁 통치에 반대하는 단체를 제외하는 것은 부당하다고 생각합니다.

① 여수·순천 10·19 사건이 발생하였다.
② 유엔 한국 임시 위원단이 서울에 도착하였다.
③ 송진우, 김성수 등이 한국 민주당을 창당하였다.
④ 여운형 등의 주도로 좌우 합작 위원회가 발족되었다.
⑤ 조선 건국 준비 위원회에서 조선 인민 공화국을 선포하였다.

제69회 심화
제68회 심화
제67회 심화
제66회 심화
제65회 심화
제64회 심화
제63회 심화
제62회 심화

43

(가)~(라) 지방 통치 체제에 대한 설명으로 옳은 것을 〈보기〉에서 고른 것은? [3점]

(가) 완산주를 다시 설치하고 용원을 총관으로 삼았다. 거열주를 빼서 청주(菁州)를 두니 처음으로 9주가 되었다. 대아찬 복세를 총관으로 삼았다.

(나) 현종 초에 절도사를 폐지하고, 5도호와 75도 안무사를 두었으나, 얼마 후 안무사를 폐지하고, 4도호와 8목을 두었다. 그 이후로 5도·양계를 정하니, 양광·경상·전라·교주·서해·동계·북계가 그것이다.

(다) 각 도 각 고을의 이름을 고쳤다. …… 드디어 완산을 다시 '전주'라고 칭하고, 계림을 다시 '경주'라고 칭하고, 서북면을 '평안도'로 하고, 동북면을 '영길도'로 하였으니, 평양·안주·영흥·길주가 계수관이기 때문이다.

(라) 전국을 23부의 행정 구역으로 나누어 아래에 열거하는 각 부를 둔다. …… 앞 조항 외에는 종래의 목, 부, 군, 현의 명칭과 부윤, 목사, 부사, 군수, 서윤, 판관, 현령, 현감의 관명을 다 없애고 읍의 명칭을 군이라고 하며 읍 장관의 관명을 군수라고 한다.

─── 〈보 기〉 ───

ㄱ. (가) - 신문왕 재위 시기에 정비되었다.
ㄴ. (나) - 지방 장관으로 욕살, 처려근지 등이 있었다.
ㄷ. (다) - 도에는 관찰사가 임명되어 수령을 감독하였다.
ㄹ. (라) - 광무개혁의 일환으로 실시되었다.

① ㄱ, ㄴ ② ㄱ, ㄷ ③ ㄴ, ㄷ ④ ㄴ, ㄹ ⑤ ㄷ, ㄹ

44

다음 상황 이후에 일어난 사실로 옳은 것은? [2점]

유엔군과 국군은 서울에서 퇴각하고 한강 이북의 부대를 철수시키기로 결정하였다. 이들은 한강에 설치된 임시 교량을 이용해 철수하였고, 오후 1시경에 마지막 부대가 통과한 후 임시 교량을 폭파시켰다. 이에 앞서 정부는 서울 시민들에게 피란을 지시하였고, 많은 서울 시민들이 보따리를 싸서 피란길에 나섰다.

① 한미 상호 방위 조약이 체결되었다.
② 장진호 전투에서 중국군이 유엔군을 포위하였다.
③ 경찰이 반민족 행위 특별 조사 위원회를 습격하였다.
④ 미국의 극동 방어선이 조정된 애치슨 라인이 발표되었다.
⑤ 우리나라 최초의 보통 선거인 5·10 총선거가 실시되었다.

45

다음 뉴스의 사건이 일어난 정부 시기의 경제 상황으로 옳은 것은? [2점]

경기도 광주 대단지에서 주민들이 차량을 탈취하는 등 대규모 시위를 벌였습니다. 서울시가 도심 정비를 명목으로 10만여 명의 주민들을 광주로 이주시키는 과정에서 약속한 이주 조건을 지키지 않자 주민들이 대지 가격 인하 등을 요구하며 집단으로 반발하였습니다.

① 경부 고속 도로가 개통되었다.
② 경제 협력 개발 기구(OECD)에 가입하였다.
③ 원조 물자를 가공한 삼백 산업이 발달하였다.
④ 저유가, 저금리, 저달러의 3저 호황이 있었다.
⑤ 대통령 직속 자문 기구인 노사정 위원회가 구성되었다.

46

(가), (나) 민주화 운동에 대한 설명으로 옳은 것은? [1점]

사진으로 보는 민주화 운동

(가) | (나)

대학 교수들이 3·15 부정 선거를 규탄하고 대통령의 퇴진을 요구하며 시위에 나섬

명동 성당에서 시민들이 호헌 철폐, 독재 타도를 외치며 시위를 전개함

① (가) - 굴욕적인 한일 국교 정상화에 반대하였다.
② (가) - 군부 독재를 타도하려 한 민주화 운동이었다.
③ (나) - 대통령 직선제 개헌을 이끌어냈다.
④ (나) - 전개 과정에서 시민군이 자발적으로 조직되었다.
⑤ (가), (나) - 대통령이 하야하는 결과를 가져왔다.

47

다음 조치를 시행한 정부 시기에 있었던 사실로 옳은 것은? 2점

대통령 긴급조치 제9호

국가안전과 공공질서의 수호를 위한 대통령 긴급조치

1. 다음 각 호의 행위를 금한다.
   가. 유언비어를 날조, 유포하거나 사실을 왜곡하여 전파하는 행위.
   나. 집회·시위 또는 신문·방송·통신 등 공중 전파 수단이나 문서·도서·음반 등 표현물에 의하여 대한민국 헌법을 부정·반대·왜곡 또는 비방하거나 그 개정 또는 폐지를 주장·청원·선동 또는 선전하는 행위
   ⋮
8. 이 조치 또는 이에 의한 주무부 장관의 조치에 위반한 자는 법관의 영장 없이 체포·구금·압수 또는 수색할 수 있다.
   ⋮
13. 이 조치에 의한 주무부 장관의 명령이나 조치는 사법적 심사의 대상이 되지 아니한다.

① 국민 방위군 설치법이 공포되었다.
② 내각 책임제를 골자로 하는 개헌이 이루어졌다.
③ 귀속 재산 처리를 위해 신한 공사가 설립되었다.
④ 평화 통일론을 주장한 진보당의 조봉암이 구속되었다.
⑤ 장기 독재에 저항하는 3·1 민주 구국 선언이 발표되었다.

48

다음 연설문을 발표한 정부의 통일 노력으로 옳은 것은? 2점

저는 김정일 국방위원장과 분단 55년 만에 처음 정상 회담을 가졌습니다. 세 차례에 걸친 회담을 통해 우리 두 사람은 민족의 장래와 통일을 생각하는 마음과 열정에 큰 차이가 없으며, 이를 추진하는 방법에 공통점이 많다는 것을 확인했습니다. …… 남북이 열과 성을 모아, 이번의 정상 회담을 성공적으로 마쳐 온 세계를 깜짝 놀라게 했습니다. 남과 북의 화해와 협력을 향한 새 출발에 온 세계가 축복해 주고 있습니다. 불가능해 보였던 남북 정상 회담을 이뤄냈듯이 남과 북이 마음과 정성을 다한다면 통일의 날도 반드시 오리라 저는 확신합니다.

① 남북 교류 협력을 위한 개성 공업 지구 조성에 합의하였다.
② 평화 통일 외교 정책에 관한 6·23 특별 성명을 발표하였다.
③ 남북 사이의 화해와 불가침 및 교류·협력에 관한 합의서를 채택하였다.
④ 남북 관계 발전과 평화 번영을 위한 10·4 남북 정상 선언에 서명하였다.
⑤ 7·4 남북 공동 성명을 실천하기 위해 남북 조절 위원회를 구성하였다.

49

(가)~(마)에 들어갈 내용으로 옳지 않은 것은? 3점

○○ 고 한국사 교실

전체 글보기 | 이미지 모아보기 | 카페 태그 보기 | 카페 캘린더

- 전체 글보기(91)
- 카페북 책꽂이
- 공지사항
- 카페 회칙
- 강의 계획서
- 과제 제출방
- Q&A 게시판

□ 모둠별 주제 탐구 과제 안내

인물로 보는 역사 속 외교 활동을 주제로 보고서를 작성한 후 제목과 함께 게시판에 올려주세요.
※ 과제 마감일은 4월 15일입니다.

번호	제 목	
1	1모둠 - 강수,	(가)
2	2모둠 - 서희,	(나)
3	3모둠 - 이예,	(다)
4	4모둠 - 김홍집,	(라)
5	5모둠 - 김규식,	(마)

① (가) - 외교 문서 작성에 능하여 청방인문표를 짓다
② (나) - 외교 담판을 통해 강동 6주를 확보하다
③ (다) - 일본에 파견되어 계해약조 체결에 기여하다
④ (라) - 보빙사의 전권대신으로 미국에 파견되다
⑤ (마) - 파리 강화 회의에 독립 청원서를 제출하다

50

(가) 지역에 대한 탐구 활동으로 가장 적절한 것은? 2점

우리 모둠에서는 대한민국 임시 정부 국무령을 역임한 석주 이상룡의 생가인 임청각과 그의 독립운동에 대해서 발표하려고 합니다.

지역사 모둠 발표
(가) 지역의 역사와 문화

1모둠 고창 전투와 후삼국 통일 과정
2모둠 봉정사 극락전과 고려 후기 불교 건축물
3모둠 도산 서원과 퇴계 이황의 성리학
4모둠 임청각과 이상룡의 독립운동

① 김헌창이 반란을 일으킨 근거지를 파악한다.
② 강주룡이 고공 시위를 전개한 장소를 알아본다.
③ 공민왕이 홍건적의 침입 때 피란한 지역을 찾아본다.
④ 신립이 배수의 진을 치고 전투를 벌인 위치를 검색한다.
⑤ 김사미가 가혹한 수탈에 저항하여 봉기한 곳을 조사한다.

총평과 접근 **방법** 제시

어떤 문제든 고민 없이 풀어 나갈 만반의 준비, 되셨나요?
설민석만의 총평과 고난도 문제 대응법을 공개합니다.

제**64**회
심 화

제69회 심화
제68회 심화
제67회 심화
제66회 심화
제65회 심화
제**64**회 심화
제63회 심화
제62회 심화

수험생 체감 난도 **중상** **실제 합격률(%)** **48.66%**

이번 시험 난도는 중상 수준이었습니다. 이번에는 선택지에 생소한 내용이 포함되어 있었는데요. 제시문뿐만 아니라 선택지까지 꼼꼼하게 알고 있어야 정답을 찾을 수 있었어요. 한국사능력검정시험의 특성상 생소한 주제가 출제되고 나면 다음 시험에서도 출제되는 경향이 있기 때문에 이번 회차에서 생소했던 개념은 복습해야 합니다.

---

dankkum_e • 팔로잉

18 (가) 궁궐에 대한 설명으로 옳은 것은? [3점]

> 창덕궁에 대한 내용임을 알 수 있어야 풀 수 있는 문제가 출제되었습니다.

2023 달빛기행

유네스코 세계유산에 등재된 조선의 궁궐 ────→ 창덕궁
 (가) 에 여러분을 초대합니다.
달빛과 별이 어우러진 밤하늘 아래
자연과 어우러진 고궁의 아름다움을
느껴 보시기 바랍니다.

◈ 관람 동선 ◈
돈화문 → 금천교 → 인정전 → 낙선재
부용지 → 연경당 → 후원 숲길 → 돈화문

■ 일시 : 2023년 ○○월 ○○일 19:00~21:00
▣ 주관 : △△ 문화재단

① 일제에 의해 동물원 등이 설치되었다. 창경궁
② 도성 내 서쪽에 있어 서궐이라고 불렸다. 경희궁
③ 인목 대비가 광해군에 의해 유폐된 장소이다. 경운궁(덕수궁)
④ 정도전이 궁궐과 주요 전각의 명칭을 정하였다. 경복궁
✓⑤ 태종이 도읍을 한양으로 다시 옮기며 건립하였다. 창덕궁

제64회 더 알아보기

정답 및 해설 | 기출해설집 **132쪽**

dankkum님 외 여러 명이 좋아합니다.

 선생님, 이 문제는 답을 고르기가 어려웠어요!

 아마 제시된 자료에서 '유네스코 세계유산에 등재된 조선의 궁궐'을 통해 창덕궁인 것을 알 수 있었을 거예요.
하지만 선택지에서 창덕궁을 찾기가 어려웠을 것 같아요.

 그럼 이런 문제는 어떻게 공부해야 하나요?

 조선 시대 궁궐의 경우, 관련된 역사나 부속 건물 명칭을 파악해두는 게 중요해요!
특히 유네스코 세계유산은 시험에 출제될 가능성이 높으니 신경 써서 암기하도록 해요.
유네스코 세계유산은 우리 교재 부록에도 수록되어 있답니다!

8회차 실제 응시자의 실시간 반응

이제는 철저히 응시자의 입장에서 문제를 재평가하여야 합니다.
문제를 풀기 전, **이슈가 된 문제**를 미리 확인합니다.

제 **63** 회
심 화

dankkum_e ✓

제63회 심화 총평과 접근 **방법**은 문제 풀이 후 기출문제집 **111쪽**에서 확인합시다!

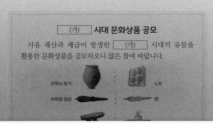

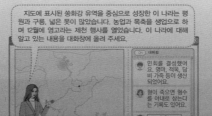

(가) 왕은 당과 신라 군사들이 이미 백강과 탄현을 지났다는 소식을 듣고 장군 계백을 시켜 결사대 5천 명을 거느리고 황산으로 가서 신라 군사와 싸우게 하였다. 네 번 싸워서 모두 이겼으나 군사가 적고 힘이 모자라서 마침내 패하고 계백이 사망하였다.

(나) 검모잠이 국가를 부흥하려고 하여 당을 배반하고 왕의 외손 안승을 세워 왕으로 삼았다. 당 고종이 대장군 고간을 보내 동주도 행군총관으로 삼고 병력을 내어 그들을 토벌하게 하니 안승이 검모잠을 죽이고 신라로 달아났다.

42 (가) 전쟁 중에 볼 수 있는 모습으로 적절하지 않은 것은?

[2점]

역사 뮤지컬

기적의 항해

MEREDITH VICTORY

한 척의 배로 가장 많은 인명을 대피시킨
메러디스 빅토리호!

(가) 전쟁 중의 흥남 철수 당시
배에 실린 군수 물자를 내리고
14,000여 명의 피난민을 구출한
감동적인 이야기가 펼쳐집니다.

◆ 일시: 2023년 ○○월 ○○일 19:00
◆ 장소: △△ 문화회관 대극장

① 국민 방위군에 소집되는 청년
② 원조 물자 배급을 기다리는 시민
③ 지가 증권을 싼값에 매각하는 지주
④ 거제도 포로수용소에서 석방되는 반공 포로
⑤ 제2차 미소 공동 위원회 개최 소식을 보도하는 기자

 dankkum_e • 팔로잉 ···

 dankkum_e 제63회 한능검 심화 시험, 결과는 어떠셨나요? #6·25전쟁 #흥남 철수

 history '흥남 철수'가 있어서 6·25 전쟁인 줄 바로 알았음

 passexam 42번 문제는 당연히 5번이 정답인 줄 알았어요.. 그런데 정답 없음이라니;;

 korealove 6·25 전쟁 전개 과정은 다 외웠는데 ㅠㅠ

certificate 쉬운 것 같으면서도 조금 어려운 문제들이 있었어요 ㅠㅅㅠ

history님 외 여러 명이 좋아합니다.
2월 11일

댓글 달기...   게시

적산 법화원은 산동반도에 있었던 신라인 집단 거주지에 세워진 절이다. 이 절을 창건한 이 인물은 당에 건너가 무령군 소장이 되었다가 흥덕왕 때 귀국하여 활발히 활동하였다. 그러나 왕위 쟁탈전에 휘말려 암살당했다.

① 구법 순례기인 왕오천축국전을 지었다.
② 진성 여왕에게 시무책 10여 조를 올렸다.

왕이 천정전에 거동하여 백관을 모아놓고 말하기를, "내가 신라와 굳게 동맹을 맺은 것은 두 나라가 길이 우호를 유지하고 각자의 사직(社稷)을 보전하기 위해서였다. 지금 신라왕이 굳이 신하로 일겠다고 요청하고 그대들도 그것이 옳다고 하니, 나의 마음이 매우 부끄러우나 여러 사람의 뜻을 거스르기가 어렵다."라고 하였다. 이에 신라왕이 뜰에서 예를 올리니 여러 신하가 하례하여 함성이 궁궐을 진동하였다. …… 신라국을 없애 경주라 하고, 그 지역을 김부의 식읍으로 하사하였다.

① 빈민 구제 기관인 흑창을 설치하였다.
② 12목을 설치하고 지방관을 파견하였다.

 누가 거란 진영에 가서 담판을 벌여 군대를 물러가게 하겠는가?

신, 서희가 폐하의 분부를 받들겠습니다.

양규가 적을 무로대와 이수 등지에서 크게 무찌르고 포로로 되찾았다고 합니다.

① 묘청이 서경에서 난을 일으켰다.
② 이자겸이 척준경에 의해 축출되었다.

제69회 심화
제68회 심화
제67회 심화
제66회 심화
제65회 심화
제64회 심화
제63회 심화
제62회 심화

오직! 단 8회차로 끝내는 경향 분석

더 빠른 정답표 기출해설집 3쪽
정답 및 해설 기출해설집 157쪽

○ 사료도 선지도 확실히 알아요. △ 생소한 사료예요. / 선지 중 일부를 모르겠어요. ✕ 전혀 모르는 내용이에요.

---

01 밑줄 그은 '이 시대'의 생활 모습으로 옳은 것은? 1점

이 그림은 한 미군 병사가 경기도 연천군 전곡리에서 이 시대의 대표적인 유물인 주먹도끼 등을 발견하고 그린 것입니다. 그가 발견한 아슐리안형 주먹도끼는 이 시대 동아시아에는 찍개 문화만 존재하고 주먹도끼 문화는 없었다는 모비우스(H. Movius)의 학설을 뒤집는 증거가 되었습니다.

① 소를 이용하여 깊이갈이를 하였다.

② 빗살무늬 토기에 식량을 저장하였다.

③ 지배층의 무덤으로 고인돌을 만들었다.

④ 거푸집을 사용하여 세형동검을 제작하였다.

⑤ 주로 동굴이나 강가의 막집에서 거주하였다.

---

02 밑줄 그은 '이 나라'에 대한 탐구 활동으로 가장 적절한 것은? 2점

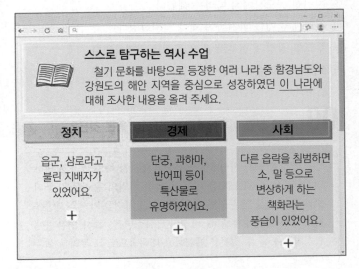

스스로 탐구하는 역사 수업

철기 문화를 바탕으로 등장한 여러 나라 중 함경남도와 강원도의 해안 지역을 중심으로 성장하였던 이 나라에 대해 조사한 내용을 올려 주세요.

정치	경제	사회
읍군, 삼로라고 불린 지배자가 있었어요.	단궁, 과하마, 반어피 등이 특산물로 유명하였어요.	다른 읍락을 침범하면 소, 말 등으로 변상하게 하는 책화라는 풍습이 있었어요.

① 신성 지역인 소도의 역할을 알아본다.

② 포상 8국의 난 진압 과정을 찾아본다.

③ 삼국유사에 실린 김알지 신화를 분석한다.

④ 무천이라는 제천 행사를 개최한 이유를 파악한다.

⑤ 마가, 우가, 저가, 구가 등이 다스렸던 지역을 조사한다.

---

03 (가), (나) 국가의 사회 모습에 대한 설명으로 옳은 것은? 2점

(가) 왕의 성은 부여씨이고, [왕을] '어라하'라고 하며 백성들은 '건길지'라고 부른다. 모두 중국 말로 왕이라는 뜻이다. …… 도성에만 1만 가(家)가 거주하며 5부로 나뉘는데 상부·전부·중부·하부·후부라고 하며, 각각 5백 명의 군사를 거느린다. [지방의] 5방에는 각기 방령 1인을 두는데 달솔로 임명하고, 군에는 군장(郡將) 3인이 있으니 덕솔로 임명한다.
－『주서』－

(나) 60개의 주현이 있으며, 큰 성에는 녹살 1인을 두는데 도독과 비슷하다. 나머지 성에는 처려근지를 두는데 도사라고도 하며, 자사와 비슷하다. …… [수도는] 5부로 나뉘어 있다.
－『신당서』－

① (가) - 사회 질서를 유지하기 위해 범금 8조를 두었다.

② (가) - 거란도, 일본도 등을 통해 주변 국가와 교류하였다.

③ (나) - 태학과 경당을 두어 인재를 양성하였다.

④ (나) - 정사암 회의에서 국가 중대사를 논의하였다.

⑤ (가), (나) - 골품에 따라 관등 승진에 제한이 있었다.

---

04 다음 상황이 나타난 시기를 연표에서 옳게 고른 것은? 2점

[당의] 고종이 소정방을 신구도대총관(神丘道大摠管)으로 삼아 군사를 이끌고 바다를 건너 신라와 함께 백제를 정벌하도록 하였다. 계백은 장군이 되어 죽음을 각오한 군사 5천 명을 뽑아 이들을 막고자 하였다. …… 황산의 벌판에 이르러 세 개의 군영을 설치하였다. 신라군을 만나 전투를 시작하려고 하자, [계백은] 여러 사람 앞에서 맹세하며 "지난날 구천(句踐)은 5천 명으로 오(吳)의 70만 무리를 격파하였다. 오늘 마땅히 힘써 싸워 승리함으로써 나라의 은혜에 보답하자."라고 하였다. 드디어 격렬히 싸우니, 일당천(一當千)이 아닌 자가 없었다.
－『삼국사기』－

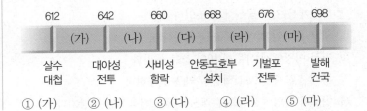

612	642	660	668	676	698
(가)	(나)	(다)	(라)	(마)	
살수 대첩	대야성 전투	사비성 함락	안동도호부 설치	기벌포 전투	발해 건국

① (가) ② (나) ③ (다) ④ (라) ⑤ (마)

05 (가) 국가의 경제 상황으로 옳은 것은? 1점

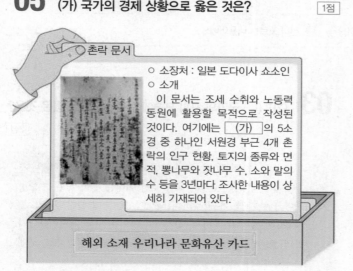

촌락 문서

○ 소장처 : 일본 도다이사 쇼소인
○ 소개
　이 문서는 조세 수취와 노동력 동원에 활용할 목적으로 작성된 것이다. 여기에는 (가) 의 5소경 중 하나인 서원경 부근 4개 촌락의 인구 현황, 토지의 종류와 면적, 뽕나무와 잣나무 수, 소와 말의 수 등을 3년마다 조사한 내용이 상세히 기재되어 있다.

해외 소재 우리나라 문화유산 카드

① 낙랑군과 왜에 철을 수출하였다.
② 집집마다 부경이라는 창고가 있었다.
③ 활구라고 불리는 은병이 유통되었다.
④ 특산품으로 솔빈부의 말이 유명하였다.
⑤ 울산항, 당항성이 무역항으로 번성하였다.

06 (가)에 들어갈 내용으로 적절한 것은? 2점

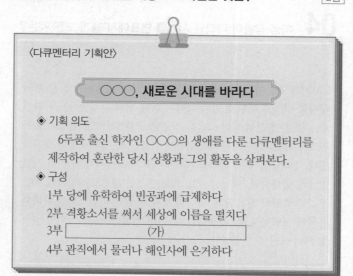

〈다큐멘터리 기획안〉

○○○, 새로운 시대를 바라다

◈ 기획 의도
　6두품 출신 학자인 ○○○의 생애를 다룬 다큐멘터리를 제작하여 혼란한 당시 상황과 그의 활동을 살펴본다.
◈ 구성
1부 당에 유학하여 빈공과에 급제하다
2부 격황소서를 써서 세상에 이름을 떨치다
3부 　　　　　　(가)
4부 관직에서 물러나 해인사에 은거하다

① 화왕계를 지어 국왕에게 조언하다
② 외교 문서인 청방인문표를 작성하다
③ 진성 여왕에게 시무책 10여 조를 올리다
④ 청해진을 중심으로 해상 무역을 전개하다
⑤ 인도와 중앙아시아를 순례하고 왕오천축국전을 남기다

07 밑줄 그은 '왕'의 업적으로 옳은 것은? 2점

○ 담당 관청에 명하여 월성의 동쪽에 새 궁궐을 짓게 하였는데, 그곳에서 황룡이 나타났다. 왕이 이것을 기이하게 여기고는 [계획을] 바꾸어 사찰을 짓고, '황룡'이라는 이름을 내려 주었다.

○ [거칠부가] 왕의 명령을 받들어 여러 문사(文士)를 모아 국사를 편찬하였다.

– 『삼국사기』 –

① 이사부를 보내 우산국을 복속시켰다.
② 예성강 이북에 패강진을 설치하였다.
③ 관료전을 지급하고 녹읍을 폐지하였다.
④ 국가적인 조직으로 화랑도를 개편하였다.
⑤ 이차돈의 순교를 계기로 불교를 공인하였다.

08 (가) 왕에 대한 설명으로 옳은 것은? 3점

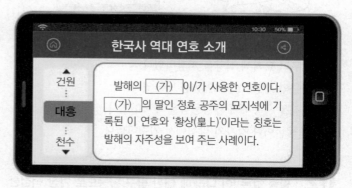

한국사 역대 연호 소개

건원
⋮
대흥
⋮
천수

발해의 (가) 이/가 사용한 연호이다. (가) 의 딸인 정효 공주의 묘지석에 기록된 이 연호와 '황상(皇上)'이라는 칭호는 발해의 자주성을 보여 주는 사례이다.

① 북연의 왕을 신하로 봉하였다.
② 지린성 동모산에서 나라를 세웠다.
③ 신라에 군대를 파견하여 왜를 격퇴하였다.
④ 수도를 상경 용천부로 옮겨 체제를 정비하였다.
⑤ 5경 15부 62주의 지방 행정 조직을 확립하였다.

09 다음 상황 이후에 있었던 사실로 옳은 것은? 2점

　청교역(靑郊驛) 서리 3인이 최충헌 부자를 죽일 것을 모의하면서, 거짓 공첩(公牒)을 만들어 여러 사원의 승려들을 불러 모았다. 공첩을 받은 귀법사 승려들은 그 공첩을 가져온 사람을 잡아서 최충헌에게 고해 바쳤다. [최충헌은] 즉시 영은관에 교정별감을 둔 후 성문을 폐쇄하고 대대적으로 그 무리를 색출하였다.

② 원종과 애노가 사벌주에서 봉기하였다.
③ 이자겸이 금의 사대 요구를 수용하였다.
④ 정중부 등이 정변을 일으켜 권력을 차지하였다.
⑤ 최우가 인사 행정 담당 기구로 정방을 설치하였다.

10 밑줄 그은 '이 탑'으로 옳은 것은? [2점]

유물로 보는 한국사

[해설]
　경주 불국사에 있는 이 탑의 해체 보수 과정에서 발견된 금동제 사리 외함이다. 2층 탑신부에 봉안되어 있던 이 유물 안에는 은제 사리 내·외합과 무구정광대다라니경 등이 함께 놓여 있었다. 이를 통해 당시의 뛰어난 공예 기술 및 사리 장엄 방식과 특징을 알 수 있다.

① 　② 　③

④ 　⑤

11 (가) 인물에 대한 설명으로 옳은 것은? [2점]

완산주를 도읍으로 삼아 나라를 세운 (가) 에 대해 말해 볼까요?

신라의 금성을 습격하여 경애왕을 죽게 하였어요.

금산사에 유폐되었다가 탈출하여 고려에 귀부하였어요.

① 공산 전투에서 전사하였다.
② 금마저에 미륵사를 창건하였다.
③ 후당과 오월에 사신을 파견하였다.
④ 김흠돌 등 진골 세력을 숙청하였다.
⑤ 국호를 마진으로 바꾸고 철원으로 천도하였다.

12 (가) 왕의 재위 시기에 있었던 사실로 옳은 것은? [2점]

◆ 우리 고장의 유적 ◆

충주 숭선사지

유적 발굴 현장

　숭선사는 (가) 이/가 어머니인 신명 순성 왕후의 명복을 빌기 위하여 세운 절로, 현재 그 터만 남아 있다. 이 곳에서는 '숭선사(崇善寺)'라는 명문이 새겨진 기와 등 다양한 고려 시대 유물이 출토되었다.
　(가) 은/는 치열한 왕위 쟁탈전 속에서 외가인 충주 유씨 세력 등 여러 호족의 도움으로 왕위에 올랐다. 하지만 즉위 이후 노비안검법 등 호족을 견제하는 정책을 펼쳤다.

① 최승로가 시무 28조를 건의하였다.
② 광덕, 준풍 등의 연호가 사용되었다.
③ 관리의 규범을 제시한 계백료서가 반포되었다.
④ 쌍성총관부를 공격하여 철령 이북을 수복하였다.
⑤ 지방 세력 견제를 목적으로 한 상수리 제도가 실시되었다.

13 (가)에 들어갈 내용으로 옳은 것은? [1점]

최충의 9재 학당을 비롯한 사학이 융성하였던 시기에 위축된 관학을 진흥하기 위해 정부가 추진한 정책을 대화창에 올려주세요.

ON 대화창

서적포를 두어 출판을 담당하게 하였어요.

국자감에 전문 강좌인 7재를 개설하였어요.

(가)

보내기

① 독서삼품과를 통해 인재를 등용하였어요.
② 사액 서원에 서적과 노비를 지급하였어요.
③ 중등 교육 기관으로 4부 학당을 설립하였어요.
④ 양현고를 설치하여 장학 기금을 마련하였어요.
⑤ 초계문신제를 시행하여 문신을 재교육하였어요.

제69회 심화
제68회 심화
제67회 심화
제66회 심화
제65회 심화
제64회 심화
제63회 심화
제62회 심화

14 **(가) 국가에 대한 고려의 대응으로 옳은 것은?** 2점

○ (가) 의 임금이 개경으로 침입하여 궁궐을 불사르고 퇴각하였다. …… 양규는 (가) 의 군대를 무로대에서 습격하여 2,000여 급을 베고, 포로가 되었던 남녀 3,000여 명을 되찾았다. 다시 이수에서 전투를 벌이고 추격하여 석령까지 가서 2,500여 급을 베고, 포로가 되었던 1,000여 명을 되찾았다.

○ (가) 의 병사들이 귀주를 지나가자 강감찬 등이 동쪽 교외에서 전투를 벌였다. …… 적병이 북쪽으로 달아나자 아군이 그 뒤를 쫓아가서 공격하였는데, 석천을 건너 반령에 이르기까지 시신이 들에 가득하였다.

① 강화도로 도읍을 옮겨 항전하였다.
② 광군을 조직하여 침입에 대비하였다.
③ 박위를 파견하여 근거지를 토벌하였다.
④ 압록강 상류 지역을 개척하여 4군을 설치하였다.
⑤ 신기군, 신보군, 항마군으로 구성된 별무반을 편성하였다.

15 **(가)에 들어갈 문화유산으로 옳은 것은?** 1점

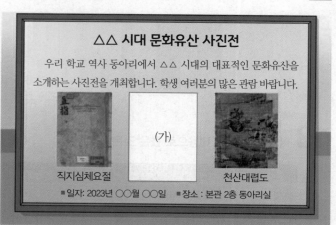

△△ 시대 문화유산 사진전

우리 학교 역사 동아리에서 △△ 시대의 대표적인 문화유산을 소개하는 사진전을 개최합니다. 학생 여러분의 많은 관람 바랍니다.

직지심체요절　　(가)　　천산대렵도

■ 일자: 2023년 ○○월 ○○일　■ 장소: 본관 2층 동아리실

① 금동 대향로
② 호우총 청동 그릇
③ 청자 상감 모란문 표주박모양 주전자
④ 이불병좌상
⑤ 인왕제색도

16 **(가) 인물에 대한 설명으로 옳은 것은?** 2점

한국사 인물 탐구 Q&A

| 고대 | 고려 | 조선 | 근대 | 현대 |

불교계 개혁에 앞장선 (가)

Q. 그는 어떤 인물인가요?
A. 8세에 승려가 되어 25세에 승과에 급제하였습니다. 선종의 승려였음에도 교종을 포용하였으며, 당시 불교계의 문제점을 비판하며 개혁에 앞장섰습니다. 시호는 '불일보조국사'입니다.
Q. 불교계 개혁을 위해 어떤 노력을 하였나요?
A. 전라남도 순천에 있는 송광사에서 신앙 결사 운동을 펼치며 승려 본연의 모습으로 돌아가 수행에 힘쓸 것을 주창하였습니다.

① 참선을 강조하고 돈오점수를 주장하였다.
② 불교 교단 통합을 위해 해동 천태종을 개창하였다.
③ 선문염송집을 편찬하고 유불 일치설을 제창하였다.
④ 승려들의 전기를 정리하여 해동고승전을 편찬하였다.
⑤ 보협십원가를 지어 불교 교리를 대중에게 전파하였다.

17 **(가)~(다)를 일어난 순서대로 옳게 나열한 것은?** 2점

(가) 우왕이 요동을 공격하는 일을 최영과 은밀하게 의논하였다. …… 마침내 8도의 군사를 징발하고 최영이 동교에서 군사를 사열하였다.

(나) 대군이 압록강을 건너서 위화도에 머물렀다. …… 이성계가 회군한다는 소식을 듣고 앞다투어 모여든 사람이 천여 명이나 되었다.

(다) 도평의사사에서 글을 올려 과전을 지급하는 법을 정할 것을 청하니, 그 의견을 따랐다. …… 경기는 사방의 근본이므로 마땅히 과전을 설치하여 사대부를 우대하여야 한다. 무릇 수도에 거주하며 왕실을 지키는 자는 현직, 산직(散職)을 불문하고 각각 과(科)에 따라 받게 한다.

① (가) - (나) - (다)　　② (가) - (다) - (나)
③ (나) - (가) - (다)　　④ (나) - (다) - (가)
⑤ (다) - (나) - (가)

제69회 심화
제68회 심화
제67회 심화
제66회 심화
제65회 심화
제64회 심화
제63회 심화
제62회 심화

18 다음 상황이 나타난 시기의 경제 모습으로 옳은 것은? 2점

도병마사가 아뢰기를, "안서도호부에서 바친 철은 예전에는 무기용으로 충당하였습니다. 근래에 흥왕사를 창건하면서 또다시 철을 더 바치라고 명령하셨으니 백성들이 고통을 감당하지 못하고 있습니다. 청컨대 염주, 해주, 안주 세 곳에서 2년 동안 바치는 철을 흥왕사 창건에 쓰게 하여 수고로운 폐단을 풀어 주십시오."라고 하니, 이를 따랐다.

① 관리에게 전지와 시지를 지급하였다.
② 시장을 감독하기 위해 동시전을 설치하였다.
③ 허적의 제안에 따라 상평통보를 발행하였다.
④ 일본과의 교역 규모를 규정한 계해약조를 체결하였다.
⑤ 상권 수호를 목적으로 황국 중앙 총상회를 조직하였다.

19 (가) 왕에 대한 설명으로 옳은 것은? 2점

이것은 『어전준천제명첩』에 담긴 어제사언시(御製四言詩)로, (가) 이/가 홍봉한 등 청계천 준설 공사에 공이 있는 신하들의 노고를 치하하며 지은 것이다.
청계천 준설을 추진한 (가) 은/는 탕평, 균역 등도 자신의 치적으로 거론한 글을 남겼다.

① 나선 정벌에 조총 부대를 파견하였다.
② 경기도에 한해서 대동법을 실시하였다.
③ 삼수병으로 구성된 훈련도감을 창설하였다.
④ 통치 제도를 정비하고자 속대전을 편찬하였다.
⑤ 한양을 기준으로 한 역산서인 칠정산을 만들었다.

20 다음 상황이 나타난 시기를 연표에서 옳게 고른 것은? 2점

왕이 전지하기를, "김종직은 보잘것없는 시골의 미천한 선비였는데, 선왕께서 발탁하여 경연에 두었으니 은혜와 총애가 더없이 컸다고 하겠다. 그런데 지금 그의 제자 김일손이 사초에 부도덕한 말로써 선왕 대의 일을 거짓으로 기록하고, 또 스승인 김종직의 조의제문을 싣고서 그 글을 찬양하였으니, 형명(刑名)을 의논하여 아뢰어라."라고 하였다.

1468	1494	1506	1518	1545	1589
(가)	(나)	(다)	(라)	(마)	
남이의 옥사	연산군 즉위	중종 반정	소격서 폐지	명종 즉위	기축 옥사

① (가) ② (나) ③ (다) ④ (라) ⑤ (마)

21 (가) 왕의 재위 시기에 있었던 사실로 옳은 것은? 2점

□□신문

제△△호   ○○○○년 ○○월 ○○일

원각사 창건 당시 작성된 계문(契文) 공개

원각사의 낙성을 축하하는 경찬회 때 (가) 이/가 조정 신하와 백성에게 수륙재 참여를 권하는 내용이 담긴 원각사 계문이 공개되었다. 조선의 임금과 왕실이 불교 행사를 직접 후원하였다는 기록이 희소하기에 의미가 있다.
한명회, 권람 등의 조력으로 김종서, 황보인 등을 제거하고 왕위에 오른 (가) 은/는 간경도감을 설치하여 불경을 한글로 번역, 간행하고 원각사를 창건하는 등 불교를 후원하였다.

① 주자소에서 계미자를 주조하였다.
② 국가의 의례를 정비한 국조오례의를 완성하였다.
③ 삼남 지방의 농법을 소개한 농사직설을 편찬하였다.
④ 현직 관리에게만 수조지를 지급하는 직전법을 시행하였다.
⑤ 우리나라와 중국의 의서를 망라한 동의보감을 간행하였다.

22 밑줄 그은 '이 인물'에 대한 설명으로 옳은 것은? 3점

해주향약을 시행하여 향촌 교화에 힘썼던 이 인물에 대해 말해 보자.

동호문답에서 수취 제도 개편 등 다양한 개혁 방안을 제시하였어.

격몽요결을 저술하여 체계적인 성리학 교육에 힘썼어.

① 명에 대한 의리를 내세운 기축봉사를 올렸다.
② 청으로부터 시헌력을 도입하자고 건의하였다.
③ 양반의 허례와 무능을 풍자한 양반전을 저술하였다.
④ 예학을 조선의 현실에 맞게 정리한 가례집람을 지었다.
⑤ 군주가 수양해야 할 덕목과 지식을 담은 성학집요를 집필하였다.

23 (가), (나) 사이의 시기에 있었던 사실로 옳은 것은? 3점

(가) 처음에 심의겸이 외척으로 권세를 부리니 당시 명망 있는 사람들이 섬겨 따랐다. 그런데 김효원이 전랑(銓郞)이 되어 그들을 배척하자 심의겸의 무리가 그를 미워하니, 점차 사람이 나뉘어 동인과 서인이라는 말이 나오게 되었다.

(나) 기해년에 왕이 승하하자 재신 송시열이 사종(四種)의 설을 인용하여 "대행 대왕은 왕대비에게 서자가 된다. 왕통을 이었으나 장자가 아닌 경우이니 기년복(朞年服)*을 입어야 마땅하다."라고 하였다. 이에 대해 허목 등 신하들은 전거를 들어 다투기를, "대행 대왕은 왕대비에게 서자가 아니라 장자가 된 둘째이니, 삼년복을 입어야 한다."라고 하였다.

*기년복(朞年服) : 1년 동안 입는 상복

① 인조반정으로 북인 세력이 몰락하였다.
② 목호룡의 고변으로 옥사가 발생하였다.
③ 양재역 벽서 사건으로 이언적 등이 화를 입었다.
④ 인현 왕후가 폐위되고 남인이 권력을 차지하였다.
⑤ 이인좌를 중심으로 소론 세력 등이 난을 일으켰다.

24 (가) 국가에 대한 조선의 정책으로 옳은 것은? 2점

<답사 보고서>

◆ 주제: 남한산성에서 삼학사의 충절을 만나다.

◆ 날짜: 2023년 ○○월 ○○일

◆ 내용: 현절사(顯節祠)는 삼학사(홍익한, 윤집, 오달제)의 충절을 기려 남한산성에 세운 사당이다. 그들은 <u>(가)</u> 의 침입으로 발생한 전쟁에서 화의를 반대하며 결사 항전을 주장하였다. 항복 이후 그들은 <u>(가)</u> (으)로 압송되어 처형되었다. 그들과 함께 척화를 주장하였던 김상헌, 정온도 추가로 이곳에 모셔졌다.

◆ 사진

① 만권당을 세워 학문 교류를 장려하였다.
② 어영청을 강화하는 등 북벌을 추진하였다.
③ 화통도감을 설치하여 군사력을 증강하였다.
④ 사신 접대를 위해 한성에 동평관을 설치하였다.
⑤ 포로 송환을 목적으로 유정을 회답 겸 쇄환사로 파견하였다.

25 밑줄 그은 '이 시기'의 경제 상황으로 옳은 것은? 1점

시(詩)로 만나는 한국사

이현과 종루 그리고 칠패는
도성의 3대 시장이라네
온갖 장인들이 살고 일하니
사람들이 많아서 어깨를 부딪히네
온갖 재화가 이익을 좇아
수레가 끊임없네
봉성의 털모자, 연경의 비단실
함경도의 삼베, 한산의 모시
쌀, 콩, 벼, 기자, 조, 피, 보리
......

[해설] 이것은 한양의 모습을 그린 「성시전도」를 보고 박제가가 지은 시의 일부이다. 시의 내용을 통해 <u>이 시기</u> 생동감 있는 시장의 모습을 엿볼 수 있다.

① 백성에게 정전이 지급되었다.
② 서경에 관영 상점이 설치되었다.
③ 금속 화폐인 건원중보가 주조되었다.
④ 벽란도가 국제 무역항으로 번성하였다.
⑤ 인삼, 담배 등이 상품 작물로 재배되었다.

26 (가) 기구에 대한 설명으로 옳은 것은? 1점

오늘에 와서는 큰일이건 작은 일이건 중요한 것으로 취급되지 않는 것이 없어, 의정부는 한갓 헛이름만 지니고 6조는 모두 그 직임을 상실하였습니다. 명칭은 '변방의 방비를 담당하는 것'이라고 하면서 과거 시험에 대한 판하(判下)*나 비빈 간택 등의 일까지도 모두 <u>(가)</u> 을/를 경유하여 나옵니다. 명분이 바르지 못하고 말이 이치에 맞지 않음이 이보다 심할 수가 없습니다. 신의 어리석은 소견으로는 <u>(가)</u> 을/를 고쳐 정당(政堂)으로 칭하는 것이 상책이라 생각합니다.

*판하(判下) : 안건을 임금이 허가하는 것

① 사헌부, 사간원과 함께 3사로 불렸다.
② 서얼 출신 학자들이 검서관에 등용되었다.
③ 흥선 대원군이 집권한 시기에 혁파되었다.
④ 서울과 수원에 설치되어 국왕의 호위를 맡았다.
⑤ 대사성을 수장으로 좨주, 직강 등의 관직을 두었다.

제69회 심화
제68회 심화
제67회 심화
제66회 심화
제65회 심화
제64회 심화
제63회 심화
제62회 심화

27 (가) 인물에 대한 설명으로 옳은 것은? [2점]

이 작품은 (가) 의 세한도로, 완당이라는 그의 호가 도인(圖印)으로 찍혀 있습니다. 그는 제주도에서 유배 생활을 할 때 청에서 귀한 책을 구해다 준 제자 이상적에게 고마움의 표시로 이 그림을 그려 주었습니다.

특별전
제주에서
다시 만난
세한도

① 남북국이라는 용어를 처음 사용하였다.
② 기기도설을 참고하여 거중기를 설계하였다.
③ 북한산비가 진흥왕 순수비임을 고증하였다.
④ 양명학을 연구하여 강화학파를 형성하였다.
⑤ 안평 대군의 꿈을 소재로 몽유도원도를 그렸다.

28 (가), (나) 사이의 시기에 있었던 사실로 옳은 것은? [3점]

(가) 전라도 관찰사 정민시가 [진산의] 죄인 윤지충과 권상연에 대한 조사 결과를 아뢰었다. "…… 근래에 그들은 평소 살아 계신 부모나 조부모처럼 섬겨야 할 신주를 태워 없애면서도 이마에 진땀 하나 흘리지 않았으니 정말 흉악한 일입니다. 제사를 폐지한 일은 오히려 부차적입니다."

(나) 의금부에서 아뢰었다. "얼마 전 죄인 남종삼은 명백한 근거도 없이 러시아에 변란이 있을 것이고, 프랑스와 조약을 맺을 계책이 있다는 요망한 말로 여러 사람을 현혹하였습니다. 감히 나라를 팔아먹고자 몰래 외적을 끌어들일 음모를 꾸몄으니, 즉시 참형에 처해야 합니다. …… [베르뇌를 비롯한] 서양인 4명을 군영에 넘겨 효수하여 본보기로 삼도록 하였습니다."

① 대종교 계열의 중광단이 결성되었다.
② 한용운이 조선불교유신론을 저술하였다.
③ 보은에서 교조 신원을 요구하는 집회가 열렸다.
④ 이수광이 지봉유설에서 천주실의를 소개하였다.
⑤ 황사영이 외국 군대의 출병을 요청하는 백서를 작성하였다.

29 (가) 인물에 대한 설명으로 옳은 것은? [2점]

개화사상의 선구자

박지원의 손자이며, 진주에서 농민 봉기가 일어나자 안핵사로 파견되었다. 자신의 사랑방에서 양반 자제들에게 세계정세를 전하였으며, 청에 다녀온 경험을 바탕으로 문호 개방을 주장하는 등 개화사상 형성에 선구적인 역할을 하였다.

(가)

① 조선 중립화론을 건의하였다.
② 베델과 함께 대한매일신보를 창간하였다.
③ 대동강에 침입한 제너럴 셔먼호를 격침하였다.
④ 서양의 과학 기술을 정리한 지구전요를 저술하였다.
⑤ 강화도 조약 체결의 전말을 기록한 심행일기를 남겼다.

30 밑줄 그은 '이 사건'에 대한 설명으로 옳은 것은? [2점]

이번 시간에는 근대 국가 수립을 위해 김옥균 등이 일으켰던 이 사건에 대한 의견을 들어 보고자 합니다.

그들이 개혁안에서 내세운 인민 평등권 확립 등은 이후의 근대적 개혁에 영향을 주었습니다.

하지만 일부 급진 개화파를 중심으로 개혁을 추진하였고, 청과의 사대 관계 청산을 주장하면서도 일본의 힘에 의존하였다는 한계가 있습니다.

① 보국안민, 제폭구민을 기치로 내걸었다.
② 한성 조약이 체결되는 결과를 가져왔다.
③ 개혁 추진을 위해 교정청을 설치하였다.
④ 구식 군인에 대한 차별 대우가 발단이 되었다.
⑤ 민영익 등이 보빙사로 파견되는 계기가 되었다.

31 (가) 운동에 대한 설명으로 옳은 것은? [1점]

국가보훈처는 광복 73주년을 맞아 독립 유공자를 발굴하여 포상하기로 하였습니다. 이번 포상에는 (가) 의 1주년에 만세 운동을 전개하다가 체포되어 옥고를 치른 배화 여학교 학생 여섯 명이 포함되었습니다. 이들은 일제 강점기 최대 민족 운동인 (가) 의 영향을 받아 수립된 대한민국 임시 정부의 활동 소식을 접하면서 민족의식을 키웠다고 합니다.

김경화 등 6명의 독립운동가, 독립운동 유공 인정

① 김광제 등의 발의로 본격화되었다.

② 순종의 인산일을 기회로 삼아 추진되었다.

③ 제암리 학살 등 일제의 가혹한 탄압을 받았다.

④ 신간회에서 진상 조사단을 파견하여 지원하였다.

⑤ 성진회와 각 학교 독서회에 의해 전국적으로 확산되었다.

32 밑줄 그은 '개혁'의 내용으로 옳은 것은? [3점]

이 그림은 군국기무처에서 회의하는 모습입니다. 그림의 아래쪽에는 총재 김홍집 등 회의에 참여한 관리들의 이름이 적혀 있습니다. 군국기무처는 개혁을 추진하면서 수개월 동안 200여 건의 안건을 의결하였습니다.

① 원수부를 두었다.

② 재판소를 설치하였다.

③ 은본위제를 도입하였다.

④ 태양력을 공식 채택하였다.

⑤ 5군영을 2영으로 통합하였다.

33 (가)에 들어갈 내용으로 가장 적절한 것은? [2점]

한국사 동영상 제작 계획안

○○○○, 공론의 장을 열다

△학년 △반 △모둠

■ 제작 의도

지식인뿐 아니라 농민, 상인, 노동자 등 다양한 계층이 참여한 집회 등을 통해 공론의 장을 마련한 ○○○○의 활동을 살펴본다.

■ 장면별 구성 내용

#1. 독립문 건립을 위해 성금을 모으다

#2. 러시아의 절영도 조차 요구를 규탄하는 집회를 열다

#3.   (가)

#4. 황국 협회의 습격으로 사망한 구두 수선공의 장례를 치르다

① 평양에 대성 학교를 설립하다

② 고종 강제 퇴위 반대 운동을 주도하다

③ 집강소를 중심으로 폐정 개혁안을 실천하다

④ 관민 공동회를 개최하여 헌의 6조를 결의하다

⑤ 개혁의 기본 방향을 제시한 홍범 14조를 반포하다

34 다음 기사를 활용한 탐구 활동으로 가장 적절한 것은? [3점]

해외 언론 보도로 본 민족 운동

오늘 나는 스티븐스를 쏘았다. 그는 대한 제국의 외교 고문에 임명되어 후한 대접을 받고 있음에도 일본의 이익을 위해 한국인에게 온갖 잔인한 일을 자행하였다. …… 나는 어떤 처벌에도 불만이 없으며, 조국의 자유를 위한 투쟁에 도움이 된다면 영광스럽게 죽을 것이다.

① 제1차 한일 협약의 내용을 알아본다.

② 삼국 간섭이 발생한 원인을 분석한다.

③ 일제가 조작한 105인 사건의 영향을 파악한다.

④ 영국이 거문도를 불법 점령한 과정을 조사한다.

⑤ 고종이 러시아 공사관으로 피신한 이유를 찾아본다.

제69회 심화
제68회 심화
제67회 심화
제66회 심화
제65회 심화
제64회 심화
제63회 심화
제62회 심화

35 (가) 인물의 활동으로 옳은 것은? `2점`

11:07

나는 지금 군산근대역사박물관 광장에 와 있어. 이곳에 (가) 의 동상이 있네.

그에 대해 설명해 줄래?

최익현과 함께 의병을 일으켰다가 일본에 의해 쓰시마섬으로 끌려가 고초를 겪었어. 이후에는 조선 총독에게 국권 반환 요구서를 발송하려다가 체포되어 순국하였지.

① 명동 성당 앞에서 이완용을 습격하였다.
② 고종의 밀지를 받아 독립 의군부를 조직하였다.
③ 국권 침탈 과정을 정리한 한국통사를 저술하였다.
④ 13도 창의군의 총대장으로 서울 진공 작전을 지휘하였다.
⑤ 논설 단연보국채를 써서 국채 보상 운동에 적극 참여하였다.

36 (가) 부대에 대한 설명으로 옳은 것은? `2점`

주제: (가) 의 무장 독립 전쟁

국민부 산하 군사 조직으로 편성되었다가 이후 여러 부대를 통합하여 재편되었습니다.

총사령에 양세봉, 참모장에 김학규가 임명되어 부대를 이끌었습니다.

만주 사변 이후 중국 의용군과 함께 남만주 일대에서 항일 투쟁을 벌였습니다.

① 간도 참변 이후 자유시로 이동하였다.
② 영릉가 전투에서 일본군과 싸워 크게 승리하였다.
③ 조선 독립 동맹 산하의 군사 조직으로 개편되었다.
④ 영국군의 요청으로 인도·미얀마 전선에 투입되었다.
⑤ 중국 국민당 정부의 지원을 받아 우한에서 창설되었다.

37 (가) 운동에 대한 설명으로 옳은 것은? `1점`

이것은 (가) 을/를 주도한 단체의 제7회 전국대회 포스터입니다. '모히라! 자유평등의 기치하에로'라는 문구가 있으며, '경성 천도교 기념관'에서 개최된다고 알리고 있습니다. 진주에서 시작된 (가) 은/는 '공평은 사회의 근본이요, 애정은 인류의 본량(本良)'이라는 구호 아래 전개되었습니다.

① 통감부의 탄압으로 중단되었다.
② 중국의 5·4 운동에 영향을 주었다.
③ 대한 자강회가 결성되는 배경이 되었다.
④ 백정에 대한 사회적 차별 철폐를 주장하였다.
⑤ 여성 교육의 중요성을 강조한 여권통문을 발표하였다.

38 밑줄 그은 '이 시기'에 볼 수 있는 모습으로 적절한 것은? `1점`

이 사진은 조선 물산 공진회가 열렸던 당시 일장기가 내걸린 근정전의 모습을 보여 줍니다. 조선 총독부는 토지 조사 사업이 진행되던 이 시기에 식민 통치를 미화하고, 그 성과를 선전하기 위해 이 행사를 개최하였습니다. 공진회장 조성 과정에서 경복궁의 많은 건물이 헐렸습니다.

① 황국 신민 서사를 암송하는 학생
② 경성 제국 대학에서 강의하는 교수
③ 조선인에게 태형을 집행하는 헌병 경찰
④ 원산 총파업에 연대 지원금을 보내는 외국 노동자
⑤ 나운규가 감독한 아리랑의 첫 상영을 준비하는 단성사 직원

39

다음 검색창에 들어갈 단체에 대한 설명으로 옳은 것은? `2점`

① 한글 신문인 제국신문을 간행하였다.

② 태극 서관을 설립하여 서적을 보급하였다.

③ 파리 강화 회의에 독립 청원서를 제출하였다.

④ 한글 맞춤법 통일안과 표준어 사정안을 제정하였다.

⑤ 국문 연구소를 두어 한글을 체계적으로 연구하였다.

40

(가), (나) 인물에 대한 설명으로 옳은 것을 〈보기〉에서 고른 것은? `2점`

독립과 통일 정부 수립을 열망한 인물

(가)

(나)

• 생몰: 1876년~1949년
• 호: 백범
• 대한민국 임시 정부 주석 역임
• 남북 협상 참여
• 서울 경교장에서 피살

• 생몰: 1886년~1947년
• 호: 몽양
• 신한 청년당 결성
• 좌우 합작 위원회 조직
• 서울 혜화동에서 피살

〈보 기〉

ㄱ. (가) - 상하이에서 한인 애국단을 조직하였다.

ㄴ. (가) - 조선 혁명 간부 학교를 세워 독립군을 양성하였다.

ㄷ. (나) - 조선 건국 준비 위원회의 활동을 주도하였다.

ㄹ. (나) - 미국에서 귀국하여 독립 촉성 중앙 협의회를 이끌었다.

① ㄱ, ㄴ ② ㄱ, ㄷ ③ ㄴ, ㄷ ④ ㄴ, ㄹ ⑤ ㄷ, ㄹ

41

밑줄 그은 '국회'에 대한 설명으로 옳지 않은 것은? `3점`

이 우표는 우리나라 최초로 실시된 총선거를 기념하기 위해 발행되었습니다. 보통·직접·평등·비밀 선거 원칙에 따라 치른 이 선거를 통해 구성된 국회에서 활동한 의원의 임기는 2년이었습니다.

① 반민족 행위 처벌법을 제정하였다.

② 의원들의 선거로 대통령을 선출하였다.

③ 민의원과 참의원의 양원제로 운영되었다.

④ 일부 지역의 국회의원이 선출되지 못한 채 출범하였다.

⑤ 일제가 남긴 재산 처리를 위한 귀속 재산 처리법을 만들었다.

42

(가) 전쟁 중에 볼 수 있는 모습으로 적절하지 않은 것은? `2점`

역사 뮤지컬

기적의 항해

MEREDITH VICTORY

한 척의 배로 가장 많은 인명을 대피시킨 메러디스 빅토리호!

(가) 전쟁 중의 흥남 철수 당시 배에 실린 군수 물자를 내리고 14,000여 명의 피난민을 구출한 감동적인 이야기가 펼쳐집니다.

◈ 일시: 2023년 ○○월 ○○일 19:00
◈ 장소: △△ 문화회관 대극장

① 국민 방위군에 소집되는 청년

② 원조 물자 배급을 기다리는 시민

③ 지가 증권을 싼값에 매각하는 지주

④ 거제도 포로수용소에서 석방되는 반공 포로

⑤ 제2차 미소 공동 위원회 개최 소식을 보도하는 기자

제69회 심화
제68회 심화
제67회 심화
제66회 심화
제65회 심화
제64회 심화
제63회 심화
제62회 심화

43 (가) 정부 시기에 있었던 사실로 옳은 것은? [2점]

[국가 기념일에 담긴 역사 이야기]

2·28 민주 운동 기념일

– 학생들, 불의에 저항하여 일어서다 –

경북도청으로 향하는 학생 시위대의 모습

2월 28일 일요일은 민주당 부통령 후보 장면의 대구 유세가 있는 날이었다. ▢(가)▢ 정부는 이 유세장에 학생들이 가지 못하도록 2월 28일에도 등교할 것을 대구 시내 고등학교에 지시하였다. 각 학교가 내세운 등교의 명분은 시험, 단체 영화 관람, 토끼 사냥 등이었다. 이에 분노한 학생들은 "학원의 자유를 보장하라!" 등의 구호를 외치며 시위에 나섰다. 이날의 시위는 3·15 의거 등 이후 전개된 민주화 운동에 영향을 주었다. 이 시위의 역사적 의의가 인정되어 2018년에 국가 기념일로 지정되었다.

① 프로 야구가 6개 구단으로 출범하였다.
② YH 무역 노동자들이 야당 당사에서 농성하였다.
③ 사회 정화를 명분으로 삼청 교육대가 설치되었다.
④ 인민 혁명당 재건위 사건으로 관련자가 탄압받았다.
⑤ 평화 통일론을 주장한 진보당의 조봉암이 구속되었다.

44 (가), (나) 헌법이 제정된 시기 사이에 있었던 사실로 옳은 것은? [3점]

(가)	(나)
제1조 ① 대한민국은 민주 공화국이다. ② 대한민국의 주권은 국민에게 있고, 모든 권력은 국민으로부터 나온다. 제64조 ① 대통령은 국민의 보통·평등·직접·비밀 선거에 의하여 선출한다. 제69조 ① 대통령의 임기는 4년으로 한다. ② 대통령의 계속 재임은 3기에 한한다.	제1조 ① 대한민국은 민주 공화국이다. ② 대한민국의 주권은 국민에게 있고, 국민은 그 대표자나 국민 투표에 의하여 주권을 행사한다. 제39조 ① 대통령은 통일 주체 국민회의에서 토론 없이 무기명 투표로 선거한다. 제47조 대통령의 임기는 6년으로 한다. 제59조 ① 대통령은 국회를 해산할 수 있다.

① 지방 자치제가 전면 시행되었다.
② 여수·순천 10·19 사건이 일어났다.
③ 일부 군인들이 5·16 군사 정변을 일으켰다.
④ 서울과 평양에서 7·4 남북 공동 성명이 발표되었다.
⑤ 한일 국교 정상화에 반대하는 6·3 시위가 전개되었다.

45 다음 뉴스의 사건이 있었던 정부 시기의 사실로 옳은 것은? [3점]

오늘 오후 2시경 서울 평화시장에서 있었던 노동자들의 시위 도중 재단사 전태일 씨가 분신하는 사건이 발생하였습니다. 전 씨는 "근로 기준법을 지켜라", "우리는 기계가 아니다!"라고 절규하며 열악한 노동 환경 개선을 요구하였습니다.

① 함평 고구마 피해 보상 운동이 전개되었다.
② 저유가·저금리·저달러의 3저 호황이 있었다.
③ 미국과의 자유 무역 협정(FTA)이 체결되었다.
④ 경제 협력 개발 기구(OECD)의 회원국이 되었다.
⑤ 최저 임금 결정을 위한 최저 임금 위원회가 설치되었다.

46 (가)에 해당하는 문화유산으로 옳은 것은? [2점]

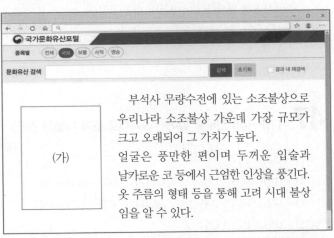

부석사 무량수전에 있는 소조불상으로 우리나라 소조불상 가운데 가장 규모가 크고 오래되어 그 가치가 높다.
얼굴은 풍만한 편이며 두꺼운 입술과 날카로운 코 등에서 근엄한 인상을 풍긴다. 옷 주름의 형태 등을 통해 고려 시대 불상임을 알 수 있다.

①  ② ③

④  ⑤

47~48 다음 자료를 읽고 물음에 답하시오.

(가) 살리타이가 처인성을 공격하였다. 적을 피해 성에 와 있던 한 승려가 살리타이를 쏘아 죽였다. 국가에서 그 전공을 칭찬하여 상장군 벼슬을 주었다. 승려가 전공을 다른 사람에게 돌리며 말하기를, "전투할 때 나는 활과 화살이 없었으니, 어찌 감히 공 없이 무거운 상을 받겠습니까."라고 하고, 굳게 사양하여 받지 않았다.

(나) [우리 부대가] 대군(大軍)과 연합하여 평양을 포위하였다. 보장왕이 먼저 연남산 등을 보내 영공에게 항복을 청하였다. 이에 영공은 보장왕과 왕자 복남·덕남 및 대신 등 20여만 명을 끌고 본국으로 돌아갔다. 각간 김인문과 대아찬 조주는 영공을 따라 돌아갔다.

(다) 비국(備局)에서 아뢰기를, "적병이 두 차례나 용골산성을 공격해 왔지만 정봉수는 홀로 고립된 성을 지키면서 충성과 용맹을 더욱 떨쳤습니다. …… 죽음을 두려워하지 않는 용사를 더 모집하여 육로로 혹은 배편으로 달려가서 기세(氣勢)를 돕게 하소서. 용골산성이 비록 포위에서 풀렸으나 이 일은 그만둘 수 없을 듯합니다."라고 하니, 왕이 따랐다.

(라) 부사 송상현은 왜적이 바다를 건넜다는 소식을 듣고 지역 주민과 군사 그리고 이웃 고을의 군사를 불러 모아 성에 들어가 지켰다. …… 성이 포위당하자 상현이 성의 남문에 올라가 전투를 독려하였으나 한나절 만에 성이 함락되었다. 상현은 갑옷 위에 조복(朝服)*을 입고 의자에 앉아 움직이지 않았다. …… 적이 모여들어 생포하려고 하자 상현이 발로 걷어차면서 항거하다가 마침내 해를 입었다.

*조복(朝服) : 관원이 조정에 나아가 하례할 때 입던 예복

47 (가)~(라) 전투를 일어난 순서대로 옳게 나열한 것은?
[2점]

① (가) - (나) - (다) - (라)
② (가) - (나) - (라) - (다)
③ (나) - (가) - (라) - (다)
④ (나) - (다) - (가) - (라)
⑤ (다) - (라) - (나) - (가)

48 (라) 전투가 벌어진 지역에서 있었던 사실로 옳은 것은?
[2점]

① 내상이 무역 활동을 전개하였다.
② 안승이 왕으로 봉해진 보덕국이 세워졌다.
③ 지역 차별에 반발하여 홍경래가 봉기하였다.
④ 만적을 비롯한 노비들이 신분 해방을 도모하였다.
⑤ 지주 문재철의 횡포에 맞서 소작 쟁의가 일어났다.

49 (가) 민주화 운동에 대한 설명으로 옳은 것은?
[1점]

박종철 군 고문살인 은폐조작과 호헌 조치를 규탄하는 국민대회 당시의 모습이야. 정부의 원천 봉쇄 방침에도 각 지역에서 열렸어.

이 대회를 주최한 민주 헌법 쟁취 국민운동 본부는 4·13 호헌 조치를 무효라고 선언하였지. 이후 민주화를 요구하는 시민들의 시위가 전국 각지에서 더욱 거세졌어.

(가) 사진전

호헌철폐 두재타도 민주쟁취

① 허정 과도 정부가 구성되는 계기가 되었다.
② 5년 단임의 대통령 직선제 개헌을 이끌어냈다.
③ 야당 총재의 국회의원직 제명으로 촉발되었다.
④ 관련 기록물이 세계 기록 유산으로 등재되었다.
⑤ 이승만이 대통령에서 물러나는 결과를 가져왔다.

50 다음 선언을 발표한 정부의 통일 노력으로 옳은 것은?
[3점]

나는 오늘 온 겨레의 염원인 조국의 평화적 통일을 실현해 나가기 위한 새 공화국의 정책을 밝히려 합니다. 우리 민족이 남북 분단의 고통을 겪어온 지 반세기가 가까워 옵니다. …… 민족자존과 통일 번영의 새 시대를 열어나갈 것임을 약속하면서 다음과 같은 정책을 추진해 나갈 것을 내외에 선언합니다.

……

셋째, 남북 간의 교역의 문호를 개방하고 남북 간 교역을 민족 내부 교역으로 간주한다.

……

여섯째, 한반도의 평화를 정착시킬 여건을 조성하기 위하여 북한이 미국, 일본 등 우리 우방과의 관계를 개선하는 데 협조할 용의가 있으며 또한 우리는 소련, 중국을 비롯한 사회주의 국가들과의 관계 개선을 추구한다.

① 남북 조절 위원회를 구성한다.
② 개성 공업 지구 건설에 합의하였다.
③ 10·4 남북 정상 선언을 발표하였다.
④ 남북한이 국제 연합(UN)에 동시 가입하였다.
⑤ 남북 이산가족 고향 방문을 최초로 실현하였다.

총평과 접근 **방법** 제시

어떤 문제든 고민 없이 풀어 나갈 만반의 준비, 되셨나요?
설민석만의 총평과 고난도 문제 대응법을 공개합니다.

제 **63** 회
심화

제69회 심화
제68회 심화
제67회 심화
제66회 심화
제65회 심화
제64회 심화
제63회 심화
제62회 심화

수험생 체감 난도 중 **실제 합격률(%)** **53.93%**

이번 시험 난도는 중 수준이었습니다. 전반적으로 무난한 편이었지만, 시기 사이의 사실을 묻는 일부 문제가 까다롭게 출제되었습니다. 당시 이슈가 되었던 문제는 42번이었습니다. 처음에 42번 문제의 정답은 5번이었으나, 4번 선택지의 사실이 불명확하다는 논란이 있었고, 결국 정답 없음 처리되었기 때문이죠.

---

dankkum_e • 팔로잉   •••

42 (가) 전쟁 중에 볼 수 있는 모습으로 적절하지 않은 것은?

[2점]

6·25 전쟁 당시의 상황을 이해해야 풀 수 있는 문제입니다.

→ 6·25 전쟁(1950)의 상황

✓ ① 국민 방위군에 소집되는 청년 6·25 전쟁(1950)
✓ ② 원조 물자 배급을 기다리는 시민 6·25 전쟁(1950)
✓ ③ 지가 증권을 싼값에 매각하는 지주 6·25 전쟁(1950)
✓ ④ 거제도 포로수용소에서 석방되는 반공 포로 6·25 전쟁(1950), 사실 관계 불분명
✓ ⑤ 제2차 미소 공동 위원회 개최 소식을 보도하는 기자 6·25 전쟁 이전

제63회 더 알아보기

정답 및 해설 | 기출해설집 **157쪽**

dankkum님 외 여러 명이 좋아합니다.

 선생님, 왜 정답 없음 처리가 된 건지 모르겠어요!

 5번 선택지의 제2차 미소 공동 위원회 개최는 1947년이므로, 6·25 전쟁(1950) 이전의 사실입니다. 그래서 5번이 정답임을 바로 알 수 있었죠! 하지만 4번 선택지가 변수였어요.

 4번 선택지가 뭐가 문제인거죠? 6·25 전쟁 때 반공 포로가 석방된 것은 맞잖아요.

 이승만 정부가 1953년 6월에 반공 포로를 석방한 것은 맞습니다. 하지만 이때 '거제도'의 반공 포로가 석방되었는지는 불확실해요.
그래서 해당 문제는 결국 정답 없음 처리된 것이지요.
그러나 오류와 관련 없이, 6·25 전쟁은 1950~1953년에 발생했다는 사실을 반드시 알고 있어야 해요!

팔八

8회차 **실제 응시자**의 **실시간 반응**

이제는 철저히 응시자의 입장에서 문제를 재평가하여야 합니다.
문제를 풀기 전, 이슈가 된 문제를 미리 확인합니다.

제 **62** 회
심화

dankkum_e ✔

제62회 심화 총평과 접근 **방법**은 문제 풀이 후 기출문제집 **125쪽**에서 확인합시다!

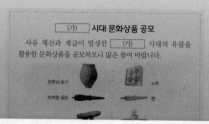

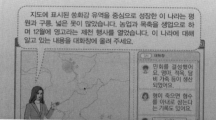

24 밑줄 그은 '이 성곽'에 대한 설명으로 옳지 <u>않은</u> 것은? 2점

> 이 성곽은 한성부 도심의 경계를 표시하고 외부의 침입을 방어하기 위해 축조되었습니다. 총 둘레는 약 18km로 4대문과 4소문 및 암문, 수문, 여장, 옹성 등의 시설을 갖추고 있습니다.

① 개국 초기 정도전 등이 설계하였다.
② 도성조축도감이 축조를 관장하였다.
③ 후금의 침입에 맞서 정봉수가 항전한 곳이다.
④ 조선 시대 축성 기술의 변화 과정이 잘 나타나 있다.
⑤ 일제 강점기 도시 정비 계획을 구실로 크게 훼손되었다.

dankkum_e • 팔로잉   ⋯

 dankkum_e 제62회 한능검 심화 시험, 결과는 어떠셨나요? #성곽 #한성부 도심 #오잉??

 history 한양 도성을 묻는 문제가 출제되었습니다. 어땠나요?

passexam 처음 들어보는 것이라서 너무 당황했어요 ㅠ

 korealove 그래도 옳지 않은 것을 고르는 문제라서 '답은 찾겠지?'라고 했는데 틀렸어요 ㅠㅠ

 certificate 이런 문제는 어떻게 푸나요? ㅠㅠ

♡ 💬 ✈   🔖

history님 외 여러 명이 좋아합니다.
12월 3일

댓글 달기…   게시

적산 법화원은 산둥반도에 있었던 신라인 집단 거주지에 세워진 절이다. 이 절을 창건한 <u>이 인물</u>은 당에 건너가 무령군 소장이 되었으나 흥덕왕 때 귀국하여 활발히 활동하였다. 그러나 왕위 쟁탈전에 휘말려 암살당했다.

① 구법 순례기인 왕오천축국전을 지었다.
② 진성 여왕에게 시무책 10여 조를 올렸다.

왕이 천덕전에 거동하여 백관을 모아놓고 말하기를, "내가 신라와 군게 동맹을 맺은 것은 두 나라가 길이 우호를 유지하고 각자의 사직(社稷)을 보전하기 위해서였다. 지금 신라왕이 군이 신하로 삼겠다고 요청하고 그대들도 그것이 옳다고 하니, 나의 마음이 매우 부끄러우나 여러 사람의 뜻을 거스르기가 어렵다."라고 하였다. 이에 신라왕이 뜰에서 예를 올리니 여러 신하가 하례하여 환성이 궁궐을 진동하였다. …… 신라국을 없애 경주라 하고, 그 지역을 김부의 식읍으로 하사하였다.

① 빈민 구제 기관인 흑창을 설치하였다.
② 12목을 설치하고 지방관을 파견하였다.

 누가 거란 진영에 가서 담판을 벌여 군대를 물러가게 하겠는가?

신, 서희가 폐하의 분부를 받들겠습니다.

양규가 적을 무로대와 이수 등지에서 크게 무찌르고 포로를 되찾았다고 하옵니다.

(가)

① 묘청이 서경에서 난을 일으켰다.
② 이자겸이 척준경에 의해 축출되었다.

제69회 심화
제68회 심화
제67회 심화
제66회 심화
제65회 심화
제64회 심화
제63회 심화
제62회 심화

○ 사료도 선지도 확실히 알아요. △ 생소한 사료예요. / 선지 중 일부를 모르겠어요. ✕ 전혀 모르는 내용이에요.

---

01 (가) 시대의 생활 모습으로 옳은 것은? [1점]

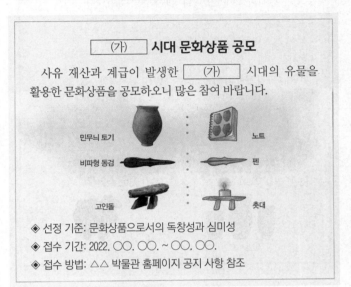

(가) 시대 문화상품 공모

사유 재산과 계급이 발생한 (가) 시대의 유물을 활용한 문화상품을 공모하오니 많은 참여 바랍니다.

- 민무늬 토기
- 노트
- 비파형 동검
- 펜
- 고인돌
- 촛대

◆ 선정 기준: 문화상품으로서의 독창성과 심미성
◆ 접수 기간: 2022. ○○. ○○. ~ ○○. ○○.
◆ 접수 방법: △△ 박물관 홈페이지 공지 사항 참조

① 반달 돌칼로 벼를 수확하였다.
② 주로 동굴이나 막집에서 거주하였다.
③ 소를 이용한 깊이갈이가 일반화되었다.
④ 호미, 쇠스랑 등의 철제 농기구를 제작하였다.
⑤ 가락바퀴와 뼈바늘을 이용하여 옷을 만들기 시작하였다.

---

02 (가)에 들어갈 내용으로 옳은 것은? [2점]

지도에 표시된 쑹화강 유역을 중심으로 성장한 이 나라는 평원과 구릉, 넓은 못이 많았습니다. 농업과 목축을 생업으로 하며 12월에 영고라는 제천 행사를 열었습니다. 이 나라에 대해 알고 있는 내용을 대화창에 올려 주세요.

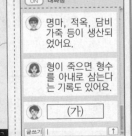

[ON] 대화창

- 명마, 적옥, 담비 가죽 등이 생산되었어요.
- 형이 죽으면 형수를 아내로 삼는다는 기록도 있어요.
- (가)

글쓰기 │

① 정사암에 모여 재상을 선출하였어요.
② 여러 가(加)가 별도로 사출도를 다스렸어요.
③ 읍락 간의 경계를 중시하는 책화가 있었어요.
④ 사회 질서를 유지하기 위해 범금 8조를 두었어요.
⑤ 제사장인 천군과 신성 지역인 소도가 존재하였어요.

---

03 (가) 나라에 대한 설명으로 옳은 것은? [2점]

● 길 위에서 만나는 (가) 의 역사 ●

도시를 가로지르는 해반천을 따라 주변을 걸으면서 역사 여행을 떠나 봅시다. (가) 의 유적과 유물이 여러분을 역사 현장으로 안내할 것입니다.

◆ 답사 일시: 2022. ○○. ○○. 09:00~16:00
◆ 답사 경로

출발 → 봉황동 유적 → 수로왕릉
대성동 고분군
도착 ← 파사석탑 ← 구지봉

① 덩이쇠를 화폐처럼 사용하였다.
② 한 무제의 공격으로 멸망하였다.
③ 혼인 풍속으로 민며느리제가 있었다.
④ 골품에 따라 관등 승진에 제한이 있었다.
⑤ 빈민을 구제하기 위해 진대법을 시행하였다.

---

04 밑줄 그은 '왕'에 대한 설명으로 옳은 것은? [2점]

〈다큐멘터리 기획안〉
위기에 빠진 고구려를 구하라!

◆ 기획 의도
  평양성 전투에서 전사한 고국원왕의 뒤를 이어 즉위한 왕의 위기 극복 노력을 살펴본다.

◆ 구성
  1부 전진으로부터 불교를 수용하다.
  2부 태학을 설립하여 인재를 양성하다.

① 평양으로 수도를 옮겼다.
② 병부와 상대등을 설치하였다.
③ 22담로에 왕족을 파견하였다.
④ 고흥에게 서기를 편찬하게 하였다.
⑤ 율령을 반포하여 통치 체제를 정비하였다.

05 밑줄 그은 '이 탑'으로 옳은 것은? 3점

◆ 유물 이야기 ◆

금제 사리봉영기가 남긴 고대사의 수수께끼

2009년 <u>이 탑</u>의 해체 수리 중에 사리장엄구와 금제 사리봉영기가 발견되었다. 사리봉영기에는 "우리 백제 왕후께서는 좌평 사택적덕의 따님으로 …… 가람을 세우시고 기해년 정월 29일에 사리를 받들어 맞이하셨다."라는 명문이 있어 큰 주목을 받았다. <u>이 탑</u>을 세운 주체가 삼국유사에 나오는 선화 공주가 아니라 백제 귀족의 딸로 밝혀져 서동 왕자와 선화 공주 설화의 진위 여부에 대한 논란이 일어나기도 하였다.

①  ②   ③

④  ⑤

06 (가), (나) 사이의 시기에 있었던 사실로 옳은 것은? 3점

(가) 왕은 당과 신라 군사들이 이미 백강과 탄현을 지났다는 소식을 듣고 장군 계백을 시켜 결사대 5천 명을 거느리고 황산으로 가서 신라 군사와 싸우게 하였다. 네 번 싸워서 모두 이겼으나 군사가 적고 힘이 모자라서 마침내 패하고 계백이 사망하였다.

(나) 검모잠이 국가를 부흥하려고 하여 당을 배반하고 왕의 외손 안승을 세워 왕으로 삼았다. 당 고종이 대장군 고간을 보내 동주도 행군총관으로 삼고 병력을 내어 그들을 토벌하게 하니 안승이 검모잠을 죽이고 신라로 달아났다.

① 당이 안동도호부를 요동으로 옮겼다.
② 성왕이 관산성 전투에서 전사하였다.
③ 신라군이 기벌포에서 당군을 격파하였다.
④ 김춘추가 당과의 군사 동맹을 성사시켰다.
⑤ 복신과 도침이 부여풍을 왕으로 추대하였다.

07 (가) 국가에 대한 설명으로 옳은 것은? 1점

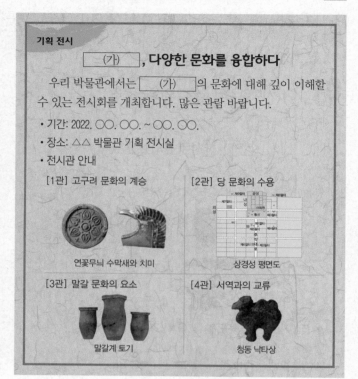

기획 전시

___(가)___, 다양한 문화를 융합하다

우리 박물관에서는 ___(가)___ 의 문화에 대해 깊이 이해할 수 있는 전시회를 개최합니다. 많은 관람 바랍니다.

· 기간: 2022. ○○. ○○. ~ ○○. ○○.
· 장소: △△ 박물관 기획 전시실
· 전시관 안내

[1관] 고구려 문화의 계승
연꽃무늬 수막새와 치미

[2관] 당 문화의 수용
상경성 평면도

[3관] 말갈 문화의 요소
말갈계 토기

[4관] 서역과의 교류
청동 낙타상

① 후당과 오월에 사신을 파견하였다.
② 주자감을 설치하여 인재를 양성하였다.
③ 9서당과 10정의 군사 조직을 운영하였다.
④ 화백 회의에서 국가의 중대사를 논의하였다.
⑤ 내신좌평, 위사좌평 등 6좌평의 관제를 마련하였다.

08 (가)에 들어갈 내용으로 옳은 것은? 2점

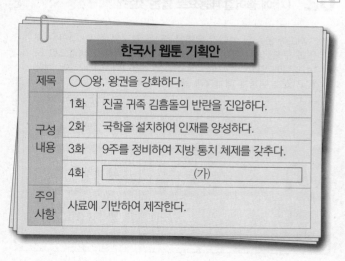

한국사 웹툰 기획안

제목	○○왕, 왕권을 강화하다.	
구성 내용	1화	진골 귀족 김흠돌의 반란을 진압하다.
	2화	국학을 설치하여 인재를 양성하다.
	3화	9주를 정비하여 지방 통치 체제를 갖추다.
	4화	(가)
주의 사항	사료에 기반하여 제작한다.	

① 관료전을 지급하고 녹읍을 폐지하다.
② 마립간이라는 칭호를 처음 사용하다.
③ 이사부를 보내 우산국을 복속시키다.
④ 화랑도를 국가적 조직으로 개편하다.
⑤ 이차돈의 순교를 계기로 불교를 공인하다.

제69회 심화
제68회 심화
제67회 심화
제66회 심화
제65회 심화
제64회 심화
제63회 심화
제62회 심화

09 밑줄 그은 '이 인물'에 대한 설명으로 옳은 것은? 2점

> 오전 10:40   61%
>
> 🔍 검색하기   📖 역사   ⟨ 공유
>
> ← 적산 법화원   ✕
>
> 적산 법화원은 산둥반도에 있었던 신라인 집단 거주지에 세워진 절이다. 이 절을 창건한 이 인물은 당에 건너가 무령군 소장이 되었다가 흥덕왕 때 귀국하여 활발히 활동하였다. 그러나 왕위 쟁탈전에 휘말려 암살당했다.
>
> 평양
>
> 적산 법화원   서울

① 구법 순례기인 왕오천축국전을 지었다.

② 진성 여왕에게 시무책 10여 조를 올렸다.

③ 청해진을 중심으로 해상 무역을 전개하였다.

④ 9산 선문 중의 하나인 가지산문을 개창하였다.

⑤ 한자의 음과 훈을 차용한 이두를 체계적으로 정리하였다.

10 밑줄 그은 '왕'의 정책으로 옳은 것은? 2점

> 왕이 천덕전에 거둥하여 백관을 모아놓고 말하기를, "내가 신라와 굳게 동맹을 맺은 것은 두 나라가 길이 우호를 유지하고 각자의 사직(社稷)을 보전하기 위해서였다. 지금 신라왕이 굳이 신하로 있겠다고 요청하고 그대들도 그것이 옳다고 하니, 나의 마음이 매우 부끄러우나 여러 사람의 뜻을 거스르기가 어렵다."라고 하였다. 이에 신라왕이 뜰에서 예를 올리니 여러 신하가 하례하여 함성이 궁궐을 진동하였다. …… 신라국을 없애 경주라 하고, 그 지역을 김부의 식읍으로 하사하였다.

① 빈민 구제 기관인 흑창을 설치하였다.

② 12목을 설치하고 지방관을 파견하였다.

③ 국자감에 7재라는 전문 강좌를 운영하였다.

④ 광덕, 준풍 등의 독자적 연호를 사용하였다.

⑤ 전시과 제도를 마련하여 관리에게 토지를 지급하였다.

11 (가)에 대한 역대 왕조의 대응으로 옳은 것은? 2점

> 함길도 도절제사 김종서에게 전지하기를, "동북 지역의 경계는 공험진(公嶮鎭)으로 삼았다는 말이 전하여 온 지가 오래다. 그러나 정확하게 어느 곳에 있는지 알지 못한다. …… 고려사에 이르기를, '윤관이 공험진에 비를 세워 경계를 삼았다.'고 하였다. 지금 듣건대 선춘점(先春岾)에 윤관이 세운 비가 있다 하는데, 공험진이 선춘점의 어느 쪽에 있는가. 그 비문을 사람을 시켜 찾아볼 수 있겠는가. …… 윤관이 [(가)]을/를 쫓고 9성을 설치하였는데, 그 성이 지금 어느 성이며, 공험진의 어느 쪽에 있는가. 거리는 얼마나 되는가. 듣고 본 것을 아울러 써서 아뢰라."라고 하였다.

① 신라 문무왕 때 청방인문표를 보내어 인질의 석방을 요구하였다.

② 고려 우왕 때 나세, 심덕부 등이 진포에서 크게 물리쳤다.

③ 고려 창왕 때 박위를 파견하여 근거지를 토벌하였다.

④ 조선 태종 때 경성과 경원에 무역소를 설치하여 회유하였다.

⑤ 조선 광해군 때 기유약조를 체결하여 무역을 재개하였다.

12 (가) 국가의 경제 상황으로 옳은 것은? 2점

> 이것은 양산 통도사 국장생 석표입니다. 통도사의 경계를 표시하기 위해 세운 석표 중 하나로 '상서호부(尙書戶部)의 승인으로 세웠다'는 내용이 새겨져 있습니다. 국사·왕사 제도를 두어 불교를 장려했던 [(가)] 시대에 국가와 사찰의 관계를 파악할 수 있는 문화유산입니다.

① 삼한통보, 해동통보 등이 발행되었다.

② 특산품으로 솔빈부의 말이 유명하였다.

③ 만상이 대청 무역으로 부를 축적하였다.

④ 시장을 감독하는 관청인 동시전이 설치되었다.

⑤ 광산을 전문적으로 경영하는 덕대가 등장하였다.

13 (가) 국가의 문화유산으로 옳은 것을 〈보기〉에서 고른 것은? [2점]

미(美)·색(色)
벨기에 소장 우리 문화유산 특별전

■ 기간: 2022. ○○.○○. ~ ○○.○○.
■ 장소: △△ 박물관 기획 전시실

초대의 글

우리 박물관에서는 국내에 들여와 보존 처리를 마친 벨기에 왕립 예술 역사박물관 소장 ___(가)___ 의 공예품 8점을 공개하는 특별전을 개최합니다.

이번 전시에서는 ___(가)___ 의 대표적 문화유산인 상감청자 6점을 비롯하여 청동 정병, 금동 침통 등을 자세히 감상할 수 있도록 전시 공간을 연출하였으니 많은 관심 바랍니다.

〈보 기〉

ㄱ.
ㄴ.
ㄷ.
ㄹ.

① ㄱ, ㄴ ② ㄱ, ㄷ ③ ㄴ, ㄷ ④ ㄴ, ㄹ ⑤ ㄷ, ㄹ

14 (가) 시기에 있었던 사실로 옳은 것은? [2점]

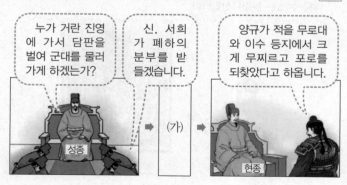

누가 거란 진영에 가서 담판을 벌여 군대를 물러가게 하겠는가?

신, 서희가 폐하의 분부를 받들겠습니다.

양규가 적을 무로대와 이수 등지에서 크게 무찌르고 포로를 되찾았다고 하옵니다.

성종 → (가) → 현종

① 묘청이 서경에서 난을 일으켰다.
② 이자겸이 척준경에 의해 축출되었다.
③ 강조가 정변을 일으켜 국왕을 폐위하였다.
④ 김윤후가 처인성에서 살리타를 사살하였다.
⑤ 다인철소의 주민들이 충주에서 항전하였다.

15 다음 상황이 나타난 시기의 사회 모습으로 옳은 것은? [1점]

제국 대장 공주가 일찍이 잣과 인삼을 [원의] 강남 지역으로 보내 많은 이익을 얻었다. 나중에는 환관을 각지에 파견하여 잣과 인삼을 구하게 하였다. 비록 나오지 않는 땅이라 하더라도 강제로 거두니 백성들이 매우 괴로워하였다.

① 원종과 애노가 사벌주에서 봉기하였다.
② 대각국사 의천이 해동 천태종을 개창하였다.
③ 지배층을 중심으로 변발과 호복이 유행하였다.
④ 기근에 대비하기 위해 구황촬요가 간행되었다.
⑤ 국난 극복을 기원하며 초조 대장경이 조판되었다.

16 다음 사건의 배경으로 가장 적절한 것은? [2점]

조위총이 동·북 양계(兩界)의 여러 성에 격문을 돌려 군사를 불러 모아 말하기를, "소문에 따르면 개경의 중방(重房)에서 '북계의 여러 성은 거칠고 사나운 무리를 많이 거느리고 있으니 토벌해야 한다.'고 논의하고 이미 많은 병력을 동원했다고 하니 어찌 가만히 앉아서 스스로 죽을 수 있겠는가? 각자 군사와 말을 규합하여 빨리 서경으로 달려와야 한다."라고 하였다.

① 노비 만적이 반란을 모의하였다.
② 정중부, 이의방 등이 정변을 일으켰다.
③ 신돈이 전민변정도감의 판사가 되었다.
④ 망이, 망소이 등이 명학소에서 봉기하였다.
⑤ 최충헌이 교정도감을 설치하여 국정을 총괄하였다.

17 (가) 군사 조직에 대한 설명으로 옳은 것은? [1점]

처음에 최우가 나라 안에 도적이 많음을 근심하여 용사들을 모아 매일 밤 순행하면서 포악한 짓들을 금하였는데, 이로 인하여 이름을 야별초(夜別抄)라고 하였다. 도적들이 여러 도에서도 일어났으므로 별초를 나누어 보내 이들을 잡게 하였다. 그 군사가 매우 많아 마침내 나누어 좌우로 삼았다. 또 우리나라 사람으로서 몽골로부터 도망쳐 돌아온 자들을 한 부대로 삼아 신의군(神義軍)이라고 불렀는데, 이들이 ___(가)___ 이/가 되었다.

① 광군사의 통제를 받았다.
② 정미 7조약에 의해 해산되었다.
③ 4군 6진을 개척해 영토를 확장하였다.
④ 개경 환도 결정에 반발하여 항쟁하였다.
⑤ 유사시에 향토방위를 담당하는 예비군이었다.

18 밑줄 그은 '그'에 대한 설명으로 옳은 것은? 3점

초상화로 보는 한국사

이 그림은 고려 말 삼은(三隱) 중 한 사람인 목은(牧隱)의 초상화이다. 이곡(李穀)의 아들인 그는 고려와 원의 과거에 합격했으며, 문하시중 등의 관직을 역임하였다. 고려 후기 성리학의 보급에 노력한 대표적 인물로 평가된다. 이 초상화는 당시의 관복을 충실하게 표현하여 보물로 지정되었다.

① 역옹패설과 사략을 저술하였다.
② 왕명에 의해 삼국사기를 편찬하였다.
③ 문헌공도를 설립하여 유학 교육에 힘썼다.
④ 불교 개혁을 주장하며 수선사 결사를 제창하였다.
⑤ 성균관의 대사성이 되어 정몽주 등을 학관으로 천거하였다.

19 (가) 왕의 재위 시기에 있었던 사실로 옳은 것은? 2점

문화유산이 전하는 이야기 – 광통교

한국사 채널   조회수 221,203

청계천이 복원되면서 광통교도 옛 모습을 되찾았어요. 이 광통교에는 능에 썼던 석물들이 있어요. 두 차례 왕자의 난으로 즉위한 [(가)] 이/가 태조의 계비인 신덕 왕후의 능을 이장하고, 이전 능에 있던 병풍석과 난간석 등 석물 일부를 다리 제작에 사용하게 한 것이에요.

① 최무선의 건의로 화통도감이 설치되었다.
② 조선의 기본 법전인 경국대전이 완성되었다.
③ 국방 문제를 논의하기 위한 비변사가 설치되었다.
④ 세계 지도인 혼일강리역대국도지도가 제작되었다.
⑤ 한양을 기준으로 한 역법서인 칠정산이 간행되었다.

20 밑줄 그은 '이 기구'에 대한 설명으로 옳은 것은? 2점

이 책은 1870년에 편찬된 은대조례입니다. 서문에서 흥선 대원군은 은대라고 불린 이 기구의 업무 처리 규정을 일목요연하게 정리하였으니 앞으로 승지들의 사무에 나침반이 될 것이라고 밝혔습니다.

① 왕명의 출납을 관장하였다.
② 사간원, 사헌부와 함께 3사로 불렸다.
③ 천문 연구, 기상 관측 등의 일을 맡았다.
④ 실록을 보관하고 관리하는 업무를 담당하였다.
⑤ 국왕 직속 사법 기구로 강상죄, 반역죄 등을 처결하였다.

21 다음 검색창에 들어갈 인물의 활동으로 옳은 것은? 3점

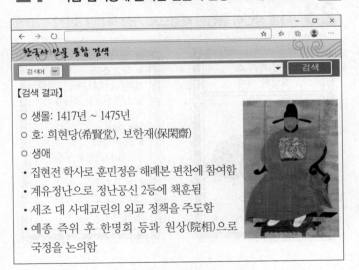

한국사 인물 통합 검색

검색어 [   ] 검색

【검색 결과】
○ 생몰: 1417년 ~ 1475년
○ 호: 희현당(希賢堂), 보한재(保閑齋)
○ 생애
• 집현전 학사로 훈민정음 해례본 편찬에 참여함
• 계유정난으로 정난공신 2등에 책훈됨
• 세조 대 사대교린의 외교 정책을 주도함
• 예종 즉위 후 한명회 등과 원상(院相)으로 국정을 논의함

① 기해 예송에서 기년설을 주장하였다.
② 반정 공신의 위훈 삭제를 건의하였다.
③ 향촌의 풍속 교화를 위해 예안 향약을 시행하였다.
④ 최초로 100리 척을 사용한 동국지도를 제작하였다.
⑤ 일본의 정치, 사회, 지리 등을 정리한 해동제국기를 저술하였다.

제69회 심화
제68회 심화
제67회 심화
제66회 심화
제65회 심화
제64회 심화
제63회 심화
제62회 심화

22 (가) 왕이 추진한 정책으로 옳은 것은? [3점]

□□신문

제△△호 ○○○○년 ○○월 ○○일

관현맹(管絃盲) 공연, 경복궁에서 재현

조선 시대 관현맹의 공연을 재현하는 행사가 경복궁 수정전에서 개최되었다. 관현맹은 궁중 잔치에서 연주한 시각장애인 악사인데, 박연의 상소를 계기로 ___(가)___ 때 관직과 곡식을 받게 되었다. 이번 공연에서는 ___(가)___ 이/가 작곡한 여민락(與民樂)을 시작으로 여러 곡이 연주되었다.

① 창덕궁에 신문고를 처음 설치하였다.
② 삼수병으로 구성된 훈련도감을 창설하였다.
③ 붕당 정치의 폐단을 경계하고자 탕평비를 세웠다.
④ 통치 체제를 정비하기 위해 대전통편을 간행하였다.
⑤ 유교 윤리의 보급을 위해 삼강행실도를 편찬하였다.

23 다음 상인이 등장한 배경으로 가장 적절한 것은? [1점]

(앞면)

우리 역사 속
직업의 세계

나의 직업은
무엇일까요?

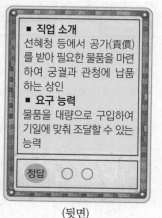

(뒷면)

■ 직업 소개
선혜청 등에서 공가(貢價)를 받아 필요한 물품을 마련하여 궁궐과 관청에 납품하는 상인
■ 요구 능력
물품을 대량으로 구입하여 기일에 맞춰 조달할 수 있는 능력

정답 ○ ○

① 관수 관급제가 시행되었다.
② 금속 화폐인 건원중보가 주조되었다.
③ 근대적 상회사인 대동 상회가 설립되었다.
④ 공납의 폐단을 시정하기 위해 대동법이 실시되었다.
⑤ 육의전을 제외한 시전 상인의 금난전권이 폐지되었다.

24 밑줄 그은 '이 성곽'에 대한 설명으로 옳지 않은 것은? [2점]

이 성곽은 한성부 도심의 경계를 표시하고 외부의 침입을 방어하기 위해 축조되었습니다. 총 둘레는 약 18km로 4대문과 4소문 및 암문, 수문, 여장, 옹성 등의 시설을 갖추고 있습니다.

① 개국 초기 정도전 등이 설계하였다.
② 도성조축도감이 축조를 관장하였다.
③ 후금의 침입에 맞서 정봉수가 항전한 곳이다.
④ 조선 시대 축성 기술의 변화 과정이 잘 나타나 있다.
⑤ 일제 강점기 도시 정비 계획을 구실로 크게 훼손되었다.

25 다음 전투 이후에 전개된 사실로 옳은 것은? [2점]

권율이 정병 4천 명을 뽑아 행주산 위에 진을 치고는 책(柵)을 설치하여 방비하였다. …… 적은 올려다보고 공격하는 처지가 되어 탄환도 맞지 못하는데 반해 호남의 씩씩한 군사들은 모두 활쏘기를 잘하여 쏘는 대로 적중시켰다. …… 적이 결국 패해 후퇴하였다.
 － 『선조수정실록』 －

① 최영이 홍산에서 대승을 거두었다.
② 이순신이 한산도 대첩에서 승리하였다.
③ 휴전 회담의 결렬로 정유재란이 시작되었다.
④ 이종무가 왜구의 근거지인 쓰시마를 정벌하였다.
⑤ 신립이 탄금대에서 배수의 진을 치고 왜군에 항전하였다.

26 밑줄 그은 '임금'의 재위 기간에 있었던 사실로 옳은 것은? [3점]

감히 대비마마를 욕보이다니. 당장 이 벽서를 떼어다 임금께 올리세.

게다가 누구나 볼 수 있는 양재역 벽에 이런 참담한 내용을 써 붙이다니 당장 고하러 가세나.

여주(女主)가 위에서 정권을 잡고 간신 이기(李芑) 등이 아래에서 권세를 제멋대로 휘두르고 있다. 나라가 장차 망할 것을 서서 기다릴 수 있게 됐다. 어찌 한심하지 않은가.
중추월 그믐날

① 사림이 동인과 서인으로 나뉘었다.
② 외척 간의 대립으로 을사사화가 일어났다.
③ 서인이 반정을 일으켜 정권을 장악하였다.
④ 김종직 등 사림이 중앙 정계에 진출하기 시작하였다.
⑤ 폐비 윤씨 사사 사건의 전말이 알려져 김굉필 등이 처형되었다.

27

(가) 문화유산에 대한 설명으로 옳은 것을 <보기>에서 고른 것은? [2점]

정조가 정치적 이상을 담아 축조한 (가) 안의 모습이 참 예쁘네!

정조가 행차할 때 머물렀던 행궁과 장용영 군사를 지휘했던 서장대도 보여.

<보 기>

ㄱ. 고종이 아관파천 이후 환궁한 곳이다.

ㄴ. 포루, 공심돈 등 방어 시설을 갖추었다.

ㄷ. 당백전을 발행하여 건설 비용에 충당하였다.

ㄹ. 정약용이 고안한 거중기 등을 이용하여 축조되었다.

① ㄱ, ㄴ ② ㄱ, ㄷ ③ ㄴ, ㄷ ④ ㄴ, ㄹ ⑤ ㄷ, ㄹ

28

(가), (나)를 쓴 인물의 공통점으로 옳은 것은? [2점]

(가) 실옹이 웃으며 말하기를, "······ 대저 땅덩이는 하루 동안에 한 바퀴를 도는데, 땅 둘레는 9만 리이고 하루는 12시이다. 9만 리 넓은 둘레를 12시간에 도니 번개나 포탄보다도 더 빠른 셈이다."라고 하였다.

(나) 허생이 말하기를, "우리 조선은 배가 외국과 통하지 못하고, 수레가 국내에 두루 다니지 못하는 까닭에 온갖 물건이 나라 안에서 생산되어 소비되곤 하지 않나. ······ 어떤 물건 하나를 슬그머니 독점한다면, 그 물건은 한 곳에 갇혀서 유통되지 못하니 이는 백성을 못살게 하는 방법이야."라고 하였다.

① 갑술환국으로 정계에서 축출되었다.

② 양명학을 연구하여 강화학파를 형성하였다.

③ 서얼 출신으로 규장각 검서관에 기용되었다.

④ 연행사의 일원으로 청에 다녀와 연행록을 남겼다.

⑤ 농민 생활의 안정을 위하여 화폐 사용을 반대하였다.

29

밑줄 그은 '시기'에 볼 수 있는 모습으로 옳지 않은 것은? [1점]

이 그림은 책과 함께 도자기, 문방구 등이 놓인 책가를 그린 책가도입니다. 책가도가 유행한 시기에는 다양한 주제의 민화가 왕실과 사대부뿐만 아니라 서민들에게도 인기를 끌었습니다.

① 판소리를 구경하는 농민

② 탈춤 공연을 벌이는 광대

③ 장시에서 물품을 파는 보부상

④ 한글 소설을 읽어주는 전기수

⑤ 벽란도에서 인삼을 사는 송의 상인

30

밑줄 그은 '이 사건'이 일어난 시기를 연표에서 옳게 고른 것은? [2점]

○○○님이 강화도에 있습니다.
23시간 전 · 인천광역시 ·

이곳은 강화도 광성보 끝자락 용두돈대. 광성보는 이 사건 당시 침입한 미군에 맞서 어재연 장군의 지휘 아래 조선군이 결사 항전한 곳임.

👍 △△△님 외 28명   댓글 5개

	(가)	(나)	(다)	(라)	(마)	
홍경래의 난		고종 즉위		제너럴 셔먼호 사건	오페르트 도굴 사건	척화비 건립	강화도 조약

① (가) ② (나) ③ (다) ④ (라) ⑤ (마)

제69회 심화
제68회 심화
제67회 심화
제66회 심화
제65회 심화
제64회 심화
제63회 심화
제62회 심화

31 밑줄 그은 '개혁'에 해당하는 내용으로 옳은 것은? 2점

삽화로 보는 한국사

[해설]
　이 그림은 프랑스 일간지에 실린 삽화로 파리 만국 박람회장에 설치된 한국관의 모습을 담고 있습니다. 경복궁 근정전을 재현한 한국관은 당시 언론의 관심을 끌었습니다. 황제로 즉위한 뒤 개혁을 추진하던 고종은 만국 박람회 참가를 통해 대한 제국을 세계에 소개하고, 서구의 산업과 기술을 받아들이고자 하였습니다.

① 건양이라는 연호를 사용하였다.
② 신식 군대인 별기군을 창설하였다.
③ 관립 의학교와 광제원을 설립하였다.
④ 박문국을 설치하여 한성순보를 발간하였다.
⑤ 한일 관계 사료집을 편찬하고 독립 공채를 발행하였다.

32 (가)에 들어갈 내용으로 옳은 것은? 2점

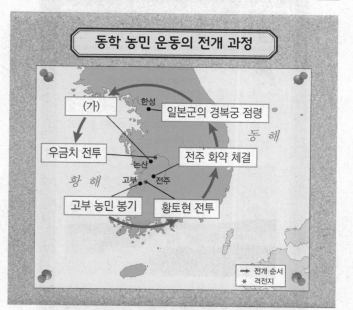

동학 농민 운동의 전개 과정

① 교정청 설치
② 전봉준 체포
③ 13도 창의군 결성
④ 안핵사 이용태 파견
⑤ 남접과 북접의 연합

33 밑줄 그은 '조약'의 영향으로 가장 적절한 것은? 2점

　청의 알선으로 서양과 맺은 최초의 조약이 체결된 장소에 새로운 표석이 설치되었습니다. 기존 한글 안내판에 영어와 중국어 안내문을 추가한 이번 표석 설치는 개항기 대외 관계와 관련한 중요한 장소를 외국인에게도 널리 알리는 기회가 될 것으로 보입니다.

영어, 중국어 안내문을 추가한 표석 설치

① 부산, 원산, 인천 항구가 개항되었다.
② 김홍집이 국내에 조선책략을 소개하였다.
③ 민영익을 대표로 한 보빙사가 파견되었다.
④ 일본 군함 운요호가 영종도를 공격하였다.
⑤ 개화 정책을 총괄하는 통리기무아문이 설치되었다.

34 교사의 질문에 대한 학생의 답변으로 옳은 것은? 2점

　이것은 대한매일신보에 태극 서관이 게재한 서적 할인 광고입니다. 태극 서관은 신지식 보급과 민족의식 고취를 위해 이 단체가 운영한 기관입니다. 인재 양성을 위해 대성 학교도 설립한 이 단체에 대해 말해 볼까요?

① 민립 대학 설립 운동을 전개하였어요.
② 러시아의 절영도 조차 요구를 저지하였어요.
③ 파리 강화 회의에 독립 청원서를 제출하였어요.
④ 안창호, 양기탁 등이 비밀 결사로 조직하였어요.
⑤ 국문 연구소를 세워 한글의 문자 체계를 정리하였어요.

35 다음 인물의 활동으로 옳은 것은? [3점]

> 나는 23세 때 육영 공원의 교사로 조선에 와서 학생들을 가르쳤소. 고종의 특사가 되어 만국 평화 회의가 열린 헤이그를 방문하였고, 대한 제국 멸망사를 출간하기도 했소. 나는 한국인의 권리와 자유를 위해 싸워왔으며 한국인에 대한 사랑은 내 인생의 가장 소중한 가치라오. 나는 웨스트민스터 사원보다 한국 땅에 묻히기를 염원하오.

① 화폐 정리 사업을 주도하였다.
② 한글로 된 교재인 사민필지를 집필하였다.
③ 여성 교육 기관인 이화 학당을 설립하였다.
④ 친일 인사 스티븐스를 샌프란시스코에서 사살하였다.
⑤ 논설 단연보국채를 써서 국채 보상 운동에 적극 참여하였다.

36 (가) 단체의 활동으로 옳은 것은? [2점]

> 아들아, 제중원 의학교 1회 졸업생이 된 것을 축하한다. 백정의 아들로 태어나 차별을 극복하고 의사가 된다니 정말 자랑스럽구나.

> 10년 전 (가) 이/가 주관한 관민 공동회 개회식에서 당당하게 충군애국의 뜻을 밝히신 아버지의 연설에 감명을 받아 열심히 공부할 수 있었습니다.

① 일제의 황무지 개간권 요구를 저지하였다.
② 중추원 개편을 통한 의회 설립을 추진하였다.
③ 농촌 계몽을 위한 브나로드 운동을 전개하였다.
④ 외교 활동을 펼치기 위해 구미 위원부를 설치하였다.
⑤ 여성의 평등한 권리를 주장하는 여권통문을 발표하였다.

37 (가), (나) 사이의 시기에 있었던 사실로 옳은 것은? [2점]

> (가) 조선 사회 운동 단체인 정우회는 며칠 전 선언서를 발표하였다. 선언서에서 민족주의적 세력과 과도기적 동맹자적 관계를 구축해야 한다고 밝히고 타협과 항쟁을 분리시켜 사회 운동 본래의 사명을 잊지 말자는 것을 말하였다.

> (나) 조선 민족 운동의 중추 기관이 되려는 사명을 띠고 창립되었던 신간회가 비로소 첫 번째 전체 대회를 개최하였다. 그러나 간신히 열리는 전체 대회에서 해소 문제 토의를 최대 의제로 하게 된 것은 조선의 현 상황이 아니고서는 보기 어려운 기현상이다.

① 광주 학생 항일 운동이 일어났다.
② 임병찬이 독립 의군부를 조직하였다.
③ 독립군이 봉오동에서 큰 승리를 거두었다.
④ 도쿄 유학생들이 2·8 독립 선언서를 발표하였다.
⑤ 조선 민족 전선 연맹 산하에 조선 의용대가 창설되었다.

38 밑줄 그은 '이곳'에 해당하는 지역을 지도에서 옳게 고른 것은? [1점]

> 박용만은 1905년 국외로 떠난 이후 네브라스카주에서 대학을 다니며 독립군 양성 기관인 한인 소년병 학교를 창설하고, 국민개병설을 집필했습니다. 그 후 이곳으로 건너와 대조선 국민 군단을 조직하여 독립 전쟁을 준비했습니다.

대조선 국민 군단이 사용한 건물과 군복을 입은 박용만

① (가) ② (나) ③ (다) ④ (라) ⑤ (마)

제69회 심화
제68회 심화
제67회 심화
제66회 심화
제65회 심화
제64회 심화
제63회 심화
제62회 심화

39 (가), (나) 인물에 대한 설명으로 옳은 것은? [3점]

국외 독립 전쟁을 이끈 독립운동가

(가)

(나)

• 생몰: 1896년 ~ 1934년
• 대한 통의부 의군으로 활동
• 조선 혁명군 총사령관으로 항일 투쟁 전개
• 일제의 밀정에 의해 사망
• 1962년 건국훈장 독립장 추서

• 생몰: 1888년 ~ 1957년
• 신흥 무관 학교 교성 대장으로 독립군 양성
• 한국 독립군 총사령관으로 항일 투쟁 전개
• 한국광복군 총사령관에 취임
• 1962년 건국훈장 대통령장 추서

① (가) - 조선 혁명 간부 학교를 설립하였다.
② (가) - 대한 광복회를 조직하여 친일파를 처단하였다.
③ (나) - 대전자령 전투에서 일본군에 대승을 거두었다.
④ (나) - 중광단을 중심으로 북로 군정서를 조직하였다.
⑤ (가), (나) - 황푸 군관 학교에 입학하여 군사 훈련을 받았다.

40 밑줄 그은 '시기'의 일제 정책으로 옳은 것은? [1점]

부평 공원 내에 있는 이 동상은 일제의 무기 공장인 조병창 등에 강제 동원된 노동자의 모습을 형상화한 작품입니다. 중일 전쟁 이후 침략 전쟁을 확대하던 시기에 일제는 한국인을 탄압, 군수 공장 등으로 끌고 가 열악한 환경에서 혹사시켰습니다.

① 치안 유지법을 공포하였다.
② 토지 조사령을 제정하였다.
③ 헌병 경찰 제도를 실시하였다.
④ 식량 배급 및 미곡 공출제를 시행하였다.
⑤ 보통학교의 수업 연한을 4년으로 정하였다.

41 (가) 정부에 대한 설명으로 옳은 것은? [2점]

이것은 (가) 요인들의 가족이 중심이 되어 조직한 한국 혁명 여성 동맹의 창립 기념 사진입니다. 이 단체는 충칭에서 대일 선전 성명서를 발표한 (가) 의 독립운동을 지원하고 교육 활동 등에 주력하였습니다.

① 좌우 합작 7원칙을 발표하였다.
② 한인 자치 기관인 경학사를 조직하였다.
③ 조선 혁명 선언을 활동 지침으로 삼았다.
④ 한글 맞춤법 통일안과 표준어를 제정하였다.
⑤ 삼균주의를 기초로 한 건국 강령을 선포하였다.

42 (가) 사건에 대한 설명으로 옳은 것은? [2점]

기념관에 있는 이 비석은 왜 아무 글자도 새겨져 있지 않은 걸까?

(가) 의 역사적 평가가 아직 마무리되지 못했음을 상징하는 거야. 제주도에서 일어난 (가) 은/는 남한만의 단독 선거를 반대하는 무장대와 이를 진압하는 토벌대 간의 무력 충돌이 있었고, 그 뒤 진압 과정에서 수많은 사람이 희생된 사건이야.

① 유신 헌법의 철폐를 요구하였다.
② 통일 주체 국민 회의가 설치되는 결과를 가져왔다.
③ 희생자들의 명예 회복을 위한 특별법이 제정되었다.
④ 4·13 호헌 철폐와 독재 타도 등의 구호를 내세웠다.
⑤ 귀속 재산 처리를 위한 신한 공사 설립의 계기가 되었다.

43 (가) 전쟁 중 있었던 사실로 옳은 것은? [1점]

> 국민 보도 연맹 사건은 우리 현대사의 커다란 비극입니다. 좌우 대립의 혼란 속에서 수많은 사람들이 국민 보도 연맹에 가입되었고, (가) 의 와중에 영문도 모른 채 끌려 가 죽임을 당했습니다. 그리고 그 유가족들은 연좌제의 굴레에서 고통받으며 억울하다는 말 한마디 못한 채 수십 년을 지내야만 했습니다. 저는 대통령으로서 국가를 대표해서 당시 국가 권력이 저지른 불법 행위에 대해 진심으로 사과드립니다.
>
> - 「울산 국민 보도 연맹 사건 희생자 추모식에 보내는 편지」 -

① 6·3 시위가 발생하였다.
② 애치슨 선언이 발표되었다.
③ 브라운 각서가 체결되었다.
④ 부마 민주 항쟁이 일어났다.
⑤ 인천 상륙 작전이 전개되었다.

■■■

45 다음 정부 시기에 볼 수 있는 모습으로 가장 적절한 것은? [2점]

① 최저 임금법 제정으로 최저 임금을 심의하는 위원
② 금융 실명제에 따라 신분증 제시를 요구하는 은행원
③ 한·칠레 자유 무역 협정(FTA)의 비준을 보도하는 기자
④ 전국 민주 노동조합 총연맹 창립 대회에 참가하는 노동자
⑤ 정부의 도시 정책에 반발해 시위를 하는 광주 대단지 이주민

■■■

44 밑줄 그은 '개헌안'이 발표된 이후의 사실로 옳은 것은? [3점]

이번에 여야 합의로 내각 책임제 개헌안이 통과되었군.

이 개헌안에 따라 허정 과도 정부가 총선을 실시하면 정국에 많은 변화가 있을 것 같네.

① 반민족 행위 처벌법이 제정되었다.
② 제2차 미소 공동 위원회가 결렬되었다.
③ 국회가 민의원과 참의원의 양원제로 운영되었다.
④ 평화 통일론을 주장한 진보당의 조봉암이 구속되었다.
⑤ 유상 매수, 유상 분배 원칙의 농지 개혁법이 제정되었다.

■■■

46 (가) 민주화 운동에 대한 설명으로 옳은 것은? [1점]

이 곡은 (가) 기념식에서 제창하는 노래입니다. (가) 당시 계엄군에 맞서 시민군으로 활동하다 희생된 윤상원과 광주에서 야학을 운영하다 사망한 박기순의 영혼 결혼식에 헌정된 노래입니다. 여러 나라에서 민주화를 염원하는 사람들이 이 곡을 함께 부르고 있습니다.

① 시위 도중 대학생 이한열이 희생되었다.
② 경무대로 향하던 시위대가 경찰의 총격을 받았다.
③ 박종철 고문 치사 사건의 진상 규명을 요구하였다.
④ 신군부의 비상계엄 확대와 무력 진압에 저항하였다.
⑤ 3·1 민주 구국 선언을 통해 긴급 조치 철폐 등을 주장하였다.

제69회 심화
제68회 심화
제67회 심화
제66회 심화
제65회 심화
제64회 심화
제63회 심화
제62회 심화

47 (가), (나) 사이의 시기에 있었던 사실로 옳은 것은? 2점

(가)	2. 남과 북은 나라의 통일을 위한 남측의 연합제 안과 북측의 낮은 단계의 연방제 안이 서로 공통성이 있다고 인정하고, 앞으로 이 방향에서 통일을 지향시켜 나가기로 하였다. - 「6·15 남북 공동 선언」 -
(나)	4. 남과 북은 현 정전 체제를 종식시키고 항구적인 평화 체제를 구축해 나가야 한다는 데 인식을 같이하고 직접 관련된 3자 또는 4자 정상들이 한반도 지역에서 만나 종전을 선언하는 문제를 추진하기 위해 협력해 나가기로 하였다. - 「10·4 남북 정상 선언」 -

① 남북 조절 위원회가 구성되었다.
② 7·4 남북 공동 성명이 발표되었다.
③ 개성 공업 지구 건설이 착공되었다.
④ 남북한 비핵화 공동 선언이 채택되었다.
⑤ 남북 이산가족 고향 방문단의 교환 방문이 최초로 성사되었다.

48 (가) 문화유산에 대한 설명으로 옳은 것을 <보기>에서 고른 것은? 2점

저는 지금 파리에서 열린 한지 공예 특별전에 나와 있습니다. 이 작품은 영조와 정순 왕후의 혼례식 행렬을 1,100여 점의 닥종이 인형으로 재현한 것입니다. 조선 시대 왕실이나 국가의 큰 행사가 있을 때 일체의 관련 사실을 글과 그림으로 기록한 책인 (가) 을/를 바탕으로 제작되었습니다.

― <보 기> ―
ㄱ. 사초와 시정기를 바탕으로 편찬되었다.
ㄴ. 연대순으로 기록하는 편년체로 구성되었다.
ㄷ. 왕의 열람을 위한 어람용이 따로 제작되었다.
ㄹ. 병인양요 당시 일부가 프랑스군에게 약탈되었다.

① ㄱ, ㄴ ② ㄱ, ㄷ ③ ㄴ, ㄷ ④ ㄴ, ㄹ ⑤ ㄷ, ㄹ

49~50 다음 자료를 읽고 물음에 답하시오.

(가) 처음으로 독서삼품을 정하여 관리를 선발하였다. 춘추좌씨전, 예기, 문선을 읽고 그 뜻에 능통하면서 아울러 논어와 효경에 밝은 자를 상품(上品)으로, 곡례와 논어, 효경을 읽은 자를 중품(中品)으로, 곡례와 효경을 읽은 자를 하품(下品)으로 하였다.

(나) 쌍기가 의견을 올리니 처음으로 ㉠이 제도를 마련하여 시행하였다. 시·부·송 및 시무책으로 시험하여 진사를 뽑았으며, 겸하여 명경업·의업·복업 등도 뽑았다.

(다) 조광조가 아뢰기를, "중앙에서는 홍문관·육경·대간, 지방에서는 감사와 수령이 천거한 사람들을 대궐에 모아 시험을 치르면 많은 인재를 얻을 수 있을 것입니다. ㉡이 제도는 한(漢)에서 시행한 현량방과의 뜻을 이은 것입니다."라고 하였다.

(라) 제4조 의정부 및 각 부 판임관을 임명할 시에는 각기 관하 학도 및 외국 유학생 졸업자 중에서 시험을 거쳐 해당 주무 장관이 전권으로 임명한다. 단, 졸업자가 없을 시에는 문필과 산술이 있고 시무에 통달한 자로 시험을 거쳐서 임명한다.

49 (가)~(라)를 활용한 탐구 활동으로 적절한 것을 <보기>에서 고른 것은? 2점

― <보 기> ―
ㄱ. (가) - 최승로의 시무 28조를 받아들여 달라진 제도를 살펴본다.
ㄴ. (나) - 광종이 왕권 강화를 위해 추진한 정책에 대해 알아본다.
ㄷ. (다) - 중종 때 사림파 언관들이 제기한 주장을 조사해 본다.
ㄹ. (라) - 임술 농민 봉기를 수습하기 위한 정부의 대책을 파악한다.

① ㄱ, ㄴ ② ㄱ, ㄷ ③ ㄴ, ㄷ ④ ㄴ, ㄹ ⑤ ㄷ, ㄹ

50 밑줄 그은 ㉠, ㉡에 대한 설명으로 옳은 것은? 3점

① ㉠ - 역분전이 제정되는 결과를 가져왔다.
② ㉠ - 지공거와 합격자 사이에 좌주와 문생 관계가 형성되었다.
③ ㉡ - 제술과, 명경과, 잡과, 승과로 구성되었다.
④ ㉡ - 성균관에서 보는 관시, 한성부에서 보는 한성시, 각 지방에서 보는 향시로 나뉘었다.
⑤ ㉠, ㉡ - 홍범 14조 반포를 계기로 시행되었다.

제69회
심화

제68회
심화

제67회
심화

제66회
심화

제65회
심화

제64회
심화

제63회
심화

제62회
심화

 수험생 체감 난도 **중상** **실제 합격률(%)** **41.22%**

이번 시험 난도는 중상 수준이었습니다. 이번에는 생소한 주제에서 많이 출제되었기 때문에 난이도가 높았습니다. 기존에는 생소한 주제가 출제될 경우 소거법으로 정답을 찾을 수 있게 하였지만 이번에는 소거법을 사용하더라도 선택지 두 개 중 하나를 선택하도록 문제가 출제되었습니다. 한국사능력검정시험의 특성상 생소한 주제가 출제되고 나면 다음 시험에서도 활용되는 경향이 있기에 이번 회차에서 생소할 수 있는 개념은 반드시 복습해야 합니다.

dankkum_e • 팔로잉　　　　　　　　　　　　　　　···

24 **밑줄 그은 '이 성곽'에 대한 설명으로 옳지 않은 것은?** 2점

→ 한양 도성

이 성곽은 한성부 도심의 경계를 표시하고 외부의 침입을 방어하기 위해 축조되었습니다. 총 둘레는 약 18km로 4대문과 4소문 및 암문, 수문, 여장, 옹성 등의 시설을 갖추고 있습니다.

① 개국 초기 정도전 등이 설계하였다. 한양 도성
② 도성조축도감이 축조를 관장하였다. 한양 도성
✓ ③ 후금의 침입에 맞서 정봉수가 항전한 곳이다. 용천 용골산성
④ 조선 시대 축성 기술의 변화 과정이 잘 나타나 있다. 한양 도성
⑤ 일제 강점기 도시 정비 계획을 구실로 크게 훼손되었다. 한양 도성

한양 도성을 묻는 문제가 출제되었습니다.

제62회 더 알아보기

정답 및 해설 | 기출해설집 **183쪽**

dankkum님 외 여러 명이 좋아합니다.

 선생님, 문제에 다르게 접근하는 방법이라니, 빨리 알고 싶어요!

 해당 문제는 다행히 옳지 않은 것을 묻는 문제였습니다. 이런 경우 4개는 맞고 1개가 틀린 것이 선택지로 구성되기 때문에 주제가 어떤 것인지 유추하기 어렵더라도 선택지를 먼저 확인해야 합니다.

 아하! 선생님 이 방법이 다른 문제에도 적용되나요?

 맞아요. 1번 선택지를 보면 개국 초기 정도전 등이 설계하였다니깐 일단 조선 시대의 성곽임을 알 수 있어요. 그 다음 자료에서 숭례문이라는 단어를 통해 서울에 있는 성곽임을 알 수 있겠죠? 3번 선택지는 우리가 정리한 시험 출제 포인트인데 정묘호란 때 정봉수가 활약한 성은 용골산성이죠? 용골산성의 위치는 우리가 공부하면서 지도에서 자주 봤던 건데 서울에 있는 성은 아닙니다. 그래서 답은 ③번이 됩니다.

부록 01

유네스코 세계 유산

 유네스코(UNESCO) 세계 유산이란?

세계 유산은 우리가 선조로부터 물려받아 앞으로 우리 자손에게 물려주어야 할 중요한 자산이다. 이에 유네스코는 인류가 함께 보존할 가치가 있는 귀중한 유산을 세계 유산, 인류 무형 문화유산, 세계 기록 유산으로 나누어 보호하고 있다.

1 세계 유산(문화유산·자연유산·복합유산)

※ 2023년 9월, 고대 가야를 대표하는 '가야 고분군' 7개의 유네스코 세계유산 등재가 확정됨 (전북 남원 유곡리와 두락리 고분군, 경북 고령 지산동 고분군, 경남 김해 대성동 고분군, 경남 함안 말이산 고분군, 경남 창녕 교동과 송현동 고분군, 경남 고성 송학동 고분군, 경남 합천 옥전 고분군).

유네스코는 자연재해나 전쟁 등으로 위험에 처한 유산을 보호하고 복구 활동을 하여 인류의 문화유산 및 자연 유산을 지키기 위하여 세계 유산을 지정하고 있다. 세계 유산은 '문화유산'과 '자연유산', 그리고 문화와 자연의 특수성을 모두 가진 '복합유산'으로 분류하며, 유적이나 자연물을 대상으로 한다.

해인사 장경판전(1995)
경남 합천군 가야산에 위치하며, 13세기에 제작된 팔만대장경을 보관하기 위하여 지은 목판 보관용 건축물이다. 이곳에 팔만대장경이라고 불리는 대장경판 81,258장이 보관되어 있다.

종묘(1995)
조선 왕조 역대 왕과 왕비의 신주를 모신 사당으로, 조선 시대를 대표하는 웅장하고 엄숙한 건축물이다. 정전과 영녕전 등으로 구성되었으며, 정면이 매우 길고 수평성을 강조한 모습이다.

석굴암   불국사
석굴암과 불국사(1995)
신라 시대에 건축한 고대 불교 유적으로, 두 유산 모두 경주 토함산에 있다. 석굴암은 토함산 언덕의 암벽 위에 만든 인공 석굴이며, 불국사는 인공적으로 쌓은 석조 기단 위에 지은 목조 건축물이다.

창덕궁 인정전
창덕궁(1997)
태종 5년(1405)에 경복궁의 이궁(離宮)으로 지은 궁궐이다. 흥선 대원군이 선조 25년(1592)에 임진왜란으로 불에 탄 경복궁을 다시 만들기 전까지 조선의 법궁(法宮) 역할을 하였다.

수원 화성 팔달문(남문)
수원 화성(1997)
경기도 수원시에 있는 조선 시대 성곽이다. 조선 제22대 왕 정조가 아버지 사도(장헌) 세자의 묘를 옮기며 신도시를 건설하기 위하여 만들었다. 수원 화성은 군사적 기능과 상업적 기능을 함께 지녔으며, 구조가 과학적이고 실용적이다.

강화 고인돌
고창·화순·강화의 고인돌 유적(2000)
우리나라의 고인돌은 거대한 바위를 이용하여 만든 거석 기념물로서 일종의 무덤이다. 고창·화순·강화의 고인돌 유적에는 많은 고인돌이 밀집되었으며, 다양한 형식의 고인돌이 발견되고 있다.

포석정

경주 역사 유적 지구(2000)

조각·탑·절터·궁궐터·왕릉과 같은 신라 시대의 여러 뛰어난 불교 유적과 생활 유적이 집중적으로 분포되어 있다.

- **남산 지구** : 경주 배동 석조여래 삼존 입상, 나정, 포석정
- **월성 지구** : 계림, 첨성대, 동궁과 월지, 내물왕릉
- **대릉원 지구** : 황남 대총, 노동리 고분군, 노서리 고분군, 천마총, 미추왕릉, 재매정
- **황룡사 지구** : 황룡사지, 분황사
- **산성 지구** : 명활산성

성산 일출봉

제주 화산섬과 용암 동굴(2007)

제주도의 화산섬과 용암 동굴은 세계에서 가장 아름다운 동굴계로 꼽히는 거문오름 용암 동굴계, 바다에서 솟아올라 마치 천연 요새처럼 장관을 연출하는 성산 일출봉, 한국에서 가장 높은 한라산 천연보호구역으로 구성된다. 제주도의 자연 유산은 빼어난 아름다움과 생물의 다양성 보전 측면에서 가치를 인정받았다.

건릉(조선 제22대 왕 정조의 능)

조선 왕릉(2009)

조선의 왕과 왕비 및 추존된 왕과 왕비의 무덤을 일컫는다. 우리나라 18개 지역에 흩어져 있고 총 40기에 달한다(북한에 있는 2기와 광해군·연산군 묘는 제외한다). 왕릉은 대체로 남쪽에는 물이 흐르고, 뒤로는 언덕에 둘러싸인 이상적인 곳에 위치해 있다.

안동 하회마을

한국의 역사 마을 : 하회와 양동(2010)

한국을 대표하는 역사적인 씨족 마을로 14~15세기에 조성되었다. 하회마을은 17세기부터 류 씨 단독 씨족 마을이 되었으며, 양동마을은 이 씨와 손 씨의 혼인으로 형성되었다.

남한산성 남문

남한산성(2014)

조선 시대에 유사시를 대비하여 임시 수도로서 역할을 하도록 건설되었다. 백제 온조왕의 성으로도 알려져 있으며, 병자호란 때 인조가 이곳으로 피신하기도 하였다. 17세기 초에는 청의 위협에 맞서기 위하여 여러 차례 증축하였다.

익산 미륵사지

백제 역사 유적 지구(2015)

백제의 주요 도시인 공주시·부여군·익산시 3개 지역은 백제의 화려한 문화와 역사를 보여 준다.

- **공주 역사 지구** : 공산성, 송산리 고분군
- **부여 역사 지구** : 관북리 유적, 부소산성, 정림사지, 능산리 고분군, 부여 나성
- **익산 역사 지구** : 왕궁리 유적, 미륵사지

영주 부석사 무량수전

산사, 한국의 산지 승원 [한국의 산사(山寺) 7곳, 2018]

통도사·부석사·봉정사·법주사·마곡사·선암사·대흥사 등 전국에 분포하는 7개 사찰로 구성되었다. 승가 공동체의 신앙·수행·일상생활 기능을 가진다.

도산 서원

한국의 서원(2019)

소수 서원(경북 영주), 남계 서원(경남 함양), 옥산 서원(경북 경주), 도산 서원(경북 안동), 필암 서원(전남 장성), 도동 서원(대구 달성), 병산 서원(경북 안동), 무성 서원(전북 정읍), 돈암 서원(충남 논산)이 등재되었다. 서원은 조선 시대에 성리학을 교육하던 시설로, 주로 사림에 의해 16세기 중반부터 17세기 중반에 걸쳐 세워졌다.

한국의 갯벌(2021)

서천 갯벌, 고창 갯벌, 신안 갯벌, 보성·순천 갯벌이 세계 자연 유산으로 등재되었다. 한국의 갯벌은 생태계 보전과 다양한 생물의 서식지로서 가치를 인정받았다.

2 인류 무형 문화유산

종묘 제례 및 종묘 제례악(2001)

종묘 제례란 종묘에서 역대 왕들에게 행하는 제향 의식이며, 종묘 제례악은 종묘에서 제사를 지낼 때 연주하는 기악과 노래, 춤 등을 말한다.

판소리(2003)

소리꾼 한 명과 고수(북치는 사람) 한 명이 음악으로 이야기를 엮어 가는 장르이다. 초기 판소리에는 열두 마당이 있었지만, 현재는 춘향가·심청가·수궁가·흥보가·적벽가의 다섯 마당만 전한다.

관노 가면극

강릉 단오제(2005)

단오를 전후로 펼쳐지는 강릉 지방만의 의식이다. 산신령과 여러 수호신에게 제사를 지내며, 전통 음악과 민요, 그네, 씨름, 관노 가면극, 수리취떡 만들어 먹기, 창포물에 머리 감기 등 다양한 민속놀이가 개최된다.

강강술래(2009)

우리나라 남서부 지방에서 풍작과 풍요를 기원하며 행하던 풍속이다. 음력 8월 한가위에 보름달이 뜨면 마을 처녀 수십 명이 모여 손을 맞잡아 둥글게 원을 만들어 돌며 '강강술래' 노래를 불렀다.

남사당놀이(2009)

'남자들로 구성된 유랑 광대극'이라는 뜻으로 본래 유랑 예인들이 여기저기 떠돌면서 행하던 전통 민속 공연이다.

영산재(2009)

한국 불교문화의 중심 요소로서 부처가 영취산에서 불법을 가르치던 모습을 재현한 불교 의식이다. 주로 사람이 죽은 지 49일이 되는 날 영혼을 극락으로 이끄는 의식을 말한다.

제주 칠머리당 영등굿(2009)

바다의 평온과 풍작 및 풍어를 기원하기 위하여 음력 2월에 행하는 제주의 풍속이다. 대표적으로 제주시 건입동 칠머리당에서는 바람의 여신(영등할망)·용왕·산신 등을 위하여 제사를 지낸다.

처용무(2009)

궁중 연례에서 악귀를 몰아내고 평온을 기원하거나 음력 섣달그믐에 악귀를 쫓는 의식인 나례를 행할 때 추는 탈춤이다. '처용'은 동해 용왕의 아들로 태어나 사람의 모습으로 노래를 부르고 춤을 추어 천연두를 옮기는 나쁜 귀신으로부터 인간 아내를 구해 냈다는 설화의 주인공이다.

가곡, 국악 관현반주로 부르는 서정적 노래(2010)

소규모 관현악 반주에 맞추어 남성이나 여성이 부르던 한국 전통 성악이다. 처음에 가곡은 상류층이 즐기던 음악 장르였으나, 점차 대중음악으로 발전하였다. 현재 전승되는 가곡은 남창 26곡, 여창 15곡 등 모두 41곡이다.

대목장, 한국의 전통 목조 건축 (2010)

과거에는 나무를 이용하여 무언가를 만드는 사람을 주로 목장·목공·목수라고 불렀다. 이 가운데 궁궐이나 사찰·가옥 등 건축과 관계된 일을 하는 사람을 '대목' 또는 '대목장'이라고 불렀다.

매사냥, 살아있는 인류 유산 (2010)

매나 기타 맹금류를 길들여 야생 상태에 있는 사냥감을 잡도록 하는 정통 사냥법이다. 야산에 매 그물을 쳐서 매를 잡고, 숙달된 봉받이(매 조련사)가 야성이 강한 매를 길들인 후 사냥감을 모는 몰이꾼(털이꾼), 매를 다루는 봉받이, 매가 날아가는 방향을 봐 주는 배꾼이 매를 활용해 사냥을 한다.

줄타기(2011)

우리나라의 전통 공연 예술로 두 지점 사이에 매단 줄 가운데서 노래·춤·곡예 등을 늘어놓는 예술이다. 주로 단오, 추석 등 명절에 공연이 이루어졌다.

택견, 한국의 전통 무술(2011)

몸의 탄력을 이용하여 유연한 동작으로 상대를 제압하거나 자신을 방어하는 우리나라 전통 무술이다. 삼국 시대 이전부터 행하였다고 추정되며, 조선 시대에는 서민을 포함한 더 폭넓은 계층에서 성행하였다.

실잣기

한산 모시 짜기(2011)

충남 서천군 한산 지역에서 만드는 한산 모시는 다른 지역보다 품질이 우수하여 모시의 대명사로 불린다. 모시 짜기는 수확, 모시풀 삶기, 표백, 실잣기, 베틀 짜기 등 여러 과정으로 이루어진다.

영화 「아리랑」 포스터

아리랑, 한국의 서정민요(2012)

우리나라의 대표 민요로서 예로부터 여러 세대를 거치며 대중의 공동 노력으로 창조한 결과물이다. 시대와 지역에 따라 다양한 후렴구와 리듬 등이 발달하여 전승되고 있다. 현재 전승되는 아리랑은 약 60여 종, 3,600여 곡으로 추정된다.

김장, 한국의 김치를 담그고 나누는 문화(2013)

한국인이 겨울을 나기 위하여 많은 양의 김치를 담그는 일련의 과정이다. 기록에 따르면 760년 이전에도 한국인의 식단에 김치가 있었다고 한다. 김장은 공동체 간 협력을 증진시키고 정체성을 확인하는 중요한 행사이기도 하다.

농악(2014)

동체 의식과 농촌 사회의 여흥 활동에서 유래한 대중 공연 예술이다. 각 지역 농악 연주자들은 화려한 의상을 입고 타악기를 연주하며 농사의 풍요와 마을의 번성을 기원하기 위하여 공연하였다.

영산 줄다리기

줄다리기(2015)

풍요로운 농사를 기원하며 행하는 행사이다. 두 팀으로 나뉜 사람들은 줄을 반대 방향으로 당겼는데, 이때 승부에 연연하기보다는 공동체의 풍요와 편안을 바라는 데 집중하였다. 또한 공동체 구성원들은 줄다리기를 하며 결속과 단결을 강화하였다.

제주 해녀 문화(2016)

제주 해녀는 산소 공급 장치 없이 10미터 정도 깊이의 바닷속으로 약 1분간 잠수하여 해산물을 채취한다. 해녀는 한 번 잠수한 후 숨을 길게 내뱉으며 매우 특이한 소리를 내는데, 이를 '숨비 소리'라고 한다. 현재는 노를 저어 바다로 물질을 나가던 시절에 부른 '해녀 노래'가 전승되고 있다.

씨름, 한국의 전통 레슬링(2018)

한국 전역에서 널리 향유되는 대중적 놀이로서 선수 두 명이 서로의 허리띠를 잡고 상대를 바닥에 넘어뜨리기 위하여 여러 기술을 사용하는 일종의 레슬링이다. 씨름은 마을에 있는 모래밭 어디에서나 이루어지며, 축제, 명절 등 다양한 시기에 행하였다. 또한 모든 연령이 참여할 수 있어 마을 구성원의 협동심을 강하게 하였다. 최초로 인류 무형 유산에 남북 공동 등재되었다.

연등회, 한국의 등불 축제(2020)

신라에서 시작되어 고려 시대에 국가적 행사로 자리 잡은 불교 행사이다. 석가모니의 탄생을 기념하는 종교 의식이었으며 현재는 남녀노소 참여할 수 있는 대표적인 봄 축제가 되었다.

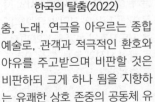

한국의 탈춤(2022)

춤, 노래, 연극을 아우르는 종합 예술로, 관객과 적극적인 환호와 야유를 주고받으며 비판할 것은 비판하되 크게 하나 됨을 지향하는 유쾌한 상호 존중의 공동체 유산이다.

3 세계 기록 유산

『훈민정음(해례본)』(1997)

조선 시대에는 세종의 명으로 한글이 창제되고 정인지 등 집현전 학사들이 한글에 대한 해설과 용례를 작성하였는데, 이를 『훈민정음(해례본)』이라 한다. 현재 간송 미술관에 보관되어 있다.

『조선왕조실록』(1997)

조선을 건립한 태조 이성계부터 제25대 임금인 철종까지 472년간의 역사를 편년체로 기록한 책이다. 사초와 시정기, 『승정원일기』, 조보 등을 모아 편찬하였으므로, 당시 정치·외교·군사·제도·법률 등 각 분야의 정보를 망라한다.

『승정원일기』(2001)

승정원에서 왕과 신하 간에 오고 간 문서와 왕의 일과를 매일 기록한 책이다. 『승정원일기』는 원본이 한 부밖에 없는 세계 최대의 연대 기록물이며, 당시의 정치·경제·사회·문화 등 생생한 역사를 그대로 기록하였다는 점을 인정받았다.

『불조직지심체요절』 하권(2001)

고려 공민왕 때 백운 화상이 저술한 『불조직지심체요절』을 1377년 7월에 청주 흥덕사에서 금속 활자로 인쇄한 것이다. 현존하는 세계에서 가장 오래된 금속 활자본으로 공인되었다. 현재 프랑스 국립 도서관에 보관되어 있다.

황태자가례도감

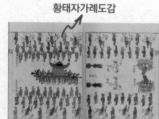

조선 왕조 『의궤』(2007)

조선 왕실의 주요 행사와 나라의 건축 사업 진행 과정 등을 그림과 글로 기록한 책으로, 행사에 사용된 도구·복식이 그림으로 상세히 표현되었다.

고려대장경판 및 제경판(2007)

부처님의 가르침을 담은 경장, 승단의 계율을 담은 율장, 고승과 불교 학자들이 남긴 주석을 모은 논장을 집대성하여 재구성한 것이다. '고려대장경'은 아시아 본토에 현전하는 유일하고 완전한 경전이다.

『동의보감』(2009)

1613년에 조선 시대 의학자 허준이 선조의 명으로 저술한 백과사전식 의서이다. 일반 민중이 쉽게 이용할 수 있는 최초의 보건 의서로서 가치를 인정받아 세계 기록 유산에 등재되었다.

『일성록』(2011)

『일성록』은 조선 정조가 세손 시절 쓴 일기인 『존현각일기』에서 유래한 것으로, 1760년~1910년까지 국왕의 동정과 국정에 관한 제반 사항을 기록하였다.

1980년 인권기록유산 5·18 광주 민주화 운동 기록물(2011)

5·18 민주화 운동의 발발과 진압, 그리고 이후 진상 규명 및 보상 과정과 관련하여 정부·국회·시민단체, 그리고 미국 정부 등에서 생산한 방대한 자료의 모음이다.

『난중일기』 이순신 장군의 진중일기(2013)

이순신 장군이 임진왜란이 발발한 1592년 1월부터 노량 해전에서 전사하기 직전인 1598년 11월까지 거의 날마다 적은 기록으로, 총 7책 205장의 필사본으로 엮어져 있다. 상세한 전투 과정과 당시 기후·지형·일반 서민의 삶이 자세히 기록되었다.

새마을 운동 깃발

새마을 운동 기록물(2013)

1970년~1979년까지 대한민국에서 전개된 새마을 운동에 관한 기록물이다. 대통령 연설문과 결재 문서, 행정 부처의 새마을 사업 공문, 마을 단위의 사업 서류, 새마을 지도자들의 성공 사례와 편지 등 관련 사진과 문서, 영상 자료들을 총칭한다.

배자예부 운략 판목

한국의 유교 책판(2015)

조선 시대에 유교 서적 718종을 간행하기 위하여 판각한 책판으로, 305개 문중과 서원에서 기탁한 책판 총 64,226장으로 구성되었다.

KBS 특별 생방송 '이산가족을 찾습니다'
방송기념 음반(LP)

KBS 특별 생방송 '이산가족을 찾습니다' 기록물(2015)

KBS가 1983년 6월 30일 밤 10시 15분부터 11월 14일 새벽 4시까지 138일 453시간 45분 동안 생방송한 비디오 녹화 원본 테이프 463개와 담당 프로듀서의 업무 수첩, 이산가족이 직접 작성한 신청서, 일일 방송 진행표, 큐시트, 기념 음반, 사진 등 20,522건의 기록물을 총칭한다.

어보   어책

조선 왕실 어보와 어책(2017)

조선 왕실에서 왕비나 왕세자 등에게 봉작을 내리기 위하여 제작한 예물이다. 어보는 재질에 따라 금보·옥보로도 불렸으며, 봉작의 정통성과 권위를 증명하기 위하여 어책과 함께 내려졌다. 어보를 주석한 어책은 당대 문화를 파악하는 중요한 자료로 활용되기도 한다.

국채 보상 운동 기록물(2017)

1907년부터 1910년까지 일어난 국채 보상 운동의 전 과정을 보여 주는 기록물이다. 당시 남성들은 술과 담배를 끊었고 여성들은 반지와 비녀를 내어놓았으며, 기생과 거지, 심지어 도적들까지도 참여하였다. 국가적 위기에 대응하는 시민 의식의 진면목을 보여 주는 역사적 기록물로서 매우 큰 의미를 지닌다.

「조선 통신사 행렬도」

조선 통신사에 관한 기록(2017)

1607년부터 1811년까지, 일본에도 막부의 초청으로 12회에 걸쳐 일본으로 파견된 외교 사절단에 관한 자료를 총칭한다. 조선 통신사는 임진왜란 이후 단절된 국교를 회복하고, 양국 사이에 평화적인 관계를 만들고 유지하는 데 크게 공헌하였다. 이 기록은 외교뿐만 아니라 여정 기록·문화 기록 등을 포함하는 종합 자산이며, 이를 통하여 당시의 상업·문화도 알 수 있다.

4·19 혁명 기록물(2023)

1960년대 봄, 대한민국에서 학생들이 주도한 민주화 운동 관련 기록물 1019점으로, 1960년대 세계 학생 운동에 미친 중요성을 인정받아 등재되었다.

동학 농민 혁명 기록물(2023)

1894~1895년 조선에서 발발한 동학 농민 혁명 관련 기록물 185점으로, 백성이 주체가 되어 자유·평등·인권의 보편적 가치를 지향하며 공정 사회를 건설하기 위해 노력했던 세계사적 중요성을 인정받았다.

우리나라의 세시 풍속

 세시 풍속이란?

- 우리나라의 세시 풍속은 매년 주기적으로 반복되는 농경의례를 모태로 한다. 즉, 1년 동안의 생산 과정과 그 중간에 해당하는 휴식 과정이 지역 풍토에 맞게 전승되며 형성된 것이다.
- 우리나라는 사계절이 뚜렷하여 계절 및 농업 생산 활동과 밀접하게 연관된 월령(月令)에 따라 매달 명절 풍습이 정해진다.

1 주요 농사 일정

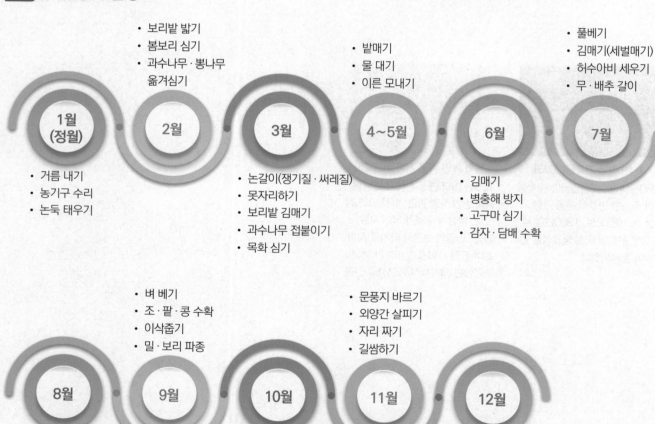

1월 (정월)
- 거름 내기
- 농기구 수리
- 논둑 태우기

2월
- 보리밭 밟기
- 봄보리 심기
- 과수나무·뽕나무 옮겨심기

3월
- 논갈이(쟁기질·써레질)
- 못자리하기
- 보리밭 김매기
- 과수나무 접붙이기
- 목화 심기

4~5월
- 밭매기
- 물 대기
- 이른 모내기

6월
- 김매기
- 병충해 방지
- 고구마 심기
- 감자·담배 수확

7월
- 풀베기
- 김매기(세벌매기)
- 허수아비 세우기
- 무·배추 갈이

8월
- 목화·고추 말리기
- 참깨·녹두 수확
- 이른 벼 베기
- 박 따기

9월
- 벼 베기
- 조·팥·콩 수확
- 이삭줍기
- 밀·보리 파종

10월
- 무·배추 거두기
- 김장하기
- 메주 쑤기
- 곶감 만들기
- 초가 이엉이기

11월
- 문풍지 바르기
- 외양간 살피기
- 자리 짜기
- 길쌈하기

12월
- 땔감 준비
- 농산물 저장
- 농사 준비
- 술 빚기
- 두부 만들기

2 우리나라 세시 풍속

명칭과 시기	내용
설날 (음력 1월 1일)	• 음력 정월 초하룻날 • 설빔을 지어 입고 웃어른들에게 세배를 올리며 덕담을 나눈다. 성묘를 하고, 새해 운수를 점치기도 한다. • 풍습 : 차례, 세배, 성묘, **복조리 걸기**, 떡메치기, **떡국 먹기**, 윷놀이, 널뛰기, **연날리기**, **제기차기**, **복주머니 만들기**
정월 대보름 (음력 1월 15일)	• 음력 1월 14일 밤에는 액년이 든 사람들이 짚으로 사람 모양 인형인 '제웅'을 만들어 길가에 버린다. • 음력 1월 15일에는 건강을 기원하며 밤·호두·잣 등 부럼을 깨물고 오곡밥을 지어 먹는다. 또 귀밝이술이라 하여 데우지 않은 술을 한 잔 마신다. 아침에 일어나 처음 만난 사람에게 "내 더위~!" 하고 더위를 팔면 그해 여름에는 더위를 타지 않는다고 한다. 밤이 되면 아이들은 들에 나가 쥐불놀이를 한다. • 풍습 : 귀밝이술, 널뛰기, 투호, 줄다리기, **쥐불놀이**, 연날리기, 달집태우기, **오곡밥 먹기**, 볏가릿대 세우기, 다리밟기, **부럼 깨기**
입춘 (양력 2월 4일 혹은 5일 즈음)	• 24절기 가운데 첫 절기 • 새해의 봄이 시작되는 날을 기리고 다가오는 일 년 동안 대길(大吉)·다경(多慶)하기를 기원하는 뜻에서 갖가지 의례를 베푼다. • 풍습 : 입춘첩(입춘대길), 세화 붙이기
머슴날 (음력 2월 1일)	• 음력 2월 초하룻날 • 겨우내 쉬던 머슴들을 농가에 다시 불러들여 일 년 농사를 부탁하고 위로하는 뜻에서 술과 음식을 푸짐하게 대접하여 하루를 즐기도록 한 머슴들의 명절이다. 지역에 따라 머슴날·노비일·일꾼날·하리아드랫날·영등할머니 제삿날이라고도 부른다. • 풍습 : 볏가릿대 내리기, 콩 볶아 먹기, 나이떡 해먹기, 영등굿
경칩 (양력 3월 5일 혹은 6일 즈음)	• 동지에서 74일째 되는 날 • 우수와 경칩이 지나면 대동강물이 풀려 완연한 봄을 느끼며, 초목의 싹이 돋아나고 동면하던 벌레들도 땅속에서 나온다고 믿는다. 이날 농촌에서는 산이나 논의 물이 고인 곳을 찾아 몸이 건강해지기를 바라며 개구리(혹은 도롱뇽)알을 건져다 먹는다. • 풍습 : 개구리알 먹기
한식 (양력 4월 5일 혹은 6일 즈음)	• 동지에서 105일째 되는 날 • 설날·단오·추석과 함께 우리나라의 4대 명절 중 하나로, 일정 기간 동안 불의 사용을 금하며 찬 음식을 먹는 중국 풍습에서 유래되었다. • 음력을 기준으로 하는 명절이 아니다 보니 음력 2월 또는 음력 3월에 있을 수 있어 이 둘을 구분하기도 한다. • 풍습 : 성묘, 산신제, 개사초(묘에 잔디를 입히는 것), 제기차기, 그네타기, 갈고리 던지기
삼짇날 (답청절, 음력 3월 3일)	• 봄을 알리는 명절로서 이날 장을 담그면 맛이 좋다고 하였으며, 화전을 먹으며 집을 수리하기도 하고 농경제를 지내 풍년을 기원하기도 하였다. • 이날을 답청절이라고도 하는데, 들판에 나가 꽃놀이를 하고 새 풀을 밟으며 봄을 즐기기 때문에 붙여진 이름이다. • 풍습 : 활쏘기, 닭쌈, 화전 지져 먹기, 장 담그기, 국수·쑥떡 먹기
초파일 (부처님 오신 날, 음력 4월 8일)	• 불교의 개조(開祖)인 석가모니의 탄생일이다. 이날은 '부처님 오신 날'이라고도 하며 각지에서 불교 행사 또는 연등 축제를 거행한다. • 불교 기념일인 초파일이 민족 명절로 자리 잡은 것은 예전부터 전래되어 온 연등 행사와 불교의 연등 공양이 합쳐진 때부터이다. • 풍습 : 연등 달기, 탑돌이

제웅

투호

신윤복의 「연소답청」

연등

단오 (음력 5월 5일)	• 음력 5월 초닷새 • **수릿날 · 천중절**이라고도 하며, 숫자 '5'가 두 번 겹쳐 일 년 중 양기가 가장 왕성한 날이라고 여겼다. • 씨뿌리기가 끝난 5월에 신에게 풍년을 기원하며 벌이는 축제이자 환절기에 나쁜 기운을 막고자 하는 주술적 성격을 담고 있다. • 풍속 : 씨름, 그네뛰기, 널뛰기, **창포물에 머리감기**, **수리취떡 만들기**, 강릉 단오굿 신윤복의 「단오풍정」
유두 (음력 6월 15일)	• 음력 6월 보름날 • 물과 관련 깊은 명절로, 이날은 일가친지가 맑은 시내나 폭포에서 목욕을 하였다. 또한 가지고 간 음식을 먹고 나서 하루 동안 서늘하게 지내면 여름에 질병을 물리치고 더위를 먹지 않는다고 믿었다. • 풍습 : 흐르는 물에 머리 감기, 탁족 놀이, 수단 만들기, 유두천신, 천렵, 물맞이
삼복 (음력 6월에서 7월 사이 절기)	• '삼복'은 초복 · 중복 · 말복을 통틀어 이르는 말로, 복날은 장차 일어나고자 하는 음기가 양기에 억눌려 있는 날이라는 뜻이다. 이날은 개를 잡아먹으며 몸을 보신하였는데, 성안의 개를 잡아 해충을 방지하고자 한 이유도 있었다. • 풍습 : 농신제, 복달임(개장, 삼계탕)
칠석 (음력 7월 7일)	• 칠석은 헤어져 있던 견우와 직녀가 만나는 날이라고도 한다. 이날 여인들은 별을 보며 바느질 솜씨가 좋아지게 해 달라고 기원하였다. • 풍습 : 칠석고사
백중 (음력 7월 15일)	• 여름철 농사를 쉬는 기간에 농부들이 휴식을 취하는 날이다. 이 날은 남녀가 모두 모여 온갖 음식을 갖추어 먹으며 노래를 부르고 춤추었다. 또한 머슴들에게도 일손을 쉬게 하고 돈을 주어 하루를 즐기도록 하였다. • 풍습 : 백중놀이, 호미씻이, 백중장, 우란분재 백중놀이(밀양)
추석 (한가위/가배, 음력 8월 15일)	• 추석은 음력 8월 보름 가을의 한가운데 달 또는 팔월의 한가운데 날이라는 뜻을 지닌다. 또한 1년 중 가장 으뜸으로 치는 명절이다. • 다른 말로는 가배 · 가배일 · 가위 · 한가위 · 중추 · 중추절 · 중추가절이라고도 한다. • 풍습 : **보름달 소원 쓰기**, **차례**, 성묘, 송편, 강강술래 · 줄다리기 · 거북놀이 · 소싸움 · 닭싸움, 소놀임굿 송편
중양절 (음력 9월 9일)	• 중국에서 유래한 명절이다. 우리나라에서도 고려 시대부터 과거 시험과 같은 국가적 행사를 중양절에 행하였다. • 풍습 : 중양제, 국화전 해 먹기, 국화주 마시기, 단풍놀이 국화전
상달 (음력 10월)	• 음력 10월을 1년 중 가장 신성하게 여겨 '시월상달'이라고 부른다. 일 년 농사가 마무리되는 이 날은 햇곡식과 햇과일을 수확하여 하늘과 조상에게 감사의 제사를 올린다. • 우리나라에서는 전통적으로 고구려의 동맹 · 동예의 무천 · 마한의 계절제 등이 추수에 감사하는 의미를 담아 10월에 행해졌다. • 풍습 : 성주맞이
동지 (양력 12월 22일이나 23일 즈음)	• 24절기 중에 스물두 번째 절기 • **일 년 중 밤이 가장 길고 낮이 가장 짧은 날**로 민간에서는 동지를 아세(亞歲) 또는 작은설이라고도 하였다. 또한 동지는 '호랑이 장가가는 날'이라고도 한다. 이날은 나쁜 기운을 물리치기 위하여 팥죽을 쑤어 먹거나 집안 곳곳에 뿌리기도 하였다. • 풍습 : 동지 고사, **동지 팥죽 쑤어 먹기** 팥죽
섣달그믐 (음력으로 한 해의 마지막 날)	• 새벽닭이 울 때까지 잠을 자지 않고 새해를 맞이한다. '수세'라고 하는 이러한 풍습은 옛 것을 보내고 새로운 것을 맞이한다는 의미로 우리나라에 역법(曆法)이 들어온 후 지속되었다. 또한 지나간 시간을 반성하고 새해를 설계하고 맞이하는 의례로서, 마지막이 아닌 새로운 시작이라는 의미가 담겨 있다 • 풍습 : 묵은세배, 수세, 만두 차례, 나례, 약 태우기, 대청소, 학질 예방

조선의 도성과 문화유산

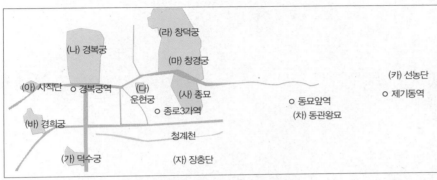

서울 시내 조선의 도성과 문화유산

(가) 덕수궁 중화전

(가) 덕수궁 석조전

(나) 경복궁 근정전

(다) 운현궁

(라) 창덕궁 돈화문

(마) 창경궁 명정전

도성/문화유산	내용
(가) 덕수궁	대한 제국의 법궁으로, 본래 이름은 경운궁이나 고종이 순종에게 양위한 1907년에 이름이 덕수궁으로 바뀌었다. 덕수궁 석조전은 대표적인 서양식 건축물로 이곳에서 미·소 공동 위원회가 개최되었으며, 덕수궁 중명전에서 1905년에 을사늑약이 체결되기도 하였다.
(나) 경복궁	조선 왕조 최초의 궁궐이자 법궁이다. 그러나 임진왜란으로 불타면서 조선 후기 법궁의 기능은 창덕궁으로 이어졌다. 조선 고종 때 흥선 대원군이 경복궁을 중건하였으나, 대한 제국이 성립되면서 법궁의 기능이 덕수궁으로 이어졌다.
(다) 운현궁	흥선 대원군의 사저로 고종 재위 초에 흥선 대원군의 개혁 정책이 실현된 장소이다.
(라) 창덕궁	임진왜란 때 소실된 경복궁을 대신하여 조선 후기에 정궁의 기능을 담당하였다. 창덕궁 후원에 위치한 주합루는 정조가 규장각으로 활용하였다. 구성된 건물로는 국가적 중요 행사를 담당하는 인정전, 왕의 편전인 희정당, 왕비가 거처하는 대조전, 순조의 아들인 효명 세자가 지은 연경당 등이 있다(유네스코 세계 문화유산으로 지정). 또한 숙종 때 명의 신종을 제사하려고 지은 대보단과 어진(임금의 초상)을 봉안한 선원전이 있다.
(마) 창경궁	창경궁의 본래 이름은 수강궁이다. 세종이 상왕인 태종을 모시기 위하여 지었으나, 성종이 세 대비[세조 비 정희 왕후, 덕종 비 소혜 왕후(인수 대비), 예종 비 안순 왕후]를 모시기 위하여 이름을 창경궁으로 바꾸었다.
(바) 경희궁	인조의 아버지인 정원군의 집이 있던 곳으로 광해군 때 왕궁을 지어 경덕궁이라 불렀다. 1760년에 경희궁으로 이름을 바꾸었고, 280여 년 동안 동궐인 창덕궁, 창경궁과 더불어 서궐의 위치에서 양대 궁궐의 자리를 지켜 왔다.
(사) 종묘	조선 왕조 역대 왕과 왕비의 신주를 모신 조선 왕조의 사당이다. 태조가 한양으로 도읍을 옮긴 뒤 완공하였다. 임진왜란 이후 불탔으나 광해군 때 재건되었다.
(아) 사직단	농업이 주 산업인 조선에서 토지신(사)과 곡물신(직)에게 제사를 지낸 공간이다.
(자) 장충단	을미사변 때 죽은 이경직과 홍계훈 등 충신·열사의 넋을 기리는 제단이다.
(차) 동관왕묘	촉의 장수인 관우에게 제사를 지내는 사당이다.
(카) 선농단	왕이 신농씨·후직씨에게 풍년을 기원하는 곳이다.

2024
설민석 한국사능력검정시험 기출문제집 심화(1·2·3급)

발행일	2024년 4월 29일 1쇄
저자	설민석
발행인	설민석
발행처	(주)단꿈아이
기획·구성	김준창, 박정환, 최일주
편집	신민용
영업	박민준, 최연수, 황단비
디자인·제작	(주)더원그라픽, 성림기획
출판등록	제 2019-000111호
주소	경기도 성남시 분당구 판교로 242, 씨동 701호 일부 701-2호(삼평동)
대표전화	1670-0285
팩스	031-602-1277
ISBN	979-11-93031-62-9 (13910)

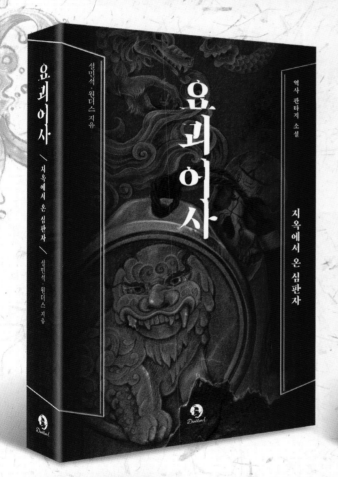

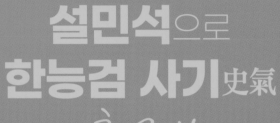

2024

단 **8**회만에 한능검 **1급**으로 이끄는

설민석
한국사
능력검정시험

기 출 해 설 집

설민석 편저

최신 기출 **8**회분 수록

심화
1·2·3급

Dankkumi

합격자 단꿈에 다있다!

쉽고 재밌고 빠르게 한능검 1급 합격!

예전에도 설민석 선생님 강의로 1급을 따고 시간이 지나서 다시 1급 취득을 다짐했습니다! 물론, 이번에도 어김없이 설민석 선생님의 강의를 수강했습니다. 고등학교 3학년 때부터 지금까지 저의 한국사 원픽은 설쌤이에요.

선생님의 쉽고 재미있는 강의로 기억 속에 묻혀 있던 한국사 흐름을 정리하고, 더 다채로워진 암기 비법을 전수받으며 합격을 확신했습니다.

심화 강의랑 모의고사 강의를 듣는 내내 절대 불안하지 않았습니다. 선생님이 믿고 따라오라고 하는 말씀이 얼마나 안심되는지! 자기 자신을 믿고 **선생님께서 중요하다고 한 부분을 반복해서 보면 합격이에요!**

한국사능력검정시험 심화 1급에 도전하시는 모든 분들께서 자신감을 가지고 다음 시험에서 꼭 합격하길 바랍니다~!

심화 1급 합격자 유*심

설쌤과 함께 1급 합격했습니다!

교원 임용고시를 위해 한능검 자격증이 필요했고, 수능 한국사도 함께했던 설쌤이었기에 주저없이 단꿈을 선택했습니다! 강의는 말할 필요없이 좋았고, **봉투모의고사와 기출문제는 필수였습니다.**

시험 일주일 전부터는 기출문제를 분석하고 매번 출제되는 부분을 파악해 그것만 정리했습니다! 결과적으로 예상치 못한 1급을 받아 정말 기분이 좋았습니다.

강의를 통해 한국사의 매력에 빠지게 해 주신 설쌤에게 감사드립니다. **제너럴 병원에 오페르트가 미친 척 하고 있다~^^ 등의 암기법**이 도움이 많이 되었습니다.

설쌤이 매일 말씀하셨던 것처럼, 저는 승리했고 이 글을 읽는 당신도 승리할 것입니다!

심화 1급 합격자 김*리

오늘 심화 시험에서 100점 받아 왔습니다, 선생님~!

사실 처음에 한국사능력검정시험 인강 중 어떤 걸 들어야 할지 많이 고민했는데, 설민석 선생님의 강의를 선택하길 잘한 것 같습니다~! **강의라기보다는 이야기를 들려주는 느낌**이어서 정말 오랜만에 공부라는 걸 재밌게 했습니다.

게다가 수업 중간 중간에 **암기를 도와주는 선생님의 재밌는 농담들….** 강의를 들으며 피식거리거나 크큭대며 웃었는데 이상하게도 정말 기억에 오래 남더라고요! 덕분에 정말 재미있게 공부했고, 재밌는 만큼 열심히 했더니 **이번 한능검 시험에서 100점을 받았습니다!** 너무 들떠서 후기를 이렇게 적네요. 감사합니다, 선생님~!

심화 1급 합격자 윤*혜

한능검 합격 인증서로 당당히 증명하는
더 많은 찐 합격 후기는

| 단꿈자격증 | | > 후기 > 합격인증 게시판에서 확인하세요! |

단 **8**회만에 한능검 **1급**으로 이끄는

한국사
능력검정시험

기출해설집

설민석 편저

Dankkumi

목차

미 采 더욱더 [미] 더욱더 빠른 정답표

더욱더 명쾌하고 자세한 해설로 학습하기 전,
맞힌 문제와 틀린 문제를 다시 한번 확인해 보세요.

제69회 심화   학습 날짜: □ 월 일 | □ 월 일 | □ 월 일   기출문제집 14쪽

문항	정답	배점	문항	정답	배점	문항	정답	배점	문항	정답	배점	문항	정답	배점
1	③	1	11	②	3	21	④	2	31	①	2	41	④	2
2	⑤	2	12	②	2	22	③	2	32	④	2	42	④	1
3	③	3	13	⑤	2	23	①	2	33	②	1	43	⑤	2
4	⑤	2	14	⑤	1	24	①	2	34	④	3	44	②	2
5	③	2	15	⑤	2	25	④	2	35	②	2	45	③	2
6	②	2	16	①	2	26	②	3	36	①	2	46	①	1
7	④	3	17	③	3	27	④	2	37	①	3	47	②	3
8	②	2	18	①	2	28	⑤	1	38	③	1	48	①	2
9	④	2	19	③	2	29	③	1	39	④	3	49	⑤	1
10	⑤	1	20	⑤	2	30	④	2	40	③	2	50	⑤	3

제68회 심화   학습 날짜: □ 월 일 | □ 월 일 | □ 월 일   기출문제집 28쪽

문항	정답	배점	문항	정답	배점	문항	정답	배점	문항	정답	배점	문항	정답	배점
1	①	1	11	⑤	1	21	①	3	31	①	2	41	①	1
2	④	2	12	③	2	22	②	2	32	②	3	42	④	2
3	③	2	13	③	3	23	①	1	33	⑤	2	43	④	1
4	③	2	14	④	2	24	⑤	2	34	⑤	1	44	②	2
5	②	3	15	④	2	25	④	2	35	③	2	45	③	3
6	③	2	16	③	2	26	④	3	36	⑤	2	46	②	2
7	④	2	17	②	2	27	②	1	37	⑤	2	47	⑤	2
8	①	1	18	④	2	28	⑤	2	38	①	3	48	①	2
9	②	3	19	②	3	29	④	2	39	⑤	1	49	③	3
10	①	2	20	③	1	30	③	2	40	④	2	50	⑤	2

제67회 심화   학습 날짜: □ 월 일 | □ 월 일 | □ 월 일   기출문제집 42쪽

문항	정답	배점	문항	정답	배점	문항	정답	배점	문항	정답	배점	문항	정답	배점
1	④	1	11	①	1	21	②	2	31	⑤	2	41	②	2
2	④	2	12	②	3	22	①	2	32	①	1	42	①	3
3	①	1	13	②	2	23	⑤	1	33	⑤	2	43	③	2
4	④	3	14	④	2	24	②	2	34	⑤	3	44	②	2
5	②	3	15	②	2	25	④	2	35	④	2	45	⑤	2
6	②	2	16	②	2	26	③	2	36	②	3	46	③	1
7	②	2	17	②	2	27	③	2	37	⑤	2	47	③	3
8	④	2	18	①	2	28	③	3	38	②	1	48	①	2
9	①	2	19	③	2	29	⑤	1	39	⑤	2	49	④	2
10	④	3	20	⑤	3	30	③	3	40	⑤	1	50	⑤	2

제66회 심화   학습 날짜: □ 월 일 | □ 월 일 | □ 월 일   기출문제집 56쪽

문항	정답	배점	문항	정답	배점	문항	정답	배점	문항	정답	배점	문항	정답	배점
1	②	1	11	②	2	21	③	2	31	②	2	41	⑤	2
2	②	2	12	④	2	22	④	2	32	①	1	42	④	2

문항	정답	배점	문항	정답	배점	문항	정답	배점	문항	정답	배점	문항	정답	배점
3	③	2	13	③	2	23	③	1	33	②	2	43	④	1
4	④	2	14	②	2	24	②	3	34	①	2	44	③	2
5	①	3	15	④	1	25	①	2	35	①	2	45	③	2
6	⑤	2	16	③	3	26	②	1	36	③	2	46	①	2
7	⑤	3	17	①	3	27	④	3	37	③	1	47	④	2
8	⑤	1	18	②	2	28	④	2	38	②	3	48	①	2
9	③	2	19	③	2	29	①	2	39	⑤	1	49	②	1
10	⑤	2	20	⑤	2	30	⑤	3	40	②	3	50	⑤	3

제65회 심화

학습 날짜: □ 월 일 | □ 월 일 | □ 월 일

기출문제집 70쪽

문항	정답	배점	문항	정답	배점	문항	정답	배점	문항	정답	배점	문항	정답	배점
1	②	1	11	②	3	21	③	1	31	④	2	41	④	2
2	⑤	2	12	③	2	22	①	1	32	⑤	2	42	④	2
3	②	2	13	①	2	23	③	2	33	⑤	2	43	②	2
4	①	2	14	④	3	24	⑤	2	34	③	1	44	①	2
5	③	2	15	③	2	25	⑤	2	35	①	3	45	⑤	3
6	⑤	2	16	②	1	26	④	3	36	③	2	46	②	1
7	④	1	17	①	2	27	④	2	37	④	3	47	②	3
8	⑤	3	18	③	2	28	①	1	38	④	1	48	②	2
9	⑤	2	19	③	2	29	④	2	39	⑤	2	49	③	1
10	①	2	20	⑤	3	30	⑤	2	40	⑤	3	50	②	2

제64회 심화

학습 날짜: □ 월 일 | □ 월 일 | □ 월 일

기출문제집 84쪽

문항	정답	배점	문항	정답	배점	문항	정답	배점	문항	정답	배점	문항	정답	배점
1	⑤	1	11	①	3	21	⑤	2	31	④	2	41	①	1
2	①	2	12	①	1	22	③	3	32	②	2	42	④	2
3	③	2	13	⑤	2	23	④	2	33	③	3	43	②	3
4	⑤	1	14	①	2	24	②	2	34	③	1	44	①	2
5	③	3	15	⑤	2	25	②	1	35	④	3	45	①	2
6	②	2	16	④	1	26	①	2	36	①	1	46	③	2
7	④	3	17	①	2	27	⑤	1	37	②	2	47	⑤	2
8	⑤	2	18	⑤	3	28	②	2	38	②	2	48	①	2
9	②	2	19	④	2	29	③	2	39	②	2	49	④	2
10	④	2	20	⑤	2	30	③	3	40	①	2	50	③	2

제63회 심화

학습 날짜: □ 월 일 | □ 월 일 | □ 월 일

기출문제집 98쪽

문항	정답	배점	문항	정답	배점	문항	정답	배점	문항	정답	배점	문항	정답	배점
1	⑤	1	11	③	2	21	④	2	31	③	1	41	③	3
2	④	2	12	②	2	22	⑤	3	32	③	3	42	없음	2
3	③	2	13	④	1	23	①	3	33	④	2	43	⑤	2
4	②	2	14	②	2	24	②	2	34	①	3	44	④	3
5	⑤	1	15	③	1	25	⑤	1	35	②	2	45	①	3
6	③	2	16	①	2	26	③	1	36	②	2	46	⑤	2
7	④	2	17	①	2	27	③	2	37	④	1	47	③	2
8	④	3	18	①	2	28	⑤	3	38	③	1	48	①	2
9	⑤	2	19	④	2	29	③	2	39	④	2	49	②	1
10	①	2	20	②	2	30	②	2	40	②	2	50	④	3

제62회 심화

학습 날짜: □ 월 일 | □ 월 일 | □ 월 일

기출문제집 112쪽

문항	정답	배점	문항	정답	배점	문항	정답	배점	문항	정답	배점	문항	정답	배점
1	①	1	11	④	2	21	⑤	3	31	③	2	41	⑤	2
2	②	2	12	①	2	22	⑤	3	32	⑤	2	42	③	2
3	①	2	13	②	2	23	④	1	33	③	2	43	⑤	1
4	⑤	2	14	③	2	24	③	2	34	④	2	44	③	3
5	③	2	15	③	1	25	③	2	35	②	3	45	⑤	2
6	⑤	3	16	②	2	26	②	3	36	②	2	46	④	1
7	②	1	17	④	1	27	④	2	37	①	2	47	③	2
8	①	2	18	⑤	3	28	②	2	38	④	1	48	⑤	2
9	③	2	19	④	2	29	⑤	1	39	③	3	49	②	2
10	①	2	20	①	2	30	④	2	40	④	1	50	②	3

더욱더 명쾌하고 자세한 해설
더 이상의 시간 낭비는 No! 시험 직전 스피드한 문제 회독은 필수!
문제 풀이에 필요한 핵심 키워드만 쏙쏙 뽑아 드립니다.

제 69 회
심 화

KEYWORD 신석기 시대 생활 모습 정답 ③

01 (가) 시대의 생활 모습으로 가장 적절한 것은? 1점

초대합니다
수장고에서 찾아낸 유물 이야기

우리 박물관은 수장고의 유물을 선정하여 분기별로 특별 전시회를 개최하고 있습니다. 이번 전시회에서는 (가) 시대를 주제로 한 유물들이 전시될 예정 입니다. ←신석기 시대

■ 대표 전시 유물

동삼동 패총 유적에서 출토된 빗살무늬 토기로 짧은 사선 무늬, 생선뼈무늬 등이 잘 드러납니다. 농경과 목축이 시작된 (가) 시대에 식량의 저장과 조리를 위해 이와 같은 토기가 제작되었습니다.

■ 기간: 2024. ○○.○○. ~ ○○.○○.
■ 장소: △△ 박물관 특별 전시실

① 반달 돌칼을 이용하여 벼를 수확하였다. 청동기 시대
② 주로 동굴이나 강가의 막집에 거주하였다. 구석기 시대
✓③ 가락바퀴와 뼈바늘로 옷을 만들어 입었다. 신석기 시대
④ 많은 인력을 동원하여 고인돌을 축조하였다. 청동기 시대
⑤ 주먹도끼, 찍개 등의 뗀석기를 처음 제작하였다. 구석기 시대

자료분석 '동삼동 패총 유적', '빗살무늬 토기'. '농경과 목축이 시작' 등을 통해 (가) 시대는 신석기 시대임을 알 수 있다.

정답 찾기 ③ 신석기 시대에는 가락바퀴와 뼈바늘을 이용하여 옷을 만들어 입었다.

오답 피하기
① 청동기 시대에는 반달 돌칼을 이용하여 벼와 곡식 등을 수확하였다.
② 구석기 시대에는 주로 동굴이나 바위 그늘에 거주하거나 강가에 막집을 짓고 살았다.
④ 청동기 시대에는 많은 인력을 동원하여 지배층의 무덤으로 고인돌을 축조하였다.
⑤ 구석기 시대에는 주먹도끼, 찍개 등의 뗀석기를 제작하여 사용하였다.

인 리 합격으로 **이끄는** 필수 개념: 선사 시대의 생활 모습

구석기	• 이동 생활, 동굴이나 막집에 거주 • 주먹도끼, 찍개 등 뗀석기
신석기	• 농경 시작, 정착 생활 • 가락바퀴, 뼈바늘, 빗살무늬 토기
청동기	비파형 동검, 반달 돌칼, 고인돌
철기	세형동검, 거푸집, 명도전, 철제 농기구

KEYWORD 신라 진흥왕 정답 ⑤

02 밑줄 그은 '이 왕'의 업적으로 옳은 것은? 2점

이 비석은 원래 도선 국사비, 무학대사비 등 으로 알려져 있었지.

맞아. 그런데 조선 후 기에 김정희가 금석과안 록에서 이 왕이 건립한 순수비임을 고증하였어.

신라 진흥왕

① 관료전을 지급하고 녹읍을 폐지하였다. 통일 신라 신문왕
② 인재 등용을 위해 독서삼품과를 실시하였다. 통일 신라 원성왕
③ 이차돈의 순교를 계기로 불교를 공인하였다. 신라 법흥왕
④ 지방관을 감찰하기 위해 외사정을 파견하였다. 통일 신라 문무왕
✓⑤ 대아찬 거칠부에게 명하여 국사를 편찬하였다. 신라 진흥왕

자료분석 '김정희가 금석과안록에서 이 왕이 건립한 순수비임을 고증'을 통해 밑줄 그은 '이 왕'은 신라 진흥왕임을 알 수 있다. 김정희는 『금석과안록』에 서 서울 북한산비가 신라 진흥왕 순수비임을 고증하였다.

정답 찾기 ⑤ 신라 진흥왕은 대아찬 거칠부에게 명하여 『국사』를 편찬하게 하였다.

오답 피하기
① 통일 신라 신문왕은 관료전을 지급하고 녹읍을 폐지하여 귀족의 경제 기 반을 약화시켰다.
② 통일 신라 원성왕은 인재 등용을 위해 독서삼품과를 실시하였다.
③ 신라 법흥왕은 이차돈의 순교를 계기로 불교를 공인하였다.
④ 통일 신라 문무왕은 지방관을 감찰하기 위해 지방 감독 기구인 외사정을 파견하였다.

인 리 합격으로 **이끄는** 필수 개념: 신라 진흥왕의 업적

대외 팽창 활동	• 백제 성왕과 연합하여 한강 하류 지역 차지 • 대가야 정복 • 순수비 건립(단양 신라 적성비, 4개의 순수비)
대내 기반 구축	• 화랑도를 국가 조직으로 개편 • 거칠부 『국사』 편찬

제69회
심화

제68회
심화

제67회
심화

제66회
심화

제65회
심화

제64회
심화

제63회
심화

제62회
심화

KEYWORD 동예와 삼한 　　　　　　　정답 ③

03 (가), (나) 나라에 대한 설명으로 옳은 것을 〈보기〉에서 고른 것은? 　3점

(가) 대군장이 없고, 그 관직으로는 후(侯)와 읍군과 삼로가 있다. …… 해마다 10월이면 하늘에 제사를 지내는데, 밤낮으로 술 마시며 노래 부르고 춤추니, 이를 무천이라 한다. 또 호랑이를 신으로 여겨 제사 지낸다. → 동예
　　　　　　　　　　　- 『후한서』 동이열전 -

(나) 해마다 5월이면 씨뿌리기를 마치고 귀신에게 제사를 지낸다. 떼를 지어 모여서 노래와 춤을 즐기며 술 마시고 노는데 밤낮으로 쉬지 않는다. …… 국읍에 각각 한 사람씩을 세워서 천신의 제사를 주관하게 하는데, 이를 천군이라 부른다. → 삼한
　　　　　　　　　　　- 『삼국지』 위서 동이전 -

─〈보 기〉─
　ㄱ. (가) - 혼인 풍습으로 민며느리제가 있었다. 옥저
✓ㄴ. (가) - 읍락 간의 경계를 중시하는 책화가 있었다. 동예
✓ㄷ. (나) - 신지, 읍차 등의 지배자가 있었다. 삼한
　ㄹ. (나) - 여러 가(加)들이 별도로 사출도를 주관하였다. 부여

① ㄱ, ㄴ　② ㄱ, ㄷ　✓③ ㄴ, ㄷ　④ ㄴ, ㄹ　⑤ ㄷ, ㄹ

KEYWORD 백제 무령왕 　　　　　　　정답 ⑤

04 (가)에 들어갈 내용으로 적절한 것은? 　2점

 한국사 교양 강좌

우리 학회는 백제 웅진기의 역사를 주제로 교양 강좌를 운영하고 있습니다. 이번 달에는 백제 중흥의 기틀을 마련한 왕에 대한 강좌를 준비하였습니다.

제1강 - 동성왕을 시해한 백가를 처단하다
제2강 - 지방의 22담로에 왕족을 파견하다
제3강 - 　　　　(가)　　　　 → 백제 무령왕
제4강 - 공주 왕릉원에 안장되다

■ 주최: □□ 학회
■ 일시: 2024년 2월 매주 수요일 19:00~21:00
■ 장소: ○○대학교 인문대학 대강의실

① 금마저에 미륵사를 창건하다 백제 무왕
② 윤충을 보내 대야성을 함락하다 백제 의자왕
③ 평양성을 공격하여 고국원왕을 전사시키다 백제 근초고왕
④ 진흥왕과 연합하여 한강 하류 지역을 수복하다 백제 성왕
✓⑤ 사신을 보내 중국 남조의 양과 외교 관계를 강화하다 백제 무령왕

[자료분석] (가) '읍군과 삼로', '무천' 등을 통해 동예임을 알 수 있다. (나) '해마다 5월이면 씨뿌리기', '천군' 등을 통해 삼한임을 알 수 있다.

[정답 찾기] ③ ㄴ - 동예에는 다른 읍락의 영역을 침범하면 노비나 소, 말로 변상하게 하는 풍습인 책화가 있었다.
ㄷ - 삼한에는 세력의 크기에 따라 신지, 읍차 등의 정치 지배자가 존재하였다.

[오답 피하기]
ㄱ. 옥저에는 혼인 풍습으로 민며느리제가 있었다.
ㄹ. 부여에는 마가·우가·저가·구가 등 여러 가(加)들이 별도로 사출도를 주관하였다.

합격으로 이끄는 필수 개념: 동예와 삼한

동예	• 군장 국가(읍군·삼로) • 무천, 책화 • 특산물: 단궁·과하마·반어피
삼한	• 5월 10월에 계절제 • 천군, 소도

[자료분석] '백제 웅진기', '지방의 22담로에 왕족을 파견' 등을 통해 (가)에 들어갈 내용은 백제 무령왕임을 알 수 있다. 무령왕은 지방의 22담로에 왕족을 파견하여 지방 세력을 통제하였다.

[정답 찾기] ⑤ 백제 무령왕은 사신을 보내 중국 남조의 양과 외교 관계를 강화하였다.

[오답 피하기]
① 백제 무왕은 금마저(익산)에 미륵사를 창건하였다.
② 백제 의자왕은 윤충을 보내 신라를 공격하여 대야성을 비롯한 40여 성을 함락하였다.
③ 백제 근초고왕은 평양성을 공격하여 고구려 고국원왕을 전사시켰다.
④ 백제 성왕은 신라 진흥왕과 연합하여 한강 하류 지역을 수복하였다.

합격으로 이끄는 필수 개념: 백제 주요 국왕의 업적

근초고왕	• 고흥 『서기』 편찬 • 고구려 평양성 공격(고국원왕 전사)
침류왕	중국 동진의 마라난타로부터 불교 수용
무령왕	• 지방에 22담로 설치 • 중국 남조와 교류
성왕	사비 천도, 국호 '남부여'
무왕	익산 미륵사 창건

05 (가), (나) 사이의 시기에 있었던 사실로 옳은 것은? 2점

> (가) 을지문덕이 우중문에게 시를 보내 이르기를, "신묘한 계책은 천문을 다 헤아렸고 기묘한 계획은 지리를 모두 통달하였도다. 싸움에 이겨 이미 공로가 드높으니 만족할 줄 알고 그치기를 바라노라."라고 하였다. → 살수 대첩(612)
>
> (나) 안시성 사람들이 황제의 깃발과 일산을 멀리서 바라보고, 곧장 성에 올라가 북을 치고 소리를 질렀다. 황제가 화를 내자, 이세적은 성을 함락하는 날에 남자를 모두 구덩이에 묻어 죽이자고 청하였다. 안시성 사람들이 이를 듣고 더욱 굳게 지키니, 오래도록 공격하여도 함락되지 않았다. → 안시성 전투(645)

① 관구검이 환도성을 공격하여 함락하였다. 고구려 동천왕(3세기)

② 계백이 이끄는 군대가 황산벌에서 항전하였다. 660년

✓③ 연개소문이 정변을 일으켜 권력을 장악하였다. 642년

④ 광개토 대왕이 신라에 침입한 왜를 격퇴하였다. 400년

⑤ 미천왕이 낙랑군을 축출하여 영토를 확장하였다. 고구려 미천왕(313)

---

06 다음 설명에 해당하는 문화유산으로 옳은 것은? 2점

문화유산 발표 대회

경상남도 의령군에서 출토되어 1964년에 국보로 지정되었어.

고구려 승려들이 만든 천불(千佛) 중 하나야.

광배 뒷면에 고구려의 연호로 추정되는 연가(延嘉)라는 글자가 새겨져 있어.

금동 연가 7년명 여래 입상

①
영주 부석사 소조 여래 좌상(고려)

✓②
금동 연가 7년명 여래 입상(고구려)

③
경주 구황동 금제 여래 좌상(신라)

④
익산 왕궁리 오층 석탑 사리장엄구 금동 여래 입상(통일 신라)

⑤
이불병좌상(발해)

자료분석 (가) 을지문덕이 우중문에게 시를 보냈다는 것을 통해 살수 대첩(612)임을 알 수 있다. (나) 안시성 사람들이 굳게 항전했다는 것을 통해 안시성 전투(645)임을 알 수 있다.

정답 찾기 ③ 642년 연개소문이 정변을 일으켜 권력을 장악하고 대막리지에 올랐다.

오답 피하기

① 3세기 고구려 동천왕 때 관구검의 침입을 받아 환도성이 함락되었다.
② 660년 백제의 계백이 이끄는 결사대가 황산벌에서 신라의 김유신이 이끄는 신라군에 맞서 항전하였으나 패배하였다(황산벌 전투).
④ 400년 고구려 광개토 대왕이 신라에 침입한 왜를 격퇴하였다.
⑤ 313년 고구려 미천왕이 낙랑군을 축출하여 영토를 확장하였다.

자료분석 '고구려 승려들이 만든', '광배 뒷면', '연가라는 글자' 등을 통해 해당 문화유산은 금동 연가 7년명 여래 입상임을 알 수 있다.

정답 찾기 ② 고구려의 금동 연가 7년명 여래 입상은 광배 뒷면의 '연가 7년 기미년'이라는 명문으로 제작 연대를 추정할 수 있다.

오답 피하기

① 고려 시대의 영주 부석사 아미타 소조 여래 좌상이다.
③ 신라 시대의 경주 구황동 금제 여래 좌상이다.
④ 통일 신라 시대의 익산 왕궁리 오층 석탑 사리장엄구 금동 여래 입상이다.
⑤ 발해의 이불병좌상이다. 이불병좌상은 동경 용원부 유적에서 출토되었다.

인 큐
이끌인   **합격으로 이끄는 필수 개념:** 고구려의 수·당 침입 격퇴

수의 침입	• 수 문제가 고구려 침략 • 수 양제의 재침략 → 을지문덕의 살수 대첩 승리(612)
당의 침입	• 연개소문의 정변(642) • 당 태종의 침입 → 안시성 전투 승리(645)

인 큐
이끌인   **합격으로 이끄는 필수 개념:** 고구려의 문화유산

장군총	돌무지무덤
환도산성	고구려 동천왕 때 위의 침입으로 함락
광개토 대왕릉비	고구려 장수왕이 건립
금동 연가 7년명 여래 입상	광배 뒷면 '연가 7년 기미년' 제작 연대 추정

제69회
심화

제68회
심화

제67회
심화

제66회
심화

제65회
심화

제64회
심화

제63회
심화

제62회
심화

KEYWORD 신라의 삼국 통일 과정　　　정답 ④

07 (가)~(다)를 일어난 순서대로 옳게 나열한 것은? 3점

(가) 사찬 시득이 수군을 거느리고 소부리주 기벌포에서 설인귀와 싸웠으나 패배하였다. 다시 나아가 크고 작은 22번의 싸움에서 승리하고, 4천여 명의 목을 베었다. → 기벌포 전투

(나) 흑치상지가 도망하여 흩어진 무리들을 모으니, 열흘 사이에 따르는 자가 3만여 명이었다. …… 흑치상지가 별부장 사타상여를 데리고 험준한 곳에 웅거하여 복신과 호응하였다. → 백제 부흥 운동

(다) 검모잠이 국가를 다시 일으키기 위하여 당을 배반하고 보장왕의 외손 안승을 세워 임금으로 삼았다. 당 고종이 대장군 고간을 보내 행군총관으로 삼고 병력을 내어 그들을 토벌하니, 안승이 검모잠을 죽이고 신라로 달아났다. → 고구려 부흥 운동

① (가) - (나) - (다)
② (가) - (다) - (나)
③ (나) - (가) - (다)
✓ ④ (나) - (다) - (가)
⑤ (다) - (나) - (가)

자료분석 (가) '사찬 시득', '기벌포에서 설인귀' 등을 통해 기벌포 전투(676) 임을 알 수 있다. (나) '흑치상지', '복신' 등을 통해 백제 부흥 운동(660~663) 임을 알 수 있다. (다) '검모잠', '보장왕의 외손 안승' 등을 통해 고구려 부흥 운동(668)임을 알 수 있다.

정답찾기 ④ (나) 백제 부흥 운동(660~663) - (다) 고구려 부흥 운동(668) - (가) 기벌포 전투(676) 순으로 전개되었다.

인끌인 합격으로 이끄는 필수 개념: 신라의 삼국 통일 과정

642년	• 고구려 연개소문의 정변 • 백제 vs 신라: 대야성 전투(윤충)
나·당 동맹	김춘추의 대당 외교
백제 멸망(660)	• 황산벌 전투 → 사비성 함락 • 백제 부흥 운동(흑치상지, 도침, 복신)
고구려 멸망(668)	• 연개소문 사후 내분 → 평양성 함락 • 고구려 부흥 운동(문무왕이 안승을 보덕국왕으로 책봉)
나·당 전쟁	매소성·기벌포 전투 → 신라의 삼국 통일(676)

KEYWORD 통일 신라의 경제 상황　　　정답 ②

08 (가) 국가의 경제 상황으로 옳은 것은? 2점

통일 신라 →

이 문서는 일본의 도다이사 쇼소인에서 발견된 것으로, (가) 의 5소경 중 하나인 서원경 주변 촌락을 포함한 4개 촌락의 인구 현황, 토지의 종류와 면적 등이 상세히 기록되어 있습니다.

① 경성과 경원에 무역소를 두었다. 조선 태종
✓ ② 수도에 서시와 남시를 설치하였다. 통일 신라
③ 주전도감에서 해동통보를 발행하였다. 고려 숙종
④ 독점적 도매상인인 도고가 출현하였다. 조선 후기
⑤ 감자, 고구마 등을 구황 작물로 재배하였다. 조선 후기

자료분석 '일본의 도다이사 쇼소인에서 발견', '서원경 주변 촌락' 등을 통해 통일 신라의 민정문서에 대한 내용임을 알 수 있다. 따라서 (가) 국가는 통일 신라이다. 민정문서는 매년 촌락의 변동 사항을 조사하여 촌주가 3년마다 문서를 작성하였다.

정답찾기 ② 통일 신라 효소왕 때 수도 경주에 서시와 남시를 설치하여 시장을 감독하게 하였다.

오답 피하기
① 조선 태종 때 여진과 국경 근처인 경성과 경원에 무역소를 두었다.
③ 고려 숙종 때 주전도감을 설치하고 해동통보, 삼한통보, 은병(활구) 등을 발행하였다.
④ 조선 후기에 공인은 특정 물품을 대량으로 거래하며 자본을 축적하였고 독점적 도매상인인 도고로 성장하였다.
⑤ 조선 후기에 감자, 고구마 등의 구황 작물이 재배되었다.

인끌인 합격으로 이끄는 필수 개념: 통일 신라의 경제

상업	• 통일 이전: 동시 • 통일 이후: 서시와 남시 설치
국제 무역	당항성, 울산항(국제 무역항)
장보고의 활동	완도에 청해진 설치

09 (가) 국가에 대한 설명으로 옳은 것은? `2점`

> **명문(名文)으로 만나는 한국사**
>
> ┌→발해
> …… 신이 삼가 (가) 의 원류를 살펴보건
> 대, 고구려가 멸망하기 이전에는 본디 이름도 없는
> 조그마한 부락에 불과하였는데, …… 걸사[비]우와
> 대조영 등이 측천무후가 임조(臨朝)할 즈음에
> 이르러, 영주에서 반란이 일어나자 그곳에서 도주
> 하여 황구(荒丘)를 차지하고 비로소 진국(振國)
> 이라고 칭하였습니다.
>
> [해설] 이 글은 최치원이 작성한 사불허북국거상표
> (謝不許北國居上表)의 일부입니다. 이를 통해 북국
> 으로 표현된 (가) 의 건국 과정 등을 파악할
> 수 있습니다.

① 정사암 회의에서 나라의 중대사를 결정하였다. 백제
② 지방의 여러 성에 욕살, 처려근지 등을 두었다. 고구려
③ 도병마사에서 변경의 군사 문제 등을 논하였다. 고려
✓④ 서적 관리, 주요 문서 작성 등을 위해 문적원을 두었다. 발해
⑤ 골품에 따라 관등 승진, 일상생활 등을 엄격히 제한하였다. 신라

자료분석 '걸사[비]우와 대조영 등', '진국(振國)', '북국으로 표현' 등을 통해 (가) 국가는 발해임을 알 수 있다.

정답 찾기 ④ 발해의 문적원은 책과 문서를 관리하고 외교 문서와 주요 문서를 작성하는 업무를 담당하였다.

오답 피하기
① 백제는 정사암 회의에서 나라의 중대사를 결정하였다.
② 고구려는 지방의 여러 성에 욕살, 처려근지 등의 지방관을 두었다.
③ 고려의 도병마사에서 대외적인 국방과 군사 문제를 관장하였다.
⑤ 신라의 골품제는 골품에 따라 관등 승진, 일상생활 등을 엄격히 제한하였다.

인클인 합격으로 **이끄는** 필수 개념: 발해의 통치 체제

중앙	• 당의 3성 6부 수용 • 중정대: 감찰 기구 • 주자감: 국립 대학 • 문적원: 서적 관리, 외교 문서 작성
지방	5경 15부 62주
군사	10위(중앙), 지방군(지방)

---

10 (가) 왕에 대한 설명으로 옳은 것은? `1점`

> 이 불상은 충청남도 논산시에 있는 개태사지 석조 여래 삼존입상으로, 큼직한 손과 신체의 굴곡이 거의 드러나지 않는 원통형의 형태가 특징입니다. 개태사는 후삼국을 통일한 (가) 이/가 이를 기념하여 세운 사찰입니다.
> └→고려 태조

① 관학 진흥을 위해 양현고를 설치하였다. 고려 예종
② 쌍기의 건의를 받아들여 과거제를 시행하였다. 고려 광종
③ 전국에 12목을 설치하고 지방관을 파견하였다. 고려 성종
④ 전시과 제도를 처음 마련하여 관리에게 토지를 지급하였다. 고려 경종
✓⑤ 후대 왕들이 지켜야 할 정책 방향을 담은 훈요 10조를 남겼다. 고려 태조

자료분석 '후삼국을 통일'을 통해 (가) 왕은 태조 왕건임을 알 수 있다. 태조 왕건은 후삼국을 통일하고 고려를 건국하였다.

정답 찾기 ⑤ 태조 왕건은 후대 왕들이 지켜야 할 정책 규범을 담은 훈요 10조를 남겼으며, 관리가 지켜야 할 규범을 제시한 『정계』와 『계백료서』를 지었다.

오답 피하기
① 고려 예종 때 관학 진흥책으로 장학 제도인 양현고를 설치하였다.
② 고려 광종 때 쌍기의 건의를 받아들여 과거제를 시행하여 신진 관료를 등용하고자 하였다.
③ 고려 성종 때 전국에 12목을 설치하고 지방관을 파견하였다.
④ 고려 경종 때 전시과 제도를 처음 마련하여 관리에게 토지를 지급하였다.

인클인 합격으로 **이끄는** 필수 개념: 고려 주요 국왕의 업적

태조 왕건	• 사심관 제도, 기인 제도 • 흑창 설치 • 훈요 10조
광종	• 노비안검법 시행 • 과거제 시행 • 제위보 설치
성종	• 12목 설치, 지방관 파견 • 2성 6부제 • 의창 설치

제69회
심화

제68회
심화

제67회
심화

제66회
심화

제65회
심화

제64회
심화

제63회
심화

제62회
심화

KEYWORD 평양의 역사 정답 ②

11 다음 검색창에 들어갈 지역에서 있었던 사실로 옳은 것은? 3점

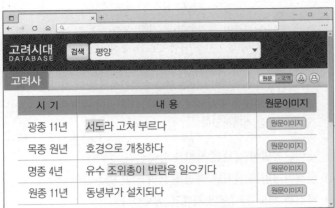

고려시대 DATABASE 검색 평양 ▼

고려사 원문 ✓국역

시 기	내 용	원문이미지
광종 11년	서도라 고쳐 부르다	원문이미지
목종 원년	호경으로 개칭하다	원문이미지
명종 4년	유수 조위총이 반란을 일으키다	원문이미지
원종 11년	동녕부가 설치되다	원문이미지

① 정몽주가 이방원 세력에게 피살되었다. 개경

✓② 묘청이 반란을 일으키고 국호를 대위라 하였다. 서경(평양)

③ 몽골의 침략으로 황룡사 구층 목탑이 소실되었다. 경주

④ 흥덕사에서 금속 활자로 직지심체요절이 간행되었다. 청주

⑤ 정서가 유배 중에 정과정이라는 고려 가요를 지었다. 동래(부산)

자료분석 '서도', '조위총의 반란' 등을 통해 해당 지역은 평양임을 알 수 있다.

정답 찾기 ② 고려 중기 묘청이 국호를 대위라 하고 반란을 일으킨 곳은 서경(평양)이다. 묘청 등 서경 세력은 풍수지리설을 앞세워 서경 천도를 주장하였다.

오답 피하기
① 정몽주가 이방원 세력에게 피살된 곳은 개경에 있는 선죽교이다.
③ 몽골의 침략으로 신라 선덕 여왕 때 건립된 황룡사 구층 목탑이 소실된 곳은 경주이다.
④ 흥덕사에서 금속 활자로 『직지심체요절』이 간행된 곳은 청주이다.
⑤ 정서가 유배 중에 정과정이라는 고려 가요를 지은 곳은 동래(부산)이다.

인 끌 이끄는인 합격으로 이끄는 필수 개념: 평양의 역사

근대 이전	• 고려 인종 때 서경(평양) 천도 운동 • 고려 명종 때 평양 유수 조위총의 난
근대 이후	• 1866년 제너럴셔먼호 사건 • 1920년대 물산 장려 운동(평양)

KEYWORD 고려의 경제 상황 정답 ②

12 다음 자료에 나타난 국가의 경제 상황으로 옳은 것은? 2점

○이때에 은병을 화폐로 쓰기 시작하였다. 그 제도는 은 한 근으로 만들며 본국의 지형을 본뜨도록 하였다. 속칭 활구라 하였다.

○도평의사사에서 방을 붙여 알리기를, "지금부터 은병 하나를 쌀로 환산하여 개경에서는 15~16석, 지방에서는 18~19석의 비율로 하되, 경시서에 그 해의 풍흉을 살펴 그 값을 정할 것이다."라고 하였다. → 고려

① 솔빈부의 말을 특산물로 수출하였다. 발해

✓② 서적점, 다점 등의 관영 상점을 운영하였다. 고려

③ 청해진을 중심으로 해상 무역을 전개하였다. 통일 신라

④ 광산을 전문적으로 경영하는 덕대가 활동하였다. 조선 후기

⑤ 기유약조를 체결하여 일본과의 교역을 재개하였다. 조선 광해군

자료분석 '은병', '활구', '도평의사사' 등을 통해 해당 국가는 고려임을 알 수 있다. 고려 숙종 때 주전도감을 설치하고 삼한통보, 해동통보, 은병(활구) 등을 발행하였다.

정답 찾기 ② 고려는 개경, 서경 등 도시에 서적점, 다점 등의 관영 상점을 설치하여 운영하였다.

오답 피하기
① 발해는 솔빈부의 말을 특산물로 수출하였다.
③ 신라 장보고는 청해진을 중심으로 해상 무역을 전개하였다.
④ 조선 후기에 광산을 전문적으로 경영하는 덕대가 활동하였다.
⑤ 임진왜란 이후 광해군은 기유약조를 체결하여 일본과의 교역을 재개하였다.

인 끌 이끄는인 합격으로 이끄는 필수 개념: 시대별 경제 특징

발해	특산물: 솔빈부의 말
고려	• 경시서 설치(상행위 감독) • 관영 상점 설치
조선 후기	• 송상·만상·내상 등 사상의 활동 • 덕대 등장 • 감자, 고구마 등 상품 작물 재배

13 (가)에 대한 고려의 대응으로 옳은 것은? 2점

→ 여진

> 변방의 장수가 보고하기를, " (가) 이/가 매우 사나워 변방의 성을 침입하고 있습니다."라고 하였다. …… 드디어 출병하기로 의논을 청하여 윤관을 원수로 삼고 지추밀원사 오연총을 부원수로 삼았다. 윤관이 아뢰기를, "신이 일찍이 선왕의 밀지를 받들었고 지금 또 엄명을 받았으니, 어찌 감히 삼군을 통솔하여   (가) 의 보루를 깨뜨리고 우리의 강토를 개척하여 나라의 수치를 씻지 않겠습니까."라고 하였다.

① 광군을 창설하여 침입에 대비하였다. 거란
② 박위를 파견하여 근거지를 토벌하였다. 왜구(일본)
③ 강화도로 도읍을 옮겨 장기 항전을 준비하였다. 몽골
④ 선물 받은 낙타를 만부교에서 굶어 죽게 하였다. 거란
✓⑤ 동북 9성을 설치하고 경계를 알리는 비석을 세웠다. 여진

자료분석 '윤관'을 통해 (가)는 여진족임을 알 수 있다. 고려 시대에 윤관이 별무반을 이끌고 여진 정벌을 단행하여 동북 지역에 9성을 축조하였다.

정답 찾기 ⑤ 고려 예종 때 윤관은 여진을 북방으로 축출하고 동북 9성을 설치하였다.

오답 피하기
① 고려 정종 때 거란족의 침입에 대비하여 광군을 설치하였다.
② 고려 창왕 때 박위를 파견하여 왜구의 근거지인 쓰시마섬을 토벌하였다.
③ 고려 고종 때 몽골의 침입에 대비하기 위하여 강화도로 도읍을 옮겨 장기 항전을 준비하였다.
④ 고려 태조 왕건은 거란으로부터 선물 받은 낙타를 만부교에서 굶어 죽게 하였다(만부교 사건).

합격으로 이끄는 필수 개념: 고려의 대외 관계

거란	• 제1차 침입: 서희의 외교 담판
	• 제2차 침입: 양규의 활약
	• 제3차 침입: 강감찬의 귀주 대첩
여진	윤관의 건의로 별무반 조직, 동북 9성 축조
몽골	• 제1차 침입: 저고여 피살 → 박서의 항전 → 강화 천도
	• 제2차 침입: 김윤후의 처인성 전투
	• 삼별초의 항쟁

14 다음 자료를 활용한 탐구 활동으로 가장 적절한 것은? 1점

> ○남쪽에서 도적들이 봉기하였다. 가장 심한 자들은 운문을 거점으로 한 김사미와 초전을 거점으로 한 효심이었다. 이들은 유랑민을 불러 모아 주현을 습격하여 노략질하였다.
> ○원율 사람인 이연년이 백적도원수라 자칭하며 많은 사람을 불러 모아 여러 주군을 공격하여 노략질하니 최린이 지휘사 김경손과 함께 그들을 격파하였다. → 무신 집권기의 반란

① 노비안검법이 실시된 목적을 알아본다. 고려 광종
② 삼정이정청이 설치된 과정을 살펴본다. 임술 농민 봉기(조선 철종)
③ 사심관 제도가 시행된 사례를 조사한다. 고려 태조
④ 집강소에서 추진한 개혁의 내용을 분석한다. 동학 농민 운동
✓⑤ 무신 집권기 하층민의 반란이 발생한 배경을 파악한다. 무신 집권기

자료분석 '김사미', '효심', '이연년' 등을 통해 고려 무신 집권기의 반란임을 알 수 있다. 무신 집권기에는 김사미·효심의 난, 만적의 난, 이연년의 난 등의 민중 봉기가 발생하였다.

정답 찾기 ⑤ 무신 집권기에 백성들은 무신들의 대농장 소유 확대로 인한 가혹한 수탈에 저항하여 반란을 일으켰다.

오답 피하기
① 고려 광종 때 불법으로 노비가 된 자를 해방하기 위해 노비안검법이 실시되었다.
② 조선 철종 때 삼정의 문란 등이 원인이 되어 임술 농민 봉기가 일어나자 이를 해결하기 위해 삼정이정청이 설치되었다.
③ 고려 태조 왕건 때 지방의 호족을 관리하기 위해 사심관 제도를 시행하였다.
④ 동학 농민 운동(1894) 당시 농민군은 조선 정부와 전주 화약을 체결하고 전라도 53개 군현에 집강소를 설치하여 폐정 개혁 12개조를 실천하고자 하였다.

합격으로 이끄는 필수 개념: 무신 집권기의 반란

망이·망소이의 난	• 정중부 집권기
	• 공주 명학소에서 일어난 하층민의 봉기
김사미·효심의 난	• 이의민 집권기
	• 신라 부흥 주장
이연년 형제의 난	• 최우 집권기
	• 백제 부흥 주장

제69회
심화

제68회
심화

제67회
심화

제66회
심화

제65회
심화

제64회
심화

제63회
심화

제62회
심화

KEYWORD 고려 공민왕 재위 시기   정답 ⑤

15 다음 사건이 일어난 시기를 연표에서 옳게 고른 것은?

2점

조일신이 전 찬성사 정천기 등과 함께 기철·기륜·기원·고용보 등을 제거할 것을 모의하고 그들을 체포하게 하였는데, 기원은 잡아서 목을 베고 나머지는 모두 도망갔다. 조일신이 그 무리를 거느리고 나아가서 왕이 있던 궁궐을 포위하고, 숙직하고 있던 판밀직사사 최덕림, 상호군 정환 등 여러 사람을 죽였다. → 고려 공민왕

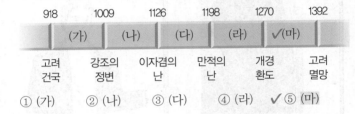

918	1009	1126	1198	1270	1392
(가)	(나)	(다)	(라)	✓(마)	
고려 건국	강조의 정변	이자겸의 난	만적의 난	개경 환도	고려 멸망

① (가)　② (나)　③ (다)　④ (라)　✓⑤ (마)

자료분석 '조일신', '기철' 등을 통해 고려 공민왕 재위 시기(1351~1374)인 1352년에 일어난 조일신의 난임을 알 수 있다. 조일신은 고려 공민왕이 즉위하자 공신으로 책봉되었다. 조일신은 당시 친원 세력인 기씨 일파와 갈등이 있었고, 위기를 느낀 조일신이 난을 일으켰으나 최영 등이 진압하였다.

정답 찾기 ⑤ 고려 말 공민왕은 개경 환도(1270)와 고려 멸망(1392) 사이에 재위하였다.

인 큀 이끌인
합격으로 이끄는 필수 개념: 고려 공민왕의 정책

반원 자주 정책	• 몽골풍 금지, 기철 등 친원 세력 숙청 • 정동행성(이문소) 폐지 • 쌍성총관부 탈환
왕권 강화 정책	• 정방 폐지 • 전민변정도감 설치

KEYWORD 고려의 문화유산   정답 ①

16 밑줄 그은 '국가'의 문화유산으로 옳지 않은 것은? 2점

이것은 왕실의 종친인 신안공 왕전이 몽골의 침략을 받던 시기에 국가의 태평을 기원하며 발원한 법화경서탑도(法華經書塔圖)입니다. 감색 종이에 금가루 등으로 법화경 수만 자를 한 자씩 써서 칠층 보탑을 형상화한 것이 특징입니다.

→ 고려

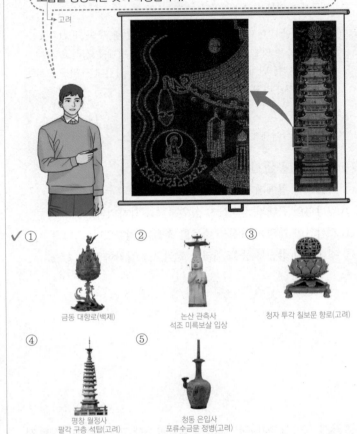

✓①

금동 대향로(백제)

②
논산 관촉사 석조 미륵보살 입상

③
청자 투각 칠보문 향로(고려)

④
평창 월정사 팔각 구층 석탑(고려)

⑤
청동 은입사 포류수금문 정병(고려)

자료분석 '몽골의 침략을 받던 시기'를 통해 밑줄 그은 '국가'는 고려임을 알 수 있다.

정답 찾기 ① 백제의 금동 대향로이다. 금동 대향로는 백제의 뛰어난 금속 공예 기술을 보여주며 불교와 도교의 복합적 요소를 보여준다.

오답 피하기
② 고려의 논산 관촉사 석조 미륵보살 입상이다.
③ 고려의 청자 투각 칠보문 향로이다.
④ 고려의 평창 월정사 팔각 구층 석탑이다.
⑤ 고려의 청동 은입사 포류수금문 정병이다.

인 큀 이끌인
합격으로 이끄는 필수 개념: 고려의 문화유산

공예	• 상감 청자(상감 기법) • 나전 국화 넝쿨무늬 자합
불상	• 안동 이천동 마애여래 입상 • 논산 관촉사 석조 미륵보살 입상
탑	• 평창 월정사 팔각 구층 석탑 → 송의 영향 • 개성 경천사지 십층 석탑 → 원의 영향

17 (가), (나) 사이의 시기에 있었던 사실로 옳은 것은? [3점]

(가) 살리타가 이첩(移牒)하기를, "황제께서 고려가 사신 저고여를 죽인 이유 등 몇 가지 일을 묻게 하셨다."라고 하면서 말 2만 필, 어린 남녀 수천 명, 자주색 비단 2만 필, 수달피 1만 장과 군사의 의복을 요구하였다. → 저고여 사건(1225)

(나) 첨의부에서 아뢰기를, "제국 대장 공주의 겁령구*와 내료(內僚)들이 좋은 땅을 많이 차지하여 산천으로 경계를 정하고 사패(賜牌)**를 받아 조세를 납입하지 않으니, 청컨대 사패를 도로 거두소서."라고 하였다. → 고려 충렬왕

*겁령구: 시종인
**사패: 토지 등에 대한 권리를 인정해 주는 증서

① 신숭겸이 공산 전투에서 전사하였다. 927년
② 최승로가 왕에게 시무 28조를 올렸다. 고려 성종
✓③ 김방경의 군대가 탐라에서 삼별초를 진압하였다. 고려 원종
④ 강감찬이 개경에 나성을 축조할 것을 건의하였다. 고려 현종
⑤ 경대승이 정중부 등을 제거하고 권력을 장악하였다. 고려 명종

자료분석 (가) '고려가 사신 저고여를 죽인'을 통해 고려 고종 때 발생한 저고여 사건(1225)임을 알 수 있다. (나) '제국 대장 공주'를 통해 고려 충렬왕 때임을 알 수 있다. 제국 대장 공주는 고려 충렬왕의 왕비이다.

정답 찾기 ③ 고려 원종 때 김방경의 군대가 탐라(제주)에서 항쟁하던 삼별초를 진압하였다.

오답 피하기
① 신숭겸이 공산 전투에서 전사하며 고려 태조 왕건은 후백제를 상대로 크게 패하였다(927). (가) 이전의 사실이다.
② 고려 성종 때 최승로가 개혁안인 시무 28조를 올렸다. (가) 이전의 사실이다.
④ 고려 현종 때 강감찬이 거란의 침입에 대비하여 개경에 나성을 축조할 것을 건의하였다. (가) 이전의 사실이다.
⑤ 고려 명종 때 경대승이 정중부 등을 제거하고 권력을 장악하였다. (가) 이전의 사실이다.

 합격으로 이끄는 필수 개념: 13세기 몽골의 침입

제1차 침입	몽골 사신 저고여의 피살을 계기로 침입
강화 천도	최우가 수도를 강화도로 옮기고 장기 항전 대비
제2차 침입	김윤후의 처인성 전투(살리타 사살)
제5차 침입	김윤후의 충주성 전투
개경 환도	• 최씨 무신 정권의 몰락 • 삼별초의 항쟁: 진도 → 제주도

---

18 (가) 인물의 활동으로 옳은 것은? [2점]

→ 최영

이것은 명의 철령위 설치에 반발하여 팔도도통사로서 요동 정벌을 추진하였던 (가) 의 초상입니다. 그는 요동 정벌에 반대한 이성계가 위화도 회군으로 정권을 장악하면서 죽임을 당하였습니다.

✓① 홍산 전투에서 왜구를 물리쳤다. 최영
② 화통도감의 설치를 건의하였다. 최무선
③ 정변을 일으켜 목종을 폐위하였다. 강조
④ 의종 복위를 도모하여 군사를 일으켰다. 김보당
⑤ 교정별감이 되어 국정 전반을 장악하였다. 최충헌

자료분석 '명의 철령위 설치에 반발', '요동 정벌을 추진' 등을 통해 (가) 인물은 최영임을 알 수 있다. 고려 우왕 때 명의 철령위 설치에 반발하여 최영이 요동 정벌을 추진하였다.

정답 찾기 ① 최영은 홍산 전투에서 왜구를 물리치며 활약하였다.

오답 피하기
② 고려 우왕 때 최무선의 건의로 화통도감을 설치하여 화포를 제작하였다.
③ 강조는 정변을 일으켜 고려 목종을 폐위하였다(1009, 강조의 정변).
④ 김보당은 고려 의종 복위를 도모하여 군사를 일으켰다(1173, 김보당의 난).
⑤ 무신 집권기에 최충헌은 교정도감의 우두머리인 교정별감이 되어 국정 전반을 장악하였다.

 합격으로 이끄는 필수 개념: 고려 말 왜구의 침입

고려 우왕	• 최영의 홍산 대첩 • 최무선 화포 제작, 진포 대첩 • 이성계의 황산 대첩
고려 창왕	박위의 쓰시마섬 정벌

제69회 심화
제68회 심화
제67회 심화
제66회 심화
제65회 심화
제64회 심화
제63회 심화
제62회 심화

19

KEYWORD 균역법   정답 ③

밑줄 그은 '대책'에 대한 탐구 활동으로 가장 적절한 것은?   2점

> 양역(良役)의 편중됨이 실로 양민의 뼈를 깎아 지탱하지 못하는 폐단이 됩니다. 전하께서 이를 불쌍하게 여겨 2필의 역을 특별히 1필로 감하였으니, 이는 천지와 같은 큰 은덕이요 죽은 사람을 살려 주는 은혜입니다. …… 그러나 이미 포를 감하였으니 마땅히 그 대신할 것을 보충해야 하나 나라의 재원은 한정이 있습니다. …… 이에 신들은 감히 눈앞의 한때 일을 다행으로 여기지 않고 좋은 대책을 찾아 반드시 오래도록 이어지게 하였습니다.
> └→ 균역법

① 공인이 등장하게 된 배경을 살펴본다. 대동법
② 당백전 발행이 끼친 영향을 파악한다. 경복궁 중건
✓③ 선무군관포를 징수한 목적을 찾아본다. 균역법의 재정 보충책
④ 토산물을 쌀, 동전 등으로 납부하게 한 원인을 조사한다. 대동법
⑤ 전세를 풍흉에 따라 9등급으로 차등 부과한 이유를 알아본다. 연분 9등법

자료분석 '2필의 역을 특별히 1필로', '포를 감하였으니' 등을 통해 밑줄 그은 '대책'은 조선 영조 때 시행된 균역법임을 알 수 있다. 영조는 백성의 군역 부담을 덜어주기 위하여 군포를 1년에 2필에서 1필로 줄이는 균역법을 제정하였다.

정답 찾기 ③ 균역법의 시행으로 재정이 감소되자 재정 보충책으로 선무군관포 등을 징수하고 지주에게 결작을 부과하였다.

오답 피하기
① 조선 광해군 때 대동법의 시행으로 국가에 필요한 물품을 구입 및 조달하는 상인인 공인이 등장하게 되었다.
② 조선 고종 때 흥선 대원군은 왕실의 권위를 세우고자 경복궁을 중건하였고, 중건에 필요한 재정을 확보하기 위하여 당백전을 발행하였다. 고액 화폐인 당백전의 발행으로 물가가 급등하게 되었다.
④ 조선 광해군은 공납의 폐단을 막기 위하여 공물을 특산물이 아닌 쌀·동전·옷감 등으로 납부하도록 하는 대동법을 시행하였다.
⑤ 조선 세종 때 수취 제도 개선을 위해 풍흉 정도에 따라 토지를 9등급으로 나누어 차등 부과하도록 하였다(연분 9등법).

 합격으로 **이끄는** 필수 개념: 조선 후기 수취 체제의 개편

영정법	• 인조 때 실시 • 전세를 토지 1결당 쌀 4~6두로 납부
대동법	• 광해군 때 처음 실시(경기도) → 숙종 때 전국 시행 • 공납을 토지 1결당 쌀·베·동전 등으로 징수 • 공인의 등장
균역법	• 영조 때 실시 • 군포를 1년에 2필에서 1필로 징수 • 재정 보완책: 선무군관포, 지주에게 결작 부과

20

KEYWORD 사헌부   정답 ⑤

(가) 기구에 대한 설명으로 옳은 것은?   2점

총마계회도(聰馬契會圖)
총마들의 모임을 기념하기 위해 그린 그림으로, 총마는 감찰의 별칭이다. 감찰은 대사헌을 수장으로 하는 (가) 의 관원으로, 관리의 위법사항을 규찰하였다. 그림에는 계회 장소의 모습과 함께 왕이 내린 시문, 참석자 명단 등이 담겨 있다.
└→ 사헌부

① 수도의 행정과 치안을 담당하였다. 한성부
② 왕명 출납을 맡은 왕의 비서 기관이었다. 승정원
③ 왕에게 경서 등을 강론하는 경연을 주관하였다. 홍문관
④ 역사서를 편찬하고 사고에 보관하는 일을 맡았다. 춘추관
✓⑤ 5품 이하 관리의 임명 과정에서 서경권을 행사하였다. 사헌부

자료분석 '대사헌을 수장', '관리의 위법 사항을 규찰' 등을 통해 (가) 기구는 사헌부임을 알 수 있다. 조선 시대 사헌부는 사간원, 홍문관과 함께 삼사로 불렸다.

정답 찾기 ⑤ 사헌부는 사간원과 함께 5품 이하 관리의 임명 과정에서 서경권을 행사하였다.

오답 피하기
① 한성부는 수도의 행정과 치안을 담당하였다.
② 승정원은 왕명 출납을 맡은 왕의 비서 기관이었다.
③ 홍문관은 왕의 정책 자문 기구로, 경연을 주관하였다.
④ 춘추관은 역사서를 편찬하고 사고에 보관하는 일을 담당하였다.

합격으로 **이끄는** 필수 개념: 조선의 중앙 정치 제도

의정부	• 정책 심의·결정, 최고 정무 기구 • 3정승 합의 체제
승정원	국왕 비서 기관, 왕명 출납
의금부	국왕 직속 사법 기구
삼사	• 사헌부, 사간원, 홍문관으로 구성 • 간쟁, 봉박, 서경권 행사
한성부	수도의 행정, 치안

21 (가)에 들어갈 내용으로 가장 적절한 것은? 2점

이곳은 경기도 용인시에 있는 심곡 서원입니다. 반정 공신의 위훈 삭제 등 개혁을 추진하다가 사사된 인물의 학문과 덕행을 추모하기 위해 세워졌습니다. 이 인물에 대해 알고 있는 내용을 대화창에 올려 주세요.

> ▶▶ ◀◀ 조선 시대 인물을 찾아서
>
> ON 대화창
>
> 호는 정암으로, 소격서 폐지에 앞장섰어요.
>
> (가) → 조광조의 개혁 정치
>
> 글쓰기

① 성학집요를 지어서 임금에게 바쳤어요. 이이
② 김종직의 조의제문을 사초에 포함시켰어요. 김일손
③ 최초의 서원인 백운동 서원을 건립하였어요. 주세붕
✓④ 소학의 보급과 현량과 실시를 주장하였어요. 조광조
⑤ 재상 중심의 정치를 강조한 조선경국전을 저술하였어요. 정도전

자료분석 '반정 공신의 위훈 삭제', '소격서 폐지' 등을 통해 (가)에 들어갈 내용은 조광조임을 알 수 있다. 조선 중종 때 조광조의 위훈 삭제 등 급진 정책에 대한 훈구 세력의 반발로 기묘사화가 일어났다.

정답 찾기 ④ 조광조는 소학의 보급과 천거를 통한 관리 등용 제도인 현량과 실시 등을 주장하였다.

오답 피하기
① 이이는 군주가 수양해야 할 덕목을 제시한 『성학집요』를 조선 선조에게 바쳤다.
② 김일손은 스승 김종직의 「조의제문」을 사초에 실었고 훈구 세력이 이를 문제삼아 조선 연산군 때 무오사화가 발생하였다.
③ 조선 중종 때 주세붕은 최초의 서원인 백운동 서원을 건립하였다.
⑤ 조선 초 정도전은 재상 중심의 정치를 강조하여 『조선경국전』을 저술하였다.

인 큅 **합격으로 이끄는 필수 개념:** 조광조의 개혁 정치

조광조의 개혁 정치	• 현량과 시행 주장 • 소격서 폐지, 위훈 삭제 주장 • 수미법 주장
기묘사화 (1519)	• 조광조의 급진 정책에 훈구 세력 반발 • 주초위왕(走肖爲王) 사건 • 조광조 등 사림 세력 피해

22 밑줄 그은 '이 왕'이 추진한 정책으로 옳은 것은? 2점

역사적 평가가 엇갈리는 이 왕에 대한 생각을 말해 보자.

동생 영창 대군을 죽이고 어머니 인목 대비를 폐위한 것은 비난받을 행동이었어.

후금과의 관계 악화를 피하려 한 외교 정책은 국가의 안정을 도모한 적절한 선택이었다고 생각해.

└→ 조선 광해군

① 6조 직계제를 처음으로 실시하였다. 조선 태종
② 학문 연구 기관으로 집현전을 두었다. 조선 세종
✓③ 전란의 피해를 복구하고 동의보감을 간행하였다. 조선 광해군
④ 역대 문물 제도를 정리한 동국문헌비고를 편찬하였다. 조선 영조
⑤ 시전 상인의 특권을 축소하는 신해통공을 단행하였다. 조선 정조

자료분석 '인목 대비를 폐위', '후금과의 관계 악화를 피하려 한 외교 정책' 등을 통해 밑줄 그은 '이 왕'은 조선 광해군임을 알 수 있다.

정답 찾기 ③ 조선 광해군 때 전란의 피해를 복구하고 허준의 『동의보감』이 간행되었다.

오답 피하기
① 조선 태종은 왕권 강화를 위해 6조에서 의정부를 거치지 않고 왕에게 직접 보고하도록 한 제도인 6조 직계제를 처음으로 실시하였다.
② 조선 세종은 학문 연구 기관으로 집현전을 설치하여 학문과 정책 연구를 담당하도록 하였다.
④ 조선 영조 때 역대 문물 제도를 정리한 백과사전인 『동국문헌비고』를 편찬하였다.
⑤ 조선 정조 때 육의전을 제외한 시전 상인의 특권을 축소하는 신해통공을 단행하였다.

인 큅 **합격으로 이끄는 필수 개념:** 조선 광해군의 업적

정치	• 북인 집권 • 중립 외교: 강홍립이 후금에 항복
경제	대동법 시행
문화	허준의 『동의보감』 편찬

제69회 심화
제68회 심화
제67회 심화
제66회 심화
제65회 심화
제64회 심화
제63회 심화
제62회 심화

KEYWORD 병자호란 　　　　정답 ①

23 밑줄 그은 '이 전쟁'의 영향으로 가장 적절한 것은? 2점

사료로 만나는 한국사

　신풍부원군 장유가 예조에 단자를 올리기를 "외아들이 있는데 강도(江都)의 변 때 그의 처가 잡혀갔다가 속환되어 지금은 친정 부모집에 가 있습니다. 그대로 배필로 삼아 함께 조상의 제사를 받들 수 없으니, 새로 장가들도록 허락해 주십시오." 라고 하였다.

→ 병자호란

　위 사료는 <u>이 전쟁</u> 중 강화도가 함락되면서 적국으로 끌려 갔다 돌아온 며느리를 아들과 이혼하게 해달라는 내용의 글이다. 국왕이 삼전도에서 항복하며 종결된 <u>이 전쟁</u>으로 많은 사람들이 포로로 끌려갔다. 여성들은 살아 돌아오더라도 절개를 잃었다는 이유로 억울하게 이혼을 당하기도 하였다.

◀ ❚❚ ▶

✓① 이완 등을 중심으로 북벌이 추진되었다. 조선 광해군(북벌 운동)
② 김종서가 두만강 일대에 6진을 개척하였다. 조선 세종
③ 이종무가 적의 근거지인 쓰시마섬을 정벌하였다. 조선 세종
④ 강홍립이 이끄는 부대가 사르후 전투에 참전하였다. 조선 광해군
⑤ 국방 문제를 논의하기 위해 비변사가 처음으로 설치되었다. 조선 중종

자료분석 '국왕이 삼전도에서 항복'을 통해 밑줄 그은 '이 전쟁'은 병자호란 (1636)임을 알 수 있다. 병자호란 이후 북벌 운동이 추진되었다.

정답 찾기 ① 조선 효종 때 이완 등을 중심으로 청에 대한 치욕을 갚자는 북벌이 추진되었다.

오답 피하기
② 조선 세종 때 김종서가 여진족을 물리치고 두만강 일대에 6진을 개척하였다.
③ 조선 세종 때 이종무가 왜구의 근거지인 쓰시마섬을 정벌하였다.
④ 조선 광해군 때 명군의 요청으로 강홍립이 이끄는 부대가 사르후 전투에 참여하였으나 후금에 항복하였다(중립 외교 정책).
⑤ 조선 중종 때 국방 문제를 논의하기 위해 비변사를 임시 기구로 처음 설치하였다.

인 뀈 (이끌인) **합격으로 이끄는 필수 개념: 병자호란(1636)**

배경	후금의 청 건국, 조선에 군신 관계 요구
과정	척화파 vs 주화파의 대립 → 척화론 우세 → 청의 군신 관계 요구 거절 → 청의 침입 → 조선 인조의 남한산성 피신 → 인조의 항복
결과	• 삼전도의 굴욕 • 청과 군신 관계 체결 • 북벌 운동 전개(조선 효종 때)

KEYWORD 조선 세조 　　　　정답 ①

24 (가) 왕의 재위 시기에 있었던 사실로 옳은 것은? 2점

　만약 그 자신이 죽고 아내에게 전지가 전해지면 수신전이라 하였고, 부부가 모두 죽고 아들에게 전해지면 휼양전이라 일컬 었으며, 만약 그 아들이 관직에 제수된다면 그대로 그 전지를 주고 과전이라 하였다. …… 　(가)　 이/가 이 제도를 폐지하고 현직 관리에게 전지를 주고 직전이라 하였다.

→ 조선 세조

✓① 불교 경전을 간행하는 간경도감이 설치되었다. 조선 세조
② 음악 이론 등을 집대성한 악학궤범이 완성되었다. 조선 성종
③ 세계 지도인 혼일강리역대국도지도가 제작되었다. 조선 태종
④ 신하를 재교육하기 위한 초계문신제가 실시되었다. 조선 정조
⑤ 삼남 지방의 농법을 소개한 농사직설이 편찬되었다. 조선 세종

자료분석 '현직 관리에게 전지를 주고 직전이라 하였다'를 통해 (가) 왕은 직전법을 실시한 조선 세조임을 알 수 있다. 세조는 현직 관리에게만 수조권을 지급하는 직전법을 시행하였고, 수신전과 휼양전을 폐지하였다.

정답 찾기 ① 조선 세조 때 불교 경전을 간행, 번역하는 간경도감이 설치되었다.

오답 피하기
② 조선 성종 때 음악 이론을 집대성한 『악학궤범』이 간행되었다.
③ 조선 태종 때 세계 지도인 『혼일강리역대국도지도』가 제작되었다.
④ 조선 정조는 젊고 유능한 신하를 선발하여 재교육하는 초계문신제를 시행하였다.
⑤ 조선 세종은 정초 등에게 명하여 우리 풍토에 맞는 농법을 소개한 『농사직설』을 편찬하도록 하였다.

인 뀈 (이끌인) **합격으로 이끄는 필수 개념: 조선 세조의 업적**

왕권 강화	• 6조 직계제 재시행 • 집현전, 경연 폐지
통치 체제 정비	• 『경국대전』 편찬 시작 • 간경도감 설치 → 불교 경전 간행

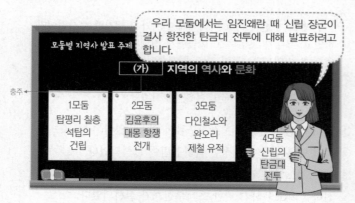

KEYWORD 충주의 역사 　　　　　　　　　　　정답 ④

25 (가) 지역에서 있었던 사실로 옳은 것은? ［2점］

> 우리 모둠에서는 임진왜란 때 신립 장군이 결사 항전한 탄금대 전투에 대해 발표하려고 합니다.

모둠별 지역사 발표 주제

(가) 지역의 역사와 문화

충주 →

1모둠 탑평리 칠층 석탑의 건립	2모둠 김윤후의 대몽 항쟁 전개	3모둠 다인철소와 완오리 제철 유적

4모둠
신립의
탄금대
전투

① 제1차 미소 공동 위원회가 개최되었다. 　덕수궁 석조전
② 명 신종을 기리는 만동묘가 건립되었다. 　충북 괴산
③ 강주룡이 을밀대 지붕에서 고공 농성을 벌였다. 　평양
✓④ 고구려비가 남한 지역에서 유일하게 발견되었다. 　충주
⑤ 박재혁이 경찰서에서 폭탄을 터뜨리는 의거를 일으켰다. 　부산

자료분석 '김윤후의 대몽 항쟁', '탄금대 전투' 등을 통해 (가) 지역은 충주임을 알 수 있다.

정답 찾기 ④ 남한 지역에서 유일하게 발견된 고구려비는 충주 고구려비이다. 장수왕 때 건립된 충주 고구려비는 고구려가 남한강 유역까지 진출하였음을 보여주는 비석이다.

오답 피하기
① 제1차 미·소 공동 위원회가 개최된 곳은 덕수궁 석조전이다.
② 명나라 신종을 기리는 만동묘가 건립된 곳은 충북 괴산이다.
③ 강주룡이 을밀대 지붕에서 고공 농성을 벌인 곳은 평양이다.
⑤ 일제 강점기에 의열단원 박재혁은 부산 경찰서에 폭탄을 터뜨리는 의거를 일으켰다.

 합격으로 이끄는 필수 개념: 충주의 역사

삼국 시대	충주 고구려비
고려 시대	대몽 항쟁기 충주성 전투(김윤후)
조선 시대	임진왜란 때 충주 탄금대 전투(신립)

KEYWORD 기사환국~갑술환국 사이의 사실 　　　정답 ②

26 (가) 시기에 있었던 사실로 옳은 것은? ［3점］

> 며칠 전 주상께서 희빈 장씨가 낳은 왕자를 원자로 삼으셨다고 하네.
> → 기사환국

> 중전께서 아직 젊으신데 너무 성급한 결정은 아닌지 우려스럽네.

(가)

> 장씨에게 내렸던 왕후의 지위를 거두고 옛 작호인 희빈을 내려주도록 하라.
> → 갑술환국

① 무신 이징옥이 반란을 일으켰다. 　조선 단종
✓② 송시열이 유배된 후 사사되었다. 　조선 숙종(기사환국의 결과)
③ 자의 대비의 복상 문제로 예송이 일어났다. 　조선 현종
④ 정여립 모반 사건을 빌미로 기축옥사가 발생하였다. 　조선 선조
⑤ 붕당 정치의 폐해를 막기 위해 탕평비가 건립되었다. 　조선 영조

자료분석 (가) 이전은 '희빈 장씨가 낳은 왕자를 원자로'를 통해 조선 숙종 때 기사환국(1689)에 대한 내용임을 알 수 있고, (가) 이후는 '장씨에게 내렸던 왕후의 지위를 거두고'를 통해 갑술환국(1694)에 대한 내용임을 알 수 있다. 따라서 (가) 시기는 기사환국(1689)과 갑술환국(1694) 사이의 사실이 들어가야 한다.

정답 찾기 ② 기사환국 결과 서인이 몰락하고 송시열은 유배된 후 사사되었다.

오답 피하기
① 조선 단종 때 무신 이징옥은 수양대군의 권력 장악과 자신의 파직에 불만을 품고 반란을 일으켰다.
③ 조선 현종 때 인조의 계비인 자의 대비의 복상 문제로 예송이 전개되었다.
④ 조선 선조 때 정여립 모반 사건을 빌미로 동인이 실각하는 기축옥사가 발생하였다.
⑤ 조선 영조 때 붕당 정치의 폐해를 막기 위해 탕평비를 세워 탕평의 의지를 밝혔다.

인류 **합격으로 이끄는 필수 개념**: 조선 시대의 환국

경신환국 (1680)	• 배경: 남인 허적의 유악 사건, 허견의 역모 고발 사건 • 결과: 남인 실각, 서인 정권 장악
기사환국 (1689)	• 배경: 서인 송시열이 세자 책봉 반대 • 결과: 송시열 사사, 인현 왕후 폐위
갑술환국 (1694)	• 배경: 남인의 인현 왕후 복위 운동 반대 • 결과: 무고의 옥 → 희빈 장씨 사사

제69회
심화

제68회
심화

제67회
심화

제66회
심화

제65회
심화

제64회
심화

제63회
심화

제62회
심화

KEYWORD 박제가 정답 ④

27 (가) 인물에 대한 설명으로 옳은 것은? 2점

이것은 청의 화가 나빙이 그린 (가) 의 초상으로, 이별의 아쉬움을 표현한 시가 함께 있습니다. (가) 은/는 연행사의 일원으로 여러 차례 청에 가서 그곳의 문인들과 폭넓게 교유하였습니다. 이 과정에서 북학의를 저술하여 청의 문물을 적극적으로 수용할 것을 주장하였습니다.

특별전
국경을
넘어선
우정

① 세계 지리서인 지구전요를 저술하였다. 최한기
② 의산문답에서 무한 우주론을 주장하였다. 홍대용
③ 기기도설을 참고하여 거중기를 설계하였다. 정약용
✓ ④ 서자 출신으로 규장각 검서관에 기용되었다. 박제가
⑤ 양반전을 지어 양반의 허례와 무능을 풍자하였다. 박지원

KEYWORD 조선 후기의 사회 모습 정답 ⑤

28 다음 가상 대화가 이루어진 시기의 사회 모습으로 가장 적절한 것은? 1점

자네 소식 들었나? 지난달 진주에서 백성들이 난을 일으켜 관아를 습격하고 아전의 집을 불태웠다더군. → 조선 후기

나도 들었네. 경상 우병사 백낙신의 탐학과 향리들의 횡포에 맞서 유계춘이 주도하였다고 하더군.

① 빈민 구제를 위해 흑창이 설치되었다. 고려 태조
② 원종과 애노가 사벌주에서 봉기하였다. 통일 신라 진성 여왕
③ 홍건적의 침입으로 개경이 함락되었다. 고려 공민왕
④ 지배층을 중심으로 변발과 호복이 유행하였다. 고려 원 간섭기
✓ ⑤ 안동 김씨 등의 세도 정치로 매관매직이 성행하였다. 조선 후기 세도 정치

자료분석 '연행사의 일원', '북학의를 저술' 등을 통해 (가) 인물은 박제가임을 알 수 있다. 조선 후기 실학자 박제가는 『북학의』에서 절약보다 적절한 소비를 권장하고 청의 문물을 적극적으로 수용할 것을 주장하였다.

정답 찾기 ④ 조선 정조는 유득공·박제가·이덕무 등 서얼 출신 학자들을 규장각 검서관에 기용하였다.

오답 피하기
① 최한기는 세계 지리서인 『지구전요』를 저술하였다.
② 홍대용은 『의산문답』에서 무한 우주론을 주장하였다.
③ 정약용은 『기기도설』을 참고하여 거중기를 설계하였다.
⑤ 박지원은 『양반전』을 지어 양반의 허례와 무능을 풍자하였다.

인쿼 이끌인 합격으로 **이끄는** 필수 개념: 조선 후기의 실학자

중농학파 (경제치용)	• 유형원: 균전론, 『반계수록』 • 이익: 한전론, 『성호사설』 • 정약용: 여전론, 『경세유표』, 『목민심서』
중상학파 (이용후생)	• 홍대용: 지전설, 『의산문답』 • 박지원: 화폐 유통 주장, 『열하일기』, 『허생전』 • 박제가: 서얼 출신, 소비 주장, 『북학의』

자료분석 '진주에서 백성들이 난', '백낙신의 탐학', '유계춘이 주도' 등을 통해 해당 시기는 임술 농민 봉기(1862)가 발생한 조선 후기임을 알 수 있다. 삼정의 문란과 경상 우병사 백낙신의 횡포로 진주 지방에서 농민 봉기가 발생하였다.

정답 찾기 ⑤ 조선 후기 안동 김씨, 풍양 조씨 등의 세도 정치로 매관매직이 성행하고 삼정의 문란이 발생하였다.

오답 피하기
① 고려 태조 왕건 때 빈민 구제를 위해 흑창이 설치되었다.
② 통일 신라 진성 여왕 때 원종과 애노가 사벌주에서 봉기하였다.
③ 고려 공민왕 때 홍건적의 침입으로 개경이 함락되었다.
④ 고려 원 간섭기에 원의 영향을 받아 지배층을 중심으로 변발과 호복이 유행하였다.

인쿼 이끌인 합격으로 **이끄는** 필수 개념: 조선 후기의 농민 봉기

홍경래의 난 (1811)	• 배경: 지배층의 수탈, 서북민에 대한 차별 대우 • 결과: 정주성이 함락되며 진압
임술 농민 봉기 (1862)	• 배경: 삼정의 문란(백낙신의 학정), 지배층의 수탈 • 결과: 안핵사 박규수 파견, 삼정이정청 설치

29 (가) 사건에 대한 설명으로 옳은 것은? [1점]

오전 11:40   62% 🔋

대한민국 방방곡곡 - 전등사

史 한국사 채널   조회수 82,461

전등사는 강화도 정족산성 안에 위치한 사찰로 대웅전, 약사전 등 많은 문화유산을 보유하고 있다. 사찰 내에는 조선왕조실록을 보관하였던 정족산 사고가 복원되어 있다. 뿐만 아니라 ☐ (가) ☐ 때 → 병인양요 프랑스군을 물리친 양헌수 장군의 승전비도 있다.

① 운요호 사건을 빌미로 일어났다. 강화도 조약
② 왕이 공산성으로 피란하는 계기가 되었다. 이괄의 난
✓③ 전개 과정에서 외규장각 도서가 약탈당하였다. 병인양요
④ 사태 수습을 위해 이용태가 안핵사로 파견되었다. 고부 농민 봉기
⑤ 황사영이 외국 군대의 출병을 요청하는 원인이 되었다. 신유박해

자료분석 '프랑스군을 물리친 양헌수 장군'을 통해 (가) 사건은 병인양요 (1866)임을 알 수 있다. 병인양요가 일어나자 정족산성에서 양헌수 부대가 프랑스군에 맞서 활약하였다.

정답 찾기 ③ 병인양요 전개 과정에서 외규장각 의궤 등 각종 문화재를 약탈당하였다.

오답 피하기
① 운요호 사건을 계기로 조선 정부는 일본과 강화도 조약을 체결하였다.
② 이괄의 난으로 조선 인조가 공산성으로 피란하게 되었다.
④ 고부 농민 운동 당시 정부는 사태 수습을 위해 이용태를 안핵사로 파견하였으나 이용태가 오히려 농민군을 탄압하였다.
⑤ 신유박해로 많은 천주교도가 처형당하자 황사영은 베이징 주교에 백서를 보내 외국 군대의 출병을 요청하였다.

 합격으로 **이끄는** 필수 개념: 병인양요와 신미양요

병인양요 (1866)	• 배경: 병인박해 • 과정: 양헌수(정족산성), 한성근(문수산성) • 결과: 외규장각 의궤 등 문화유산 약탈
신미양요 (1871)	• 배경: 제너럴셔먼호 사건 • 과정: 어재연(광성보) • 결과: 어재연 장군의 수(帥)자기 약탈

---

30 다음 자료에 나타난 사건의 영향으로 가장 적절한 것은? [2점]

이때 세금을 부과하는 직책의 신하들이 재물을 거두어들여 자기 배만 채우면서 각영(各營)에 소속된 군인들의 봉급은 몇 달 동안 나누어 주지 않았다. 그리하여 훈국(訓局)의 군사가 맨 먼저 난을 일으키고, 각영의 군사가 잇달아 일어났다. 이들은 이최응, 민겸호, 김보현, 민창식을 죽였고 또 중전을 시해하려 하였다. 중전은 장호원으로 피신하였다. → 임오군란

① 강화도 조약을 체결하였다. 운요호 사건
② 김기수가 수신사로 일본에 파견되었다. 강화도 조약 이후
③ 종로와 전국 각지에 척화비가 세워졌다. 신미양요 이후
✓④ 일본 공사관 경비 명목으로 일본군이 주둔하였다. 임오군란
⑤ 통리기무아문을 설치하고 그 아래에 12사를 두었다. 1880년 개화 정책

자료분석 '군인들의 봉급은 몇 달 동안 나누어 주지 않았다', '중전은 장호원으로 피하였다' 등을 통해 해당 사건은 임오군란(1882)임을 알 수 있다. 임오군란은 군인들의 봉급이 밀리는 등 구식 군인에 대한 차별 대우가 발단이 되어 일어났다.

정답 찾기 ④ 임오군란의 결과 제물포 조약이 체결되었다. 이에 따라 일본에 배상금을 지불하고, 일본 공사관 경비 명목으로 일본군이 주둔하였다.

오답 피하기
① 일본은 운요호 사건을 일으켜 문호 개방을 요구하였고, 그 결과 강화도 조약이 체결되었다.
② 강화도 조약 체결 이후 김기수가 제1차 수신사로 일본에 파견되었다.
③ 흥선 대원군은 신미양요 이후 종로와 전국 각지에 통상 수교 거부 의지를 담은 척화비를 건립하였다.
⑤ 1880년 조선 정부는 개화 정책을 총괄하는 기구로 통리기무아문을 설치하고 그 아래에 12사를 두었다.

 합격으로 **이끄는** 필수 개념: 임오군란(1882)

배경	구식 군인에 대한 차별 대우
과정	구식 군인들의 봉기, 흥선 대원군의 재집권
결과	• 청에 고문 파견: 마젠창, 묄렌도르프 • 조·청 상민 수륙 무역 장정 체결 • 제물포 조약 체결 → 일본 공사관에 경비병 주둔

31 (가)에 들어갈 내용으로 적절한 것은? 2점

✓① 공사 노비법을 혁파하였습니다. 제1차 갑오개혁
② 5군영을 2영으로 통합하였습니다. 1880년 개화 정책
③ 건양이라는 연호를 제정하였습니다. 을미개혁
④ 한성 사범 학교 관제를 반포하였습니다. 제2차 갑오개혁
⑤ 지계아문을 설치하여 지계를 발급하였습니다. 광무개혁

자료분석 '군국기무처', '총재는 김홍집' 등을 통해 (가)에 들어갈 내용은 제1차 갑오개혁(1894)이다.

정답 찾기 ① 제1차 갑오개혁 때 신분제를 폐지하고, 공사 노비법을 혁파하였다.

오답 피하기
② 조선 정부는 1880년 통리기무아문을 설치하여 개화 정책을 추진하였고, 그 과정에서 종래의 군제를 개편하여 5군영을 2영으로 통합하였다.
③ 을미개혁 때 건양이라는 연호를 제정하고, 친위대와 진위대를 설치하였다.
④ 제2차 갑오개혁 때 한성 사범 학교 관제를 반포하였다.
⑤ 고종은 대한 제국을 선포하고 광무개혁을 추진하였다. 광무개혁으로 지계아문을 설치하여 지계를 발급하였다.

인 륄 합격으로 **이끄는** 필수 개념: 갑오·을미개혁 주요 내용

제1차 갑오개혁	• '개국' 연호 사용 • 공사 노비법(신분제) 폐지 • 과거제 폐지
제2차 갑오개혁	• 홍범 14조 반포 → 한성 사범 학교 관제 반포 • 교육 입국 조서 반포
을미개혁	• '건양' 연호 사용 • 태양력 사용

---

32 (가) 단체에 대한 설명으로 옳은 것은? 2점

> 신들은 나라가 나라일 수 있는 조건은 두 가지가 있다고 생각합니다. 첫째는 자립하여 다른 나라에 의지하지 않는 것이며, 둘째는 자수(自修)하여 나라 안에 정법(政法)을 행하는 것입니다. 이 두 가지는 하늘이 우리 폐하께 부여해 준 하나의 큰 권한으로서, 이 권한이 없으면 나라가 없는 것입니다. 그래서 신 등은 (가) 을/를 설립하여 독립문을 세우고 위로는 황상의 지위를 높이며, 아래로는 인민의 뜻을 확고히 함으로써 억만년 무궁한 기초를 확립하고자 하였던 것입니다. →독립 협회

① 만세보를 발행하여 민중 계몽에 힘썼다. 천도교
② 일본의 황무지 개간권 요구를 저지하였다. 보안회
③ 일제가 조작한 105인 사건으로 와해되었다. 신민회
✓④ 중추원 개편을 통해 의회 설립을 추진하였다. 독립 협회
⑤ 독립운동 자금 마련을 위해 독립 공채를 발행하였다. 대한민국 임시 정부

자료분석 '독립문을 세우고'를 통해 (가) 단체는 독립 협회(1896)임을 알 수 있다. 서재필 등은 1896년 중국 사신을 맞이하던 영은문을 허물고 독립문 건립을 추진하였으며, 그 과정에서 독립 협회가 창립되었다.

정답 찾기 ④ 독립 협회는 중추원 개편을 통해 의회 설립 운동을 추진하였다.

오답 피하기
① 천도교는 『만세보』를 발행하여 민중 계몽에 힘썼다.
② 보안회는 일본의 황무지 개간권 요구를 저지하였다.
③ 신민회는 일제가 조작한 105인 사건으로 1911년 와해되었다.
⑤ 대한민국 임시 정부는 독립운동 자금 마련을 위해 독립 공채를 발행하였다.

인 륄 합격으로 **이끄는** 필수 개념: 독립 협회의 활동

자주 국권 운동	• 영은문 → 독립문, 모화관 → 독립관 • 만민 공동회 개최
자유 민권 운동	언론·출판·집회·결사·신체의 자유 요구
자강 개혁 운동	• 관민 공동회 개최: 헌의 6조 결의 • 의회 설립 운동: 박정양 중추원 관제 반포

제69회 심화
제68회 심화
제67회 심화
제66회 심화
제65회 심화
제64회 심화
제63회 심화
제62회 심화

33 다음 자료에 나타난 민족 운동에 대한 설명으로 옳은 것은? 1점

> 거액의 외채 1,300만 원을 해마다 미루다가 갚지 못할 지경에 이른다면 나라를 보존하기 어려울 것이니, 나라를 보존하지 못하면, 아! 우리 동포는 장차 무엇에 의지하겠습니까? …… 근래에 신문을 접하니, 영남에서 시작하여 서울에 이르기까지 담배를 끊어 나라의 빚을 갚자는 논의가 시작되었고, 발기한 지 며칠이 되지 않아 의연금을 내는 자들이 날마다 이른다 하니, 우리 백성들이 임금에게 충성하고 나라를 사랑하는 마음을 통쾌하게 볼 수 있습니다. → 국채 보상 운동

① 조선 총독부의 탄압과 방해로 실패하였다. 통감부의 탄압
✓② 대한매일신보 등의 지원을 받아 확산되었다. 국채 보상 운동
③ 대한민국 임시 정부가 수립되는 계기가 되었다. 3·1 운동
④ 백정에 대한 사회적 차별 철폐를 목적으로 하였다. 형평 운동
⑤ 조선 민립 대학 기성회에서 모금 활동을 전개하였다. 민립 대학 설립 운동

[자료분석] '외채 1,300만 원', '영남에서 시작', '담배를 끊어 나라의 빚을 갚자' 등을 통해 1907년 일어난 국채 보상 운동에 대한 내용임을 알 수 있다. 국채 보상 운동은 대한 제국의 국채 1,300만 원을 갚고자 대구에서 김광제, 서상돈 등의 발의로 시작되었다.

[정답 찾기] ②『대한매일신보』는 국채 보상 운동을 지원하여 운동이 전국적으로 확산되는 데 기여하였다.

[오답 피하기]
① 국채 보상 운동은 통감부의 방해로 실패하였다. 조선 총독부는 1910년에 설치되었다.
③ 1919년 3·1 운동 이후 독립운동의 통일적 지도부 역할의 필요성을 느껴 대한민국 임시 정부가 수립되었다.
④ 1923년 백정들은 조선 형평사를 조직하여 백정에 대한 사회적 차별 철폐를 요구하는 형평 운동을 전개하였다.
⑤ 1922년 이상재 등의 주도로 조선 민립 대학 기성회가 창립되어 대학 설립을 위한 모금 활동을 전개하였다.

합격으로 **이끄는** 필수 개념: 국채 보상 운동(1907)

배경	·일본의 차관 제공
전개	• 대구에서 서상돈, 김광제 등을 중심으로 시작 •『대한매일신보』 등 언론의 참여 • 금연·금주, 비녀, 가락지 모으기
결과	통감부의 방해로 실패(양기탁 구속 등)

KEYWORD　고종 강제 퇴위 이후의 사실　　　정답 ④

34 다음 대화에 나타난 사건 이후의 사실로 옳은 것은? 3점

며칠 전 황제 폐하께서 황태자 전하께 대리를 명하는 조칙을 내리셨다는 소식을 들었는가?

들었네. 그 다음날 일본 군대의 삼엄한 경계 속에서 양위식이 거행되어 대리가 아니라 사실상 황제께서 퇴위당하신 셈이지.

→ 고종 퇴위 이후(1907)

① 신식 군대인 별기군이 창설되었다. 1881년
② 묄렌도르프가 외교 고문으로 파견되었다. 1882년
③ 초대 통감으로 이토 히로부미가 부임하였다. 1906년
✓④ 기유각서가 체결되어 사법권을 박탈당하였다. 1909년
⑤ 관민 공동회가 개최되어 헌의 6조를 결의하였다. 1898년

[자료분석] '양위식이 거행', '황제께서 퇴위' 등을 통해 고종 황제가 강제 퇴위된 1907년 이후의 상황임을 알 수 있다.

[정답 찾기] ④ 1909년 기유각서가 체결되어 대한 제국의 사법권이 박탈당하였다.

[오답 피하기]
① 조선 정부는 개화 정책의 일환으로 1881년 신식 군대인 별기군을 창설하였다.
② 1882년 임오군란의 결과 청에서 외교 고문으로 묄렌도르프가 파견되었다.
③ 을사늑약이 체결(1905)되어 이듬해 초대 통감으로 이토 히로부미가 부임하였다(1906).
⑤ 1898년 독립 협회는 관민 공동회를 개최하여 헌의 6조를 결의하였다.

인 **이끎**
합격으로 **이끄는** 필수 개념: 일제의 국권 침탈 과정

1904년	• 한·일 의정서 체결 • 제1차 한·일 협약 체결(고문 통치)
1905년	제2차 한·일 협약(을사늑약) 체결(통감 통치)
1907년	• 헤이그 특사 파견 → 고종 강제 퇴위 • 한·일 신협약(정미 7조약) 체결(차관 통치)
1909년	기유각서 체결(사법권 박탈)

제69회 심화
제68회 심화
제67회 심화
제66회 심화
제65회 심화
제64회 심화
제63회 심화
제62회 심화

KEYWORD 물산 장려 운동   정답 ②

35 밑줄 그은 '이 운동'에 대한 설명으로 옳은 것을 〈보기〉에서 고른 것은?   2점

광고로 보는 역사

京城紡織株式會社
광목 廣木
SUPERIOR SHEETINGS
三角山票 산악표 삼성표 三星票

[해설] 이것은 경성 방직 주식회사의 광목 광고이다. 조선인 기업이 만든 상품의 사용을 장려하고자 전개된 이 운동 당시의 상황을 반영하여 '조선 사람의 자본과 기술로 된 광목'이라는 문구가 광고에 사용되었다.
→ 물산 장려 운동

── 〈보 기〉 ──

✓ㄱ. 회사령 폐지 등이 배경이 되었다. 물산 장려 운동
ㄴ. 황국 중앙 총상회의 주도하에 전개되었다. 상권 수호 운동(1898)
✓ㄷ. 평양에서 시작되어 전국적으로 확산되었다. 물산 장려 운동
ㄹ. 대동 상회 등 근대적 상회사가 설립되는 계기가 되었다. 1883년

① ㄱ, ㄴ ✓② ㄱ, ㄷ ③ ㄴ, ㄷ ④ ㄴ, ㄹ ⑤ ㄷ, ㄹ

자료분석 '조선인 기업이 만든 상품의 사용을 장려'를 통해 밑줄 그은 '이 운동'은 물산 장려 운동임을 알 수 있다. 물산 장려 운동은 '내 살림 내 것으로', '조선 사람 조선 것' 등을 구호로 내세웠다.

정답 찾기 ② ㄱ, ㄷ - 1920년대 조만식 등은 일제의 회사령과 관세 폐지에 맞서 평양에서 물산 장려 운동을 추진하였다.

오답 피하기
ㄴ. 시전 상인들은 1898년 황국 중앙 총상회를 조직하여 상권 수호 운동을 전개하였다.
ㄹ. 근대적 상회사인 대동 상회가 설립된 시기는 조선 고종 때인 1883년이다.

인 [아끄인] 합격으로 이끄는 필수 개념: 물산 장려 운동

배경	일제의 회사령 폐지와 관세 철폐 움직임
과정	• 평양에서 조만식 등의 주도로 조선 물산 장려회 설립 • 자작회, 토산 애용 부인회 설립
구호	'내 살림 내 것으로', '조선 사람 조선 것'

KEYWORD 의열단   정답 ①

36 (가) 단체에 대한 설명으로 옳은 것은?   2점

이달의 독립운동가

황상규

경상남도 밀양 출생이다. 1918년 만주로 망명하였으며 김동삼, 김좌진, 안창호 등과 대한 독립 선언서를 발표하였다. → 의열단
1919년 11월 김원봉 등과 ___(가)___ 을/를 조직하여 일제 기관의 파괴와 조선 총독 이하의 관리 및 매국노의 암살 등을 꾀하였다. 1920년에 국내로 폭탄을 들여와 의거를 준비하던 중 발각되어 7년의 징역형을 선고받았다. 1963년 건국훈장 독립장이 추서되었다.

✓① 조선 혁명 선언을 활동 지침으로 삼았다. 의열단
② 삼균주의를 기초로 한 건국 강령을 발표하였다. 대한민국 임시 정부
③ 잡지 개벽 등을 발행하여 민족 의식을 고취하였다. 천도교
④ 홍커우 공원에서 일어난 윤봉길 의거를 계획하였다. 한인 애국단
⑤ 조선 총독부에 국권 반환 요구서를 제출하려 하였다. 독립 의군부

자료분석 '1919년', '김원봉', '일제 기관의 파괴' 등을 통해 (가) 단체는 의열단(1919)임을 알 수 있다. 의열단은 1919년 김원봉의 주도로 만주 지린(길림)에서 결성된 항일 무장 단체이다.

정답 찾기 ① 의열단은 신채호가 작성한 「조선 혁명 선언」(1923)을 활동 지침으로 삼았다.

오답 피하기
② 대한민국 임시 정부는 1941년 조소앙의 삼균주의를 기초로 한 건국 강령을 발표하였다.
③ 천도교는 잡지 『개벽』, 『신여성』 등을 발행하여 민족 의식을 고취하였다.
④ 한인 애국단의 윤봉길 의사는 상하이 홍커우 공원에 폭탄을 투척하였다.
⑤ 독립 의군부는 조선 총독부에 국권 반환 요구서 제출을 계획하였다.

인 [아끄인] 합격으로 이끄는 필수 개념: 의열단(1919)

배경	3·1 운동 이후 무력 투쟁의 필요성 대두
활동 지침	신채호의 「조선 혁명 선언」
의거	• 김익상의 조선 총독부 투탄 의거 • 김상옥의 종로 경찰서 투탄 의거 • 나석주의 조선 식산 은행·동양 척식 주식회사 투탄 의거

37 (가)~(다)를 발표된 순서대로 옳게 나열한 것은? 3점

(가) 우리들 민중의 통곡과 복상이 결코 이척[순종]의 죽음에 있지 않다는 것을 민중 각자의 마음속에 그것을 명백히 말해주고 있다. 우리들의 비애와 통렬한 애도는 경술년 8월 29일 이래 쌓이고 쌓인 슬픔이다. …… 금일의 통곡·복상의 충성과 의분을 돌려 우리들의 해방 투쟁에 바치자! → 6·10 만세 운동(1926)

(나) 조선 민족의 정치적 의식이 발달함에 따라 민족적 중심 단결을 요구하는 시기를 맞이하여 민족주의를 표방한 신간회가 발기인의 연명으로 3개 조의 강령을 발표하였다. ……
1. 우리는 정치적·경제적 각성을 촉진함
1. 우리는 단결을 공고히 함
1. 우리는 기회주의를 일체 부인함 → 신간회 설립(1927)

(다) 우리는 2천만 생령(生靈)을 사랑하고 조국을 사랑하는 광주 학생 남녀 수십 명이 중상을 입었다. 고뇌하는 청년 학생 2백 명이 불법으로 철창 속에 갇혀 있다. …… 우리들은 광주 학생의 석방을 요구하는 동시에 참을 수 없는 피눈물로 시위 대열에 나가는 것이다. → 광주 학생 항일 운동(1929)

✓① (가) - (나) - (다)　　② (가) - (다) - (나)
③ (나) - (가) - (다)　　④ (나) - (다) - (가)
⑤ (다) - (나) - (가)

자료분석 (가) '[순종]의 죽음', '우리들의 해방 투쟁' 등을 통해 순종의 인산일(장례식)을 맞아 전개된 6·10 만세 운동(1926)임을 알 수 있다. (나) '신간회', '3개 조의 강령을 발표' 등을 통해 신간회 설립(1927)임을 알 수 있다. (다) '광주 학생의 석방을 요구'를 통해 광주 학생 항일 운동(1929)임을 알 수 있다.

정답 찾기 ① (가) 6·10 만세 운동(1926) - (나) 신간회 설립(1927) - (다) 광주 학생 항일 운동(1929) 순으로 전개되었다.

합격으로 이끄는 필수 개념: 1920년대 국내 민족 운동

6·10 만세 운동 (1926)	• 배경: 일제의 식민지 수탈, 순종의 서거 • 전개: 사회주의계 + 천도교계 + 학생 준비 → 학생 중심 • 결과: 민족 유일당 운동 전개
광주 학생 항일 운동 (1929)	• 배경: 한·일 학생 간 충돌 • 전개: 신간회의 지원을 받아 전국으로 확산 • 의의: 3·1 운동 이후 최대 규모의 항일 민족 운동

---

38 밑줄 그은 '시기'에 볼 수 있는 모습으로 가장 적절한 것은? 1점

이곳은 전라남도 여수시 거문도에 있는 해안 동굴 진지입니다. 국가 총동원법이 시행되던 시기에 일제는 이와 같은 군사 시설물을 거문도를 비롯한 각지에 구축하였습니다.
→ 1930~1940년대 민족 말살 통치기

① 태형을 집행하는 헌병 경찰 1910년대 무단 통치기
② 원산 총파업에 참여하는 노동자 1920년대 문화 통치기
✓③ 황국 신민 서사를 암송하는 학생 1930~1940년대 민족 말살 통치기
④ 경성 제국 대학 설립을 추진하는 관리 1920년대 문화 통치기
⑤ 서울 진공 작전에 참여하는 13도 창의군 의병 1907년 정미의병

자료분석 '국가 총동원법이 시행'을 통해 밑줄 그은 '시기'는 1930~1940년대 민족 말살 통치기임을 알 수 있다. 민족 말살 통치기에는 국가 총동원법(1938)이 제정되어 일제가 인적·물적 수탈을 자행하였다.

정답 찾기 ③ 민족 말살 통치기에 일제는 내선일체를 강조하며 황국 신민 서사의 암송을 강요하였다.

오답 피하기
① 1910년대 무단 통치 시기에 조선 태형령(1912)이 제정되어 한국인에게만 태형을 적용하였다.
② 1929년 라이징선 석유 회사에서 일본인 감독이 조선인 노동자를 멸시 및 구타한 사건을 계기로 원산 총파업이 발생하였다.
④ 문화 통치기인 1924년 경성 제국 대학이 설립되었다.
⑤ 1907년 정미의병 당시 결성된 13도 창의군이 서울 진공 작전을 전개하였으나 실패하였다.

합격으로 이끄는 필수 개념: 민족 말살 통치기의 정책

병참 기지화 정책	남면북양 정책
인적·물적 수탈	• 국가 총동원법(1938): 지원병 제도, 국민 징용령, 학도 지원병제, 징병제, 여자 정신 근로령 • 식량 배급제, 공출제
주요 정책	• 내선일체, 일선동조론 • 황국 신민 서사 암송 강요

	제69회 심화
	제68회 심화
	제67회 심화
	제66회 심화
	제65회 심화
	제64회 심화
	제63회 심화
	제62회 심화

KEYWORD 신한공사 설립~농지 개혁법 제정 사이의 사실 　정답 ④

39 (가), (나) 법령이 발표된 사이의 시기에 있었던 사실로 옳은 것은? 3점

(가) 제1조　신한공사를 조선 정부에서 독립한 기관으로써 창립함. 공사는 군정장관 또는 그의 수임자가 후임자를 임명할 때까지 10명의 직무를 집행하는 취체역이 관리함.
제4조　…… 동양 척식 주식회사가 소유하던 조선 내 법인의 일본인 재산은 전부 신한공사에 귀속됨. → 신한공사 설립(1946)

(나) 제4조　본법 시행에 관한 사무는 농림부 장관이 관장한다.
제12조　농지의 분배는 농지의 종목, 등급 및 농가의 능력 등에 기준한 점수제에 의거하되 1가당 총경영 면적 3정보를 초과하지 못한다.
제13조　분배받은 농지에 대한 상환액 및 상환 방법은 다음에 의한다.
1. 상환액은 해당 농지의 주생산물 생산량의 12할 5푼을 5년간 납입게 한다. → 농지 개혁법(1949)

① 조선 건국 동맹이 결성되었다. 1944년
② 한미 상호 방위 조약이 체결되었다. 1953년
③ 조선 사상범 예방 구금령이 공포되었다. 1941년
✓④ 5·10 총선거로 제헌 국회가 구성되었다. 1948년
⑤ 정부에 비판적인 경향신문이 폐간되었다. 1959년

자료분석 (가) '신한공사를 조선 정부에서 독립한 기관으로써 창립'을 통해 1946년 신한공사가 설립되었음을 알 수 있다. (나) '농지의 분배', '1가당 총경영 면적 3정보' 등을 통해 1949년 제헌 국회에서 농지 개혁법을 제정하였음을 알 수 있다.

정답 찾기 ④ 1948년 5·10 총선거로 임기 2년의 제헌 국회의원이 선출되고 제헌 국회가 구성되었다.

오답 피하기
① 1944년 여운형 등을 중심으로 조선 건국 동맹이 결성되었다. (가) 이전의 사실이다.
② 1953년 6·25 전쟁의 정전 협정 이후 한·미 상호 방위 조약이 체결되었다. (나) 이후의 사실이다.
③ 1941년 조선 사상범 예방 구금령이 공포되었다. (가) 이전의 사실이다.
⑤ 1959년 이승만 정부에 비판적이었던 「경향신문」이 강제로 폐간되었다. (나) 이후의 사실이다.

 합격으로 이끄는 필수 개념: 이승만 정부 시기의 사실

친일파 청산	• 반민족 행위 처벌법(반민법) 제정, 반민족 행위 특별 조사 위원회(반민 특위) 구성 • 반민 특위 습격 사건
경제	• 삼백 산업(제분·제당·면방직) • 농지 개혁법(1949): 유상매수·유상분배, 3정보

KEYWORD 백남운 　정답 ③

40 다음 가상 인터뷰의 주인공에 대한 설명으로 옳은 것은? 2점

→ 백남운

며칠 전 경성에서 조선사회경제사 출판 축하회가 있었습니다. 저자로서 책에 대한 소개를 부탁 드립니다.

저는 우리 역사의 전개 과정을 세계사의 보편적인 발전 법칙에 따라 네 단계로 나누어 파악하였습니다. 이 책에서는 그 중 원시 씨족 사회와 삼국 정립기의 노예제 사회에 대해 서술하였습니다.

① 진단 학회를 조직하였다. 이병도, 손진태
② 한국독립운동지혈사를 저술하였다. 박은식
✓③ 식민 사학의 정체성론을 반박하였다. 백남운
④ 우리말 큰 사전 편찬 사업을 추진하였다. 조선어 학회
⑤ 민족의 얼을 강조하고 조선학 운동을 전개하였다. 정인보

자료분석 '조선사회경제사', '세계사의 보편적인 발전 법칙' 등을 통해 해당 인물은 백남운임을 알 수 있다.

정답 찾기 ③ 백남운은 『조선사회경제사』에서 우리나라도 세계사의 보편적인 법칙에 따라 발전하였음을 강조하며 식민 사학의 정체성론을 반박하였다.

오답 피하기
① 이병도, 손진태 등은 진단 학회를 설립하여 실증주의 사학을 발전시켰다.
② 박은식은 『한국독립운동지혈사』와 『한국통사』 등을 저술하였다.
④ 조선어 학회는 『우리말 큰 사전』 편찬 사업을 추진하였다.
⑤ 정인보는 민족의 얼을 강조하고 조선학 운동을 전개하였다.

합격으로 이끄는 필수 개념: 일제 강점기 민족 문화 수호 운동

박은식	『한국통사』, 『한국독립운동지혈사』 저술
신채호	『독사신론』, 『조선사연구초』 저술
백남운	• 정체성론 비판 • 『조선사회경제사』 저술
이병도	진단 학회 조직

41 (가) 부대에 대한 설명으로 옳은 것은? 2점
→ 한국광복군

> 한국 독립운동을 촉진하고 한국 혁명 역량을 집중하기 위해 이번 달 15일 중국 국민당 군사 위원회는 조선 의용대를 개편하여 ___(가)___ 에 편입할 것을 특별히 명령하였다. 제1지대는 총사령에게 직속되어 이(지)청천 장군이 통합한다. …… ___(가)___ 의 총사령부는 충칭에 설치하기로 결정하였다.

① 자유시 참변으로 세력이 약화되었다. 대한 독립 군단
② 영릉가 전투에서 일본군에 승리하였다. 조선 혁명군
③ 쌍성보 전투에서 한중 연합 작전을 전개하였다. 한국 독립군
✓④ 국내 정진군을 편성하여 국내 진공 작전을 추진하였다. 한국광복군
⑤ 홍범도 부대와 연합하여 청산리에서 일본군을 격퇴하였다. 북로 군정서

자료분석 '조선 의용대를 개편', '(지)청천 장군이 통할', '충칭에 설치' 등을 통해 (가) 부대는 한국광복군임을 알 수 있다. 한국광복군은 김원봉이 이끄는 조선 의용대의 일부 병력을 흡수 통합하였다.

정답 찾기 ④ 대한민국 임시 정부의 산하 부대인 한국광복군은 미국 전략 정보국(OSS)과 연합하여 국내 진공 작전을 계획하였다.

오답 피하기
① 서일을 총재로 하는 대한 독립 군단은 조직을 재정비하기 위하여 러시아 자유시로 이동하였으나, 자유시 참변(1921)으로 큰 피해를 입었다.
② 양세봉의 조선 혁명군은 중국 의용군과 연합하여 영릉가·흥경성 전투에서 일본에 승리하였다.
③ 지청천의 한국 독립군은 중국 호로군과 연합하여 쌍성보 전투에서 일본에 큰 승리를 거두었다.
⑤ 김좌진이 이끄는 북로 군정서는 홍범도의 대한 독립군 부대와 연합하여 청산리에서 일본군을 격퇴하였다(청산리 대첩).

 합격으로 **이끄는** 필수 개념: 한국광복군의 활약

1941년	대한민국 임시 정부의 대일 선전 포고
1942년	• 김원봉 등 조선 의용대 일부 세력 흡수 • 지청천 총사령관, 김원봉 부사령관
1943년	인도·미얀마 전선에서 영국군과 연합 작전 수행
1945년	미국 전략 정보국(OSS)과 연합하여 국내 진공 작전 준비

42 밑줄 그은 '전쟁' 중에 있었던 사실로 옳은 것은? 1점

> 이 비석은 북한군의 남침으로 시작된 전쟁 중 벌어진 장진호 전투를 기념하기 위해 미국 버지니아주에 세워진 것입니다. 장진호 전투는 북한을 돕기 위해 참전한 중국군을 상대로 유엔군 등이 벌인 주요 전투 중 하나였습니다.
> → 6·25 전쟁

① 애치슨 라인이 발표되었다. 1950년 1월
② 가쓰라·태프트 밀약이 체결되었다. 1905년
③ 모스크바 3국 외상 회의가 개최되었다. 1945년 12월
✓④ 흥남에서 대규모 철수 작전이 전개되었다. 1950년 10월
⑤ 김구, 김규식 등이 남북 협상에 참여하였다. 1948년 4월

자료분석 '북한군의 남침으로 시작', '장진호 전투' 등을 통해 밑줄 그은 '전쟁'은 1950년 일어난 6·25 전쟁임을 알 수 있다.

정답 찾기 ④ 1950년 10월 중국군이 개입하며 전세가 불리해진 유엔군과 국군은 같은 해 12월 흥남 항구를 통해 대규모 철수 작전을 전개하였다.

오답 피하기
① 1950년 1월 애치슨 선언이 발표되어 한국이 미국의 극동 방위선에서 제외되었고, 이는 6·25 전쟁의 배경이 되었다.
② 1905년 일본과 미국은 한국과 필리핀에 대해 지배권을 갖는다는 것에 합의한 가쓰라·태프트 밀약을 체결하였다.
③ 1945년 12월 미국, 영국, 소련의 외무장관이 모스크바에 모여 모스크바 3국 외상 회의가 개최되었다.
⑤ 1948년 4월 김구와 김규식 등이 남한만의 단독 정부 수립에 반대하며 남북 협상에 참여하였다.

 합격으로 **이끄는** 필수 개념: 6·25 전쟁

배경	미·소 양국 군대 철수, 북한과 소련, 중국의 군사 비밀 협정 체결, 애치슨 선언(한국과 대만 제외)
과정	6·25 전쟁 시작(1950. 6. 25.) → 유엔군 참전(1950. 7. 1.) → 인천 상륙 작전(1950. 9. 15.) → 서울 수복(1950. 9. 28.) → 국군의 압록강 진격(1950. 10. 24.) → 중국군 개입(1950. 10. 25.) → 1·4 후퇴(1951. 1. 4.) → 서울 재수복(1951. 3. 14.) → 정전 협정(1953. 7. 27.) → 한·미 상호 방위 조약(1953. 10. 1.)
결과	국토의 황폐화, 인적·물적 피해, 분단의 고착화

제69회
심화

제68회
심화

제67회
심화

제66회
심화

제65회
심화

제64회
심화

제63회
심화

제62회
심화

KEYWORD 장면 내각 　정답 ⑤

43 다음 성명을 발표한 정부 시기에 볼 수 있는 모습으로 적절한 것은? 2점

> 내각 책임제 속에서 행정부에 맡겨진 책무를 유감없이 수행하기 위해 무엇보다 먼저 행정부 내의 기강 확립에 주안점을 두지 않아서는 안 될 것입니다. …… 부정 선거 원흉의 처단은 이미 공소 제기와 구형을 한 터이므로 법원의 엄정한 판결이 있을 것을 기대하는 바입니다.
> → 장면 내각

① 국민 교육 헌장을 읽고 있는 학생 박정희 정부
② 서울 올림픽 대회에 참가하는 선수 노태우 정부
③ 개성 공단 착공식을 취재하는 기자 노무현 정부
④ 함평 고구마 피해 보상 투쟁에 참여하는 농민 박정희 정부
✓⑤ 민의원에서 통과된 법안을 심의하는 참의원 의원 장면 내각

자료분석 '내각 책임제', '부정 선거 원흉의 처단' 등을 통해 1960년 4·19 혁명 이후인 장면 내각 시기임을 알 수 있다.

정답 찾기 ⑤ 1960년 제3차 개헌에 따라 국회를 참의원(상원)과 민의원(하원)의 양원제로 규정하였다.

오답 피하기
① 박정희 정부 시기인 1968년 국민 교육 헌장이 발표되었다.
② 노태우 정부 시기인 1988년 서울 올림픽 대회가 개최되었다.
③ 노무현 정부 시기인 2003년 개성 공단 착공식이 이루어졌다.
④ 박정희 정부 시기인 1976년 함평 고구마 피해 보상 운동이 전개되었다.

인끌인 합격으로 **이끄는** 필수 개념: 장면 내각

제3차 개헌	내각 책임제, 양원제(민의원, 참의원)
제4차 개헌	3·15 부정 선거 관련자 및 부정 축재자를 처벌하기 위한 소급 특별법 제정
경제 정책	제1차 경제 개발 5개년 계획 수립

KEYWORD 사사오입 개헌 이후의 사실 　정답 ②

44 밑줄 그은 '개헌' 이후에 있었던 사실로 옳은 것은? 2점

→ 제2차 개헌(1954)

대한 변호사 협회장의 성명

이번 개헌 안건의 의결에 있어서 찬성표 수가 135이고 재적의원 수가 203인 것은 변하지 않는 수이다. 그러면 재적인 수의 3분의 2는 135.333이니 이 선에 도달하려면 동일한 표수가 있어야 될 것이다. …… 찬성표가 재적인 수에 도달하거나 또는 정족수 이상 되어야 하거늘 0.333에 도달하지 못하니 그것을 사사오입이라는 구실로 떼어버리고 정족수인 3분의 2와 동일한 수라고 하는 것은 헌법 위반이 되는 것이므로 법조인으로서 이를 이해하기 곤란하다.

① 여수·순천 10·19 사건이 일어났다. 1948년
✓② 진보당의 당수였던 조봉암이 처형되었다. 1959년
③ 반민족 행위 특별 조사 위원회가 설치되었다. 1948년
④ 국회 프락치 사건으로 일부 국회의원이 체포되었다. 1949년
⑤ 여운형 등의 주도로 좌우 합작 위원회가 구성되었다. 1946년

자료분석 '재적인 수의 3분의 2는 135.333'을 통해 밑줄 그은 '개헌'은 이승만 정부 시기인 1954년 사사오입 개헌(제2차 개헌)임을 알 수 있다.

정답 찾기 ② 1959년 평화 통일을 주장한 진보당의 당수 조봉암이 간첩죄 및 국가 보안법 위반 혐의로 처형되었다.

오답 피하기
① 1948년 여수 주둔 병사들이 제주 4·3 사건의 진압 명령을 거부하며 봉기한 여수·순천 10·19 사건이 일어났다.
③ 1948년 민족 반역자와 친일파 처단을 목표로 반민족 행위 특별 조사 위원회가 설치되었다.
④ 1949년 반민특위 소속 국회의원들 중 일부가 공산당과 접촉했다는 이유로 일부 국회의원들이 체포되었다(국회 프락치 사건).
⑤ 1946년 여운형, 김규식 등의 주도로 좌우 합작 위원회가 구성되었다.

인끌인 합격으로 **이끄는** 필수 개념: 이승만 정부 시기의 개헌

제1차 개헌 (발췌 개헌)	• 과정: 부산 정치 파동 • 결과: 대통령 간선제 → 대통령 직선제
제2차 개헌 (사사오입 개헌)	• 과정: 초대 대통령에 한하여 중임 제한 철폐 • 결과: 대통령 이승만, 부통령 장면 당선

45 (가) 헌법이 시행된 시기의 사실로 옳은 것은? 2점

→ 유신 헌법

사진은 인민혁명당 재건위 사건 재판 당시의 모습입니다. 이 사건은 (가) 헌법에 의거하여 발동한 긴급조치 제4호 등으로 정부에 비판적인 인물들을 반국가 세력으로 몰아 처벌한 것입니다. 당시 사형을 당한 8명은 2007년에 열린 재심 공판에서 무죄를 선고 받았습니다.

① 김주열이 최루탄을 맞고 사망하였다. 1960년
② 부천 경찰서 성 고문 사건이 발생하였다. 1986년
✓③ 개헌 청원 백만인 서명 운동이 전개되었다. 유신 철폐 요구(1973)
④ 국민 보도 연맹원에 대한 학살이 자행되었다. 1950년
⑤ 민주화 시위 도중 대학생 강경대가 희생되었다. 1991년

자료분석 '인민혁명당 재건위 사건 재판', '긴급조치 제4호' 등을 통해 (가) 헌법은 유신 헌법(1972, 제7차 개헌)임을 알 수 있다.

정답 찾기 ③ 1973년 유신 철폐를 요구하며 장준하 등은 개헌 청원 백만인 서명 운동을 전개하였다.

오답 피하기
① 1960년 이승만 정부 시기 3·15 부정 선거를 규탄하며 시위를 하던 김주열이 최루탄을 맞고 사망하였다.
② 1986년 전두환 정부 시기 부천 경찰서 성 고문 사건이 발생하였다.
④ 1950년 6·25 전쟁 중 국민 보도 연맹원에 대한 학살이 자행되었다.
⑤ 1991년 노태우 정부 시기 민주화 시위 도중 대학생 강경대가 경찰의 폭행에 의해 사망하였다.

인 리 이끌인 합격으로 **이끄는** 필수 개념: 박정희 정부 시기의 사실

| 제3공화국 | • 한·일 협정 체결
• 베트남 파병
• 제6차 개헌 → 3선 개헌 반대 투쟁 |
| 제4공화국 | • 제7차 개헌(유신 헌법)
• YH 무역 사건 |

---

46 (가) 정부 시기의 경제 상황으로 옳은 것은? 1점

→ 박정희

사진으로 보는 (가) 정부

| 경부 고속 도로 개통 | 포항 제철소 1기 준공 |

✓① 제3차 경제 개발 5개년 계획을 추진하였다. 박정희 정부
② 미국과 자유 무역 협정(FTA)을 체결하였다. 노무현 정부
③ 대통령 긴급 명령으로 금융 실명제를 실시하였다. 김영삼 정부
④ 국제 통화 기금(IMF)의 구제 금융 지원금을 조기 상환하였다. 김대중 정부
⑤ 저임금 노동자의 생활 안정을 위해 최저 임금법을 제정하였다. 전두환 정부

자료분석 '경부 고속 도로 개통', '포항 제철소' 등을 통해 (가) 정부는 박정희 정부임을 알 수 있다.

정답 찾기 ① 박정희 정부 시기인 1970년대에 중화학 공업 육성을 중심으로 하는 제3차 경제 개발 5개년 계획이 추진되었다.

오답 피하기
② 노무현 정부 시기인 2007년 미국과 자유 무역 협정(FTA)을 체결하였다.
③ 김영삼 정부 시기인 1993년 금융 실명제를 실시하였다.
④ 김대중 정부 시기인 2001년 국제 통화 기금(IMF)의 구제 금융 지원금을 조기 상환하였다.
⑤ 전두환 정부 시기인 1986년 저임금 노동자의 생활 안정을 위해 최저 임금법을 제정하였다.

인 리 이끌인 합격으로 **이끄는** 필수 개념: 경제 개발 5개년 계획

| 제1·2차 경제 개발
5개년 계획 | • 경공업 위주 정책, 소비재 수출 산업
• 경부 고속 도로 개통(1970) |
| 제3·4차 경제 개발
5개년 계획 | • 중화학 공업 육성 정책
• 포항 종합 제철 공장 건설 |

47~48 다음을 읽고 물음에 답하시오.

(가) 여덟째는 적금서당이다. → 신문왕
왕 6년에 보덕국 사람들도 당을 만들
었다. 금장의 색은 적흑이다. 아홉째는 청금서당이다. ……
금장의 색은 청백이다. → 통일 신라 9서당

(나) 응양군, 1령(領)으로 군에는 정3품의 상장군 1인과 종3품의
대장군 1인을 두었으며, …… 정8품의 산원 3인, 정9품의 위
20인, 대정은 40인을 두었다. → 고려 중앙군(2군)

(다) 무위영, 절목계하본(節目啓下本)에 의하여 낭청 1명을 훈련도
감의 예에 따라 문신으로 추천하여 군색종사관으로 칭하고
…… 중군은 포장·장어영 중군을 거친 자로 추천하여 금군별장
이라 칭한다. → 조선 고종(5군영 → 2영)

(라) 별대와 정초군의 군병을 합하여 한 영(營)의 제도를 만들어 본
영은 금위영이라 칭하고, 군병은 금위별대라 칭한다.
→ 조선 숙종(금위영 설치)

KEYWORD 시대별 군사 조직   정답 ②

제69회 심화
제68회 심화
제67회 심화
제66회 심화
제65회 심화
제64회 심화
제63회 심화
제62회 심화

47 (가)~(라) 군사 조직을 만들어진 순서대로 옳게 나열한
것은?   3점

① (가) - (나) - (다) - (라)
✓② (가) - (나) - (라) - (다)
③ (나) - (가) - (라) - (다)
④ (나) - (다) - (가) - (라)
⑤ (다) - (라) - (나) - (가)

자료분석 (가) '적금서당', '청금서당'을 통해 통일 신라 신문왕 때의 군사 조
직인 9서당임을 알 수 있다. (나) '응양군', '대장군'을 통해 고려 시대 군사 조
직인 중앙군임을 알 수 있다. (다) '무위영', '장어영'을 통해 조선 고종 때 5군
영을 2영으로 개편한 것임을 알 수 있다. (라) '금위영'을 통해 조선 숙종 시기
금위영 창설임을 알 수 있다.

정답 찾기 ② (가) 통일 신라 신문왕 - (나) 고려 - (라) 조선 숙종 - (다) 조선
고종 순으로 전개되었다.

 합격으로 **이끄는 필수 개념**: 시대별 군사 조직

통일 신라	9서당 10정
고려	• 중앙군: 2군 6위 • 지방군: 주진군, 주현군 설치
조선	• 전기: 중앙군(5위), 지방군, 잡색군 • 임진왜란 이후: 5군영(훈련도감, 어영청, 총융청, 수어청, 금위영) 설치

48 밑줄 그은 '왕'의 업적으로 옳은 것은?   2점

✓① 김흠돌의 난을 진압하였다. 통일 신라 신문왕
② 병부와 상대등을 설치하였다. 신라 법흥왕
③ 나선 정벌에 조총 부대를 파견하였다. 조선 효종
④ 정계와 계백료서를 지어 관리의 규범을 제시하였다. 고려 태조
⑤ 쌍성총관부를 공격하여 철령 이북의 땅을 수복하였다. 고려 공민왕

자료분석 밑줄 그은 '왕'은 통일 신라 신문왕임을 알 수 있다. 신문왕은 9서당 10정의 군사 제도를 정비하였다.

정답 찾기 ① 통일 신라 신문왕은 장인이었던 김흠돌이 난을 일으키자 이를 진압하여 귀족 세력을 숙청하고 왕권을 강화하였다.

오답 피하기
② 신라 법흥왕은 병부와 상대등을 설치하고 관제를 정비하였다.
③ 조선 효종 때 청의 요청에 따라 나선 정벌에 조총 부대를 파견하였다.
④ 고려 태조 왕건은 『정계』와 『계백료서』를 지어 관리의 규범을 제시하였다.
⑤ 고려 공민왕 때 쌍성총관부를 공격하여 철령 이북의 땅을 수복하였다.

합격으로 **이끄는** 필수 개념: 통일 신라 신문왕의 업적

왕권 강화	• 감은사 완성 • 김흠돌의 난 → 귀족 세력 숙청 • 관료전 지급, 녹읍 폐지
통치 체제 정비	• 지방 제도 정비(9주 5소경) • 군사 제도 정비(9서당 10정)

49 (가) 민주화 운동에 대한 설명으로 옳은 것은?   1점

→ 5·18 민주화 운동

이곳은 옛 전남도청 본관으로 (가) 당시 시민군이 계엄군에 항쟁한 장소입니다. 정부는 본관을 포함한 옛 전남도청을 복원하여 (가) 의 의미를 기억하고 추모하는 공간으로 되살리겠다고 하였습니다. 건물 내부에는 당시 상황을 알 수 있는 실물 또는 가상 콘텐츠 공간 등이 조성될 예정입니다.

① 3·1 민주 구국 선언을 발표하였다. 유신 체제 반대 운동
② 시위 도중 대학생 이한열이 희생되었다. 6월 민주 항쟁
③ 호헌 철폐, 독재 타도 등의 구호를 외쳤다. 6월 민주 항쟁
④ 허정 과도 정부가 출범하는 계기가 되었다. 4·19 혁명
✓⑤ 관련 기록물이 유네스코 세계 기록 유산으로 등재되었다. 5·18 민주화 운동

자료분석 '전남도청', '시민군이 계엄군에 항쟁' 등을 통해 (가) 민주화 운동은 5·18 민주화 운동(1980)임을 알 수 있다.

정답 찾기 ⑤ 2011년 5·18 민주화 운동 관련 기록물이 유네스코 세계 기록 유산으로 등재되었다.

오답 피하기
① 박정희 정부의 유신 체제에 반대하는 김대중, 윤보선 등은 1976년 긴급 조치 철폐, 박정희 정권 퇴진 등을 요구하며 명동 성당에서 3·1 민주 구국 선언을 발표하였다.
② 1987년 6월 민주 항쟁 당시 연세대학교 학생 이한열이 4·13 호헌 조치에 반대하는 시위 도중 희생되었다.
③ 1987년 6월 민주 항쟁 당시 각계각층에서 호헌 철폐와 독재 타도의 구호를 외치며 직선제 개헌 등을 요구하는 시위를 전개하였다.
④ 4·19 혁명의 결과 이승만이 하야하고 허정을 수반으로 하는 과도 정부가 수립되었다.

합격으로 **이끄는** 필수 개념: 5·18 민주화 운동(1980)

배경	12·12 사태 이후 신군부의 비상계엄 확대
전개	광주 시위대 무력 진압 → 시민군 결성 vs 계엄군
특징	관련 기록물이 유네스코 세계 기록 유산으로 등재(2011)

50 다음 뉴스가 보도된 정부 시기에 있었던 사실로 옳은 것은? 3점

> 오늘 수방사령관과 특전사령관이 해임되었습니다. 지난달 육군참모총장과 기무사령관이 교체된 이후 불과 한 달여 만에 단행된 인사 조치입니다. 군 내부의 사조직을 해체하려는 문민정부의 의지가 반영된 것으로 보입니다. → 김영삼 정부

① 굴욕적인 대일 외교에 반대하는 6·3 시위가 일어났다. 박정희 정부
② 북방 외교를 추진하여 사회주의 국가인 소련과 수교하였다. 노태우 정부
③ 통일 방안을 논의하기 위해 남북 조절 위원회를 설치하였다. 박정희 정부
④ 경제적 취약 계층을 위한 국민 기초 생활 보장법을 시행하였다. 김대중 정부
✓⑤ 역사 바로 세우기를 내세우며 옛 조선 총독부 건물을 철거하였다. 김영삼 정부

자료분석 '문민정부의 의지가 반영'을 통해 해당 정부는 김영삼 정부(1993~1998)임을 알 수 있다.

정답 찾기 ⑤ 김영삼 정부는 역사 바로 세우기를 내세우며 조선 총독부 건물을 철거하고(1995), 국민학교를 초등학교로 개칭하였다.

오답 피하기
① 박정희 정부 시기인 1964년 굴욕적인 대일 외교에 반대하는 6·3 시위가 일어났다.
② 노태우 정부는 북방 외교를 추진하여 중국·소련 등 사회주의 국가들과 수교하였다.
③ 박정희 정부 시기인 1972년 7·4 남북 공동 성명을 발표하고, 남북 조절 위원회를 구성하였다.
④ 김대중 정부 시기인 2000년 국민 기초 생활 보장법을 시행하였다.

 합격으로 이끄는 필수 개념: 김영삼 정부 시기의 정책

정치	• 지방 자치제 전면 시행 • 역사 바로 세우기 운동: 조선 총독부 청사 철거, 국민학교 명칭 → 초등학교
경제	• 금융 실명제 시행 • 경제 협력 개발 기구(OECD) 가입

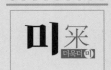

더욱더 명쾌하고 자세한 해설

더 이상의 시간 낭비는 No! 시험 직전 **스피드한 문제 회독**은 필수!
문제 풀이에 필요한 **핵심 키워드**만 쏙쏙 뽑아 드립니다.

제 **68** 회
심화

KEYWORD 청동기 시대의 모습 　　　정답 ①

01 (가) 시대의 생활 모습에 대한 설명으로 옳은 것은? 1점

사진으로 만나는 **고창 고인돌 유적**

우리 박물관에서는 2000년 유네스코 세계유산으로 등재된 고창 고인돌 유적을 소개하는 특별전을 마련하였습니다. 고인돌은 계급이 발생한 (가) 시대를 대표하는 무덤입니다. 사진을 통해 다양한 고인돌의 형태를 살펴보시기 바랍니다.
→청동기

- 기간: 2023년 ○○월 ○○일~○○월 ○일
- 장소: △△ 박물관 기획 전시실

✓ ① 반달 돌칼로 벼를 수확하였다. 청동기 시대
② 소를 이용하여 깊이갈이를 하였다. 신라 지증왕
③ 주로 동굴이나 강가의 막집에서 살았다. 구석기 시대
④ 오수전, 화천 등의 중국 화폐로 교역하였다. 초기 철기 시대
⑤ 옷을 만들 때 가락바퀴와 뼈바늘을 이용하기 시작하였다. 신석기 시대

자료분석 '고인돌', '계급이 발생' 등을 통해 (가) 시대는 청동기 시대임을 알 수 있다. 청동기 시대에는 계급이 발생하여 지배층의 권위를 상징하는 무덤인 고인돌이 축조되었다.

정답 찾기 ① 청동기 시대에는 반달 돌칼을 이용하여 곡식을 자르고 수확하였다.

오답 피하기
② 소를 이용한 깊이갈이는 신라 지증왕 때의 기록이 있고 고려 시대에 일반화되었다.
③ 구석기 시대 사람들은 사냥, 채집 등을 하며 이동 생활을 하였고, 주로 동굴이나 강가의 막집에 거주하였다.
④ 초기 철기 시대에 오수전, 화천 등의 중국 화폐로 교역하였다.
⑤ 옷을 만들 때 가락바퀴와 뼈바늘을 이용하기 시작한 것은 신석기 시대이다.

합격으로 **이끄는 필수 개념:** 청동기 시대의 생활 모습

도구	• 비파형 동검, 반달 돌칼 • 민무늬 토기, 미송리식 토기
생활 모습	• 벼농사 시작 • 고인돌: 지배자의 무덤

KEYWORD 위만 조선 　　　정답 ④

02 (가)에 들어갈 내용으로 가장 적절한 것은? 2점

#8. 궁궐 안
손자와 대화하며 과거를 회상하는 장면

손자: 할아버지, 어떻게 왕이 되셨나요?
　왕: 이 땅에 들어와서 처음에는 국경 수비를 맡았다가 준왕을 몰아내고 왕이 되었지.
손자: 또 무슨 일을 하셨어요?
　왕: 왕검성을 중심으로 기반을 정비하고 백성을 받아들여 나라의 내실을 다졌단다. 그리고 　(가)　
→위만 조선 시기

① 율령을 반포하여 체제를 정비하였단다. 삼국(고구려, 백제, 신라)
② 화랑도를 국가적인 조직으로 개편하였단다. 신라 진흥왕
③ 내신 좌평 등 여섯 명의 좌평을 거느렸단다. 백제
✓ ④ 진번과 임둔을 복속하여 영토를 확대하였단다. 위만 조선
⑤ 지방의 여러 성에 욕살, 처려근지 등을 두었단다. 고구려

자료분석 '준왕을 몰아내고', '왕검성을 중심으로 기반을 정비' 등을 통해 (가)에 들어갈 내용은 위만 조선임을 알 수 있다. 위만은 준왕을 몰아내고 왕위에 올랐다.

정답 찾기 ④ 위만 조선은 우세한 무력을 바탕으로 활발한 정복 활동을 전개하여 진번(황해도), 임둔(함경남도)을 복속하였다.

오답 피하기
① 고구려, 백제, 신라의 삼국은 율령을 반포하여 고대 국가 체제를 정비하였다.
② 신라 진흥왕은 화랑도를 국가적인 조직으로 개편하였다.
③ 백제는 내신좌평 등 여섯 명의 좌평과 16관등으로 구분된 관리들이 국정을 운영하였다.
⑤ 고구려는 지방의 여러 성에 욕살 및 처려근지 등의 지방 장관을 두었다.

인　합격으로 **이끄는 필수 개념:** 고조선의 성장

건국	단군왕검이 청동기 문화를 기반으로 건국
사회	• 제정일치 사회 • 왕 아래 상, 대부, 장군 • 8조법
위만 조선의 성립	• 위만이 준왕을 몰아내고 왕이 됨 • 진번과 임둔 복속 • 한 무제의 침입으로 멸망

제69회 심화

제68회 심화

제67회 심화

제66회 심화

제65회 심화

제64회 심화

제63회 심화

제62회 심화

정답 ③

03 다음 자료에 해당하는 나라에 대한 설명으로 옳은 것은?

2점

○ 산릉과 넓은 못[澤]이 많아서 동이 지역에서는 가장 넓고 평탄한 곳이다. …… 사람들은 체격이 크고 성품은 굳세고 용감하며, 근엄·후덕하여 다른 나라를 쳐들어가거나 노략질하지 않는다.

○ 은력(殷曆) 정월에 지내는 제천 행사는 국중 대회로 날마다 마시고 먹고 노래하고 춤추는데, 그 이름을 영고라 했다.

└→ 부여

– 『삼국지』 위서 동이전 –

① 신성 지역인 소도가 존재하였다. 삼한
② 혼인 풍습으로 민며느리제가 있었다. 옥저
✓③ 여러 가(加)들이 각각 사출도를 주관하였다. 부여
④ 특산물로 단궁, 과하마, 반어피가 유명하였다. 동예
⑤ 왕 아래 상가, 대로, 패자 등의 관직이 있었다. 고구려

자료분석 '영고'를 통해 해당 나라는 부여임을 알 수 있다. 부여는 해마다 12월에 영고라는 제천 행사를 치렀다.

정답 찾기 ③ 부여는 왕 아래에 가축 이름을 딴 마가·우가·저가·구가 등 여러 가(加)가 있었는데, 이들이 별도로 사출도를 다스렸다.

오답 피하기
① 삼한에는 신성 지역인 소도와 이를 다스린 제사장인 천군이 있었다.
② 옥저에는 혼인 풍습으로 민며느리제가 있었다.
④ 동예는 특산물로 단궁, 과하마, 반어피가 유명하였다.
⑤ 고구려에는 왕 아래 상가, 대로, 패자 등의 관직이 있었다.

인 큅 이끝인 **합격으로 이끄는 필수 개념:** 여러 나라의 성장

부여	사출도, 영고
고구려	서옥제, 동맹, 제가 회의
동예	읍군·삼로, 무천, 단궁·과하마·반어피
옥저	민며느리제, 가족 공동 무덤
삼한	• 천군, 소도 • 5월과 10월에 계절제

정답 ③

04 (가)~(마) 문화유산에 대한 설명으로 적절하지 않은 것은?

2점

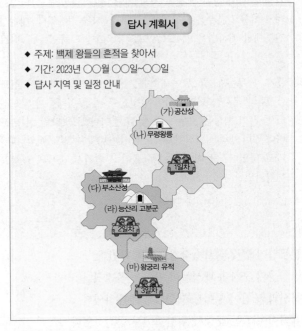

● 답사 계획서 ●

◆ 주제: 백제 왕들의 흔적을 찾아서
◆ 기간: 2023년 ○○월 ○○일~○○일
◆ 답사 지역 및 일정 안내

(가) 공산성
(나) 무령왕릉
1일차
(다) 부소산성
(라) 능산리 고분군
2일차
(마) 왕궁리 유적
3일차

① (가) – 웅진성이라 불리기도 하였다. 공산성
② (나) – 중국 남조의 영향을 받았다. 무령왕릉
✓③ (다) – 성왕이 전사한 곳이다. 관산성
④ (라) – 사신도 벽화가 남아 있는 무덤이 발견되었다. 능산리 고분군
⑤ (마) – 수부(首府)라는 글자가 새겨진 기와가 출토되었다. 왕궁리 유적

자료분석 '백제 왕들의 흔적'을 통해 (가)~(마)는 백제의 문화유산임을 알 수 있다.

정답 찾기 ③ 부소산성은 백제 사비 시대의 수도 방위 산성이다. 백제 성왕은 관산성 전투에서 전사하였다.

오답 피하기
① 공산성은 백제 웅진기의 왕성으로 웅진성으로 불리기도 하였다.
② 무령왕릉은 중국 남조의 영향을 받은 벽돌무덤이다.
④ 능산리 고분군에는 사신도 벽화가 남아 있는 무덤이 발견되었다.
⑤ 익산 왕궁리 유적에는 수부(首府)라는 글자가 새겨진 기와가 출토되었다.

인 큅 이끝인 **합격으로 이끄는 필수 개념:** 백제 역사 유적 지구

공주 역사 지구	• 공산성 • 무령왕릉, 송산리 고분군
부여 역사 지구	• 관북리 유적, 부소산성 • 정림사지, 능산리 고분군
익산 역사 지구	• 왕궁리 유적, 미륵사지

05 (가), (나) 사이의 시기에 있었던 사실로 옳은 것은? 3점

(가) 겨울에 왕이 장차 백제를 쳐서 대야성에서의 싸움을 되갚으려고 이찬 김춘추를 고구려에 보내서 군사를 청하였다. 대야성 전투에서 패하였을 때 도독인 품석의 아내도 죽었는데, 바로 춘추의 딸이었다. → 대야성 전투(642)

(나) 춘추가 무릎을 꿇고 아뢰기를, "…… 만약 폐하께서 천조(天朝)의 군사를 빌려주시어 흉악한 무리를 없애주지 않으신다면 저희 백성은 모두 포로가 될 것이니, 그렇다면 산 넘고 바다 건너 행하는 술직(述職)*도 다시는 바랄 수 없을 것입니다."라고 하였다. 당 태종이 매우 옳다고 여겨서 군사의 출정을 허락하였다. → 나·당 동맹(648)

*술직: 제후가 입조하여 천자에게 맡은 직무를 아뢰는 것

- 『삼국사기』 -

① 문무왕이 안승을 보덕국왕으로 봉하였다. 674년
✓② 안시성의 군사와 백성들이 당군을 물리쳤다. 안시성 전투(645)
③ 복신과 도침이 부여풍을 왕으로 추대하였다. 661년
④ 계백이 이끄는 군대가 황산벌에서 항전하였다. 660년
⑤ 진흥왕이 대가야를 정복하여 영토를 확장하였다. 562년

자료분석 (가) 백제 의자왕의 공격으로 김춘추의 딸과 사위가 죽은 대야성 전투(642)에 대한 내용이다. (나) 당에 파견된 김춘추가 당 태종과 나·당 동맹을 체결(648)하는 내용이다.

정답 찾기 ② 645년 당 태종이 연개소문의 정변을 구실로 고구려를 침략해 오자, 고구려군과 백성들이 안시성에서 당군을 격퇴하였다(안시성 전투).

오답 피하기
① 674년 신라 문무왕이 안승을 보덕국왕으로 봉하였다. (나) 이후의 사실이다.
③ 661년 복신과 도침은 백제 부흥 운동을 일으키며 부여풍을 왕으로 추대하였다. (나) 이후의 사실이다.
④ 660년 백제의 계백이 이끄는 군대가 황산벌에서 신라군에 항전하였으나 패배하였다. (나) 이후의 사실이다.
⑤ 562년 신라 진흥왕은 대가야를 정복하고 영토를 확장하였다. (가) 이전의 사실이다.

인 쿼 [이끌 인] 합격으로 이끄는 필수 개념: 7세기 고구려의 정세

수의 침입	• 수 문제가 고구려 침략 • 수 양제의 재침략 → 을지문덕의 살수 대첩 승리(612)
당의 침입	• 연개소문의 정변(642) • 당 태종의 침입 → 안시성 전투 승리(645)
고구려 멸망	나·당 연합군의 공격 → 평양성 함락(668)

---

06 밑줄 그은 '시기'에 있었던 사실로 옳은 것은? 2점

→ 신라 하대

최치원이 지은 해인사 묘길상탑기에는 진성여왕이 다스리던 시기의 혼란스러운 사회상이 묘사되어 있습니다. '전란과 흉년으로 악 중의 악이 없는 곳이 없고 도처에 굶어 죽거나 싸우다 죽은 시신이 널려 있다.'고 한탄하는 내용이 적혀 있습니다.

합천 해인사 길상탑과
그 안에서 나온 묘길상탑기(탁본)

① 원광이 세속 5계를 제시하였다. 신라 진평왕
② 이차돈의 순교로 불교가 공인되었다. 신라 법흥왕
✓③ 원종과 애노가 사벌주에서 봉기하였다. 신라 하대 진성 여왕
④ 거칠부가 왕명에 의해 국사를 편찬하였다. 신라 진흥왕
⑤ 자장의 건의로 황룡사 구층 목탑이 건립되었다. 신라 선덕 여왕

자료분석 '최치원', '진성여왕', '전란과 흉년' 등을 통해 밑줄 그은 '시기'는 신라 하대임을 알 수 있다.

정답 찾기 ③ 신라 하대인 진성 여왕 때 중앙 정부의 지방 통제력이 약화되고 귀족의 수탈이 심해지자 원종과 애노가 사벌주에서 봉기하였다(원종·애노의 난).

오답 피하기
① 신라 진평왕 때 원광이 화랑도의 규범으로 세속 5계를 제시하였다.
② 신라 법흥왕 때 이차돈의 순교로 불교가 공인되었다.
④ 신라 진흥왕 때 이사부의 건의로 거칠부가 『국사』를 편찬하였다.
⑤ 신라 선덕 여왕 때 자장의 건의로 황룡사 구층 목탑이 건립되었다.

인 쿼 [이끌 인] 합격으로 이끄는 필수 개념: 신라 하대의 정치 변동

원성왕	독서삼품과 시행
헌덕왕	김헌창의 난
흥덕왕	장보고의 청해진 설치
진성 여왕	• 적고적의 난 • 원종과 애노의 난

제69회
심화

제68회
심화

제67회
심화

제66회
심화

제65회
심화

제64회
심화

제63회
심화

제62회
심화

KEYWORD 금관가야 　　　　　　　정답 ④

07 (가) 나라에 대한 설명으로 옳은 것은? 　2점

→금관가야

(가)의 대표적 생활 유적지인 봉황대가 회현리 패총과 합쳐져 김해 봉황동 유적으로 확대 지정되었습니다. 이 유적은 김수로왕에 의해 건국되었다고 전해진 (가)의 초기 모습을 추정해 볼 수 있는 귀중한 문화유산입니다.

김해 봉황동 유적, 사적으로 확대 지정

① 집사부를 비롯한 14부를 두었다. 신라
② 집집마다 부경이라는 창고가 있었다. 고구려
③ 대가들이 사자, 조의, 선인을 거느렸다. 고구려
✓④ 철이 많이 생산되어 낙랑, 왜 등에 수출하였다. 금관가야
⑤ 왕족인 부여씨와 8성의 귀족이 지배층을 이루었다. 백제

자료분석 '김해', '김수로왕' 등을 통해 (가) 나라는 금관가야임을 알 수 있다. 김수로가 김해 지역에 건국한 금관가야는 전기 가야 연맹을 주도하였다.

정답 찾기 ④ 금관가야는 철이 많이 생산되어 낙랑과 왜 등에 수출하였다.

오답 피하기
① 신라는 집사부를 비롯한 14부를 두어 행정 업무를 담당하였다.
② 고구려는 집집마다 식량을 보관하는 부경이라는 창고를 두었다.
③ 고구려는 왕 아래의 대가들이 사자, 조의, 선인 등의 관리를 거느렸다.
⑤ 백제는 왕족인 부여씨와 8성의 귀족이 정치를 주도하였다.

인 클인 합격으로 **이끄는** 필수 개념: 금관가야

시조	김수로왕
정치	• 전기 가야 연맹 주도 • 신라 법흥왕에게 병합
경제	철 생산량 많음(덩이쇠)
유적	김해 대성동 고분군

KEYWORD 고구려 소수림왕 　　　　　　정답 ①

08 밑줄 그은 '왕'의 업적으로 옳은 것은? 　1점

→고구려 소수림왕

○왕은 이름이 구부이고, 고국원왕의 아들이다. 신체가 장대하고, 웅대한 지략이 있었다.

○진(秦) 왕 부견이 사신과 승려 순도를 보내 불상과 경문을 주었다. 왕이 사신을 보내 답례로 방물(方物)을 바쳤다.

- 『삼국사기』 -

✓① 태학을 설립하여 인재를 양성하였다. 고구려 소수림왕
② 도읍을 국내성에서 평양으로 옮겼다. 고구려 장수왕
③ 서안평을 점령하여 영토를 확장하였다. 고구려 미천왕
④ 영락이라는 독자적인 연호를 사용하였다. 고구려 광개토 대왕
⑤ 을파소를 등용하고 진대법을 시행하였다. 고구려 고국천왕

자료분석 '고국원왕의 아들', '불상과 경문' 등을 통해 밑줄 그은 '왕'은 고구려 소수림왕임을 알 수 있다. 소수림왕은 전진의 순도를 통해 불교를 수용하였다.

정답 찾기 ① 고구려 소수림왕은 인재를 양성하기 위해 국립 교육 기관인 태학을 설립하였다.

오답 피하기
② 고구려 장수왕은 남진 정책을 펼쳐 도읍을 국내성에서 평양으로 천도하였다.
③ 고구려 미천왕은 서안평을 점령하고 낙랑군을 몰아내어 영토를 확장하였다.
④ 고구려 광개토 대왕은 영락이라는 독자적인 연호를 사용하였다.
⑤ 고구려 고국천왕은 을파소를 등용하고 빈민을 구휼하기 위한 진대법을 시행하였다.

인 클인 합격으로 **이끄는** 필수 개념: 고구려 주요 왕의 업적

고국천왕	을파소 등용, 진대법 실시
소수림왕	불교 수용, 율령 반포, 태학 설립
광개토 대왕	• '영락' 연호 사용 • 신라에 침입한 왜 격퇴(400)
장수왕	• 국내성 → 평양 천도 • 백제 수도 한성 함락(개로왕 전사)

09 밑줄 그은 '교서'를 내린 왕의 재위 기간에 볼 수 있는 모습으로 가장 적절한 것은? 3점

→ 고려 성종

> 상평창을 양경(兩京)과 12목에 설치하고 교서를 내렸다. 『한서』 식화지에 '그해가 풍년인지 흉년인지에 따라 곡식을 풀거나 거두어들이는 것을 행한다.'라고 하였다. …… 경시서에 맡겨 곡식을 풀거나 거두어들이도록 하라."

① 서적포에서 책을 인쇄하는 관리 고려 숙종
✓② 국자감 학생들을 가르치는 박사 고려 성종
③ 양현고의 재정을 관리하는 관원 고려 예종
④ 9재 학당에서 유교 경전을 읽는 학생 고려 중기 최충
⑤ 청연각의 소장 도서를 분류하는 학사 고려 예종

---

10 (가) 국가의 문화유산으로 옳은 것은? 2점

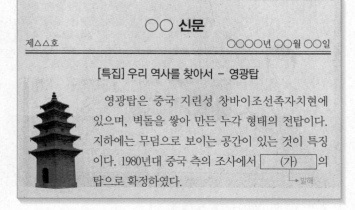

○○ 신문

제△△호　　　　　　　　　　○○○○년 ○○월 ○○일

[특집] 우리 역사를 찾아서 – 영광탑

영광탑은 중국 지린성 창바이조선족자치현에 있으며, 벽돌을 쌓아 만든 누각 형태의 전탑이다. 지하에는 무덤으로 보이는 공간이 있는 것이 특징이다. 1980년대 중국 측의 조사에서 　(가)　의 탑으로 확정하였다.

→ 발해

✓① 이불병좌상(발해)

② 영주 부석사 소조 여래 좌상(고려)

③ 금동 연가 7년명 여래 입상(고려)

④ 석굴암 본존불상(통일 신라)

⑤ 금동 관음보살 좌상(고려)

자료분석 '상평창을 양경과 12목에 설치'를 통해 밑줄 그은 '교서'를 내린 왕은 고려 성종임을 알 수 있다. 성종은 물가 조절 기관으로 상평창을 설치하였다.

정답 찾기 ② 고려 성종은 유교적 정치 이념을 채택하여 국자감을 정비하였다.

오답 피하기
① 고려 숙종은 국립 교육 기관인 국자감에 서적포를 설치하여 책을 출판하였다.
③ 고려 예종은 관학을 진흥하고자 7재를 설치하고 양현고라는 장학 재단을 설치하였다.
④ 고려 중기의 문신 최충은 9재 학당(문헌공도)을 세워 유학 교육에 힘썼다.
⑤ 고려 예종은 도서관 겸 학문 연구소인 청연각과 보문각을 두어 학문을 장려하였다.

자료분석 '영광탑'을 통해 발해의 문화유산임을 알 수 있다. 따라서 (가) 국가는 발해이다.

정답 찾기 ① 발해의 이불병좌상으로 고구려의 영향을 받아 만들어졌다.

오답 피하기
② 고려의 영주 부석사 소조 여래 좌상으로 소조 불상 중에서 가장 크고 오래되었다.
③ 고구려의 금동 연가 7년명 여래 입상으로 불상 뒷면의 명문을 통해 고구려 불상임을 알 수 있다.
④ 통일 신라의 석굴암 본존불상으로 완벽한 조형미가 특징이다.
⑤ 고려의 금동 관음보살 좌상이다.

합격으로 이끄는 필수 개념: 고려 전기 주요 국왕의 업적

고려 태조	• 흑창 설치 • 훈요 10조
고려 광종	• 노비안검법 시행 • 과거제 실시(쌍기)
고려 성종	• 최승로의 시무 28조 수용, 12목 설치 • 상평창 설치 • 국자감 정비

합격으로 이끄는 필수 개념: 발해의 문화유산

고분	• 정혜 공주 묘: 모줄임 천장 → 고구려 양식 계승 • 정효 공주 묘: 벽돌무덤, 벽화 → 당의 영향
건축과 탑	영광탑, 주작대로
기타	이불병좌상(고구려 영향), 돌사자상

제69회 심화

제68회 심화

제67회 심화

제66회 심화

제65회 심화

제64회 심화

제63회 심화

제62회 심화

KEYWORD 고려 광종 　정답 ⑤

11 (가) 왕의 재위 시기에 있었던 사실로 옳은 것은? 1점

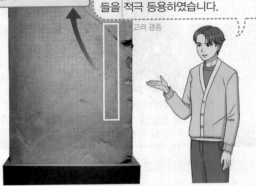

공은 대송(大宋) 강남 천주 출신이다. …… 예빈성 낭중에 임명하고 집 한 채를 내려 주었다.

이것은 고려에 귀화한 채인범의 묘지명으로 현존하는 고려 시대 묘지명 중 가장 오래된 것입니다. 노비안검법을 실시한 (가) 은/는 채인범, 쌍기 등의 귀화인들을 적극 등용하였습니다.

고려 광종

① 최승로가 시무 28조를 건의하였다. 고려 성종

② 경기에 한하여 과전법이 실시되었다. 고려 공양왕

③ 신돈이 전민변정도감의 판사가 되었다. 고려 공민왕

④ 빈민 구제 기관인 흑창이 처음 설치되었다. 고려 태조

✓⑤ 광덕, 준풍 등의 독자적 연호가 사용되었다. 고려 광종

KEYWORD 고려의 지방 통치 체제 　정답 ③

12 (가) 시대의 지방 통치 체제에 대한 설명으로 옳은 것은? 2점

개경으로 가는 주요 길목인 혜음령에 세워졌던 혜음원에는 행인의 안전한 통행을 위한 숙소와 사원이 있었습니다. 혜음원지를 통해 개경 외에 남경, 동경 등이 설치되었던 (가) 시대 원(院)의 모습을 유추할 수 있었습니다.
　└→ 고려

고지도와 항공 사진을 통해 본 혜음원지

개경

혜음령

남경

파주 혜음원지

① 22담로에 왕족을 파견하였다. 백제

② 전국에 9주 5소경을 설치하였다. 통일 신라

✓③ 특수 행정 구역으로 향, 부곡, 소가 있었다. 고려

④ 지방관을 감찰하기 위하여 외사정을 두었다. 통일 신라

⑤ 지방 행정 구역을 8도에서 23부로 개편하였다. 제2차 갑오개혁

[자료분석] '노비안검법을 실시', '쌍기' 등을 통해 (가) 왕은 고려 광종임을 알 수 있다. 광종은 호족 세력을 약화시키고 국가 재정을 확충하고자 노비안검법을 시행하고, 후주에서 귀화한 쌍기의 건의를 받아들여 과거제를 시행하였다.

[정답 찾기] ⑤ 고려 광종은 스스로 황제를 칭하고 광덕·준풍 등의 독자적 연호를 사용하였다.

[오답 피하기]

① 고려 성종 때 최승로가 시무 28조를 건의하였고 성종이 이를 받아들여 통치 체제를 정비하였다.

② 고려 공양왕 때 신진 사대부의 경제적 기반을 마련하기 위해 경기에 한하여 과전법이 실시되었다.

③ 고려 공민왕은 토지와 노비 문제를 해결하기 위해 전민변정도감을 설치하고 신돈을 판사로 임명하였다.

④ 고려 태조 때 빈민 구제 기관인 흑창이 설치되었다.

[자료분석] '개경', '남경, 동경' 등을 통해 (가) 시대는 고려 시대임을 알 수 있다. 수도인 개경 외에 남경, 동경이 있던 나라는 고려이다.

[정답 찾기] ③ 고려는 특수 행정 구역으로 향·부곡·소가 있었고, 이곳에 거주하는 양민은 과중한 세금을 부담하였다.

[오답 피하기]

① 백제 무령왕은 지방에 둔 22담로에 왕족을 파견하였다.

② 통일 신라는 전국을 9주 5소경으로 편성하였다.

④ 통일 신라는 지방관을 감찰하기 위하여 외사정을 두었다.

⑤ 제2차 갑오개혁 때 지방 행정 구역을 8도에서 23부로 개편하였다.

합격으로 **이끄는** 필수 개념: 고려 광종의 업적

왕권 강화	• 노비안검법 실시 • 과거제 실시 • '광덕', '준풍' 독자적 연호 사용
사회 안정책	제위보 설치(농민 생활 안정)

합격으로 **이끄는** 필수 개념: 고려의 지방 행정 조직

5도와 양계	• 5도: 안찰사 파견 • 양계: 병마사 파견
특수 행정 구역	향·부곡·소: 일반 군·현보다 많은 조세 부담

13 (가)~(다)를 일어난 순서대로 옳게 나열한 것은? 3점

(가) 금의 군주 아구다가 국서를 보내 이르기를, "형인 금 황제가 아우인 고려 국왕에게 문서를 보낸다. …… 이제는 거란을 섬멸하였으니, 고려는 우리와 형제의 관계를 맺어 대대로 무궁한 우호 관계를 이루기 바란다."라고 하였다.
→ 고려 예종 시기 금의 국서

(나) 윤관이 여진인 포로 346명과 말, 소 등을 조정에 바치고 영주·복주·웅주·길주·함주 및 공험진에 성을 쌓았다. 공험진에 비(碑)를 세워 경계로 삼고 변경 남쪽의 백성을 옮겨 와 살게 하였다. → 고려 예종 시기 윤관의 동북 9성 축조

(다) 정지상 등이 왕에게 아뢰기를, "대동강에 상서로운 기운이 있으니 신령스러운 용이 침을 토하는 형국으로, 천 년에 한 번 만나기 어려운 일입니다. 천심에 응답하고 백성들의 뜻에 따르시어 금을 제압하소서."라고 하였다. → 고려 인종 시기 서경 천도 운동

① (가) - (나) - (다)　　　② (가) - (다) - (나)
✓③ (나) - (가) - (다)　　　④ (나) - (다) - (가)
⑤ (다) - (나) - (가)

자료분석 (가) 고려 예종 때인 1117년 금의 황제가 국서를 보내 형제 관계를 요구하였다. (나) 고려 예종 때인 1107년 윤관이 여진을 정벌하고 동북 9성을 축조(1107)하였다. (다) 고려 인종 때인 1135년 묘청·정지상 등이 서경 천도와 금국 정벌을 주장하였다(서경 천도 운동).

정답 찾기 ③ (나) 윤관의 동북 9성 축조(1107) - (가) 금의 형제 관계 요구 (1117) - (다) 묘청의 서경 천도 운동(1135) 순으로 전개되었다.

 합격으로 이끄는 필수 개념: 12세기 고려의 역사

문벌 사회의 동요	• 이자겸의 난(1126): 인종의 외척인 이자겸과 척준경이 난을 일으킴 • 서경 천도 운동(1135): 인종 때 개경파와 서경파의 대립, 묘청이 서경 천도와 금국 정벌을 주장하며 난을 일으킴
외세의 침입	• 여진의 침입 → 윤관이 동북 9성 축조 • 여진 → 금 건국, 금의 형제 관계 요구(1117)

---

14 ㉠에 대한 답으로 옳지 않은 것은? 2점

이것은 하늘의 별자리를 새긴 조선 시대 대표적인 천문도야.

㉠한국의 역사에서 천문에 관한 또 다른 사례를 알려줄래?

천상열차분야지도라는 이름은 천문 현상을 12개 분야로 나누어 차례로 늘어놓았다는 뜻이래.

① 고구려 무용총에 별자리를 그린 벽화가 있어. 고구려의 천문학
② 삼국사기에 일식, 월식에 관한 많은 관측 기록이 있어. 삼국의 천문학
③ 충선왕은 서운관에서 천체 운행을 관측하도록 했어. 고려의 천문학
✓④ 선조 때는 날아가서 폭발하는 비격진천뢰가 개발되었어. 화학 무기
⑤ 홍대용이 의산문답을 통해 지전설과 무한 우주론을 주장했어.
조선의 천문학

자료분석 「천상열차분야지도」는 조선 시대의 대표적인 천문도이다.

정답 찾기 ④ 조선 선조 때 날아가서 폭발하는 화약 무기인 비격진천뢰를 개발하여 임진왜란 때 많은 성과를 올렸다.

오답 피하기
① 고구려 무용총에는 별자리를 그린 벽화가 존재한다.
② 『삼국사기』에는 일식과 월식의 관측 기록이 존재한다.
③ 고려 충선왕은 서운관에서 천체 운행을 관측하였다. 서운관은 조선 세종 때 관상감이라는 이름으로 개칭되었다.
⑤ 조선 후기 실학자 홍대용은 『의산문답』을 통해 지전설과 무한 우주론을 주장하여 중국 중심의 세계관을 비판하였다.

 합격으로 이끄는 필수 개념: 시대별 천문학

삼국	• 고구려: 무용총 벽화(별자리) • 신라: 첨성대 • 『삼국사기』에 일식, 월식 기록이 있음
고려	• 충선왕: 천체 운행 관측(서운관) • 역법: 고려 초 당의 선명력 → 고려 후기 원의 수시력
조선	• 태조: 「천상열차분야지도」 • 세종: 서운관 → 관상감 개칭 • 홍대용: 지전설, 무한 우주론 주장

제69회 심화

제68회 심화

제67회 심화

제66회 심화

제65회 심화

제64회 심화

제63회 심화

제62회 심화

KEYWORD 삼별초 정답 ④

15 (가) 군사 조직에 대한 설명으로 옳은 것은? 2점

이것은 태안 마도 3호선에서 발굴된 죽찰입니다. 적외선 촬영 기법을 통해 상어를 담은 상자를 우□□별초도령시랑 집에 보낸다는 문장이 확인되었습니다. 우□□별초는 우별초로 해석되는데, 우별초는 최씨 무신 정권이 조직한 (가) 의 하나로 시랑은 장군 격인 정 4품이었습니다.

→삼별초

앞면　　앞면　　뒷면　　뒷면
　　　적외선　　　　　적외선

① 후금의 침입에 대비하고자 창설되었다. 어영청
② 원의 요청으로 일본 원정에 참여하였다. 정동행성
③ 신기군, 신보군, 항마군으로 편성되었다. 별무반
✓④ 진도에서 용장성을 쌓고 몽골에 대항하였다. 삼별초
⑤ 응양군과 용호군으로 구성된 국왕의 친위 부대였다. 2군

자료분석 '우별초', '최씨 무신 정권' 등을 통해 (가) 군사 조직은 삼별초임을 알 수 있다. 고려 무신 집권기 최우는 군사 기반을 강화하고자 사병 기관으로 삼별초를 설치하였다.

정답 찾기 ④ 고려 정부가 몽골과 강화를 맺고 개경으로 환도하려 하자, 삼별초는 이에 반발하며 진도에서 용장성을 쌓고 항전하였다.

오답 피하기
① 후금의 침입에 대비하고자 조선 인조 때 어영청이 창설되었다.
② 원 간섭기에 일본 원정을 위해 정동행성이 설치되었으며, 고려 정부는 원의 요청으로 일본 원정에 참여하였다.
③ 고려 숙종 때 윤관의 건의로 신기군, 신보군, 항마군으로 구성된 별무반이 조직되었다.
⑤ 응양군과 용호군으로 구성된 국왕의 친위 부대는 고려의 중앙군인 2군이다.

인 [아끌인] 퀵

합격으로 이끄는 필수 개념: 삼별초의 항쟁

배경	고려 정부의 몽골과의 강화, 개경 환도에 불만
과정	• 강화도 → 진도(배중손 주도) • 진도 → 제주도(김통정 주도) • 고려·몽골 연합군의 공격으로 진압

KEYWORD 원 간섭기의 모습 정답 ③

16 다음 서술형 평가의 답안에 들어갈 내용으로 가장 적절한 것은? 2점

서술형 평가　　　　○○학년 ○○반 이름: ○○○

◎ 아래의 인물들이 활동한 시기에 볼 수 있는 사회 모습에 대해 서술하시오.

○윤수는 응방을 관리하였는데 권력을 믿고 악행을 행하여 사람들로부터 비난받았다.
○유청신은 몽골어를 익혀 여러 차례 원에 사신으로 가서 공을 세우고 충렬왕의 총애를 받아 장군이 되었다.
○기철과 형제들은 누이동생이 원 순제의 황후가 된 후 국법을 무시하고 횡포를 부렸다.

답안	원 간섭기의 사회 모습

① 왕조 교체를 예언하는 정감록이 유포되었습니다. 조선 후기
② 대각국사 의천이 해동 천태종을 개창하였습니다. 고려 중기
✓③ 지배층을 중심으로 변발과 호복이 유행하였습니다. 원 간섭기
④ 가혹한 수탈에 저항하여 망이·망소이가 봉기하였습니다. 고려 무신 집권기
⑤ 상민층이 납속과 공명첩을 활용하여 신분 상승을 꾀하였습니다. 조선 후기

자료분석 '응방', '충렬왕', '기철' 등을 통해 해당 시기는 고려 원 간섭기임을 알 수 있다.

정답 찾기 ③ 고려 원 간섭기에 지배층을 중심으로 몽골풍인 변발과 호복이 유행하였다.

오답 피하기
① 조선 후기에 왕조 교체를 예언하는 정감록이 유포되었다.
② 고려 중기에 대각국사 의천이 해동 천태종을 개창하였고 『교장』을 편찬하였다.
④ 고려 무신 집권기에 가혹한 수탈에 저항하여 망이·망소이가 공주 명학소에서 봉기하였다.
⑤ 조선 후기에 상민층이 납속과 공명첩을 활용하여 신분 상승을 도모하였다.

인 [아끌인] 퀵

합격으로 이끄는 필수 개념: 원 간섭기의 사회 모습

자원 수탈	• 공녀(결혼도감) • 매(응방)
문화 교류	몽골풍(변발, 호복), 고려양 유행(원)

17 (가) 문화유산에 대한 설명으로 옳은 것은? 2점

2023년 프랑스 국립 도서관에서 열린 '인쇄하다! 구텐베르크의 유럽' 전에서 (가) 이/가 공개되었습니다.
→ 직지심체요절 >

1973년 '동양의 보물'전 이후 50년 만에 대중에게 전시되었다는 점에서 의미가 있습니다.

승려 백운이 편찬한 불서로 제자들이 1377년 청주 흥덕사에서 인쇄하였습니다. 현재 하권만 프랑스에 남아 있습니다.

① 신미양요 때 미군이 탈취하였다. 어재연의 수자기

✓ ② 현존하는 최고(最古)의 금속 활자본이다. 직지심체요절

③ 거란의 침입을 물리치기 위해 제작하였다. 초조대장경

④ 장영실, 이천 등이 제작한 활자도 인쇄하였다. 갑인자

⑤ 불국사 삼층 석탑을 보수하는 과정에서 발견되었다. 무구정광대다라니경

자료분석 '프랑스 국립 도서관', '청주 흥덕사에서 인쇄' 등을 통해 (가) 문화유산은 『직지심체요절』임을 알 수 있다. 『직지심체요절』은 1377년 청주 흥덕사에서 간행된 현존하는 가장 오래된 금속 활자본으로, 현재 프랑스 국립 도서관에 보관되어 있다.

정답 찾기 ② 『직지심체요절』은 현존하는 가장 오래된 금속 활자본이다. 유네스코 세계 기록 유산으로 지정되었다.

오답 피하기
① 신미양요 때 미군이 퇴각 과정에서 어재연 장군의 수(帥)자기를 탈취하였다.
③ 고려 현종은 부처의 힘을 빌려 거란의 침입을 물리치기 위해 초조대장경을 제작하였다.
④ 조선 세종 때 장영실과 이천 등이 갑인자를 제작하였다.
⑤ 경주 불국사 삼층 석탑을 보수하는 과정에서 『무구정광대다라니경』이 발견되었다.

 합격으로 **이끄는** 필수 개념: 고려의 인쇄술

목판 인쇄술	• 초조대장경: 고려 현종 때, 거란의 침입을 물리치기 위해 간행 • 팔만대장경: 몽골의 침입을 물리치기 위해 간행, 합천 해인사 장경판전에 보관
금속 활자	• 『상정고금예문』(1234): 고려 인종 때 최윤의 등이 지은 의례서, 현존 × • 『직지심체요절』(1377): 청주 흥덕사에서 간행, 현존하는 가장 오래된 금속 활자본

18 밑줄 그은 '인물'에 대한 설명으로 옳은 것은? 2점

불씨잡변을 지어 불교를 비판하였던 인물에 대해 말해 보자. → 정도전

도성의 축조 계획을 세우고 새 궁궐의 이름을 경복궁이라고 지었어.

제1차 왕자의 난 때 이방원에게 죽임을 당하였지.

① 최초의 서원인 백운동 서원을 건립하였다. 주세붕

② 일본에 다녀와서 해동제국기를 편찬하였다. 신숙주

③ 성학십도를 지어 군주의 도를 도식으로 설명하였다. 이황

✓ ④ 조선경국전을 저술하여 통치 제도 정비에 기여하였다. 정도전

⑤ 경세유표를 집필하여 국가 제도의 개혁 방향을 제시하였다. 정약용

자료분석 '불씨잡변', '새 궁궐의 이름을 경복궁', '이방원에게 죽임' 등을 통해 밑줄 그은 '인물'은 정도전임을 알 수 있다. 정도전은 태조 이성계와 함께 조선의 건국을 주도하였다.

정답 찾기 ④ 정도전은 『조선경국전』을 저술하여 조선의 통치 제도 정비에 기여하였다.

오답 피하기
① 주세붕은 조선 중종 때 우리나라 최초의 서원인 백운동 서원을 건립하였다.
② 신숙주는 일본에 다녀와 『해동제국기』를 편찬하였다.
③ 이황은 『성학십도』를 지어 군주의 도를 도식으로 설명하였다.
⑤ 정약용은 『경세유표』를 집필하여 국가 제도의 개혁 방향을 제시하였다.

 합격으로 **이끄는** 필수 개념: 정도전의 활동

국가의 기틀 마련	• 재상 중심의 정치 주장 • 한양 도성 설계, 경복궁 명칭
편찬	• 『불씨잡변』 → 불교의 폐단 비판 • 『조선경국전』, 『경제문감』

제69회 심화
제68회 심화
제67회 심화
제66회 심화
제65회 심화
제64회 심화
제63회 심화
제62회 심화

KEYWORD 조선 세조   정답 ②

19 (가) 왕에 대한 설명으로 옳은 것은? [3점]

작품명: 출기파적도(出奇破賊圖)

이 그림은 이시애가 일으킨 반란을 좌대장 어유소가 진압하는 상황을 표현한 것이다. 이시애는 (가) 의 호패법 재실시 등 중앙의 통제 강화에 반발하여 함길도에서 반란을 일으켰다.
→ 조선 세조

① 주자소를 설치하여 계미자를 주조하였다. 조선 태종
✓② 현직 관리를 대상으로 직전법을 실시하였다. 조선 세조
③ 조선의 기본 법전인 경국대전을 완성하였다. 조선 성종
④ 기유약조를 체결하여 일본과의 무역을 재개하였다. 조선 광해군
⑤ 폐비 윤씨 사사 사건을 빌미로 갑자사화를 일으켰다. 조선 연산군

KEYWORD 임진왜란   정답 ③

20 (가) 전쟁에 대한 탐구 활동으로 가장 적절한 것은? [1점]

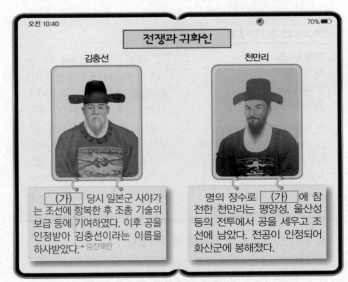

오전 10:40   70%

전쟁과 귀화인

김충선   천만리

(가) 당시 일본군 사야가는 조선에 항복한 후 조총 기술의 보급 등에 기여하였다. 이후 공을 인정받아 김충선이라는 이름을 하사받았다. → 임진왜란

명의 장수로 (가) 에 참전한 천만리는 평양성, 울산성 등의 전투에서 공을 세우고 조선에 남았다. 전공이 인정되어 화산군에 봉해졌다.

① 나선 정벌의 전적지를 검색한다. 조선 효종
② 북학론이 끼친 영향을 파악한다. 북학 운동
✓③ 명량 해전의 승리 요인을 분석한다. 임진왜란
④ 삼정이정청의 활동 내용을 찾아본다. 임술 농민 봉기
⑤ 4군과 6진을 개척한 과정을 알아본다. 조선 세종

자료분석 '이시애가 일으킨 반란', '호패법 재실시' 등을 통해 (가) 왕은 조선 세조임을 알 수 있다. 세조는 중앙 집권 강화를 위해 지방에 중앙의 관리를 파견하였다. 이에 1467년 함길도에서 이시애가 반란을 일으켰다.

정답 찾기 ② 조선 세조는 기존의 과전법을 대체하여 현직 관리에게만 수조지를 지급하는 직전법을 제정하였다. 또한 수신전과 휼양전을 폐지하였다.

오답 피하기
① 조선 태종은 주자소를 설치하여 계미자를 주조하였다.
③ 조선의 기본 법전인 『경국대전』은 조선 세조 때 편찬을 시작하여 성종 때 완성되었다.
④ 조선 광해군은 기유약조를 체결하여 일본과의 무역을 재개하였다.
⑤ 조선 연산군 때 폐비 윤씨 사사 사건을 빌미로 갑자사화가 발생하였다.

자료분석 '(가) 당시 일본군 사야가는 조선에 항복', '명의 장수로 (가)에 참전' 등을 통해 (가) 전쟁은 임진왜란(1592)임을 알 수 있다.

정답 찾기 ③ 조선 선조 때 임진왜란이 일어나자 이순신이 명량에서 일본군을 크게 격파하였다.

오답 피하기
① 조선 효종 때 청의 요청에 따라 두 차례 조총 부대를 나선 정벌에 파견하였다.
② 조선 후기 북학론의 영향으로 청의 문물을 적극 수용하자는 북학 운동이 대두하였다.
④ 조선 철종 때 임술 농민 봉기가 발생하자 정부는 봉기의 원인이 삼정의 문란에 있다고 판단하여 이를 해결하기 위해 삼정이정청이 설치되었다.
⑤ 조선 세종 때 최윤덕, 김종서로 하여금 4군과 6진이 개척되었다.

 합격으로 이끄는 필수 개념: 조선 세조의 업적

왕권 강화	• 6조 직계제 재시행 • 집현전, 경연 폐지 • 이시애의 난 진압 → 유향소 폐지
통치 체제 정비	• 직전법 실시 • 『경국대전』 편찬 시작

합격으로 이끄는 필수 개념: 임진왜란

임진왜란	• 충주 탄금대 전투(신립) • 한산도 대첩(이순신) • 행주 대첩(권율)
정유재란	• 명량 해전(이순신) • 노량 해전(이순신)

KEYWORD 조식   정답 ①

21 (가)의 활동으로 옳은 것은?   3점

문학으로 만나는 역사 인물

請看千石鐘
非大扣無聲
爭似頭流山
天鳴猶不鳴

천 석 들어가는 큰 종을 보소서
크게 치지 않으면 소리가 없다오
어떻게 해야만 두류산*처럼
하늘이 울어도 울지 않을까

*두류산: 지리산의 별칭

[해설] → 조식
(가) 이/가 만년에 지리산 기슭 산천재에서 학문을 연구하고 제자들을 가르치며 지은 시이다. 지리산에 빗대어 자신의 높은 기상을 표현하였다. 그의 호는 남명으로, 조선 중기 경상우도의 대표적인 성리학자로 알려져 있다. 평소 경(敬)과 의(義)를 강조하며 학문의 실천성을 강조하였다.

✓① 곽재우, 정인홍 등의 제자를 배출하였다. 조식
② 기기도설을 참고하여 거중기를 설계하였다. 정약용
③ 위훈 삭제를 주장하여 훈구 세력의 반발을 샀다. 조광조
④ 북학의를 저술하여 수레와 배의 이용을 권장하였다. 박제가
⑤ 양명학을 체계적으로 연구하여 강화학파를 형성하였다. 정제두

자료분석 '호는 남명', '경(敬)과 의(義)를 강조', '학문의 실천성을 강조' 등을 통해 (가)는 조식임을 알 수 있다.

정답 찾기 ① 조식은 임진왜란 때 의병장으로 활약한 곽재우와 정인홍 등을 제자로 배출하였다.

오답 피하기
② 정약용은 『기기도설』을 참고하여 거중기를 설계하여 수원 화성 축조에 활용하였다.
③ 조광조는 위훈 삭제를 주장하여 훈구 세력의 반발을 샀다.
④ 박제가는 『북학의』를 저술하여 수레와 배의 이용을 권장하였다.
⑤ 정제두는 양명학을 체계적으로 연구하여 강화학파를 형성하였다.

 합격으로 이끄는 필수 개념: 조식의 활동

사상	조선 중기의 문신, 학문의 실천성 강조
제자	• 후학으로 북인 형성 • 곽재우, 정인홍(임진왜란 때 활약)

KEYWORD 조선 세종   정답 ②

22 밑줄 그은 '왕'의 재위 기간에 있었던 사실로 옳은 것은?   2점

〈역사 다큐멘터리 제작 기획안〉

조선, 전국적인 규모의 여론 조사를 실시하다!

■ **기획 의도**
여론 조사를 통해 정책을 추진하려는 왕의 모습에서 '민본'의 의미를 생각해본다. → 조선 세종

■ **장면별 주요 내용**
#1. 왕은 관리와 백성을 대상으로 공법 시행에 대한 전국적인 찬반 조사를 명하다.
#2. 호조에서 찬성 98,657명, 반대 74,149명이라는 결과를 보고하다.
#3. 여러 차례 보완을 거쳐 토지의 비옥도와 풍흉에 따라 조세를 차등 징수하는 내용의 공법을 확정하다.

① 세계지도인 혼일강리역대국도지도가 제작되었다. 조선 태종
✓② 각지의 농법을 작물별로 정리한 농사직설이 간행되었다. 조선 세종
③ 유능한 인재를 양성하기 위해 초계문신제가 시행되었다. 조선 정조
④ 우리나라와 중국의 의서를 망라한 동의보감이 완성되었다. 조선 광해군
⑤ 전국의 지리, 풍속 등이 수록된 동국여지승람이 편찬되었다. 조선 성종

자료분석 '여론 조사를 실시', '토지의 비옥도와 풍흉에 따라 조세를 차등 징수' 등을 통해 밑줄 그은 '왕'은 조선 세종임을 알 수 있다. 세종은 전분 6등법과 연분 6등법의 공법을 시행하였다.

정답 찾기 ② 조선 세종 때 우리 풍토에 맞는 농사법을 소개한 『농사직설』을 간행하였다.

오답 피하기
① 조선 태종 때 세계지도인 『혼일강리역대국도지도』를 제작하였다.
③ 조선 정조 때 유능한 인재를 양성하기 위해 초계문신제 시행하였다.
④ 조선 광해군 때 허준이 우리나라와 중국의 의서를 망라하여 전통 한의학을 체계적으로 정리한 『동의보감』이 편찬되었다.
⑤ 조선 성종 때 전국의 지리와 풍속 등이 수록된 『동국여지승람』이 편찬되었다.

 합격으로 이끄는 필수 개념: 조선 세종의 업적

체제 정비	• 의정부 서사제 실시 • 집현전 설치
대외 관계	• 4군(최윤덕) 6진(김종서) 개척 • 쓰시마섬 정벌(이종무) • 계해약조 체결
편찬	『삼강행실도』, 『농사직설』, 『칠정산』 편찬

23 다음 상황이 나타난 시기에 볼 수 있는 모습으로 적절하지 <u>않은</u> 것은?　1점

송파장에 왔으니 산대놀이 보고 가자.

송파장에 사람들도 많고 상평통보도 두둑이 챙겨서 좋네.

쌀 팔고 고추, 담배 사러 왔는데 이런 구경도 하게 되는군.

→ 조선 후기의 경제

✓① 벽란도에서 인삼을 사는 송의 상인 　고려 시대
② 호랑이를 소재로 민화를 그리는 화가 　조선 후기
③ 광산 노동자에게 품삯을 나눠주는 덕대 　조선 후기
④ 여러 장시를 돌며 물품을 판매하는 보부상 　조선 후기
⑤ 저잣거리에서 영웅 소설을 읽어주는 전기수 　조선 후기

24 다음 왕에 대한 설명으로 옳은 것은?　2점

초상과 어진으로 만나는 조선의 왕

왼편은 연잉군 시절인 20대의 초상이며 오른편은 50대의 어진이다. 그는 즉위 후 탕평 교서를 반포하고 탕평비를 건립하였다. 준천사를 신설하여 홍수에 대비하였으며, 신문고를 다시 설치하여 백성들의 억울함을 듣고자 하였다. → 조선 영조

① 통치 체제를 정비하기 위해 대전회통을 편찬하였다. 　흥선 대원군
② 왕권 강화를 위해 친위 부대인 장용영을 설치하였다. 　조선 정조
③ 각 궁방과 중앙 관서의 공노비 6만여 명을 해방하였다. 　조선 순조
④ 어영청을 중심으로 국방력을 강화하고 북벌을 추진하였다. 　조선 효종
✓⑤ 균역법을 시행하여 백성들의 군역 부담을 줄여주고자 하였다. 　조선 영조

제69회 심화

제68회 심화

제67회 심화

제66회 심화

제65회 심화

제64회 심화

제63회 심화

제62회 심화

자료분석 '산대놀이', '상평통보', '고추, 담배' 등을 통해 조선 후기의 모습임을 알 수 있다.

정답 찾기 ① 고려 시대에는 예성강 하구의 벽란도가 국제 무역항으로 번성하였다.

오답 피하기
② 조선 후기에는 민화, 풍속화 등의 그림이 유행하였다.
③ 조선 후기에는 광산을 전문적으로 경영하는 덕대가 활동하였다.
④ 조선 후기에는 장시가 전국으로 확대되면서 보부상이 여러 장시를 돌며 물품을 판매하였다.
⑤ 조선 후기에는 한글 소설이 유행하면서 소설을 읽어주는 전기수가 활동하였다.

 합격으로 이끄는 필수 개념: 조선 후기의 모습

경제	• 인삼, 담배, 감자, 고구마 등 상품 작물 재배 • 공인 등장, 보부상의 활약 • 사상의 성장
사회, 문화	• 중인의 시사(詩社) 조직 • 한글 소설, 탈춤, 판소리 등 서민 문화 발달

자료분석 '탕평비를 건립', '준천사를 신설', '신문고를 다시 설치' 등을 통해 조선 영조임을 알 수 있다.

정답 찾기 ⑤ 조선 영조는 군포를 1년에 2필에서 1필로 줄이는 균역법을 시행하여 백성들의 군역 부담을 줄여주고자 하였다.

오답 피하기
① 조선 고종 때 흥선 대원군은 통치 체제를 정비하기 위해 『대전회통』을 편찬하였다.
② 조선 정조는 왕권을 강화하기 위해 친위 부대인 장용영을 설치하였다.
③ 조선 순조는 각 궁방과 중앙 관서 공노비 6만여 명을 해방하였다.
④ 조선 효종은 어영청을 중심으로 국방력을 강화하고 북벌을 추진하였다.

 합격으로 이끄는 필수 개념: 조선 영조의 업적

탕평책	• 완론 탕평 • 탕평비 건립
개혁 정책	• 균역법 시행: 군포 1년에 2필에서 1필로 경감 • 신문고 부활 • 청계천 준설

25 (가) 관서에 대한 설명으로 옳은 것은? `2점`

체험 활동 소감문

2023년 12월 2일 ○○○

 지난 토요일에 '승경도' 놀이를 체험했다. 승경도는 조선 시대 관직 이름을 적은 놀이판이다. 윷을 던져 말을 옮기는 데, 승진을 할 수도 있지만 자칫하면 파직이 되거나 사약 까지 받을 수 있어 흥미진진했다.

놀이 규칙에 은대법이 있는데, __(가)__ 을/를 총괄하는 도승지 자리에 →승정원
도착한 사람은 당하관 자리에 있는 사람들이 던진 윷의 결괏값을 이용할 수 있는 규칙이다. 은대가 무엇인지 몰랐는데, __(가)__ 을/를 뜻함을 알게 되었다.

① 수도의 행정과 치안을 맡아보았다. 한성부
② 재상들이 합의하여 국정을 총괄하였다. 의정부
③ 반역죄, 강상죄를 범한 중죄인을 다스렸다. 의금부
✓ ④ 왕의 비서 기관으로 왕명의 출납을 담당하였다. 승정원
⑤ 외적의 침입에 대비하기 위한 임시 기구로 설치되었다. 비변사

자료분석 '(가)를 총괄하는 도승지', '은대' 등을 통해 (가) 관서는 조선의 승정원임을 알 수 있다. 도승지는 승정원의 수장이었으며, 승정원은 은대라고도 불렸다.

정답 찾기 ④ 승정원은 왕의 비서 기관으로서 왕명의 출납을 담당하였다.

오답 피하기
① 한성부는 수도의 행정과 치안을 맡았다.
② 의정부는 정책을 심의·결정하고 재상들이 합의하여 국정을 총괄하는 최고 정부 기관이다.
③ 의금부는 국왕 직속의 사법 기구로 반역죄와 강상죄를 범한 중죄인을 다스렸다.
⑤ 비변사는 삼포 왜란 때 외적의 침입에 대비하기 위한 임시 기구로 설치되었다.

인 큐 이끌인   **합격으로 이끄는 필수 개념:** 조선의 중앙 정치 제도

의정부	• 정책을 심의·결정, 최고 정무 기구 • 3정승 합의 체제
승정원	국왕 비서 기관, 왕명 출납
의금부	국왕 직속 사법 기구
삼사	• 사헌부, 사간원, 홍문관으로 구성 • 간쟁, 봉박, 서경권 행사
한성부	수도의 행정, 치안 담당

---

26 다음 상황이 나타난 시기를 연표에서 옳게 고른 것은? `3점`

→ 서인
○송준길이 아뢰었다. "적처(嫡妻) 소생이라도 둘째부터는 서자입니다. ······ 둘째 아들은 비록 왕통을 계승하였더라도 (그를 위해서는) 3년 복을 입어서는 안 됩니다."
○허목이 상소하였다. "장자를 위해 3년 복을 입는다는 것은 위로 쳐서 정체(正體)이기 때문입니다. ······ 첫째 아들이 죽어서 적처 소생의 둘째를 세우는 것도 역시 장자라고 부릅니다." → 기해예송
↑동인

(가)	(나)	(다)	✓(라)	(마)
계유정난 1453	중종반정 1506	을사사화 1545	인조반정 1623	경신환국 1680	이인좌의 난 1728

① (가)   ② (나)   ③ (다)   ✓ ④ (라)   ⑤ (마)

자료분석 '3년 복을 입어서는 안 됩니다'를 통해 조선 현종 때 기해예송(1659)에 대한 내용임을 알 수 있다. 효종 사후에 자의 대비가 상복 입는 기간을 두고 서인은 1년, 남인은 3년을 주장하였다. 이때 서인의 주장이 받아들여져 1년 복이 채택되었다.

정답 찾기 ④ (라) 기해예송(1659)은 인조반정(1623)과 경신환국(1680) 사이에 일어났다.

인 큐 이끌인   **합격으로 이끄는 필수 개념:** 예송

제1차 예송 (기해예송)	• 효종의 죽음 • 서인(1년) vs 남인(3년) → 서인 승리
제2차 예송 (갑인예송)	• 효종 비의 죽음 • 서인(9개월) vs 남인(1년) → 남인 승리

KEYWORD 종묘   정답 ②

27 (가) 문화유산에 대한 설명으로 옳은 것은?   1점

→종묘

이 건물은 (가) 의 정전입니다. (가) 은/는 태조 이성계가 개경에 처음 세웠는데, 도읍을 한양으로 옮긴 후 지금의 위치에 건립하였습니다. 사직과 더불어 왕조 국가를 표현하는 상징이었습니다.

① 경내에 조선 총독부 청사가 세워졌다. 경복궁
✓② 역대 국왕과 왕비의 신주가 모셔져 있다. 종묘
③ 대성전과 명륜당을 중심으로 구성되어 있다. 성균관, 향교
④ 일제 강점기에 창경원으로 격하되기도 하였다. 창경궁
⑤ 토지와 곡식의 신에게 제사를 지내는 공간이다. 사직단

자료분석 '정전', '사직과 더불어 왕조 국가를 표현' 등을 통해 (가) 문화유산은 종묘임을 알 수 있다. 종묘는 조선 왕조 역대 왕과 왕비의 신주를 모신 사당이다.

정답 찾기 ② 종묘에는 조선의 역대 왕과 왕비의 신주가 모셔져 있다.

오답 피하기
① 일제는 경복궁 내에 조선 총독부 청사를 건립하였다. 청사가 세워졌던 곳은 경복궁이다.
③ 대성전과 명륜당 중심으로 구성된 곳은 성균관과 향교이다.
④ 일제는 창경궁 내부에 동물원과 식물원을 설치하였으며 명칭을 창경원으로 격하하였다.
⑤ 토지와 곡식의 신에게 제사를 지내는 공간은 사직단이다.

인 릭 합격으로 **이끄는** 필수 개념: 조선의 궁궐

경복궁	• 조선의 법궁 • 임진왜란 때 소실 → 흥선 대원군 때 중건
경운궁(덕수궁)	고종이 아관파천 후 환궁
창경궁	• 일제에 의해 동물원·식물원 설치 • 창경원으로 명칭 격하
경희궁	서궐

KEYWORD 조선 시대의 역관   정답 ⑤

28 (가)에 들어갈 대답으로 적절한 것은?   2점

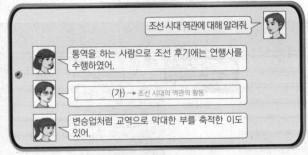

조선 시대 역관에 대해 알려줘.

통역을 하는 사람으로 조선 후기에는 연행사를 수행하였어.

(가) → 조선 시대의 역관의 활동

변승업처럼 교역으로 막대한 부를 축적한 이도 있어.

① 사간원에서 간쟁을 담당하였어. 3사
② 매매, 상속, 증여의 대상이었어. 노비
③ 수군, 봉수 등 천역에 종사하였어. 신량역천인
④ 수령을 보좌하면서 향촌 실무를 담당하였어. 향리
✓⑤ 사역원에서 노걸대언해 같은 교재로 교육받았어. 역관

자료분석 (가)에는 조선 시대 역관에 대한 내용이 들어가야 한다.

정답 찾기 ⑤ 조선의 역관들은 사역원에서 「노걸대언해」와 같은 교재로 교육받았다.

오답 피하기
① 조선 시대 3사(사헌부·사간원·홍문관)는 간쟁과 논박을 담당하였다.
② 노비는 매매와 상속, 증여의 대상이었다.
③ 신량역천인은 수군과 봉수 등 천역에 종사하였다.
④ 조선 시대 향리는 수령을 보좌하면서 향촌 실무를 담당하였다.

인 릭 합격으로 **이끄는** 필수 개념: 조선의 신분 구조

양반	• 문반·무반을 합쳐 부르는 말 • 지방에서 유향소를 통해 향촌 자치 주도
중인	• 좁은 의미로 기술관, 넓은 의미로 중간 계층 • 기술관(역관), 서리, 향리(수령 업무 보좌), 서얼(문과 응시 불가) 등
상민	• 농민, 수공업자, 상인, 신량역천으로 구성 • 법적으로 과거 응시 가능
천민	• 노비: 재산 취급, 매매·상속·증여의 대상 • 백정, 무당, 광대

29 다음 특별전에서 볼 수 있는 도시의 역사에 대한 설명으로 적절하지 않은 것은? 2점

송악(松嶽)
개주(開州)
열린 성(城)의 도시 특별전

여지도 속 옛 궁성

① 고려 태조 왕건이 도읍으로 삼았다. 개성
② 원의 영향을 받은 경천사지 십층 석탑이 축조되었다. 개성
③ 조선 후기 송상이 근거지로 삼아 전국적으로 활동하였다. 개성
✓ ④ 일제 강점기 강주룡이 을밀대 지붕 위에서 고공 농성을 하였다. 평양
⑤ 북위 38도선 분할 이후 남한에 속했다가 정전 협정으로 북한 지역이 되었다. 개성

자료분석 '송악', '개주' 등을 통해 해당 지역은 개성임을 알 수 있다.

정답 찾기 ④ 일제 강점기 강주룡이 을밀대 지붕 위에서 고공 농성을 벌인 지역은 평양이다.

오답 피하기
① 태조 왕건은 고려를 건국하고, 송악(개성)을 도읍으로 삼았다.
② 고려 시대에 원의 영향을 받아 개성 경천사지 십층 석탑이 축조되었다.
③ 조선 후기 송상이 개성을 근거지로 삼아 전국적으로 활동하였다.
⑤ 개성은 북위 38도선 분할 이후 남한에 속했다가 정전 협정으로 북한 지역이 되었다.

 합격으로 **이끄는** 필수 개념: 개성의 역사

고려 시대	• 태조 왕건: 고려 건국, 송악(개성) 도읍 • 경천사지 십층 석탑 축조
조선 시대	송상: 개성 근거지, 전국 주요 지역에 송방 설치
현대	개성 공단 건설

---

30 다음 대화가 오갔던 회담 결과 체결된 조약에 대한 설명으로 옳은 것은? 2점

운요호가 작년에 귀국 경내를 통과하다가 포격을 받았으니, 귀국이 교린의 우의를 저버린 것입니다.
→ 강화도 조약

운요호는 국적과 이유를 밝히지 않고 곧장 우리가 수비하는 곳으로 진입해왔으니, 변방 수비병의 발포는 부득이한 것이었소.

 일본 전권변리대신 구로다 기요타카

 조선 접견대관 신헌

① 천주교 포교가 허용되었다. 조·프 수호 통상 조약
② 갑신정변의 영향으로 체결되었다. 한성 조약, 톈진 조약
✓ ③ 일본 측의 해안 측량권이 인정되었다. 강화도 조약
④ 통신사가 처음 파견되는 계기가 되었다. 임진왜란 이후
⑤ 외국 상인의 내지 통상권을 최초로 규정하였다. 조·청 상민 수륙 무역 장정

자료분석 '운요호', '구로다', '신헌' 등을 통해 해당 조약은 강화도 조약(1876) 임을 알 수 있다. 강화도 조약은 1875년에 일어난 운요호 사건이 계기가 되어 체결되었다.

정답 찾기 ③ 강화도 조약으로 일본 사이에 영사 재판권과 해안 측량권이 인정되었다.

오답 피하기
① 조·프 수호 통상 조약으로 천주교 포교가 허용되었다.
② 갑신정변의 영향으로 조선과 일본 사이에 한성 조약, 청과 일본 사이에 톈진 조약이 체결되었다.
④ 임진왜란 이후 조선 광해군 때 일본 막부의 요청으로 외교 사절단인 통신사를 파견하였다.
⑤ 조·청 상민 수륙 무역 장정에서 외국 상인의 내지 통상권을 최초로 규정하였다.

 합격으로 **이끄는** 필수 개념: 강화도 조약(1876)

배경	일본의 운요호 사건
내용	부산 외 2곳 개항, 해안 측량권, 치외 법권
성격	최초의 근대적 조약이자 불평등 조약

31 (가)~(다)를 일어난 순서대로 옳게 나열한 것은? 2점

(가) 고부에서 민란이 다시 일어났다는 소문이 자자합니다. ……
장흥 부사 이용태를 고부군 안핵사로 임명하여 밤새 달려가
엄격히 조사하여 등급을 나누고 구별하여 보고하게 하소서.
→ 고부 민란

(나) 전봉준은 무주 집강소에 다음과 같은 통문을 보냈다. "최근
일본이 경복궁을 침범하였다. 국왕이 욕을 당했으니, 우리들은
마땅히 달려가 목숨을 걸고 의로써 싸워야 한다."
→ 일본의 경복궁 점령

(다) 청국의 간섭을 끊어버리고 우리 대조선국의 고유한 독립 기초를
굳건히 하였는데, 이번에 마관(馬關, 시모노세키) 조약으로
말미암아 세계에 드러나는 빛이 더욱 빛나게 되었다.
→ 시모노세키 조약 체결

✔ ① (가) - (나) - (다) ② (가) - (다) - (나)
③ (나) - (가) - (다) ④ (나) - (다) - (가)
⑤ (다) - (나) - (가)

자료분석 (가) 1894년 1월 고부 민란이 발생하자 조선 정부는 사태 수습을 위해 안핵사 이용태를 파견하였다. (나) 전주 화약 체결 이후 조선 정부는 청과 일본에 군대 철수를 요구하였으나 일본이 경복궁을 무력으로 점령하고 청·일 전쟁을 일으켰다. (다) 청·일 전쟁의 결과 일본이 승리하고, 청과 일본 사이에 시모노세키 조약(1895)이 체결되었다.

정답 찾기 ① (가) 고부 민란 – (나) 일본의 경복궁 점령 – (다) 시모노세키 조약 체결 순으로 전개되었다.

인 이끌인 합격으로 이끄는 필수 개념: 동학 농민 운동의 전개

고부 민란	• 배경: 고부 군수 조병갑의 학정 • 전개: 전봉준 등 사발통문 작성 → 고부 관아 점령 → 안핵사 이용태 파견
제1차 동학 농민 운동	• 성격: 반봉건 • 전개: 무장 봉기 → 백산 봉기 → 황토현, 황룡촌 전투 승리 → 정부와 전주 화약 체결
제2차 동학 농민 운동	• 성격: 반외세 • 전개: 일본의 경복궁 무력 점령 → 청·일 전쟁 → 삼례 봉기 → 공주 우금치 전투 패배 → 전봉준 체포

---

32 해설사가 설명하는 사건이 발생한 시기를 연표에서 옳게 고른 것은? 3점

조선 정부는 이곳에 해관을 설치하고 동래부 거류지의 일본 상인과 거래하는 조선 상인으로부터 세금을 징수하였습니다. 그러자 일본 상인이 조약 위반이라고 반발하였고, 결국 3개월 만에 수세가 중단되었습니다. → 두모진 해관 사건

(가)	✔(나)	(다)	(라)	(마)
척화비 건립 1871	제1차 수신사 파견 1876	영국의 거문도 점령 1885	함경도 방곡령 선포 1889	청일 전쟁 발발 1894	러일 전쟁 발발 1904

① (가) ✔ ② (나) ③ (다) ④ (라) ⑤ (마)

자료분석 '해관을 설치', '동래부 거류지' 등을 통해 1878년 두모진 해관 사건임을 알 수 있다. 두모진 해관 사건이란 개항장인 부산 동래부 두모진에서 조선 정부와 일본 상인 사이에 세금 문제로 충돌한 사건이다.

정답 찾기 ② 두모포 해관 사건(1878)은 제1차 수신사 파견(1876)과 영국의 거문도 점령(1885) 사이에 발생하였다.

인 이끌인 합격으로 이끄는 필수 개념: 강화도 조약 부속 조약

조·일 수호 조규 부록(1876)	• 일본인 거류지 설정(간행이정 10리) • 개항장 내 일본 화폐 유통 허용
조·일 무역 규칙 (1876)	일본 상품에 대한 무관세, 양곡의 무제한 유출 허용

KEYWORD 보빙사　　　　　정답 ⑤

33 (가) 사절단에 대한 설명으로 옳은 것은? 2점

> 보빙사
>
> 미국 공사의 부임에 대한 답례로 (가) 이/가 파견되었습니다. 8명의 조선 관리로 구성된 이들은 40여 일 동안 미국에 체류하면서 뉴욕의 전등 시설과 우체국, 보스턴 박람회 등을 시찰하였습니다.

(가) 일행

① 에도 막부의 요청으로 파견되었다. 조선 통신사
② 별기군(교련병대) 창설을 건의하였다. 1881년 창설
③ 조선책략을 들여와 국내에 소개하였다. 제2차 수신사
④ 기기국에서 무기 제조 기술을 습득하고 돌아왔다. 영선사
✓⑤ 전권대신 민영익과 홍영식, 서광범 등으로 구성되었다. 보빙사

자료분석 '미국 공사의 부임에 대한 답례', '미국에 체류' 등을 통해 (가) 사절단은 보빙사임을 알 수 있다. 조·미 수호 통상 조약(1882) 체결 이후 민영익을 대표로 한 보빙사(1883)가 미국에 파견되었다.

정답 찾기 ⑤ 보빙사는 전권대신 민영익과 홍영식, 서광범 등으로 구성되었다.

오답 피하기
① 조선 통신사는 일본 에도 막부의 요청으로 파견되었다.
② 조선 정부는 개화 정책을 추진함에 따라 1881년 신식 군대인 별기군을 창설하였다.
③ 제2차 수신사로 파견된 김홍집이 국내에 『조선책략』을 들여와 소개하였다.
④ 영선사는 청에 파견되어 청의 기기국에서 근대식 무기 제조 기술을 습득하였다.

 합격으로 이끄는 필수 개념: 해외 시찰단

수신사	• 일본에 파견 • 김기수(제1차), 김홍집(제2차) → 『조선책략』 수입
조사 시찰단	일본에 박정양, 홍영식 등 비밀리에 파견
영선사	• 청에 파견(김윤식) • 근대적 무기 제조법과 군사 훈련 습득
보빙사	• 미국에 파견(민영익, 서광범, 유길준) • 최초로 서양에 파견된 사절단

KEYWORD 1930~1940년대 일제의 식민 통치　　　정답 ⑤

34 (가)에 들어갈 내용으로 적절한 것은? 1점

학술 발표회

우리 연구회에서는 중일 전쟁 발발 이후 실시된 일제의 식민 통치 정책에 대한 학술 발표회를 마련하였습니다. 관심 있는 분들의 많은 참석 바랍니다.

→ 민족 말살 통치기의 정책

- **주제:** (가)
- **일시:** 2023년 ○○월 ○○일 14:00~17:00
- **장소:** △△대학교 인문대학 소회의실
- **주최:** □□ 연구회

① 치안 유지법의 제정 배경 1920년대 무단 통치기
② 조선 태형령의 적용 사례 분석 1910년대 무단 통치기
③ 제1차 조선 교육령의 제정 목적 1910년대 무단 통치기
④ 경성 제국 대학의 설립 의도와 과정 1920년대 문화 통치기
✓⑤ 국가 총동원법의 제정과 조선에서의 시행 1930~1940년대 민족 말살 통치기

자료분석 '중일 전쟁 발발 이후 실시된 일제의 식민 통치'를 통해 (가)에 들어갈 내용은 1930~1940년대 민족 말살 통치임을 알 수 있다.

정답 찾기 ⑤ 민족 말살 통치기인 1938년 국가 총동원법을 제정하여 전시 수탈 체제를 강화하였다.

오답 피하기
① 문화 통치기인 1925년 일제는 치안 유지법을 제정하여 독립운동가와 사회주의 세력을 탄압하였다.
② 무단 통치기인 1912년 일제는 조선 태형령을 시행하여 한국인에게만 태형을 집행하였다.
③ 무단 통치기인 1911년 제1차 조선 교육령이 제정되었다.
④ 문화 통치기인 1924년 경성 제국 대학이 설립되었다.

합격으로 이끄는 필수 개념: 1930~1940년대 민족 말살 통치기의 정책

병참 기지화 정책	남면북양 정책, 중화학 공업 육성
인적·물적 수탈	• 국가 총동원법(1938): 지원병 제도, 국민 징용령, 학도 지원병제, 징병제, 여자 정신 근로령 • 식량 배급제, 공출제
주요 정책	• 내선일체, 일선동조론 • 황국 신민 서사 암송, 황국 신민 체조 실시

제69회 심화
제68회 심화
제67회 심화
제66회 심화
제65회 심화
제64회 심화
제63회 심화
제62회 심화

KEYWORD 3·1 운동　　　　　　　　정답 ③

35 다음 자료에 나타난 민족 운동에 대한 설명으로 옳지 않은 것은? 2점

THE NEW YORK TIMES.

KOREANS DECLARE
FOR INDEPENDENCE
Thousands Who Engage in Demonstration Are Arrested by the Japanese.

한국인들이 독립 선언을 하다
－ 집회에 참가한 수천 명 체포 －

일본 당국은 고종의 장례식을 계기로 문제가 발생할 것으로 예상하고 많은 헌병을 서울로 집결시켰다. …… 전국의 모든 도시와 마을에서 독립을 위한 행진과 시위가 일어났다. 일본 측은 당황했지만 곧 재정비하여 강력하고 신속한 진압에 나섰다. 그 결과 수천 명의 시위대가 체포되었지만 일본 측 보고서에는 수백 명으로 기록되어 있다. →3·1 운동

① 중국의 5·4 운동에 영향을 주었다. 3·1 운동
② 대한민국 임시 정부 수립의 계기가 되었다. 3·1 운동
✓③ 신간회에서 진상 조사단을 파견하여 지원하였다. 광주 학생 항일 운동
④ 국외로도 확산되어 필라델피아에서 한인 자유 대회가 열렸다. 3·1 운동
⑤ 평화적 만세 운동에서 무력 투쟁 사례가 늘어나기 시작하였다. 3·1 운동

자료분석 '고종의 장례식', '전국의 모든 도시와 마을에서 독립을 위한 행진과 시위' 등을 통해 해당 민족 운동은 1919년에 일어난 3·1 운동임을 알 수 있다.

정답 찾기 ③ 신간회가 진상 조사단을 파견하여 지원한 운동은 광주 학생 항일 운동이다.

오답 피하기
① 3·1 운동은 중국의 5·4 운동에 영향을 주었다.
② 3·1 운동은 대한민국 임시 정부 수립의 계기가 되었다.
④ 3·1 운동은 국외로도 확산되어 미국 필라델피아에서 한인 자유 대회가 열렸다.
⑤ 3·1 운동은 초기에 평화적 만세 운동으로 전개되었으나 농촌으로 확산되면서 무력 투쟁으로 바뀌었다.

 합격으로 이끄는 필수 개념: 3·1 운동

배경	고종의 독살설, 윌슨의 민족 자결주의
전개	• 민족 대표의 3·1 독립 선언서 낭독 • 도시 → 농촌으로 확산
결과	• 대한민국 임시 정부 수립 • 중국 5·4 운동에 영향

KEYWORD 신민회　　　　　　　　정답 ⑤

36 (가) 단체에 대한 설명으로 옳은 것은? 2점

이 자료는 (가) 의 활동 목적이 잘 드러나 있는 통용 장정의 일부입니다. (가) 은/는 안창호와 양기탁 등이 중심이 된 비밀 결사로 태극 서관을 설립하여 회원들의 연락 장소로 사용하였습니다. →신민회

이 자료에 대해 말씀해 주시겠습니까?

본회의 목적은 ……
쇠퇴한 교육과 산업을 개량하고
사업을 유신시켜
유신된 국민이 통일 연합해서
유신이 된 자유 문명국을 성립시킨다.

① 복벽주의를 표방하였다. 독립 의군부
② 13도 창의군을 결성하였다. 정미의병
③ 일제의 황무지 개간권 요구를 저지하였다. 보안회
④ 근대 교육을 위해 배재 학당을 설립하였다. 아펜젤러
✓⑤ 일제가 조작한 105인 사건으로 해체되었다. 신민회

자료분석 '안창호와 양기탁 등이 중심', '비밀 결사로 태극 서관을 설립' 등을 통해 (가) 단체는 신민회(1907)임을 알 수 있다. 신민회는 안창호, 양기탁 등이 주도하여 비밀 결사 형태로 조직되었다.

정답 찾기 ⑤ 신민회는 일제가 조작한 105인 사건으로 1911년 해체되었다.

오답 피하기
① 고종의 밀지를 받은 임병찬 등이 조직한 독립 의군부(1912)는 복벽주의를 표방하였다.
② 정미의병(1907) 때 이인영은 13도 창의군을 결성하고 서울 진공 작전을 전개하였으나 실패하였다.
③ 보안회(1904)는 일제의 황무지 개간권 요구를 저지하였다.
④ 선교사 아펜젤러에 의해 배재 학당(1885)이 설립되었다.

합격으로 이끄는 필수 개념: 신민회

조직	• 안창호, 양기탁 중심(1907) • 비밀 결사
활동	• 교육: 오산 학교, 대성 학교 설립 • 군사: 국외 무관 학교 설립 • 목표: 공화 정체 근대 국가 건설
해체	일제가 105인 사건 조작(1911)

37 밑줄 그은 '개혁'에 해당하는 내용으로 옳은 것을 〈보기〉에서 고른 것은? [2점]

【건축으로 보는 한국사】 석조전

고종은 황제로서의 권위와 근대 국가를 향한 의지를 보여주기 위해 서양의 신고전주의 양식으로 설계된 석조전 착공을 명하였다. 그러나 황제권 강화를 표방하며 개혁을 추진하던 고종은 석조전이 완공되기 전에 강제로 퇴위당하였다.
└→ 광무개혁

〈보 기〉
ㄱ. 박문국을 설치하여 한성순보를 발행하였다. 1883년
ㄴ. 통리기무아문을 설치하여 개화 정책을 추진하였다. 1880년
✓ㄷ. 관립 상공 학교를 설립하여 실업 교육을 실시하였다. 광무개혁
✓ㄹ. 지계아문을 설치하여 토지 소유자에게 지계를 발급하였다. 광무개혁

① ㄱ, ㄴ   ② ㄱ, ㄷ   ③ ㄴ, ㄷ   ④ ㄴ, ㄹ   ✓⑤ ㄷ, ㄹ

자료분석 '고종', '황제권 강화를 표방하며 개혁을 추진' 등을 통해 밑줄 그은 '개혁'은 대한 제국 시기 광무개혁(1897)임을 알 수 있다. 고종은 황제로 즉위한 뒤 광무개혁을 추진하였다.

정답 찾기 ⑤ ㄷ - 광무개혁으로 관립 상공 학교를 설립하고 실업 교육을 실시하였다.
ㄹ - 광무개혁으로 지계아문을 설치하고 토지 소유권을 법적으로 인정하는 지계를 발급하였다.

오답 피하기
ㄱ - 1883년 박문국을 설치하여 『한성순보』를 발행하였다.
ㄴ - 1880년 조선 정부는 통리기무아문과 12사를 설치하여 개화 정책을 추진하였다.

 합격으로 이끄는 필수 개념: 대한 제국의 광무개혁

대한 제국 수립	고종이 환구단에서 황제 즉위식 거행
광무개혁	• 대한국 국제 선포(1899) • 원수부 설치 • 양전 사업, 지계 발급

---

38 밑줄 그은 '회의'에 대한 설명으로 옳은 것은? [3점]
└→ 국민 대표 회의

본 회의는 2천만 민중의 공의(公意)를 지키는 국민적 대회합으로서, 최고의 권위에 의해 국민의 완전한 통일을 견고하게 하며 광복 대업의 근본 방침을 수립하고, 이로써 우리 민족의 자유를 만회하고 독립을 완성하기를 기도하며 이에 선언하노라. 삼일 운동으로써 우리 민족의 정신적 통일은 이미 표명되었다. …… 본 대표들은 국민이 위탁한 사명을 받아 국민적 대단결을 힘써 도모하며, 독립 전도의 대방책을 확립하여 통일적 기관 하에서 대업을 기성(期成)하려 한다.

✓① 창조파와 개화파가 대립하였다. 국민 대표 회의
② 대일 선전 성명서를 공표하였다. 대한민국 임시 정부
③ 삼균주의를 기초로 하는 건국 강령을 발표하였다. 대한민국 임시 정부 건국 강령
④ 파리 강화 회의에 김규식을 파견할 것을 결정하였다. 여운형
⑤ 지청천을 사령관으로 하는 한국광복군을 조직하였다. 대한민국 임시 정부 산하 부대

자료분석 '국민적 대회합', '통일적 기관 하에서 대업을 기성' 등을 통해 밑줄 그은 '회의'는 국민 대표 회의(1923)임을 알 수 있다. 국민 대표 회의는 독립운동의 방략을 논의하기 위해 상하이에서 개최되었다.

정답 찾기 ① 대한민국 임시 정부는 독립운동의 방략을 논의하기 위해 국민 대표 회의를 열었지만 창조파(신채호 등)와 개조파(안창호 등), 그리고 현상 유지파(김구 등)는 수개월간 의견 차이를 좁히지 못하여 회의가 결렬되었다. 이후 독립운동가 다수가 대한민국 임시 정부를 이탈하였다.

오답 피하기
② 1941년 임시 정부가 대일 선전 성명서를 공표하였다.
③ 1941년 대한민국 임시 정부는 조소앙의 삼균주의를 기초로 하는 건국 강령을 발표하였다.
④ 1919년 여운형은 파리 강화 회의에 신한 청년당 소속 김규식을 파견하였다.
⑤ 1940년 대한민국 임시 정부는 지청천을 사령관으로 하는 한국광복군을 조직하였다.

 합격으로 이끄는 필수 개념: 시기별 대한민국 임시 정부의 활동

상하이 시기	• 연통제·교통국 운영 • 국민 대표 회의 개최 • 한인 애국단 조직
충칭 시기	• 한국광복군 창설(지청천) • 미국과 연계하여 국내 진공 작전 계획

제69회 심화
제68회 심화
제67회 심화
제66회 심화
제65회 심화
제64회 심화
제63회 심화
제62회 심화

KEYWORD 산미 증식 계획   정답 ⑤

39 밑줄 그은 '이 계획'에 대한 설명으로 옳은 것은? 1점

→ 산미 증식 계획

이 계획 실시로 인하여 수리 조합비 부담이 커졌어. 가뜩이나 지세도 부담되는데 개량 종자 구입비로 돈이 더 들어가네. 이 래서 살겠나.

우리 마을 박서방은 소작농 으로 전락하였다지. 우리 집은 쌀이 없어 만주에서 들어온 잡곡만 먹고 있다네.

① 독립 협회 결성의 계기가 되었다. 열강의 이권 침탈
② 국채 보상 운동의 배경이 되었다. 일본의 차관 강요
③ 재정 고문 메가타의 주도로 시행되었다. 화폐 정리 사업
④ 토지 조사 사업이 시행되는 배경이 되었다. 토지 조사 사업
✓ ⑤ 일본의 쌀 부족 현상을 해결하기 위해 시행되었다. 산미 증식 계획

자료분석 '수리 조합비 부담', '소작농으로 전락', '만주에서 들어온 잡곡' 등을 통해 밑줄 그은 '이 계획'은 1920년대 시작된 산미 증식 계획임을 알 수 있다.

정답 찾기 ⑤ 산미 증식 계획은 일본의 쌀 부족 현상을 해결하기 위해 시행되었다.

오답 피하기
① 아관파천으로 열강의 이권 침탈이 가속화되자 1886년 독립 협회가 결성되었다.
② 일제가 근대화 명목으로 대한 제국에 차관을 강요하여 막대한 빚을 지게 만들자 1907년 국채 보상 운동이 전개되었다.
③ 1905년 재정 고문 메가타의 주도로 화폐 정리 사업을 시행하였다.
④ 1910년대 일제는 식민 통치에 필요한 재정 확보와 토지 약탈을 위해 토지 조사 사업을 시행하였다.

인 링 이끌인 합격으로 **이끄는** 필수 개념: 일제의 경제 침탈

1910년대	• 토지 조사 사업 • 회사령
1920년대	산미 증식 계획(~1930년대까지)
1930년대	• 병참 기지화 정책(남면북양) • 국가 총동원법 제정

KEYWORD 북로 군정서   정답 ④

40 (가) 부대에 대한 설명으로 옳은 것은? 2점

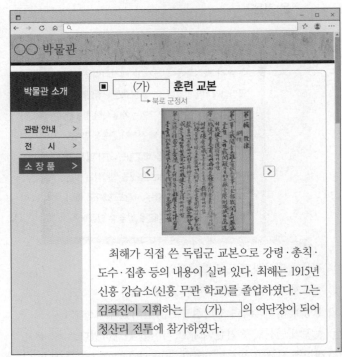

○○ 박물관

박물관 소개
관람 안내 >
전 시 >
소 장 품 >

■ (가) 훈련 교본
→ 북로 군정서

최해가 직접 쓴 독립군 교본으로 강령·총칙·도수·집총 등의 내용이 실려 있다. 최해는 1915년 신흥 강습소(신흥 무관 학교)를 졸업하였다. 그는 김좌진이 지휘하는 (가) 의 여단장이 되어 청산리 전투에 참가하였다.

① 대전자령에서 일본군을 기습하였다. 한국 독립군
② 영릉가에서 일본군에 승리를 거두었다. 조선 혁명군
③ 동북 항일 연군으로 개편되어 유격전을 전개하였다. 동북 인민 혁명군
✓ ④ 중광단을 중심으로 조직되어 항일 독립 전쟁에 참여하였다. 북로 군정서
⑤ 인도·미얀마 전선에 파견되어 영국군과 연합 작전을 펼쳤다. 한국광복군

자료분석 '김좌진이 지휘', '청산리 전투' 등을 통해 (가) 부대는 북로 군정서임을 알 수 있다.

정답 찾기 ④ 대종교가 중심이 되어 조직한 중광단은 북로 군정서로 개편되어 청산리 전투 등 항일 독립 전쟁에 참여하였다.

오답 피하기
① 지청천의 한국 독립군은 중국 호로군과 연합하여 대전자령에서 일본군을 격파하였다.
② 양세봉의 조선 혁명군은 중국 의용군과 연합하여 영릉가에서 일본군에 승리를 거두었다.
③ 동북 인민 혁명군은 동북 항일 연군으로 개편되어 유격전을 전개하였다.
⑤ 한국광복군은 인도·미얀마 전선에서 영국군과 연합 작전을 펼쳤다.

인 링 이끌인 합격으로 **이끄는** 필수 개념: 1920년대 무장 독립 전쟁

국외	의열단(1919) → 봉오동 전투(1920) → 훈춘 사건(1920) → 청산리 대첩(1920) → 간도 참변(1920) → 자유시 참변(1921) → 3부 성립 → 미쓰야 협정(1925)
국내	천마산대, 구월산대 등

41

다음 가상 일기의 밑줄 그은 '운동'에 대한 설명으로 옳은 것은? [1점]

> 1925년 〇〇월 〇〇일
>
> 우리 백정들은 신분제가 폐지되었음에도 끊임없이 차별받았다. 다 같은 조선 민족인데 왜 우리를 핍박하는 걸까? 우리는 저울처럼 평등한 세상을 만들기 위해 몇 해 전부터 운동을 벌이고 있지만 사람들의 인식을 바꾸는 쉽지 않은 것 같다. 얼마 전 예천에서는 '백정을 핍박하는 것은 죄가 아니다.'라고 말하는 사람도 있다고 하니 우리는 언제쯤 평등한 대우를 받을 수 있을까? — 형평 운동

✓① 조선 형평사의 주도로 전개되었다. — 형평 운동
② 대한매일신보의 지원을 받아 확대되었다. — 국채 보상 운동
③ 평양에서 시작하여 전국적으로 확산되었다. — 물산 장려 운동
④ 순종의 인산일을 기한 대규모 시위를 전개하였다. — 6·10 만세 운동
⑤ 라이징 선 석유 회사의 한국인 구타 사건을 계기로 시작되었다. — 원산 총파업

자료분석 '우리 백정들은 신분제가 폐지되었음에도 끊임없이 차별받았다.'를 통해 밑줄 그은 '운동'은 형평 운동(1923)임을 알 수 있다.

정답 찾기 ① 백정 이학찬 등은 1923년 진주에서 조선 형평사를 조직하여 백정에 대한 사회적 차별 철폐를 요구하는 형평 운동을 전개하였다.

오답 피하기
② 국채 보상 운동(1907)은 『대한매일신보』의 지원을 받아 확산되었다.
③ 조만식 등이 주도한 물산 장려 운동(1920)은 평양에서 시작하여 전국적으로 확산되었다.
④ 6·10 만세 운동(1926)은 순종의 인산일(장례식)을 계기로 대규모 시위가 벌어졌다.
⑤ 원산 총파업(1929)은 라이징 선 석유 회사의 조선인 구타 사건을 계기로 시작되었다.

인리(이끄인) 합격으로 **이끄는** 필수 개념: 1920년대 사회 운동

농민 운동	• 암태도 소작 쟁의(1923~1924) • 조선 농민 총동맹 결성(1927)
노동 운동	원산 노동자 총파업(1929): 국외 노동 단체가 격려 전문을 보냄
소년 운동	• 천도교 주도 • 어린이날 제정(1922)
여성 운동	근우회(1927) 결성
형평 운동	• 백정에 대한 사회적 차별 철폐 • 조선 형평사 조직(1923)

42

교사의 질문에 대한 학생의 답변으로 적절하지 <u>않은</u> 것은? [2점]

> 이 우표는 6·25 전쟁이 발발하고 북한군에 점령당했던 서울을 되찾은 것을 기념해 만들어졌습니다. 9월 28일 서울 수복 이후에 벌어진 상황에 대해 말해 볼까요? → 인천 상륙 작전 이후

① 반공 포로가 석방되었어요. — 1953년
② 한미 상호 방위 조약이 체결되었어요. — 1953년
③ 흥남에서 대규모 철수가 이루어졌어요. — 1950년 12월
✓④ 유엔군이 인천 상륙 작전을 전개하였어요. — 1950년 9월
⑤ 비상계엄이 선포된 가운데 발췌 개헌안이 통과되었어요. — 1952년

자료분석 맥아더 장군의 인천 상륙 작전 이후인 1950년 9월 북한군에 점령당했던 서울을 되찾았다.

정답 찾기 ④ 유엔군이 서울을 수복하기 위해 인천 상륙 작전을 전개하였다. 서울 수복 이전의 사실이다.

오답 피하기
① 1953년 이승만 대통령이 반공 포로를 석방하였다.
② 1953년 정전 체결 이후에 한·미 상호 방위 조약이 체결되었다.
③ 1950년 12월 중국군이 전쟁에 개입하자 흥남에서 대규모 철수가 이루어졌다.
⑤ 1952년 이승만 정부는 부산에 비상계엄을 선포한 가운데 발췌 개헌을 통과시켰다.

인리(이끄인) 합격으로 **이끄는** 필수 개념: 6·25 전쟁

배경	애치슨 선언
전개	북한의 남침 → 유엔군 참전 → 인천 상륙 작전 → 서울 수복 → 중국군 개입 → 흥남 철수 → 1·4 후퇴 → 정전 회담 개최, 체결 → 한·미 상호 방위 조약 체결

제69회 심화
제68회 심화
제67회 심화
제66회 심화
제65회 심화
제64회 심화
제63회 심화
제62회 심화

KEYWORD 김대중 정부의 통일 노력 정답 ④

43 (가) 정부의 통일 정책에 대한 설명으로 옳은 것은? 1점

> 저희 모둠은 우리 학교 학생들을 대상으로 (가) 정부의 연관 검색어를 조사해 보았습니다. →김대중

국가 인권 위원회 설립
최초의 남북 정상 회담 성사
한일 문화 교류　**노벨 평화상 수상**
2002 한일
월드컵 4강 진출　기초 생활 보장 제도
인천 국제 공항 개항　**경의선 복원**
대우 자동차 최종 부도 처리　**사업 착공**
중학교 의무 교육 전국 확대
의문사 진상 규명 위원회 출범

① 남북 기본 합의서에 서명하였다. 노태우 정부
② 남북한이 유엔에 동시 가입하였다. 노태우 정부
③ 7·4 남북 공동 성명을 발표하였다. 박정희 정부
✓④ 6·15 남북 공동 선언을 채택하였다. 김대중 정부
⑤ 남북 이산가족 고향 방문을 최초로 실현하였다. 전두환 정부

자료분석 '최초의 남북 정상 회담 성사', '노벨 평화상 수상' 등을 통해 (가) 정부는 김대중 정부임을 알 수 있다.

정답 찾기 ④ 김대중 정부는 최초의 남북 정상 회담인 제1차 남북 정상 회담(2000)을 개최하여 6·15 남북 공동 선언을 발표하였다.

오답 피하기
① 1991년 노태우 정부는 남북 기본 합의서를 채택하였다.
② 1991년 노태우 정부 때 남북한이 유엔에 동시 가입하였다.
③ 1972년 박정희 정부는 3대 통일 원칙에 합의하는 7·4 남북 공동 성명을 발표하였다.
⑤ 1985년 전두환 정부는 최초로 남북 이산가족 고향 방문을 실현하였다.

합격으로 **이끄는** 필수 개념: 김대중 정부 시기 통일 정책

1998년	• 현대 정주영 회장 소떼 방북 • 금강산 해로 관광 시작
2000년	• 제1차 남북 정상 회담 개최 • 6·15 남북 공동 선언

KEYWORD 4·19 혁명 정답 ②

44 (가) 민주화 운동에 대한 설명으로 옳은 것은? 2점

> 이것은 1959년 이승만의 84세 생일을 기념하는 '대통령 탄신 경축식' 사진입니다. 이러한 행사는 1949년부터 진행되었습니다. 이승만 대통령의 장기 독재는 3·15 부정 선거에 항거하며 일어난 (가) (으)로 결국 종말을 고했습니다. →4·19 혁명

① 긴급 조치 철폐를 요구하였다. 3·1 민주 구국 선언
✓② 장면 내각이 출범하는 배경이 되었다. 4·19 혁명
③ 전남 도청에서 시민군이 계엄군에 맞서 싸웠다. 5·18 민주화 운동
④ 민주화를 위한 개헌 청원 100만인 서명 운동이 전개되었다. 1973년
⑤ 5년 단임의 대통령 직선제 개헌이 이루어지는 계기가 되었다. 6월 민주 항쟁

자료분석 '이승만 대통령의 장기 독재', '3·15 부정 선거에 항거' 등을 통해 (가) 민주화 운동은 4·19 혁명(1960)임을 알 수 있다.

정답 찾기 ② 4·19 혁명으로 이승만 정부가 무너지고 장면 내각과 민주당 정권이 출범하였다.

오답 피하기
① 1976년 긴급 조치 철폐를 요구하는 3·1 민주 구국 선언을 발표하였다.
③ 1980년 5·18 민주화 운동 당시 전남 도청에서 시민군이 계엄군에 맞서 싸웠다.
④ 1973년 박정희 독재 정권에 항거하며 민주화를 위한 개헌 청원 100만인 서명 운동이 전개되었다.
⑤ 1987년 6월 민주 항쟁을 계기로 5년 단임의 대통령 직선제 개헌이 이루어졌다.

합격으로 **이끄는** 필수 개념: 4·19 혁명(1960)

배경	3·15 부정 시위
전개	마산 시위 중 김주열 시신 발견 → 시위 전국 확산 → 비상 계엄령 선포 → 대학교수단의 시국 선언 → 이승만 하야
결과	허정 과도 정부 수립, 제3차 개헌(내각 책임제, 양원제)

45 다음 사건이 있었던 정부 시기의 경제 상황으로 옳은 것은? [3점]

사진으로 보는 현대사

YH 무역 여성 노동자들은 일방적인 폐업에 항의하며 신민당 당사에서 농성 시위를 벌이다 경찰에 의해 강제 해산되었다. 그 과정에서 노동자 김경숙이 사망하였다. 이 사진은 현장에 남아 있던 머리띠와 신발들이다. 머리띠에는 '안되면 죽음이다'라는 글귀가 쓰여 있다.

→ 박정희 정부 시기

① 금융 실명제가 실시되었다. 김영삼 정부
✓② 연간 수출액 100억 달러가 달성되었다. 박정희 정부
③ 개성 공단에서 의류 생산이 시작되었다. 노무현 정부
④ 칠레와 자유 무역 협정(FTA)을 체결하였다. 노무현 정부
⑤ 저금리, 저유가, 저달러의 3저 호황이 있었다. 전두환 정부

자료분석 'YH 무역 여성 노동자'를 통해 1979년 박정희 정부 시기에 일어난 YH 무역 사건임을 알 수 있다.

정답 찾기 ② 1977년 박정희 정부 때 최초로 수출액 100억 달러를 달성하였다.

오답 피하기
① 1993년 김영삼 정부 때 금융 실명제가 실시되었다.
③ 노무현 정부 때 개성 공단이 착공되었고 이곳에서 의류 생산이 시작되었다.
④ 2004년 노무현 정부 때 칠레와 자유 무역 협정(FTA)을 체결하였다.
⑤ 전두환 정부 때 저금리, 저유가, 저달러의 3저 호황이 있었다.

인 퀴 [이끌인]　합격으로 이끄는 필수 개념: 역대 정부별 경제 정책

박정희 정부	• 경부 고속 국도 개통(1970) • 경제 개발 5개년 계획 추진 • 수출 100억 달러 달성(1977)
전두환 정부	저금리, 저유가, 저달러의 3저 호황
김영삼 정부	• 금융 실명제 시행 • 경제 협력 개발 기구(OECD) 가입
김대중 정부	노사정 위원회 설치

46 밑줄 그은 '정부' 시기의 사회 모습으로 옳은 것은? [2점]

① 금강산 관광이 시작되었다. 김대중 정부
② 서울 올림픽 대회가 개최되었다. 노태우 정부
③ 삼풍 백화점 붕괴 사고가 발생하였다. 김영삼 정부
✓④ 보도 지침을 통해 언론을 통제하였다. 전두환 정부
⑤ 양성 평등 실현을 위해 호주제가 폐지하였다. 노무현 정부

자료분석 '야간 통행 금지를 해제', '프로 야구와 프로 축구가 출범', '삼청 교육대' 등을 통해 밑줄 그은 '정부'는 전두환 정부임을 알 수 있다.

정답 찾기 ④ 전두환 정부는 언론 기본법을 제정하여 언론 기관을 통폐합하고 보도 지침을 내리는 등 언론을 탄압하였다.

오답 피하기
① 1998년 김대중 정부 때 금강산 해로 관광이 시작되었다.
② 1988년 노태우 정부 때 서울 올림픽 대회가 개최되었다.
③ 1995년 김영삼 정부 때 삼풍 백화점 붕괴 사고가 발생하였다.
⑤ 2005년 노무현 정부 때 양성 평등 실현을 위해 호주제가 폐지되었다.

인 퀴 [이끌인]　합격으로 이끄는 필수 개념: 전두환 정부의 정책

유화책	• 학생 두발 및 교복 자유화 • 해외여행 자율화 • 야간 통행 금지 해제 • 프로 스포츠 경기 도입
탄압책	• 삼청 교육대 설립 • 언론 기관 통폐합, 보도 지침

KEYWORD **여운형** 정답 ⑤

47 (가)에 들어갈 내용으로 옳은 것은? 2점

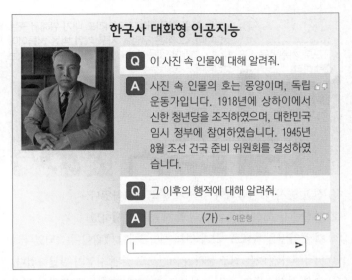

한국사 대화형 인공지능

Q 이 사진 속 인물에 대해 알려줘.

A 사진 속 인물의 호는 몽양이며, 독립 운동가입니다. 1918년에 상하이에서 신한 청년당을 조직하였으며, 대한민국 임시 정부에 참여하였습니다. 1945년 8월 조선 건국 준비 위원회를 결성하였 습니다.

Q 그 이후의 행적에 대해 알려줘.

A (가) → 여운형

| >

① 한국 민주당을 창당하였습니다. 송진우, 김성수

② 5·10 총선거에 출마하였습니다. 이승만

③ 단독 정부 수립을 주장하였습니다. 이승만

④ 조선 혁명 선언을 작성하였습니다. 신채호

✓⑤ 좌우 합작 위원회를 조직하였습니다. 여운형

자료분석 '몽양', '조선 건국 준비 위원회를 결성' 등을 통해 (가)에 들어갈 내용은 여운형임을 알 수 있다.

정답 찾기 ⑤ 이승만의 정읍 발언을 계기로 여운형, 김규식 등 중도 세력을 중심으로 좌우 합작 운동이 추진되었다. 이들은 좌우 합작 위원회를 설치하고 좌우 합작 7원칙을 발표하였다.

오답 피하기
① 한국 민주당은 조선 건국 준비 위원회에 참여하지 않은 송진우·김성수 등 우익 세력이 결성하였다.
② 1947년 여운형이 암살되면서 5·10 총선거(1948)에 출마하지 못하였다. 이승만 등은 총선거에 출마하였다.
③ 이승만은 제1차 미·소 공동 위원회가 결렬되자 정읍 발언으로 남한 지역의 단독 정부 수립을 주장하였다.
④ 신채호는 의열단의 활동 지침인 「조선 혁명 선언」을 작성하였다.

 합격으로 이끄는 필수 개념: 주요 독립운동가의 활동

김구	• 한인 애국단 조직(1931) • 대한민국 임시 정부 주석 • 남북 협상 참여
조소앙	삼균주의 제창 → 대한민국 임시 정부의 건국 강령
여운형	• 신한 청년당 조직 • 조선 건국 동맹 결성 → 조선 건국 준비 위원회로 개편 • 좌우 합작 위원회 조직

KEYWORD **삼국 시대의 학습 활동** 정답 ③

48 교사의 질문에 대한 학생의 대답으로 옳은 것은? 2점

┌─ 삼국 시대의 모습

충남 부여 쌍북리에서 숫자들이 기록된 목간이 출토되었는데 놀랍게도 구구단이 쓰여 있었습니다. 삼국 시대에 살았던 사람들도 우리처럼 구구단을 공부했다는 것이 신기합니다. 삼국 시대 사람 들의 학습 활동을 확인할 수 있는 또 다른 사례는 무엇이 있을까요?

제69회 심화

제68회 심화

제67회 심화

제66회 심화

제65회 심화

제64회 심화

제63회 심화

제62회 심화

① 울주 대곡리 반구대에 고래 사냥 모습을 새겼습니다. 청동기 시대

② 이제현이 만권당에서 원의 학자들과 교류하였습니다. 고려 충선왕

✓③ 청소년들이 경당에서 책을 읽고 활쏘기를 배웠습니다. 고구려

④ 독특한 회계 정리 방식인 사개치부법을 사용하였습니다. 조선 후기

⑤ 정혜 공주 묘지석에는 유교 경전과 중국 역사서의 내용이 인 용되어 있습니다. 발해

자료분석 '삼국 시대 사람들의 학습 활동'을 통해 고구려, 백제, 신라의 세 나라가 해당됨을 알 수 있다.

정답 찾기 ③ 고구려는 경당이라는 교육 기관을 세워 한학뿐만 아니라 무술 도 함께 가르쳤다.

오답 피하기
① 울산 울주 대곡리 반구대 바위그림은 청동기 시대에 새겨졌다.
② 이제현이 원나라 연경 만권당에서 원의 학자들과 교류한 것은 고려 충선 왕 때이다.
④ 조선 후기에 활동한 송상은 독특한 회계 정리 방식인 사개치부법을 사용 하였다.
⑤ 발해 문왕의 딸인 정혜 공주의 묘지석에는 유교 경전과 중국 역사서의 내 용이 인용되어 있다.

 합격으로 이끄는 필수 개념: 삼국의 학문

고구려	• 태학(수도, 유교 경전, 역사 교육) • 경당(지방, 한학과 무술 교육)
백제	오경박사, 역박사, 의박사 → 유교 경전, 기술 교육
신라	임신서기석 → 신라 청소년들의 유교 경전 교육

49 (가)~(마)의 설명과 사진을 연결한 것으로 옳지 <u>않은</u> 것은? [3점]

(가) 태토와 유약이 모두 백색이고 1,200도 이상에서 구워 만든 자기다. 영국 여왕 엘리자베스 2세가 이 자기 중 하나를 보면서 '세상에서 제일 아름다운 그릇'이라는 찬사를 보냈다. → 백자

(나) 철분이 약간 함유된 태토에 유약을 입혀 고온에서 구워낸 자기다. 송 사신 서긍은 "푸른 빛깔을 고려인은 비색(翡色)이라 하는데 근래에 들어 빛깔이 더욱 좋아졌다."고 하였다. → 고려 청자

(다) 회색 태토 위에 백토로 표면을 분장한 뒤에 유약을 입혀 구운 자기다. 고유섭이 회청색을 띠는 사기라는 의미로 '분장회청사기(분청사기)'라 하였다. → 분청사기

(라) 초벌구이한 백자 위에 코발트로 그림 그린 후 유약을 발라 구운 자기다. 코발트는 수입산 안료였기에 세종은 관찰사를 통해 백성들이 회회청(코발트)을 구해오도록 독려할 정도였다. → 청화 백자

(마) 표면에 무늬를 파고 백토와 자토를 그 자리에 넣어 초벌구이한 후 유약을 발라 구워낸 자기다. 최순우는 "고려 사람들은 비색의 자기에 영롱한 수를 놓은 방법을 궁리해 냈다."고 하였다. → 상감 청자

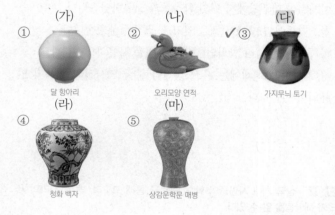

(가)	(나)	✓③ (다)
① 달 항아리	② 오리모양 연적	가지무늬 토기
(라)	(마)	
④ 청화 백자	⑤ 상감운학문 매병	

<u>자료분석</u>　(가)는 조선 시대 백자, (나)는 고려 청자, (다)는 고려 말에서 조선 초까지 유행한 분청사기, (라)는 조선 후기에 많이 제작된 청화 백자, (마)는 고려만의 독창적인 기술인 상감 청자에 대한 설명이다.

<u>정답 찾기</u>　③ 사진은 청동기 시대의 민무늬 형식 중 하나인 가지무늬 토기이다.

합격으로 **이끄는** 필수 개념: 고려와 조선의 공예

고려 시대	고려 청자: 순청자(11세기) → 상감 청자(12세기 중반)
조선 시대	• 전기: 분청사기(고려 말~15세기), 백자(16세기)
	• 후기: 청화 백자

---

50 다음 사건의 영향을 받아 발생한 사실로 옳은 것은? [2점]

근로 기준법을 준수하라!

나는 아주 작은 바늘 구멍이라도 내기 위해서 죽는 것입니다. 그 작은 구멍을 자꾸 키워 벽을 허물어야 합니다. 그래야 없는 사람도 살고 근로자도 살 수 있는 것입니다. → 전태일 분신 사건

① 신한 공사가 설립되어 귀속 재산을 관리하였다. 미 군정 시기

② 부산에서 조선 방직의 총파업 사건이 발생하였다. 1930년대

③ 경제 자립을 목표로 제1차 경제 개발 5개년 계획이 추진되었다. 박정희 정부

④ 미국에서 들여온 원조 물자를 기반으로 삼백 산업이 발달하였다. 이승만 정부

✓⑤ 평화 시장 노동자들을 중심으로 한 청계 피복 노동 조합이 결성되었다. 전태일 분신 사건

<u>자료분석</u>　'근로 기준법을 준수하라'를 통해 해당 사건은 박정희 정부 때 일어난 전태일의 분신 사건(1970)임을 알 수 있다.

<u>정답 찾기</u>　⑤ 1970년 서울 평화 시장 노동자 전태일이 근로 기준법 준수를 요구하며 분신 자살하였다. 전태일 분신 사건을 계기로 청계 피복 노동 조합이 결성되었다.

<u>오답 피하기</u>
① 1946년 미 군정기에 신한 공사가 설립되어 귀속 재산을 관리하였다.
② 1930년 부산에서 조선 방직의 총파업 사건이 발생하였다.
③ 1960년대 박정희 정부 때 제1차 경제 개발 5개년 계획을 진행하였다.
④ 1950년대 이승만 정부 시기 미국에서 들여온 원조 물자를 기반으로 제분·제당·면방직 등 삼백 산업이 발달하였다.

합격으로 **이끄는** 필수 개념: 박정희 정부 시기의 사회

산업화	• 전태일 분신 사건(1970)
	• 광주 대단지 사건(1971)
사회 변화	• 국민 교육 헌장 선포(1968)
	• 중학교 무시험 진학 제도

더욱더 명쾌하고 자세한 해설

더 이상의 시간 낭비는 No! 시험 직전 **스피드한 문제 회독**은 필수!
문제 풀이에 필요한 **핵심 키워드**만 쏙쏙 뽑아 드립니다.

제 **67** 회

KEYWORD 청동기 시대의 생활 모습   정답 ④

01 (가) 시대의 생활 모습으로 옳은 것은?   1점

→ 청동기 시대

계급이 출현한 (가) 시대의 생활상을 엿볼 수 있는 환호, 고인돌, 민무늬 토기 등이 울주 검단리 유적에서 발굴되었습니다. 특히 마을의 방어 시설로 보이는 환호는 우리나라의 (가) 시대 유적에서 처음 확인된 것으로, 둘레가 약 300미터에 달합니다.

① 철제 무기로 정복 활동을 벌였다. 초기 철기 시대
② 주로 동굴이나 막집에서 거주하였다. 구석기 시대
③ 소를 이용한 깊이갈이가 일반화되었다. 고려 시대
✓④ 비파형 동검과 청동 거울 등을 제작하였다. 청동기 시대
⑤ 빗살무늬 토기에 음식을 저장하기 시작하였다. 신석기 시대

자료분석 '계급이 출현', '환호, 고인돌', '민무늬 토기' 등을 통해 (가) 시대는 청동기 시대임을 알 수 있다.

정답 찾기 ④ 청동기 시대에는 비파형 동검, 거친무늬 거울, 청동 방울 등을 제작하였다.

오답 피하기
① 초기 철기 시대에는 철제 무기가 보급되어 정복 활동을 벌였다.
② 구석기 시대에는 이동 생활을 하면서 주로 동굴이나 막집에서 거주하였다.
③ 고려 시대부터 소를 이용한 깊이갈이(우경)가 일반화되었다.
⑤ 신석기 시대에는 빗살무늬 토기를 제작하여 음식을 저장하거나 조리하였다.

합격으로 **이끄는** 필수 개념: 청동기 시대의 생활 모습

도구	• 비파형 동검, 반달 돌칼 • 민무늬 토기, 미송리식 토기
생활 모습	• 벼농사 시작 • 고인돌: 지배자의 무덤
유적지	부여 송국리, 여주 흔암리

KEYWORD 여러 나라의 제천 행사   정답 ④

02 (가)~(라)에 들어갈 내용으로 옳은 것을 〈보기〉에서 고른 것은?   2점

< 여러 나라의 제천 행사 >

나라	내용
부여	(가) → 영고
고구려	(나) → 동맹
동예	(다) → 무천
삼한	(라) → 5월, 10월 계절제

〈보 기〉

ㄱ. (가) - 무천이라는 제천 행사에서 밤낮으로 음주가무를 즐겼다. 동예
✓ㄴ. (나) - 10월에 지내는 제천 행사는 국중대회로 동맹이라 하였다. 고구려
ㄷ. (다) - 영고라는 제천 행사를 열고 죄수를 풀어주기도 하였다. 부여
✓ㄹ. (라) - 씨뿌리기가 끝난 5월과 농사를 마친 10월에 제사를 지냈다. 삼한

① ㄱ, ㄴ   ② ㄱ, ㄷ   ③ ㄴ, ㄷ   ✓④ ㄴ, ㄹ   ⑤ ㄷ, ㄹ

정답 찾기 ④ ㄴ – 고구려는 매년 10월에 국동대혈에 모여 동맹이라는 제천 행사를 거행하였다.
ㄹ – 삼한은 해마다 씨를 뿌리고 난 뒤 5월에 수릿날을 열고, 가을 곡식을 거두는 10월에 계절제를 열었다.

오답 피하기
ㄱ – 무천이라는 제천 행사를 열었던 나라는 동예이다.
ㄷ – 영고라는 제천 행사를 열었던 나라는 부여이다.

합격으로 **이끄는** 필수 개념: 여러 나라의 성장

부여	• 마가, 우가, 저가, 구가, 사출도 • 풍속: 영고, 순장
고구려	• 제가 회의 • 풍속: 동맹, 서옥제
옥저	• 읍군, 삼로 등의 군장이 통치 • 풍속: 가족 공동 무덤
동예	• 특산물: 단궁, 과하마, 반어피 • 풍속: 무천, 책화
삼한	• 천군(제사장), 소도(신성 지역) • 풍속: 5월과 10월에 계절제

03 다음 자료에 해당하는 왕에 대한 설명으로 옳은 것은? [1점]

백제 제26대 왕 명농, 지혜와 식견이 뛰어나고 결단력이 있었다.

→ 백제 성왕

웅진에서 사비로 도읍을 옮기고 백제의 중흥을 꾀했다.

구천(관산성 부근)에서 신라의 복병에게 목숨을 잃었다.

1/3　　2/3　　3/3

✓① 국호를 남부여로 개칭하였다. 백제 성왕
② 금마저에 미륵사를 창건하였다. 백제 무왕
③ 고흥에게 서기를 편찬하게 하였다. 백제 근초고왕
④ 윤충을 보내 대야성을 함락하였다. 백제 의자왕
⑤ 동진에서 온 마라난타를 통해 불교를 수용하였다. 백제 침류왕

자료분석 '웅진에서 사비로 도읍을 옮기고', '관산성 부근에서 신라의 복병에게 목숨을 잃었다' 등을 통해 해당 왕은 백제 성왕임을 알 수 있다.

정답 찾기 ① 백제 성왕은 웅진에서 사비로 도읍을 옮기고 국호를 남부여로 개칭하여 백제의 중흥을 꾀하였다.

오답 피하기
② 백제 무왕은 금마저(익산)에 미륵사를 창건하였다.
③ 백제 근초고왕은 고흥에게 역사서인 『서기』를 편찬하게 하고, 고구려의 평양성을 공격하여 고국원왕을 전사시켰다.
④ 백제 의자왕은 윤충을 보내 신라의 대야성을 함락하고 김춘추의 딸과 사위를 살해하였다.
⑤ 백제 침류왕은 동진에서 온 마라난타를 통해 불교를 수용하였다.

 합격으로 이끄는 필수 개념: 백제 주요 국왕의 업적

근초고왕	• 고흥 『서기』 편찬 • 고구려 평양성 공격(고국원왕 전사)
침류왕	중국 동진의 마라난타로부터 불교 수용
무령왕	• 22담로 설치 • 중국 남조와 교류
성왕	사비 천도, 국호 '남부여'
무왕	익산 미륵사 창건

04 (가)에 해당하는 문화유산으로 옳은 것은? [3점]

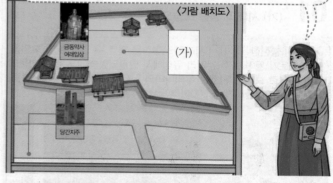

→ 경주 분황사 모전 석탑

국보로 지정된 (가) 은 현존하는 신라 탑 중에 가장 오래된 것으로 평가받습니다. 이 탑은 돌을 벽돌 모양으로 다듬어 쌓았다는 특징이 있으며, 선덕여왕 3년에 건립된 것으로 추정됩니다.

〈가람 배치도〉

금동약사여래입상

(가)

당간지주

① 경주 불국사 삼층 석탑(석가탑)
② 부여 정림사지 오층 석탑
③ 발해 영광탑
✓④ 경주 분황사 모전 석탑
⑤ 익산 미륵사지 석탑

자료분석 '신라 탑 중에 가장 오래된 것', '벽돌 모양' 등을 통해 (가)는 경주 분황사 모전 석탑임을 알 수 있다.

정답 찾기 ④ 돌을 벽돌 모양으로 다듬어 쌓은 경주 분황사 모전 석탑은 신라 선덕 여왕 때 건립되었다.

오답 피하기
① 통일 신라의 경주 불국사 삼층 석탑(석가탑)이다. 통일 신라의 완벽한 조형미를 보여 준다.
② 백제의 부여 정림사지 오층 석탑이다.
③ 발해의 영광탑으로 벽돌로 만들어졌다.
⑤ 백제의 익산 미륵사지 석탑으로 목탑 양식을 계승한 형태의 석탑이다.

 합격으로 이끄는 필수 개념: 통일 신라의 탑

경주 감은사지 3층 석탑	신문왕 때 건립
경주 불국사 3층 석탑	• 석가탑으로 불림 • 해체 과정에서 『무구정광대다라니경』 발견

제69회 심화

제68회 심화

제67회 심화

제66회 심화

제65회 심화

제64회 심화

제63회 심화

제62회 심화

KEYWORD 삼국 통일 과정 　　정답 ②

05 (가)에 들어갈 내용으로 적절한 것은? 3점

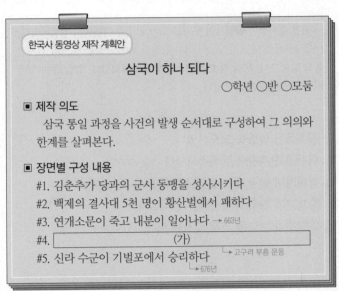

한국사 동영상 제작 계획안

삼국이 하나 되다
○학년 ○반 ○모둠

■ 제작 의도
　삼국 통일 과정을 사건의 발생 순서대로 구성하여 그 의의와 한계를 살펴본다.

■ 장면별 구성 내용
#1. 김춘추가 당과의 군사 동맹을 성사시키다
#2. 백제의 결사대 5천 명이 황산벌에서 패하다
#3. 연개소문이 죽고 내분이 일어나다 → 663년
#4. ＿＿＿＿＿＿＿＿(가)＿＿＿＿＿＿＿＿
#5. 신라 수군이 기벌포에서 승리하다 → 고구려 부흥 운동
　　　　　　　　　　　　　　　　└→ 676년

① 흑치상지가 당의 유인궤에게 항복하다 　백제 부흥 운동(663)

✓② 문무왕이 안승을 보덕국왕으로 책봉하다 　고구려 부흥 운동(674)

③ 을지문덕이 살수에서 수의 군대를 물리치다 　살수 대첩(612)

④ 부여풍이 백강에서 왜군과 함께 당군에 맞서 싸우다 　백강 전투(663)

⑤ 개로왕이 북위에 사신을 보내 고구려 공격을 요청하다 　5세기

[자료분석] 666년경 고구려 연개소문 사후 아들 간에 권력 다툼이 발생하여 지배층이 분열되었으며, 676년 기벌포 전투에서 신라 수군이 당군을 격파하였다. 따라서 (가)에 들어갈 내용은 연개소문 사후와 기벌포 전투 사이의 사실인 고구려 부흥 운동이 들어가야 한다.

[정답 찾기] ② 고구려가 멸망하자 674년 신라 문무왕이 고구려 왕족인 안승을 보덕국왕으로 책봉하였다.

[오답 피하기]
① 백제 멸망 이후 흑치상지는 임존성을 근거지로 부흥 운동을 일으켰으나 당의 유인궤에게 항복하였다(663).
③ 612년 고구려 을지문덕이 수의 대군을 살수에서 격파하였다(살수 대첩).
④ 663년 부여풍이 왜군과 함께 당군에 맞서 싸운 백강 전투가 일어났다.
⑤ 5세기 중반 백제 개로왕이 북위에 사신을 파견하여 고구려 공격을 요청하였다.

인 큇 　합격으로 이끄는 필수 개념: 신라의 삼국 통일 과정

백제 멸망	황산벌 전투 → 사비성 함락(660)
백제 부흥 운동	• 흑치상지·지수신(임존성), 부여 풍·도침·복신(주류성) • 왜의 지원: 백강 전투(663)
고구려 멸망	나·당 연합군의 침공 → 평양성 함락(668)
고구려 부흥 운동	• 검모잠(한성), 고연무(오골성) • 신라의 지원: 안승을 보덕국왕으로 책봉
나·당 전쟁	매소성·기벌포 전투 → 신라의 삼국 통일(676)

KEYWORD 의상 　　정답 ⑤

06 밑줄 그은 '이 승려'에 대한 설명으로 옳은 것은? 2점

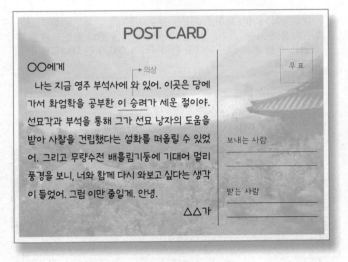

POST CARD

○○에게
　나는 지금 영주 부석사에 와 있어. 이곳은 당에 가서 화엄학을 공부한 이 승려가 세운 절이야. ← 의상
선묘각과 부석을 통해 그가 선묘 낭자의 도움을 받아 사찰을 건립했다는 설화를 떠올릴 수 있었어. 그리고 무량수전 배흘림기둥에 기대어 멀리 풍경을 보니, 너와 함께 다시 와보고 싶다는 생각이 들었어. 그럼 이만 줄일게. 안녕.
　　　　　　　　　　　　△△가

우표

보내는 사람

받는 사람

① 황룡사 구층 목탑의 건립을 건의하였다. 　자장

② 무애가를 지어 불교 대중화에 노력하였다. 　원효

③ 유식의 교의를 담은 해심밀경소를 저술하였다. 　원측

④ 승려들의 전기를 정리한 해동고승전을 편찬하였다. 　각훈

✓⑤ 현세의 고난에서 구제받고자 하는 관음 신앙을 강조하였다. 　의상

[자료분석] '영주 부석사', '당에 가서 화엄학을 공부' 등을 통해 밑줄 그은 '이 승려'는 통일 신라의 승려 의상임을 알 수 있다.

[정답 찾기] ⑤ 의상은 영주에 부석사를 건립하고, 현세의 고난에서 구제받고자 하는 관음 신앙을 강조하였다.

[오답 피하기]
① 신라 선덕 여왕 때 자장은 황룡사 구층 목탑의 건립을 건의하였다.
② 통일 신라의 승려 원효는 무애가를 지어 불교 대중화에 노력하였다.
③ 통일 신라의 승려 원측은 유식의 교의를 담은 『해심밀경소』를 저술하였다.
④ 고려 시대의 승려 각훈은 왕명에 의해 승려들의 전기를 정리한 『해동고승전』을 편찬하였다.

인 큇 　합격으로 이끄는 필수 개념: 통일 신라의 승려

원효	• 일심 사상 • 아미타 신앙 → 불교 대중화 • 『금강삼매경론』, 『십문화쟁론』
의상	• 화엄 사상, 부석사 건립 • 『화엄일승법계도』
혜초	인도와 중앙아시아 순례 후 『왕오천축국전』 저술

07 (가) 왕의 업적으로 옳은 것은?   [2점]

> 대왕암이 내려다 보이는 이곳은 경주 이견대입니다. 선왕을 기리며 감은사를 완공한 ___(가)___ 은/는 이곳에서 용을 만나는 신묘한 일을 겪었고, 이를 통해 검은 옥대와 만파식적의 재료가 된 대나무를 얻었다고 합니다.
>
> └▶통일 신라 신문왕

① 향가 모음집인 삼대목을 편찬하였다. 통일 신라 진성 여왕

✓② 관료전을 지급하고 녹읍을 폐지하였다. 통일 신라 신문왕

③ 인사를 담당하는 위화부를 창설하였다. 신라 진평왕

④ 건원이라는 독자적인 연호를 사용하였다. 신라 법흥왕

⑤ 시장을 감독하기 위해 동시전을 설치하였다. 신라 지증왕

자료분석 '감은사를 완공', '만파식적' 등을 통해 (가) 왕은 통일 신라 신문왕임을 알 수 있다. 문무왕은 삼국 통일 이후 왜구의 침략을 막고자 감은사를 짓기 시작하였고, 아들인 신문왕이 완성하였다.

정답 찾기 ② 통일 신라 신문왕은 687년 문무 관리에게 관료전을 지급하였으며, 689년 귀족의 경제적 기반인 녹읍을 폐지하였다.

오답 피하기
① 통일 신라 진성 여왕 때 각간 위홍과 대구 화상 등이 향가 모음집인 『삼대목』을 편찬하였다.
③ 신라 진평왕은 관리의 인사를 담당하는 위화부를 설치하였다.
④ 신라 법흥왕은 건원이라는 독자적인 연호를 사용하였다.
⑤ 신라 지증왕은 시장인 동시를 설치하고 이를 감독하기 위해 동시전이라는 관청을 설치하였다.

인 [퀴] 이끄인   합격으로 **이끄는** 필수 개념: 통일 신라 신문왕의 업적

왕권 강화	• 감은사 완성 • 김흠돌의 난 → 귀족 세력 숙청 • 관료전 지급, 녹읍 폐지
통치 체제 정비	• 지방 제도 정비(9주 5소경) • 군사 제도 정비(9서당 10정) • 국학 설립

08 다음 상황 이후에 전개된 사실로 옳은 것은?   [2점]

> 이찬 김지정이 반역하여 무리를 모아 궁궐을 에워싸고 침범하였다. 여름 4월에 상대등 김양상이 이찬 경신과 함께 군사를 일으켜 김지정 등을 죽였으나, 왕과 왕비는 반란군에게 살해되었다. 양상 등이 왕의 시호를 혜공왕이라 하였다. → 신라 하대의 사실
>
> – 『삼국사기』 –

① 김흠돌이 반란을 도모하였다. 신라 중대 신문왕

② 이사부가 우산국을 복속하였다. 신라 상대 지증왕

③ 김대성이 불국사 조성을 주도하였다. 신라 중대 경덕왕

✓④ 장보고가 왕위 쟁탈전에 가담하였다. 신라 하대 문성왕

⑤ 거칠부가 왕명에 의해 국사를 편찬하였다. 신라 상대 진흥왕

자료분석 '김지정이 반역', '왕과 왕비는 반란군에게 살해', '혜공왕' 등을 통해 김지정의 반란 진압 과정에서 통일 신라 혜공왕이 피살되었음을 알 수 있다. 신라 중대의 마지막 왕인 혜공왕이 피살되면서 진골 귀족들이 왕위 쟁탈전에 나서는 신라 하대가 시작되었다.

정답 찾기 ④ 신라 하대 문성왕 때 장보고는 청해진을 설치하여 해상 무역을 장악하였고, 강력한 군사력을 바탕으로 신라의 왕위 쟁탈전에 가담하였다.

오답 피하기
① 신라 중대 신문왕 때 신문왕의 장인인 김흠돌이 반란을 일으켰다.
② 신라 상대 지증왕 때 이사부가 우산국을 복속하였다.
③ 신라 중대 경덕왕 때 김대성 등이 불국사 조성을 주도하였다.
⑤ 신라 상대 진흥왕 때 거칠부가 역사서인 『국사』를 편찬하였다.

인 [퀴] 이끄인   합격으로 **이끄는** 필수 개념: 신라 하대의 상황

헌덕왕	김헌창의 난
흥덕왕	장보고: 청해진 설치
진성 여왕	• 『삼대목』 편찬(대구 화상, 각간 위홍) • 원종과 애노의 난 • 최치원의 시무 10여 조

제69회 심화
제68회 심화
제67회 심화
제66회 심화
제65회 심화
제64회 심화
제63회 심화
제62회 심화

KEYWORD 발해 정답 ①

09 (가) 국가에 대한 설명으로 옳은 것은? 2점

이 글은 양태사가 지은 '밤에 다듬이 소리를 듣고'라는 한시로, 정효 공주 묘지(墓誌) 등과 함께 ___(가)___ 의 한문학 수준을 보여주는 대표적인 사례입니다. 이 시에는 문왕 때 일본에 사신으로 파견된 그가 다듬이 소리를 듣고 고국을 그리워하는 마음이 잘 표현되어 있습니다.

→ 발해

서리 기운 가득한 하늘에 달빛 비치니 은하수도 밝은데
나그네 돌아갈 일 생각하니 감회가 새롭네
홀로 앉아 지새는 긴긴 밤 근심에 젖어 마음 아픈데
홀연히 들리누나 이웃집 아낙네 다듬이질 소리
바람결에 그 소리 끊기는 듯 이어지는 듯
밤 깊어 별빛 기우는데 잠시도 쉬지 않네
나라 떠나온 뒤로 아무 소리 듣지 못하더니
이제 타향에서 고향 소리 듣는구나
…

✓ ① 교육 기관으로 주자감을 설립하였다. 발해 문왕
② 골품제라는 엄격한 신분제를 마련하였다. 신라
③ 정사암에 모여 국가 중대사를 논의하였다. 백제
④ 관리 선발을 위해 독서삼품과를 시행하였다. 통일 신라 원성왕
⑤ 청연각과 보문각을 설치하여 학문 연구를 장려하였다. 고려 예종

자료분석 '정효 공주 묘지', '문왕' 등을 통해 (가) 국가는 발해임을 알 수 있다. 정효 공주는 발해 문왕의 넷째 딸이다.

정답찾기 ① 발해 문왕은 국립 교육 기관인 주자감을 설치하여 유교 경전을 가르치며 인재를 양성하였다.

오답 피하기
② 신라 사회는 골품제라는 엄격한 신분제가 존재하여 일상생활에서부터 관직 승진과 집의 크기에 이르기까지 차별을 두었다.
③ 백제는 정사암 회의를 열어 국가 중대사를 논의하고 주요 정책을 결정하였다.
④ 통일 신라 원성왕은 인재 등용과 관리 선발을 위해 독서삼품과를 시행하였다.
⑤ 고려 예종은 관학을 진흥하고자 청연각과 보문각을 두어 학문 연구를 장려하였다.

 합격으로 **이끄는** 필수 개념: 발해 문왕의 업적

제도 정비	• 3성 6부의 중앙 관제 마련 • 주자감 설치
외교	• 신라도 개설 • 일본 국서에 '고려국왕' 표현

KEYWORD 견훤의 금산사 유폐 이후의 사실 정답 ④

10 다음 상황 이후에 있었던 사실로 옳은 것은? 3점

파진찬 신덕, 영순 등이 신검에게 견훤을 금산사에 유폐하고 사람을 보내 금강을 죽이도록 권하였다. 신검이 대왕을 자칭하고 국내에 대사면령을 내렸다. 교서에서 이르기를, " …… 왕위를 어리석은 아이에게 줄 뻔하였다. 다행스러운 것은 상제께서 진정한 마음을 내리시니 군자들이 허물을 고쳤고 맏아들인 나에게 명하여 이 한 나라를 다스리게 하셨다는 점이다. …… "라고 하였다.

① 궁예가 광평성을 설치하였다. 후고구려 건국(10세기 초)
② 장문휴가 당의 등주를 공격하였다. 발해 무왕(732)
③ 신숭겸이 공산 전투에서 전사하였다. 927년
✓ ④ 왕건이 일리천 전투에서 승리하였다. 936년
⑤ 김헌창이 웅천주에서 반란을 일으켰다. 822년

자료분석 '견훤을 금산사에 유폐', '신검이 대왕을 자칭하고' 등을 통해 935년 신검이 아버지인 견훤을 금산사에 유폐하고 왕위를 찬탈한 사실임을 알 수 있다.

정답찾기 ④ 936년 일리천 전투에서 왕건이 신검의 후백제군을 물리치고 후삼국을 통일하였다.

오답 피하기
① 10세기 초 후고구려를 건국한 궁예가 국정 최고 기구인 광평성을 설치하였다.
② 732년 발해 무왕 때 장문휴가 당의 등주를 선제공격하였다.
③ 927년 태조 왕건의 고려군이 대구 공산 일대에서 후백제군과 맞섰으나, 신숭겸이 전사하는 등 크게 패했다.
⑤ 822년 신라 하대에 김헌창이 아버지 김주원이 왕위 계승에서 물러난 것에 불만을 품고 웅천주에서 반란을 일으켰다.

 합격으로 **이끄는** 필수 개념: 고려의 후삼국 통일 과정

후삼국의 성립	• 후백제 건국(900): 견훤이 완산주에 도읍, 중국 후량, 오월과 외교 관계 • 후고구려 건국(901): 궁예가 송악에 도읍, 광평성 설치
고려의 통일 과정	왕건의 고려 건국(918) → 공산 전투(927) → 고창 전투(930) → 신검이 견훤을 금산사에 유폐, 탈출 후 왕건에게 귀순, 신라 경순왕 항복(935) → 일리천 전투(936) → 후삼국 통일

11 (가) 왕이 추진한 정책으로 옳은 것은? [1점]

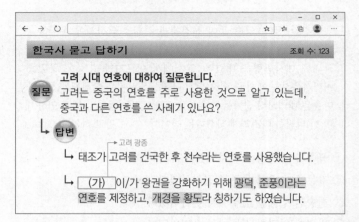

한국사 묻고 답하기   조회 수: 123

질문 고려 시대 연호에 대하여 질문합니다.
고려는 중국의 연호를 주로 사용한 것으로 알고 있는데,
중국과 다른 연호를 쓴 사례가 있나요?

└ 답변
└ 태조가 고려를 건국한 후 천수라는 연호를 사용했습니다. ┌ 고려 광종
└ (가) 이/가 왕권을 강화하기 위해 광덕, 준풍이라는
연호를 제정하고, 개경을 황도라 칭하기도 하였습니다.

✓ ① 과거제를 도입하였다. 고려 광종
② 흑창을 처음 설치하였다. 고려 태조
③ 전시과 제도를 시행하였다. 고려 경종
④ 삼국사기 편찬을 명령하였다. 고려 인종
⑤ 12목에 지방관을 파견하였다. 고려 성종

자료분석 '광덕, 준풍이라는 연호', '개경을 황도' 등을 통해 (가) 왕은 고려 광종임을 알 수 있다. 광종은 고려가 중국과 대등한 국가라는 자주 의식을 표현하고 '광덕'·'준풍'이라는 독자적 연호를 사용하였다. 또한 수도 개경을 '황도'라 칭하였다.

정답 찾기 ① 고려 광종은 후주 출신 쌍기의 건의를 받아들여 과거제를 시행하여 유교적 소양을 갖춘 인재를 선발하고자 하였다.

오답 피하기
② 고려 태조 왕건은 빈민을 구제하기 위해 흑창을 운영하였다.
③ 고려 경종은 관직과 인품을 기준으로 전·현직 관료에게 전지와 시지를 지급하는 전시과 제도(시정 전시과)를 시행하였다.
④ 고려 인종의 명으로 김부식은 『삼국사기』를 편찬하였다.
⑤ 고려 성종은 전국에 12목을 두고 지방관과 경학박사, 의학박사를 파견하였다.

 합격으로 이끄는 필수 개념: 고려 광종의 업적

왕권 강화	• 노비안검법 실시 • 과거제 실시 • 칭제 건원(광덕·준풍 연호 사용)
기타	• 제위보 설치 • 귀법사 창건(균여)

---

12 (가) 왕의 재위 기간에 있었던 사실로 옳은 것은? [3점]

┌ 고려 현종
〈역사 연극 시나리오 구상〉

제목: (가) 의 험난한 피란길
○학년 ○반 ○모둠

장면1: 강조의 정변을 구실로 침입한 거란군이 서경까지 이르자 강감찬이 왕에게 남쪽으로 피란할 것을 권유한다.

장면2: 왕이 개경을 떠나 전라도 삼례에 이르는 동안 호위군이 도망가는 등의 어려움을 겪는다.

장면3: 나주에 도착한 왕은 강화가 성립되어 거란군이 물러간다는 소식을 듣고 안도한다.

① 만부교 사건이 일어났다. 고려 태조
✓ ② 초조대장경 조판이 시작되었다. 고려 현종
③ 사신 저고여가 귀국 길에 피살되었다. 고려 고종
④ 공주 명학소에서 망이·망소이가 봉기하였다. 고려 명종
⑤ 신돈을 중심으로 전민변정 사업이 추진되었다. 고려 공민왕

자료분석 '강조의 정변을 구실로 침입', '나주에 도착한 왕' 등을 통해 (가) 왕은 고려 현종임을 알 수 있다. 고려 현종 때 거란이 강조의 정변을 구실로 다시 침입하였고, 현종이 나주로 피난을 가는 어려움을 겪었다.

정답 찾기 ② 거란의 침략을 불심으로 물리치고자 고려 현종은 초조대장경 조판을 시작하였다.

오답 피하기
① 고려 태조 왕건은 거란이 보낸 낙타를 만부교에서 굶겨 죽이는 등(만부교 사건) 발해를 멸망시킨 거란을 적대시하였다.
③ 고려 고종 때 몽골 사신 저고여가 귀국길에 피살되었다. 이를 구실로 고려를 침략하였다.
④ 고려 명종 때 공주 명학소에서 망이·망소이의 난이 일어났다.
⑤ 고려 공민왕은 토지와 노비 문제를 해결하기 위해 신돈을 중심으로 전민변정 사업을 추진하였다.

합격으로 이끄는 필수 개념: 고려 현종 때 대외 관계

거란의 제2차 침입	• 원인: 강조의 정변 • 결과: 현종이 나주로 피난, 양규의 활약
거란의 제3차 침입	• 원인: 현종의 입조 회피 • 결과: 강감찬의 활약(귀주 대첩), 나성과 천리장성 축조

13 (가) 인물의 활동으로 옳은 것은? 2점

→ 최충헌

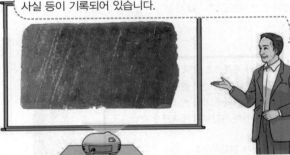

이것은 이의민을 제거하고 정권을 장악한 (가) 의 묘지명 탁본입니다. 여기에는 그가 명종의 퇴위와 신종의 즉위에 관여한 사실 등이 기록되어 있습니다.

① 인사 행정을 담당하던 정방을 폐지하였다. 고려 공민왕
✓ ② 교정도감을 두어 국가의 중요한 사무를 처리하였다. 최충헌
③ 삼별초를 이끌고 진도로 이동하여 대몽 항쟁을 펼쳤다. 배중손
④ 화약과 화포 제작을 위한 화통도감 설치를 건의하였다. 최무선
⑤ 후세의 정책 방향을 제시하기 위해 훈요 10조를 남겼다. 고려 태조

14 (가), (나) 사이의 시기에 있었던 사실로 옳은 것은? 2점

(가) 윤관이 포로 346구와 말 96필, 소 300여 마리를 바쳤다. 의주와 통태진·평융진에 성을 쌓고, 함주·영주·웅주·길주·복주, 공험진과 함께 북계 9성이라 하였다. → 동북 9성 축조(1107)

(나) 그해 12월 16일에 처인부곡의 작은 성에서 적과 싸우던 중 화살로 적의 괴수인 살리타를 쏘아 죽였습니다. 사로잡은 자들이 많았으며 나머지 무리는 무너져 흩어졌습니다. → 처인성 전투(1232)

① 외침에 대비하여 광군을 조직하였다. 고려 정종
② 서희의 활약으로 강동 6주를 획득하였다. 고려 성종
③ 이제현이 만권당에서 유학자들과 교유하였다. 고려 충선왕
✓ ④ 묘청 등이 칭제 건원과 금 정벌을 주장하였다. 고려 인종
⑤ 압록강에서 도련포까지 천리장성을 축조하였다. 고려 현종

제69회 심화
제68회 심화
제67회 심화
제66회 심화
제65회 심화
제64회 심화
제63회 심화
제62회 심화

자료분석 '이의민을 제거하고 정권을 장악', '명종의 퇴위와 신종의 즉위' 등을 통해 (가) 인물은 최충헌임을 알 수 있다. 최충헌은 이의민을 제거한 뒤 권력을 독점하고 최씨 무신 집권기를 마련하였다.

정답찾기 ② 최충헌은 최고 정치 기구로 교정도감을 설치하고 교정별감 자리에 올라 권력을 행사하였다.

오답 피하기
① 고려 공민왕은 최씨 무신 집권기에 인사 행정을 담당하던 정방을 폐지하였다.
③ 고려 원종 때 김통정, 배중손 등은 삼별초를 이끌고 강화도에서 진도, 제주도로 이동하며 몽골에 항전하였다.
④ 고려 우왕 때 최무선은 화약과 화포 제작을 위한 화통도감 설치를 건의하였다.
⑤ 고려 태조는 후세의 정책 방향을 제시하기 위해 훈요 10조로 남겼다.

인 끝 이글인 | 합격으로 **이끄는** 필수 개념: 최씨 무집 집권기

최충헌	• 교정도감(최고 정치 기구) 설치 • 봉사 10조 제시 • 만적의 난
최우	• 정방(인사 행정 기구) 설치 • 삼별초(최씨 무신 집권의 군사적 기반) 조직

자료분석 (가) '윤관', '북계 9성' 등을 통해 1107년 윤관이 별무반을 이끌고 여진족을 정벌한 뒤 동북 9성을 축조하였음을 알 수 있다. (나) '처인부곡', '살리타' 등을 통해 1232년 몽골의 제2차 침입 당시 처인성에서 김윤후가 적장 살리타를 사살하였음을 알 수 있다.

정답찾기 ④ 1135년 고려 인종 때 묘청 등은 금나라 정벌을 주장하며 서경 천도 운동을 벌였다.

오답 피하기
① 고려 정종 때 거란의 침입에 대비하여 광군을 조직하였다. (가) 이전의 사실이다.
② 고려 성종 때 거란이 침입하자 서희는 거란 장수 소손녕과 외교 담판을 통해 강동 6주를 획득하였다. (가) 이전의 사실이다.
③ 고려 충선왕은 원에 만권당을 설치하여 이제현으로 하여금 원의 학자들과 교유하도록 하였다. (나) 이후의 사실이다.
⑤ 고려 현종 시기 거란의 세 차례 침입 이후 압록강에서 도련포를 잇는 천리장성이 축조되기 시작하였다. (가) 이전의 사실이다.

인 끝 이글인 | 합격으로 **이끄는** 필수 개념: 서경 천도 운동

배경	문벌 귀족 이자겸의 권력 장악
과정	개경파(김부식)와 서경파(묘청) 대립 → 묘청의 난(1135)
주장	서경 천도, 금 정벌, 칭제 건원

15 다음 자료를 활용한 탐구 활동으로 가장 적절한 것은? 2점

> 시중 김방경과 대장군 인공수를 [상국(上國)에] 파견하여 표문을 올렸다. "우리나라는 근래 역적을 소탕하는 대군에 군량을 공급하는 일로 이미 해마다 백성에게서 양식을 거두어들였습니다. 게다가 일본 정벌에 필요한 전함을 건조하는 데 장정들이 모두 징발되었고 노약자들만 겨우 밭 갈고 씨 뿌리는 일을 하고 있습니다."
> → 고려 원 간섭기 일본 정벌

① 삼전도비가 건립된 계기를 찾아본다. 병자호란

✓ ② 정동행성이 설치되는 배경을 살펴본다. 고려 충렬왕

③ 사심관 제도가 시행된 원인을 조사한다. 고려 태조

④ 조위총의 난이 전개되는 과정을 알아본다. 무신 정변

⑤ 권수정혜결사문이 작성된 목적을 파악한다. 지눌의 불교 개혁

자료분석 '일본 정벌', '전함' 등을 통해 원 간섭기에 일본 정벌을 추진하는 내용임을 알 수 있다.

정답 찾기 ② 고려 충렬왕 때 원은 일본 원정을 위해 고려에 정동행성을 설치하여 군대와 물자를 강요하였다.

오답 피하기
① 병자호란의 결과 조선 인조는 청과 군신 관계를 체결하고 삼전도비를 건립하였다.
③ 고려 태조 왕건은 중앙 고위 관직에 올라온 지방 세력을 해당 출신 지역의 사심관으로 임명하여 지방을 통제하였다.
④ 서경 유수 조위총은 무신 정변을 일으킨 후 전횡을 일삼던 정중부, 이의방 등 무신을 타도하기 위해 난을 일으켰으나 실패했다(1174).
⑤ 보조 국사 지눌은 승려 본연의 자세로 돌아가 선 수행·노동·독경에 힘쓸 것을 강조하는 「권수정혜결사문」을 작성하였다.

인 링크 이급(인)
합격으로 이끄는 필수 개념: 원 간섭기의 모습

영토 상실	쌍성총관부, 동녕부, 탐라총관부 설치
내정 간섭	정동행성: 일본 정벌 기구로 설치했으나 실패 후 부속 기구인 이문소를 통해 내정 간섭
자원 수탈	• 공녀(결혼도감) • 몽골풍(변발, 호복), 고려양 유행

---

16 밑줄 그은 '불상'에 해당하는 문화유산으로 옳은 것은? 2점

> 이것은 이색의 목은집에 실린 시의 일부입니다. 그는 관촉사에서 열린 법회에 참여하였고 그곳에서 보았던 불상을 떠올리며 이 시를 지었습니다.

→ 논산 관촉사 석조 미륵보살 입상

> 한산의 동쪽으로 백여 리쯤 되는 곳에
> 은진현이라 그 안에 관족사*가 있다네
> 여기엔 크나큰 석상 미륵존이 있으니
> 내 나간다 나간다며 땅속에서 솟았다네
> ⋮
> *관족사: 현재의 관촉사

① 파주 용미리 석불 입상
② 경산 팔공산 관봉 석조여래 좌상
✓③ 논산 관촉사 석조 미륵보살 입상
④ 서산 용현리 마애여래 삼존상
⑤ 안동 이천동 마애여래 입상

자료분석 '관족사', '미륵존' 등을 통해 밑줄 그은 '불상'은 '은진 미륵'이라고도 불리는 논산 관촉사 석조 미륵보살 입상임을 알 수 있다.

정답 찾기 ③ 고려의 논산 관촉사 석조 미륵보살 입상이다.

오답 피하기
① 고려의 파주 용미리 석불 입상이다.
② 통일 신라의 경산 팔공산 관봉 석조여래 좌상이다.
④ 백제의 서산 용현리 마애여래 삼존상이다.
⑤ 고려의 안동 이천동 마애여래 입상이다.

설쌤의 생생역사   고려의 대표 불상

▲ 파주 용미리 석불 입상 ▲ 논산 관촉사 석조 미륵보살 입상 ▲ 영주 부석사 소조 아미타여래 좌상

제69회 심화
제68회 심화
제67회 심화
제66회 심화
제65회 심화
제64회 심화
제63회 심화
제62회 심화

KEYWORD 국자감 정답 ④

17 (가) 교육 기관에 대한 설명으로 옳은 것은? 2점

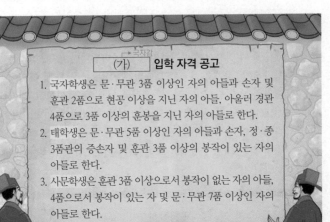

국자감
(가) 입학 자격 공고

1. 국자학생은 문·무관 3품 이상인 자의 아들과 손자 및 훈관 2품으로 현공 이상을 지닌 자의 아들, 아울러 경관 4품으로 3품 이상의 훈봉을 지닌 자의 아들로 한다.
2. 태학생은 문·무관 5품 이상인 자의 아들과 손자, 정·종 3품관의 증손자 및 훈관 3품 이상의 봉작이 있는 자의 아들로 한다.
3. 사문학생은 훈관 3품 이상으로서 봉작이 없는 자의 아들, 4품으로서 봉작이 있는 자 및 문·무관 7품 이상인 자의 아들로 한다.

① 문헌공도로 불리기도 하였다. 최충의 문헌공도
② 중앙에서 교수나 훈도가 파견되었다. 조선 시대 향교
③ 전국의 부·목·군·현에 하나씩 설치되었다. 조선 시대 향교
✓ ④ 장학 기금 마련을 위해 양현고가 설립되었다. 고려 예종
⑤ 사가독서제를 시행하여 학문에 전념하게 되었다. 조선 세종

자료분석 '국자학생', '태학생', '사문학생' 등을 통해 (가) 교육 기관은 고려의 국자감임을 알 수 있다. 국자감은 유학부와 기술학부로 구분되었고, 유학부는 다시 국자학, 태학, 사문학으로 나뉘었다.

정답 찾기 ④ 고려 예종은 관학 진흥책으로 양현고라는 장학 재단을 설치하여 장학 기금을 마련하였다.

오답 피하기
① 고려의 최충은 사립 학교인 9재 학당(문헌공도)을 세워 유학 교육에 힘썼다.
② 조선 시대 향교는 중앙에서 교수나 훈도가 교관으로 파견되었다.
③ 조선 시대 향교는 지방민의 교화를 위하여 전국의 부·목·군·현에 하나씩 설립되었다.
⑤ 조선 세종은 사가독서제를 운영하여 젊은 문신들에게 휴가를 주고 학문에 전념할 수 있게 하였다.

인 리
이끌인 **합격으로 이끄는 필수 개념:** 고려의 교육 기관

관학	• 국자감: 유학부, 기술학부 • 지방에 향교 설치
사학	최충 9재 학당(문헌공도) 등 사학 12도 융성
관학 진흥책	• 예종: 국자감에 7재, 양현고 설립 • 공민왕: 성균관을 순수 유학 교육 기간으로 개칭

KEYWORD 고려의 중앙 정치 기구 정답 ①

18 ㉠~㉢ 기구에 대한 설명으로 옳은 것을 〈보기〉에서 고른 것은? 2점

🔍 역사 돋보기 **왕실과의 혼인을 통한 이자겸의 출세**

음서로 관직에 진출한 이자겸은 1108년 둘째 딸이 예종의 비가 되면서 빠른 속도로 출세하였다.
1109년 ㉠추밀원(중추원) 부사, 1111년 ㉡어사대의 대부가 된다. 1113년에는 ㉢상서성의 좌복야에 임명되었고, 1118년 재신으로서 판이부사를 맡았으며, 1122년 ㉣중서문하성 중서령에 오른다.

──〈보기〉──
✓ ㄱ. ㉠ - 군사 기밀과 왕명 출납을 담당하였다. 중추원
✓ ㄴ. ㉡ - 소속 관원이 낭사와 함께 서경권을 행사하였다. 어사대
ㄷ. ㉢ - 화폐·곡식의 출납과 회계를 담당하였다. 삼사
ㄹ. ㉣ - 원 간섭기에 도평의사사로 개편되었다. 도병마사

① ㄱ, ㄴ ② ㄱ, ㄷ ③ ㄴ, ㄷ ④ ㄴ, ㄹ ⑤ ㄷ, ㄹ

정답 찾기 ① ㄱ - 중추원은 추밀과 승선으로 구성되어 군사 기밀과 왕명 출납을 담당하였다.
ㄴ - 어사대의 관원은 중서문하성의 낭사와 함께 대간이라 불리며 서경권을 행사하였다.

오답 피하기
ㄷ - 화폐·곡식의 출납과 회계를 담당한 기구는 삼사이다. 상서성은 6부를 관할하고 중서문하성에서 결정한 정책을 집행하였다.
ㄹ - 원 간섭기에 도평의사사로 개편된 기구는 도병마사이다. 중서문하성은 고려의 최고 중앙 관서로서 문하시중이 국정을 총괄하였다.

인 리
이끌인 **합격으로 이끄는 필수 개념:** 고려의 중앙 정치 조직

중서문하성	• 최고 중앙 관서 • 문하시중이 국정 총괄
상서성	6부 관할, 정책 집행
중추원	• 추밀과 승선으로 구성 • 왕명 출납과 군사 기밀 담당
어사대	관리의 비리 감찰
삼사	곡식의 화폐와 출납 및 회계 담당

19 다음 상황이 나타난 시기를 연표에서 옳게 고른 것은?

2점

명 황제가 말하기를, "철령을 따라 이어진 북쪽과 동쪽과 서쪽은 원래 개원로(開元路)*가 관할하던 군민(軍民)이 속하던 곳이니, 한인·여진인·달달인·고려인을 그대로 요동에 소속시켜라."라고 하였다. …… 왕은 최영과 함께 요동을 공격하기로 계책을 결정하였으나, 감히 드러내어 말하지 못하고 사냥 간다는 핑계를 대고 서쪽으로 해주에 행차하였다.

*개원로(開元路): 원이 설치한 행정 구역

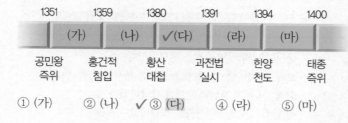

1351	1359	1380	1391	1394	1400
(가)	(나)	✓(다)	(라)	(마)	
공민왕 즉위	홍건적 침입	황산 대첩	과전법 실시	한양 천도	태종 즉위

① (가)   ② (나)   ✓③ (다)   ④ (라)   ⑤ (마)

자료분석 '철령', '왕은 최영과 함께 요동을 공격하기로 계책을 결정' 등을 통해 고려 말 명의 철령위 설치에 반발하여 고려 우왕과 최영이 요동 정벌을 추진하는 내용임을 알 수 있다.

정답 찾기 ③ (다) 최영을 중심으로 요동 정벌이 추진되자 이성계는 4불가론을 근거로 하여 반대하였다. 요동 정벌의 명을 받고 출병한 이성계가 위화도에서 회군하여 정권을 장악하였다(위화도 회군, 1388).

인 리 합격으로 이끄는 필수 개념: 고려 말 상황

고려 우왕	명의 철령위 설치 요구 → 요동 정벌론(최영) vs 4불가론(이성계) → 위화도 회군(1388)
고려 공양왕	• 과전법 시행(1391) • 고려 멸망, 조선 건국(1392)

20 밑줄 그은 '이 역사서'에 대한 설명으로 옳은 것은?

3점

『고려사』

대개 이미 지나간 나라의 흥망은 장래의 교훈이 되기 때문에 이 역사서를 편찬하여 올리는 바입니다. …… 범례는 사마천의 『사기』를 따르고, 대의(大義)는 모두 왕께 아뢰어 재가를 얻었습니다. 본기(本紀)라는 이름을 피하고 세가(世家)라고 한 것은 명분의 중요성을 나타내기 위함이며, 가짜 왕인 신씨들[신우, 신창]을 세가에 넣지 않고 열전으로 내린 것은 그들이 왕위를 도둑질한 사실을 엄히 논죄하려는 것입니다.

① 발해사를 우리 역사로 체계화하였다. 발해고

② 고구려 시조의 일대기를 서사시로 표현하였다. 동명왕편

③ 불교사를 중심으로 고대의 민간 설화를 수록하였다. 삼국유사

④ 고조선부터 고려 말까지의 역사를 연대순으로 기록하였다. 동국통감

✓⑤ 조선 건국을 정당화하는 입장에서 고려의 역사를 정리하였다. 고려사

자료분석 '가짜 왕인 신씨들[신우, 신창]을 세가에 넣지 않고 열전으로 내린 것'을 통해 밑줄 그은 '이 역사서'는 『고려사』임을 알 수 있다. 『고려사』는 조선 건국의 정당성을 부여하기 위해 우왕과 창왕을 신돈의 자식이라 하여 신우·신창으로 표현하였다.

정답 찾기 ⑤ 『고려사』는 세종 때 편찬하기 시작해 문종 때 완성되었으며, 조선 건국을 정당화하는 입장에서 고려의 역사를 정리하였다.

오답 피하기
① 조선 후기에 유득공은 『발해고』를 저술하여 발해사를 우리 역사로 체계화하였으며, '남북국'이라는 용어를 처음으로 사용하였다.
② 고려 시대에 이규보는 『동명왕편』을 저술하여 고구려 건국 시조인 동명왕의 일대기를 서사시로 표현하였다.
③ 고려 시대에 승려 일연이 『삼국유사』를 저술하여 불교사를 중심으로 고대의 민간 설화를 수록하였다.
④ 조선 전기에 서거정 등은 『동국통감』을 저술하여 고조선부터 고려 말까지의 역사를 다루었다.

 인 리 합격으로 이끄는 필수 개념: 고려와 조선의 주요 역사서

고려	• 『삼국사기』: 김부식, 신라 계승 의식 반영 • 『동명왕편』: 이규보, 고구려 계승 의식 • 『삼국유사』: 일연, 단군왕검의 건국 이야기
조선 전기	• 『고려사』: 세종~문종, 조선 왕조의 정통성 확보 • 『조선왕조실록』: 태조~철종, 사초와 시정기 바탕으로 편찬
조선 후기	• 『동사강목』: 안정복, 우리 역사의 독자적 정통론 • 『발해고』: 유득공, '남북국' 용어 처음 사용

제69회
심화

제68회
심화

제67회
심화

제66회
심화

제65회
심화

제64회
심화

제63회
심화

제62회
심화

21

KEYWORD 유향소　　　　　　　　　정답 ②

(가) 기구에 대한 설명으로 옳은 것은?　2점

> 우부승지 김종직이 아뢰기를, "고려 태조는 여러 고을에 영을 내려 공변되고 청렴한 선비를 뽑아서 향리들의 불법을 규찰하게 하였으므로 간사한 향리가 저절로 없어져 5백 년간 풍화를 유지할 수 있었습니다. 우리 조정에서는 이시애의 난 이후 ⃞(가)⃞ 이/가 혁파되자 간악한 향리들이 불의를 자행하여서 건국한 지 1백 년도 못 되어 풍속이 쇠퇴해졌습니다. …… 청컨대 ⃞(가)⃞ 을/를 다시 설립하여 향풍(鄕風)을 규찰하게 하소서."라고 하였다.
> ― 『성종실록』 ―

유향소

① 조광조 일파의 건의로 폐지되었다. 소격서
✓ ② 좌수와 별감을 중심으로 운영되었다. 유향소
③ 풍기 군수 주세붕이 처음 설립하였다. 서원
④ 대사성 이하 좌주, 직강 등의 관직을 두었다. 성균관
⑤ 매향(埋香) 활동 등 각종 불교 행사를 주관하였다. 향도

자료분석 '향리들의 불법을 규찰', '이시애의 난 이후 혁파' 등을 통해 (가) 기구는 유향소임을 알 수 있다. 향촌 자치 기구인 유향소는 조선 세조 때 이시애의 난을 계기로 폐지되었다가 성종 때 부활하였다.

정답 찾기 ② 유향소는 좌수와 별감을 선출하여 규약을 만들고 향회를 소집하여 지방 여론을 수렴하였다.

오답 피하기
① 조선 중종 때 조광조 일파의 건의로 도교 행사를 주관하던 소격서가 폐지되었다.
③ 조선 중종 때 풍기 군수 주세붕이 최초의 서원인 백운동 서원을 세웠다.
④ 조선 시대에 성균관은 대사성을 중심으로 좌주, 직강 등의 관직을 두었다.
⑤ 고려 시대 향도는 매향 활동 등 각종 불교 행사를 주관하였다.

합격으로 이끄는 필수 개념: 유향소

구성	• 지방 사족으로 구성 • 좌수와 별감 선발
성격	• 수령 보좌, 향리의 비리 감찰 • 백성 교화와 풍속 교정, 지방 여론 수렴

22

KEYWORD 김종서　　　　　　　　　정답 ①

다음 검색창에 들어갈 인물의 활동으로 옳은 것은?　2점

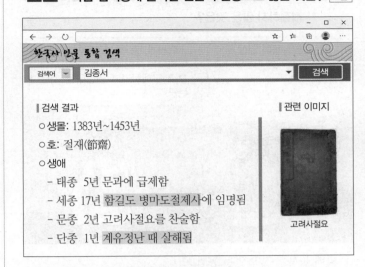

✓ ① 여진을 정벌하고 6진을 개척하였다. 김종서
② 불씨잡변을 지어 불교를 비판하였다. 정도전
③ 반정 공신의 위훈 삭제를 주장하였다. 조광조
④ 왜구의 근거지인 쓰시마섬을 정벌하였다. 이종무
⑤ 충청도 지역까지 대동법의 확대 실시를 건의하였다. 김육

자료분석 '함길도 병마도절제사', '계유정난 때 살해됨' 등을 통해 해당 인물은 김종서임을 알 수 있다. 조선 세종 때 김종서는 함길도 병마도절제사로 북방 개척의 공을 세웠으나 단종 때 수양 대군이 일으킨 계유정난을 계기로 축출되었다.

정답 찾기 ① 조선 세종 때 김종서는 북방의 여진족을 몰아내고 6진을 설치하여 영토를 확장하였다.

오답 피하기
② 조선 태조 때 정도전은 불교의 폐단을 비판하는 내용을 담은 『불씨잡변』을 저술하였다.
③ 조선 중종 때 조광조는 중종반정 공신의 책정을 바로잡고자 위훈 삭제를 주장하였다.
④ 조선 세종 때 이종무가 왜구의 근거지인 쓰시마섬을 정벌하였다.
⑤ 조선 효종 때 김육은 충청도 지역까지 대동법의 확대 실시를 건의하였다.

합격으로 이끄는 필수 개념: 조선 세종의 업적

체제 정비	• 의정부 서사제 실시 • 집현전 설치
영토 확장	4군(최윤덕) 6진(김종서) 개척
편찬	『삼강행실도』, 『농사직설』 편찬

23 다음 가상 대화가 이루어진 시기에 볼 수 있는 모습으로 적절하지 않은 것은? [1점]

> 만상 임상옥이 인삼 무역으로 큰 수익을 거두었다고 하네.

> 그러게. 중국 상인들이 연행사를 따라오는 상인들에게 인삼을 대량으로 구매하려고 인삼국을 차렸다는군. → 조선 후기 경제

① 담배 농사를 짓고 있는 농민 조선 후기
② 관청에 종이를 납품하는 공인 조선 후기
③ 시사(詩社)에서 시를 낭송하는 중인 조선 후기
④ 장시에서 판소리 공연을 하는 소리꾼 조선 후기
✓⑤ 솔빈부의 특산품인 말을 수입하는 상인 발해

자료분석 '만상 임상옥', '연행사', '인삼을 대량으로 구매' 등을 통해 조선 후기의 모습임을 알 수 있다. 조선 후기에는 대청 무역을 통해 부를 축적한 만상 등 사상이 활발하게 활동하였다.

정답 찾기 ⑤ 남북국 시대에 발해는 솔빈부의 특산품인 말을 수출하였다.

오답 피하기
① 조선 후기에는 인삼·면화·담배·감자·고구마 등 상품 작물 재배가 확산되었다.
② 조선 후기에는 대동법의 실시로 관청에 필요한 물품을 납부하는 공인이 등장하였다.
③ 조선 후기에 중인은 시사(詩社)를 조직하여 문예 활동을 전개하였다.
④ 조선 후기에는 서민 문화의 발달로 흥부가, 춘향가 등 판소리가 유행하였다.

인 큄 이끌인 합격으로 이끄는 필수 개념: 조선 후기의 경제와 문화

경제	• 인삼, 담배, 감자, 고구마 등 상품 작물 재배 • 공인 등장, 보부상의 활약 • 사상의 성장
문화	• 중인의 시사(詩社) 조직 • 한글 소설, 탈춤, 판소리 등 서민 문화 발달

24 다음 기사에 보도된 전투 이후의 사실로 옳은 것은? [2점]

역사 신문

제△△호   ○○○○년 ○○월 ○○일

조·명 연합군, 평양성 탈환

평안도 도체찰사 류성룡, 도원수 김명원이 이끄는 관군이 명 제독 이여송 부대에 합세하여 평양성을 되찾았다. 이번 전투에서 아군의 불랑기포를 비롯한 화포가 위력을 발휘하여 일본군은 크게 패하고 남쪽으로 내려갔다. 이 전투의 승리는 향후 전쟁의 판도를 바꿀 것으로 기대된다. → 임진왜란

① 송상현이 동래성에서 항전하였다. 임진왜란 초기 전투
✓② 권율이 행주산성에서 적군을 격퇴하였다. 평양성 탈환 이후
③ 이순신이 한산도 앞바다에서 대승을 거두었다. 임진왜란 초기 해전
④ 신립이 탄금대 앞에서 배수의 진을 치고 싸웠다. 임진왜란 초기 전투
⑤ 최윤덕이 올라산성에서 이만주 부대를 정벌하였다. 조선 세종

자료분석 '조·명 연합군, 평양성 탈환'을 통해 임진왜란 중 조·명 연합군이 평양성 전투에서 승리하여 평양성을 탈환했음을 알 수 있다.

정답 찾기 ② 평양성 탈환 이후 일본군이 행주산성을 포위하였으나 권율이 행주산성에서 일본군을 크게 격퇴하여 전세가 역전되었다.

오답 피하기
① 송상현이 항전한 동래성 전투는 임진왜란 초기의 전투로 평양성 탈환 이전이다.
③ 이순신이 한산도 앞바다에서 대승을 거둔 한산도 대첩은 평양성 탈환 이전이다.
④ 신립의 충주 탄금대 전투는 임진왜란 초기의 전투로 평양성 탈환 이전이다.
⑤ 최윤덕이 여진족의 이만주 부대를 정벌하고 4군을 개척한 시기는 조선 세종 때이다.

인 큄 이끌인 합격으로 이끄는 필수 개념: 임진왜란

배경	도요토미 히데요시의 '정명가도' 요구
주요 전투	충주 탄금대 전투(신립) → 한산도 대첩(이순신) → 제1차 진주성 전투(김시민, 곽재우) → 행주 대첩(권율) → 정유재란 → 명량 대첩(이순신) → 노량 해전(이순신)
결과	문화재 소실 및 조선의 신분제 동요

KEYWORD 박제가와 정약용 정답 ④

25 (가), (나) 인물에 대한 설명으로 옳은 것은? [2점]

① (가) - 100리 척을 사용하여 동국지도를 제작하였다. 정상기
② (가) - 곽우록에서 토지 매매를 제한하는 한전론을 제시하였다. 이익
③ (나) - 의산문답에서 중국 중심의 세계관을 비판하였다. 홍대용
✓④ (나) - 여전론을 통해 마을 단위의 공동 경작을 주장하였다. 정약용
⑤ (가), (나) - 양명학을 연구하여 강화학파를 형성하였다. 정제두

자료분석 '북학의를 저술'을 통해 (가) 인물은 박제가임을 알 수 있고, '경세유표를 저술'을 통해 (나) 인물은 정약용임을 알 수 있다. 박제가는 『북학의』에서 절약보다 적절한 소비를 권장하였고, 정약용은 『경세유표』에서 국가 제도의 개혁 방향을 제시하였다.

정답 찾기 ④ 정약용은 마을 단위로 토지를 공동 소유하고 경작하여 수확량을 노동량에 따라 분배하자는 여전론을 주장하였다.

오답 피하기
① 조선 영조 때 정상기는 최초로 100리 척을 사용하여 「동국지도」를 제작하였다.
② 이익은 자영농 육성을 위하여 토지 매매를 제한하는 한전론을 주장하였다.
③ 홍대용은 『의산문답』에서 중국 중심의 세계관을 비판하고 이를 극복하고자 하였다.
⑤ 조선 후기에 정제두는 양명학을 체계적으로 연구하여 강화학파를 형성하였다.

합격으로 이끄는 필수 개념: 조선 후기의 실학자

중농학파 (경세치용)	• 유형원: 균전론, 『반계수록』 • 이익: 한전론, 『성호사설』 • 정약용: 여전론, 『경세유표』, 『목민심서』
중상학파 (이용후생)	• 홍대용: 지전설, 『의산문답』 • 박지원: 화폐 유통 주장, 『열하일기』, 『허생전』 • 박제가: 소비 주장, 『북학의』

KEYWORD 조선 후기 군사 조직 정답 ③

26 (가)~(다)를 일어난 순서대로 옳게 나열한 것은? [2점]

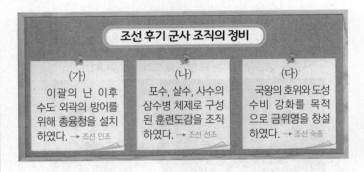

① (가) - (나) - (다)   ② (가) - (다) - (나)
✓③ (나) - (가) - (다)   ④ (나) - (다) - (가)
⑤ (다) - (나) - (가)

자료분석 (가) 조선 인조 때 이괄의 난 진압 후 수도 외곽의 방어를 위하여 남한산성에 총융청을 설치하였다. (나) 조선 선조 때 임진왜란 중 삼수병 체제로 구성된 훈련도감을 조직하였다. 대부분이 급료를 받는 직업 군인으로 구성하였다. (다) 조선 숙종 때 수도 방어와 왕실의 호위 강화를 목적으로 금위영을 창설하여 5군영 체제를 완성하였다.

정답 찾기 ③ (나) 훈련도감 조직(조선 선조) – (가) 총융청 설치(조선 인조) – (다) 금위영 창설(조선 숙종)순으로 전개되었다.

합격으로 이끄는 필수 개념: 조선 후기 군사 제도

중앙군 (5군영)	• 훈련도감(선조): 포수·사수·살수의 삼수병으로 구성 • 어영청·총융청·수어청(인조) • 금위영(숙종)
지방군	속오군

27 (가) 왕의 재위 기간에 있었던 사실로 옳은 것은? 1점

→ 조선 정조

이 그림은 화성능행도 8폭 중 일부로, (가) 이/가 혜경궁 홍씨를 모시고 현륭원에 다녀오는 모습을 그린 것입니다. 위엄을 갖춘 행렬의 장대함과 구경꾼들의 생동감 넘치는 표정이 잘 드러나 있습니다.

① 자의 대비의 복상 문제로 예송이 전개되었다. 조선 현종
② 명의 신종을 제사 지내는 만동묘가 설치되었다. 조선 숙종
✓③ 문신을 재교육하기 위한 초계문신제가 실시되었다. 조선 정조
④ 붕당의 폐해를 경계하는 탕평비가 성균관에 건립되었다. 조선 영조
⑤ 비변사의 혁파로 의정부와 삼군부의 기능이 정상화되었다. 흥선 대원군

28 다음 상황이 나타난 시기를 연표에서 옳게 고른 것은? 3점

사학(邪學) 죄인 황사영은 사족으로서 사술(邪術)에 미혹됨이 가장 심한 자였다. [그는] 의금부에서 체포하려는 것을 미리 알고 피신하였는데, 상복을 입고 성명을 바꾸거나 토굴에 숨어서 종적을 감춘 지 반년이 지났다. 포청에서 은밀히 염탐하여 지금에야 제천 땅에서 붙잡았다. 그의 문서를 수색하던 중 백서를 찾았는데, 장차 북경의 천주당에 전하려고 한 것이었다. → 조선 순조 시기

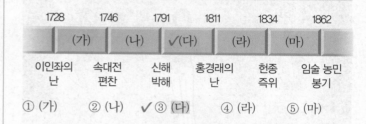

1728	1746	1791	1811	1834	1862
(가)	(나)	✓(다)	(라)	(마)	
이인좌의 난	속대전 편찬	신해 박해	홍경래의 난	헌종 즉위	임술 농민 봉기

① (가)　② (나)　✓③ (다)　④ (라)　⑤ (마)

 자료분석 '화성능행도', '혜경궁 홍씨' 등을 통해 (가) 왕은 조선 정조임을 알 수 있다. 정조는 아버지 사도세자의 묘를 현륭원으로 옮기고, 매년 현륭원을 찾아 아버지의 명복을 빌었다.

정답찾기 ③ 조선 정조 때 젊고 유능한 문신을 재교육하기 위한 초계문신제가 실시되었다.

오답 피하기
① 조선 현종 때 자의 대비의 복상 문제로 두 차례의 예송이 전개되었다.
② 조선 숙종 때 명의 신종을 제사지내는 만동묘가 설치되었다.
④ 조선 영조 때 붕당의 폐해를 경계하는 탕평비가 성균관에 건립되었다.
⑤ 조선 고종 때 흥선 대원군의 주도로 세도 정치의 기반이었던 비변사가 혁파되었다.

인 킈 합격으로 이끄는 필수 개념: 조선 정조의 업적

왕권 강화	• 규장각 설치(서얼 등용) • 장용영 설치 • 초계문신제 시행
경제 정책	신해통공(육의전을 제외한 시전 상인의 금난전권 폐지)
편찬	『대전통편』, 『무예도보통지』

 자료분석 '황사영', '백서', '북경의 천주당에 전하려고 한 것' 등을 통해 해당 상황은 조선 순조 때 발생한 황사영 백서 사건임을 알 수 있다. 1801년 신유 박해가 일어나자 황사영은 북경에 있는 프랑스 주교에게 군대를 동원하여 조선에서의 신앙과 포교의 자유를 보장받게 해달라는 문서를 보내려다 적발되었다.

정답찾기 ③ (다) 황사영 백서 사건은 조선 순조 때인 1801년에 일어났다.

인 킈 합격으로 이끄는 필수 개념: 천주교 탄압

신해박해 (1791)	• 정조 재위기 • 윤지충이 신주를 불태우고 제사 지내지 않음 → 처형
신유박해 (1801)	• 순조 재위기 • 이승훈을 비롯한 천주교 신자 처형 • 정약용, 정약전 유배
황사영 백서 사건 (1801)	• 순조 재위기 • 신유박해가 일어나자 황사영이 청의 베이징 주교에게 백서를 보내려다 발각

제69회 심화
제68회 심화
제67회 심화
제66회 심화
제65회 심화
제64회 심화
제63회 심화
제62회 심화

KEYWORD **신미양요** 정답 ⑤

29 (가) 사건에 대한 설명으로 옳은 것은? 1점

이 척화비는 자연석에 비문을 새긴 것이 특징입니다. 척화비는 제너럴 셔먼호 사건을 구실로 일어난 ⟨ (가) ⟩ 이후 전국 각지에 세워졌습니다. 이를 통해 서양 세력과의 통상 수교를 거부한 역사의 한 장면을 엿볼 수 있습니다.
→신미양요

① 청군의 개입으로 종결되었다. 임오군란, 갑신정변
② 외규장각 도서가 약탈되는 결과를 가져왔다. 병인양요
③ 에도 막부에 통신사가 파견되는 계기가 되었다. 임진왜란
④ 사태 수습을 위해 박규수가 안핵사로 파견되었다. 임술 농민 봉기
✓⑤ 전개 과정에서 어재연 부대가 광성보에서 항전하였다. 신미양요

자료분석 '제너럴 셔먼호 사건을 구실로 일어난' 등을 통해 (가) 사건은 미국이 조선의 강화도에 침입한 신미양요(1871)임을 알 수 있다.

정답 찾기 ⑤ 미군이 강화도 초지진을 함락하고 광성보를 공격해 오자 어재연이 수비대를 이끌고 항전하였다.

오답 피하기
① 임오군란(1882)과 갑신정변(1884)이 청군의 개입으로 종결되었다.
② 병인양요(1866) 당시 프랑스군이 퇴각하면서 외규장각의 도서와 문화유산을 약탈하였다.
③ 임진왜란(1592) 이후 일본의 요청으로 에도 막부에 통신사가 파견되었다.
④ 조선 철종 때 발생한 임술 농민 봉기(1862)의 사태 수습을 위하여 박규수가 안핵사로 파견되었다.

인 큅 이끌인 **합격으로 이끄는 필수 개념:** 병인양요와 신미양요

병인양요 (1866)	• 배경: 병인박해 • 과정: 양헌수(정족산성), 한성근(문수산성) • 결과: 외규장각 의궤 등 문화유산 약탈
신미양요 (1871)	• 배경: 제너럴셔먼호 사건 • 과정: 어재연(광성보) • 결과: 어재연 장군의 수(帥)자기 약탈

KEYWORD **청·일본과의 근대적 조약** 정답 ③

30 (가), (나) 조약에 대한 설명으로 옳은 것은? 3점

→조·청 상민 수륙 무역 장정
(가) 제4조 …… 조선 상인이 북경에서 규정에 따라 교역하고, 중국 상인이 조선의 양화진과 서울에 들어가 영업소를 개설한 경우를 제외하고 각종 화물을 내지로 운반하여 상점을 차리고 파는 것을 허가하지 않는다. ……
→조·일 통상 장정
(나) 제37관 조선국에서 가뭄과 홍수, 전쟁 등의 일로 국내에 양식이 부족할 것을 우려하여 일시 쌀 수출을 금지하려고 할 때에는 1개월 전에 지방관이 일본 영사관에 통지하고, 미리 그 기간을 항구에 있는 일본 상인들에게 전달하여 일률적으로 준수하는 데 편리하게 한다.

① (가) - 통감부가 설치되는 계기가 되었다. 을사늑약
② (가) - 조선의 관세 자주권을 최초로 인정하였다. 조·미 수호 통상 조약
✓③ (나) - 최혜국 대우를 규정한 조항을 담고 있다. 조·일 통상 장정
④ (나) - 일본 공사관의 경비병 주둔을 명시하였다. 제물포 조약
⑤ (가), (나) - 갑신정변의 영향으로 체결되었다. 한성 조약

자료분석 (가) '중국 상인이 조선의 양화진과 서울에 들어가 영업소를 개설'을 통해 1882년 체결된 조·청 상민 수륙 무역 장정임을 알 수 있다. (나) '쌀 수출을 금지하려 할 때에는 1개월 전에 지방관이 일본 영사관에 통지'를 통해 1883년 체결된 조·일 통상 장정 개정임을 알 수 있다.

정답 찾기 ③ 조·일 통상 장정 개정의 최혜국 대우 조항으로 일본 상인의 내지 무역이 허용되는 계기가 되었다.

오답 피하기
① 을사늑약(1905, 제2차 한·일 협약)을 계기로 통감부가 설치되었다.
② 조·미 수호 통상 조약(1882)에서 조선의 관세 자주권을 최초로 인정하였다.
④ 임오군란의 결과 체결된 제물포 조약(1882)에서 일본 공사관의 경비병 주둔을 명시하였다.
⑤ 갑신정변의 결과 일본 공사관 증축 비용과 배상금 지불 등을 약속한 한성 조약이 체결되었다.

 인 큅 이끌인 **합격으로 이끄는 필수 개념:** 근대적 조약

강화도 조약 (1876)	• 배경: 일본의 운요호 사건 • 내용: 부산 외 2곳 개항, 해안 측량권, 치외 법권 • 성격: 최초의 근대적 조약이자 불평등 조약
조·미 수호 통상 조약(1882)	• 배경: 황준헌의 『조선책략』 유포 • 내용: 치외 법권, 최혜국 대우, 관세 자주권
조·일 통상 장정(1883)	• 내용: 일본 상품에 관세 부과, 방곡령 시행 규정 추가 • 성격: 일본에 최혜국 대우 인정

31
다음 검색창에 들어갈 신문에 대한 설명으로 옳은 것은? `2점`

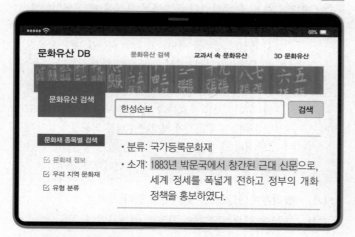

문화유산 DB   문화유산 검색   교과서 속 문화유산   3D 문화유산

문화유산 검색   [한성순보]   검색

문화재 종목별 검색
☑ 문화재 정보
☑ 우리 지역 문화재
☑ 유형 분류

· 분류: 국가등록문화재
· 소개: 1883년 박문국에서 창간된 근대 신문으로, 세계 정세를 폭넓게 전하고 정부의 개화 정책을 홍보하였다.

① 여권통문을 처음 보도하였다. 황성신문
② 국채 보상 운동의 확산에 기여하였다. 대한매일신보
③ 의병 투쟁에 호의적인 기사를 게재하였다. 대한매일신보
④ 외국인이 읽을 수 있도록 영문으로도 발행되었다. 독립신문
✓⑤ 순 한문 신문으로 열흘마다 발행하는 것이 원칙이었다. 한성순보

자료분석 '1883년 박문국에서 창간된 근대 신문'을 통해 『한성순보』임을 알 수 있다.

정답 찾기 ⑤ 조선 정부는 박문국을 설치하고 순 한문 신문으로 열흘마다 『한성순보』를 발행하였다.

오답 피하기
① 『황성신문』은 여성의 권리를 선언한 「여권통문」을 처음으로 보도하였다.
② 『대한매일신보』는 국채 보상 운동(1907)을 적극적으로 지원하여 확산에 기여하였다.
③ 『대한매일신보』는 의병 투쟁에 호의적인 기사를 게재하였다.
④ 『독립신문』은 외국인이 읽을 수 있도록 영문으로도 발행하였다.

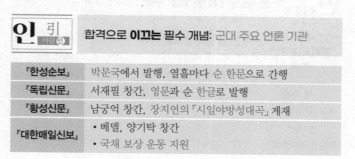

합격으로 **이끄는** 필수 개념: 근대 주요 언론 기관

『한성순보』	박문국에서 발행, 열흘마다 순 한문으로 간행
『독립신문』	서재필 창간, 영문과 순 한글로 발행
『황성신문』	남궁억 창간, 장지연의 「시일야방성대곡」 게재
『대한매일신보』	· 베델, 양기탁 창간 · 국채 보상 운동 지원

32
다음 가상 뉴스에서 보도하는 사건 이후에 전개된 사실로 옳은 것은? `1점`

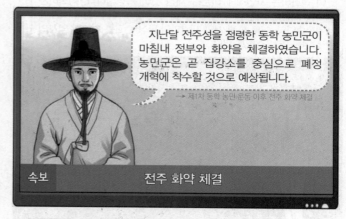

지난달 전주성을 점령한 동학 농민군이 마침내 정부와 화약을 체결하였습니다. 농민군은 곧 집강소를 중심으로 폐정 개혁에 착수할 것으로 예상됩니다.
→ 제1차 동학 농민 운동 이후 전주 화약 체결

속보   전주 화약 체결

✓① 남접과 북접이 논산에서 연합하였다. 제2차 동학 농민 운동
② 농민군이 황룡촌 전투에서 관군에 승리하였다. 제1차 동학 농민 운동
③ 교조 신원을 요구하는 보은 집회가 개최되었다. 1893년
④ 사태 수습을 위해 안핵사 이용태가 파견되었다. 고부 농민 봉기
⑤ 전봉준이 농민을 이끌고 고부 관아를 습격하였다. 고부 농민 봉기

자료분석 1894년 제1차 동학 농민 운동을 진압하기 위하여 정부가 청에 파병을 요청하자, 일본도 톈진 조약을 근거로 조선에 군대를 파견하였다. 이에 농민군은 조선 정부와 전주 화약을 체결하였다.

정답 찾기 ① 전주 화약 체결 이후에도 일본군이 철수하지 않고 경복궁을 강제 점령하자 남접과 북접이 논산에서 연합하여 제2차 동학 농민 운동을 전개하였다.

오답 피하기
② 제1차 동학 농민 운동 당시 농민군이 황룡촌 전투에서 승리하였다. 전주 화약 체결 이전의 사실이다.
③ 1893년 동학교도들이 교조 신원을 요구하는 보은 집회를 개최하였다. 전주 화약 체결 이전의 사실이다.
④ 고부 농민 봉기의 수습을 위해 안핵사 이용태가 파견되었으나, 이용태가 사건의 책임을 농민들에게 전가하여 탄압하자 제1차 동학 농민 운동이 발생하였다. 전주 화약 체결 이전의 사실이다.
⑤ 고부 군수 조병갑의 횡포에 반발한 전봉준이 농민을 이끌고 고부 관아를 습격하는 고부 민란이 발생하였다. 전주 화약 체결 이전의 사실이다.

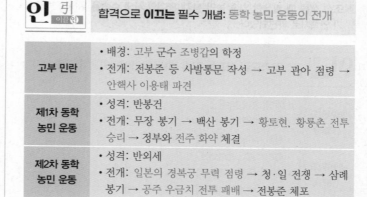

합격으로 **이끄는** 필수 개념: 동학 농민 운동의 전개

고부 민란	· 배경: 고부 군수 조병갑의 학정 · 전개: 전봉준 등 사발통문 작성 → 고부 관아 점령 → 안핵사 이용태 파견
제1차 동학 농민 운동	· 성격: 반봉건 · 전개: 무장 봉기 → 백산 봉기 → 황토현, 황룡촌 전투 승리 → 정부와 전주 화약 체결
제2차 동학 농민 운동	· 성격: 반외세 · 전개: 일본의 경복궁 무력 점령 → 청·일 전쟁 → 삼례 봉기 → 공주 우금치 전투 패배 → 전봉준 체포

제69회 심화
제68회 심화
제67회 심화
제66회 심화
제65회 심화
제64회 심화
제63회 심화
제62회 심화

KEYWORD 근대 교육 기관 　　정답 ⑤

33 다음 대화에 해당하는 교육 기관에 대한 설명으로 옳은 것은? 2점

주제: 근대 교육 기관

↱ 육영 공원
이 학교는 신학문을 가르치는 관립 교육 기관이야.

젊은 관리가 소속된 좌원과 명문가의 자제를 선발한 우원으로 구성되었어.

주요 과목으로 영어, 산학, 지리 등이 있었어.

① 7재라는 전문 강좌가 개설되었다. 고려 국자감
② 조선 총독부의 탄압으로 폐교되었다. 대성학교 등 사립학교
③ 교육 입국 조서에 근거하여 세워졌다. 한성 사범 학교
④ 주요 건물로 대성전과 명륜당을 두었다. 조선 성균관
✓ ⑤ 헐버트, 길모어 등이 교사로 초빙되었다. 육영 공원

자료분석 '관립 교육 기관', '좌원', '우원' 등을 통해 1886년 설립된 육영 공원임을 알 수 있다.

정답 찾기 ⑤ 육영 공원은 미국인 교사 헐버트, 길모어 등을 초빙하여 영어 교육을 실시하였다.

오답 피하기
① 고려 예종은 관학 진흥을 위하여 국자감에 7재라는 전문 강좌를 개설하였다.
② 조선 총독부는 1910년 설치되었으며, 대성 학교를 비롯한 민족 사립학교를 탄압하였다.
③ 제2차 갑오개혁 당시 반포된 교육 입국 조서에 근거하여 한성 사범 학교 등이 세워졌다.
④ 조선의 국립 교육 기관인 성균관에는 대성전과 명륜당 등이 있었다.

인 리 이플인 **합격으로 이끄는 필수 개념: 근대 교육 기관**

원산 학사	• 1883~1945 • 덕원부 주민이 세운 최초의 근대식 학교
동문학	• 1883~1945 • 통역관 양성 기관
육영 공원	• 1886~1894 • 헐버트, 길모어 등 미국인 강사 초빙 • 상류층 자제 교육

KEYWORD 박정양 　　정답 ⑤

34 (가) 인물의 활동으로 옳은 것은? 3점

↱ 박정양
초대 주미 공사인 (가) 은/는 미국 대통령에게 고종의 국서를 전달하는 등 외교 활동을 펼친 후 귀국하여 미속습유를 집필하였습니다. 그는 이 책에서 미국의 문물과 제도를 소개하였으며, 미국과의 외교 관계를 강조하였습니다.

초대 주미 공사 특별전

① 샌프란시스코에서 흥사단을 창립하였다. 안창호
② 황준헌이 쓴 조선책략을 국내에 들여왔다. 김홍집
③ 인재 양성을 위해 오산 학교를 설립하였다. 이승훈
④ 국문 연구소를 설립하고 연구위원으로 활동하였다. 주시경
✓ ⑤ 독립 협회의 제안을 받아들여 중추원 관제 개편을 추진하였다. 박정양

자료분석 '초대 주미 공사', '미속습유' 등을 통해 (가) 인물은 박정양임을 알 수 있다. 박정양은 초대 주미 공사로 파견되어 미국 대통령에게 고종의 국서를 전달하는 등 미국과의 관계를 강조하는 외교 활동을 펼쳤다.

정답 찾기 ⑤ 박정양은 대한 제국 시기에 독립 협회의 제안을 받아들여 중추원 관제 개편을 추진하였다.

오답 피하기
① 샌프란시스코에서 흥사단을 창립한 인물은 안창호이다.
② 제2차 수신사로 파견된 김홍집이 황준헌이 쓴 『조선책략』을 국내에 들여와 유포하였다.
③ 신민회의 이승훈이 인재 양성을 위하여 정주에 오산 학교를 설립하여 민족 교육을 실시하였다.
④ 주시경 등이 국문 연구소를 설립하고 연구위원으로 활동하였다.

인 리 이플인 **합격으로 이끄는 필수 개념: 독립 협회의 활동**

자주 국권 운동	• 영은문 → 독립문, 모화관 → 독립관 • 만민 공동회 개최
자유 민권 운동	언론·출판·집회·결사·신체의 자유 요구
자강 개혁 운동	• 관민 공동회 개최: 박정양 내각 참여, 헌의 6조 결의 • 의회 설립 운동: 박정양 중추원 관제 반포

35 (가)에 들어갈 내용으로 가장 적절한 것은? [2점]

한국사 특강

우리 학회에서는 고종이 황제로 즉위한 이후 **구본신참**에 입각하여 추진한 정책을 주제로 강좌를 마련하였습니다. 많은 관심과 참여 바랍니다.

■ **강좌 내용** ■   → 광무개혁의 내용

제1강   (가)
제2강 대한국 국제 반포와 황제 중심 정치 구조
제3강 지계 발급과 근대적 토지 소유권

○ 기간: 2023년 10월 ○○일~○○일
○ 일시: 매주 토요일 14:00~16:00
○ 장소: △△ 연구원

---

① 통역관 양성을 위한 동문학 설립 _{1883년}
② 개혁 방향을 제시한 홍범 14조 반포 _{제2차 갑오개혁}
③ 통리기무아문 설치와 개화 정책 추진 _{1880년 개화 정책}
✓④ 원수부 창설과 황제의 군 통수권 강화 _{광무개혁}
⑤ 23부로의 지방 제도 개편과 지방관 권한 축소 _{제2차 갑오개혁}

자료분석 '구본신참에 입각하여 추진한 정책', '대한국 국제', '지계 발급' 등을 통해 (가)에 들어갈 내용은 대한 제국 수립(1897) 이후 전개된 광무개혁임을 알 수 있다.

정답 찾기 ④ 대한 제국의 고종은 황제의 군 통수권을 강화하기 위하여 원수부를 창설하였다.

오답 피하기
① 조선 정부는 1883년 통역관 양성을 위한 동문학을 설립하였다.
② 1894년 제2차 갑오개혁 때 고종이 개혁의 방향을 제시한 홍범 14조를 반포하였다.
③ 조선 정부는 1880년에 개화 정책을 추진을 총괄하는 통리기무아문과 산하 기구인 12사를 설치하여 개혁을 추진하였다.
⑤ 1894년 제2차 갑오개혁 때 지방 행정 구역을 23부로 개편하고 지방관의 권한을 축소하였다.

인 뀕 합격으로 **이끄는** 필수 개념: 광무개혁

정치	대한국 국제 반포
경제	• 지계아문 설치 • 식산흥업 정책
군사	원수부 설치
사회	• 상공 학교 설립, 기술 교육 기관 설립 • 광제원 설립

---

36 (가), (나) 사이의 시기에 있었던 사실로 옳은 것은? [2점]

(가) → 제1차 한·일 협약

두 달 전 체결된 협약에 따라 메가타가 탁지부의 재정 고문으로 온다는군.

일본이 우리 정부의 재정권을 침해하려는 의도인 것 같네.

(나) → 한·일 신협약

지난달 군대를 해산한다는 조칙이 발표된 이후 군인들의 반발이 계속되고 있다는군.

들었네. 일부는 의병에 합류하여 일본에 저항하는 활동을 전개한다고 하네.

---

① 데라우치가 초대 총독으로 부임하였다. _{1910년}
② 13도 창의군이 서울 진공 작전을 전개하였다. _{1908년}
③ 기유각서를 통해 일제에 사법권을 박탈당하였다. _{1909년}
④ 상권 수호를 위해 황국 중앙 총상회가 조직되었다. _{1898년}
✓⑤ 헤이그에서 열린 만국 평화 회의에 특사가 파견되었다. _{1907년}

자료분석 (가) '메가타가 탁지부의 재정 고문'을 통해 1904년 체결된 제1차 한·일 협약에 대한 내용임을 알 수 있다. (나) '군대를 해산한다는 조칙이 발표'를 통해 1907년 체결된 한·일 신협약(정미 7조약)에 대한 내용임을 알 수 있다.

정답 찾기 ⑤ 1907년 고종이 을사늑약 체결의 부당성을 알리기 위해 헤이그에 특사를 파견하였다. 그러자 일제는 고종을 강제로 퇴위하고 한·일 신협약(정미 7조약)의 부수 각서에 따라 대한 제국의 군대를 강제로 해산하였다.

오답 피하기
① 한·일 병합 조약(1910) 체결 이후 데라우치가 초대 총독으로 부임하였다. (나) 이후의 사실이다.
② 정미의병 때 결성된 13도 창의군이 서울 진공 작전(1908)을 전개하였으나 실패하였다. (나) 이후의 사실이다.
③ 1909년 일제는 기유각서를 통해 사법권을 박탈하였다. (나) 이후의 사실이다.
④ 1898년 시전 상인들은 상권 수호를 위해 황국 중앙 총상회를 조직하였다. (가) 이전의 사실이다.

 합격으로 **이끄는** 필수 개념: 일제의 국권 침탈 과정

1904년	• 한·일 의정서 체결 • 제1차 한·일 협약 체결(고문 통치)
1905년	제2차 한·일 협약(을사늑약) 체결(통감 통치)
1907년	• 헤이그 특사 파견 → 고종 강제 퇴위 • 한·일 신협약(정미 7조약) 체결(차관 통치)

KEYWORD **의열단** 정답 ③

37 (가) 단체에 대한 설명으로 옳은 것은? [2점]

판결문

피 고 인: 오복영 외 1인

주 문: 피고 두 명을 각 징역 7년에 처한다.

이 유

제1. 피고 오복영은 이전부터 조선 독립을 희망하고 있었다.

1. 대정 11년(1922) 11월 중 김상옥, 안홍한 등이 조선 독립자금 강탈을 목적으로 권총, 불온문서 등을 가지고 조선에 오는 것을 알고 천진에서 여비 40원을 조달함으로써 동인 등으로 하여금 조선으로 들어오게 하고
2. 대정 12년(1923) 8월 초순 (가) [→ 의열단] 단원으로 활약할 목적으로 피고 이영주의 권유에 의해 동 단에 가입하고
3. 이어서 피고 이영주와 함께 (가) 단장 김원봉 및 단원 유우근의 지휘 하에 피고 두 명은 조선 내 관리를 암살하고 주요 관아, 공서를 폭파함으로 민심의 동요를 초래하고 ……

① 일제의 황무지 개간권 요구를 저지하였다. 보안회

② 일제가 조작한 105인 사건으로 큰 타격을 입었다. 신민회

✓③ 단원인 나석주가 동양 척식 주식회사에 폭탄을 던졌다. 의열단

④ 조선 총독부에 국권 반환 요구서를 제출하고자 하였다. 독립 의군부

⑤ 이륭양행에 교통국을 설치하여 국내와 연락을 취하였다. 대한민국 임시 정부

자료분석 '김상옥', '단장 김원봉' 등을 통해 (가) 단체는 1919년 김원봉이 만주에 결성한 의열단임을 알 수 있다.

정답 찾기 ③ 의열단 단원인 나석주는 1926년 동양 척식 주식회사에 폭탄을 투척하였다.

오답 피하기

① 보안회(1904)는 일제의 황무지 개간권 요구를 저지하였다.
② 신민회(1907)는 일제가 조작한 105인 사건으로 해체되었다(1911).
④ 임병찬 등이 조직한 독립 의군부(1912)는 조선 총독부에 국권 반환 요구서 제출을 계획하였다.
⑤ 대한민국 임시 정부(1919)는 이륭양행에 교통국을 설치하여 국내와 연락을 취하였다.

인끌 (이끌인) 합격으로 **이끄는** 필수 개념: 의열단

배경	3·1 운동 이후 무력 투쟁의 필요성 대두
활동	• 목표: 일제 요인, 민족 반역자 암살, 식민 통치 기관 파괴 • 지침: 신채호의 「조선 혁명 선언」
의거	• 김익상의 조선 총독부 투탄 의거 • 김상옥의 종로 경찰서 투탄 의거 • 나석주의 조선 식산 은행·동양 척식 주식회사 투탄 의거

KEYWORD **광주 학생 항일 운동** 정답 ②

38 밑줄 그은 '이 운동'에 대한 설명으로 옳은 것을 〈보기〉에서 고른 것은? [1점]

광주 학생 항일 운동 ←

이것은 1929년 11월 한일 학생 간의 충돌을 계기로 시작된 이 운동을 기념하는 탑입니다. 당시 민족 차별에 분노한 광주 지역 학생들이 대규모 시위를 전개하였고, 전국의 많은 학교가 동맹 휴학으로 동참하였습니다. 이 기념탑은 학생들의 단결된 의지를 타오르는 횃불로 형상화한 것입니다.

〈보 기〉

✓ㄱ. 조선인 본위의 교육 제도 확립 등을 요구하였다. 광주 학생 항일 운동

ㄴ. 대한매일신보의 후원 속에 전국으로 확산되었다. 국채 보상 운동

✓ㄷ. 신간회에서 진상 조사단을 파견하여 지원하였다. 광주 학생 항일 운동

ㄹ. 일제가 이른바 문화 통치를 실시하는 배경이 되었다. 3·1 운동

① ㄱ, ㄴ ✓② ㄱ, ㄷ ③ ㄴ, ㄷ ④ ㄴ, ㄹ ⑤ ㄷ, ㄹ

자료분석 '1929년 11월 한일 학생 간의 충돌을 계기로 시작', '광주 지역 학생들이 대규모 시위를 전개' 등을 통해 밑줄 그은 '이 운동'은 광주 학생 항일 운동(1929)임을 알 수 있다.

정답 찾기 ② ㄱ. 광주 학생 항일 운동 당시 학생들은 조선인 본위의 교육 제도 확립 등을 요구하였다.
ㄷ. 신간회(1927)는 광주 학생 항일 운동이 일어나자 진상 조사단을 파견하여 지원하였다.

오답 피하기

ㄴ. 국채 보상 운동(1907)은 『대한매일신보』 등의 후원으로 전국적으로 확산되었다.
ㄹ. 1919년 일어난 3·1 운동을 계기로 일제가 이른바 문화 통치를 실시하였다.

인끌 (이끌인) 합격으로 **이끄는** 필수 개념: 광주 학생 항일 운동

배경	일제의 식민지 차별 교육
전개	일본 남학생의 한국 여학생 희롱으로 학생들의 집단 충돌 → 광주 일대 학생들의 시위 → 전국 규모의 항일 투쟁으로 발전(신간회에서 진상 조사단 파견)
의의	3·1 운동 이후 최대 규모의 항일 민족 운동

39 (가) 부대에 대한 설명으로 옳은 것은? 2점

→ 한국 독립군

대전자령은 태평령이라고도 하는데, 일본군이 서남부의 왕칭현 쪽으로 가려면 반드시 지나가야 하는 지점이었다. 대전자령의 양쪽은 험준한 절벽과 울창한 산림 지대로 되어 있어 적을 공격하기에 알맞은 곳이었다. 이 전투에 (가) 의 주력 부대 500여 명, 차이시잉(柴世榮)이 거느리는 중국 의용군인 길림구국군 2,000여 명이 참가하였다. …… 한중 연합군은 계곡 양편 산기슭에 구축되어 있는 참호 속에 미리 매복·대기하여 일본군 습격 준비를 마쳤다.
－『청천장군의 혁명투쟁사』－

① 영국군의 요청으로 인도·미얀마 전선에 투입되었다. 한국광복군
② 간도 참변 이후 조직을 정비하고 자유시로 이동하였다. 대한 독립 군단
③ 중국 관내(關內)에서 결성된 최초의 한인 무장 부대였다. 조선 의용대
④ 홍범도 부대와 연합하여 청산리에서 일본군과 교전하였다. 북로 군정서
✓⑤ 한국 독립당의 군사 조직으로 북만주 지역에서 활약하였다. 한국 독립군

자료분석 '대전자령', '한중 연합군', '청천장군' 등을 통해 (가) 부대는 지청천이 이끄는 한국 독립군임을 알 수 있다. 한국 독립군은 중국 호로군과 연합하여 대전자령·쌍성보 등의 전투에서 일본군을 상대로 승리하였다.

정답 찾기 ⑤ 한국 독립군은 지청천을 총사령관으로 한 한국 독립당의 군사 조직으로 북만주 지역에서 활약하였다.

오답 피하기
① 대한민국 임시 정부의 산하 부대인 한국광복군은 영국군의 요청으로 인도·미얀마 전선에 투입되었다.
② 간도 참변 이후 만주의 독립군들은 대한 독립 군단을 결성하고 자유시로 이동하였으나 자유시 참변을 당하였다.
③ 조선 의용대(1938)는 중국 관내에서 결성된 최초의 한인 무장 부대였다.
④ 김좌진의 북로 군정서는 홍범도의 대한 독립군 등과 연합하여 청산리 대첩(1920)에서 승리하였다.

합격으로 **이끄는 필수 개념:** 1930년대 한·중 연합 작전

한국 독립군	• 지청천 중심 • 중국 호로군과 연합 → 쌍성보·대전자령·사도하자 전투 승리
조선 혁명군	• 양세봉 중심 • 중국 의용군과 연합 → 영릉가·흥경성 전투 승리

40 밑줄 그은 '이 시기'에 있었던 사실로 옳은 것은? 1점

문학으로 만나는 한국사

"이제 곧 창씨개명이 문제가 아닌 날이 닥칠 겁니다. 그때는 사느냐 죽느냐, 이 문제가 턱에 걸려서 아무것도 뵈지 않을걸요. 아 왜 거년(去年) 칠월에 국가총동원법 제4조라고 허면서, 국민 징용령이 안 떨어졌습니까? 일본 본토는 그렇다 치고, 조선, 대만, 사할린, 남양 군도에까지 그 징용령이 시행되고 있는 판에, 징병령인들 떨어지지 않겠습니까? 지금 지원병 제도는 장차 징병 문제를 결정하려는 시험으로 해 보는 것이라고 허드구만요."
이기채는 가슴이 까닭 없이 덜컥, 내려앉는다.
－『혼불』－

[해설] 이 작품에는 일제가 국가 총동원법을 제정하고 노동력 수탈을 위해 국민 징용령 등을 시행하던 이 시기 우리 민족의 삶이 잘 표현되어 있다.
→ 민족 말살 통치기

① 조선 태형령이 공포되었다. 1910년대 무단 통치기
② 헌병 경찰 제도가 실시되었다. 1910대 무단 통치기
③ 경성 제국 대학이 설립되었다. 1920년대 문화 통치기
④ 조선 농민 총동맹이 조직되었다. 1920년대 문화 통치기
✓⑤ 황국 신민 서사 암송이 강요되었다. 1930~1940년대 민족 말살 통치기

자료분석 '창씨개명', '국가총동원법', '국민 징용령', '징병' 등을 통해 밑줄 그은 '이 시기'는 1930~1940년대 일제의 민족 말살 통치기임을 알 수 있다.

정답 찾기 ⑤ 민족 말살 통치기에 일제는 이른바 '황국 신민'으로 육성하고자 일왕에 대한 충성 맹세문인 황국 신민 서사 암송을 강요하였다.

오답 피하기
① 무단 통치기인 1912년에 조선 태형령이 공포되었다.
② 무단 통치기에 헌병 경찰 제도가 실시되었다.
③ 문화 통치기인 1924년에 경성 제국 대학이 설립되었다.
④ 문화 통치기인 1927년에 조선 농민 총동맹이 조직되었다.

합격으로 **이끄는 필수 개념:** 민족 말살 통치기의 정책

병참 기지화 정책	남면북양 정책
인적·물적 수탈	• 국가 총동원법(1938): 지원병 제도, 국민 징용령, 학도 지원병제, 징병제, 여자 정신 근로령 • 식량 배급제, 공출제
주요 정책	• 내선일체, 일선동조론 • 황국 신민 서사 암송 강요

제69회 심화
제68회 심화
제67회 심화
제66회 심화
제65회 심화
제64회 심화
제63회 심화
제62회 심화

KEYWORD 천도교 　정답 ②

41 (가) 종교에 대한 설명으로 옳은 것은? ［2점］

기획 전시

방정환이 꿈꾼 어린이를 위한 나라

천도교 →

우리 박물관에서는 『어린이』 창간 100주년을 기념하는 특별전을 준비하였습니다. 동학을 계승한 종교인 (가) 계열의 방정환 등이 어린이들에게 다양한 읽을거리를 제공하기 위해 발간한 잡지 『어린이』의 전시와 함께 여러 체험 행사를 준비하였으니 많은 관심 바랍니다.

○ 기간: 2023. ○○. ○○.~○○. ○○.
○ 장소: △△ 박물관 특별 전시실
○ 전시 자료 소개

▲ 『어린이』 제7권 제3호　　▲ 『어린이』 제9권 제1호

① 한용운 등이 사찰령 폐지를 주장하였다. 불교
✓② 만세보를 발행하여 민중 계몽에 앞장섰다. 천도교
③ 박중빈을 중심으로 새생활 운동을 펼쳤다. 원불교
④ 배재 학당을 세워 신학문을 보급하고자 힘썼다. 개신교
⑤ 의민단을 조직하여 항일 무장 투쟁을 전개하였다. 천주교

자료분석 '방정환', '동학을 계승한 종교' 등을 통해 (가) 종교는 천도교임을 알 수 있다.

정답 찾기 ② 천도교는 기관지인 『만세보』를 발행하여 민중 계몽에 앞장섰다.

오답 피하기
① 한용운은 불교의 자주성을 되찾기 위하여 사찰령 폐지를 주장하였다.
③ 박중빈이 창시한 원불교는 간척 사업을 진행하고 허례허식을 폐지하는 등 새생활 운동을 전개하였다.
④ 개신교 선교사인 아펜젤러는 배재 학당을 세워 신학문을 보급하고자 하였다.
⑤ 천주교는 만주에 의민단을 조직하여 항일 무장 투쟁을 전개하였다.

인 퀴 합격으로 이끄는 필수 개념: 종교계의 변화

불교	한용운의 불교 유신론, 사찰령 철폐 운동
천도교	• 손병희가 동학을 개칭 • 『만세보』 발행
대종교	의민단 조직
개신교	의료 및 교육 활동(배재 학당)

KEYWORD 민족 문화 수호 운동 　정답 ①

42 (가)에 들어갈 내용으로 가장 적절한 것은? ［3점］

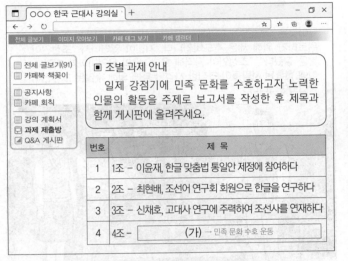

○○○ 한국 근대사 강의실

전체 글보기 | 이미지 모아보기 | 카페 태그 보기 | 카페 캘린더

전체 글보기(91)
카페북 책꽂이
공지사항
카페 회칙
강의 계획서
과제 제출방
Q&A 게시판

■ 조별 과제 안내

일제 강점기에 민족 문화를 수호하고자 노력한 인물의 활동을 주제로 보고서를 작성한 후 제목과 함께 게시판에 올려주세요.

번호	제 목
1	1조 - 이윤재, 한글 맞춤법 통일안 제정에 참여하다
2	2조 - 최현배, 조선어 연구회 회원으로 한글을 연구하다
3	3조 - 신채호, 고대사 연구에 주력하여 조선사를 연재하다
4	4조 - 　　(가)　　 → 민족 문화 수호 운동

✓① 정인보, 민족의 얼을 강조하고 조선학 운동을 전개하다 1930년대
② 장지연, 황성신문에 시일야방성대곡이라는 논설을 싣다 을사늑약 이후
③ 유길준, 서유견문을 집필하여 서양 근대 문명을 소개하다 1895년
④ 최익현, 지부복궐척화의소를 올려 왜양일체론을 주장하다 1870년대
⑤ 신헌, 강화도 조약 체결의 전말을 기록한 심행일기를 남기다 강화도 조약 이후

자료분석 (가)에 들어갈 내용은 일제 강점기에 민족 문화 수호 운동을 전개한 인물의 활동이어야 한다.

정답 찾기 ① 일제 강점기인 1930년대 정인보는 민족의 얼을 강조하였으며, 문일평, 안재홍 등과 함께 조선학 운동을 전개하였다.

오답 피하기
② 1905년 을사늑약이 체결되자 장지연은 황성신문에 「시일야방성대곡」이라는 논설을 발표하였다.
③ 1895년 유길준은 미국 유학 중에 보고 배운 것을 토대로 『서유견문』을 집필하였다.
④ 최익현은 1876년 강화도 조약의 체결에 반대하며 「지부복궐척화의소」를 올려 왜양일체론을 주장하였다.
⑤ 신헌이 강화도 조약 체결의 전말을 기록한 『심행일기』를 남긴 것은 일제 강점기 이전의 사실이다.

인 퀴 합격으로 이끄는 필수 개념: 국학 연구

국어	• 국문 연구소(1907): 주시경, 지석영 주도, 한글 정리 • 조선어 연구회(1921): 잡지 『한글』 간행, '가갸날' 제정 • 조선어 학회(1931): 최현배, 이윤재 등 결성, 한글 맞춤법 통일안과 표준어 제정, 『우리말 큰 사전』 편찬 시도
국사	• 신채호: 『을지문덕전』, 『이순신전』 저술 • 박은식: 『동명성왕실기』 저술 • 조선학 연구: 정인보, 문일평, 안재홍 주도 → 조선학 운동

43 밑줄 그은 '이 지역'에서 있었던 민족 운동으로 옳은 것은?

2점

→ 일본

이것은 1923년 이 지역에서 발생한 지진 당시 희생된 조선인을 위로하기 위해 세운 추도비입니다. 지진이 일어나자 "조선인이 불을 질렀다", "조선인이 공격해 온다" 등의 유언비어가 퍼졌고, 이에 현혹된 사람들이 조직한 자경단 등에 의해 수많은 조선인이 학살되었습니다.

① 한인 자치 기구인 경학사를 설립하였다.   서간도

② 민족 교육을 위해 서전서숙을 건립하였다.   북간도

✓③ 유학생을 중심으로 2·8 독립 선언서를 발표하였다.   일본 도쿄

④ 대조선 국민 군단을 결성하여 군사 훈련을 실시하였다.   미국 하와이

⑤ 대한 광복군 정부를 세워 무장 독립 투쟁을 준비하였다.   연해주

44 (가) 인물에 대한 설명으로 옳은 것은?

2점

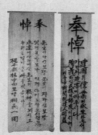

□□일보

제△△호   → 여운형   2023년 ○○월 ○○일

'몽양 (가) 장례식 만장' 117점 국가등록문화재 등록 예고

1918년 중국에서 신한 청년당을 조직하고 해방 후 좌우 합작 운동을 추진 (가) 선생의 마지막 길에 내걸린 만장(輓章)이 국가등록문화재가 된다. 만장이란 망자를 추모하는 글을 비단이나 종이에 적어 만든 깃발로, 1947년 거행된 그의 장례식에는 각계각층이 애도하는 만장이 내걸렸다.

이 만장은 독립운동에 헌신하고 광복 후 좌우대통합을 위해 노력했던 그에 대한 대중들의 인식과 평가를 담은 자료로서 중요한 역사적 가치가 있다.

✓① 조선 건국 동맹을 결성하였다.   여운형

② 한국독립운동지혈사를 저술하였다.   박은식

③ 권업회의 초대 회장으로 선출되었다.   최재형

④ 대한 광복회를 조직하여 친일파를 처단하였다.   박상진

⑤ 백산 상회를 설립하여 독립운동 자금을 마련하였다.   안희제

자료분석 '1923년 이 지역에서 발생한 지진 당시 희생된 조선인'을 통해 일본의 관동 대지진(1923) 때 조선인 대학살에 대한 내용임을 알 수 있다. 따라서 밑줄 그은 '이 지역'은 일본이다.

정답 찾기 ③ 일본 도쿄에서 유학생을 중심으로 한 조선 청년 독립단이 2·8 독립 선언서를 발표하였다. 이는 3·1 운동이 전개되는 배경이 되었다.

오답 피하기

① 신민회 회원들은 서간도 지역에 경학사를 조직하고 신흥 강습소를 설립하였다.

② 이상설, 이동녕 등은 북간도 지역에 서전서숙을 건립하여 민족 교육을 위해 힘썼다.

④ 박용만이 미국 하와이에 대조선 국민 군단을 결성하여 군사 훈련을 실시하였다.

⑤ 연해주 지역에서는 권업회가 조직되었고, 이를 바탕으로 이상설 등이 대한 광복군 정부를 결성하였다.

인 [퀴즈]   합격으로 이끄는 필수 개념: 해외 지역의 독립운동

일본	도쿄 유학생 2·8 독립 선언서 발표
미주	• 장인환·전명운의 스티븐스 의거 • 하와이: 박용만 대조선 국민 군단 조직
멕시코	독립군 양성을 위한 숭무 학교 건립

자료분석 '몽양', '해방 후 좌우 합작 운동 추진' 등을 통해 (가) 인물은 여운형임을 알 수 있다.

정답 찾기 ① 여운형은 일제의 패망과 광복에 대비하여 조선 건국 동맹을 결성하였다(1944).

오답 피하기

② 박은식이 『한국독립운동지혈사』를 저술하였다.

③ 최재형이 권업회의 초대 회장으로 선출되었다.

④ 박상진 등이 국내에 비밀 결사 형태로 대한 광복회(1915)를 조직하여 친일파를 처단하였다.

⑤ 안희제가 백산 상회를 설립하여 독립운동 자금을 마련하였다.

 인 [퀴즈]   합격으로 이끄는 필수 개념: 여운형의 활동

광복 이전	신한 청년당 결성
광복 이후	• 조선 건국 동맹 결성 → 조선 건국 준비 위원회 개편 • 좌우 합작 위원회 결성

제69회
심화

제68회
심화

제67회
심화

제66회
심화

제65회
심화

제64회
심화

제63회
심화

제62회
심화

KEYWORD 제2차 개헌(사사오입 개헌) 정답 ⑤

45 밑줄 그은 '개헌안'의 시행 결과로 옳은 것은? 2점

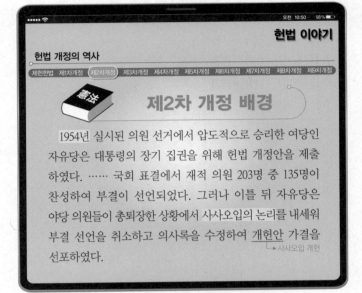

헌법 이야기

헌법 개정의 역사

제헌헌법 | 제1차개정 | 제2차개정 | 제3차개정 | 제4차개정 | 제5차개정 | 제6차개정 | 제7차개정 | 제8차개정 | 제9차개정

憲法

제2차 개정 배경

1954년 실시된 의원 선거에서 압도적으로 승리한 여당인 자유당은 대통령의 장기 집권을 위해 헌법 개정안을 제출하였다. …… 국회 표결에서 재적 의원 203명 중 135명이 찬성하여 부결이 선언되었다. 그러나 이틀 뒤 자유당은 야당 의원들이 총퇴장한 상황에서 사사오입의 논리를 내세워 부결 선언을 취소하고 의사록을 수정하여 <u>개헌안</u> 가결을 선포하였다.
→ 사사오입 개헌

① 통일 주체 국민 회의에서 대통령이 선출되었다. 제7차 개헌

② 5년 단임의 대통령이 직선제에 의해 선출되었다. 제9차 개헌

③ 대통령이 국회의원의 3분의 1을 추천하게 되었다. 제7차 개헌

④ 국회에서 간접 선거 방식으로 대통령이 선출되었다. 제헌 헌법

✓⑤ 개헌 당시의 대통령에 한하여 중임 제한이 철폐되었다. 제2차 개헌 (사사오입 개헌)

자료분석 '1954년', '사사오입의 논리' 등을 통해 밑줄 그은 '개헌안'은 이승만 정부가 사사오입의 논리를 내세워 통과시킨 제2차 개헌(1954, 사사오입 개헌)임을 알 수 있다.

정답 찾기 ⑤ 사사오입 개헌의 결과 이승만 대통령에 한해 중임 제한이 철폐되었다.

오답 피하기
① 유신 헌법(제7차 개헌)에 따라 통일 주체 국민 회의에서 대통령이 선출되었다.
② 6월 민주 항쟁(1987)의 결과 통과된 제9차 개헌에 따라 5년 단임의 대통령이 직선제에 의해 선출되었다.
③ 유신 헌법(제7차 개헌)에 따라 대통령이 국회의원의 3분의 1을 추천하게 되었다.
④ 제헌 헌법 당시 국회에서 간접 선거 방식으로 대통령이 선출되었다.

인 리 **합격으로 이끄는 필수 개념:** 이승만 정부 시기의 개헌

제1차 개헌 (발췌 개헌)	• 과정: 부산 정치 파동 • 결과: 대통령 간선제 → 대통령 직선제
제2차 개헌 (사사오입 개헌)	• 과정: 초대 대통령에 한하여 중임 제한 철폐 • 결과: 대통령 이승만, 부통령 장면 당선

KEYWORD 시대별 화폐 사용 정답 ③

46 (가)~(마)에 들어갈 내용으로 적절하지 않은 것은? 1점

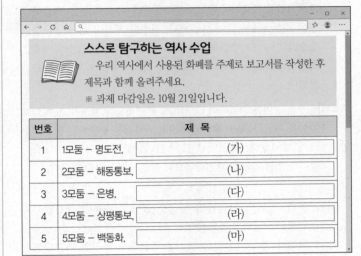

스스로 탐구하는 역사 수업

우리 역사에서 사용된 화폐를 주제로 보고서를 작성한 후 제목과 함께 올려주세요.
※ 과제 마감일은 10월 21일입니다.

번호	제 목
1	1모둠 – 명도전, (가)
2	2모둠 – 해동통보, (나)
3	3모둠 – 은병, (다)
4	4모둠 – 상평통보, (라)
5	5모둠 – 백동화, (마)

① (가) - 중국 연과의 교류 관계를 보여주다 명도전

② (나) - 의천의 건의로 화폐가 주조되다 해동통보

✓③ (다) - 경복궁 중건을 위해 제작되다 당백전

④ (라) - 법화로 발행되어 전국적으로 유통되다 상평통보

⑤ (마) - 전환국에서 화폐가 발행되다 백동화

자료분석 (가)~(마)에는 우리 역사에서 사용된 화폐에 대한 내용이 들어가야 한다.

정답 찾기 ③ 은병(활구)은 고려 숙종 때 제작된 고액 화폐이다. 흥선 대원군 집권기에 경복궁 중건을 위해 제작된 화폐는 당백전이다.

오답 피하기
① 초기 철기 시대 때 사용된 명도전은 중국의 화폐로, 중국 연과의 교류 관계를 보여준다.
② 고려 숙종 때 의천의 건의로 주전도감이 설치되고 해동통보, 은병(활구) 등의 화폐가 제작되었다.
④ 조선 후기 숙종 때 상평통보가 전국적으로 유통되었다.
⑤ 1883년 건립된 전환국에서 백동화를 주조하였다.

인 리 **합격으로 이끄는 필수 개념:** 시대별 화폐

고려	• 고려 숙종 때 의천의 건의로 주전도감 설치 • 삼한통보, 해동통보, 은병(활구) 등
조선	• 조선 숙종 때 상평통보 전국적 유통 • 전황 발생
근대	• 흥선 대원군 때 당백전 발행 • 전환국에서 백동화 주조

47~48 다음 자료를 읽고 물음에 답하시오.

(가) 만적 등 6명이 북산에서 나무하다가 공사 노비를 불러 모아 모의하기를, "국가에서 경인년·계사년 이후로 높은 벼슬이 천한 노비에게서 많이 나왔으니, 장수와 재상이 어찌 종자가 있으랴. …… 그 주인을 죽이고 노비 문서를 불태워 삼한에서 천인을 없애면 모두 공경 장상이 될 수 있을 것이다."라고 하였다. → 만적의 난

(나) 왕 7년, 노비를 안검하여 그 시비를 분별하도록 명하자, 노비로 주인을 배반한 자가 매우 많아지고 윗사람을 능멸하는 풍조가 크게 행해졌다. 사람들이 모두 탄식하고 원망하였다. 대목 왕후가 이를 간절히 간언하였으나 왕은 받아들이지 않았다. → 노비안검법

(다) 1. 문벌, 양반과 상인들의 등급을 없애고 귀천에 관계없이 인재를 선발하여 등용한다.
1. 과부가 재가하는 것은 귀천을 막론하고 자신의 의사대로 하게 한다.
1. 공노비와 사노비에 관한 법을 일체 혁파하고 사람을 사고파는 일을 금지한다. → 제1차 갑오개혁

(라) "임금이 백성을 대할 때는 귀천이 없고 내외 없이 고루 균등하게 적자(赤子)로 여겨야 하는데, 노(奴)와 비(婢)라고 하여 구분하는 것이 어찌 똑같이 동포로 여기는 뜻이겠는가. 내노비 36,974명과 시노비 29,093명을 모두 양민으로 삼도록 하라. 그리고 승정원으로 하여금 노비 문서를 거두어 돈화문 밖에서 불태우도록 하라." → 공노비 해방

47 (가)~(라)를 일어난 순서대로 옳게 나열한 것은? 3점

① (가) - (나) - (다) - (라)
② (가) - (나) - (라) - (다)
✓ ③ (나) - (가) - (라) - (다)
④ (나) - (다) - (가) - (라)
⑤ (다) - (라) - (나) - (가)

자료분석 (가) 고려 무신 집권기에 최충헌의 사노비였던 만적이 신분 해방 운동을 도모하는 내용이다(만적의 난). (나) 고려 광종 때 억울하게 노비가 된 자들을 해방하는 노비안검법 시행에 대한 내용이다. (다) 과부의 재가 허용과 공사노비법 혁파 등을 통해 제1차 갑오개혁(1894)에 대한 내용임을 알 수 있다. (라) 조선 순조 때 노비 문서를 불태우고 양민으로 삼는 공노비 해방에 대한 내용이다(1801).

정답 찾기 ③ (나) 노비안검법 실시(고려 광종) – (가) 만적의 난(고려 무신 집권기) – (라) 공노비 해방(조선 순조) – (다) 제1차 갑오개혁(1894) 순으로 전개되었다.

 합격으로 이끄는 필수 개념: 시대별 주요 민중 봉기

통일 신라	원종·애노의 난(889)
고려	• 망이·망소이의 난(1176) • 김사미·효심의 난(1193) • 만적의 난(1198)
조선	임술 농민 봉기(1862)
근대	동학 농민 운동(1894)

제69회
심화

제68회
심화

제67회
심화

제66회
심화

제65회
심화

제64회
심화

제63회
심화

제62회
심화

KEYWORD 시대별 노비와 관련된 사건 정답 ①

48 (가)~(라)를 활용한 탐구 활동으로 적절한 것을 〈보기〉에서 고른 것은? 2점

─〈보 기〉─

✔ ㄱ. (가) - 무신 집권기에 발생한 하층민의 봉기에 대해 알아본다.
　　　　　　　　　　　　　　　　　　　고려 무신 집권기
✔ ㄴ. (나) - 호족의 경제적 기반을 약화시킨 제도를 살펴본다. 고려 광종
　ㄷ. (다) - 균역법이 시행되는 배경을 파악한다. 조선 영조
　ㄹ. (라) - 삼정이정청이 설치된 계기를 조사한다. 임술 농민 봉기

✔ ① ㄱ, ㄴ　② ㄱ, ㄷ　③ ㄴ, ㄷ　④ ㄴ, ㄹ　⑤ ㄷ, ㄹ

KEYWORD 박정희 정부 시기의 사실 정답 ④

49 (가) 정부 시기에 있었던 사실로 옳은 것은? 2점

→ 박정희

(가) 정부의 민주화 운동 탄압 사례 중의 하나로 알려진 전국 민주 청년 학생 총연맹 사건의 관련 기록물이 세상에 나왔습니다. 국가기록원은 사건이 발생한 지 40여 년 만에 관련 인물 180명의 재판 기록과 수사 기록을 공개했습니다.

'민청학련 사건' 기록물, 세상 밖으로

① 정부에 비판적인 경향신문이 폐간되었다. 이승만 정부
② 국민의 요구에 굴복하여 대통령이 하야하였다. 이승만 정부
③ 민주화 시위 도중 대학생 강경대가 희생되었다. 노태우 정부
✔ ④ 장기 독재에 저항한 3·1 민주 구국 선언이 발표되었다. 박정희 정부
⑤ 기존의 헌법을 유지하는 4·13 호헌 조치가 선언되었다. 전두환 정부

자료분석 (가)는 만적의 난(고려 무신 집권기), (나)는 노비안검법 실시(고려 광종), (다)는 제1차 갑오개혁(1894), (라)는 공노비 해방(조선 순조)에 대한 내용이다.

정답찾기 ① ㄱ. 만적의 난은 고려 무신 집권기에 발생한 신분 해방 운동 성격의 하층민 봉기이다.
ㄴ. 고려 광종이 노비안검법을 실시함으로써 노비를 해방시키고 호족의 경제적 기반을 약화시켰다.

오답 피하기
ㄷ. 균역법은 조선 영조 때 백성들의 군역 부담을 줄여주기 위하여 실시한 제도이다.
ㄹ. 조선 철종 때 임술 농민 봉기(1862)가 발생하자 조선 정부는 봉기를 수습하기 위해 박규수를 안핵사로 파견하고 삼정이정청을 설치하였다.

인끌인 합격으로 **이끄는** 필수 개념: 고려 무신 집권기의 반란

망이·망소이의 난	• 정중부 집권기 • 공주 명학소에서 가혹한 수탈에 저항
김사미·효심의 난	• 이의민 집권기 • 신라 부흥 주장
만적의 난	• 최충헌 집권기 • 사노비 만적의 신분 해방 운동

자료분석 '전국 민주 청년 학생 총연맹 사건'을 통해 (가) 정부는 박정희 정부임을 알 수 있다. 유신 반대 운동을 전개한 전국 민주 청년 학생 총연맹(민청학련)을 박정희 정부가 탄압하였다.

정답찾기 ④ 박정희 정부 시기인 1976년 유신 독재에 반대하는 3·1 민주 구국 선언이 발표되었다.

오답 피하기
① 이승만 정부는 정부에 비판적인 『경향신문』을 폐간하였다.
② 4·19 혁명(1960)의 결과 이승만 대통령이 하야하였고 허정 과도 정부가 수립되었다.
③ 노태우 정부 때 학생 강경대가 민주화 시위 도중 희생되었다.
⑤ 전두환 정부는 기존의 헌법을 유지하는 4·13 호헌 조치를 선언하였다.

인끌인 합격으로 **이끄는** 필수 개념: 박정희 정부 시기의 사실

제3공화국	• 한·일 협정 체결 • 베트남 파병 • 제6차 개헌 → 3선 개헌 반대 투쟁
제4공화국	• 제7차 개헌(유신 헌법) • YH 무역 사건

50 다음 연설이 있었던 정부의 통일 노력으로 옳은 것은?

2점

> 진작부터 꼭 한 번 와 보고 싶었습니다. 참여 정부 와서 첫 삽을 떴기 때문에 …… 지금 개성 공단이 매출액의 증가 속도, 그리고 근로자의 증가 속도 같은 것이 눈부시지요. …… 경제적으로 공단이 성공하고, 그것이 남북 관계에서 평화에 대한 믿음을 우리가 가질 수 있게 만드는 것이거든요. 또 함께 번영해 갈 수 있는 가능성에 대해서 우리가 믿음을 갖게 되는 것이기 때문에, 이것이 선순환 되면 앞으로 정말 좋은 결과가 있을 것입니다. → 노무현 정부

① 남북한이 국제 연합(UN)에 동시 가입하였다. 노태우 정부

② 민족 자존과 통일 번영을 위한 7·7 선언을 발표하였다. 노태우 정부

③ 남북 이산가족 고향 방문단의 교환 방문을 최초로 성사시켰다. 전두환 정부

④ 7·4 남북 공동 성명 실천을 위해 남북 조절 위원회를 구성하였다. 박정희 정부

✓ ⑤ 남북 관계 발전과 평화 번영을 위한 10·4 남북 정상 선언을 발표하였다. 노무현 정부

자료분석 '참여 정부', '개성 공단' 등을 통해 해당 정부는 노무현 정부임을 알 수 있다.

정답찾기 ⑤ 노무현 정부 시기인 2007년 제2차 남북 정상 회담을 개최하고 10·4 남북 정상 선언을 발표하였다.

오답피하기
① 노태우 정부 시기인 1991년 남북한이 국제 연합(UN)에 동시 가입하였다.
② 노태우 정부 시기인 1988년 민족 자존과 통일 번영을 위한 7·7 선언이 발표되었다.
③ 전두환 정부 시기인 1985년 남북 이산가족 고향 방문단의 교환 방문이 최초로 성사되었다.
④ 박정희 정부 시기인 1972년 자주·평화·민족 대단결의 7·4 남북 공동 성명이 발표되고 남북 조절 위원회가 구성되었다.

 합격으로 이끄는 필수 개념: 노무현 정부 시기의 사실

정치	호주제 폐지, 질병 관리 본부 설치
경제	한·미 자유 무역 협정(FTA) 체결
통일 정책	• 개성 공단 착공식, 완공 • 10·4 선언(2007)

더욱더 명쾌하고 자세한 해설

더 이상의 시간 낭비는 No! 시험 직전 **스피드한 문제 회독**은 필수!
문제 풀이에 필요한 **핵심 키워드**만 쏙쏙 뽑아 드립니다.

KEYWORD 구석기 시대의 생활 모습   정답 ②

01 (가) 시대의 생활 모습으로 옳은 것은?   1점

① 반달 돌칼로 벼를 수확하였다. 청동기 시대
✓ ② 주로 동굴이나 막집에서 살았다. 구석기 시대
③ 반량전, 명도전 등 화폐를 사용하였다. 초기 철기 시대
④ 빗살무늬 토기를 만들어 식량을 저장하였다. 신석기 시대
⑤ 가락바퀴와 뼈바늘을 이용하여 옷을 만들었다. 신석기 시대

자료분석 '공주 석장리', '주먹도끼', '뗀석기' 등을 통해 (가) 시대는 구석기 시대임을 알 수 있다. 구석기 시대에는 돌을 깨뜨려 만든 석기인 뗀석기를 사용하였고 대표적으로 주먹도끼, 찍개, 긁개 등이 있다.

정답 찾기 ② 구석기 시대에는 주로 동굴이나 바위 그늘에 거주하거나 강가에 막집을 짓고 살았다.

오답 피하기
① 청동기 시대에는 일부 지역에서 벼농사가 시작되면서 반달 돌칼로 벼를 수확하였다.
③ 초기 철기 시대에는 명도전·오수전·반량전 등의 화폐를 사용하였다. 이는 당시 중국과 활발히 교류했음을 보여준다.
④ 신석기 시대에는 농경과 목축이 시작됨에 따라 빗살무늬 토기를 만들어 식량을 저장하였다.
⑤ 신석기 시대에는 가락바퀴와 뼈바늘을 이용하여 옷을 만들거나 그물을 제작하였다.

인 큅 합격으로 **이끄는** 필수 개념: 선사 시대의 생활 모습

구석기	동굴이나 막집에 거주, 주먹도끼, 찍개 등 뗀석기
신석기	농경 시작, 가락바퀴, 빗살무늬 토기, 갈돌, 갈판
청동기	반달 돌칼, 고인돌, 청동 방울
초기 철기	세형동검, 거푸집, 명도전, 철제 농기구 사용

KEYWORD 옥저   정답 ②

02 다음 자료에 해당하는 나라에 대한 설명으로 옳은 것은?   2점

> 호의 수는 5천인데 대군왕은 없으며 읍락에는 각각 대를 잇는 우두 머리가 있다. …… 여러 읍락의 거수(渠帥)들은 스스로를 삼로라 일컬 었다. …… 장사를 지낼 때에는 큰 나무 곽을 만든다. 길이가 10여 장 이나 되며 한쪽을 열어 놓아 문을 만든다. 사람이 죽으면 임시로 매장 한다. 겨우 시체가 덮일 만큼 묻었다가 가죽과 살이 다 썩은 다음에 뼈만 추려 곽 속에 넣는다. 온 집 식구를 하나의 곽 속에 넣어 두는데, 죽은 사람의 숫자만큼 나무를 깎아 생전의 모습과 같이 만들었다.
> └ 옥저의 풍습
> ─ 『삼국지』 동이전 ─

① 신성 지역인 소도가 존재하였다. 삼한
✓ ② 혼인 풍습으로 민며느리제가 있었다. 옥저
③ 범금 8조를 통해 사회 질서를 유지하였다. 고조선
④ 여러 가(加)들이 각각 사출도를 주관하였다. 부여
⑤ 정사암에 모여 국가의 중대사를 논의하였다. 백제

자료분석 '삼로', '온 집 식구를 하나의 곽 속에 넣어' 등을 통해 옥저임을 알 수 있다. 옥저는 왕이 없고 읍군, 삼로와 같은 군장들이 다스렸다. 또한 가족 이 죽으면 시체를 임시로 매장하였다가 나중에 그 뼈를 추려 가족 공동 무덤 인 커다란 목곽에 안치하는 골장제가 있었다.

정답 찾기 ② 옥저의 혼인 풍습으로 며느리가 될 여자 아이를 남자 집에서 키운 후, 성인이 되면 남자 집에서 여자 집에 예물을 주고 결혼하는 민며느리 제가 있었다.

오답 피하기
① 삼한에는 제사장인 천군과 신성 지역인 소도가 있었다. 이를 통해 삼한이 제정 분리 사회임을 짐작할 수 있다.
③ 고조선은 사회 질서를 유지하기 위하여 범금 8조(8조법)를 두었다.
④ 부여는 왕 아래에 마가·우가·저가·구가 등 여러 가(加)들이 사출도를 주 관하였다.
⑤ 백제는 정사암에 모여 국가의 중대사를 논의하였다.

인 큅 합격으로 **이끄는** 필수 개념: 옥저의 모습

정치	읍군이나 삼로라는 군장이 통치
경제	• 바다를 끼고 있어 소금과 어물 등이 풍부 • 고구려에 소금과 어물을 바침
풍습	• 민며느리제 • 골장제(가족 공동 무덤)

03 (가) 국가의 문화유산으로 옳은 것은? ②점

→ 신라

천마총 발굴 50주년 특별전이 개최됩니다. 천마총은 　(가)　 의 대표적인 돌무지덧널무덤 중 하나로 발굴 당시 많은 유물이 출토되어 주목을 받았습니다. 그중에서도 가장 유명한 천마도의 실물이 9년 만에 세상에 공개됩니다.

① 청동 은입사 포류수금무늬 정병(고려)　금동 연가 7년명 여래 입상(고구려)　금관(신라)

④ 이불병좌상(발해)　⑤ 금동 대향로(백제)

자료분석 '천마총', '돌무지덧널무덤' 등을 통해 (가) 국가는 신라임을 알 수 있다. 돌무지덧널무덤은 신라의 초기 무덤 양식으로, 대표적인 돌무지덧널무덤으로는 천마총, 황남대총 등이 있다.

정답 찾기 ③ 신라는 금 세공 기술의 발달로 화려한 금관 등을 만들었다.

오답 피하기
① 고려 시대에 만들어진 청동 은입사 포류수금무늬 정병으로 금속 무늬를 새기고 은실을 채워 넣어 장식했다.
② 고구려의 금동 연가 7년명 여래 입상으로 불상 뒷면의 명문을 통해 고구려 불상임을 알 수 있다.
④ 발해의 이불병좌상으로 고구려의 영향을 받은 문화유산이다.
⑤ 백제의 금동 대향로는 도교와 불교의 요소가 조화된 문화유산이다.

 합격으로 **이끄는** 필수 개념: 신라의 문화유산

무덤	돌무지덧널무덤: 천마총(천마도), 호우총, 금관총(금관)
탑	황룡사 구층 목탑
불상	경주 배동 석조여래 삼존 입상

---

04 밑줄 그은 '왕'에 대한 설명으로 옳은 것은? ②점

→ 고구려 광개토 대왕

○ 기해년에 백제가 맹세를 어기고 왜와 화통하였다. 왕이 순행하여 평양으로 내려갔는데, 신라에서 사신을 보내어 아뢰기를, "왜인이 국경에 가득 차 성지(城地)를 파괴하고 있습니다. …… 귀부하여 명을 받고자 합니다."라고 하였다.
○ 경자년에 왕이 보병과 기병 5만 명을 보내서 신라를 구원하게 하였다. 군대가 남거성을 거쳐 신라성에 이르니 왜적이 많았다. 군대가 도착하자 왜적이 퇴각하였다.

① 대가야를 병합하였다. 신라 진흥왕
② 평양으로 도읍을 옮겼다. 고구려 장수왕
③ 22담로에 왕족을 파견하였다. 백제 무령왕
✓ ④ 영락이라는 연호를 사용하였다. 고구려 광개토 대왕
⑤ 낙랑군을 몰아내고 영토를 확장하였다. 고구려 미천왕

자료분석 '보병과 기병 5만 명을 보내서 신라를 구원', '왜적이 퇴각' 등을 통해 밑줄 그은 '왕'은 고구려 광개토 대왕임을 알 수 있다. 신라 내물마립간의 구원 요청으로 고구려 광개토 대왕은 보병과 기병을 보내 신라에 침입한 왜군을 크게 격파하였다.

정답 찾기 ④ 고구려 광개토 대왕은 독자적인 연호인 '영락'을 사용하였다.

오답 피하기
① 신라 진흥왕은 후기 가야 연맹의 맹주인 대가야를 병합하였다.
② 고구려 장수왕은 국내성에서 평양으로 도읍을 옮기는 남진 정책을 실시하였다.
③ 백제 무령왕은 지방에 22담로를 설치하고 왕족을 파견하였다.
⑤ 고구려 미천왕은 한반도에서 낙랑군을 몰아내고 영토를 확장하였다.

 합격으로 **이끄는** 필수 개념: 고구려 광개토 대왕의 업적

연호 사용	대내외적으로 '영락' 연호 사용
백제 공격	한강 이북 차지
후연 격퇴	요동 진출
북방 정벌	거란 및 동부여 정벌로 만주 진출
남방 정벌	신라에 침입한 왜 격퇴(금관가야 타격)

KEYWORD 백제 무왕 정답 ①

05 (가) 왕의 재위 시기 삼국의 상황으로 옳은 것은? 3점

→ 백제 무왕(7세기 초)

이 사진은 익산 미륵사지 서탑 출토 사리장엄구의 발견 당시 모습입니다. 삼국유사에는 (가) 이/가 왕후인 신라 선화 공주의 발원으로 미륵사를 창건했다고 되어 있지만, 금제 사리봉영기에는 왕후가 백제 귀족 사택적덕의 딸로 기록되어 있습니다. 이로 인해 미륵사 창건 배경과 (가) 의 아들인 의자왕의 친모가 누구인지에 대한 논란이 벌어지기도 하였습니다.

금제 사리봉영기

✓ ① 고구려 – 을지문덕이 살수에서 수의 대군을 격파하였다.
   7세기 초(백제 무왕 시기)
② 백제 – 고흥이 서기를 편찬하였다. 4세기(백제 근초고왕 시기)
③ 백제 – 계백이 황산벌에서 군대를 이끌고 결사 항전하였다.
   7세기 중반(백제 의자왕 시기)
④ 신라 – 이사부가 우산국을 정벌하였다. 6세기 초(백제 무령왕 시기)
⑤ 신라 – 사찬 시득이 기벌포에서 당군에 승리하였다.
   7세기 중반(통일 신라 문무왕 시기)

자료분석 '미륵사지 서탑', '신라 선화 공주', '아들인 의자왕' 등을 통해 (가) 왕은 백제 무왕(600~641)임을 알 수 있다. 7세기 초 즉위한 무왕은 왕흥사를 창건하고, 미륵사를 건설하는 등 토목 공사를 자주 벌였다.

정답 찾기 ① 고구려 을지문덕이 살수에서 수의 대군을 물리친 것은 백제 무왕 재위 시기의 사실인 612년의 사실이다.

오답 피하기
② 고흥이 『서기』를 편찬한 것은 4세기 백제 근초고왕 재위 시기의 사실이다.
③ 계백이 황산벌 전투(660)에서 항전한 것은 백제 의자왕 재위 시기의 사실이다.
④ 이사부가 우산국을 복속시킨 것은 6세기 초 신라 지증왕 재위 시기의 사실이다.
⑤ 기벌포 전투(676)는 통일 신라 문무왕 재위 시기의 사실이다.

인끌인 합격으로 **이끄는** 필수 개념: 7세기 백제의 상황

무왕	익산 미륵사 건립
의자왕	• 신라 공격 → 대야성을 비롯한 40여 성 점령 • 백제 멸망(642)

KEYWORD 통일 신라의 경제 상황 정답 ⑤

06 교사의 질문에 대한 학생의 답변으로 가장 적절한 것은? 2점

→ 통일 신라 시기 장보고의 해상 활동

지도는 이 국가의 교역로를 표시한 것입니다. 청해진을 설치하여 해상 교역을 활발하게 전개하였던 이 국가의 경제 상황에 대해 말해 볼까요?

법화원

청해진

① 삼한통보와 해동통보를 발행하였어요. 고려 숙종
② 특산품으로 솔빈부의 말이 유명하였어요. 발해
③ 고구마, 감자 등의 구황 작물을 재배하였어요. 조선 후기
④ 특수 행정 구역인 소에서 여러 물품을 생산하였어요. 고려 시대
✓ ⑤ 조세 수취를 위해 3년마다 촌락 문서를 작성하였어요. 통일 신라

자료분석 '청해진', '법화원' 등을 통해 해당 국가는 통일 신라임을 알 수 있다. 통일 신라 시기 장보고는 청해진을 설치하여 해상 교역을 활발하게 전개하였고, 중국 당나라 산둥 반도에 법화원을 세웠다.

정답 찾기 ⑤ 통일 신라는 조세·공납·역 징수를 위한 기초 자료로 촌락 문서(민정 문서)를 작성하였다. 촌락 문서에는 마을의 인구수·토지·뽕나무 수 등이 자세하게 기록되어 있다.

오답 피하기
① 고려 숙종 때 삼한통보, 해동통보, 활구(은병) 등의 화폐가 발행되었다.
② 발해는 특산품으로 솔빈부의 말이 유명하였다.
③ 조선 후기에는 고구마, 감자 등의 구황 작물을 재배하였다.
④ 고려는 특수 행정 구역인 소에서 여러 물품을 생산하였다.

인끌인 합격으로 **이끄는** 필수 개념: 통일 신라의 대외 무역

당	• 신라방, 신라촌, 신라원, 신라소, 신라관, 법화원 • 당의 산둥 반도와 가까운 당항성 무역항 번성
일본	초기에는 관계 악화로 무역 제한 → 8세기 이후 확대
이슬람	울산항을 통하여 이슬람 상인 왕래
발해	신라도
장보고	청해진 설치, 황해와 남해의 해상 무역권 장악

제69회 심화
제68회 심화
제67회 심화
제66회 심화
제65회 심화
제64회 심화
제63회 심화
제62회 심화

07 (가), (나) 사이의 시기에 볼 수 있는 모습으로 가장 적절한 것은? 3점

→ 신라 하대 원성왕 즉위 모습

(가) 선덕왕이 죽었는데 아들이 없자, 여러 신하들이 회의를 한 후에 왕의 조카인 김주원을 옹립하고자 하였다. 주원의 집은 왕경에서 북쪽으로 20리 떨어진 곳에 있었는데, 마침 큰비가 와서 알천의 물이 넘쳐 주원이 건너 오지 못하였다. …… 여러 사람들의 뜻이 모아져 김경신이 왕위를 계승하도록 하였다.
- 『삼국사기』 -

→ 신라 하대 진성 여왕 시기의 혼란

(나) 나라 안의 모든 주군에서 공물과 부세를 보내지 않아, 창고가 텅텅 비어 나라 재정이 궁핍해졌다. 왕이 사신을 보내 독촉하니 곳곳에서 도적이 벌떼처럼 일어났다. 이때 원종과 애노 등이 사벌주에 근거하여 반란을 일으켰다.
- 『삼국사기』 -

① 계백료서를 읽는 관리 고려 태조
② 녹읍 폐지를 명하는 국왕 통일 신라 신문왕
③ 성균관에서 공부하는 학생 고려 말~조선 시대
④ 초조대장경을 조판하는 장인 고려 현종
✓⑤ 김헌창의 난을 진압하는 군인 신라 하대

자료분석 (가) 통일 신라 선덕왕 사후인 785년 김주원이 왕위를 계승하지 못하고 김경신(원성왕)이 왕위에 오르는 내용이다. (나) 통일 신라 말 진성 여왕 시기인 889년 발생한 원종·애노의 난에 대한 내용이다.

정답찾기 ⑤ 웅천주 도독 김헌창은 아버지 김주원이 왕이 되지 못한 것에 불만을 품고 반란을 일으켰다(김헌창의 난, 822).

오답 피하기
① 고려 태조 왕건은 『정계』와 『계백료서』를 지어 관리가 지켜야 할 규범을 제시하였다. (나) 이후의 사실이다.
② 통일 신라 신문왕은 왕권 강화와 귀족의 경제 기반을 약화시키기 위해 관료전을 지급하고 녹읍을 폐지하였다. (가) 이전의 사실이다.
③ 성균관은 고려 말, 조선 시대의 국립 교육 기관이었다. (나) 이후의 사실이다.
④ 초조대장경은 거란의 침입을 물리치려는 염원을 담아 고려 현종 때 제작하기 시작하였다. (나) 이후의 사실이다.

합격으로 **이끄는 필수 개념:** 신라 하대 사회의 동요

중앙 정치의 문란	• 귀족의 사치와 향락 생활 심화 • 집사부 시중보다 상대등의 권한 확대 • 혜공왕 피살 이후 진골 귀족의 왕위 쟁탈전 심화
지방의 반란	• 김헌창의 난 • 장보고의 난 • 적고적의 난 • 원종·애노의 난

08 (가)에 들어갈 내용으로 가장 적절한 것은? 1점

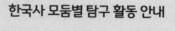

한국사 모둠별 탐구 활동 안내

◈ 주제: (가) → 발해(고구려 문화 계승)

◈ 방법: 문헌 조사, 인터넷 검색 등을 활용하여 아래에 제시된 문화유산을 탐구한다.

◈ 모둠별 탐구 자료

1모둠	2모둠
▲ 크라스키노 성 유적 출토 연꽃무늬 수막새	▲ 콕샤로프카 평지성 온돌 유적

① 백제 문화의 국제성 무령왕릉
② 신라와 서역의 교류 원성왕릉
③ 가야 문화의 일본 전파 일본의 스에키 토기 제작 및 기술
④ 고려에서 유행한 몽골풍 원 간섭기
✓⑤ 발해와 고구려의 문화적 연관성 발해의 고구려 계승 의식

자료분석 '연꽃무늬 수막새', '온돌 유적' 등을 통해 (가)에 들어갈 내용은 발해에 대한 내용임을 알 수 있다. 발해의 온돌 장치, 돌사자상, 이불병좌상, 발해 석등, 연꽃무늬 수막새 등이 고구려 문화와 유사하다.

정답찾기 ⑤ 발해의 고구려 계승 의식은 온돌과 연꽃무늬 수막새 등 고구려와 문화적 유사성이 있는 유물을 통해 알 수 있다.

오답 피하기
① 백제 무령왕릉은 중국 남조의 영향을 받은 벽돌무덤이다.
② 신라 원성왕릉 앞에는 서역인의 모습을 한 무인상이 있다.
③ 가야 문화는 일본의 스에키 토기 제작 및 기술에 영향을 주었다.
④ 원 간섭기에 고려에서 유행한 몽골풍은 호복과 변발 등이 있다.

합격으로 **이끄는 필수 개념:** 발해의 고구려 계승 근거

영토	옛 고구려 영토 대부분 회복
외교	일본에 보낸 국서에 '고려국왕'이라 칭함
문화	• 온돌 장치, 이불병좌상, 연꽃무늬 수막새, 치미 등 • 정효 공주 묘

제69회 심화

제68회 심화

제67회 심화

제66회 심화

제65회 심화

제64회 심화

제63회 심화

제62회 심화

KEYWORD 견훤 · 정답 ③

09 밑줄 그은 '인물'에 대한 설명으로 옳은 것은? 2점

●●●● 📶 　　오전 11:40　　62% 🔋

대한민국 방방곡곡 – 김제 금산사

😊 한국사 채널 　　　　조회 수 230,813

금산사는 삼국 시대에 창건된 유서 깊은 사찰입니다. 완산주를 도읍으로 국가를 세운 <u>인물</u>이 아들 신검 등에 의해 유폐되었다가 탈출한 곳으로 잘 알려져 있습니다. 이 사찰은 국보인 미륵전을 비롯하여 여러 점의 국가 지정 문화재를 보유하고 있습니다.

후백제의 견훤 ←

① 독서삼품과를 실시하였다. 통일 신라 원성왕

② 동진으로부터 불교를 수용하였다. 백제 침류왕

✓③ 후당과 오월에 사신을 파견하였다. 후백제 견훤

④ 광평성 등의 정치 기구를 마련하였다. 후고구려 궁예

⑤ 화랑도를 국가적인 조직으로 개편하였다. 신라 진흥왕

자료분석 '금산사', '완산주를 도읍', '아들 신검' 등을 통해 밑줄 그은 '인물'은 견훤임을 알 수 있다. 완산주를 도읍으로 후백제를 세운 견훤은 왕위 계승 문제로 아들 신검에 의해 축출되어 김제 금산사에 유폐되었다.

정답 찾기 ③ 후백제를 세운 견훤은 중국의 후당과 오월에 사신을 파견하여 교류하였다.

오답 피하기
① 통일 신라 원성왕은 인재를 등용하기 위하여 유교 경전의 이해 능력을 시험 보는 독서삼품과를 시행하였다.
② 백제 침류왕 때 중국 동진의 승려 마라난타로부터 불교를 수용하였다.
④ 후고구려를 세운 궁예는 최고 중앙 기구인 광평성을 설치하였다.
⑤ 신라 진흥왕은 화랑도를 국가적인 조직으로 정비하였다.

인 큐인 **합격으로 이끄는 필수 개념:** 견훤의 후백제 건국

건국	• 무진주(광주) 일대 장악 → 스스로 왕위에 오름 • 완산주(전주)를 도읍으로 삼고 후백제 건국
외교	중국 오월 및 후당과 외교
사건	신라 수도(금성)·포석정 공격으로 신라 경애왕 살해

KEYWORD 고려의 경제 상황 · 정답 ⑤

10 다음 제도를 시행한 국가의 경제 상황으로 옳지 않은 것은? 2점

→ 고려 문종 시기

문종 3년 5월 양반 공음전시법을 정하였다. 1품은 문하시랑평장사 이상으로 전지 25결, 시지 15결이다. 2품은 참정 이상으로 전지 22결, 시지 12결이다. 3품은 전지 20결, 시지 10결이다. 4품은 전지 17결, 시지 8결이다. 5품은 전지 15결, 시지 5결이다. 이를 모두 자손에게 전하여 주게 한다. …… 공음전을 받은 자의 자손이 사직을 위태롭게 할 것을 꾀하거나 모반이나 대역에 연좌되거나, 여러 공죄나 사죄를 범하여 제명된 것 이외에는 비록 그 아들에게 죄가 있더라도 그 손자에게 죄가 없다면 공음전시의 3분의 1을 지급한다.

① 활구라고 불리는 은병이 유통되었다. 고려 숙종

② 벽란도가 국제 무역항으로 번성하였다. 고려 시대

③ 서적점, 다점 등의 관영 상점이 운영되었다. 고려 전기

④ 경시서의 관리들이 수도의 시전을 감독하였다. 고려 시대

✓⑤ 설점수세제의 시행으로 민간의 광산 개발이 허용되었다. 조선 효종

자료분석 '문종', '공음전' 등을 통해 고려 시대의 경제 모습임을 알 수 있다. 공음전은 5품 이상 관료에게 지급된 토지로 문벌 귀족의 경제적 기반이 되었다.

정답 찾기 ⑤ 조선 효종 때 설점수세제를 시행하면서 정부가 민간의 광산 채굴을 허용하였다.

오답 피하기
① 고려 숙종 때 활구라고 불리는 은병과 삼한통보, 해동통보 등의 화폐가 유통되었다.
② 고려 시대에 예성강 하구에 위치한 벽란도가 국제 무역항으로 번성하였다.
③ 고려는 개경과 서경 등 대도시에 서적점, 다점 등의 관영 상점을 운영하였다.
④ 고려는 경시서를 설치하고 수도 개경과 서경의 시전을 감독하게 하였다.

인 큐인 **합격으로 이끄는 필수 개념:** 고려 시대의 경제 모습

무역	벽란도(예성강 하구)
화폐	건원중보, 삼한통보, 해동중보, 해동통보, 활구(은병)
상업	• 관영 상점(서적점, 다점 등) + 비정기 시장 • 시전(점포)·경시서(상행위 감독 기구) 설치 • 시전 규모 확대, 원(여관) 발달, 소금 전매제 시행

11 (가)~(다) 학생이 발표한 내용을 일어난 순서대로 옳게 나열한 것은? 2점

< 한국사 주제 발표 >

주제: 거란에 대한 고려의 대응

광군을 창설하여 거란의 침입에 대비하였습니다.

강감찬이 귀주에서 거란군을 크게 물리쳤습니다.

서희가 소손녕과 외교 담판을 벌여 강동 6주 지역을 확보하였습니다.

(가) 고려 정종

(나) 거란의 제3차 침입(고려 현종)

(다) 거란의 제1차 침입(고려 성종)

① (가) - (나) - (다)
✓ ② (가) - (다) - (나)
③ (나) - (가) - (다)
④ (나) - (다) - (가)
⑤ (다) - (나) - (가)

자료분석 (가) 고려 정종 때 거란의 침입에 대비하여 광군을 창설하였다. 거란의 세 차례 침입 이전의 사실이다. (나) 고려 현종 때 거란의 제3차 침입 당시 강감찬은 귀주에서 거란군을 크게 격파하였다. (다) 고려 성종 때 거란의 제1차 침입 당시 고려는 서희를 보내 적장 소손녕과 외교 담판을 벌여 강동 6주를 확보하여 압록강까지 국경을 확장하였다.

정답 찾기 ② (가) 광군 창설 – (다) 거란의 제1차 침입 – (나) 거란의 제3차 침입 순으로 전개되었다.

 합격으로 이끄는 필수 개념: 거란의 침입과 고려의 대응

거란의 제1차 침입 (993)	• 원인: 친송배거 정책 • 과정: 소손녕이 80만 대군으로 침공 • 결과: 서희의 담판, 강동 6주 획득
거란의 제2차 침입 (1010)	• 원인: 강조의 정변(고려 목종 폐위) • 과정: 현종의 나주 피란, 양규 활약 • 결과: 현종의 거란 친조 약속
거란의 제3차 침입 (1018)	• 원인: 현종의 친조 불이행 • 과정: 소배압이 10만 대군으로 침공 • 결과: 강감찬의 귀주 대첩(1019)

12 (가) 기구에 대한 설명으로 옳은 것은? 2점

역사 용어 해설

(가) → 어사대

1. 개요

고려의 관청으로 정치의 잘잘못을 가리고 풍속을 교정하며, 관리들의 부정을 감찰하고 탄핵하는 일을 담당함.

2. 관련 사료

유사(有司)에서 아뢰기를, "중광사 조성도감의 책임자 정장이 관리 감독하는 물품을 이서(吏胥) 승적과 함께 도둑질하였으니, 법에 따라 장형에 처하고 유배 보내길 청합니다."라고 하자, 왕이 가벼운 형벌을 적용하라고 명령하였다. 하지만 (가) 에서 논박하기를, "법에 의거하여 판결하기를 청합니다."라고 하자, 이를 윤허하였다.

– 『고려사』 –

① 무신 집권기 최고 권력 기구였다. 중방
② 원 간섭기에 첨의부로 격하되었다. 중서문하성과 상서성
③ 고려 말에 도평의사사로 개편되었다. 도병마사
✓ ④ 관직 임명에 대한 서경권을 행사하였다. 어사대
⑤ 서얼 출신의 학자들이 검서관으로 기용되었다. 규장각

자료분석 '고려의 관청', '풍속을 교정', '관리들의 부정을 감찰하고 탄핵' 등을 통해 (가) 기구는 어사대임을 알 수 있다.

정답 찾기 ④ 고려 어사대의 관원은 관리에 대한 임명 동의권인 서경권을 행사할 수 있었다.

오답 피하기
① 무신 집권기 무신들은 최고 권력 기구인 중방을 중심으로 정국을 이끌었다.
② 원 간섭기에 중서문하성과 상서성은 첨의부로 관제가 격하되었다.
③ 고려 말에 도병마사는 도평의사사(도당)로 개편되었다.
⑤ 조선 정조 때 서얼에 대한 차별이 완화되어 이덕무·유득공·박제가 등의 서얼이 규장각 검서관에 등용되었다.

 합격으로 이끄는 필수 개념: 고려의 중앙 정치 조직

중서문하성	국정 총괄 최고 관서, 정책 결정
상서성	정책 집행
중추원	왕명 출납, 군사 기밀
어사대	관리 비리 감찰
삼사	• 화폐, 곡식 출납 • 회계

제69회 심화
제68회 심화
제67회 심화
제66회 심화
제65회 심화
제64회 심화
제63회 심화
제62회 심화

KEYWORD **몽골의 침입에 대한 고려의 대응** 정답 ③

13 (가)의 침입에 대한 고려의 대응으로 옳은 것을 〈보기〉에서 고른 것은? 2점

→ 몽골

강화중성은 __(가)__ 의 침략에 맞서 고려가 강화도로 천도한 이후 건립한 내성, 중성, 외성 중 하나입니다. 강화중성은 당시 수도를 둘러싼 토성(土城)으로 이번 발굴 조사에서 방어를 위해 성벽의 바깥에 돌출시킨 대규모 치성(雉城)이 확인되었습니다.

성벽 바깥
치성
성벽
성벽 안

〈보 기〉

ㄱ. 양규가 무로대에서 적군을 물리쳤다. 거란의 침입

✓ㄴ. 김윤후가 충주성 전투에서 활약하였다. 몽골의 침입

✓ㄷ. 송문주가 죽주성에서 적군을 격퇴하였다. 몽골의 침입

ㄹ. 윤관이 별무반을 이끌고 동북 9성을 쌓았다. 여진 정벌

① ㄱ, ㄴ   ② ㄱ, ㄷ ✓③ ㄴ, ㄷ   ④ ㄴ, ㄹ   ⑤ ㄷ, ㄹ

자료분석 '고려가 강화도로 천도'를 통해 (가) 국가는 몽골임을 알 수 있다. 고려는 최우 집권기에 몽골이 침입해 오자 항전하였고, 강화도로 도읍을 옮겨 침략에 대비하였다.

정답 찾기 ③ ㄴ – 몽골의 제5차 침입 당시 충주성의 방호별감으로 있던 김윤후는 관노의 명부를 불태우고 충주민을 독려하며 몽골군을 격퇴하였다.
ㄷ – 몽골의 제3차 침입 당시 송문주가 죽주성에서 몽골군을 격파하였다.

오답 피하기
ㄱ – 거란의 제2차 침입 당시 양규가 무로대에서 거란군을 물리쳤다.
ㄹ – 윤관은 별무반을 이끌고 여진 정벌에 나섰으며 동북 지방 일대에 9성을 축조하였다.

 합격으로 **이끄는** 필수 개념: 몽골의 침입

몽골의 제1차 침입	• 원인: 몽골 사신 저고여 피살 • 항전: 귀주성(박서, 김경손) • 최우의 강화도 천도
몽골의 제2차 침입	김윤후의 살리타 사살(처인성 전투)
몽골의 제3차 침입	죽주성 전투(송문주)
몽골의 제5차 침입	충주성 전투(김윤후)
삼별초의 항쟁	진도(용장산성, 배중손) → 제주도(항파두리성, 김통정)
문화재 소실	초조대장경, 황룡사 구층 목탑 등
문화재 제작	재조대장경(팔만대장경)

KEYWORD **경대승 집권 이후의 사실** 정답 ②

14 다음 자료에 나타난 상황 이후의 사실로 옳은 것은? 2점

경대승이 정중부를 죽이자, 조정 신하들이 대궐에 나아가 축하하였다. 경대승이 말하기를, "임금을 죽인 사람이 아직 살아 있는데, 무슨 축하인가?"라고 하였다. 이의민은 이 말을 듣고 매우 두려워하여 날랜 사람들을 모아서 대비하였다. 또한 경대승의 도방(都房)에서 자기들이 싫어하는 사람을 죽일 것을 모의한다는 말을 들었다. 이의민이 더욱 두려워하여 마을에 큰 문을 세워 밤마다 경계하였다.
└→ 고려 명종 시기 경대승 집권기의 사실

① 묘청 등이 서경 천도를 주장하였다. 고려 인종(경대승 집권 이전)

✓② 최충헌이 왕에게 봉사 10조를 올렸다. 고려 명종(경대승 집권 이후)

③ 강조가 정변을 일으켜 왕을 폐위하였다. 고려 현종(경대승 집권 이전)

④ 이자겸과 척준경이 반란을 일으켜 궁궐을 불태웠다. 고려 인종(경대승 집권 이전)

⑤ 김보당이 폐위된 왕의 복위를 주장하며 군사를 일으켰다. 고려 명종(경대승 집권 이전)

자료분석 '경대승이 정중부를 죽이자', '경대승의 도방(都房)' 등을 통해 무신 집권기 경대승이 집권하였음을 알 수 있다.

정답 찾기 ② 경대승 집권 이후 이의민을 죽이고 정권을 잡은 최충헌은 고려 명종에게 봉사 10조를 올렸다.

오답 피하기
① 고려 인종 때 묘청이 서경 길지설에 따라 서경 천도를 주장하며 난을 일으켰다.
③ 고려 목종 때 강조가 정변을 일으켜 목종을 폐위하였다.
④ 고려 인종 때 권력을 잡은 이자겸과 척준경이 반란을 일으켜 궁궐을 포위하고 불태웠다(이자겸의 난, 1126).
⑤ 고려 명종 때 이의방 집권 시기 김보당은 폐위된 의종의 복위를 주장하며 군사를 일으켰다.

 합격으로 **이끄는** 필수 개념: 무신 집권기의 변천

이고·이의방	반무신의 난
정중부	중방을 중심으로 권력 독점
경대승	도방: 신변 경호, 숙위 기관
이의민	• 천민 출신 • 경대승 사후 권력 장악
최충헌	• 최씨 무신 정권의 시작 • 교정도감 설치 • 봉사 10조

15 밑줄 그은 '왕'의 재위 기간에 볼 수 있는 모습으로 가장 적절한 것은? [1점]

→ 고려 공민왕

이자춘이 쌍성 등지의 천호들을 거느리고 내조하니 왕이 맞이하며 말하기를, "어리석은 민(民)을 보살펴 편안하게 하느라 얼마나 노고가 많았는가?"라고 하였다. 그때 어떤 사람이 '기철이 쌍성의 반민(叛民)들과 몰래 내통하여 한패로 삼아 역모를 도모하려 한다'고 밀고하였다. 왕이 이자춘에게 이르기를, "경은 마땅히 돌아가서 우리 민을 진정시키고, 만일 변란이 일어나면 마땅히 내 명령대로 하라." 라고 하였다. …… 이자춘이 명령을 듣고 곧 행군하여 유인우와 합세한 후 쌍성총관부를 공격하여 격파하였다. → 고려 공민왕의 반원 자주 정책

① 초량 왜관에서 교역하는 상인 _{조선 후기}
② 내의원에서 동의보감을 읽는 의원 _{조선 광해군}
③ 주자감에서 유학을 공부하는 학생 _{발해}
✓④ 전민변정도감에 억울함을 호소하는 농민 _{고려 공민왕}
⑤ 황룡사 구층 목탑의 건립에 참여하는 장인 _{신라 선덕 여왕}

자료분석 '이자춘', '기철', '쌍성총관부를 공격' 등을 통해 밑줄 그은 '왕'은 고려 공민왕임을 알 수 있다. 반원 개혁 정책을 추진한 공민왕은 쌍성총관부를 공격하여 철령 이북을 수복하였다.

정답 찾기 ④ 고려 공민왕은 불법적으로 토지를 빼앗기고 억울하게 노비가 된 자를 양민으로 해방시키기 위하여 전민변정도감을 설치하였다.

오답 피하기
① 조선 후기에는 초량 왜관을 통한 대일 무역이 이루어졌다.
② 조선 광해군 때 허준은 전통 한의학을 집대성한 『동의보감』을 편찬하였다.
③ 발해는 주자감을 설치하여 유교 경전을 교육하였다.
⑤ 신라 선덕 여왕 때 자장의 건의를 받아들여 황룡사 구층 목탑을 건립하였다.

 합격으로 이끄는 필수 개념: 고려 공민왕의 업적

반원 자주 정책	• 몽골풍 폐지 • 친원파 숙청(기철 등) 및 정동행성 이문소 폐지 • 관제 복구 • 전민변정도감 설치 • 쌍성총관부 공격
외적의 침입	홍건적의 침입(1359, 1361) 극복
요동 정벌	요동으로 옮겨 간 원의 동녕부 공격

---

16 (가) 인물에 대한 설명으로 옳은 것은? [3점]

→ 혜심

이것은 전라남도 강진군 월남사지에 있는 (가) 의 비입니다. 비문에는 지눌의 제자인 그가 수선사의 제2대 사주가 된 일, 당시 집권자인 최우가 그에게 두 아들을 출가(出家)시킨 일 등이 기록되어 있습니다.

① 화엄일승법계도를 지어 화엄 사상을 정리하였다. _{의상}
② 해동 천태종을 개창하여 불교 교단 통합에 힘썼다. _{의천}
✓③ 선문염송집을 편찬하고 유불 일치설을 주장하였다. _{혜심}
④ 권수정혜결사문을 작성하여 정혜쌍수를 강조하였다. _{지눌}
⑤ 보현십원가를 지어 불교 교리를 대중에게 전파하였다. _{균여}

자료분석 '지눌의 제자'를 통해 (가) 인물은 혜심임을 알 수 있다. 혜심은 지눌의 제자로서 심성의 도야를 강조하는 유불 일치설을 주장하였다.

정답 찾기 ③ 혜심은 『선문염송집』을 편찬하고 유불 일치설을 주장하였다.

오답 피하기
① 의상은 『화엄일승법계도』를 지어 화엄 사상을 정리하였다.
② 의천은 교종을 중심으로 선종을 통합하기 위하여 국청사를 창건하고 해동 천태종을 창시하였다.
④ 지눌은 권수정혜결사문을 작성하여 수행 방법으로 정혜쌍수·돈오점수를 주장하였다.
⑤ 균여는 『보현십원가』를 지어 불교 교리를 대중에게 전파하고 보살의 실천 행을 강조하였다.

인 **합격으로 이끄는 필수 개념: 무신 집권기의 승려**

요세	백련사(만덕사) 결사
지눌	• 수선사(송광사) 결사를 조직 • 교단 통합을 위한 노력
혜심	• 유불 일치설 주장 • 심성의 도야 강조

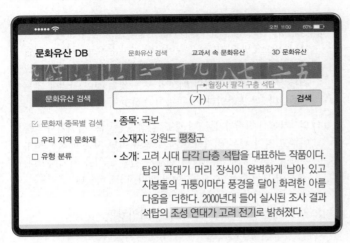

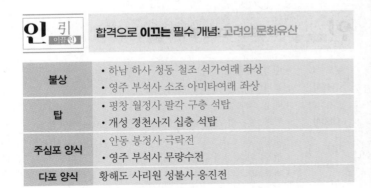

KEYWORD	월정사 팔각 구층 석탑	정답 ①

17 (가)에 해당하는 문화유산으로 옳은 것은? `3점`

문화유산 DB　　문화유산 검색　　교과서 속 문화유산　　3D 문화유산

→ 월정사 팔각 구층 석탑

문화유산 검색　　(가)　　검색

☑ 문화재 종목별 검색
□ 우리 지역 문화재
□ 유형 분류

• 종목: 국보
• 소재지: 강원도 평창군
• 소개: 고려 시대 다각 다층 석탑을 대표하는 작품이다. 탑의 꼭대기 머리 장식이 완벽하게 남아 있고 지붕돌의 귀퉁이마다 풍경을 달아 화려한 아름다움을 더한다. 2000년대 들어 실시된 조사 결과 석탑의 조성 연대가 고려 전기로 밝혀졌다.

✓① 평창 월정사 팔각 구층 석탑(고려 전기)　② 경주 정혜사지 십삼층 석탑(통일 신라)　③ 개성 경천사지 십층 석탑(고려 후기)

④ 발해 영광탑　⑤ 정선 정암사 수마노탑(고려 시대)

자료분석 '평창', '다각 다층 석탑', '조성 연대가 고려 전기' 등을 통해 (가) 문화유산은 평창 월정사 팔각 구층 석탑임을 알 수 있다.

정답 찾기 ① 평창 월정사 팔각 구층 석탑은 고려 전기에 중국 송의 영향을 받아 건축된 다각 다층 석탑이다.

오답 피하기
② 경주 정혜사지 십삼층 석탑은 통일 신라의 석탑이다.
③ 개성 경천사지 십층 석탑은 고려 후기에 원의 영향을 받아 대리석으로 제작된 석탑이다.
④ 발해 영광탑은 당의 영향을 받은 벽돌탑(전탑)이다.
⑤ 정선 정암사 수마노탑은 고려 시대의 7층 모전석탑이다.

인 큅 합격으로 **이끄는** 필수 개념: 고려의 문화유산

불상	• 하남 하사 청동 철조 석가여래 좌상 • 영주 부석사 소조 아미타여래 좌상
탑	• 평창 월정사 팔각 구층 석탑 • 개성 경천사지 십층 석탑
주심포 양식	• 안동 봉정사 극락전 • 영주 부석사 무량수전
다포 양식	황해도 사리원 성불사 응진전

KEYWORD	정몽주 피살 이후의 사실	정답 ②

18 다음 시나리오의 상황 이후에 전개된 사실로 옳은 것은? `2점`

#12. 이성계의 집　→ 고려 몰락의 상징적 사건
이방원이 정몽주를 죽였다고 말하자 이성계가 크게 화를 낸다.

이성계: 대신을 함부로 살해하였으니, 나라 사람들이 내가 몰랐다고 하겠느냐? 우리 가문은 평소 충효로 소문났는데, 네가 감히 불효를 저질러 이렇게 되었구나.

이방원: 정몽주 등이 우리 가문을 무너뜨리려 하는데, 어찌 앉아서 망하기만을 기다리겠습니까? 이것이야말로 효입니다.

① 최승로가 시무 28조를 올렸다. 고려 성종
✓② 권근 등의 건의로 사병이 혁파되었다. 조선 태종
③ 안우, 이방실 등이 홍건적을 격파하였다. 고려 공민왕
④ 망이·망소이가 공주 명학소에서 봉기하였다. 고려 명종
⑤ 쌍기의 의견을 수용하여 과거제가 시행되었다. 고려 광종

자료분석 '이방원이 정몽주를 죽였다고 말하자'를 통해 고려 말 온건 개혁파인 정몽주가 이방원에 의해 피살된 상황임을 알 수 있다.

정답 찾기 ② 조선 태종 때 권근 등의 건의로 사병을 혁파하여 군사권을 장악하고, 왕권을 강화하였다.

오답 피하기
① 고려 성종은 최승로의 시무 28조를 수용하여 유교적 정치 이념을 채택하였다.
③ 고려 공민왕 때 안우, 이방실 등이 홍건적을 격파하였다.
④ 고려 명종 때 망이·망소이가 가혹한 수탈에 저항하여 공주 명학소에서 봉기하였다.
⑤ 고려 광종 때 중국 후주 출신인 쌍기의 의견을 수용하여 과거제를 시행하였다.

인 큅 합격으로 **이끄는** 필수 개념: 고려 말 신진 사대부

급진 개혁파	• 대표인물: 정도전, 조준 • 역성혁명 주장, 과전법 단행, 조선 건국
온건 개혁파	• 대표인물: 이색, 정몽주 • 역성혁명 반대, 고려 왕조 유지

제69회 심화

제68회 심화

제67회 심화

제66회 심화

제65회 심화

제64회 심화

제63회 심화

제62회 심화

19 밑줄 그은 '왕'의 업적으로 옳은 것은? 2점

→조선 세종

이전에 주조한 활자가 크고 고르지 않았다. 이에 왕께서 경자년에 다시 주조하셨다. 그리하여 그 모양이 작고 바르게 되었으니, 이것으로 인쇄하지 않은 책이 없었다. 이를 경자자라고 하였다. 갑인년에 다시 『위선음즐(爲善陰騭)』의 글자 모양을 본떠 갑인자를 주조하니, 경자자에 비하여 조금 크고 활자 모양이 매우 좋았다.

① 조선의 기본 법전인 경국대전을 반포하였다. 조선 성종
② 역대 문물을 정리한 동국문헌비고를 간행하였다. 조선 영조
✓ ③ 삼남 지방의 농법을 소개한 농사직설을 편찬하였다. 조선 세종
④ 전세를 1결당 4~6두로 고정하는 영정법을 제정하였다. 조선 인조
⑤ 삼정의 문란을 시정하기 위해 삼정이정청을 설치하였다. 조선 철종

자료분석 '경자자', '갑인자를 주조' 등을 통해 밑줄 그은 '왕'은 조선 세종임을 알 수 있다. 세종 때 갑인자·경자자 등을 주조하여 인쇄 능률을 올렸다.

정답 찾기 ③ 조선 세종 때 정초, 변호문 등이 우리 풍토에 맞는 농사법을 소개한 『농사직설』을 편찬하였다.

오답 피하기
① 조선의 기본 법전인 『경국대전』은 조선 세조 때 편찬되기 시작하여 성종 때 완성 및 반포하였다.
② 『동국문헌비고』는 조선 영조 때 편찬된 백과사전으로 역대 문물 제도를 정리하였다.
④ 조선 인조 때 풍흉에 관계없이 전세를 1결당 4~6두로 고정하는 영정법이 제정되었다.
⑤ 조선 철종 때 임술 농민 봉기가 일어나자 박규수를 안핵사로 파견하고, 삼정의 문란을 시정하기 위하여 삼정이정청을 설치하였다.

	합격으로 이끄는 필수 개념: 조선 전기의 과학 기술

천문과 역법	• 『천상열차분야지도』(태조) • 혼천의 · 간의(세종) • 칠정산(세종)
과학 기술	• 금속 활자: 주자소 · 계미자(태종), 갑인자(세종) • 앙부일구, 자격루, 측우기, 혼천의, 간의(세종, 장영실)
농서	『농사직설』, 『칠정산』 편찬

---

20 (가), (나) 사이의 시기에 있었던 사실로 옳은 것은? 2점

→무오사화(조선 연산군)

(가) 정문형, 한치례 등이 아뢰기를, "지금 김종직의 조의제문을 보니, 입으로만 읽지 못할 뿐 아니라 차마 눈으로도 볼 수 없습니다. …… 마땅히 대역의 죄로 논단하고 부관참시해서 그 죄를 분명히 밝혀 신하와 백성의 분을 씻는 것이 사리에 맞는 일입니다."라고 하였다. …… 왕이 정문형 등의 의견을 따랐다.

→기묘사화(조선 중종)

(나) 의금부에서 전지하기를, "조광조, 김정 등은 서로 사귀어 무리를 이루고 자기 편은 천거하고 자기 편이 아닌 자는 배척하면서, 위세를 높여 서로 의지하며 권세가 있는 요직을 차지하였다. …… 이 모든 일들을 조사하여 밝혀라."라고 하였다.

① 정여립 모반 사건으로 기축옥사가 일어났다. 조선 선조
② 외척 간의 권력 다툼으로 윤임이 제거되었다. 을사사화(조선 명종)
③ 자의 대비의 복상 문제로 예송이 전개되었다. 조선 현종
④ 희빈 장씨 소생의 원자 책봉 문제로 환국이 발생하였다. 조선 숙종
✓ ⑤ 폐비 윤씨 사사 사건을 빌미로 김굉필 등이 처형되었다. 갑자사화(조선 연산군)

자료분석 (가) '김종직의 조의제문', '부관참시' 등을 통해 조선 연산군 시기 무오사화(1498)임을 알 수 있다. (나) 조광조 등의 개혁에 반발하는 내용을 통해 조선 중종 시기 기묘사화(1519)임을 알 수 있다.

정답 찾기 ⑤ 조선 성종 때 폐비 윤씨 사사 사건을 빌미로 김굉필 등이 처형된 갑자사화가 발생하였다(1504).

오답 피하기
① 조선 선조 때 동인인 정여립이 역모를 꾀하였다는 고변을 계기로 호남 지역의 사족과 조정의 동인들이 대대적으로 체포되었다(기축옥사, 1589). (나) 이후의 사실이다.
② 외척 간의 다툼으로 윤임이 제거된 사건은 을사사화로 조선 명종 때이다. (나) 이후의 사실이다.
③ 자의 대비의 복상 문제로 전개된 예송 논쟁은 조선 현종 때이다. (나) 이후의 사실이다.
④ 장희빈 소생의 원자 책봉 문제로 일어난 기사환국은 조선 숙종 때이다. (나) 이후의 사실이다.

	합격으로 이끄는 필수 개념: 사화의 발생

무오사화 (1494)	• 배경: 김종직의 「조의제문」 • 결과: 김일손 등 사림 세력 처형
갑자사화 (1504)	• 배경: 폐비 윤씨 사사 사건 • 결과: 훈구와 사림 피해, 이후에 중종반정으로 이어짐
기묘사화 (1519)	• 배경: 조광조의 개혁 정치(현량과 시행 건의, 소격서 폐지 주장, 위훈 삭제 주장 등) • 결과: 주초위왕 사건으로 조광조 사사

제69회 심화
제68회 심화
제67회 심화
제66회 심화
제65회 심화
제64회 심화
제63회 심화
제62회 심화

KEYWORD 조선 광해군의 중립 외교 　　정답 ③

21 다음 상황이 나타난 시기를 연표에서 옳게 고른 것은? 2점

　　4월 누르하치의 군대가 무순을 함락하고, 7월에는 청하를 함락하였다. 이에 명에서 정벌을 결정하고 우리나라에 군사 징발을 요구하였다. 명의 총독 왕가수의 군문(軍門)에서 약 4만의 병사를 요구하였으나, 경략(經略) 양호가 조선의 병사와 군마가 적다고 하여 마침내 그 수를 줄여서 총수(銃手) 1만 명만 징발하였다. 7월 조정에서 강홍립을 도원수로, 김경서를 부원수로 삼았다.
　　　　　→ 조선 광해군의 중립 외교
　　　　　　　　　　　　　　　　　　　　　　　　　 - 『책중일록』 -

1453	1510	1597	1627	1728	1811
(가)	(나)	✓(다)	(라)	(마)	
계유 정난	삼포 왜란	정유 재란	정묘 호란	이인좌의 난	홍경래의 난

① (가)　② (나)　✓③ (다)　④ (라)　⑤ (마)

[자료분석] '우리나라에 군사 징발을 요구', '강홍립을 도원수' 등을 통해 조선 광해군 때 명을 도와 후금을 토벌하기 위해 강홍립 부대가 참전하는 내용임을 알 수 있다. 광해군은 강홍립에게 명하여 후금에 항복하도록 하였으며, 명과 후금 사이에서 중립 외교를 펼쳤다.

[정답 찾기] ③ 광해군의 중립 외교는 조선 선조 때 일어난 정유재란(1597)과 인조 때 일어난 정묘호란(1627) 사이에 해당된다.

인　　**합격으로 이끄는 필수 개념: 조선 광해군 때의 사실**

기유약조	일본과 국교를 재개함
대동법 실시	경기 지방에서 대동법을 처음 시행함
중립 외교	명의 요청에 따라 군대를 파견하되 강홍립에게 후금에 항복하도록 함
인조반정	중립(실리) 외교와 폐모살제(인목대비·영창대군) 등을 이유로 인조반정이 일어나 축출됨

KEYWORD 임진왜란 　　정답 ④

22 (가) 전쟁 중에 있었던 사실로 옳은 것은? 2점

① 김상용이 강화도에서 순절하였다. 병자호란
② 이괄이 이끈 반란군이 도성을 장악하였다. 이괄의 난(조선 인조)
③ 정봉수와 이립이 용골산성에서 항전하였다. 정묘호란
✓④ 김시민이 진주성에서 적군을 크게 물리쳤다. 임진왜란
⑤ 이종무가 적의 근거지인 쓰시마섬을 정벌하였다. 조선 세종

[자료분석] '동래 부사 송상현', '금산 전투', '유성룡' 등을 통해 (가) 전쟁은 임진왜란임을 알 수 있다.

[정답 찾기] ④ 임진왜란 때 진주 목사 김시민이 진주성에서 적군을 크게 물리쳤다.

[오답 피하기]
① 병자호란 때 김상용은 왕족과 종묘의 위패를 가지고 강화도로 피난을 갔다가 순절하였다.
② 조선 인조 때 이괄이 이끈 반란군이 도성을 장악하자 인조는 공주 공산성으로 피란하였다.
③ 정묘호란 때 정봉수와 이립이 의병을 이끌고 용골산성에서 항전하였다.
⑤ 조선 세종 때 이종무가 왜구의 근거지인 쓰시마섬을 정벌하였다.

인　　**합격으로 이끄는 필수 개념: 임진왜란의 전개 과정**

배경	도요토미 히데요시의 '정명가도' 요구 → 침략
전개	충주 탄금대 전투(신립) → 조선 선조의 의주 피난 → 한산도 대첩(이순신) → 제1차 진주성 전투(진주 대첩, 김시민) → 행주 대첩(권율) → 정유재란 → 명량 해전(이순신) → 노량 해전(이순신)
결과	문화재 소실 및 일본의 약탈

23 (가) 왕에 대한 설명으로 옳은 것은? `1점`

특별 전시회

탕평 군주 (가) 을/를 만나다

전시 유물 소개

「수문상친림관역도」 →조선 영조
한성의 홍수 예방을 위해 실시한 청계천 준설 공사 현장을 (가) 이/가 지켜보는 모습을 담은 그림

「균역사실」
균역법의 제정 배경 및 과정, 균역청의 운영 등을 담은 책

■ 기간: 2023년 ○○월 ○○일~○○월 ○○일
■ 장소: △△ 박물관 특별 전시실

① 학문 연구 기관으로 집현전을 두었다. 조선 세종
② 삼수병으로 구성된 훈련도감을 설치하였다. 조선 선조
✓ ③ 속대전을 편찬하여 통치 체제를 정비하였다. 조선 영조
④ 궁중 음악을 집대성한 악학궤범을 편찬하였다. 조선 성종
⑤ 시전 상인의 특권을 축소하는 신해통공을 단행하였다. 조선 정조

자료분석 '탕평', '청계천 준설', '균역법' 등을 통해 (가) 왕은 조선 영조임을 알 수 있다.

정답 찾기 ③ 조선 영조 때 『속대전』을 편찬하여 통치 체제를 정비하였다.

오답 피하기
① 조선 세종 때 학문 연구 기관으로 집현전을 두었다.
② 조선 선조 때 임진왜란이 일어나자 유성룡의 건의에 따라 삼수병으로 구성된 훈련도감을 설치하였다.
④ 조선 성종 때 성현 등이 음악 이론 등을 집대성한 『악학궤범』을 간행하였다.
⑤ 조선 정조 때 육의전을 제외한 시전 상인의 특권을 축소하는 신해통공을 단행하였다.

 합격으로 이끄는 필수 개념: 조선 영조의 업적

개혁 정책 추진	• 탕평책 • 균역법 시행 • 신문고 부활 • 삼심제 시행과 가혹한 형벌 폐지 • 노비 종모법 • 청계천 준설(준천사 건립)
문물 제도 정비	『속대전』, 『속오례의』, 『동국문헌비고』 등

---

24 다음 인물에 대한 설명으로 옳은 것은? `3점`

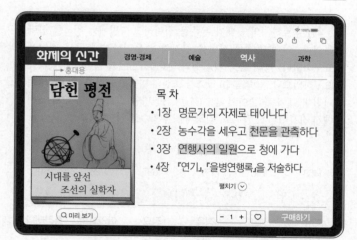

화제의 신간 | 경영·경제 | 예술 | 역사 | 과학

→홍대용

담헌 평전

시대를 앞선 조선의 실학자

목 차
• 1장 명문가의 자제로 태어나다
• 2장 농수각을 세우고 천문을 관측하다
• 3장 연행사의 일원으로 청에 가다
• 4장 『연기』, 『을병연행록』을 저술하다

펼치기 ⌄

Q 미리 보기   − 1 + ♡ 구매하기

① 지봉유설에서 천주실의를 소개하였다. 이수광
✓ ② 의산문답에서 무한 우주론을 주장하였다. 홍대용
③ 양반전을 지어 양반의 허례와 무능을 풍자하였다. 박지원
④ 북학의를 저술하여 청의 문물 수용을 강조하였다. 박제가
⑤ 동의수세보원을 편찬하여 사상 의학을 정립하였다. 이제마

자료분석 '담헌', '실학자', '천문을 관측', '연행사의 일원' 등을 통해 해당 인물은 홍대용임을 알 수 있다. 조선 후기 중상학파 실학자 홍대용은 중국 북경에 다녀온 후 『연행록』을 남겼고 천체의 운행과 위치를 측정하는 관측기구인 혼천의를 개량하였다.

정답 찾기 ② 홍대용은 『의산문답』을 저술하여 지전설과 무한 우주론을 주장했으며 중국 중심의 세계관을 비판하였다.

오답 피하기
① 이수광은 『지봉유설』에서 마테오 리치의 『천주실의』를 소개하며 천주교 교리를 서술하였다.
③ 박지원은 『양반전』을 지어 양반의 허례와 무능을 풍자하였다.
④ 박제가는 『북학의』를 저술하여 청의 문물 수용을 강조하고, 절약보다 소비를 권장하였다.
⑤ 이제마는 사상 의학을 확립한 의서인 『동의수세보원』을 저술하였다.

 합격으로 이끄는 필수 개념: 조선 후기의 실학자와 대표 저서

중농학파 (경세치용)	• 유형원 – 『반계수록』 • 이익 – 『성호사설』 • 정약용 – 『목민심서』, 『경세유표』
중상학파 (이용후생)	• 유수원 – 『우서』 • 홍대용 – 『의산문답』 • 박제가 – 『북학의』 • 박지원 – 『허생전』, 『양반전』

제69회 심화
제68회 심화
제67회 심화
제66회 심화
제65회 심화
제64회 심화
제63회 심화
제62회 심화

KEYWORD 조선 효종 　　　　정답 ①

25 (가)에 들어갈 내용으로 가장 적절한 것은? 　2점

> **2023년**
> **한국사**
> **교양**
> **강좌**
>
> 우리 학회는 조선의 역대 왕들에 대해 알아보는 교양 강좌를 운영하고 있습니다. 8월에는 제17대 왕에 대한 강좌를 준비하였으니, 관심 있는 분들의 많은 참여 바랍니다.
>
> ■ **강의 주제**
> [제1강] 청에서의 볼모 생활과 귀국 후 즉위 과정
> [제2강] 제주도에 표착한 외국인 하멜과의 만남
> [제3강] 　　　　(가)
> [제4강] 나선 정벌과 조총 부대 파병 →조선 효종 시기의 사실
>
> ■ **일시**: 2023년 8월 매주 수요일 16시
> ■ **장소**: □□ 대학교 인문대학 대강의실
> ■ **주최**: △△ 학회

✔① 어영청의 개편과 북벌 추진 조선 효종
② 위화도 회군과 과전법의 시행 고려 말 이성계
③ 문신 재교육을 위한 초계문신제의 운영 조선 정조
④ 백두산정계비 건립과 청과의 국경 확정 조선 숙종
⑤ 기유약조 체결을 통한 일본과의 무역 재개 조선 광해군

자료분석 '청에서의 볼모', '하멜과의 만남', '나선 정벌' 등을 통해 (가)에 들어갈 내용은 조선 효종 재위 시기의 사실임을 알 수 있다.

정답 찾기 ① 청에서 돌아온 봉림 대군은 효종으로 즉위 후 북벌 운동을 전개하였으며, 어영청을 중심으로 북벌을 추진하였다.

오답 피하기
② 고려 말 이성계(훗날 조선 태조)는 위화도 회군을 단행하고 과전법을 시행하였다.
③ 조선 정조는 과거에 급제한 37세 이하 문신들을 선발하여 스승의 입장에서 신하를 재교육하는 초계문신제를 시행하였다.
④ 조선 숙종은 청과의 경계를 정한 뒤 백두산정계비를 건립하였다.
⑤ 조선 광해군 때 기유약조를 체결하여 일본과의 제한적 무역을 허용하였다.

인ㅋㅣ 합격으로 이끄는 필수 개념: 북벌 운동의 전개

배경	정묘호란, 병자호란
전개	• 송시열 「기축봉사」: 북벌 운동 뒷받침 • 어영청 개편
나선 정벌	청의 요청으로 러시아 정벌에 조총 부대 파견

KEYWORD 조선 후기의 경제 상황 　　　　정답 ②

26 다음 일기가 작성된 시기의 경제 상황으로 적절하지 않은 것은? 　1점

> 5월 ○○일, 앞 밭에 담배를 파종했다.
> 5월 ○○일, 비록 비가 여러 날 내렸으나 큰비는 끝내 내리지 않았다. 가물어서 고답(高畓)은 모두 이앙을 하지 못하였다.
> 6월 ○○일, 목화 밭에 풀이 무성해서 노비 5명에게 김매기를 하도록 시켰다. →조선 후기의 경제 모습

① 상평통보가 화폐로 사용되었다. 조선 후기
✔② 시장을 관리하기 위한 동시전이 설치되었다. 신라 지증왕
③ 관청에 물품을 조달하는 공인이 활동하였다. 조선 후기
④ 보부상이 장시를 돌아다니며 상품을 판매하였다. 조선 후기
⑤ 국경 지대에 개시 무역과 후시 무역이 이루어졌다. 조선 후기

자료분석 '담배', '이앙', '목화 밭' 등을 통해 조선 후기의 상황임을 알 수 있다.

정답 찾기 ② 신라 지증왕 때 동시(시장)를 설치하고 이를 관리하기 기구인 동시전이 설치되었다.

오답 피하기
① 조선 후기에 상평통보가 널리 유통되어 화폐로 사용되었다.
③ 조선 후기 대동법의 시행으로 관청에 물품을 조달하는 공인이 활동하였다.
④ 조선 후기에 보부상이 장시를 돌아다니며 상품을 판매하였다.
⑤ 조선 후기에 국경 지대에서 개시 무역과 후시 무역이 활발히 이루어졌다.

인ㅋㅣ 합격으로 이끄는 필수 개념: 조선 후기의 경제

농업	• 모내기법(이앙법) 널리 시행 • 상품 작물의 재배(인삼·면화·담배·고구마·감자 등)
상업	• 보부상, 객주, 여각 등 활동 • 사상의 성장(경강상인, 송상, 만상, 내상, 유상) • 대외 무역: 개시(공무역), 후시(사무역)

27 (가) 궁궐에 대한 설명으로 옳은 것은? [3점]

(가) 복원 기공식 대통령 연설문
→경복궁

임진왜란 때 **(가)** 은/는 불길 속에 휩싸여 흥선 대원군이 그 당시의 국력을 기울여 중건할 때까지 270년의 오랜 세월 동안 폐허로 남아 있었습니다. 일제는 1910년 우리나라를 병탄한 뒤 우리 역사의 맥을 끊기 위해 350여 채에 이르던 전각 대부분을 헐어내고 옮겼습니다. 국권의 상징이던 근정전을 가로막아 총독부 건물을 세웠습니다. 이제 우리가 궁을 복원하려는 것은 남에 의해 훼손된 민족사에 대한 긍지를 회복하기 위한 것입니다.

① 일제에 의해 동물원 등이 설치되었다. 창경궁
② 제1차 미소 공동 위원회가 개최되었다. 덕수궁
③ 도성 내 서쪽에 있어 서궐이라고 불렸다. 경희궁
✓④ 조선 물산 공진회 개최 장소로 이용되었다. 경복궁
⑤ 태종이 도읍을 한양으로 다시 옮기며 건립하였다. 창덕궁

자료분석 임진왜란 때 불탔으며 흥선 대원군이 중건하였다는 내용을 통해 (가) 궁궐은 경복궁임을 알 수 있다. 경복궁은 조선의 법궁으로 태조 때 건립되어 정도전이 궁궐과 주요 전각의 명칭을 지었다.

정답 찾기 ④ 일제 강점기인 1915년 일제는 경복궁을 조선 물산 공진회 개최 장소로 이용하였다.

오답 피하기
① 일제는 창경궁에 동물원과 식물원을 설치하여 창경궁의 격을 낮추고자 하였다.
② 1946년 덕수궁에서 제1차 미·소 공동 위원회가 개최되었다.
③ 도성 내 서쪽에 있어 서궐이라고 불렸던 궁궐은 경희궁이다.
⑤ 태종이 한양으로 천도하며 건립한 궁궐은 창덕궁이다.

인 리 이끌인 **합격으로 이끄는 필수 개념:** 조선 전기의 건축

궁궐	• 경복궁 근정전(임진왜란 때 전소, 흥선 대원군의 중건)
	• 창덕궁 돈화문, 종묘 정전
성문	숭례문, 평양 보통문
절	무위사 극락전, 해인사 장경판전
탑	원각사지 십층 석탑

---

28 다음 장면에 나타난 사건이 끼친 영향으로 가장 적절한 것은? [2점]

평양부 방수성 앞 물가에 큰 이양선 한 척이 머무르다가 끝내 물러가지 않으며 상선을 약탈하고 총을 쏴 백성들을 살상하였습니다. 이에 평안 감사 박규수가 관민을 이끌고 공격하여 불태웠다고 합니다. →제너럴셔먼호 사건(조선 고종)

① 이용태가 안핵사로 파견되었다. 고부 농민 봉기
② 이원익이 대동법 시행을 건의하였다. 조선 광해군
③ 정약종 등이 희생된 신유박해가 일어났다. 조선 순조
✓④ 로저스 제독이 이끄는 미군이 강화도에 침입하였다. 제너럴셔먼호 사건
⑤ 황사영이 외국 군대의 출병을 요청하는 백서를 작성하였다. 신유박해

자료분석 '이양선 한 척', '평안 감사 박규수가 관민을 이끌고 공격' 등을 통해 제너럴셔먼호 사건임을 알 수 있다. 1866년 대동강을 거슬러 평양에 들어온 미국 상선 제너럴셔먼호의 선원들이 약탈과 인명 살상 행위를 일삼자 박규수를 비롯한 평양 관민이 제너럴셔먼호를 불태워 침몰시켰다. 이후 미국은 이 사건을 구실로 신미양요를 일으켰다.

정답 찾기 ④ 로저스 제독이 이끄는 미군은 제너럴셔먼호 사건을 구실로 강화도에 침입하였다(1871). 어재연이 이끄는 조선의 수비대는 광성보에서 끝까지 항전하였으나 패배하였다.

오답 피하기
① 1894년 고부 농민 봉기가 일어나자 정부는 수습을 위해 이용태를 안핵사로 파견하였다. 이용태가 농민군을 탄압하자 전봉준을 비롯한 농민들과 동학교도들이 백산에서 다시 봉기하였다.
② 조선 광해군 때 공납의 폐단을 시정하기 위해 이원익 등이 대동법 시행을 건의하였고, 경기 지역에 한하여 처음으로 대동법이 실시되었다.
③ 조선 순조 때 신유박해가 일어나 이승훈, 정약종 등의 천주교도들이 처형되었다.
⑤ 조선 순조 때 신유박해가 일어나자 황사영은 당시 베이징 교구의 주교에게 외국 군대의 출병을 요청하는 백서를 작성하였다.

인 리 이끌인 **합격으로 이끄는 필수 개념:** 신미양요(1871)

배경	제너럴셔먼호 사건(1866)
항전	광성보(어재연) 전투
결과	• 어재연 장군의 수(帥)자기 약탈
	• 흥선 대원군의 통상 수교 거부 정책 심화
	(전국에 척화비 건립)

제69회 심화
제68회 심화
제67회 심화
제66회 심화
제65회 심화
제64회 심화
제63회 심화
제62회 심화

KEYWORD **갑신정변** 정답 ①

29 다음 사건 이후에 전개된 사실로 옳은 것은? 2점

> 홍영식이 우정국에서 개업식을 명목으로 연회를 열어 세인들이 독립당이라고 칭하는 사람들과 각국 사관(使官) 등을 초대하였다. 연회가 끝날 무렵에 우정국 옆에서 불이 일어났다. …… 마침내 어젯밤의 사변에 따라 독립당이 정권을 획득하였다. 조보(朝報)에서는 새롭게 관리를 임명하겠다는 취지를 포고하였다. 박영효, 김옥균, 서광범은 승지가 되었고, 김옥균은 혜상공국 당상을 겸하였다.
> →갑신정변(1884)
>
> - 『조난기사』 -

✓ ① 한성 조약이 체결되었다. 갑신정변의 결과
② 신식 군대인 별기군이 창설되었다. 1881년
③ 김윤식이 청에 영선사로 파견되었다. 1881년
④ 일본 군함 운요호가 영종도를 공격하였다. 강화도 조약의 배경
⑤ 개화 정책을 총괄하는 통리기무아문이 설치되었다. 1880년 개화 정책

자료분석 '우정국에서 개업식', '독립당이 정권을 획득', '박영효, 김옥균, 서광범' 등을 통해 해당 사건은 갑신정변(1884)임을 알 수 있다.

정답 찾기 ① 갑신정변의 결과 조선은 일본과 한성 조약을 체결하고 일본에 배상금을 지급하였다.

오답 피하기
② 조선 정부는 1881년 신식 군대인 별기군을 창설하고, 일본인 교관을 초빙하였다.
③ 1881년 김윤식이 청에 영선사로 파견되었다. 청의 기기국에서 근대식 무기 제조법과 군사 훈련을 습득하였다.
④ 1875년 일본 군함 운요호가 영종도를 공격하는 운요호 사건이 발생하였다. 이는 강화도 조약이 체결되는 계기가 되었다.
⑤ 조선 정부는 1880년 개화 정책을 총괄하는 통리기무아문과 12사를 설치하였다.

인 끌 이끌인
합격으로 이끄는 필수 개념: 갑신정변(1884)

배경	임오군란 이후 청의 내정 간섭 심화
전개	박영효, 서광범 등의 급진 개화파가 우정총국 개국 축하연에서 민씨 세력 제거 → 개화당 정부 수립 → 14개조 정강 발표 → 청의 개입 → 3일 만에 실패
결과	• 조선과 일본: 한성 조약(배상금) • 청과 일본: 톈진 조약(양국 군대 동시 철수 및 파병권)

30~31 다음 자료를 읽고 물음에 답하시오.

(가) 고대 여러 나라들도 역시 각각 사관(史官)을 두어 일을 기록하였습니다. 그러므로 맹자께서 이르시기를, "진(晉)의 승(乘)과 초(楚)의 도올(檮杌)과 노(魯)의 춘추(春秋)는 모두 한가지다."라고 하셨습니다. 생각건대 우리 해동(海東) 삼국도 역사가 길고 오래되어 마땅히 그 사실이 책으로 기록되어야 하므로 폐하께서 이 늙은 신하에게 명하시어 편집하도록 하셨습니다. …… 신의 학술이 이처럼 부족하고 얕으며, 옛말과 지나간 일은 그처럼 아득하고 희미합니다. 그러므로 온 정신과 힘을 다 쏟아 부어 겨우 ㉠책을 만들었습니다. 그러나 보잘것 없기에 스스로 부끄러울 따름입니다. →『삼국사기』(김부식, 고려 시대)

(나) 고려가 끝내 발해사를 편찬하지 않아 토문강 북쪽과 압록강 서쪽이 누구의 땅인지 알 수 없게 되었다. 여진을 책망하려 하여도 할 말이 없고, 거란을 책망하려 하여도 할 말이 없다. 고려가 약한 나라가 된 것은 발해의 땅을 차지하지 못하였기 때문이니, 탄식할 수밖에 없다. …… 내가 내규장각 관리로 있으면서 비밀스런 책[祕書]을 꽤 많이 읽었으므로 발해에 관한 일을 차례로 편찬하여, 군고(君考)·신고(臣考)·지리고(地理考)·직관고(職官考)·의장고(儀章考)·물산고(物産考)·국어고(國語考)·국서고(國書考)·속국고(屬國考) 등 9편으로 구성된 ㉡책을 만들었다. →『발해고』(유득공, 조선 후기)

(다) 역사란 무엇인가? 인류 사회의 아(我)와 비아(非我)의 투쟁이 시간부터 발전하며 공간부터 확대하는 정신적 활동 상태의 기록이니, 세계사라 하면 세계 인류가 그리되어 온 상태의 기록이며, 조선 역사라 하면 조선 민족이 그리되어 온 상태의 기록인 것이다. 무엇을 '아'라 하며 무엇을 '비아'라 하는가? …… 무릇 주체적 위치에 선 자를 '아'라 하고, 그 외에는 '비아'라 하는데, 이를테면 조선 사람은 조선을 '아'라 하고, 영국·미국·프랑스·러시아 등을 '비아'라 하지만, 그들은 각기 제 나라를 '아'라 하고 조선은 '비아'라 하며, …… 그러므로 역사는 '아'와 '비아'의 투쟁의 기록인 것이다. →『조선상고사』(신채호, 일제 강점기)

30 (가)~(다)를 작성한 인물에 대해 탐구한 내용으로 가장 적절한 것은? 3점

① (가) - 만권당에서 원의 학자들과 교유하였으며, 성리학의 보급에 기여하였다. 이제현

② (가) - 칠대실록의 편찬에 참여하였으며, 문헌공도를 만들어 사학을 진흥시켰다. 최충

③ (나) - 금석학을 연구하여 북한산비가 진흥왕 순수비임을 고증하였다. 김정희

④ (다) - 한국통사를 저술하였고, 대한민국 임시 정부의 제2대 대통령을 역임하였다. 박은식

✓⑤ (다) - 대한매일신보의 주필로 활동하였으며, 폭력을 통한 민중의 직접 혁명을 주장하였다. 신채호

자료분석   (가) 고려 인종 때 김부식이 인종의 명을 받아 저술한 『삼국사기』이다. (나) 조선 후기에 유득공이 발해 역사를 저술한 『발해고』이다. (다) 역사를 '아(我)'와 비아(非我)의 투쟁'으로 정의한 신채호의 『조선상고사』이다.

정답 찾기   ⑤ 신채호는 『대한매일신보』의 주필로 활동하였으며, 의열단의 활동 지침인 『조선 혁명 선언』에서 폭력을 통한 민중의 직접 혁명을 주장하였다.

오답 피하기
① 고려 충선왕 때 이제현은 만권당에서 원의 학자들과 교유하여 고려의 성리학 보급에 기여하였다.
② 고려의 최충은 『칠대실록』 편찬에 참여했으며, 문헌공도(9재 학당)를 세워 사학을 진흥하였다.
③ 조선 후기 김정희는 금석학을 연구하여 북한산비가 진흥왕 순수비임을 고증하였다.
④ 박은식은 『한국통사』를 저술하였고, 대한민국 임시 정부의 제2대 대통령을 역임하였다.

합격으로 이끄는 필수 개념: 신채호의 활동

주요 활동	• 『대한매일신보』 참여 • 의열단의 「조선 혁명 선언」 작성
민족주의 사관	『조선사연구초』, 『독사신론』
애국심 고취	『을지문덕전』, 『이순신전』

31 밑줄 그은 ㉠, ㉡에 해당하는 역사서에 대한 설명으로 옳은 것은? 2점

① ㉠ - 불교사를 중심으로 고대의 민간 설화를 수록하였다. 『삼국유사』

✓② ㉠ - 본기, 연표, 잡지, 열전 등으로 구성된 기전체 사서이다. 『삼국사기』

③ ㉡ - 사초와 시정기 등을 바탕으로 편찬하였다. 『조선왕조실록』

④ ㉡ - 고구려 건국 시조의 일대기를 서사시로 표현하였다. 『동명왕편』

⑤ ㉠, ㉡ - 우리 역사의 시작을 단군 조선으로 삼았다. 『제왕운기』

자료분석   ㉠은 김부식의 『삼국사기』이며, ㉡은 유득공의 『발해고』이다.

정답 찾기   ② 『삼국사기』는 유교적 합리주의 사관을 바탕으로 편찬되었으며 우리나라에서 현존하는 가장 오래된 역사서이다. 또한 본기, 연표, 잡지, 열전 등이 기전체로 구성되었다.

오답 피하기
① 일연의 『삼국유사』는 불교사를 중심으로 고대의 민간 설화를 수록하였다.
③ 『조선왕조실록』은 태조~철종 대의 역사를 편년체 형식으로 구성하였고, 사초와 시정기를 바탕으로 편찬되었다.
④ 이규보의 『동명왕편』은 고구려 건국 시조의 일대기를 서사시로 표현하였다.
⑤ 이승휴의 『제왕운기』 등은 우리 역사의 시작을 단군 조선으로 삼았다.

합격으로 이끄는 필수 개념: 고려 시대 주요 역사서

『삼국사기』 (김부식)	• 기전체 • 유교적 합리주의 사관과 신라 계승 의식 • 우리나라에서 현존하는 가장 오래된 역사서
『동명왕편』 (이규보)	• 영웅 서사시 • 고구려 계승 의식
『삼국유사』 (일연)	고조선 건국 이야기
『제왕운기』 (이승휴)	고조선 계승 의식

제69회 심화
제68회 심화
제67회 심화
제66회 심화
제65회 심화
제64회 심화
제63회 심화
제62회 심화

KEYWORD 동학　정답 ①

32 (가) 종교에 대한 설명으로 옳은 것은?　1점

→ 동학
역사 돋보기　(가) 의 교세를 확장한 해월 최시형

해월 선생은 제자들에게 '최보따리'라고도 불렸다. 포교를 위해 잠행을 하면서 보따리를 자주 쌌기 때문에 붙여진 별명이다. 교조 최제우의 처형으로 위축되었던 (가) 의 교세는 2대 교주였던 그의 노력으로 크게 확장되었다. 그는 1897년 손병희에게 도통을 전수하였고 1898년 체포되어 재판을 받고 처형되었다. 그에게 사형을 선고한 판사 중에는 고부 학정의 원흉 조병갑이 있었다.

✓ ① 동경대전을 경전으로 삼았다. 동학
② 항일 무장 단체인 중광단을 결성하였다. 대종교
③ 박중빈을 중심으로 새생활 운동을 펼쳤다. 원불교
④ 배재 학당을 세워 신학문 보급에 앞장섰다. 개신교
⑤ 프랑스와의 조약을 통해 포교가 허용되었다. 천주교

자료분석 '최시형', '교조 최제우', '손병희' 등을 통해 (가) 종교는 동학임을 알 수 있다.

정답 찾기 ① 동학의 제2대 교주 최시형은 교세를 확장하고, 『동경대전』, 『용담유사』 등을 간행하여 경전으로 삼았다.

오답 피하기
② 나철 등이 창시한 대종교는 중광단을 결성하여 항일 무장 투쟁을 전개하였다.
③ 박중빈이 창시한 원불교는 새생활 운동을 펼쳤다.
④ 개신교 선교사인 아펜젤러는 배재 학당을 세워 신학문 보급에 앞장섰다.
⑤ 프랑스와의 수호 조약을 통해 천주교에 대한 포교가 허용되었다.

인 클 합격으로 **이끄는** 필수 개념: 동학의 교세 확장

동학 창시 (1860)	• 최제우(제1대 교주) → 혹세무민 죄로 사형 • 시천주 강조
교세 확장 (1870년대)	• 최시형(제2대 교주) • 교세 확장, 『동경대전』·『용담유사』 간행
교조 신원 운동 (1890년대)	• 삼례 집회(1892) • 서울 복합 상소 • 보은 집회(1893): 정치 운동으로 발전(척왜양창의)

KEYWORD 보안회　정답 ②

33 다음 자료를 활용한 탐구 활동으로 가장 적절한 것은?　2점

각국 공관에 보내는 호소문

지금 일본 공사가 우리 외부(外部)에 공문을 보내어 산림, 천택(川澤), 들판, 황무지에 대한 권리를 청구하였습니다. 우리나라 사람들은 이를 이용해 2~3년 걸러 윤작을 해야만 먹고살 수 있습니다. 그런데 만일 이를 외국인에게 주어버린다면 전국의 강토를 모두 빼앗기게 되며 수많은 사람이 참혹한 빈곤에 빠져 구제할 수 없게 될 것입니다. 일본인들의 침략을 막고 우리 강토를 보전하도록
→ 보안회의 활동
힘써 주십시오.

1904년 ○○월 ○○일

① 독립문의 건립 과정을 알아본다. 독립 협회
✓ ② 보안회의 활동 내용을 파악한다. 일제의 황무지 개간권 요구 반대 운동
③ 조일 통상 장정의 조항을 검토한다. 방곡령
④ 화폐 정리 사업이 끼친 영향을 살펴본다. 민족 은행 몰락
⑤ 황국 중앙 총상회가 조직된 목적을 분석한다. 외국 상인들의 내륙 진출

자료분석 '황무지에 대한 권리', '우리 강토를 보전', '1904년' 등을 통해 보안회(1904)가 일제의 황무지 개간권 요구를 저지하는 내용임을 알 수 있다.

정답 찾기 ② 1904년 관료와 유생이 중심이 되어 조직된 보안회는 일제의 황무지 개간권 요구 반대 운동을 전개하였다.

오답 피하기
① 서재필은 1896년 중국 사신을 맞이하던 영은문을 허물고 독립문 건립을 추진하였으며, 그 과정에서 독립 협회가 창립되었다.
③ 1883년 체결된 조·일 통상 장정에 따라 조선 정부는 함경도와 황해도에서 방곡령을 선포하였다.
④ 1905년 메가타가 추진한 화폐 정리 사업으로 민족 은행이 몰락하고 국내 상인이 큰 타격을 입었다.
⑤ 외국 상인들이 내륙으로 진출하여 상권을 위협하자 시전 상인들은 1898년 황국 중앙 총상회를 조직하여 상권 수호 운동을 주도하였다.

인 클 합격으로 **이끄는** 필수 개념: 애국 계몽 운동

보안회(1904)	일제의 황무지 개간권 요구 저지
헌정 연구회(1905)	의회 수립을 통한 입헌 군주제 수립을 목표로 활동
대한 자강회(1906)	• 전국 지회 설치, 월보 간행 • 고종의 강제 퇴위 반대 운동 전개 → 강제 해산

34 다음 상황의 배경으로 가장 적절한 것은? 2점

을미사변 직후 아관파천(1896)

> 근일에 의병을 일으킨 이들이 각처에 글을 보내어 말하기를, "정부에 변란이 자주 나고 각처에 도적이 일어나며 대군주 폐하께서 외국 공사관에 파천하여 환궁하실 기약이 없고 일본 사람들이 조선 인민을 어지럽게 하는 고로, 의병을 일으켜 서울에 올라와 궁궐을 지키고 대군주 폐하를 환궁하시게 한다."라고 하였다.

✓ ① 을미사변이 일어났다. 아관파천의 배경
② 을사늑약이 체결되었다. 대한 제국의 외교권 박탈
③ 용암포 사건이 발생하였다. 러·일 전쟁의 배경
④ 헤이그에 특사가 파견되었다. 을사늑약의 영향
⑤ 대한 제국의 군대가 해산되었다. 정미 7조약(한·일 신협약)의 영향

자료분석 '대군주 폐하께서 외국 공사관에 파천'을 통해 조선 고종이 러시아 공사관으로 거처를 옮긴 아관파천(1896)에 대한 내용임을 알 수 있다.

정답 찾기 ① 을미사변(1895)으로 명성황후가 시해당하자 신변에 위협을 느낀 조선 고종이 아관파천을 단행하였다.

오답 피하기
② 1905년 을사늑약(제2차 한·일 협약)이 체결되어 대한 제국의 외교권이 박탈되었다.
③ 1903년 러시아가 한국의 용암포를 점령하는 용암포 사건이 발생하였다. 이는 러·일 전쟁이 발생하는 배경이 되었다.
④ 고종은 을사늑약 체결의 부당함을 알리기 위해 1907년 네덜란드 헤이그에 특사를 파견하였다.
⑤ 1907년 정미 7조약(한·일 신협약)의 체결로 대한 제국의 군대가 해산되었다.

 합격으로 **이끄는** 필수 개념: 아관파천

배경	을미사변(명성황후 시해)
과정	신변의 위협을 느낀 고종이 러시아 공사관으로 거처를 옮김
결과	• 열강의 이권 침탈 심화 • 을미개혁 중단

---

35 다음 관제가 반포된 이후의 사실로 옳은 것은? 2점

> **〈원수부 관제〉**
>
> 대황제 폐하는 대원수로서 군기(軍機)를 총람하고 육해군을 통령하며, 황태자 전하는 원수로서 육해군을 일률적으로 통솔한다. 이에 원수부를 설치한다.
> 대한 제국 시기 광무개혁 추진
> **제1조**
> 원수부는 국방과 용병(用兵)과 군사에 관한 각 항의 명령을 관장하며 특별히 세운 권한을 가지고 군부와 경외(京外)의 각 부대를 지휘 감독한다.

✓ ① 지계아문이 설치되었다. 광무개혁(1897)
② 군국기무처가 창설되었다. 제1차 갑오개혁(1894)
③ 5군영이 2영으로 통합되었다. 1881년
④ 한성 사범 학교가 설립되었다. 제2차 갑오개혁
⑤ 건양이라는 연호가 제정되었다. 을미개혁

자료분석 '대황제 폐하', '원수부를 설치' 등을 통해 대한 제국이 추진한 광무개혁임을 알 수 있다. 대한 제국은 광무개혁 과정에서 황제의 군 통수권 장악을 위해 원수부를 설치하였다.

정답 찾기 ① 대한 제국은 광무개혁의 일환으로 지계아문을 설치하여 근대적 토지 소유권을 보장하는 문서인 지계를 발급하였다.

오답 피하기
② 제1차 갑오개혁(1894) 때 김홍집 내각이 수립되고 군국기무처가 설치되어 개혁을 주도하였다.
③ 1881년 신식 군대인 별기군이 창설되며 5군영이 2영으로 통합되었다.
④ 제2차 갑오개혁 때 교육 입국 조서를 반포하고 한성 사범 학교를 설립하였다.
⑤ 을미개혁 때 '건양'이라는 연호가 제정되었다.

 합격으로 **이끄는** 필수 개념: 광무개혁

원칙	구본신참
정치	대한국 국제 선포(1899)
군사	원수부 설치
경제	• 양전 사업(양지이문) • 지계 발급(지계아문) • 식산흥업 정책 • 근대 시설 도입
교육	상공 학교, 실업 학교 설립

제69회 심화
제68회 심화
제67회 심화
제66회 심화
제65회 심화
제64회 심화
제63회 심화
제62회 심화

KEYWORD 한국 독립군　　정답 ③

36 (가) 부대에 대한 설명으로 옳은 것은?　2점

남대관, 권수정 등은 전 한족총연합회 간부였던 지청천, 신숙 등과 함께 아성현(阿城縣)에서 한국대독립당을 조직하고 지청천을 총사령, 남대관을 부사령으로 하는 　(가)　을/를 편성하였다. …… 　(가)　은/는 딩차오(丁超)의 군으로부터 무기를 지급받고 대원을 모집하여 일본 측 기관의 파괴, 일본 요인의 암살 등을 기도하였다.
→ 한국 독립군

① 청산리에서 일본군을 크게 격파하였다. 북로 군정서
② 미군과 연계하여 국내 진공 작전을 준비하였다. 한국광복군
✓③ 대전자령 전투에서 일본군을 상대로 승리를 거두었다. 한국 독립군
④ 중국 관내(關內)에서 결성된 최초의 한인 무장 부대였다. 조선 의용대
⑤ 대한 국민회군 등과 연합하여 봉오동 전투에서 승리하였다. 대한 독립군

자료분석　'지청천을 총사령'을 통해 (가) 부대는 1930년대 초 한·중 연합 작전을 주도한 한국 독립군임을 알 수 있다.

정답 찾기　③ 지청천의 한국 독립군은 북만주 일대에서 중국 호로군과 연합하여 쌍성보·대전자령 전투 등에서 일본군을 상대로 승리를 거두었다.

오답 피하기
① 1920년 청산리 대첩에서 김좌진의 북로 군정서가 활약하였다.
② 대한민국 임시 정부의 산하 부대인 한국광복군은 미군과 연계하여 국내 진공 작전을 준비하였다.
④ 김원봉의 주도로 결성된 조선 의용대(1938)는 중국 관내의 최초의 한인 무장 부대였다.
⑤ 1920년 홍범도의 대한 독립군은 대한 국민회군 등과 연합하여 봉오동 전투에서 승리하였다.

 합격으로 **이끄는** 필수 개념: 1930년대 무장 독립 전쟁

한국 독립군	• 총사령관 지청천 • 중국 호로군과 연합 • 쌍성보·대전자령·동경성·사도하자 전투 승리
조선 혁명군	• 총사령관 양세봉 • 중국 의용군과 연합 • 영릉가·흥경성 전투 승리

KEYWORD 1910년대 일제의 식민 통치　　정답 ③

37 밑줄 그은 '법령'이 시행된 시기 일제의 정책으로 옳은 것은?　1점

□□신문
제△△호　　　　　　　　○○○○년 ○○월 ○○일

어려움에 빠진 한인 회사
회사를 설립할 때 조선 총독의 허가를 받도록 하는 법령이 제정 → 1910년대 무단 통치기
되었다. 이후 한인의 회사는 큰 영향을 받아 손해가 적지 않기에 실업계의 원성이 자자하다. 전국에 있는 회사를 헤아려보니 한국에 본점을 두고 설립한 회사가 171개인데 자본 총액이 5,021여 만 원이요, 외국에 본점을 두고 지점을 한국에 설립한 회사가 52개인데 자본 총액이 1억 1,230여 만 원이다. 그중에 일본인의 회사가 3분의 2 이상 이고, 몇 개 되지 않는 한인의 회사는 상업 경쟁에 밀리고 회사 세납에 몰려 도무지 유지하기가 어렵다고 한다.

① 신문지법을 제정하였다. 1907년
② 미쓰야 협정을 체결하였다. 1920년대 문화 통치기
✓③ 토지 조사 사업을 실시하였다. 1910년대 무단 통치기
④ 경성 제국 대학을 설립하였다. 1920년대 문화 통치기
⑤ 조선 사상범 예방 구금령을 시행하였다. 1930~1940년대 민족 말살 통치기

자료분석　'회사를 설립할 때 조선 총독의 허가를 받도록'을 통해 밑줄 그은 '법령'은 회사령임을 알 수 있다. 회사령은 무단 통치기인 1910년에 제정되어 민족 자본의 성장을 저지하였다.

정답 찾기　③ 1910년대 무단 통치기에 식민 통치의 경제적 기반을 마련하기 위해 토지 조사 사업을 실시하였다.

오답 피하기
① 일제는 1907년 신문지법을 제정하여 언론을 탄압하였다.
② 1925년 일제와 만주 군벌 사이에 미쓰야 협정이 체결되어 만주의 독립군이 탄압받았다.
④ 1920년대 민립 대학 설립 운동의 영향으로 1924년 경성 제국 대학이 설립되었다.
⑤ 민족 말살 통치기인 1941년 조선 사상범 예방 구금령이 시행되었다.

합격으로 **이끄는** 필수 개념: 1910년대 무단 통치

정책	• 조선 총독부 설치 • 헌병 경찰 제도 • 조선 태형령(1912)
경제 수탈	• 토지 조사 사업(1910~1918) • 회사령(1910) – 허가제
식민지 교육	서당 규칙 제정(1918)

38 (가) 단체에 대한 설명으로 옳은 것은? 3점

> ## 판결문
>
> 피 고 인: 박상진, 김한종
>
> 주 문: 피고 박상진, 김한종을 사형에 처한다.
>
> 이 유
> →대한 광복회
> 피고 박상진, 김한종은 한일 병합에 불평을 가지고 구한국의 국권 회복을 명분으로 [(가)]을/를 조직하고 국권 회복을 위한 자금 조달을 위해 조선 각도의 자산가에게 공갈로 돈을 받아 내기로 하고 …… 채기중 등을 교사하여 장승원의 집에 침입하여 자금을 강취하고 살해하도록 한 죄가 인정되므로 위와 같이 판결 한다.

① 중일 전쟁 발발 직후에 결성되었다. 중·일 전쟁(1937) 발발 이전
✓② 군대식 조직을 갖춘 비밀 결사였다. 대한 광복회
③ 파리 강화 회의에 대표를 파견하였다. 신한 청년당
④ 일제가 꾸며낸 105인 사건으로 와해되었다. 신민회
⑤ 만민 공동회를 열어 열강의 이권 침탈을 비판하였다. 독립 협회

자료분석 '박상진', '국권 회복을 위한 자금 조달' 등을 통해 (가) 단체는 1915 년 국내에서 결성된 비밀 단체인 대한 광복회임을 알 수 있다.

정답 찾기 ② 대한 광복회는 박상진, 김좌진 등이 주도하였으며, 군대식 조직 을 갖춘 비밀 결사였다.

오답 피하기
① 대한 광복회는 중·일 전쟁(1937) 발발 이전인 1915년에 결성되었다.
③ 신한 청년당은 김규식을 파리 강화 회의에 대표로 파견하였다.
④ 신민회는 1911년 일제가 조작한 105인 사건으로 와해되었다.
⑤ 독립 협회는 만민 공동회를 열어 열강의 이권 침탈을 비판하였다.

 합격으로 이끄는 필수 개념: 대한 광복회(1915)

주도	총사령 박상진·부사령 김좌진
목표	공화 정체의 근대 국가 건설을 지향
특징	친일파 처단, 군자금 모금

---

39 밑줄 그은 '시위 운동'의 배경으로 가장 적절한 것은? 1점

> 수신: 육군 대신
> 발신: 조선 헌병대 사령관
>
> 오늘 1일 새벽 경성에서 조선 독립에 관한 선언서를 발견함. 위 선언서에는 천도교, 기독교 신도들의 서명이 있었는데, 이면에는 일본 및 조선의 학생들과 비밀리에 연락했을 가능성이 있어 수사 중. 오후 2시에 이르러 중학(中學) 정도의 학생 약 1,000명이 모이자, 민중이 이에 어울려 시내를 행진하고 시위 운동을 시작함. 지금 수배 중. 위 집단은 각 장소에서 한국 독립 만세를 외치나 난폭한 행동으로 나오지는 않아 매우 불온한 형세는 없음. 주모자를 체포 하고 해산시킬 예정이고 선언서에 서명한 사람 대부분은 즉시 체포함.
> →3·1 운동

① 간도 참변으로 민간인이 학살되었다. 봉오동, 청산리 전투의 영향
② 상하이에서 국민 대표 회의가 개최되었다. 대한민국 임시 정부의 독립운동 방략 논의
③ 언론사의 주도로 브나로드 운동이 전개되었다. 1930년대 문맹 퇴치 운동의 일환
④ 조선 노동 총동맹과 조선 농민 총동맹이 결성되었다. 1927년 결성
✓⑤ 도쿄 유학생들을 중심으로 2·8 독립 선언서가 발표되었다. 3·1 운동의 배경

자료분석 '조선 독립에 관한 선언서', '천도교, 기독교 신도들', '한국 독립 만 세' 등을 통해 밑줄 그은 '시위 운동'은 1919년 발생한 3·1 운동임을 알 수 있다.

정답 찾기 ⑤ 1919년 도쿄 유학생들을 중심으로 발표된 2·8 독립 선언은 3·1 운동이 발생하는 배경이 되었다.

오답 피하기
① 일제는 봉오동, 청산리 전투에 대한 보복으로 1920년 간도 참변을 일으켜 민간인을 학살하였다.
② 대한민국 임시 정부는 독립운동의 새로운 방향을 논의하기 위하여 1923년 상하이에서 국민 대표 회의를 개최하였다.
③ 1930년대 문맹 퇴치 운동의 일환으로 동아일보가 브나로드 운동을 전개 하였다.
④ 1927년 조선 농민 총동맹과 조선 노동 총동맹이 결성되었다.

 합격으로 이끄는 필수 개념: 3·1 운동(1919)

배경	윌슨의 민족 자결주의
전개	• 민족 대표의 3·1 독립 선언서 낭독(태화관) • 학생과 시민들의 독립 선언서 낭독(탑골 공원) • 도시에서 농촌으로 확대
결과	대한민국 임시 정부 수립

제69회 심화
제68회 심화
제67회 심화
제66회 심화
제65회 심화
제64회 심화
제63회 심화
제62회 심화

KEYWORD **이육사** 정답 ②

40 (가) 인물에 대한 설명으로 옳은 것은? 3점

문학으로 보는 한국사

내 고장 칠월은
청포도가 익어가는 시절

이 마을 전설이 주저리주저리 열리고
먼 데 하늘이 꿈꾸며 알알이 들어와 박혀

하늘 밑 푸른 바다가 가슴을 열고
흰 돛단배가 곱게 밀려서 오면

내가 바라는 손님은 고달픈 몸으로
청포(靑袍)를 입고 찾아온다고 했으니

내 그를 맞아 이 포도를 따 먹으면
두 손은 함뿍 적셔도 좋으련

아이야, 우리 식탁엔 은쟁반에
하이얀 모시 수건을 마련해 두렴

[해설] →이육사
이 시는 독립 운동가이자 문학가인 (가) 의 '청포도'이다. 그는 이 시를 비롯한 다양한 작품에서 식민지 현실에 맞서 꺼지지 않는 민족의식을 표현하였다.

그의 본명은 이원록으로 안동에서 태어났고, 1927년 장진홍의 조선은행 대구 지점 폭탄 의거에 연루되어 투옥되었다. 이후에도 그는 중국을 오가며 독립운동에 힘쓰다가 1943년 체포되어 이듬해 베이징의 일본 감옥에서 생을 마감하였다.

① 소설 상록수를 신문에 연재하였다. 심훈
✓② 광야, 절정 등의 저항시를 발표하였다. 이육사
③ 타이완에서 일본 육군 대장을 저격하였다. 조명하
④ 삼균주의를 바탕으로 한 건국 강령을 만들었다. 조소앙
⑤ 여유당전서를 간행하고 조선학 운동을 전개하였다. 안재홍, 문일평, 정인보

자료분석 '청포도', '조선은행 대구 지점 폭탄 의거에 연루' 등을 통해 (가) 인물은 일제 강점기에 활동한 저항 시인 이육사임을 알 수 있다.

정답 찾기 ② 이육사는 「광야」, 「절정」 등의 저항시를 발표하였다.

오답 피하기
① 1930년대에 농촌 계몽 문학 작품인 심훈의 「상록수」가 연재되었다.
③ 1928년 조명하는 타이완에서 일본 육군 대장을 독검으로 찌르는 의거를 실행하였다.
④ 대한민국 임시 정부는 충칭에 정착하여 한국광복군을 창설하고, 조소앙이 삼균주의를 바탕으로 만든 건국 강령을 선포하였다.
⑤ 1930년대 안재홍, 문일평, 정인보 등은 「여유당전서」를 간행하고 조선학 운동을 전개하였다.

인 퀵 _{이끌인} **합격으로 이끄는 필수 개념: 일제 강점기의 문예 활동**

친일 문학	최남선, 이광수, 서정주
저항 문학	• 「절정」·「광야」(이육사) • 「별 헤는 밤」·「서시」·유고집 「하늘과 바람과 별과 시」 (윤동주)
미술	「소」(이중섭)

KEYWORD **의열단** 정답 ③

41 (가) 단체에 대한 설명으로 옳은 것은? 2점

□□신문

제△△호   의열단→ 1924년 ○○월 ○○일

이중교 폭탄 사건 주역은 (가) 의 김지섭
9월 1일 대지진 때 일어난 조선인 학살이 도화선

금년 1월 5일 오후 7시에 동경 궁성 이중교 앞에서 일어난 폭탄 투척 사건은 전일본을 경악하게 만든 대사건이었다. 당국은 이 사건에 대한 신문 게재 일체를 금지하였고, 동경 지방 재판소의 검사와 예심 판사가 수사를 진행하였다. 이번에 예심이 결정되고 당국의 보도 금지가 해제되었기에, 피고 김지섭 외 4명은 전부 유죄로 공판에 회부되었음을 보도한다. 김지섭은 조선 독립을 위해 (가) 의 단장 김원봉과 함께 과격한 방법을 강구하였고, 이를 일본에서 실행하기로 하였다고 한다.

① 김구가 상하이에서 조직하였다. 한인 애국단
② 비밀 행정 조직인 연통제를 운영하였다. 대한민국 임시 정부
✓③ 조선 혁명 선언을 활동 지침으로 삼았다. 의열단
④ 신흥 무관 학교를 세워 무장 투쟁을 준비하였다. 신민회
⑤ 조선 총독부에 국권 반환 요구서를 제출하려 하였다. 독립 의군부

자료분석 '김지섭', '단장 김원봉' 등을 통해 (가) 단체는 의열단(1919)임을 알 수 있다. 의열단은 김원봉이 중국에서 결성한 의열 단체로 김지섭, 김상옥, 나석주 등이 의거 활동을 하였다.

정답 찾기 ③ 의열단은 신채호가 작성한 「조선 혁명 선언」을 활동 지침으로 삼았다.

오답 피하기
① 김구는 대한민국 임시 정부의 침체를 극복하기 위하여 1931년 상하이에서 한인 애국단을 조직하였다.
② 대한민국 임시 정부는 국내외 연락을 위해 비밀 행정 조직인 연통제를 운영하였다.
④ 신민회 인사들은 남만주에 신흥 강습소를 세우고 무장 투쟁을 준비하였다. 이는 신흥 무관 학교로 개편되었다.
⑤ 1912년 임병찬이 고종의 밀명을 받아 조직한 독립 의군부는 조선 총독부에 국권 반환 요구서를 제출하려 하였으나 발각되어 실패하였다.

인 퀵 _{이끌인} **합격으로 이끄는 필수 개념: 1920년대 의열단 활동**

조직	김원봉을 중심으로 만주 지린에서 결성(1919)
지침	「조선 혁명 선언」(신채호)
활동	• 김상옥(종로 경찰서) • 나석주(조선 식산 은행, 동양 척식 주식회사) • 김익상(조선 총독부)

42 다음 자료에 나타난 민족 운동에 대한 설명으로 옳은 것은? 2점

> ## 2천만 피압박 민중 제군이여!
>
> 우리 2천만 생령(生靈)을 사랑하고 조국을 사랑하는 광주 학생 남녀 수십 명이 빈사(瀕死)의 중상을 입었다. 고뇌하는 청년 학생 2백 명이 불법으로 철창 속에 갇혀 있다. 그들은 정의를 위하여 거리로 나가 시위를 했다. 그러나 지배 계급의 미친개의 이빨에 물리고 말았다. 우리들은 광주 학생의 석방을 요구하는 동시에 참을 수 없는 피눈물로 시위 대열에 나가는 것이다.
>
> - 감금된 학생을 탈환하자
> - 총독 폭압 정치 절대 반대
> - 교육에 경찰 간섭 반대
> - 치안 유지법을 철폐하라 → 광주 학생 항일 운동의 전개

① 순종의 장례일을 맞아 가두시위를 벌였다. 6·10 만세 운동
② 대한민국 임시 정부 수립에 영향을 주었다. 3·1 운동
③ 조선 사람 조선 것이라는 구호를 내세웠다. 물산 장려 운동
✓④ 신간회의 지원을 받으며 전국적으로 확산되었다. 광주 학생 항일 운동
⑤ 일본, 프랑스 등의 노동 단체로부터 격려 전문을 받았다. 원산 총파업

자료분석 '청년 학생 2백 명이 불법으로 철창 속에 갇혀 있다. 그들은 정의를 위하여 거리로 나가 시위를 했다.', '광주 학생의 석방을 요구' 등을 통해 1929년 조선 학생과 일본 학생 간의 충돌을 계기로 발생한 광주 학생 항일 운동임을 알 수 있다.

정답 찾기 ④ 신간회는 광주 학생 항일 운동이 일어나자 진상 규명을 위한 진상 조사단을 파견하여 지원하였다.

오답 피하기
① 1926년 순종의 장례일에 학생들의 주도로 6·10 만세 운동이 전개되었다.
② 3·1 운동의 결과 대한민국 임시 정부가 수립되었다.
③ 1920년대 전개된 물산 장려 운동은 '조선 사람 조선 것'이라는 구호를 내세웠다.
⑤ 1929년에 원산 총파업이 일어나자 일본, 프랑스 등의 노동 단체들은 파업에 참여한 이들에게 격려 전문을 보냈다.

인 큅
[이끄인] **합격으로 이끄는 필수 개념:** 광주 학생 항일 운동 (1929)

배경	• 일본인 남학생이 조선인 여학생을 희롱 • 한·일 학생 사이에 싸움이 일어남
전개	• 광주 지역 학생들이 연대하여 대규모 시위 전개 • 신간회의 진상 조사단 파견 • 전국적인 시위로 확산
의의	3·1 운동 이후 최대 규모의 항일 민족 운동

---

43 교사의 질문에 대한 학생의 답변으로 가장 적절한 것은? 1점

→ 1930~1940년대 민족 말살 통치기

일제는 조선 민사령을 개정하여 일본식 씨명을 사용하도록 강요하였습니다. 이렇게 개정한 이후에 일제가 추진한 정책에 대해 말해 볼까요?

> ## 조선 민사령 중 개정의 건 (제령 제19호)
>
> 조선인 호주는 본령 시행 후 6개월 이내에 새로 씨(氏)를 정하고 이를 부윤 또는 읍면장에게 신고해야 한다. …… 신고를 하지 않을 때는 본령 시행 당시 호주의 성을 씨로 삼는다.

① 통감부를 설치하였습니다. 1905년
② 조선 태형령을 시행하였습니다. 1910년대 무단 통치기
③ 헌병 경찰제를 실시하였습니다. 1910년대 무단 통치기
✓④ 여자 정신 근로령을 공포하였습니다. 1930~1940년대 민족 말살 통치기
⑤ 동양 척식 주식회사를 설립하였습니다. 1908년

자료분석 '새로 씨(氏)를 정하고 이를 부윤 또는 읍면장에게 신고', '일본식 씨명을 사용하도록 강요' 등을 통해 일제가 1940년대 추진한 민족 말살 정책임을 알 수 있다. 일제는 조선인의 성과 이름을 일본식으로 바꾸도록 하는 창씨개명을 강요하였다.

정답 찾기 ④ 일제는 민족 말살 통치기에 전시 동원 체제를 강화하여 물적·인적 수탈을 자행하였는데, 1944년 여자 정신 근로령을 제정하여 여성들을 군수 공장에 강제로 동원하기도 하였다.

오답 피하기
① 1905년 제2차 한·일 협약(을사늑약)의 결과 통감부가 설치되었다.
② 일제는 무단 통치기인 1912년에 조선 태형령을 제정하여 한국인에게만 태형을 적용하였다.
③ 1910년대 무단 통치기에 일제는 헌병 경찰제를 실시하였다.
⑤ 일제는 1908년 동양 척식 주식회사를 설립하여 토지 수탈을 강화하였다.

인 큅
[이끄인] **합격으로 이끄는 필수 개념:** 1930~1940년대 민족 말살 통치

식민 통치 정책	• 황국 신민화 정책(내선일체, 일선동조론, 궁성 요배, 신사 참배, 창씨개명, 황국 신민 서사 암송) • 우리말 사용 금지 및 주요 언론사 폐간
경제 수탈	• 병참 기지화 정책 • 인적과 물적 수탈(징용, 징병, 공출제, 여자 정신 근로령)

44 (가) 인물에 대한 설명으로 옳은 것은? 2점

→ 여운형

> 항복 전에 정무총감 엔도 등이 법과 질서를 유지하고 일본인들이 생명과 재산을 지키기 위하여 (가) 와/과 논의하였다. …… 일본인들은 그가 유혈 사태를 막아줄 수 있다고 믿었던 것 같다. …… 그런데 (가) 은/는 조선 총독부가 생각했던 바를 따르지 않았다. 일본이 원했던 것은 연합군이 올 때까지 질서를 유지하기 위한 평화 유지 위원회 정도였다. 그러나 그는 실질적인 정부로 여겨질 수 있는 조선 건국 준비 위원회를 만들었다.

① 샌프란시스코에서 흥사단을 결성하였다. 안창호
② 조선어 학회 사건으로 구속되어 옥고를 치렀다. 이윤재, 최현배
✓③ 김규식과 함께 좌우 합작 위원회를 조직하였다. 여운형
④ 반민족 행위 특별 조사 위원회에서 활동하였다. 김상덕, 김상돈
⑤ 미국에서 귀국하여 독립 촉성 중앙 협의회를 이끌었다. 이승만

자료분석 '조선 건국 준비 위원회를 만들었다'를 통해 (가) 인물은 조선 건국 준비 위원회 위원장인 여운형임을 알 수 있다.

정답 찾기 ③ 1946년 여운형은 김규식과 함께 좌우 합작 위원회를 조직하고 통일 정부 수립을 위해 노력하였다.

오답 피하기
① 안창호는 샌프란시스코에서 독립운동 단체로 흥사단을 결성하였다.
② 1942년 조선어 학회는 『우리말 큰사전』 편찬을 준비하다가 일제가 조작한 조선어 학회 사건으로 이윤재, 최현배 등이 구속되었다.
④ 대한민국 정부 수립 이후 구성된 반민족 행위 특별 조사 위원회는 위원장 김상덕과 부위원장 김상돈이 중심이 되었다.
⑤ 이승만은 광복 직후 미국에서 귀국하여 독립 촉성 중앙 협의회를 이끌었다.

인끌인 합격으로 이끄는 필수 개념: 좌우 합작 운동(1946)

주도	중도파(여운형, 김규식 등)
단체 조직	좌우 합작 위원회 결성
원칙 발표	좌우 합작 7원칙 발표
실패	미 군정 지원 철회와 여운형 암살

45 (가) 전쟁 중에 있었던 사실로 옳은 것을 〈보기〉에서 고른 것은? 2점

→ 6·25 전쟁(1950~1953)

사진으로 보는 (가)

이 사진은 (가) 당시 끊어진 대동강 철교를 찍은 거란다. 유엔군은 중국군의 남하를 지연시키기 위해 철교를 파괴했다는구나.

한파가 몰아치는 한겨울에 끊어진 다리를 건너는 피난민의 모습을 보니 전쟁의 참혹함이 생생하게 느껴지는 것 같아요.

〈보 기〉
ㄱ. 애치슨 라인이 발표되었다. 6·25 전쟁 이전
✓ㄴ. 인천 상륙 작전이 전개되었다. 6·25 전쟁 중
✓ㄷ. 부산에서 발췌 개헌안이 통과되었다. 6·25 전쟁 중
ㄹ. 모스크바 3국 외상 회의가 개최되었다. 6·25 전쟁 이전

① ㄱ, ㄴ ② ㄱ, ㄷ ✓③ ㄴ, ㄷ ④ ㄴ, ㄹ ⑤ ㄷ, ㄹ

자료분석 '유엔군은 중국군의 남하를 지연시키기 위해 철교를 파괴', '한파가 몰아치는 한겨울에 끊어진 다리를 건너는 피난민' 등을 통해 (가) 전쟁은 6·25 전쟁(1950. 6.~1953. 7.)임을 알 수 있다.

정답 찾기 ③ ㄴ. 6·25 전쟁으로 3일 만에 서울이 함락당하자 국군과 유엔군은 전쟁의 흐름을 바꾸기 위해 1950년 9월 인천 상륙 작전을 전개하였다.
ㄷ. 6·25 전쟁 중인 1952년 이승만 정부는 부산에서 비상계엄을 선포하고 대통령 직선제로의 변경을 주요 내용으로 하는 발췌 개헌안을 통과시켰다.

오답 피하기
ㄱ. 1950년 1월 미국 국무 장관 애치슨이 태평양 극동 방위선에서 한국과 타이완 등을 제외한다고 발표하였다(애치슨 선언). 이는 6·25 전쟁의 배경이 되었다.
ㄹ. 1945년 12월 모스크바 3국 외상 회의가 개최되어 한반도에 대한 최고 5년간의 신탁 통치가 결정되었다.

인끌인 합격으로 이끄는 필수 개념: 6·25 전쟁(1950~1953)

배경	애치슨 선언(미국의 방위선에서 한국과 대만 제외)
과정	6·25 전쟁 시작 → 유엔군 참전 → 인천 상륙 작전 → 서울 수복 → 국군의 압록강 진격 → 중국군 개입 → 1·4 후퇴 → 서울 재수복 → 정전 협정
결과	• 국토의 황폐화, 인적·물적 피해, 분단의 고착화 • 한·미 상호 방위 조약 체결(1953. 10. 1.)

제69회 심화
제68회 심화
제67회 심화
제66회 심화
제65회 심화
제64회 심화
제63회 심화
제62회 심화

46 다음 뉴스가 보도된 정부 시기의 경제 상황으로 옳은 것은?

2점

→ 박정희 정부 시기 경제 개발

서울–부산 간 고속 도로 준공식이 대구에서 열렸습니다. 대전–대구 구간을 마지막으로 경부 고속 도로가 완공되면서 서울에서 부산까지의 이동 시간이 4시간 30분 정도로 줄어들게 되었습니다. 하지만 2년 5개월여의 단기간에 고속 도로를 완공하면서 다수의 사상자가 발생하는 등 안타까운 일도 있었습니다.

✓① 제2차 경제 개발 5개년 계획이 추진되었다. 박정희 정부
② 미국의 경제 원조로 삼백 산업이 발달하였다. 이승만 정부
③ 귀속 재산 처리를 위해 신한 공사가 설립되었다. 미 군정기
④ 대통령 긴급 명령으로 금융 실명제가 실시되었다. 김영삼 정부
⑤ 최저 임금 결정을 위한 최저 임금 위원회가 설치되었다. 전두환 정부

자료분석 '경부 고속 도로가 완공'을 통해 박정희 정부 시기임을 알 수 있다.

정답 찾기 ① 박정희 정부 시기에 제2차 경제 개발 5개년 계획이 추진되었다. 경공업 위주의 정책으로, 소비재 수출 산업을 육성하였다.

오답 피하기
② 이승만 정부 시기에 제분·제당·면방직 등의 삼백 산업이 발달하였다.
③ 미 군정기에 귀속 재산 처리를 위한 신한 공사가 설립되었다.
④ 김영삼 정부 시기인 1993년 대통령의 긴급 명령으로 금융 실명제가 실시되었다.
⑤ 전두환 정부 시기에 최저 임금법이 제정되고, 최저 임금 위원회가 설치되었다.

인뀤이끌인 합격으로 이끄는 필수 개념: 박정희 정부의 경제 정책

제3·4차 경제 개발 5개년 계획	• 중화학 공업 육성 정책 • 포항 종합 제철 공장 건설
새마을 운동	• 농촌 환경 개선과 소득 증대 목표 • 농촌에서 시작되어 도시로 확산
산업화·도시화	• 도시와 농촌 간 소득 격차 • 정부의 도시 정책에 반발(광주 대단지 사건)
기타	• 경부 고속 국도 개통(1970) • 인력 파견(서독, 중동)

---

47 다음 발표가 있었던 시기를 연표에서 옳게 고른 것은?

2점

→ 1997년 외환 위기(김영삼 정부)

정부는 최근 겪고 있는 금융·외환 시장의 어려움을 극복하기 위해 국제 통화 기금(IMF)에 유동성 조절 자금을 지원해 줄 것을 요청하기로 결정하였습니다. …… 유동성 부족 상태가 조속한 시일 안에 해결될 것으로 기대합니다. 정부는 국제 통화 기금과 참여국의 지원과 함께 우리 스스로도 원활한 외화 조달을 위한 다각적인 대책을 함께 적극 추진해 나갈 계획입니다.

1949		1965		1977		1988		1998		2007
	(가)		(나)		(다)		✓(라)		(마)	
농지 개혁법 제정		한일 기본 조약 체결		100억 달러 수출 달성		서울 올림픽 개최		노사정 위원회 구성		한미 자유 무역 협정(FTA) 체결

① (가)   ② (나)   ③ (다)   ✓④ (라)   ⑤ (마)

자료분석 '국제 통화 기금(IMF)에 유동성 조절 자금을 지원해 줄 것을 요청'을 통해 김영삼 정부 시기인 1997년 외환 위기가 발생했음을 알 수 있다.

정답 찾기 ④ 1997년 외환 위기가 초래하자 김영삼 정부는 국제 통화 기금(IMF)에 금융 지원을 요청하였다.

인뀤이끌인 합격으로 이끄는 필수 개념: 김영삼 정부 시기의 사실

정책	• 지방 자치제 전면 시행 • 역사 바로 세우기 운동 (조선 총독부 청사 철거, 전두환·노태우 구속)
경제	금융 실명제 시행
대외	• WTO 가입(1995) • 경제 협력 개발 기구(OECD) 가입(1996) • IMF 외환 위기(1997)

제69회 심화
제68회 심화
제67회 심화
제66회 심화
제65회 심화
제64회 심화
제63회 심화
제62회 심화

KEYWORD 강릉의 역사 정답 ①

48 (가)에 들어갈 내용으로 가장 적절한 것은? 2점

저는 지금 ○○시에 있는 경포대에 와 있습니다. 관동팔경 중 하나인 경포대 안에는 숙종이 직접 지은 시를 비롯하여 많은 명사의 글이 걸려있습니다. 이 지역에서 가 볼 만한 곳을 대화창에 올려 주세요.

ON 대화창
양반의 주거 생활을 볼 수 있는 선교장을 추천해요.
보물로 지정된 승탑과 당간지주가 있는 굴산사지는 어때요?
(가) → 강릉
글쓰기

✔ ① 율곡 이이가 태어난 오죽헌을 추천해요. 강릉
② 무령왕릉이 있는 송산리 고분군을 추천해요. 공주
③ 어재연 부대가 항전했던 광성보에 가 보세요. 강화도
④ 팔만대장경판이 보관된 해인사를 방문해 보세요. 합천
⑤ 삼별초가 활동한 항파두리 항몽 유적에 가 보세요. 제주도

자료분석 '경포대', '선교장', '굴산사지' 등을 통해 (가)에 들어갈 내용은 강릉과 관련 있음을 알 수 있다.

정답 찾기 ① 강릉에는 율곡 이이가 태어난 오죽헌이 있다.

오답 피하기
② 백제 문주왕은 웅진(공주)으로 천도하였다. 웅진 시대 대표적인 유적으로는 무령왕릉, 송산리 고분 등이 있다.
③ 신미양요(1871) 당시 어재연 부대가 항전했던 광성보는 강화도에 있다.
④ 합천 해인사 장경판전에 팔만대장경판이 보관되어 있다.
⑤ 고려 최씨 무신 집권기 최우의 사병 조직이었던 삼별초는 개경 환도에 반대하며 제주도로 근거지를 옮겨 항전하였다.

합격으로 **이끄는** 필수 개념: 강릉의 역사

고대	하슬라·명주(9주)
고려 시대	명주(동계)
조선 시대	• 강릉대도호부(강원도) • 경포대·선교장·오죽헌 • 굴산사지 • 신사임당·이이

KEYWORD 4·19 혁명 정답 ②

49 다음 민주화 운동에 대한 설명으로 옳은 것은? 1점

○○○○년 ○○월 ○○일
→ 이승만 정부 시기 4·19 혁명(1960)의 전개

학생 대표의 연설이 끝나자 우리는 단단하게 스크럼을 짜고 교문 밖으로 행진했다. 3·15 부정 선거에 대한 분노와 얼마 전 마산에서 일어난 규탄 대회에서 김주열 군이 최루탄에 눈 부분을 맞고 마산 앞 바다에 죽은 채 떠올랐다는 소문이 파다하게 퍼져있던 터였다. …… 시위대의 물결이 경무대로 향했다. 그때 귀청을 뚫을 듯한 총소리가 연발로 들렸다. 얼마나 지났을까. 총소리가 멈춘 후 고개를 들고 주위를 둘러보다가 벌떡 일어나고 말았다. 같은 반 친구가 바지가 찢어진 채 피를 흘리며 쓰러져 있었다. 나는 정신없이 달려가 그를 안았다. 그러나 그는 이미 사지를 축 늘어뜨린 채 힘이 없었다.

① 시민군이 조직되어 계엄군에 저항하였다. 5·18 민주화 운동의 과정
✔ ② 당시 대통령이 하야하는 결과를 가져왔다. 4·19 혁명의 결과
③ 호헌 철폐, 독재 타도 등의 구호를 내세웠다. 6월 민주 항쟁의 전개
④ 3선 개헌 반대 범국민 투쟁 위원회가 주도하였다. 박정희 정부 시기
⑤ 장기 독재를 비판하는 3·1 민주 구국 선언이 발표되었다. 박정희 정부 시기

자료분석 '3·15 부정 선거', '마산에서 일어난 규탄 대회', '김주열' 등을 통해 이승만 정부 시기 발생한 4·19 혁명(1960)임을 알 수 있다.

정답 찾기 ② 4·19 혁명으로 이승만 대통령이 하야하고 허정 과도 정부가 출범하였다.

오답 피하기
① 1980년 5·18 민주화 운동 당시 광주에서 시민군이 조직되어 계엄군에 저항하였다.
③ 1987년 6월 민주 항쟁 당시 시민들은 호헌 철폐, 독재 타도 등의 구호를 내세웠다.
④ 1969년 박정희 정부가 3선 개헌을 단행하자 3선 개헌 반대 범국민 투쟁 위원회가 3선 개헌 반대 운동을 전개하였다.
⑤ 1976년 박정희 정부의 유신 체제에 반발하여 3·1 민주 구국 선언이 발표되었다.

합격으로 **이끄는** 필수 개념: 4·19 혁명(1960)

배경	3·15 부정 선거
과정	마산 시위 → 김주열 시신 발견 → 전국 확산 → 비상계엄령 선포 → 대학 교수단의 시국 선언 및 시위 → 이승만 하야
결과	• 허정 과도 정부 수립 • 3차 개헌(내각 책임제, 양원제)

KEYWORD 전두환 정부의 통일 노력   정답 ⑤

50 (가), (나) 사이의 시기에 있었던 사실로 옳은 것은? 3점

> (가) 남북 간의 제반 문제를 개선, 해결하며 나라의 통일 문제를 다루는 남북 조절 위원회가 정식으로 발족하였다. 남북 조절 위원회는 판문점에 공동 사무국을 두기로 하였으며, 회의는 서울과 평양에서 번갈아 진행하기로 하였다.
> └→ 박정희 정부 시기 7·4 남북 공동 성명

> (나) 서울에서 열린 제5차 남북 고위급 회담에서 남북 사이의 화해와 불가침 및 교류·협력 등을 주요 내용으로 하는 남북 기본 합의서를 채택하였다. 특히 이번 합의서에서는 분단 이후 처음으로 남북 양측의 국호를 사용하였다.
> └→ 노태우 정부 시기 남북 기본 합의서

① 금강산 육로 관광이 시작되었다. 노무현 정부 시기
② 6·15 남북 공동 선언이 발표되었다. 김대중 정부 시기
③ 평창 동계 올림픽에 남북 단일팀이 참가하였다. 문재인 정부 시기
④ 남북 경제 협력을 위한 개성 공업 지구가 조성되었다. 김대중 정부 시기
✓⑤ 남북 이산가족 고향 방문단의 교환 방문이 최초로 성사되었다.
전두환 정부 시기

자료분석 (가) 박정희 정부 시기인 1972년 7·4 남북 공동 성명에 대한 내용이다. (나) 노태우 정부 시기인 1991년 남북 기본 합의서에 대한 내용이다.

정답 찾기 ⑤ 전두환 정부 시기인 1985년 남북 이산가족 고향 방문단의 교환 방문이 최초로 성사되었다.

오답 피하기
① 노무현 정부 시기인 2003년 금강산 육로 관광이 시작되었다. (나) 이후의 사실이다.
② 김대중 정부 시기인 2000년 제1차 남북 정상 회담의 결과 6·15 남북 공동 선언이 발표되었다. (나) 이후의 사실이다.
③ 문재인 정부 시기인 2018년 평창 동계 올림픽에 남북 단일팀이 참가하였다. (나) 이후의 사실이다.
④ 김대중 정부는 6·15 남북 공동 선언(2000)의 결과 개성 공업 지구 조성에 합의하였다. (나) 이후의 사실이다.

 합격으로 이끄는 필수 개념: 역대 정부의 주요 통일 정책

박정희 정부	7·4 남북 공동 성명(1972) → 남북 조절 위원회 설치
전두환 정부	이산가족 고향 방문단·예술 공연단 교환(1985)
노태우 정부	• 남북한 유엔(UN) 동시 가입(1991) • 남북 기본 합의서 채택(1991)
김대중 정부	• 경의선 복구 사업·개성 공단 건설 합의 • 6·15 남북 공동 선언(2000)
노무현 정부	• 개성 공단 착공 및 완공 • 남북 관계 발전과 평화 번영을 위한 선언(2007)
문재인 정부	판문점 선언(2018)

더욱더 명쾌하고 자세한 해설

더 이상의 시간 낭비는 No! 시험 직전 **스피드한 문제 회독**은 필수!
문제 풀이에 필요한 **핵심 키워드**만 쏙쏙 뽑아 드립니다.

제 **65** 회

KEYWORD 청동기 시대의 생활 모습 　　정답 ②

01 밑줄 그은 '이 시대'의 생활 모습으로 옳은 것은? 1점

> **부여 송국리**
> **축제에 초대합니다.**
> 2023.00.00.~00.00.
> 부여 송국리 유적 일원

> **모시는 글**
> ┌→ 청동기 시대
> 사유 재산과 계급이 출현한 이 시대의 대표적 유적인 부여 송국리 유적에서 축제를 개최합니다. 다양한 행사에 참여하여 당시 생활을 체험해 보시기 바랍니다.
>
> ◆ 주요 프로그램 ◆
> • 비파형 동검 모형 만들기
> • 민무늬 토기 조각 맞추기
> • 증강 현실로 환호와 목책 보기

① 소를 이용한 깊이갈이가 일반화되었다. 고려
✓② 많은 인력을 동원하여 고인돌을 축조하였다. 청동기 시대
③ 실을 뽑기 위해 가락바퀴를 처음 사용하였다. 신석기 시대
④ 쟁기, 쇠스랑 등의 철제 농기구가 이용되었다. 초기 철기 시대
⑤ 주로 동굴이나 강가에 막집을 짓고 거주하였다. 구석기 시대

자료분석 '사유 재산', '계급이 출현', '부여 송국리 유적' 등을 통해 밑줄 그은 '이 시대'가 청동기 시대임을 알 수 있다. 청동기 시대의 대표적인 유적으로는 부여 송국리 유적과 여주 흔암리 유적이 있다.

정답 찾기 ② 청동기 시대에는 많은 인력을 동원하여 지배층의 무덤인 고인돌을 축조하였다. 고인돌의 규모를 통해 군장의 권력과 부의 크기를 알 수 있다.

오답 피하기
① 고려 시대부터 소를 이용한 깊이갈이(우경)가 일반화되었다.
③ 신석기 시대에 처음으로 가락바퀴와 뼈바늘을 이용하여 옷이나 그물을 만들었다.
④ 초기 철기 시대에는 쟁기와 쇠스랑 등의 철제 농기구를 사용하였다.
⑤ 구석기 시대에는 이동 생활을 하며 주로 동굴이나 강가에 막집을 짓고 거주하였다.

합격으로 이끄는 필수 개념: 청동기 시대의 생활 모습

식생활	벼농사 시작
사회 모습	• 사유 재산 제도 • 계급 발생
유물	• 비파형 동검, 민무늬 토기 • 고인돌
유적지	• 부여 송국리 유적지 • 경기 여주 흔암리

KEYWORD 고조선 　　정답 ⑤

02 (가) 국가에 대한 설명으로 옳은 것은? 2점

> ┌→ 고조선
> 니계상 참이 사람을 시켜 (가) 의 왕 우거를 죽이고 와서 항복하였다. 그러나 왕검성은 끝내 함락되지 않았기에 우거왕의 대신(大臣) 성기가 한(漢)에 반기를 들고 공격하였다. 좌장군은 우거왕의 아들 장과 항복한 상 노인의 아들 최로 하여금 그 백성을 달래고 성기를 주살하도록 하였다. 드디어 (가) 을/를 평정하고 진번·임둔·낙랑·현도군을 설치하였다.
> – 『한서』 –

① 동맹이라는 제천 행사를 열었다. 고구려
② 신성 지역인 소도가 존재하였다. 삼한
③ 읍락 간의 경계를 중시하는 책화가 있었다. 동예
④ 여러 가(加)들이 별도로 사출도를 다스렸다. 부여
✓⑤ 사회 질서를 유지하기 위해 범금 8조를 두었다. 고조선

자료분석 '우거', '왕검성', '진번·임둔·낙랑·현도' 등을 통해 (가) 국가는 고조선임을 알 수 있다. 단군왕검에 의해 건국된 고조선은 우거왕 때 한의 침입을 받아 멸망하였다. 이후 한은 고조선의 옛 땅에 진번·임둔·낙랑·현도 등 한 군현을 설치하였다.

정답 찾기 ⑤ 고조선에는 사회 질서를 유지하기 위한 8조법이 있었다. 8조법은 사유 재산, 계급, 생명 중시 등의 내용으로 구성되었으며 현재 3개 조항만 전한다.

오답 피하기
① 고구려는 10월에 국동대혈에서 동맹이라는 제천 행사를 치렀다.
② 삼한은 제사장인 천군과 신성 지역인 소도가 있었고, 천군은 농경과 종교에 대한 의례를 주관하였다.
③ 동예는 다른 부족의 영역을 침입하는 것을 엄격하게 금하여 만약 이를 어겼을 경우 소나 말로 배상하게 하는 책화라는 풍습이 있었다.
④ 부여는 마가·우가·저가·구가 등 여러 가(加)들이 별도로 사출도를 다스렸다.

합격으로 이끄는 필수 개념: 고조선

단군 조선	• 청동기 문화를 바탕으로 건국 • 단군왕검
기원전 4~3세기	• 왕위 세습: 부왕 → 준왕 • 관직 설치: 상·대부·장군
위만 조선	• 중계 무역 • 한의 침공으로 멸망 　→ 한 군현 설치(낙랑, 임둔, 진번, 현도)

03 (가) 지역에 대한 탐구 활동으로 가장 적절한 것은? 2점

이달의 역사 인물

문주왕
미상~477

(가)에 백제의

새로운 터전을 잡다

고구려 장수왕의 공격으로 백제의 수도 한성이 파괴되고 개로왕이 전사하였다. 그에 이어 즉위한 문주왕은 위기를 수습하고자 　(가)　(으)로 도읍을 옮겼다.

→웅진(공주)

① 무왕이 미륵사를 창건한 곳을 살펴본다. 익산
✓② 무령왕과 왕비의 무덤이 발굴된 곳을 답사한다. 공주
③ 성왕이 신라와의 전투에서 전사한 곳을 검색한다. 옥천
④ 윤충이 의자왕의 명을 받아 함락시킨 곳을 지도에 표시한다. 합천
⑤ 계백이 이끄는 결사대가 신라군에 맞서 싸운 곳을 조사한다. 논산

자료분석 '문주왕', '개로왕이 전사' 등을 통해 (가) 지역은 웅진(공주)임을 알 수 있다. 고구려 장수왕의 공격으로 백제는 수도 한성이 함락당하고 개로왕이 전사하였다. 개로왕의 아들 문주왕은 고구려의 위협을 피하고 위기를 수습하고자 웅진으로 천도하였다.

정답 찾기 ② 백제 무령왕과 그 왕비의 무덤이 발견된 곳은 공주이다. 공주 무령왕릉은 중국 남조의 영향을 받아 만들어진 벽돌무덤이다.

오답 피하기
① 백제 무왕은 금마저(익산)에 미륵사를 창건하였다.
③ 백제 성왕은 진흥왕의 배신으로 한강 하류 지역을 신라에 빼앗기자 직접 신라를 공격하다가 554년 관산성(옥천) 전투에서 전사하였다.
④ 백제 의자왕은 642년 장군 윤충을 보내 신라를 공격하여 대야성(합천)을 비롯한 40여 성을 함락하였다.
⑤ 백제 계백의 5천 결사대가 황산벌(논산)에서 신라 김유신의 5만 군대에 맞서 항전하였으나 패배하였다.

합격으로 이끄는 필수 개념: 공주의 역사

선사 시대	공주 석장리: 구석기 시대 유적
고대	• 웅진 천도: 문주왕 • 무령왕릉 • 김헌창의 난
근대	공주 우금치 전투: 제2차 동학 농민 운동

---

04 (가)에 해당하는 문화유산으로 옳은 것은? 2점

○○ 박물관　소장품 검색　관람 정보　박물관 소개

소장품 검색

소장품명 ▼　[　　　　　] 검색

■ 종목 : 보물
■ 지정(등록)일 : 2015년 9월 2일
■ 소개
　• 1946년 경주 호우총에서 출토됨
　• '을묘년국강상광개토지호태왕호우십'
　　(乙卯年國罡上廣開土地好太王壺杅十)
　　이라는 명문이 있음
■ 의의
　• 신라와 고구려 사이의 정치적 관계를 살펴볼 수 있는 유물로 평가됨

(가)
→
호우명 그릇
(호우총)

✓① 호우명 그릇(신라)　　② 진묘수(백제)　　③ 칠지도(백제)

④ 금동 연가 7년명 여래 입상(고구려)　　⑤ 기마 인물형 토기(신라)

자료분석 '경주 호우총', '신라와 고구려 사이의 정치적 관계를 살펴볼 수 있는 유물' 등을 통해 (가)에 해당하는 문화유산은 신라의 호우명 그릇임을 알 수 있다.

정답 찾기 ① 호우명 그릇은 경주 호우총에서 출토된 그릇으로, 당시 신라에 대한 고구려의 영향을 확인할 수 있다.

오답 피하기
② 백제 무령왕릉에서 발견된 진묘수이다. 진묘수는 무덤을 지키기 위해 놓아 두었으며 상상 속 동물의 모습으로 만들어졌다.
③ 백제는 근초고왕 때 왜왕에게 칠지도를 선물하였다.
④ 고구려의 금동 연가 7년명 여래 입상이다.
⑤ 신라의 기마 인물형 토기이다.

합격으로 이끄는 필수 개념: 유물을 통해 알 수 있는 사실

호우명 그릇	신라와 고구려의 관계
칠지도	백제와 일본의 교류
금동 미륵보살 반가 사유상	삼국 문화의 일본 전파

05 다음 상황 이후에 있었던 사실로 옳은 것은?　2점

> 10월에 백제왕이 병력 3만 명을 거느리고 평양성을 공격해 왔다. 왕이 군대를 출정시켜 백제군을 막다가 날아온 화살에 맞아 이달 23일에 세상을 떠났다. └→ 고구려 고국원왕의 전사

① 유리왕이 졸본에서 국내성으로 천도하였다. 1세기
② 미천왕이 낙랑군을 축출하여 영토를 확장하였다. 4세기 초
✓ ③ 소수림왕이 불교를 공인하고 율령을 반포하였다. 4세기 중반
④ 고국천왕이 을파소를 등용하고 진대법을 실시하였다. 2세기
⑤ 유주자사 관구검이 이끄는 군대가 환도성을 함락하였다. 3세기

자료분석 '평양성을 공격', '백제군을 막다가 날아온 화살에 맞아' 등을 통해 해당 상황은 백제 근초고왕이 고구려의 평양성을 공격하여 고국원왕이 전사 했음을 알 수 있다(371).

정답찾기 ③ 고국원왕 이후 즉위한 소수림왕은 불교를 수용하고 율령을 반포하여 국가를 정비하였다.

오답 피하기
① 1세기 고구려 유리왕이 졸본에서 국내성으로 천도하였다.
② 4세기 초반 고구려 미천왕이 한 군현인 낙랑군을 축출하여 영토를 확보하 였다.
④ 2세기 고구려 고국천왕이 재상 을파소를 등용하고 구휼 정책인 진대법을 실시하였다.
⑤ 3세기 고구려 동천왕 때 위나라 관구검의 공격을 받았다.

인 킈	**합격으로 이끄는 필수 개념:** 4세기~5세기 고구려의 국왕
고국원왕	근초고왕의 공격을 받아 평양성 전투에서 전사
소수림왕	• 불교 수용 • 율령 반포 • 태학 설립
광개토 대왕	신라에 침입한 왜 격퇴
장수왕	• 평양 천도 • 백제의 한성 함락

---

06 (가), (나) 사이의 시기에 있었던 사실로 옳은 것은?　2점

> ┌→ 백강 전투(백제 부흥 운동)
> (가) 당의 손인사, 유인원과 신라왕 김법민은 육군을 거느려 나아 가고, 유인궤 등은 수군과 군량을 실은 배를 거느리고 백강으 로 가서 육군과 합세하여 주류성으로 갔다. 백강 어귀에서 왜 의 군사를 만나 …… 그들의 배 4백 척을 불살랐다.
> └→ 매소성 전투(나·당 전쟁)
> (나) 이근행이 군사 20만 명을 이끌고 매소성에 머물렀다. 신라군이 공격하여 달아나게 하고 말 3만여 필을 얻었는데, 노획한 병장 기의 수도 그 정도 되었다.

① 장문휴가 당의 등주를 공격하였다. 발해 무왕
② 원광이 왕명으로 걸사표를 작성하였다. 신라 진평왕
③ 을지문덕이 살수에서 대승을 거두었다. 고구려 영양왕
④ 김춘추가 당과의 군사 동맹을 성사시켰다. 나·당 연합
✓ ⑤ 검모잠이 안승을 왕으로 세워 부흥 운동을 벌였다. 고구려 부흥 운동

자료분석 (가) 백제 부흥 운동 중 백제와 왜군이 나·당 연합군에 맞섰으 나 패배한 백강 전투(663)이다. (나) 신라가 매소성에서 당을 상대로 승리했 던 매소성 전투(675)에 대한 내용이다.

정답찾기 ⑤ 668년 고구려 멸망 이후 검모잠이 안승을 왕으로 세워 고구 려 부흥 운동을 전개하였다.

오답 피하기
① 발해 무왕은 장문휴를 시켜 당의 산동 반도 등주를 선제공격하였다. (나) 이후의 사실이다.
② 신라의 승려 원광이 진평왕의 명으로 수나라에 원병을 요청하는 걸사 표를 작성한 것은 (가) 이전의 사실이다.
③ 고구려의 장군 을지문덕이 수나라의 대군을 무찌른 살수 대첩은 (가) 이전의 사실이다.
④ 신라의 김춘추는 대야성 함락 이후 고구려와의 동맹이 성사되지 못하 자 당으로 건너가 군사 동맹을 체결하였다. (가) 이전의 사실이다.

	합격으로 이끄는 필수 개념: 백제와 고구려 부흥 운동
백제 부흥 운동	• 복신·도침·부여풍: 주류성 • 흑치상지: 임존성 • 백강 전투
고구려 부흥 운동	• 검모잠: 한성 • 신라의 지원: 안승을 보덕국왕으로 책봉

제69회 심화
제68회 심화
제67회 심화
제66회 심화
제65회 심화
제64회 심화
제63회 심화
제62회 심화

07 밑줄 그은 '이 나라'에 대한 설명으로 옳은 것은? 1점

→발해
○ 조영이 죽으니, 이 나라에서는 고왕이라 하였다. 아들 무예가 왕위에 올라 영토를 크게 개척하니, 동북의 모든 오랑캐들이 겁을 먹고 그를 섬겼다.

○ 처음에 이 나라의 왕이 자주 학생들을 경사의 태학에 보내어 고금의 제도를 배우고 익혀 가더니, 드디어 해동성국이 되었다. 그 땅에는 5경 15부 62주가 있다.

- 『신당서』 -

① 정사암 회의를 개최하였다. 백제
② 9서당 10정의 군사 조직을 갖추었다. 통일 신라
③ 욕살, 처려근지 등의 지방관을 두었다. 고구려
✓ ④ 인안, 대흥 등 독자적인 연호를 사용하였다. 발해
⑤ 광평성을 비롯한 각종 정치 기구를 마련하였다. 후고구려

자료분석 '조영', '무예', '해동성국', '5경 15부 62주' 등을 통해 밑줄 그은 '이 나라'는 발해임을 알 수 있다. 발해는 선왕 때 전성기를 맞이하여 해동성국이라 불렸으며 5경 15부 62주의 행정구역을 정비하였다.

정답 찾기 ④ 발해 무왕은 인안, 문왕은 대흥이라는 독자적인 연호를 사용하여 중국 당나라와 대등함을 나타내었다.

오답 피하기
① 백제는 정사암 회의를 열어 국가 중대사를 결정하였다.
② 통일 신라는 9서당 10정의 군사 조직으로 개편하였다.
③ 고구려는 지방의 여러 성에 욕살, 처려근지 등의 지방관을 두었다.
⑤ 궁예는 후고구려를 세우고, 최고 중앙 기구로 광평성을 설치하였다.

인 킠 이끔인 　合격으로 **이끄는 필수 개념:** 발해의 건국과 발전

건국	대조영이 동모산에서 건국
외교	• 발해 무왕: 당의 등주 공격(장문휴) • 발해 문왕: 당과 친선
행정	• 중앙: 3성 6부 • 지방: 5경 15부 62주
교육	주자감 설치
연호	• 발해 무왕: 인안 • 발해 문왕: 대흥 • 발해 선왕: 건흥

---

08 밑줄 그은 '이 인물'에 대한 설명으로 옳은 것은? 3점

오전 10:40　48%

♥ 　💬 　　　　　　　　　🔖
좋아요 28회 　　　　　　　　8시간 전

→설총
이곳은 이 인물을 제사하는 경주의 서악서원. 그는 한자의 음과 훈을 빌려 우리말을 표기하는 이두를 체계적으로 정리함. 우리말로 유학 경전을 풀이하여 후학들을 가르침. 원효의 아들임.

🏠 　🔍 　⊕ 　♡ 　　◉

① 향가 모음집인 삼대목을 편찬하였다. 위홍과 대구 화상
② 진성 여왕에게 시무책 10여 조를 올렸다. 최치원
③ 화랑도의 규범으로 세속 5계를 제시하였다. 원광
④ 외교 문서 작성에 능하여 청방인문표를 지었다. 강수
✓ ⑤ 국왕에게 조언하는 내용인 화왕계를 집필하였다. 설총

자료분석 '이두를 체계적으로 정리', '원효의 아들' 등을 통해 밑줄 그은 '이 인물'은 설총임을 알 수 있다. 통일 신라 시기 설총은 이두를 체계적으로 정리하여 한문 교육에 공헌하였다.

정답 찾기 ⑤ 설총은 통일 신라 신문왕에게 조언하는 내용인 「화왕계」를 지어 바쳤다.

오답 피하기
① 통일 신라 진성 여왕 때 각간 위홍과 대구 화상 등이 향가 모음집인 「삼대목」을 지었다.
② 6두품 출신 최치원은 신라로 귀국하여 진성 여왕에게 시무 10여 조를 올렸으나 진골 귀족의 반대에 부딪혀 실현되지 못하였다.
③ 신라 진평왕 때 승려 원광은 화랑에게 세속 오계를 가르쳐 규범으로 삼게 하였다.
④ 6두품 출신 강수는 당에 김인문을 석방해 줄 것을 요청한 「청방인문표」 등을 저술하였다.

인 킠 이끔인 　合격으로 **이끄는 필수 개념:** 신라의 유학자

설총	• 「화왕계」 • 이두 정리
강수	외교 문서 작성: 「청방인문표」, 「답설인귀서」
최치원	• 「토황소격문」 • 시무 10여 조

KEYWORD 신라 하대의 모습 · 정답 ⑤

09 밑줄 그은 '시기'에 볼 수 있는 모습으로 적절한 것은? [2점]

이 유물에는 민애왕을 추모하는 명문이 있습니다. 그는 혜공왕 피살 이후 왕위 쟁탈전이 치열했던 시기에 희강왕을 축출하고 왕이 되었으나, 다른 진골 세력에 의해 1년 만에 제거되었습니다.
→ 신라 하대

전(傳) 대구 동화사 비로암 삼층 석탑 납석사리호

① 의창에서 곡식을 빌리는 백성 고려
② 만권당에서 대담을 나누는 학자 고려(원 간섭기)
③ 혜민국에서 약을 받아 가는 환자 고려
④ 화엄일승법계도를 저술하는 승려 신라 중대
✔ ⑤ 청해진을 거점으로 해적을 소탕하는 병사 신라 하대

자료분석 '혜공왕 피살 이후 왕위 쟁탈전이 치열', '다른 진골 세력에 의해 1년 만에 제거' 등을 통해 밑줄 그은 '시기'는 신라 하대임을 알 수 있다.

정답 찾기 ⑤ 신라 하대에 장보고는 청해진을 설치하여 해적을 소탕하고 해상 무역을 전개하였다.

오답 피하기
① 고려 성종은 의창을 설치하고, 흉년이 일어나면 백성들에게 곡식 등을 빌려주었다.
② 고려 충선왕 때 원에 만권당을 설치하여 이제현으로 하여금 원의 학자들과 교류하도록 하였다.
③ 혜민국은 고려 시대의 의약 담당 기관이다.
④ 신라 중대에 의상이 당 유학을 마치고 돌아와 『화엄일승법계도』를 저술하였다.

인 큅 합격으로 **이끄는** 필수 개념: 신라 하대의 정치 변동

원성왕	독서삼품과: 골품제의 모순으로 실패
헌덕왕	김헌창의 난: 진골 귀족 간의 왕위 쟁탈전
흥덕왕	장보고: 청해진 설치
진성 여왕	• 『삼대목』 편찬: 위홍, 대구 화상 • 원종·애노의 난 • 최치원: 시무 10여 조

KEYWORD 고려 태조 왕건 · 정답 ①

10 (가) 왕의 재위 시기에 있었던 사실로 옳은 것은? [2점]

<탐구 활동 보고서>

○학년 ○반 이름 : △△△

1. 주제: [(가)], 안정과 통합을 꾀하다
→ 고려 태조
2. 방법: 『고려사』 사료 검색 및 분석
3. 사료 내용과 분석

사료 내용	분석
명주의 순식이 투항하자 왕씨 성을 내리다.	지방 호족 포섭
『정계』와 『계백료서』를 지어 반포하다.	관리의 규범 제시
흑창을 두어 가난한 백성에게 곡식을 빌려주다.	민생 안정

✔ ① 개국 공신에게 역분전을 지급하였다. 고려 태조 왕건
② 외침에 대비하여 광군을 조직하였다. 고려 정종
③ 광덕, 준풍 등의 독자적 연호를 사용하였다. 고려 광종
④ 관학 진흥을 목적으로 양현고를 운영하였다. 고려 예종
⑤ 주전도감을 설치하여 해동통보를 발행하였다. 고려 숙종

자료분석 '왕씨 성을 내리다', '『정계』와 『계백료서』', '흑창' 등을 통해 (가) 왕은 고려 태조 왕건임을 알 수 있다.

정답 찾기 ① 고려 태조 왕건은 고려 건국과 후삼국 통일 과정에서 공을 세운 개국 공신에게 공로와 인품에 따라 역분전을 지급하였다.

오답 피하기
② 고려 정종은 거란의 침입에 대비하여 광군을 조직하고 이를 관리하기 위한 기관으로 광군사를 설치하였다.
③ 고려 광종은 고려가 중국과 대등한 국가라는 자주 의식을 표현하고 '광덕'·'준풍'이라는 독자적 연호를 사용하였다.
④ 고려 예종은 관학을 진흥하고자 양현고라는 장학 재단을 설치하였다.
⑤ 고려 숙종은 의천의 건의에 따라 주전도감을 설치하여 해동통보, 활구 등의 화폐를 발행하였다.

인 큅 합격으로 **이끄는** 필수 개념: 고려 태조의 업적

호족 통합 정책	• 왕씨 성 하사, 정략 결혼 • 역분전 지급
호족 견제 정책	사심관 제도, 기인 제도
민생 안정	흑창 설치

제69회 심화
제68회 심화
제67회 심화
제66회 심화
제65회 심화
제64회 심화
제63회 심화
제62회 심화

11 다음 상황이 나타난 시기를 연표에서 옳게 고른 것은?

`3점`

→ 고려 성종의 업적

처음으로 12목을 설치하고 조서를 내려 말하기를, "부지런히 정사를 돌보면서 매번 신하들의 충고를 구하고 있다. 낮은 곳의 이야기를 듣고 멀리 보고자 어질고 현명한 이들의 힘을 빌리려고 한다. 이에 수령들의 공로에 의지해 백성들의 바람에 부합하고자 한다. 「우서(虞書)」의 12목 제도를 본받아 시행하니, 주나라가 8백 년간 지속하였듯이 우리의 국운도 길이 이어질 것이다."라고 하였다.

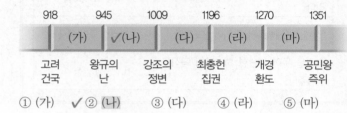

918	945	1009	1196	1270	1351
(가)	✓(나)	(다)	(라)	(마)	
고려 건국	왕규의 난	강조의 정변	최충헌 집권	개경 환도	공민왕 즉위

① (가) ✓② (나) ③ (다) ④ (라) ⑤ (마)

자료분석 '처음으로 12목 설치'를 통해 12목이 설치된 고려 성종 시기임을 알 수 있다. 고려 성종은 12목을 설치하고 지방관을 파견하여 지방 통치를 강화하였다.

정답 찾기 ② 고려 성종 때 12목 설치는 고려 혜종 시기인 945년 왕규의 난과 고려 목종 시기인 1009년 강조의 정변 사이의 사실이다.

합격으로 이끄는 필수 개념: 고려 성종 때의 사실

업적	• 최승로의 시무 28조 • 12목 설치, 지방관 파견 • 2성 6부
대외 관계	거란의 제1차 침입 → 서희의 외교 담판 → 강동 6주 획득

---

12 (가) 국가에 대한 고려의 대응으로 옳은 것은?

`2점`

→ 거란

이곳은 전라남도 나주시에 있는 심향사입니다. (가) 의 침입으로 나주로 피난한 고려 현종이 나라의 평안을 위해 이곳에서 기도를 올렸다고 전해집니다. 이 왕 때 부처의 힘으로 국난을 극복하고자 초조대장경의 조성이 시작되었습니다.

① 박위를 보내 근거지를 토벌하였다. 왜구
② 조총 부대를 나선 정벌에 파견하였다. 러시아
✓③ 개경을 방어하기 위해 나성을 축조하였다. 거란
④ 압록강 상류 지역을 개척하여 4군을 설치하였다. 여진
⑤ 국방 문제를 논의하기 위해 비변사를 신설하였다. 왜구

자료분석 '나주로 피난한 고려 현종', '초조대장경의 조성이 시작' 등을 통해 (가) 국가는 거란임을 알 수 있다. 고려는 거란의 제2차 침입 때 개경이 함락되고 고려 현종이 나주까지 피난하였다. 이후 고려는 거란의 침입을 부처의 힘으로 극복하기 위해 초조대장경을 간행하였다.

정답 찾기 ③ 고려는 거란의 제3차 침입 이후 개경에 나성을 축조하여 방어 체제를 구축하였다.

오답 피하기
① 고려 우왕 때 박위를 보내 왜구의 소굴인 쓰시마섬을 토벌하게 하였다.
② 조선 효종 때 러시아가 청의 국경을 침범하자 청의 요청으로 조총 부대를 나선 정벌에 파견하였다.
④ 조선 세종 때 최윤덕을 보내 여진족이 살던 압록강 상류 지역을 개척하고 4군을 설치하였다.
⑤ 조선 중종 때 삼포왜란을 계기로 변방을 수비하기 위하여 임시 기구로 비변사를 설치하였다.

합격으로 이끄는 필수 개념: 거란의 침입에 대한 고려의 대응

제1차 거란의 침입	서희의 외교 담판 → 강동 6주 획득
제2차 거란의 침입	• 양규의 활약 • 현종의 친조 약속
제3차 거란의 침입	• 강감찬의 귀주 대첩 • 이후 나성, 천리장성 축조

KEYWORD 의천 〔정답 ①〕

13 (가)에 들어갈 내용으로 옳은 것은? 〔2점〕

왕후(王煦), 왕자로 태어나 승려가 되다

문종의 아들로 불법(佛法)을 구하러 송에 유학하였다. 귀국 후 흥왕사에서 『신편제종교장총록』을 간행하였다. 이 책은 송·거란·일본 등 동아시아 각지의 불교 서적을 수집하여 정리한 것이다. 이후 _____ (가) _____
→ 의천의 업적

✓ ① 국청사의 주지가 되어 해동 천태종을 개창하였다. 의천
② 불교 개혁을 주장하며 수선사 결사를 조직하였다. 지눌
③ 선문염송집을 편찬하고 유불 일치설을 주장하였다. 혜심
④ 불교 관련 자료를 중심으로 삼국유사를 집필하였다. 일연
⑤ 인도와 중앙아시아를 순례하고 왕오천축국전을 남겼다. 혜초

자료분석 '왕자로 태어나 승려가 되다', '문종의 아들', '신편제종교장총록' 등을 통해 (가)에 들어갈 내용은 의천에 대한 내용임을 알 수 있다. 문종의 아들인 승려 의천은 고려·송·요·일본의 불교 서적을 참고하여 『신편제종교장총록』을 작성하였다.

정답 찾기 ① 의천은 교종을 중심으로 선종을 통합하기 위하여 국청사를 창건하고 해동 천태종을 창시하였다.

오답 피하기
② 보조 국사 지눌은 수선사(송광사) 결사를 조직하여 승려 본연의 자세로 돌아가 선 수행·노동·독경에 힘쓸 것을 강조하였다.
③ 진각 국사 혜심은 『선문염송집』을 편찬하고 유불 일치설을 주장하였다.
④ 고려 충렬왕 때 승려 일연이 『삼국유사』를 편찬하였다. 『삼국유사』는 불교사를 중심으로 고대의 민간 설화나 전래 기록을 수록하였다.
⑤ 통일 신라의 승려 혜초는 인도와 중앙아시아 등을 순례하고 『왕오천축국전』을 저술하였다.

인 퀵 합격으로 **이끄는** 필수 개념: 고려의 승려

의천	• 문종의 넷째 아들 • 『신편제종교장총록』 간행 • 화폐 유통의 필요성 건의 • 해동 천태종 창시 • 교관겸수 주장
지눌	• 수선사 결사 • 정혜쌍수, 돈오점수 주장
요세	백련사 결사
혜심	유불 일치설

KEYWORD 문벌 사회의 동요와 무신 정변 〔정답 ④〕

14 (가)~(다)를 일어난 순서대로 옳게 나열한 것은? 〔3점〕

(가) 왕이 보현원 문에 들어서자 …… 이고 등이 왕을 모시던 문관 및 대소 신료, 환관들을 모두 살해하였다. …… 정중부 등이 왕을 모시고 환궁하였다.
→ 무신 정변(1170)

(나) 이자겸과 척준경이 왕을 위협하여 남궁(南宮)으로 거처를 옮기게 하고 안보린, 최탁 등 17인을 죽였다. 이 외에도 죽인 군사가 헤아릴 수 없을 정도였다.
→ 이자겸의 난(1126)
→ 묘청의 난(1135)

(다) 묘청이 서경을 근거지로 삼고 반란을 일으켰다. …… 국호를 대위, 연호를 천개, 그 군대를 천견충의군이라 불렀다.

① (가) - (나) - (다)   ② (가) - (다) - (나)
③ (나) - (가) - (다)   ✓ ④ (나) - (다) - (가)
⑤ (다) - (가) - (나)

제69회 심화
제68회 심화
제67회 심화
제66회 심화
제65회 심화
제64회 심화
제63회 심화
제62회 심화

자료분석 (가) 고려 의종 때 정중부, 이의민, 이고 등이 일으킨 무신 정변(1170)이다. (나) 고려 인종 때 이자겸, 척준경 등이 일으킨 이자겸의 난(1126)이다. (다) 고려 인종 때 서경 천도가 좌절되자 서경을 중심으로 일어난 묘청의 난(1135)이다.

정답 찾기 ④ (나) 이자겸의 난(1126) – (다) 묘청의 난(1135) – (가) 무신 정변(1170) 순으로 전개되었다.

인 퀵 합격으로 **이끄는** 필수 개념: 문벌 사회의 동요

이자겸의 난 (1126)	이자겸과 척준경 등이 반란 → 인종의 척준경 회유 → 실패
묘청의 서경 천도 운동 (1135)	• 서경 세력(묘청 등): 서경 천도, 금 정벌 주장 vs 개경 세력(김부식 등): 금 정벌 반대 • 서경 천도 무산 → 묘청의 난(국호 '대위', 연호 '천개') → 김부식이 이끄는 관군에 의해 진압

15 다음 상황이 나타난 시기에 볼 수 있는 모습으로 적절한 것은?   2점

기철의 친척 기삼만이 권세를 믿고 불법으로 남의 토지를 빼앗았기에 정치도감에서 그를 잡아 장(杖)을 치고 하옥하였는데 20여 일 만에 죽었다. …… 그러자 정동행성 이문소에서 정치도감 관리들을 잡아 가두었다. → 원 간섭기의 모습

① 농사직설을 편찬하는 학자 조선 세종
② 초량 왜관에서 교역하는 상인 조선 후기
✓③ 도평의사사에서 회의하는 관리 원 간섭기
④ 규장각 검서관으로 근무하는 서얼 조선 정조
⑤ 빈공과 응시를 준비하는 6두품 유학생 통일 신라

자료분석 '기철', '정동행성 이문소' 등을 통해 해당 시기는 원 간섭기 임을 알 수 있다. 원 간섭기에 일본 원정을 위해 설치된 정동행성 이문소는 일본 원정에 실패하자 고려의 내정 간섭 기구로 기능하였다.

정답 찾기 ③ 원 간섭기에 도병마사는 도평의사사로 개편되었다.

오답 피하기
① 조선 세종 때 우리 풍토에 맞는 농사법을 소개한 『농사직설』을 편찬하였다.
② 조선 후기에 동래의 내상은 초량 왜관을 통한 대일 무역으로 부를 축적하였다.
④ 조선 정조 때 서얼 출신인 유득공·이덕무·박제가 등이 규장각 검서관에 임용되었다.
⑤ 통일 신라 시기 6두품 출신의 유학생들은 당나라 빈공과에 응시하여 많은 사람들이 합격하였다.

  합격으로 이끄는 필수 개념: 원 간섭기의 모습

왕실 호칭 및 관제 격하	• 조·종 → 왕 • 중서문하성 + 상서성 → 첨의부 • 중추원 → 밀직사 ※ 도병마사 → 도평의사사: 관제 확대
내정 간섭	• 다루가치: 감찰관 • 정동행성
자원 수탈	공녀 등

16 (가) 국가의 경제 상황으로 옳은 것은?   1점

명주의 정해현에서 순풍을 만나 3일이면 큰 바다 가운데로 들어가고, 다시 5일이면 흑산도에 도달하여 그 경계에 들어간다. 흑산도에서 섬들을 지나 7일이면 예성강에 이른다. …… 거기서 3일이면 연안에 닿는데, 벽란정(碧瀾亭)이라는 객관이 있다. 사신은 여기에서부터 육지에 올라 험한 산실을 40여 리쯤 가면 ▢▢▢(가)▢▢▢ 의 수도에 도달한다.   → 고려   - 『송사』 -

① 집집마다 부경이라는 창고가 있었다. 고구려
✓② 활구라고 불리는 은병이 주조되었다. 고려 숙종
③ 동시전이 설치되어 시장을 감독하였다. 신라 지증왕
④ 계해약조가 체결되어 일본과 교역하였다. 조선 세종
⑤ 광산을 전문적으로 경영하는 덕대가 등장하였다. 조선 후기

자료분석 '벽란정'을 통해 (가) 국가는 고려임을 알 수 있다. 고려 때 예성강 하구의 벽란도가 국제 무역항으로서 번성하여 송과 아라비아 상인들이 왕래하였다.

정답 찾기 ② 고려 숙종 때 삼한통보·해동통보·은병(활구) 등의 화폐가 발행되었다.

오답 피하기
① 집집마다 부경이라는 창고가 있던 국가는 고구려이다.
③ 신라 지증왕 때 동시전이 설치되어 시장을 감독하였다.
④ 조선 세종 때 계해약조를 맺어 일본과의 무역을 규정하였다.
⑤ 조선 후기 광산을 전문적으로 경영하는 덕대가 등장하였다.

  합격으로 이끄는 필수 개념: 고려 시대의 경제

전시과 제도	전지와 시지 지급
화폐	• 건원중보 • 활구(은병), 해동통보 등
무역	벽란도: 국제 무역항

제69회 심화
제68회 심화
제67회 심화
제66회 심화
제65회 심화
제64회 심화
제63회 심화
제62회 심화

KEYWORD 수덕사 대웅전 정답 ①

17 (가)에 해당하는 문화유산으로 옳은 것은? 2점

충청남도 예산군에 있는 이 건물은 맞배지붕에 주심포 양식입니다. 건물 보수 중 묵서명이 발견되어 충렬왕 34년이라는 정확한 건립 연도를 알게 되었습니다.

✓①
수덕사 대웅전
고려 시대의 문화유산(예산)

②
화엄사 각황전
조선 후기의 문화유산(구례)

③
부석사 무량수전
고려 시대의 문화유산(영주)

④
봉정사 극락전
고려 시대의 문화유산(안동)

⑤
법주사 팔상전
조선 후기의 문화유산(보은)

KEYWORD 고려 말 요동 정벌 이후의 사실 정답 ③

18 다음 대화 이후에 전개된 사실로 옳은 것은? 2점

이번에 왕이 최영에게 명하여 요동을 정벌한다고 하네.

명 황제가 철령 이북을 일방적으로 명의 영토로 귀속시키려 한 것이 원인이라더군.
→ 고려 말 우왕 시기 요동 정벌의 원인

① 윤관이 별무반을 이끌고 동북 9성을 축조하였다. 고려 예종
② 서희가 외교 담판을 벌여 강동 6주를 획득하였다. 고려 성종
✓③ 이성계가 위화도에서 회군하여 정권을 장악하였다. 고려 우왕
④ 배중손이 이끄는 삼별초가 용장산성에서 항전하였다. 고려 원종
⑤ 최우가 강화도로 도읍을 옮겨 장기 항전을 준비하였다. 고려 고종

자료분석 '충청남도 예산군', '맞배지붕', '주심포 양식', '충렬왕' 등을 통해 (가)에 해당하는 문화유산은 수덕사 대웅전임을 알 수 있다. 충남 예산 수덕사 대웅전은 묵서명이 발견되어 고려 충렬왕 34년(1308)이라는 정확한 건립 연대를 알 수 있다.

정답 찾기 ① 예산 수덕사 대웅전은 고려 시대의 문화유산이다.

오답 피하기
② 구례 화엄사 각황전은 조선 후기의 문화유산이다.
③ 영주 부석사 무량수전은 고려 시대의 문화유산이다.
④ 안동 봉정사 극락전은 고려 시대의 문화유산이다.
⑤ 보은 법주사 팔상전은 조선 후기의 문화유산이다.

자료분석 제시된 대화를 통해 고려 말 최영이 추진한 요동 정벌임을 알 수 있다. 고려 우왕 때 명의 철령위 설치에 반발하여 최영이 요동 정벌을 추진하였다.

정답 찾기 ③ 고려 말 우왕 때 이성계는 요동 정벌을 위해 출격하였으나, 위화도에서 회군(1388)하여 최영을 제거한 뒤 권력을 장악하였다.

오답 피하기
① 고려 중기 예종 때 윤관은 별무반을 이끌고 여진족을 정벌한 뒤 동북 9성을 축조하였다.
② 고려 성종 때 거란이 침입하자 서희가 외교 담판을 벌여 강동 6주를 획득하였다.
④ 고려 후기 원종 때 배중손이 이끄는 삼별초가 진도의 용장산성에서 항전하였다.
⑤ 고려 후기 최우는 강화도로 도읍을 옮겨 몽골과의 장기 항전에 대비하였다.

합격으로 이끄는 필수 개념: 고려의 건축

고려 전기	• 건축 양식: 주심포 양식 • 대표 건축물: 안동 봉정사 극락전, 영주 부석사 무량수전, 예산 수덕사 대웅전 등
고려 후기	• 건축 양식: 다포 양식 • 대표 건축물: 성불사 응진전, 석왕사 응진전 등

합격으로 이끄는 필수 개념: 고려의 멸망

우왕	명의 철령위 설치 → 요동 정벌 추진(최영 등) → 위화도 회군(이성계) → 이성계의 권력 장악
공양왕	• 과전법 실시(1391) • 고려 멸망(1392)

19 밑줄 그은 '이 왕'의 재위 시기에 있었던 사실로 옳은 것은? 2점

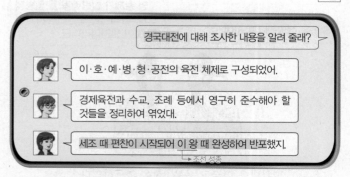

경국대전에 대해 조사한 내용을 알려 줄래?

이·호·예·병·형·공전의 육전 체제로 구성되었어.

경제육전과 수교, 조례 등에서 영구히 준수해야 할 것들을 정리하여 엮었어.

세조 때 편찬이 시작되어 이 왕 때 완성하여 반포했지.
└→ 조선 성종

① 독립된 간쟁 기관으로 사간원이 설치되었다. 조선 태종
② 함길도 토착 세력인 이시애가 난을 일으켰다. 조선 세조
✓③ 직제가 개편된 홍문관에서 경연을 주관하였다. 조선 성종
④ 집현전 관리를 대상으로 사가독서제가 시행되었다. 조선 세종
⑤ 붕당의 폐해를 경계하기 위한 탕평비가 건립되었다. 조선 영조

자료분석 '경국대전', '세조 때 편찬이 시작되어 이 왕 때 완성하여 반포'를 통해 밑줄 그은 '이 왕'은 조선 성종임을 알 수 있다.

정답 찾기 ③ 조선 성종은 왕의 자문 기구로서 홍문관(옥당)을 설치하고 경연을 주관하였다.

오답 피하기
① 조선 태종은 관제를 개혁하면서 문하부의 낭사를 사간원이라는 이름으로 독립시켜 간쟁을 담당하도록 하였다.
② 함길도의 토착 세력인 이시애는 조선 세조의 집권에 반발하여 난을 일으켰다.
④ 조선 세종 때 집현전 관리들을 대상으로 휴가를 주는 사가독서제를 시행하였다.
⑤ 조선 영조는 붕당의 폐해를 경계하기 위하여 탕평비를 세워 탕평의 의지를 밝혔다.

인뤼 합격으로 **이끄는** 필수 개념: 조선 성종의 업적

정치	• 홍문관 설치 • 유향소 부활
사회·문화	• 『경국대전』 완성 • 『국조오례의』 편찬

---

20 ㉠~㉤에 대한 탐구 활동으로 가장 적절한 것은? 3점

㉠왕이 어려서 즉위하여 모후(母后)가 수렴청정을 하고, 사림 간에 큰 옥사가 연달아 일어난 데다가 ㉡요승(妖僧)을 높이고 사랑하여 불교를 숭상했으나 모두 왕의 뜻은 아니었다. …… ㉢부세는 무겁고 부역은 번거로웠으며 흉년으로 백성들이 고달프고 도적이 성행하여 국내의 재력이 고갈되었다. 그래서 왕이 비록 성덕(盛德)을 품었어도 끝내 하나도 펴지 못했으니 참으로 애석하다. 그러다가 ㉣문정왕후가 돌아가신 후에 국정을 주관하게 되자 …… ㉤을사사화 때 화를 당한 사람들을 풀어 주고 먼 곳으로 쫓겨난 사람들을 모두 내지로 옮겼다. →조선 명종 시기의 모습

① ㉠ - 1차 왕자의 난이 일어난 이유를 찾아본다. 조선 태조 시기
② ㉡ - 황사영 백서 사건이 가져온 결과를 살펴본다. 조선 순조 시기
③ ㉢ - 예송 논쟁의 발생 배경을 파악한다. 조선 현종 시기
④ ㉣ - 갑술환국의 전개 양상을 정리한다. 조선 숙종 시기
✓⑤ ㉤ - 윤임 일파가 축출되는 과정을 조사한다. 조선 명종 시기

자료분석 조선 명종 때 외척 간의 대립으로 일어난 을사사화(1545)에 대한 내용이다.

정답 찾기 ⑤ 을사사화로 윤원형 일파(소윤)에 의해 윤임 일파(대윤)가 축출되었다.

오답 피하기
① 조선 태조 때 이성계의 아들들 사이에서 왕위 계승권을 둘러싸고 왕자의 난이 발생하였다.
② 황사영 백서 사건은 조선 순조 때 일어난 신유박해와 관련된 사실이다.
③ 조선 현종 때 자의 대비의 복상 문제로 두 차례 예송이 전개되었다.
④ 갑술환국은 조선 숙종 때 남인이 서인의 인현 왕후 복위 운동을 반대하면서 일어난 사건이다.

인뤼 합격으로 **이끄는** 필수 개념: 조선 명종 대의 사실

을사사화	• 배경: 대윤(윤임)과 소윤(윤원형)의 대립 • 결과: 윤임의 대윤파 및 사림 세력 제거
양재역 벽서 사건	양재역에 문정 왕후를 비난하는 내용의 익명서 발견 → 윤임 집안 인물들이 사사됨
을묘왜변	• 삼포왜란 이후 왜인들의 습격 • 비변사의 상설 기구화

제69회 심화
제68회 심화
제67회 심화
제66회 심화
제65회 심화
제64회 심화
제63회 심화
제62회 심화

KEYWORD **계유정난** 정답 ③

21 다음 상황이 전개된 배경으로 옳은 것은? 1점

교지를 내려 이르기를, "전날 성삼문 등이 상왕(上王)도 그 모의에 참여하였다고 인정하자, 백관들이 상왕도 종사(宗社)에 죄를 지었으니 편안히 도성에 거주하는 것은 마땅치 않다고 하였다. …… 상왕을 노산군(魯山君)으로 낮추고, 궁에서 내보내 영월에 거주시키도록 하라."라고 하였다. →계유정난의 결과

① 인조반정으로 북인 세력이 몰락하였다. 인조반정과 조선 인조의 즉위
② 인현왕후가 폐위되고 남인이 권력을 차지하였다. 조선 숙종
✓③ 계유정난을 통해 수양대군이 정권을 장악하였다. 계유정난과 조선 세조의 집권
④ 이인좌를 중심으로 한 소론 세력이 난을 일으켰다. 조선 영조
⑤ 폐비 윤씨 사사 사건으로 인해 김굉필 등이 처형되었다. 조선 연산군

자료분석 '성삼문', '상왕을 노산군(魯山君)으로 낮추고', '궁에서 내보내 영월에 거주' 등을 통해 해당 상황은 조선 세조가 단종 복위 운동을 처벌하는 모습임을 알 수 있다. 성삼문 등 일부 집현전 학자 출신들은 단종의 복위 운동을 꾀하다 목숨을 잃었다.

정답 찾기 ③ 수양 대군은 계유정난으로 단종을 몰아내고 정권을 장악하여 세조로 즉위하였다.

오답 피하기
① 인조반정으로 조선 광해군이 축출되고 북인 세력이 몰락하였다. 이후 서인이 국정을 주도하였다.
② 조선 숙종 때 인현 왕후가 폐위되고 장희빈이 중전이 되면서 남인이 권력을 차지하였다.
④ 조선 영조 때 이인좌를 중심으로 한 소론 세력이 반란을 일으켰다.
⑤ 조선 연산군 때 폐비 윤씨 사사 사건으로 인해 김굉필 등이 처형된 갑자사화가 발생하였다.

인 키 합격으로 **이끄는** 필수 개념: 조선 세조 대의 사실

단종 복위 운동	성삼문 등 일부 집현전 학자 주도
왕권 강화 정책	• 6조 직계제 재실시 • 집현전과 경연 폐지 • 유향소 폐지

KEYWORD **몽유도원도** 정답 ①

22 (가)에 해당하는 작품으로 옳은 것은? 1점

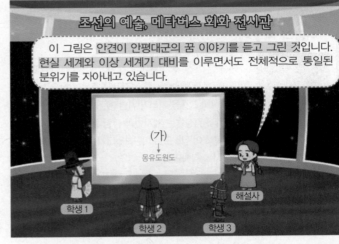

조선의 예술, 메타버스 회화 전시관

이 그림은 안견이 안평대군의 꿈 이야기를 듣고 그린 것입니다. 현실 세계와 이상 세계가 대비를 이루면서도 전체적으로 통일된 분위기를 자아내고 있습니다.

(가)
↓
몽유도원도

학생 1   학생 2   학생 3   해설사

✓①
몽유도원도(조선 전기)

②
세한도(조선 후기)

③
옥순봉도(조선 후기)

④
고사관수도(조선 전기)

⑤
인왕제색도(조선 후기)

자료분석 '안견이 안평대군의 꿈 이야기를 듣고 그린 것', '현실 세계와 이상 세계가 대비' 등을 통해 (가) 작품은 몽유도원도임을 알 수 있다.

정답 찾기 ① 조선 전기 안견은 안평 대군의 꿈을 소재로 한 「몽유도원도」를 그렸다.

오답 피하기
② 조선 후기 김정희의 「세한도」이다.
③ 조선 후기 김홍도의 「옥순봉도」이다.
④ 조선 전기 강희안의 「고사관수도」이다.
⑤ 조선 후기 정선의 「인왕제색도」이다.

 인 키 합격으로 **이끄는** 필수 개념: 조선 시대의 회화

조선 전기	• 「몽유도원도」 • 「고사관수도」
조선 후기	• 진경 산수화: 「인왕제색도」, 「금강전도」 • 풍속화: 「서당」, 「씨름」, 「무동」, 「월하정인」 등 • 문인화: 「세한도」

23 밑줄 그은 '이 전쟁' 중에 있었던 사실로 옳은 것은? 2점

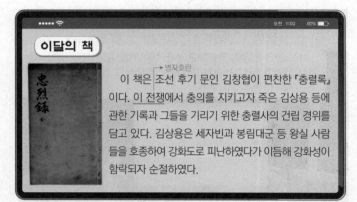

이달의 책

忠烈錄

이 책은 조선 후기 문인 김창협이 편찬한 『충렬록』
이다. 이 전쟁에서 충의를 지키고자 죽은 김상용 등에
관한 기록과 그들을 기리기 위한 충렬사의 건립 경위를
담고 있다. 김상용은 세자빈과 봉림대군 등 왕실 사람
들을 호종하여 강화도로 피난하였다가 이듬해 강화성이
함락되자 순절하였다.

① 조명 연합군이 평양성을 탈환하였다. 조선 선조 시기 임진왜란
② 강홍립이 사르후 전투에 참전하였다. 조선 광해군의 중립 외교
✓③ 김준룡이 광교산 전투에서 승리하였다. 조선 인조 시기 병자호란
④ 김종서가 두만강 일대에 6진을 개척하였다. 조선 세종 시기 6진 개척
⑤ 곽재우, 김천일 등이 의병장으로 활약하였다. 조선 선조 시기 임진왜란

자료분석 '김상용', '봉림대군', '강화도로 피난', '강화성이 함락' 등을 통해
밑줄 그은 '이 전쟁'은 조선 인조 때 일어난 병자호란(1636)임을 알 수 있다.

정답 찾기 ③ 병자호란이 일어나자 김준룡은 근왕병을 이끌고 광교산 전투
에서 청군과 격돌하여 승리를 거두었다.

오답 피하기
① 임진왜란 당시 조·명 연합군은 평양성을 탈환하였다.
② 조선 광해군 때 명군의 요청에 따라 강홍립이 사르후 전투에 참전하였다.
④ 조선 세종 때 김종서가 두만강 일대에 6진을 개척하였다.
⑤ 임진왜란 당시 홍의장군 곽재우와 김천일 등이 의병장으로 활약하였다.

인끌인 합격으로 **이끄는** 필수 개념: 병자호란(1636)

배경	후금의 청 건국 → 청의 군신 관계 요구
과정	척화론(김상헌, 윤집) vs 주화론(최명길) → 척화론 우세 → 조선이 청의 군신 관계 요구 거절 → 청의 침입
결과	• 삼전도의 굴욕 • 청과 군신 관계 체결 • 북벌 운동

---

24 (가) 왕에 대한 설명으로 옳은 것은? 2점

→ 조선 정조
이 시는 (가) 이/가 현륭원을 참배하고 화성행궁에 머물다가
환궁하는 길에 지은 것입니다. 아버지인 사도세자에 대한 마음이
잘 표현되어 있습니다.

혼정신성*의 그리움 다할 길 없어
오늘 또 화성에 와 보니
궂은 비는 침원에 부슬부슬 내리고
이 마음은 재전**을 끝없이 배회하누나
어찌하여 사흘 밤을 잤던고
아버님 영정을 모셨기 때문일세
더디고 더딘 걸음에 고개 들어 바라보니
오운이 저 멀리서 일어나누나

*혼정신성: 부모님께 효도하는 도리
**재전: 제사를 지내기 위하여 지은 집

① 청과 국경을 정하는 백두산정계비를 세웠다. 조선 숙종
② 통치 체제를 정비하고자 속대전을 편찬하였다. 조선 영조
③ 왕실의 위엄을 높이기 위해 경복궁을 중건하였다. 조선 고종
④ 삼정의 문란을 시정하려고 삼정이정청을 설치하였다. 조선 철종
✓⑤ 시전 상인의 특권을 축소하는 신해통공을 단행하였다. 조선 정조

자료분석 '화성행궁', '아버지인 사도세자' 등을 통해 (가) 왕은 조선 정조임
을 알 수 있다.

정답 찾기 ⑤ 조선 정조 때 신해통공을 실시하여 육의전을 제외한 시전 상인
의 금난전권을 폐지하였다.

오답 피하기
① 조선 숙종 때 청과 국경을 정하는 백두산정계비를 세웠다.
② 조선 영조 때 통치 체제를 정비하고자 『속대전』을 편찬하였다.
③ 조선 고종 때 흥선 대원군은 왕실의 위엄을 높이기 위하여 임진왜란 당시
불에 탄 경복궁을 중건하였다.
④ 조선 철종 때 삼정의 문란으로 임술 농민 봉기가 일어나자 조선 정부는 이
를 바로잡기 위해 삼정이정청을 설치하였다.

 합격으로 **이끄는** 필수 개념: 조선 정조의 업적

왕권 강화	• 규장각 육성 • 초계문신제 시행 • 장용영 설치 • 수원 화성 건설
신해통공	육의전을 제외한 시전 상인의 금난전권 폐지
법전 편찬	『대전통편』

KEYWORD 대동법 　　　　　　　　　　　정답 ⑤

25 (가) 제도에 대한 설명으로 옳은 것은? 2점

> └→ 대동법
>
> 광해군 때 이원익이 방납의 폐단을 혁파하고자 선혜청을 두고 [(가)] 을/를 실시할 것을 청하였다. …… 맨 먼저 경기도 내에 시범적으로 실시하니 백성들은 대부분 편리하게 여겼다. 다만 권세가와 부호들은 방납의 이익을 잃기 때문에 온갖 방법으로 반대하였다.
>
> - 『국조보감』 -

① 양반에게도 군포를 부과하였다. 호포제
② 수신전과 휼양전을 폐지하였다. 직전법
③ 양전 사업을 실시하여 지계를 발급하였다. 광무개혁
④ 전세를 풍흉에 따라 9등급으로 차등 과세하였다. 연분 9등법
✓ ⑤ 관청에 물품을 조달하는 공인이 등장하는 배경이 되었다. 대동법

[자료분석] '광해군', '방납의 폐단을 혁파', '선혜청', '경기도 내에 시범적으로 실시' 등을 통해 (가) 제도는 대동법임을 알 수 있다. 조선 광해군 때 방납의 폐단을 시정하고자 대동법을 처음으로 실시하여 선혜청에서 담당하게 하였다.

[정답 찾기] ⑤ 대동법의 시행으로 공인이 등장하였다. 공인은 관의 공식 허가를 받고 국가에 필요한 물품을 구입 및 조달하였으며, 특정 물품에 대한 독점권을 확보하여 큰 부를 축적하였다.

[오답 피하기]
① 조선 고종 때 흥선 대원군은 호포제를 실시하여 양반에게도 군포를 징수하였다.
② 조선 세조 때 직전법을 시행하고, 수신전과 휼양전을 폐지하였다.
③ 대한 제국 시기 광무개혁으로 지계아문을 설치하고 양전 사업을 실시하여 지계를 발급하였다.
④ 조선 세종 때 풍흉의 정도에 따라 토지를 9등급으로 나누어 전세를 부과하는 연분 9등법이 제정되었다.

 합격으로 이끄는 필수 개념: 대동법

시행	• 조선 광해군 때 경기도에서 처음 시행 • 공납의 폐단을 줄이기 위해 시행
방식	• 특산물 대신 쌀, 동전 등을 거둠 • 지주에게 1결당 12두를 거둠
영향	• 공인 등장 • 상품 화폐 경제 발달

KEYWORD 시대별 일본에 대한 대응 　　　　정답 ④

26 (가)~(라)를 일어난 순서대로 옳게 나열한 것은? 3점

> └→ 쓰시마 섬 정벌(조선 세종)
> (가) 좌의정 박은이 상왕(上王)에게 아뢰기를, "이제 왜구가 중국에 들어가 도적질하고 본도로 돌아오는 것이 곧 이때이므로 마땅히 이종무 등으로 대마도에 나가 적이 섬에 돌아오기를 기다렸다가 맞서서 치게 되면 적을 피함에 틀림없을 것이니, 진멸(殄滅)시킬 기회를 잃지 마소서."라고 하니, 상황이 옳게 여겼다.
>
> └→ 일본 원정(고려 충렬왕)
> (나) 김방경이 중군을 거느리게 하고 흔돈과 홍다구와 더불어 일본을 정벌하게 하였다. 일기도(一岐島)에 이르러 천여 명을 죽이고 길을 나누어 진격하였다. 왜인들이 달아나는데 쓰러진 시체가 마치 삼대와 같았다. 날이 저물어 이내 공격을 늦추었는데 마침 밤에 태풍이 크게 불어서 전함들이 많이 부서졌다.
>
> └→ 진포 대첩(고려 우왕)
> (다) 왜구가 배 5백 척을 이끌고 진포 입구에 들어와서는 큰 밧줄로 배를 서로 잡아매고 병사를 나누어 지키다가, 해안에 상륙하여 여러 고을로 흩어져 들어가 불을 지르고 노략질을 자행하였다. …… 나세, 심덕부, 최무선 등이 진포에 이르러, 최무선이 만든 화포를 처음으로 사용하여 그 배들을 불태웠다.
>
> └→ 진주 대첩(조선 선조)
> (라) 왜장이 군사 수만 명을 모두 동원하여 진주성을 포위하였는데 성 안의 군사는 3천여 명이었다. 진주 목사 김시민이 여러 성첩을 나누어 지키게 하였다. …… 10여 일 동안 4~5차례 큰 전투를 벌이면서 안팎에서 힘껏 싸웠으므로 적이 먼저 도망하였다.

① (가) - (나) - (다) - (라)
② (가) - (다) - (나) - (라)
③ (나) - (가) - (라) - (다)
✓ ④ (나) - (다) - (가) - (라)
⑤ (다) - (라) - (나) - (가)

[자료분석] (가) 이종무가 대마도에 나가 적을 물리쳤다는 내용을 통해 조선 세종 때 이종무가 왜구의 소굴인 쓰시마섬(대마도)을 정벌한 상황임을 알 수 있다. (나) 김방경을 비롯한 군사가 일본을 정벌하려 했으나 태풍이 불어 실패했다는 내용을 통해 고려 충렬왕 때의 일본 원정임을 알 수 있다. (다) 나세, 심덕부, 최무선 등이 진포에서 왜구의 침입을 물리쳤다는 내용을 통해 고려 우왕 때 발생한 진포 대첩임을 알 수 있다. (라) 진주 목사 김시민이 진주성에서 왜구를 물리쳤다는 내용을 통해 임진왜란(조선 선조) 때의 진주성 전투임을 알 수 있다.

[정답 찾기] ④ (나) 고려 충렬왕 – (다) 고려 우왕 – (가) 조선 세종 – (라) 조선 선조 순으로 전개되었다.

 합격으로 이끄는 필수 개념: 시대별 일본에 대한 대응

고려	• 김방경: 일본 원정(원 간섭기) • 최무선: 진포 대첩 • 박위: 쓰시마섬 정벌
조선	이종무: 쓰시마섬 정벌

제69회 심화
제68회 심화
제67회 심화
제66회 심화
제65회 심화
제64회 심화
제63회 심화
제62회 심화

27 다음 가상 인터뷰의 주인공에 대한 설명으로 옳은 것은?
2점

→ 이익의 사상

성호사설에서 6가지 좀의 하나로 과업을 말씀하셨는데요. 어떤 점이 문제인가요?

요즈음 과거를 준비하는 유생들은 부모 형제와 생업도 팽개치고 종일토록 글공부만 하고 있으니, 이는 인간의 본성을 망치는 재주일 뿐입니다. 다행히 급제라도 하면 교만하고 사치스러워져, 끝없이 백성의 것을 빼앗아 그 욕심을 채웁니다. 때문에 나라를 좀먹는 존재로 표현했습니다.

① 마과회통에서 홍역에 대한 지식을 정리하였다. 정약용
② 의산문답에서 중국 중심의 세계관을 비판하였다. 홍대용
③ 발해고에서 남북국이라는 용어를 처음 사용하였다. 유득공
✓④ 곽우록에서 토지 매매를 제한하는 한전론을 제시하였다. 이익
⑤ 금석과안록에서 북한산비가 진흥왕 순수비임을 고증하였다. 김정희

자료분석 '성호사설', '6가지 좀' 등을 통해 해당 인물은 성호 이익임을 알 수 있다. 이익은 『성호사설』을 저술하였으며 노비 제도, 과거 제도, 양반 문벌제도 등 나라를 좀먹는 여섯 가지의 폐단을 비판하였다.

정답 찾기 ④ 이익은 『곽우록』을 저술하였으며, 자영농 육성을 위하여 영업전(매매할 수 없는 토지)을 설정하자는 한전론을 주장하였다.

오답 피하기
① 홍역에 대한 지식을 정리한 『마과회통』을 저술한 인물은 정약용이다.
② 『의산문답』에서 중국 중심 세계관을 비판한 인물은 홍대용이다.
③ 『발해고』에서 남북국이라는 용어를 처음 사용한 인물은 유득공이다.
⑤ 『금석과안록』에서 북한산비가 진흥왕 순수비임을 고증한 인물은 김정희이다.

 합격으로 **이끄는** 필수 개념: 중농학파 실학자

유형원	• 균전론: 신분에 따른 토지의 차등 분배 주장
	• 양반 문벌제도 과거제 · 노비 제도 비판
	• 저술: 『반계수록』
이익	• 한전론: 영업전 설정 주장
	• 육좀론, 폐전론 주장
	• 저술: 『곽우록』, 『성호사설』
정약용	• 여전론 → 정전제
	• 『기기도설』을 참고하여 거중기 제작
	• 저술: 『목민심서』, 『경세유표』, 『마과회통』, 『기예론』

28 밑줄 그은 '이 시기'에 볼 수 있는 모습으로 적절하지 않은 것은?
1점

내가 준비한 것은 판소리 수궁가에서 호랑이가 내려오는 장면이야.

범 내려온다 범이 내려온다♪ 송림 깊은 골로 한김생이 내려온다♪♫

판소리는 신재효에 의해서 체계적으로 정리되었어.

한글 소설과 함께 판소리는 이 시기에 유행했지.

→ 조선 후기의 모습

✓① 주자소에서 계미자를 만드는 장인 조선 전기
② 송파장에서 산대놀이를 공연하는 광대 조선 후기
③ 대규모 자본으로 물품을 구매하는 도고 조선 후기
④ 시사를 조직하여 작품 활동을 하는 중인 조선 후기
⑤ 인삼, 담배 등을 상품 작물로 재배하는 농민 조선 후기

자료분석 '판소리', '한글 소설' 등이 유행한 밑줄 그은 '이 시기'는 조선 후기이다.

정답 찾기 ① 조선 전기인 태종 때 주자소를 설치하고 계미자를 주조하였다.

오답 피하기
② 조선 후기에 산대놀이, 탈춤 등 서민 문화가 발달하였다.
③ 조선 후기에 독점적 도매상인 도고가 성장하였다.
④ 조선 후기에 중인들의 시 모임인 시사 조직이 유행하였다.
⑤ 조선 후기에 인삼, 담배 등 상품 작물 재배가 성행하였다.

 합격으로 **이끄는** 필수 개념: 조선 후기의 문화

문학	• 『홍길동전』, 『춘향전』 등 한글 소설이 유행함
	• 형식에 얽매이지 않고 감정을 솔직히 표현한 사설시조가 발달함
	• 중인들의 시 모임인 시사가 많이 조직됨
	• 소설을 전문적으로 읽어 주는 전기수가 등장함
음악	흥부가, 춘향가 등 판소리와 탈놀이 유행

29 (가), (나) 사이의 시기에 있었던 사실로 옳은 것은? 2점

→ 조선 고종 즉위
(가) 대왕대비전이 전교하기를, "익성군이 이제 입궁하였으니, 흥선 대원군과 부대부인의 봉작을 내리는 것을 오늘 중으로 거행하도록 하라."라고 하였다.

→ 척화비 건립
(나) 종로에 비석을 세웠다. 그 비에서 이르기를, '서양 오랑캐가 침범하는데 싸우지 않으면 즉 화친하는 것이요, 화친을 주장함은 나라를 팔아먹는 것이다.'고 하였다.

① 영국이 거문도를 불법으로 점령하였다. 1885년
② 일본의 운요호가 영종도를 공격하였다. 1875년
③ 러시아가 용암포에 대한 조차를 요구하였다. 1903년
✓④ 독일 상인 오페르트가 남연군 묘 도굴을 시도하였다. 1868년
⑤ 미국이 조미 수호 통상 조약 체결 후 푸트 공사를 파견하였다. 1883년

자료분석 (가) 흥선 대원군의 봉작을 내린다는 내용을 통해 1863년 고종이 즉위하는 상황임을 알 수 있다. (나) 1871년 흥선 대원군이 종로와 전국 각지에 서양과의 통상 수교 거부 의지를 밝힌 척화비를 세우는 상황임을 알 수 있다.

정답 찾기 ④ 1868년 독일 상인 오페르트가 덕산(충남 예산)에 위치한 흥선 대원군의 아버지 남연군 묘를 도굴을 시도하였다(오페르트 도굴 사건).

오답 피하기
① 갑신정변 이후인 1885년 영국이 러시아의 남하를 견제하기 위하여 거문도를 불법으로 점령하였다(거문도 사건). (나) 이후의 사실이다.
② 1875년 일본 군함 운요호가 강화도 초지진과 영종도를 공격하는 운요호 사건을 일으켰다. (나) 이후의 사실이다.
③ 1903년 러시아가 용암포를 점령하고 조차를 요구하는 용암포 사건이 발생하였다. (나) 이후의 사실이다.
⑤ 1882년 조·미 수호 통상 조약이 체결된 이후 미국은 1883년에 푸트 공사를 파견하였다. (나) 이후의 사실이다.

합격으로 **이끄는** 필수 개념: 흥선 대원군의 개혁 정치

왕권 강화	• 비변사 폐지 • 사색 등용 • 『대전회통』·『육전조례』 편찬 • 경복궁 중건, 원납전 징수
민생 안정	• 서원·만동묘 철폐 • 삼정의 개혁: 호포제·사창제 실시

30 (가)에 대한 설명으로 옳은 것은? 2점

동대문 일대 재개발 당시 발견된 하도감 터 사진이군요. 이곳은 어떤 용도로 사용된 장소인가요?

여기는 훈련도감에 속한 하도감이 있었던 장소로 군사를 훈련시키고 무기를 제작했던 곳입니다. 1881년 부터 이듬해 구식 구인들에 대한 차별 대우로 발생한 (가) 때까지 교련 병대의 훈련 장소로 사용되었습니다.
→ 임오군란(1882)

TV 교양 한국사
하도감 터

① 입헌 군주제 수립을 목표로 하였다. 갑신정변(1884)
② 조선 총독부의 방해와 탄압으로 실패하였다. 일제 강점기 독립운동
③ 우정총국 개국 축하연을 이용하여 일어났다. 갑신정변(1884)
④ 홍범 14조를 기본 개혁 방향으로 제시하였다. 제2차 갑오개혁(1894)
✓⑤ 일본 공사관에 경비병이 주둔하는 계기가 되었다. 임오군란(1882)

자료분석 '이듬해 구식 군인들에 대한 차별 대우로 발생'을 통해 (가) 사건은 임오군란(1882)임을 알 수 있다.

정답 찾기 ⑤ 임오군란의 결과 일본 공사관에 경비병 주둔을 허용하는 제물포 조약이 체결되었다.

오답 피하기
① 갑신정변(1884)은 입헌 군주제에 입각한 내각제 수립을 목표로 하였다.
② 임오군란은 조선 총독부 설치(1910) 이전에 발생하였다.
③ 갑신정변(1884)은 급진 개화파의 주도로 우정총국 개국 축하연을 이용하여 발생하였다.
④ 제2차 갑오개혁 당시 홍범 14조를 기본 개혁 방향으로 제시하였다.

합격으로 **이끄는** 필수 개념: 임오군란(1882)

배경	구식 군인에 대한 차별 대우
과정	• 구식 군인들의 봉기 • 흥선 대원군의 재집권
결과	• 청의 고문 파견: 마젠창, 묄렌도르프 • 조·청 상민 수륙 무역 장정 체결 • 일본과 제물포 조약 체결

제69회 심화
제68회 심화
제67회 심화
제66회 심화
제65회 심화
제64회 심화
제63회 심화
제62회 심화

31 (가), (나) 사이의 시기에 있었던 사실로 옳은 것은? 2점

→ 보은 집회

(가) 복합 상소 이후에도 "물러나면 원하는 바를 시행할 것이다." 라던 국왕의 약속과 달리 관리들의 침학이 날로 심해졌다. …… 최시형은 도탄에 빠진 교도들을 구하고 최제우의 억울함을 씻기 위해 보은 집회를 개최하였다.

→ 제1차 동학 농민 운동

(나) 동학 농민군은 거짓으로 패한 것처럼 꾸며 황토현에 진을 쳤다. 관군은 밀고 들어가 그 아래에 진을 쳤다. …… 농민군이 삼면을 포위한 채 한쪽 모퉁이만 빼고 크게 함성을 지르며 압박하자 관군은 일시에 무너졌다.

① 논산으로 남접과 북접이 집결하였다. 제2차 동학 농민 운동

② 개혁을 추진하기 위해 교정청이 설치되었다. 제1차 동학 농민 운동 이후

③ 일본이 군대를 동원하여 경복궁을 점령하였다. 제1차 동학 농민 운동 이후

✓ ④ 고부 농민들이 조병갑의 탐학에 맞서 만석보를 파괴하였다.
　　　　　　　　　　　　　　　　　　보은 집회~제1차 동학 농민 운동 사이

⑤ 공주 우금치에서 농민군이 관군과 일본군에게 패배하였다.
　　　　　　　　　　　　　　　　　　제2차 동학 농민 운동

자료분석 (가) 1892년 동학교도들은 교조 최제우의 신원과 탐관오리의 숙청, 외세 축출 등을 요구하는 보은 집회를 개최하였다. (나) 1894년 제1차 동학 농민 운동 당시 농민군은 황토현·황룡촌 전투에서 관군을 상대로 승리하였다.

정답 찾기 ④ 1894년 고부 군수 조병갑이 학정을 일삼자 전봉준을 비롯한 농민들이 고부 관아를 습격하고 만석보를 파괴하였다(고부 민란). 이후 파견된 안핵사 이용태가 고부 민란 관련자를 탄압하자 제1차 동학 농민 운동이 발발하였다.

오답 피하기
① 제1차 동학 농민 운동 이후 일본이 경복궁을 무력 점령하고 청·일 전쟁을 일으키자 논산에서 남접과 북접이 다시 집결하였다. (나) 이후의 사실이다.
② 제1차 동학 농민 운동 이후 조선 정부는 교정청을 설치하여 개혁을 추진하였다. (나) 이후의 사실이다.
③ 제1차 동학 농민 운동 이후 조선 정부는 청과 일본 양국 군대의 철수를 요구하였으나, 일본은 경복궁을 무력으로 점령하였다. (나) 이후의 사실이다.
⑤ 제2차 동학 농민 운동 때 공주 우금치에서 농민군이 관군과 일본군에게 패배하였다(공주 우금치 전투). (나) 이후의 사실이다.

합격으로 이끄는 필수 개념: 제1차 동학 농민 운동

교조 신원 운동	• 삼례 집회　　　• 서울 복합 상소 • 보은 집회	
고부 민란	고부 군수 조병갑의 학정 → 민란 발생	
제1차 동학 농민 운동	무장·백산 봉기 → 황토현·장성 황룡촌 전투 승리 → 전주성 점령 → 전주 화약	

---

32 다음 글이 작성된 시기를 연표에서 옳게 고른 것은? 2점

전보 제○○○호

발신인: 외무대신 하야시
수신인: 통감 이토

→ 헤이그 특사(이준, 이위종, 이상설)

네덜란드에 파견된 전권 대사 쓰즈키가 보낸 전보 내용임. 한국인 3명이 이곳에 머물면서 평화 회의의 위원 대우를 받고자 진력하고 있다고 함. 그들은 오늘 아침 러시아 수석 위원 넬리도프를 방문하려 했는데, 넬리도프는 네덜란드 정부로부터 평화 회의 위원으로 확인되지 않는 자는 만나지 않겠다고 함. 이들은 일본이 한국에 시행한 정책에 대해 항의서를 인쇄하여 각국 수석 위원(단, 영국 위원은 제외한 것으로 보임)에게도 보냈다고 함.

1866	1876	1884	1894	1904	1910
(가)	(나)	(다)	(라)	✓(마)	
병인양요	강화도 조약	한성 조약	청일 전쟁	러일 전쟁	국권 피탈

① (가)　② (나)　③ (다)　④ (라)　✓⑤ (마)

자료분석 '네덜란드', '한국인 3명', '평화 회의의 위원' 등을 통해 헤이그 특사 파견에 대한 내용임을 알 수 있다. 고종 황제는 을사늑약 체결의 부당성을 알리기 위하여 1907년 네덜란드 헤이그에서 열리는 만국 평화 회의에 특사를 파견하였다.

정답 찾기 ⑤ 1907년 이준, 이위종, 이상설이 헤이그에 특사로 파견되었다.

합격으로 이끄는 필수 개념: 일제의 국권 침탈 과정

1904년	• 러·일 전쟁 발발 • 한·일 의정서 체결 • 제1차 한·일 협약 체결
1905년	• 가쓰라·태프트 밀약 • 제2차 영일 동맹 • 러·일 전쟁 종식 → 포츠머스 조약 체결 • 제2차 한·일 협약(을사늑약) 체결
1907년	• 헤이그 특사 파견 → 고종 강제 퇴위 • 한·일 신협약(정미 7조약) 체결 • 대한 제국 군대 강제 해산

제69회 심화
제68회 심화
제67회 심화
제66회 심화
제65회 심화
제64회 심화
제63회 심화
제62회 심화

KEYWORD 정미의병   정답 ⑤

33 다음 의병 부대에 대한 설명으로 옳은 것은?   2점

이인영을 총대장으로 추대하고, 허위를 군사장으로 삼아 ……
각 도에 격문을 전하니 전국에서 불철주야 달려온 지원자들이
만여 명이더라. 이에 서울로 진군하여 국권을 회복하고자 ……
먼저 이인영은 심복을 보내 각국 영사에게 진군의 이유를 상세히
알리며 도움을 요청하고, 각 도의 의병으로 하여금 일제히 진군하게
되었다.
→ 정미의병

① 조선 혁명 선언을 지침으로 삼았다. 의열단
② 이만손이 주도하여 영남 만인소를 올렸다. 위정척사 운동
③ 상덕태상회를 통하여 군자금을 모집하였다. 대한 광복회
④ 일본에 국권 반환 요구서를 제출하고자 하였다. 독립 의군부
✓⑤ 고종의 강제 퇴위와 군대 해산에 반발하여 결성되었다. 정미의병

KEYWORD 아관파천 이후의 사실   정답 ③

34 다음 상소가 작성된 이후의 사실로 옳은 것은?   1점

→ 을미사변 직후의 아관파천
러시아 공사관으로 거처를 옮기시고 해가 바뀌었습니다. 그곳
유리창과 분칠한 담장은 화려하지만 그을음 나는 석탄을 때는
전돌(甎堗)은 옥체를 보호하기에 적합하지 않은 듯합니다. ……
온 나라 신하들의 심정을 염두에 두시어
간하는 말을 따라 바로 환궁하여 끓어
오르는 여론에 부응하시고 영원히 누릴
태평의 터전을 공고히 만드소서.

① 영선사가 파견되었다. 1881년
② 군국기무처가 설치되었다. 1894년(제1차 갑오개혁)
✓③ 대한국 국제가 반포되었다. 대한 제국(1899)
④ 제너럴셔먼호 사건이 일어났다. 1866년
⑤ 조청 상민 수륙 무역 장정이 체결되었다. 1882년

자료분석 '이인영', '허위', 서울로 진군' 등을 통해 1907년 정미의병에 대한
내용임을 알 수 있다. 정미의병은 총대장에 이인영, 군사장에 허위를 임명하
여 서울 진공 작전을 펼쳤으나 실패하였다.

정답 찾기 ⑤ 정미의병은 고종의 강제 퇴위와 대한 제국의 군대 해산에 반발
하여 결성되었다. 해산 군인들이 의병에 가담하여 의병 부대의 전투력이 향
상되었고, 13도 창의군이 결성되었다.

오답 피하기
① 김원봉이 결성한 의열단은 신채호의 「조선 혁명 선언」을 지침으로 삼았다.
② 1880년대 『조선책략』이 국내에 유포되자 이만손 등의 위정척사 세력은 영
   남 유생 1만여 명과 함께 『조선책략』의 유포와 개화를 반대하는 영남 만인
   소를 올렸다.
③ 박상진 등이 대구에서 조직한 대한 광복회(1915)는 상덕태상회를 통하여
   군자금을 모집하였다.
④ 임병찬이 고종의 밀명을 받아 조직한 독립 의군부(1912)는 조선 총독부에
   국권 반환 요구서 제출을 계획하였다.

자료분석 '러시아 공사관으로 거처를 옮기시고 해가 바뀌었습니다.'를 통해
1896년 고종이 러시아 공사관으로 거처를 옮기는 아관파천 이후임을 알 수
있다.

정답 찾기 ③ 고종은 환궁 후 대한 제국을 선포하고, 1899년 대한 제국이 세
계 만국이 공인한 자주 독립국임을 천명하는 대한국 국제를 반포하였다.

오답 피하기
① 1881년 청에 영선사가 파견되었다.
② 1894년 초정부적 정책 의결 기구인 군국기무처가 설치되고 제1차 갑오개
   혁이 추진되었다.
④ 1866년 미국 상선 제너럴셔먼호가 평양의 대동강을 거슬러 올라와 통상을
   요구하며 무력시위를 벌였다(제너럴셔먼호 사건).
⑤ 임오군란의 결과 외국 상인의 내지 통상을 허용하는 조·청 상민 수륙 무
   역 장정(1882)이 체결되었다.

인 리 이끌인   합격으로 이끄는 필수 개념: 정미의병(1907)

배경	• 고종의 강제 퇴위 • 대한 제국 군대 해산
전개	• 해산된 군인의 참여로 전투력 강화 • 13도 창의군 결성 • 서울 진공 작전 전개: 이인영, 허위 등

인 리 이끌인   합격으로 이끄는 필수 개념: 대한 제국과 광무개혁

대한 제국 수립	• 아관파천 → 고종의 환궁, 환구단에서 황제 즉위식 거행 • 국호 '대한 제국', 연호 '광무'
광무개혁	• 원칙: 구본신참 • 정치: 대한국 국제 반포 • 군사: 원수부 설치 • 경제: 지계 발급

KEYWORD **일본의 경제 침탈에 대한 저항** 정답 ①

35 (가)~(다)를 일어난 순서대로 옳게 나열한 것은? 3점

주제: 일본의 경제 침탈에 대한 저항

→ 1898년
상권을 수호하기 위해 황국 중앙 총상 회가 창립되었어요.

→ 1904년
일본의 황무지 개간권 요구를 저지하기 위해 보안회가 조직되었어요.

→ 1907년
대구에서 서상 돈을 중심으로 금주. 금연 등을 통한 국채 보상 운동이 시작되었어요.

(가)　　　(나)　　　(다)

✓① (가) - (나) - (다)　　② (가) - (다) - (나)
③ (나) - (가) - (다)　　④ (나) - (다) - (가)
⑤ (다) - (가) - (나)

자료분석 (가) 외국 상인들이 내륙으로 진출하여 상권을 위협하자, 시전 상인들은 1898년 황국 중앙 총상회를 조직하여 상권 수호 운동을 주도하였다. (나) 1904년 조직된 보안회는 일제의 황무지 개간권 요구를 저지하였다. (다) 대한 제국의 국채 1,300만 원을 갚고자 1907년 대구에서 서상돈. 김광제 등의 주도로 국채 보상 운동이 시작되었다.

정답 찾기 ① (가) 황국 중앙 총상회(1898) – (나) 보안회(1904) – (다) 국채 보상 운동(1907) 순으로 전개되었다.

 합격으로 이끄는 필수 개념: 국채 보상 운동(1907)

배경	일본의 차관 제공
전개	• 대구에서 서상돈, 김광제 등을 중심으로 시작 • 『대한매일신보』 등 언론 기관의 지원으로 전국적으로 확산
결과	통감부의 방해로 실패

KEYWORD **독립 협회** 정답 ③

36 (가) 단체에 대한 설명으로 옳은 것은? 2점

→ 독립 협회
(가) 의 주요 간부인 이상재. 정교 등이 러시아의 요구에 대해 정부가 어떻게 대처할 건지를 밝히 라는 글이군.

→ 독립 협회의 활동
듣기에 절영도에 러시아 사람이 석탄고를 건축하려고 땅을 청구한다고 하니 …… 러시아 사람의 요청 대로 빌려줄 건지, 잠깐만 빌려줄 건지, 영영 줄 건지, 빌려줄 때에는 정부 회의를 거치는지, 홀로 결정하여 도장을 찍는지 ……

① 정우회 선언의 영향으로 결성되었다. 신간회
② 만세보를 발행하여 민족의식을 고취하였다. 천도교
✓③ 중추원 개편을 통해 의회 설립을 추진하였다. 독립 협회
④ 어린이날을 제정하고 소년 운동을 전개하였다. 방정환 등 천도교
⑤ 태극 서관을 운영하여 계몽 서적 등을 보급하였다. 신민회

자료분석 러시아의 절영도 조차 요구에 대한 정부의 의견을 밝히라는 내용을 통해 (가) 단체는 독립 협회임을 알 수 있다.

정답 찾기 ③ 독립 협회는 대한 제국 정부와 협상하여 새로운 중추원 관제를 반포하도록 하고, 중추원 개편을 통한 의회 설립을 추진하였다.

오답 피하기
① 정우회 선언(1926)을 계기로 비타협적 민족주의자와 사회주의자가 연대하여 신간회(1927)를 창립하였다.
② 만세보는 천도교 기관지로 발행되었으며, 일진회 등의 반민족 행위를 비판하였다.
④ 방정환 등 천도교 세력은 어린이날을 제정하고 소년 운동을 전개하였다.
⑤ 신민회는 태극 서관을 운영하여 계몽 서적 등을 보급하였다.

 합격으로 이끄는 필수 개념: 독립 협회

활동	• 영은문 → 독립문, 모화관 → 독립관 • 자주 국권: 만민 공동회 개최(러시아의 절영도 조차 요구 저지 등) • 자유 민권: 언론·출판·집회·결사·신체의 자유 • 자강 개혁: 의회 설립 운동, 관민 공동회 개최(헌의 6조 채택)
해산	황국 협회의 만민 공동회 습격

KEYWORD 근대의 역사적 장소 | 정답 ④

37 (가)~(마)에 대한 설명으로 옳은 것은? [3점]

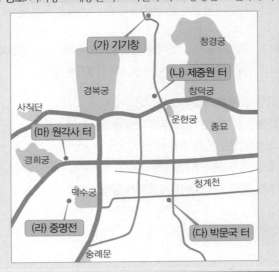

답사 계획서

■ 주제: 근대 역사의 현장을 찾아서
■ 기간: 2023년 ○○월 ○○일 10:00~16:00 → 근대의 역사적 장소
■ 경로: 기기창 → 제중원 터 → 박문국 터 → 중명전 → 원각사 터

① (가) - 우리나라 최초의 근대 신문이 간행되었다. 「한성순보」
② (나) - 고종의 황제 즉위식이 거행된 장소이다. 환구단
③ (다) - 백동화가 주조되었다. 전환국
✔ ④ (라) - 을사늑약이 체결되었다. 중명전
⑤ (마) - 나운규의 아리랑이 처음 상영된 곳이다. 원각사

정답 찾기 ④ (라) 1905년 일본은 경운궁(덕수궁)을 포위하고 중명전에서 강제로 을사늑약(제2차 한·일 협약)을 체결하였다.

오답 피하기
① (가) 기기창은 1883년 설립된 근대식 무기 공장이다. 우리나라 최초의 근대 신문인 「한성순보」는 박문국에서 간행되었다.
② (나) 1885년 알렌의 건의로 최초의 서양식 병원인 광혜원이 설립되었고, 제중원으로 개칭되었다. 고종의 황제 즉위식이 거행된 장소는 환구단이다.
③ (다) 박문국에서 「한성순보」를 발행하였다. 백동화는 전환국에서 주조되었다.
⑤ (마) 최초의 서양식 극장인 원각사에서 은세계 등 신극이 공연되었다. 1926년 우리나라 최초의 영화인 나운규의 아리랑이 상영되었다.

합격으로 이끄는 필수 개념: 근대의 역사적 장소

박문국	「한성순보」, 「한성주보」 간행된 장소
우정총국	갑신정변이 발생한 장소
제중원	우리나라 최초의 서양식 병원
원각사	우리나라 최초의 서양식 극장
덕수궁 중명전	을사늑약 체결 장소
환구단	황제 즉위식 거행 장소
전환국	백동화 등이 주조된 장소

KEYWORD 1910년대 일제의 식민 통치 | 정답 ④

38 다음 판결이 내려진 시기에 있었던 사실로 옳은 것은? [1점]

판결문

피 고 인: 박○○
주　　문: 피고인을 태 90에 처한다.
이　　유
　피고 박○○은 이○○가 '구한국의 국권 회복을 도모한다.'고 각지를 돌아다니며 유세한 것에 찬동하였다. …… 법률에 비추어 보니 피고의 소행은 …… 태형에 처함이 타당하다고 인정하여 조선 태형령 제1조, 제4조에 준하여 처단해야 한다. 따라서 주문과 같이 판결한다. → 1910년대 무단 통치기의 모습

① 원수부가 설치되었다. 1899년
② 신간회가 창립되었다. 1920년대 문화 통치기
③ 치안 유지법이 적용되었다. 1920년대 문화 통치기
✔ ④ 헌병 경찰제가 실시되었다. 1910년대 무단 통치기
⑤ 동양 척식 주식회사가 설립되었다. 1908년

자료분석 '조선 태형령'을 통해 해당 시기는 1910년대 무단 통치기임을 알 수 있다. 일제는 1912년 조선 태형령을 제정하여 한국인에게만 태형을 적용하였다.

정답 찾기 ④ 1910년대 무단 통치기에 일제는 헌병 경찰제를 시행하여 헌병이 경찰 업무까지 관여하도록 하였다.

오답 피하기
① 1899년 고종은 대한 제국을 수립하고 황제의 군사권을 강화하기 위하여 원수부를 설치하였다.
② 문화 통치기인 1927년 비타협적 민족주의자와 사회주의자가 연합하여 신간회를 창립하였다.
③ 문화 통치기인 1925년 일제는 치안 유지법을 제정하였다.
⑤ 일제는 1908년 동양 척식 주식회사를 설립하여 대한 제국의 토지와 자원을 수탈하였다.

합격으로 이끄는 필수 개념: 일제의 식민 통치

1910년대 무단 통치	• 토지 조사 사업 실시 • 헌병 경찰 제도 시행 • 회사령 제정
1920년대 문화 통치	• 회사령 폐지 • 치안 유지법 제정 • 산미 증식 계획 실시
1930·1940년대 민족 말살 통치	• 국가 총동원법 제정 • 병참 기지화 정책 • 황국 신민화 정책

제69회 심화
제68회 심화
제67회 심화
제66회 심화
제65회 심화
제64회 심화
제63회 심화
제62회 심화

39 ⑤~⑩에 대한 탐구 활동으로 적절하지 <u>않은</u> 것은? 2점

🔍 역사 돋보기 **한국 교육의 역사**

삼국 시대에는 ⑤국가가 운영하는 기관을 통해 제도적인 →태학
교육이 이루어졌다. 이때 교재는 유학 경전과 역사서가 중심
이었다.

고려 시대에 와서 과거제가 실시되었다. 조상의 음덕을
입은 관직 진출도 있었지만, 과거에 합격하는 것을 영예롭게
여기기도 하였다. 이 과정에서 관학인 국자감 못지않게 ⑥사 →9재 학당
학 역시 중요한 역할을 하였다.

조선 시대의 교육 기관은 ⑥관학으로 성균관·향교 등이
있었고, 사학으로 서원 등이 있었다. 국가는 교육을 통해 성
리학의 이념을 확산시키고, 통치 질서를 유지하려고 하였다.

19세기 말 서구 문물을 접하면서 교육에도 상당한 변화가
일어났다. ⑧정부는 새로운 변화에 대처하고 행정의 실무를 →육영 공원 등
담당할 필요에서 학교를 설치하였다. →한성 사범 학교 등

갑오개혁 때 ⑩교육 입국 조서가 반포된 이후에는 각종 관
립 학교가 세워져 교육을 담당하였다. 한편 선교사들은 기독
교를 전파하고 서양 문화를 보급하려고 학교 설립에 앞장섰다.

① ⑤ - 태학의 설립 취지를 찾아본다. 고구려
② ⑥ - 9재 학당의 수업 내용을 조사한다. 고려 중기
③ ⑥ - 명륜당과 대성전의 기능을 알아본다. 조선 시대
④ ⑧ - 동문학과 육영 공원의 운영 목적을 분석한다. 1880년대
✓⑤ ⑩ - 배재 학당, 이화 학당의 설립 시기를 파악한다. 1880년대

정답 찾기 ⑤ 제2차 갑오개혁 때인 1895년 교육 입국 조서가 반포된 이후 한
성 사범 학교 등 각종 관립 학교가 세워졌다. 배재 학당, 이화 학당은 1880년
대 선교사가 설립한 학교이다.

오답 피하기
① 고구려 소수림왕 때 국립 교육 기관인 태학을 설립하였다.
② 고려 중기에 최초의 9재 학당(문헌공도)을 포함한 12개 사학이 융성하였다.
③ 조선 시대의 교육 기관인 성균관과 향교에는 명륜당과 대성전이 있었다.
④ 1880년대 조선 정부는 동문학과 육영 공원 등 교육 기관을 설립하여 근대
교육을 실시하고자 하였다.

 `합격으로 **이끄는** 필수 개념: 근대 교육 기관

1880년대	• 원산 학사: 덕원부 주민이 세운 최초의 근대식 학교 • 동문학: 통역관 양성 기관 • 육영 공원: 상류층 자제 교육 • 개신교 학교: 배재 학당, 이화 학당
1890년대	교육 입국 조서 → 한성 사범 학교 등
1900년대	대성 학교, 오산 학교

---

40 다음 법령이 발표된 이후에 있었던 사실로 옳은 것은? 3점

제1조 조선에서의 교육은 본령에 의한다.
제2조 국어[일본어]를 상용(常用)하는 자의 보통 교육은 소학교령,
중학교령 및 고등 여학교령에 의한다.
제3조 국어[일본어]를 상용하지 않는 자에게 보통 교육을 하는
학교는 보통학교, 고등 보통학교 및 여자 고등 보통학교로
한다. →제2차 조선 교육령(문화 통치기, 1922)
제5조 보통학교의 수업 연한은 6년으로 한다. …… 보통학교에
입학할 수 있는 자는 연령 6세 이상으로 한다.

① 서당 규칙이 제정되었다. 1918년(무단 통치기)
② 2·8 독립 선언이 발표되었다. 1919년(무단 통치기)
③ 조선어 연구회가 결성되었다. 1921년(문화 통치기)
④ 조선 여자 교육회가 조직되었다. 1920년(문화 통치기)
✓⑤ 조선 민립 대학 설립 기성회가 창립되었다. 1923년(문화 통치기)

자료분석 '보통학교의 수업 연한은 6년' 등을 통해 1922년 발표된 제2차 조
선 교육령임을 알 수 있다.

정답 찾기 ⑤ 제2차 조선 교육령 발표 이후 고등 교육을 통한 민족의 실력
양성에 대한 필요성이 대두되어 1923년 조선 민립 대학 설립 기성회가 설립
되었고 이후 민립 대학 설립 운동을 전개하였다.

오답 피하기
① 일제는 1918년 서당 규칙을 제정하여 독립운동가 양성소 역할을 했던 서
당을 통제하였다.
② 1919년 도쿄에서 2·8 독립 선언이 발표되었으며, 이는 3·1 운동이 전개되
는 배경이 되었다.
③ 1921년 조선어 연구회가 결성되었다.
④ 1920년 조선 여자 교육회가 조직되었다.

 합격으로 **이끄는** 필수 개념: 일제의 교육 정책

제2차 조선 교육령	• 초등: 일본(소학교, 6년제), 한국(보통학교, 6년제) • 조선어, 조선사 필수 시행, 시수 ↓ • 대학 설립 가능: 일제의 경성 제국 대학 설립(1924)
제3차 조선 교육령	• 초등: 심상소학교, 황국 신민 학교(국민학교, 1941) • 조선어, 조선사 선택 과목화
제4차 조선 교육령	조선어, 조선사 과목 폐지

제69회 심화

제68회 심화

제67회 심화

제66회 심화

제65회 심화

제64회 심화

제63회 심화

제62회 심화

 KEYWORD 대한민국 임시 정부   정답 ④

41 (가) 정부의 활동에 대한 설명으로 옳은 것은? 2점

대한민국 임시 정부 ◀

도내 관공서의 조선인 관리·기타 조선인 부호 등에게 빈번하게 불온 문서를 배부하는 자가 있어서 수사한 결과 이〇〇의 소행으로 판명되어 그의 체포에 노력하고 있다. …… 그는 (가) 의 교통부 차장과 재무부 총장 등으로부터 여러 가지 명령을 받았다. 조선에 돌아가서 인쇄물을 뿌리는 등 인심을 교란하는 동시에 (가) 이/가 발행한 독립 공채를 판매하는 한편, 조선 내부와의 연락 및 기타 기관을 충분히 갖추게 하는 것 등이었다.

- 『고등 경찰 요사』 -

① 무장 투쟁을 위해 중광단을 결성하였다. 대종교
② 민족 교육을 위해 서전서숙을 설립하였다. 이상설
③ 독립군 양성을 위해 신흥 강습소를 세웠다. 신민회
✓④ 외교 활동을 위해 구미 위원부를 설치하였다. 대한민국 임시 정부
⑤ 농촌 계몽을 위해 브나로드 운동을 전개하였다. 동아일보

자료분석 '독립 공채', '조선 내부와의 연락 및 기타 기관' 등을 통해 (가) 정부가 대한민국 임시 정부임을 알 수 있다.

정답 찾기 ④ 대한민국 임시 정부는 외교 활동을 위하여 미국 워싱턴에 구미 위원부를 설치하였다.

오답 피하기
① 대종교의 서일 등은 중광단을 조직하여 항일 무장 투쟁을 전개하였다.
② 북간도에서 이상설 등이 민족 교육을 위하여 서전서숙, 명동 학교 등을 설립하였다.
③ 신민회는 서간도의 삼원보 지역을 개척하여 신흥 강습소를 설립하였다. 이후 신흥 무관 학교로 개편되었다.
⑤ 1930년대 『동아일보』가 주도하여 농촌 계몽을 위한 브나로드 운동을 전개하였다.

 합격으로 이끄는 필수 개념: 대한민국 임시 정부의 활동

상하이 시기	• 구미 위원부 설치 • 독립 공채 발생 • 연통제·교통국 운영
충칭 시기	• 한국광복군 창설 • 한국 독립당 창당 • 4차 개헌: 주석 중심제 • 5차 개헌: 주석·부주석 중심제

KEYWORD 1930~1940년대 일제의 식민 통치   정답 ④

42 밑줄 그은 '시기'에 있었던 사실로 옳은 것은? 2점

이곳 사할린에 있는 탄광으로 강제 동원되기 전 고향 생활 중 기억나는 것이 있으신가요?

1930~1940년대 민족 말살 통치기

그때는 중일 전쟁이 시작된 뒤여서 황국 신민 서사를 외우지 못하면 기차표 사기도 어렵던 시기였어요. 기차표를 사려고 하면 일본 사람들이 나보고 황국 신민 서사를 외워 보라고 시켰었지요.

① 원산 총파업이 발생하였다. 1920년대 문화 통치기
② 미쓰야 협정이 체결되었다. 1920년대 문화 통치기
③ 조선 형평사가 결성되었다. 1920년대 문화 통치기
✓④ 국가 총동원법이 시행되었다. 1930~1940년대 민족 말살 통치기
⑤ 임시 토지 조사국이 설립되었다. 1910년대 무단 통치기

자료분석 '강제 동원', '중일 전쟁이 시작된 뒤', '황국 신민 서사' 등을 통해 밑줄 그은 '시기'가 1930~1940년대 민족 말살 통치기임을 알 수 있다.

정답 찾기 ④ 일제는 1937년 중·일 전쟁을 일으켜 침략 전쟁을 확대하면서 국가 총동원법을 제정하는 등 전시 동원 체제를 구축하였다.

오답 피하기
① 문화 통치기인 1929년 원산 총파업이 발생하였다.
② 문화 통치기인 1925년 미쓰야 협정이 체결되었다.
③ 문화 통치기인 1923년 백정들의 차별 철폐 운동을 위한 조선 형평사가 결성되었다.
⑤ 무단 통치기인 1910년 일제는 임시 토지 조사국을 설립하여 토지 조사 사업을 실시하였다.

합격으로 이끄는 필수 개념: 1930·1940년대 민족 말살 통치

인적·물적 자원 수탈	• 국가 총동원법 → 국민 징용령, 학도 지원병, 징병제, 여자 정신 근로령, 배급제, 공출제 등 • 애국반
황국 신민화 정책	• 내선일체, 일선동조 • 황국 신민 서사 암송 강요

KEYWORD 조선 의용대   정답 ②

43 (가)에 대한 설명으로 옳은 것은? [2점]

전자 사료관

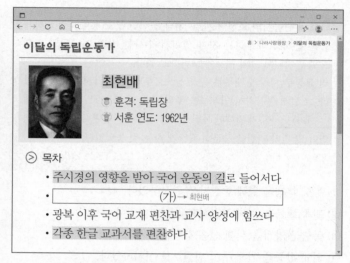

○표시된 인물이 김원봉

자료는 [(가)]의 창립 1주년을 기념하며 계림에서 촬영된 사진이다. 중국 국민당 정부의 지원을 받아 김원봉 등을 중심으로 창설된 [(가)]은/는 중국 관내(關內)에서 만들어진 최초의 한인 무장 부대이다. → 조선 의용대

① 자유시 참변으로 시련을 겪었다. 대한 독립 군단
✓② 대원 일부가 한국광복군에 합류하였다. 조선 의용대
③ 쌍성보 전투에서 한중 연합 작전을 전개하였다. 한국 독립군
④ 독립군 양성 기관인 한인 소년병 학교를 설립하였다. 박용만
⑤ 홍범도 부대와 연합하여 청산리에서 일본군과 교전하였다. 북로 군정서

자료분석 '김원봉', '중국 관내(關內)에서 만들어진 최초의 한인 무장 부대' 등을 통해 (가)는 조선 의용대(1938)임을 알 수 있다.

정답 찾기 ② 1942년 김원봉 등 화북 지대로 이동하지 않은 조선 의용대의 대원 일부가 한국광복군에 합류하였다.

오답 피하기
① 만주 일대의 독립군들은 서일을 총재로 하는 대한 독립 군단을 조직하고 러시아로 이동하였으나, 자유시 참변(1921)으로 큰 피해를 입었다.
③ 지청천이 이끄는 한국 독립군은 쌍성보, 사도하자 전투 등에서 한·중 연합 작전을 전개하였다.
④ 1909년 박용만의 주도로 미국에서 독립군 양성 기관인 한인 소년병 학교가 설립되었다.
⑤ 김좌진의 북로 군정서는 홍범도의 대한 독립군 등과 연합하여 청산리 대첩(1920)에서 승리하였다.

 합격으로 이끄는 필수 개념: 조선 의용대와 한국광복군

조선 의용대 (1938)	• 조선 민족 전선 연맹 산하 부대 • 중국 관내에서 결성된 최초의 한인 무장 부대 • 분화: 일부 세력은 한국광복군에 편입, 일부는 조선 의용대 화북 지대 결성
한국광복군 (1940)	• 대일 선전 포고 • 인도·미얀마 전선에서 영국군과 연합 작전 수행 • 미국 전략 정보국(OSS)와 국내 진공 작전 계획

KEYWORD 최현배   정답 ①

44 (가)에 들어갈 내용으로 적절한 것은? [2점]

이달의 독립운동가   홈 > 나라사랑광장 > 이달의 독립운동가

최현배
🎖 훈격: 독립장
🎖 서훈 연도: 1962년

▷ 목차
• 주시경의 영향을 받아 국어 운동의 길로 들어서다
• [(가)] → 최현배
• 광복 이후 국어 교재 편찬과 교사 양성에 힘쓰다
• 각종 한글 교과서를 편찬하다

✓① 조선어 학회 사건으로 옥고를 치르다 최현배, 이극로 등 투옥
② 파리 강화 회의에 독립 청원서를 제출하다 김규식
③ 복벽주의를 내세우며 독립 의군부를 조직하다 임병찬
④ 국권 피탈 과정을 정리한 한국통사를 저술하다 박은식
⑤ 일제에 의해 조작된 105인 사건으로 재판을 받다 신민회

자료분석 최현배는 이윤재 등과 함께 조선어 학회를 조직한 국어 학자로, 한글 맞춤법 통일안과 표준어를 제정하고 『조선말 큰사전』 편찬을 시도하는 등 국어 연구에 힘썼다.

정답 찾기 ① 일제는 조선어 학회에 치안 유지법을 적용하여 탄압하고 회원인 최현배, 이극로 등을 투옥하였다(조선어 학회 사건, 1942).

오답 피하기
② 1919년 신한 청년당 김규식은 파리 강화 회의에 독립 청원서를 제출하였다.
③ 임병찬은 고종의 밀명을 받아 복벽주의를 내세우며 1912년 독립 의군부를 조직하였다.
④ 박은식은 국권 피탈 과정을 정리한 『한국통사』를 저술하였다.
⑤ 신민회는 1911년 일제에 의해 조작된 105인 사건을 계기로 해산되었다.

 합격으로 이끄는 필수 개념: 일제 강점기 국어 연구

조선어 연구회	'가갸날(한글날)' 제정
조선어 학회	• 이윤재, 최현배 등 • 표준어 제정 • 한글 맞춤법 통일안 제정(1933) • 조선어 학회 사건(1942)으로 해산

제69회 심화
제68회 심화
제67회 심화
제66회 심화
제65회 심화
제64회 심화
제63회 심화
제62회 심화

KEYWORD 5·10 총선거   정답 ⑤

45 다음 총선거에 대한 설명으로 옳은 것을 〈보기〉에서 고른 것은? 3점

→ 5·10 총선거(1948)

사진으로 보는
우리나라 첫 번째 총선거

회의 중인
유엔 한국 임시 위원단

투표하는 사람들

투표 용지를 세는
개표 종사원

─〈보 기〉─
ㄱ. 좌우 합작 위원회가 주도하였다. 좌우 합작 운동
ㄴ. 장면 정부가 수립되는 계기가 되었다. 4·19 혁명
✓ㄷ. 제주도에서 무효 처리된 선거구가 있었다. 5·10 총선거(제주 4·3 사건의 영향)
✓ㄹ. 제헌 국회의원을 선출하기 위해 실시되었다. 5·10 총선거

① ㄱ, ㄴ   ② ㄱ, ㄷ   ③ ㄴ, ㄷ   ④ ㄴ, ㄹ   ✓⑤ ㄷ, ㄹ

KEYWORD 6·25 전쟁   정답 ②

46 밑줄 그은 '이 전쟁' 중에 있었던 사실로 옳은 것은? 1점

사료로 보는 한국사

　피하는 것은 죽는 것이요, 다 같이 일어나는 것은 사는 길이니 비록 중국군 2백만 명이 들어오기로서니 우리 2천만 명이 일어나면 한 놈도 살아나갈 수 없이 만들 수 있을 것이다. …… 각 도시나 촌락에서 모든 인민들은 쌀을 타다가 밥을 지어 주먹밥이라도 만들면 실어다가 전선에서 싸우는 사람들을 먹여야 하며, 또 장년들은 참호라도 파며 한편으로 결사대를 조직하여 적의 진지를 뚫고 적군 속에 들어가 백방으로 싸워야만 할 것이다.

→ 6·25 전쟁(1950~1953)

[해설] 중국군의 개입으로 이 전쟁의 전세가 불리해진 상황에서 국민의 항전 의지를 독려하는 대통령의 담화문이다.

① 애치슨 라인이 발표되었다. 6·25 전쟁 이전(1950)
✓② 부산이 임시 수도로 정해졌다. 6·25 전쟁 중
③ 한미 상호 방위 조약이 맺어졌다. 6·25 전쟁 이후(1953)
④ 푸에블로호 나포 사건이 발생하였다. 6·25 전쟁 이후(1968)
⑤ 국가 보위 비상 대책 위원회가 설치되었다. 6·25 전쟁 이후(1980)

자료분석 '우리나라 첫 번째 총선거'를 통해 1948년 5·10 총선거에 대한 내용임을 알 수 있다.

정답 찾기 ⑤ ㄷ. 제주 4·3 사건으로 5·10 총선거에서 제주도 내 선거구 세 곳 중 두 곳에서 선거가 시행되지 못하였다.
ㄹ. 5·10 총선거는 우리나라 최초의 보통 선거로, 제헌 국회의원을 선출하기 위해 실시되었다.

오답 피하기
ㄱ. 여운형, 김규식 등 중도 세력은 좌우 합작 위원회를 구성하고, 좌우 합작 7원칙을 발표하는 등 좌우 합작 운동을 주도하였다.
ㄴ. 4·19 혁명(1960)의 결과 재시행된 제4대 대통령 선거에서 국무총리에 장면이 선출되어 장면 정부가 수립되었다.

인 큐 합격으로 **이끄는** 필수 개념: 대한민국 정부 수립

5·10 총선거	• 우리나라 최초의 민주주의 선거 • 보통 선거: 만21세 이상에게 투표권 부여 • 초대 국회(제헌 국회) 결성 　→ 대통령 이승만·부통령 이시영 선출
대한민국 정부 수립	• 1948년 8월 15일 대한민국 정부 수립 • 초대 대통령 이승만 선출

자료분석 중국군이 개입하여 전세가 불리해졌다는 내용을 통해 밑줄 그은 '이 전쟁'은 6·25 전쟁(1950)임을 알 수 있다.

정답 찾기 ② 6·25 전쟁 발발 이후 북한군에게 3일 만에 서울을 점령당하자 이승만 정부는 1950년 8월 부산을 임시 수도로 정하였다.

오답 피하기
① 미국 국무 장관 애치슨이 태평양 극동 방위선에서 한국과 타이완 등을 제외한다고 발표하였다(애치슨 선언, 1950. 1.). 이는 북한이 남침하는 배경이 되었다.
③ 1953년 정전 협정 이후 한·미 상호 방위 조약을 체결하였다.
④ 박정희 정부 시기인 1968년 푸에블로호가 북한에 나포되는 사건이 발생하였다.
⑤ 1980년 신군부가 국가 보위 비상 대책 위원회를 설치하였다.

인 큐 합격으로 **이끄는** 필수 개념: 6·25 전쟁

배경	애치슨 선언
전개	6·25 전쟁 시작 → 임시 수도를 부산으로 결정 → 인천 상륙 작전 → 서울 수복 → 국군의 압록강 진격 → 중국군 개입 → 1·4 후퇴 → 서울 재수복 → 정전 협정 → 한·미 상호 방위 조약

47 다음 상황이 나타난 시기를 연표에서 옳게 고른 것은?

[3점]

□□신문

제△△호   ○○○○년 ○○월 ○○일

희망에 찬 전진을

제1차 경제 개발 5개년 계획을 '성공적'으로 매듭지은 현 시점에서
우리에게는 진실로 기뻐하고 자랑스럽게 생각해야 할 일이 있다.
우리나라가 새롭고 희망에 찬 생활을 향하여 전진을 거듭하고
있다는 사실에 대한 자각이 더욱 높아가고 미래에 대한 자신이 날로
굳어져 가고 있다는 사실이다. …… 여러분이 아시다시피 올해는
제2차 경제 개발 5개년 계획에 착수하여 이미 도약 단계에 들어선
조국의 발전에 일대 박차를 가해야 할 중대한 새 출발의 해인 것이
다. 앞으로 4~5년 후에는 아시아에 빛나는 공업 국가를 건설해
보자는 것이 이 계획의 목표인 것이다. → 박정희 정부의 경제 정책

1949	1965	1977	1988	1996	2007
(가)	✓(나)	(다)	(라)	(마)	
농지 개혁법 제정	한일 협정 체결	100억 달러 수출 달성	서울 올림픽 개최	경제 협력 개발 기구 (OECD) 가입	한미 자유 무역 협정(FTA) 체결

① (가) ✓② (나) ③ (다) ④ (라) ⑤ (마)

자료분석 '제2차 경제 개발 5개년 계획에 착수'하였다는 내용을 통해 1967년
의 상황임을 알 수 있다. 제2차 경제 개발 5개년 계획은 1967~1971년에 추진
되었다.

정답 찾기 ② 제2차 경제 개발 5개년 계획은 1967년부터 추진되었다.

인 끌 이끌인 합격으로 **이끄는** 필수 개념: 경제 개발 5개년 계획

제1차·제2차 경제 개발 5개년 계획(1962~1971)	• 도로·항만 등 사회 간접 자본 확충 • 수출 위주의 경공업 발전에 주력
제3차 경제 개발 5개년 계획(1972~1981)	• 수출 100억 달러 달성(1977) • 중화학 공업 중심

48 밑줄 그은 '정부' 시기에 있었던 사실로 옳은 것은? [2점]

→ 전두환 정부

이것은 부천 경찰서에서 자행된 여성 노동자에 대한 성 고문 사건을
축소, 은폐하기 위해 내린 정부의 보도 지침 내용입니다. 당시 정부는
언론의 보도 방향을 통제하고, 민주화 운동을 탄압하였습니다. 이후
박종철 고문 치사 사건도 단순 쇼크사로 날조하였습니다.

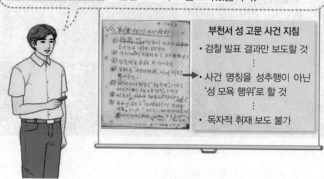

부천서 성 고문 사건 지침
• 검찰 발표 결과만 보도할 것
• 사건 명칭을 성추행이 아닌 '성 모욕 행위'로 할 것
• 독자적 취재 보도 불가

① 야당 총재가 국회의원직에서 제명되었다. 박정희 정부
✓② 5년 단임의 대통령 직선제 개헌이 이루어졌다. 전두환 정부
③ 국가 재건 최고 회의를 기반으로 군정이 실시되었다. 박정희 군정
④ 평화 통일론을 내세우던 진보당의 조봉암이 처형되었다. 이승만 정부
⑤ 긴급 조치 철폐 등을 포함한 3·1 민주 구국 선언이 발표되었다. 박정희 정부

자료분석 '부천 경찰서에서 자행된 여성 노동자에 대한 성 고문 사건', '박종
철 고문 치사 사건' 등을 통해 밑줄 그은 '정부'는 전두환 정부임을 알 수 있다.

정답 찾기 ② 전두환 정부 시기에 발생한 6월 민주 항쟁(1987)의 결과 5년 단
임의 대통령 직선제를 규정한 제9차 개헌이 이루어졌다.

오답 피하기
① 박정희 정부 시기에 야당 총재 김영삼이 국회의원직에서 제명되었다.
③ 1961년 5·16 군사 정변으로 정권을 장악한 박정희는 국가 재건 최고 회의
   를 설치하여 군정을 시행하였다.
④ 이승만 정부 시기에 평화 통일론을 주장하던 진보당의 조봉암이 간첩 혐
   의로 처형되었다(진보당 사건, 1958).
⑤ 박정희 정부 시기인 1976년 유신 헌법을 반대하는 3·1 민주 구국 선언이
   발표되었다.

인 끌 이끌인 합격으로 **이끄는** 필수 개념: 전두환 정부 시기의 사실

유화책	• 두발 및 교복 자율화 • 야간 통행금지 해제 • 프로 스포츠 경기 도입
탄압책	• 삼청 교육대 • 언론 탄압(통폐합 및 보도 지침) • 부천 경찰서 성고문 사건 • 박종철 고문 치사 사건

49 다음 지역에 대한 탐구 활동으로 적절한 것은? 1점

지도로 보는 우리 지역의 역사

풍패지관
전라 감영
경기전
성황사
풍남문

→ 전주의 역사

1872년에 제작된 우리 지역 지도의 일부입니다. 조선 시대 전라도 일대를 총괄하는 전라 감영, 조선 왕실의 발상지라는 의미로 한(漢) 고조의 고사에서 이름을 딴 객사 풍패지관, 태조 이성계의 어진을 봉안하고 제사하는 경기전, 후백제의 왕성으로 알려진 동고산성 안에 있는 성황사 등이 표시되어 있습니다.

① 유형원이 반계수록을 저술한 장소를 답사한다. 부안
② 견훤이 아들 신검에 의해 유폐된 장소를 알아본다. 김제 금산사
✓③ 동학 농민군이 정부와 화약을 맺은 장소를 조사한다. 전주
④ 기묘사화로 유배된 조광조가 사사된 장소를 검색한다. 능주(화순)
⑤ 임병찬이 의병을 일으킨 무성 서원이 있는 장소를 찾아본다. 정읍

자료분석 '전라 감영', '경기전', '후백제의 왕성' 등을 통해 해당 지역은 전주 임을 알 수 있다.

정답 찾기 ③ 제1차 동학 농민 운동 당시 동학 농민군은 정부와 전주 화약을 맺고 폐정 개혁안을 시행하고자 하였다.

오답 피하기
① 유형원이 『반계수록』을 저술한 장소는 전북 부안이다.
② 견훤은 아들 신검에 의해 김제 금산사에 유폐되었다.
④ 기묘사화로 유배된 조광조는 능주(전남 화순)에서 사사되었다.
⑤ 임병찬이 의병을 일으킨 무성 서원은 정읍에 위치해 있다.

 합격으로 이끄는 필수 개념: 전주와 정읍의 역사

전주	• 후백제 수도 • 경기전 • 전주 화약 체결
정읍	• 무성 서원 • 이승만의 정읍 발언

50 다음 뉴스가 보도된 정부 시기의 통일 정책으로 옳은 것은? 2점

→ 김대중 정부 시기의 모습

대통령은 오늘 도쿄에서 오부치 일본 총리와 21세기 새로운 한일 파트너십 공동 선언에 합의하였습니다. 이 공동 선언문에는 일본이 과거 한때 식민지 지배로 인하여 한국 국민에게 다대한 손해와 고통을 안겨주었다는 역사적 사실을 겸허히 받아들이면서, 이에 대한 통절한 반성과 마음으로부터 사죄라는 표현이 명문화되어 있습니다.

대통령, 일본 국회 연설에서 일본 대중문화 단계적 개방 약속

① 남북 조절 위원회를 구성하였다. 박정희 정부
✓② 6·15 남북 공동 선언을 채택하였다. 김대중 정부
③ 한반도 비핵화 공동 선언에 합의하였다. 노태우 정부
④ 판문점에서 남북 정상 회담을 개최하였다. 문재인 정부
⑤ 남북 이산가족 고향 방문을 최초로 실현하였다. 전두환 정부

제69회 심화
제68회 심화
제67회 심화
제66회 심화
제65회 심화
제64회 심화
제63회 심화
제62회 심화

자료분석 '오부치 일본 총리와 21세기 새로운 한일 파트너십 공동 선언에 합의'한 정부는 김대중 정부이다(1998).

정답 찾기 ② 김대중 정부 시기인 2000년 제1차 남북 정상 회담을 개최하고, 6·15 남북 공동 선언을 채택하였다.

오답 피하기
① 박정희 정부는 7·4 남북 공동 성명(1972)을 발표하고 남북 조절 위원회를 구성하였다.
③ 노태우 정부 시기 남북한은 유엔에 가입한 직후 남북 기본 합의서를 채택하고, 한반도 비핵화 공동 선언(1991)에 합의하였다.
④ 문재인 정부는 판문점에서 남북 정상 회담을 개최하였다(2018).
⑤ 전두환 정부는 남북 이산가족 고향 방문을 최초로 실현하였다(1985).

 합격으로 이끄는 필수 개념: 김대중 정부의 통일 정책

1998년	햇볕 정책 → 정주영 소떼 방북, 금강산 해로 관광 시작
2000년	• 제1차 남북 정상 회담 개최 • 6·15 남북 공동 선언 → 경의선 복구 사업·개성 공단 건설 합의

더욱더 명쾌하고 자세한 해설

더 이상의 시간 낭비는 No! 시험 직전 **스피드한 문제 회독**은 필수!
문제 풀이에 필요한 **핵심 키워드**만 쏙쏙 뽑아 드립니다.

KEYWORD 신석기 시대 생활 모습 정답 ⑤

01 밑줄 그은 '이 시대'의 생활 모습으로 옳은 것은? [1점]

→신석기 시대
화면 속 **갈돌과 갈판**, **빗살무늬 토기**는 이 시대의 대표적인 유물로 알려져 있습니다.

농경과 정착 생활이 시작된 이 시대의 사람들은 토기를 만들어 곡식을 저장하고 음식을 조리하기도 하였습니다.

① 소를 이용하여 깊이갈이를 하였다. 신라 지증왕
② 반량전, 명도전 등의 화폐를 사용하였다. 초기 철기 시대
③ 청동 방울 등을 의례 도구로 이용하였다. 청동기 시대
④ 거푸집을 이용하여 세형 동검을 제작하였다. 초기 철기 시대
✓⑤ 가락바퀴와 뼈바늘을 이용하여 옷을 만들었다. 신석기 시대

자료분석 '갈돌과 갈판', '빗살무늬 토기', '농경과 정착 생활이 시작' 등을 통해 신석기 시대임을 알 수 있다. 신석기 시대에는 농경과 목축을 시작하여 식량을 생산하였으며, 식량을 저장하고 조리할 수 있는 덧무늬 토기, 빗살무늬 토기 등이 만들어졌다.

정답 찾기 ⑤ 신석기 시대에는 실을 뽑는 도구인 가락바퀴와 뼈바늘을 이용하여 옷을 만들어 입었다.

오답 피하기
① 신라 지증왕 때 소를 이용한 깊이갈이(우경)의 기록이 처음 등장하였다.
② 초기 철기 시대에는 반량전, 명도전 등의 화폐를 사용하여 중국과 교역하였다.
③ 청동기 시대에는 청동 방울 등을 의례 도구로 사용하였다.
④ 초기 철기 시대에는 거푸집을 이용하여 세형동검 등의 청동검을 제작하였다.

인 퀴 합격으로 **이끄는** 필수 개념: 선사 시대의 문화

신석기 시대	• 농경과 목축 시작	• 갈판과 갈돌
	• 빗살무늬 토기	• 가락바퀴, 뼈바늘
청동기 시대	• 청동 방울	• 비파형 동검
	• 고인돌	
초기 철기 시대	• 반량전, 명도전	• 세형동검

KEYWORD 부여 정답 ①

02 (가) 나라에 대한 설명으로 옳은 것은? [2점]

→부여
○ (가) 의 풍속에는 가뭄이나 장마가 계속되어 오곡이 영글지 않으면, 그 허물을 왕에게 돌려 "왕을 마땅히 바꾸어야 한다."고 하거나 "죽여야 한다."라고 하였다.
- 『삼국지』 동이전 -

○ (가) 사람들은 …… 활·화살·칼·창으로 무기를 삼았다. 가축의 이름으로 관직명을 지으니 마가·우가·구가 등이 있었다. 그 나라의 읍락은 모두 여러 가(加)에 소속되었다.
- 『후한서』 동이열전 -

✓① 영고라는 제천 행사를 열었다. 부여
② 한 무제의 공격으로 멸망하였다. 고조선
③ 정사암에 모여 재상을 선출하였다. 백제
④ 읍락 간의 경계를 중시하는 책화가 있었다. 동예
⑤ 제사장인 천군과 신성 지역인 소도가 존재하였다. 삼한

자료분석 '허물을 왕에게 돌려', '마가·우가·구가' 등을 통해 (가) 나라는 부여임을 알 수 있다. 부여는 가뭄이 들거나 농사를 망치면 왕에게 그 책임을 돌리기도 하였다.

정답 찾기 ① 부여는 해마다 12월에 영고라는 제천 행사를 치렀다. 이날은 하늘에 제사를 지내고 음식을 먹으며 노래를 부르고 춤을 추었으며, 죄수를 풀어 주기도 하였다.

오답 피하기
② 고조선은 우거왕 때 한 무제의 침략을 받아 멸망하였다.
③ 백제의 귀족들은 정사암에 모여 재상을 선출하고 국가 중대사를 결정하였다.
④ 동예는 읍락 간의 경계를 중시하여 다른 읍락을 침범하면 소나 말로 변상하게 하는 책화가 존재하였다.
⑤ 삼한은 정치적 지배자인 군장과 제사장인 천군이 있었다. 또한 천군이 다스리는 신성 지역인 소도가 존재하였다.

인 퀴 합격으로 **이끄는** 필수 개념: 부여의 모습

정치 체제	• 5부족 연맹체: 마가, 우가, 구가, 저가	
	• 사출도	
제천 행사	12월 영고	
풍습	• 1책 12법	• 순장
	• 형사취수제	

03 (가)에 들어갈 내용으로 가장 적절한 것은? 2점

> 지금 보시는 자료는 안악 3호분 벽화 중 일부로, 무덤 주인공과 호위 군사 등의 행렬 모습을 자세히 보여줍니다. 이 벽화를 남긴 나라에 대하여 알고 있는 내용을 대화창에 올려 주세요.

대화창 ON
- 책을 읽고 활쏘기를 익히는 경당을 설치하였어요.
- 제가 회의에서 국가 중대사를 결정하였어요.
- (가) → 고구려

① 연의 장수 진개의 공격을 받았어요. 고조선
② 골품에 따른 신분 차별이 엄격하였어요. 신라
✓③ 빈민을 구제하기 위해 진대법을 실시하였어요. 고구려
④ 사회 질서를 유지하기 위한 범금 8조가 있었어요. 고조선
⑤ 왕족인 부여씨와 8성의 귀족이 지배층을 이루었어요. 백제

자료분석 '책을 읽고 활쏘기를 익히는 경당', '제가 회의' 등을 통해 (가)에 들어갈 내용은 고구려임을 알 수 있다. 고구려는 경당을 세워 한학뿐만 아니라 무술도 함께 가르쳤다. 또한 귀족들의 정책 합의체인 제가 회의를 개최하였다.

정답 찾기 ③ 고구려는 고국천왕 때 을파소의 건의에 따라 봄에 곡식을 빌려주고 가을에 갚도록 하는 진대법을 시행하였다.

오답 피하기
① 고조선은 중국의 연과 대립할 정도로 성장하였고, 이 과정에서 연나라 장수 진개의 공격을 받기도 하였다.
② 신라는 골품에 따라 관등 승진에 제한을 두는 골품제를 실시하였다.
④ 고조선은 사회 질서를 유지하기 위해 범금 8조가 있었다. 오늘날에는 이 중 3개 조목만 전해진다.
⑤ 백제는 왕족인 부여씨와 8성의 귀족이 지배층을 이루었다.

 합격으로 **이끄는** 필수 개념: 고대 국가의 사회

고구려	• 제가 회의	• 진대법
	• 태학, 경당 설립	
백제	• 부여씨와 8성의 귀족	• 정사암 회의
신라	• 화백 회의	• 골품제
	• 화랑도	

---

04 (가)에 해당하는 문화유산으로 옳은 것은? 1점

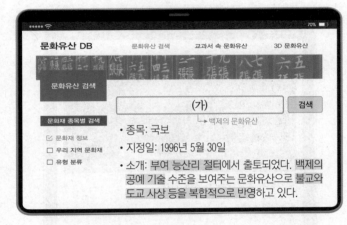

문화유산 DB 문화유산 검색 교과서 속 문화유산 3D 문화유산

문화유산 검색

(가) 검색
→ 백제의 문화유산

문화재 종목별 검색
☑ 문화재 정보
☐ 우리 지역 문화재
☐ 유형 분류

- 종목: 국보
- 지정일: 1996년 5월 30일
- 소개: 부여 능산리 절터에서 출토되었다. 백제의 공예 기술 수준을 보여주는 문화유산으로 불교와 도교 사상 등을 복합적으로 반영하고 있다.

① 이불병좌상(발해)
② 금동 연가 7년명 여래 입상(고구려)
③ 금동관(가야)
④ 기마 인물형 토기(신라)
✓⑤ 금동 대향로(백제)

자료분석 '부여 능산리 절터', '백제의 공예 기술', '불교와 도교 사상 등을 복합적으로 반영' 등을 통해 (가)에 들어갈 문화유산은 백제 금동 대향로임을 알 수 있다.

정답 찾기 ⑤ 백제의 금동 대향로는 신선, 봉황, 연꽃 등 도교와 불교의 상징이 정교하게 묘사되어 있다.

오답 피하기
① 발해의 이불병좌상이다.
② 고구려의 금동 연가 7년명 여래 입상이다.
③ 가야의 금동관이다.
④ 신라의 기마 인물형 토기이다.

 합격으로 **이끄는** 필수 개념: 백제의 문화 유산

서산 용현리 마애 여래 삼존상	백제인의 미소
금동 대향로	• 부여 능산리 근처 절터에서 발굴 • 불교와 도교 사상 반영
부여 정림사지 오층 석탑	• '평제탑'이라고도 불림 • 목탑 양식 계승

제69회 심화
제68회 심화
제67회 심화
제66회 심화
제65회 심화
제64회 심화
제63회 심화
제62회 심화

05 (가) 인물에 대한 설명으로 옳은 것은?   [3점]

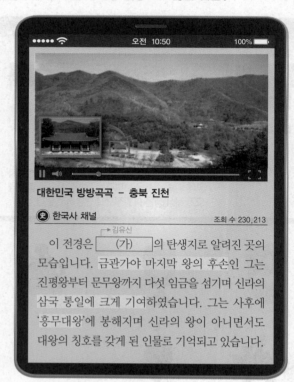

대한민국 방방곡곡 – 충북 진천

한국사 채널   조회 수 230,213

이 전경은 ┌→김유신 (가) 의 탄생지로 알려진 곳의 모습입니다. 금관가야 마지막 왕의 후손인 그는 진평왕부터 문무왕까지 다섯 임금을 섬기며 신라의 삼국 통일에 크게 기여하였습니다. 그는 사후에 '흥무대왕'에 봉해지며 신라의 왕이 아니면서도 대왕의 칭호를 갖게 된 인물로 기억되고 있습니다.

① 안승을 왕으로 추대하였다. 검모잠
② 당의 등주를 선제 공격하였다. 장문휴
✓ ③ 비담과 염종의 난을 진압하였다. 김유신
④ 기벌포 전투를 승리로 이끌었다. 시득
⑤ 일리천에서 신검의 군대를 물리쳤다. 고려 태조 왕건

자료분석 '금관가야의 마지막 왕의 후손', '삼국 통일에 크게 기여', '흥무대왕' 등을 통해 (가) 인물은 김유신임을 알 수 있다.

정답 찾기 ③ 신라 선덕 여왕 때 정치를 잘 못한다는 이유로 상대등 비담과 염종이 난을 일으켰으나, 김유신 등이 이를 진압하였다.

오답 피하기
① 검모잠은 안승을 왕으로 추대하여 고구려 부흥을 꾀하였다.
② 발해 무왕의 명을 받아 당의 등주를 공격한 인물은 장문휴이다.
④ 기벌포 전투에서 당군을 격파하고 승리로 거둔 인물은 신라의 수군 지휘관 시득이다.
⑤ 일리천 전투에서 후백제의 신검 군대를 물리친 인물은 고려 태조 왕건이다.

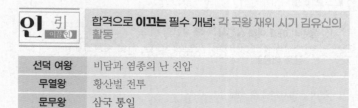

합격으로 **이끄는** 필수 개념: 각 국왕 재위 시기 김유신의 활동

선덕 여왕	비담과 염종의 난 진압
무열왕	황산벌 전투
문무왕	삼국 통일

---

06 밑줄 그은 '이 왕'에 대한 설명으로 옳은 것은?   [2점]

┌→백제 성왕
무령왕의 뒤를 이어 즉위한 이 왕은 국호를 고치고 중앙 관청을 22부로 정비하였어.

신라와 연합하여 한강 유역을 되찾았지만, 신라에 다시 빼앗겼지.

결국 신라와 전쟁을 벌이다가 관산성 전투에서 전사하였어.

① 금마저에 미륵사를 창건하였다. 백제 무왕
✓ ② 수도를 웅진에서 사비로 옮겼다. 백제 성왕
③ 윤충을 보내 대야성을 함락하였다. 백제 의자왕
④ 고흥으로 하여금 서기를 편찬하게 하였다. 백제 근초고왕
⑤ 북위에 사신을 보내 고구려 공격을 요청하였다. 백제 개로왕

자료분석 '중앙 관청을 22부로 정비', '신라와 연합하여 한강 유역을 되찾았지만', '관산성 전투에서 전사' 등을 통해 밑줄 그은 '이 왕'은 백제 성왕임을 알 수 있다.

정답 찾기 ② 백제 성왕은 국가의 중흥을 위해 수도를 웅진에서 사비로 천도하고, 국호를 '남부여'로 변경하였다.

오답 피하기
① 백제 무왕은 현재의 익산 지역인 금마저에 미륵사를 창건하였다.
③ 백제 의자왕은 윤충을 보내 전략적 요충지인 신라의 대야성을 함락하고 김춘추의 사위와 딸을 죽였다.
④ 백제 근초고왕은 고흥으로 하여금 역사서인 『서기』를 편찬하게 하였다.
⑤ 백제 개로왕은 북위에 사신을 파견하여 고구려 공격을 요청하였으나 거절당하였다.

합격으로 **이끄는** 필수 개념: 백제 성왕의 업적

체제 정비	• 사비 천도 • 국호 '남부여'로 변경
나·제 동맹 결렬	신라 진흥왕과 연합하여 한강 하류 일시적 수복 → 신라 진흥왕의 배신으로 빼앗김 → 관산성 전투에서 전사

제69회 심화
제68회 심화
제67회 심화
제66회 심화
제65회 심화
제64회 심화
제63회 심화
제62회 심화

KEYWORD 안시성 전투~고구려의 멸망 사이의 사실 정답 ④

07 (가) 시기에 있었던 사실로 옳은 것은? 3점

안시성 전투(645)

고구려의 멸망(668)

> 며칠 전 우리 고구려군이 안시성 전투에서 당군을 격퇴했다는 소식을 들었는가?

> 요동성, 백암성이 함락되는 위기를 맞았지만 안시성에서 끝내 물리쳤다네.

> 고구려 집권층 내부에 분열이 생겨 연남건이 자신의 형 연남생을 몰아냈다고 하네.

> 결국 연남생은 고구려의 여러 성을 당에 바치며 투항했다더군.

① 소수림왕이 율령을 반포하였다. 4세기 후반

② 진흥왕이 대가야를 병합하였다. 6세기 중반

③ 을지문덕이 살수에서 대승을 거두었다. 7세기 초반

✓ ④ 김춘추가 당과의 군사 동맹을 성사시켰다. 7세기 중반(648년)

⑤ 근초고왕이 평양성을 공격하여 고국원왕을 전사시켰다. 4세기 중반

자료분석 (가) 이전은 645년 안시성 전투에서 고구려군이 당군을 격퇴한 내용이고, (가) 이후는 연개소문이 죽자 그의 세 아들이 내분을 벌여 668년 고구려가 멸망하는 내용이다.

정답 찾기 ④ 648년 김춘추는 고구려와의 동맹 협상이 결렬되자 당으로 건너가 나·당 동맹을 체결하였다.

오답 피하기
① 고구려 소수림왕이 율령을 반포한 시기는 4세기 후반이다.
② 신라 진흥왕이 대가야를 병합한 시기는 6세기 중반이다.
③ 고구려의 장수 을지문덕이 살수에서 수나라 군대에 대승을 거둔 시기는 7세기 초반이다.
⑤ 백제 근초고왕이 평양성을 공격하여 고구려 고국원왕을 전사시킨 시기는 4세기 중반이다.

인끌인 합격으로 이끄는 필수 개념: 7세기 삼국의 상황

안시성 전투	고구려 vs 당: 안시성 전투
나·당 동맹	김춘추의 대당 외교
백제 멸망	• 황산벌 전투 → 사비성 함락 • 백제 부흥 운동 – 흑치상지: 임존성 – 복신·도침·부여풍: 주류성
고구려 멸망	• 나·당 연합군의 침공 → 평양성 함락 • 고구려 부흥 운동 – 검모잠: 한성 – 신라의 지원: 안승을 보덕국왕을 책봉

KEYWORD 발해의 경제 상황 정답 ⑤

08 (가) 국가의 경제 상황으로 옳은 것은? 2점

발해

> 이 지도는 (가) 의 전성기 영역을 나타낸 것입니다. 이 국가에서는 각지에서 말이 사육되었는데, 그중에서도 솔빈부의 말은 당에 수출될 정도로 유명하였습니다. 특히, 고구려 유민 출신으로 산둥 반도 지역을 장악하였던 이정기 세력에게 많은 말을 수출하였습니다.

① 벽란도를 통해 아라비아 상인과 무역하였다. 고려 시대

② 구황 작물로 감자, 고구마를 널리 재배하였다. 조선 후기

③ 해동통보를 발행하여 화폐 유통을 추진하였다. 고려 숙종

④ 시장을 관리하는 관청인 동시전을 설치하였다. 신라 지증왕

✓ ⑤ 거란도, 영주도 등을 통해 주변국과 교역하였다. 발해

자료분석 '솔빈부의 말을 당에 수출', 지도에서 '상경, 동경, 중경, 서경, 남경'의 5경이 표기된 것 등을 통해 (가) 국가는 발해임을 알 수 있다. 발해는 선왕 때 전성기를 맞이하여 최대 영토를 이루었으며, 전국을 5경 15부 62주의 행정 구역으로 개편하였다.

정답 찾기 ⑤ 발해는 거란도, 영주도, 신라도, 일본도 등의 교통로를 통해 주변국과 교역하였다.

오답 피하기
① 고려는 벽란도를 통해 아라비아 상인과 무역하였다.
② 조선 후기에는 감자, 고구마 등의 구황 작물이 널리 재배되었다.
③ 고려 숙종 때 해동통보를 발행하여 화폐 유통을 추진하였다.
④ 신라 지증왕 때 시장을 관리하는 관청인 동시전을 설치하였다.

인끌인 합격으로 이끄는 필수 개념: 발해의 경제

농업	밭농사 중심
특산물	솔빈부의 말
대외 무역	• 당: 발해관, 영주도, 조공도 • 일본: 일본도 • 신라: 신라도 • 거란: 거란도

09 다음 상황 이후에 전개된 사실로 옳은 것은? 　2점

┌─────────────────────────────────────┐
│ ┌→ 신라 하대 장보고의 난
│ 청해진의 궁복은 왕이 딸을 [왕비로] 받아들이지 않은 것에
│ 원한을 품고 반란을 일으켰다. 조정에서는 장차 그를 토벌하자니
│ 예측하지 못할 환난이 생길까 두렵고, 그대로 두자니 그 죄를
│ 용서할 수 없어서, 우려하면서도 어떻게 해야 할지를 몰랐다.
│ 무주 사람 염장이란 자는 용맹하고 씩씩하기로 당시에 소문이
│ 났는데, 와서 아뢰기를 "조정에서 다행히 신의 말을 들어주신다
│ 면 신은 한 명의 병졸도 번거롭게 하지 않고 맨주먹으로 궁복의
│ 목을 베어 바치겠습니다."라고 하였다. 왕이 그의 말을 따랐다.
│ 　　　　　　　　　　　　　　　　　　　　　－『삼국사기』 －
└─────────────────────────────────────┘

① 혜공왕이 귀족 세력에게 피살되었다. 신라 중대(혜공왕)
✓② 최치원이 시무책 10여 조를 건의하였다. 신라 하대(진성 여왕)
③ 왕의 장인인 김흠돌이 반란을 도모하였다. 신라 중대(신문왕)
④ 자장의 건의로 황룡사 구층 목탑이 건립되었다. 신라 상대(선덕 여왕)
⑤ 원광이 화랑도의 규범으로 세속 5계를 제시하였다. 신라 상대(진평왕)

자료분석 '청해진의 궁복은 왕이 딸을 [왕비로] 받아들이지 않은 것에 원한을 품고 반란을 일으켰다.'를 통해 다음 상황은 장보고의 난에 대한 내용임을 알 수 있다. 장보고의 난은 신라 하대인 846년에 일어났다.

정답 찾기 ② 신라 하대 당에서 귀국한 최치원은 진성 여왕에게 시무 10여 조를 올려 개혁을 건의하였다.

오답 피하기
① 통일 신라 혜공왕은 귀족 세력에 의해 피살되고 진골 귀족들의 왕위 다툼이 심화되면서 왕권은 약화되었다.
③ 통일 신라 신문왕 때 왕의 장인인 김흠돌이 반란을 일으켰다가 실패하였다.
④ 신라 선덕 여왕 때 자장의 건의로 황룡사 구층 목탑이 건립되었다.
⑤ 신라 진평왕 때 원광은 화랑도의 규범인 세속 5계를 제시하였다.

합격으로 **이끄는** 필수 개념: 신라 하대의 정치 변동

헌덕왕	김헌창의 난
흥덕왕	장보고: 청해진 설치
문성왕	장보고의 난
진성 여왕	• 원종과 애노의 난 • 최치원: 시무 10여 조

10 다음 검색창에 들어갈 인물에 대한 설명으로 옳은 것은? 　2점

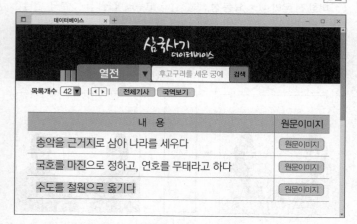

① 후당, 오월에 사신을 파견하였다. 견훤
② 이사부를 보내 우산국을 복속하였다. 신라 지증왕
③ 폐정 개혁을 목표로 정치도감을 설치하였다. 고려 충목왕
✓④ 광평성을 비롯한 각종 정치 기구를 마련하였다. 궁예
⑤ 정계와 계백료서를 지어 관리가 지켜야 할 규범을 제시하였다. 고려 태조 왕건

자료분석 '송악을 근거지', '국호를 마진', '수도를 철원으로 옮기다' 등을 통해 해당 인물이 궁예임을 알 수 있다. 궁예는 다시 국호를 태봉으로 고치고 자신을 미륵이라 칭하며 공포정치를 펼쳤다.

정답 찾기 ④ 후고구려를 세운 궁예는 광평성을 비롯한 각종 정치 기구와 관제를 마련하였다.

오답 피하기
① 후백제를 세운 견훤은 중국의 후당과 오월 등에 사신을 파견하였다.
② 신라 지증왕은 이사부를 보내 우산국을 복속하였다.
③ 고려 충목왕은 원 간섭기에 폐정 개혁을 목표로 정치도감을 설치하였다.
⑤ 고려 태조 왕건은 『정계』와 『계백료서』를 지어 관리가 지켜야 할 규범을 제시하였다.

합격으로 **이끄는** 필수 개념: 궁예와 견훤

궁예	• 반신라 감정: 신라 왕의 화상을 칼로 벰 • 양길 휘하 장수 출신 • 송악(개성)을 도읍으로 삼아 후고구려 건국 • 광평성(최고 중앙 기구) 설치
견훤	• 무진주(광주) 일대 장악 → 스스로 왕위에 오름 • 완산주(전주)를 도읍으로 삼고 후백제 건국 • 중국 오월 및 후당과 외교

11 (가), (나) 사이의 시기에 있었던 사실로 옳은 것은? 3점

┌─ 만부교 사건(고려 태조 왕건)
(가) 거란에서 사신을 파견하여 낙타 50필을 보냈다. 왕은 거란이 일찍이 발해와 지속적으로 화목하다가 갑자기 의심하여 맹약을 어기고 멸망시켰으니, 이는 매우 무도하여 친선 관계를 맺어 이웃으로 삼을 수 없다고 생각하였다. 드디어 교빙을 끊고 사신 30인을 섬으로 유배 보냈으며, 낙타는 만부교 아래에 매어두니 모두 굶어 죽었다.
┌─ 거란의 제2차 침입(고려 현종)
(나) 양규가 흥화진으로부터 군사 7백여 명을 이끌고 통주까지 와서 군사 1천여 명을 수습하였다. 밤중에 곽주로 들어가서 지키고 있던 적들을 급습하여 모조리 죽인 후 성 안에 있던 남녀 7천여 명을 통주로 옮겼다.

✓① 외침에 대비하여 광군이 조직되었다. 고려 정종
② 강감찬이 귀주에서 대승을 거두었다. 거란의 제3차 침입
③ 화통도감이 설치되어 화포를 제작하였다. 고려 말 우왕
④ 김윤후가 처인성에서 살리타를 사살하였다. 몽골의 제2차 침입
⑤ 철령위 설치에 반발하여 요동 정벌이 추진되었다. 고려 말 우왕

자료분석 (가) 고려 태조 왕건이 거란의 사신을 유배 보내고, 거란이 보낸 낙타를 굶겨 죽인 만부교 사건(942)이다. (나) 고려 현종 때 거란의 제2차 침입(1010)으로 양규가 활약하였다.

정답 찾기 ① 고려 정종 때 거란의 침입에 대비하기 위하여 일종의 예비군인 광군을 조직(947)하였다.

오답 피하기
② 거란의 제3차 침입(1018) 때 강감찬이 귀주에서 대승을 거두었다. (나) 이후의 사실이다.
③ 고려 말 우왕 때 화통도감을 설치(1377)하여 최무선으로 하여금 화포를 제작하게 하였다. (나) 이후의 사실이다.
④ 몽골의 제2차 침입(1232) 때 승려 김윤후가 처인성에서 몽골의 장수 살리타를 사살하였다. (나) 이후의 사실이다.
⑤ 고려 말 우왕 때 명나라의 철령위 설치에 반발하여 최영 등이 요동 정벌을 추진하였다. (나) 이후의 사실이다.

인 큅 합격으로 이끄는 필수 개념: 거란의 침입에 대한 고려의 대응

고려 정종	광군 조직
고려 성종	거란의 제1차 침입 → 서희의 외교 담판 → 강동 6주 획득
고려 현종	• 거란의 제2차 침입 vs 양규의 활약 • 거란의 제3차 침입 vs 강감찬의 귀주 대첩

12 밑줄 그은 '반란'이 일어난 시기를 연표에서 옳게 고른 것은? 1점

이것은 경원 이씨 가문의 이자연 묘지명으로, 딸 셋을 모두 문종의 왕비로 보냈다는 내용이 기록되어 있습니다. 훗날 이자연의 손자 또한 딸들을 왕비로 보내 최고 권력을 누렸는데, 이에 위협을 느낀 인종이 그를 제거하려 하자 척준경과 함께 반란을 일으켰습니다.

제69회 심화
제68회 심화
제67회 심화
제66회 심화
제65회 심화
제64회 심화
제63회 심화
제62회 심화

1104	1135	1170	1196	1270	1351
✓(가)	(나)	(다)	(라)	(마)	
별무반 조직	묘청의 난	무신 정변	최충헌의 집권	개경 환도	공민왕 즉위

✓① (가) ② (나) ③ (다) ④ (라) ⑤ (마)

자료분석 '경원 이씨 가문', '척준경과 함께 반란' 등을 통해 밑줄 그은 '반란'은 이자겸의 난(1126)임을 알 수 있다. 이자겸은 척준경과 함께 난을 일으켜 인종을 가두고 정권을 장악하였으나, 인종에게 회유된 척준경에 의해 축출되었다.

정답 찾기 ① 인종 때 두 딸을 왕에게 시집보낸 외척이자 문벌 귀족인 경원 이씨 가문 이자겸은 스스로 왕이 되고자 반란을 일으켰다(이자겸의 난, 1126).

인 큅 합격으로 이끄는 필수 개념: 이자겸의 난(1126)

배경	이자겸의 권력 강화 → 인종의 이자겸 제거 계획
과정	이자겸과 척준경이 난을 일으킴 → 인종의 척준경 회유 → 이자겸의 난 진압
영향	문벌 사회의 동요

13 교사의 질문에 대한 학생의 답변으로 가장 적절한 것은? 2점

윤관(고려 예종) → 화폐 사용을 주청한 저는 여진을 정벌하여 동북 9성을 축조하였습니다.

두 분은 모두 화폐 유통의 필요성을 주장하였어요. 이 인물들이 활동한 국가의 경제 상황에 대해 말해볼까요?

의천(고려 숙종) → 송에 다녀와 운반의 편리 등 화폐 사용의 장점을 강조한 저는 해동 천태종을 개창하였습니다.

홀로그램으로 만나는 역사 인물

① 집집마다 부경이라는 창고 있었어요. 고구려
② 관료전이 폐지되고 녹읍이 지급되었어요. 통일 신라 경덕왕
③ 상평통보가 발행되어 법화로 사용되었어요. 조선 후기
④ 당항성, 영암이 국제 무역항으로 번성하였어요. 통일 신라
✓⑤ 경시서의 관리들이 시전의 상행위를 감독하였어요. 고려 시대

자료분석 '여진을 정벌', '동북 9성을 축조'를 통해 윤관임을, '해동 천태종을 개창'을 통해 의천임을 알 수 있다. 윤관과 의천이 활동한 시기는 고려 시대이다.

정답 찾기 ⑤ 고려 시대에는 개경과 서경 등 대도시에 시전을 설치하고, 시전의 상행위를 감독하기 위하여 경시서를 두었다.

오답 피하기
① 고구려는 집집마다 식량을 보관하는 부경이라는 창고가 있었다.
② 통일 신라 경덕왕 때 관료전이 폐지되고, 녹읍이 부활하였다.
③ 조선 후기에 상평통보가 발행되어 법화로 사용하였다.
④ 통일 신라 시기 당항성과 영암이 국제 무역항으로 번성하였다.

인 큐 합격으로 **이끄는** 필수 개념: 고려 시대의 경제

상업	경시서 설치: 상행위 감독
수공업	• 전기: 관청·소 수공업 • 후기: 민간·사원 수공업
화폐	• 고려 성종: 건원중보 • 고려 숙종: 해동통보, 활구(은병) 등
무역	벽란도: 국제 무역항

14 (가) 인물의 활동으로 옳은 것은? 2점

→ 최우

고려 고종의 능인 홍릉이 강화도에 조성된 이유는 무엇일까?

몽골 침략 당시 실권자였던 (가) 이/가 항전을 위해 강화 천도를 강행한 후에 고종이 이곳에서 승하했기 때문이야.

✓① 인사 행정 담당 기구로 정방을 설치하였다. 최우
② 봉사 10조를 올려 시정 개혁을 건의하였다. 최충헌
③ 삼별초를 이끌고 진도 용장성에서 항전하였다. 배중손
④ 군사를 일으켜 정중부 등의 제거를 도모하였다. 조위총
⑤ 전민변정도감의 책임자로 임명되어 권문세족을 견제하였다. 신돈

자료분석 '몽골 침략 당시 실권자', '강화 천도를 강행' 등을 통해 (가) 인물은 최우임을 알 수 있다. 최우는 수도를 강화도로 옮겨 몽골과의 장기 항전에 대비하였다.

정답 찾기 ① 최우는 관료의 인사 행정을 담당하기 위하여 자신의 집에 정방을 설치하였다.

오답 피하기
② 최충헌은 고려 명종에게 봉사 10조를 올려 시정 개혁을 건의하였다.
③ 배중손은 삼별초를 이끌고 진도 용장성에서 여·몽 연합군에 대항하였다.
④ 서경 유수였던 조위총은 군사를 일으켜 정중부 등의 제거를 도모하였으나 실패하였다.
⑤ 신돈은 공민왕으로부터 전민변정도감의 책임자로 임명되어 권문세족을 견제하였다.

인 큐 합격으로 **이끄는** 필수 개념: 무신 집권기 주요 인물

정중부	망이·망소이의 난: 공주 명학소
경대승	도방: 신변 경호
이의민	김사미·효심의 난
최충헌	• 교정도감 • 봉사 10조
최우	• 정방: 인사권 장악 • 삼별초: 최씨 무신 정권의 사병 기관

15 다음 대화 이후에 전개된 사실로 옳은 것은? [2점]

→ 원 간섭기 고려의 모습

원의 공주와 혼인한 태자께서 돌아와 왕이 되신 건 알고 있는가? 이전에 변발과 호복 차림으로 돌아오신 걸 보고 눈물을 흘렸다네.

나도 그랬다네. 그나저나 며칠 앞으로 다가온 일본 원정이 더 큰 걱정이군.

① 빈민 구제를 위한 흑창이 처음 설치되었다. 고려 태조 왕건
② 망이·망소이가 공주 명학소에서 봉기하였다. 고려 명종
③ 김부식 등이 왕명으로 삼국사기를 편찬하였다. 고려 인종
④ 김보당이 의종 복위를 주장하며 난을 일으켰다. 고려 명종
✓⑤ 유인우, 이자춘 등이 쌍성총관부를 수복하였다. 고려 공민왕

자료분석 '원의 공주와 혼인한 태자', '변발과 호복', '일본 원정' 등을 통해 원 간섭기 충렬왕 때임을 알 수 있다.

정답찾기 ⑤ 원 간섭기 공민왕 때 유인우와 이자춘 등이 당시 원이 차지하고 있던 동북면의 쌍성총관부를 무력으로 수복하였다.

오답 피하기
① 고려 태조 왕건은 빈민 구제를 위한 흑창을 처음으로 설치하였다.
② 고려 무신 집권기 명종 때 공주 명학소에서 망이·망소이의 난이 일어났다.
③ 고려 인종 때 김부식 등이 왕명으로 『삼국사기』를 편찬하였다.
④ 고려 무신 집권기 명종 때 동북면 병마사 김보당이 의종을 복위시키기 위해 난을 일으켰다.

합격으로 **이끄는** 필수 개념: 고려 공민왕의 업적

반원 자주 정책	• 친원 세력 숙청: 기철 등 • 정동행성 이문소 철폐 • 쌍성총관부 탈환 • 몽골풍(변발 등) 금지
왕권 강화 정책	전민변정도감 설치: 신돈 등용

16 (가)에 들어갈 문화유산으로 적절하지 않은 것은? [1점]

특별 사진전

🌸 사진으로 보는 고려의 불교 문화 🌸

우리 박물관에서는 고려 시대의 다양한 불교 문화유산을 보여 주는 특별 사진전을 마련하였으니 많은 관심과 참여 바랍니다.

예산 수덕사 대웅전

수월관음도

(가)
고려의 문화유산

• 기간: 2023년 ○○월 ○○일~○○월 ○○일
• 장소: △△박물관

제69회 심화
제68회 심화
제67회 심화
제66회 심화
제65회 심화
제64회 심화
제63회 심화
제62회 심화

① 평창 월정사 팔각 구층 석탑 고려 전기
② 논산 관촉사 석조 미륵보살 입상 고려 전기
③ 원주 법천사지 지광국사 탑비 고려 전기
✓④ 보은 법주사 팔상전 조선 시대
⑤  영주 부석사 무량수전 고려 시대

자료분석 '예산 수덕사 대웅전'과 '수월관음도'는 고려 시대의 대표적인 불교 문화 유산이다.

정답 찾기 ④ 보은 법주사 팔상전은 현존하는 조선 시대 유일한 목탑으로, 통층 구조로 이루어져 있다.

오답 피하기
① 평창 월정사 팔각 구층 석탑은 송의 영향을 받은 고려 전기의 대표 석탑이다.
② 논산 관촉사 석조 미륵보살 입상은 고려 전기에 제작된 석불로 '은진 미륵'이라고도 불린다.
③ 원주 법천사지 지광국사 탑비는 고려 전기에 건립된 지광국사의 탑비이다.
⑤ 영주 부석사 무량수전은 배흘림기둥 양식을 지닌 고려 시대 건축물이다.

인 리 합격으로 **이끄는** 필수 개념: 고려의 문화유산

불상	논산 관촉사 석조 미륵보살 입상
탑	• 원주 법천사지 지광국사 탑비 • 평창 월정사 팔각 구층 석탑
건축	• 안동 봉정사 극락전 • 영주 부석사 무량수전 • 예산 수덕사 대웅전

17 밑줄 그은 '왕'의 재위 시기에 있었던 사실로 옳은 것은?

2점

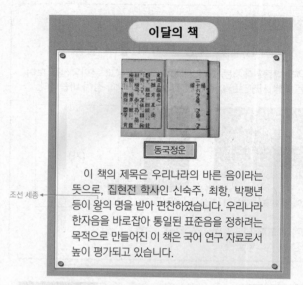

이달의 책

동국정운

조선 세종 →　이 책의 제목은 우리나라의 바른 음이라는 뜻으로, 집현전 학사인 신숙주, 최항, 박팽년 등이 왕의 명을 받아 편찬하였습니다. 우리나라 한자음을 바로잡아 통일된 표준음을 정하려는 목적으로 만들어진 이 책은 국어 연구 자료로서 높이 평가되고 있습니다.

✓ ① 금속 활자인 갑인자가 제작되었다. 조선 세종
② 수도 방어를 위해 금위영이 설치되었다. 조선 숙종
③ 훈련 교범인 무예도보통지가 편찬되었다. 조선 정조
④ 국가의 기본 법전인 경국대전이 완성되었다. 조선 성종
⑤ 신진 인사를 등용하기 위해 현량과가 시행되었다. 조선 중종

자료분석 '동국정운', '집현전 학사' 등을 통해 밑줄 그은 '왕'은 조선 세종임을 알 수 있다. 세종은 집현전을 설치하고, 여러 집현전 학자와 함께 훈민정음을 창제하여 반포하였다.

정답 찾기 ① 조선 세종 때 금속 활자인 갑인자·경자자 등이 제작되었다.

오답 피하기
② 조선 숙종 때 수도 방어를 위해 금위영이 설치되었다. 금위영의 창설로 조선 후기 5군영 체제가 완비되었다.
③ 조선 정조 때 훈련 교범인 『무예도보통지』가 편찬되었다.
④ 조선 성종 때 국가의 기본 법전인 『경국대전』이 완성되었다.
⑤ 조선 중종 때 신진 인사를 등용하기 위해 조광조의 건의로 현량과가 시행되었다.

합격으로 이끄는 필수 개념: 조선 세종의 업적

정치	• 의정부 서사제: 왕권과 신권의 조화 • 집현전 설치 • 4군 6진 개척
문화	• 훈민정음 창제 • 『칠정산』 편찬 • 『농사직설』 편찬

18 (가) 궁궐에 대한 설명으로 옳은 것은?

3점

2023 달빛기행

┌ 창덕궁

유네스코 세계유산에 등재된 조선의 궁궐 (가) 에 여러분을 초대합니다. 달빛과 별이 어우러진 밤하늘 아래 자연과 어우러진 고궁의 아름다움을 느껴 보시기 바랍니다.

◈ 관람 동선 ◈
돈화문 → 금천교 → 인정전 → 낙선재 → 부용지 → 연경당 → 후원 숲길 → 돈화문

■ 일시: 2023년 ○○월 ○○일 19:00~21:00
■ 주관: △△ 문화재단

① 일제에 의해 동물원 등이 설치되었다. 창경궁
② 도성 내 서쪽에 있어 서궐이라고 불렸다. 경희궁
③ 인목 대비가 광해군에 의해 유폐된 장소이다. 경운궁(덕수궁)
④ 정도전이 궁궐과 주요 전각의 명칭을 정하였다. 경복궁
✓ ⑤ 태종이 도읍을 한양으로 다시 옮기며 건립하였다. 창덕궁

자료분석 '유네스코 세계유산에 등재된 조선의 궁궐', '인정전' 등을 통해 (가) 궁궐은 창덕궁임을 알 수 있다. 창덕궁은 역대 조선의 궁궐 중 보존 상태가 좋아 유네스코 세계유산에 등재되었다.

정답 찾기 ⑤ 창덕궁은 조선 태종 때 도읍을 한양으로 다시 옮기며 경복궁의 이궁(離宮)으로 건립되었다.

오답 피하기
① 창경궁은 일제에 의해 동물원 등이 설치되고, 창경원으로 명칭이 격하되었다.
② 경희궁은 도성 내 서쪽에 있어 서궐이라 불렸다.
③ 인목 대비가 광해군에 의해 유폐된 장소는 경운궁(덕수궁)이다.
④ 경복궁은 조선의 법궁으로 정도전이 주요 전각의 명칭을 부여하였다.

합격으로 이끄는 필수 개념: 조선의 궁궐

경복궁	조선 왕조 최초의 궁궐이자 법궁
창덕궁	• 조선 태종 때 건립 • 유네스코 세계유산에 등재
창경궁	일제에 의해 동·식물원 설치
경희궁	서궐
경운궁 (덕수궁)	• 인목대비가 광해군에 의해 유폐된 장소 • 고종이 아관파천 후 환궁

KEYWORD **향약** 정답 ④

19 (가)에 대한 설명으로 옳은 것은? 2점

→ 조선 중종 시기 향약

1. 처음 ___(가)___ 을/를 정할 때 약문(約文)을 동지에게 두루 보이고 그 마음을 바로잡고, 몸가짐을 단속하고, 착하게 살고, 허물을 고치기 위해 약계(約契)에 참례하기를 원하는 자 몇 사람을 가려 서원에 모아 놓고 약법(約法)을 의논하여 정한 다음 도약정(都約正), 부약정 및 직월(直月)·사화(司貨)를 선출한다. ……
2. 물건으로 부조할 때는 약원이 사망하였다면 초장 치를 때 사화가 약정에게 고하여 삼베 세 필을 보내고, 같은 약원들은 각각 쌀 다섯되와 빈 거적때기 세 닢씩 내어서 상을 치르는 것을 돕는다.
  - 『율곡전서』 -

① 7재라는 전문 강좌를 두었다. 국자감
② 옥당이라고 불리며 경연을 담당하였다. 홍문관
③ 중앙에서 파견된 교수나 훈도가 지도하였다. 향교
✓④ 풍속 교화와 향촌 자치 등의 역할을 하였다. 향약
⑤ 매향(埋香) 활동 등 각종 불교 행사를 주관하였다. 향도

자료분석 '약문(約文)', '약법(約法)', '도약정', '부약정' 등을 통해 (가)는 향약임을 알 수 있다. 향약은 중종 때 조광조의 건의에 따라 시행되었고, 이황과 이이에 의하여 향약 보급이 확산되었다. 또한 향약은 유교 윤리 보급과 향촌 사회 질서 유지에 기여하였다.

정답찾기 ④ 향약은 지방의 풍속 교화와 질서 유지를 위한 향촌 자치 규약을 제정하였다.

오답 피하기
① 7재라는 전문 강좌를 둔 것은 고려 시대 국자감이다.
② 옥당이라 불리며 경연을 담당한 것은 조선 시대 삼사 중 하나인 홍문관이다.
③ 중앙에서 파견된 교수나 훈도가 지도하는 곳은 향교이다.
⑤ 매향 활동 등 각종 불교 행사를 주관한 것은 향도이다.

인 킬 합격으로 **이끄는** 필수 개념: 서원과 향약

서원	• 선현에 대한 제사, 학문 연구, 교육 담당 • 중종 때 주세붕이 최초로 백운동 서원 건립 • 흥선 대원군의 서원 철폐
향약	• 조광조에 의해 시행 • 향약의 우두머리: 도약정 • 예안향약(이황), 해주향약(이이)

KEYWORD **조선 후기의 모습** 정답 ⑤

20 다음 자료에 나타난 시기에 볼 수 있는 모습으로 적절한 것은? 2점

비변사에서 아뢰기를 "…… 우리나라는 물력(物力)이 부족하여 요역이 매우 무겁습니다. 매번 나라의 힘으로 채굴한다면, 노동과 비용이 많이 들어갑니다. 채은관(採銀官)에게 명해 광산을 개발한 이후 백성을 모집하여 [채굴할 것을] 허락하고 그로 하여금 세를 거두도록 하되 그 세금의 많고 적음은 [채은관이] 적당히 헤아려 정하게 한다면 관에서 힘을 들이지 않아도 세입이 저절로 많아질 것입니다. ……"라고 하니, 왕이 아뢴 대로 하라고 답하였다.

→ 조선 후기의 경제 모습

① 주자감에서 공부하는 학생 발해
② 초조대장경 조판을 지켜보는 승려 고려 현종
③ 빈공과를 준비하는 6두품 출신 유학생 통일 신라
④ 과전법에 따라 수조권을 지급받는 관리 고려 말
✓⑤ 고추, 담배 등을 상품 작물로 재배하는 농민 조선 후기

자료분석 '백성을 모집하여 [채굴할 것을] 허락하고 그로 하여금 세를 거두도록'을 통해 조선 후기의 모습임을 알 수 있다. 조선 후기에는 정부가 민간의 광산 채굴을 허용하는 설점수세제가 성행하였다.

정답찾기 ⑤ 조선 후기에는 중국과 일본으로부터 고추와 담배, 고구마, 감자 등의 외래 작물이 대거 유입되면서 상품 작물로 재배되었다.

오답 피하기
① 주자감에서 공부하는 학생은 발해 때의 모습이다.
② 초조대장경 조판을 지켜보는 승려는 거란의 침입이 이어지던 고려 현종 때의 모습이다. 현종은 부처의 힘을 빌어 거란군을 격퇴하고자 초조대장경을 간행하였다.
③ 당나라 빈공과를 준비하는 6두품 출신 유학생은 남북국 시대 통일 신라의 모습이다.
④ 과전법에 따라 수조권을 지급받는 관리는 고려 말의 모습이다. 과전법은 고려 공양왕 때 신진 사대부의 경제적 기반을 마련하기 위해 시행하였다.

인 킬 합격으로 **이끄는** 필수 개념: 조선 후기의 경제

농업	• 모내기법(이앙법) 널리 시행 • 상품 작물의 재배: 인삼·면화·담배 등
상업	• 사상의 성장: 송상, 만상, 내상, 경강상인 등 • 공인 등장
광업	• 설점수세제 • 덕대

21 다음 상황이 전개된 배경으로 옳은 것은? [2점]

며칠 전 안핵사로 파견된 박규수가 전하께 특별 기구 설치를 상소하였다고 하네.

그렇다네. 전하께서 이를 받아들여 삼정이정청을 설치하고, 각 고을마다 대책을 모아 올려 보내라고 명하셨지.

→ 삼정의 문란과 임술 농민 봉기의 결과

① 이만손 등이 영남 만인소를 올렸다. 『조선책략』 유포

② 운요호가 강화도와 영종도를 공격하였다. 강화도 조약의 배경

③ 동학교도가 교조 신원을 주장하며 삼례 집회를 개최하였다. 동학 농민 운동의 배경

④ 황사영이 외국 군대의 출병을 요청하는 백서를 작성하였다. 신유박해의 영향

✓⑤ 백낙신의 탐학이 발단이 되어 진주에서 농민들이 봉기하였다. 임술 농민 봉기

자료분석 '안핵사로 파견된 박규수', '삼정이정청' 등을 통해 해당 상황은 조선 후기 일어난 임술 농민 봉기임을 알 수 있다. 임술년에 진주에서 농민 봉기가 일어나자 정부는 봉기의 수습을 위해 박규수를 안핵사로 파견하고, 삼정이정청을 설치하였다.

정답 찾기 ⑤ 1862년 진주에서 삼정의 문란과 경상 우병사 백낙신의 수탈에 항의하는 농민 봉기가 일어났다. 봉기는 전국적으로 확산되었고, 정부는 봉기를 수습하기 위해 박규수를 안핵사로 파견하였다.

오답 피하기
① 조선 고종 때인 1881년 이만손은 영남 유생 1만여 명과 함께 『조선책략』 유포와 그 내용에 반발하는 영남 만인소를 작성하였다.
② 조선 고종 때인 1875년 일본의 운요호가 강화도와 영종도를 침범하여 조선 수비대와 교전하였다(운요호 사건). 이 사건은 1876년 강화도 조약 체결의 배경이 되었다.
③ 조선 고종 때인 1892년 동학교도들이 교조 최제우의 신원을 주장하며 삼례 집회를 개최하였다.
④ 조선 순조 때인 1801년 신유박해가 일어나자 천주교 신자 황사영은 조선 정부의 천주교 탄압에 대항하여 외국 군대의 출병을 요청하는 백서를 작성하였으나 적발되었다.

인 릿 합격으로 **이끄는** 필수 개념: 임술 농민 봉기(1862)

원인	삼정의 문란과 백낙신의 학정
주도	몰락 양반 유계춘 주도
전개	단성, 진주에서 시작 → 전국적으로 확산
결과	• 안핵사 박규수 파견 • 삼정이정청 설치

---

22 밑줄 그은 '전하'가 재위한 시기의 사실로 옳은 것은? [3점]

→ 조선 성종

무술년 봄에 양성지가 팔도지리지를 바치고, 서거정 등이 동문선을 바쳤더니, 전하께서 드디어 노사신, 양성지, 서거정 등에게 명하여 시문을 팔도지리지에 넣게 하셨습니다. …… 연혁을 앞에 둔 것은 한 고을의 흥함과 망함을 먼저 알아야 하기 때문이며 …… 경도(京都)의 첫머리에 팔도총도를 기록하고, 각 도의 앞에 도별 지도를 붙여서 양경(兩京) 8도로 50권을 편찬하여 바치나이다.

① 예학을 정리한 가례집람이 저술되었다. 조선 선조

② 외교 문서를 집대성한 동문휘고가 편찬되었다. 조선 정조

✓③ 국가의 의례를 정비한 국조오례의가 완성되었다. 조선 성종

④ 전통 한의학을 정리한 동의보감이 간행되었다. 조선 광해군

⑤ 역대 문물 제도를 정리한 동국문헌비고가 만들어졌다. 조선 영조

자료분석 '팔도지리지', '동문선' 등을 통해 밑줄 그은 '전하'는 조선 성종임을 알 수 있다. 성종 때 『경국대전』이 완성되었고, 『동국통감』, 『악학궤범』, 『동국여지승람』, 『동문선』, 『국조오례의』 등이 편찬되었다.

정답 찾기 ③ 조선 성종 때 여러 국가 행사를 유교 예법에 맞게 정리한 의례서인 『국조오례의』를 편찬하였다.

오답 피하기
① 조선 선조 때 사계 김장생은 각종 예절과 의례의 역사, 후세의 해석을 총정리한 『가례집람』을 저술하였다.
② 조선 정조는 외교 문서를 집대성한 『동문휘고』를 편찬하였다.
④ 조선 광해군 때 허준은 전통 한의학을 정리한 『동의보감』을 간행하였다.
⑤ 조선 영조는 조선의 각종 문물 제도를 백과사전 형식으로 분류 및 정리한 『동국문헌비고』를 편찬하였다.

인 릿 합격으로 **이끄는** 필수 개념: 조선 성종의 업적

유교적 통치 체제 정비	• 홍문관 설치 • 유향소 부활
편찬	• 『국조오례의』 • 『동문선』 • 『경국대전』 완성

제69회 심화
제68회 심화
제67회 심화
제66회 심화
제65회 심화
제64회 심화
제63회 심화
제62회 심화

KEYWORD 조선 중종 정답 ④

23 (가)에 들어갈 내용으로 가장 적절한 것은? [2점]

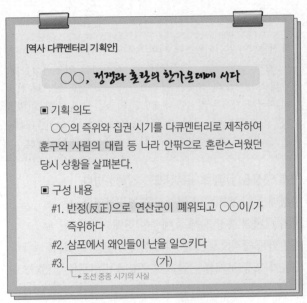

[역사 다큐멘터리 기획안]

○○, 정쟁과 혼란의 한가운데에 서다

■ 기획 의도
 ○○의 즉위와 집권 시기를 다큐멘터리로 제작하여 훈구와 사림의 대립 등 나라 안팎으로 혼란스러웠던 당시 상황을 살펴본다.

■ 구성 내용
 #1. 반정(反正)으로 연산군이 폐위되고 ○○이/가 즉위하다
 #2. 삼포에서 왜인들이 난을 일으키다
 #3. ___(가)___
 →조선 중종 시기의 사실

① 이괄이 난을 일으켜 도성을 점령하다 조선 인조
② 허적과 윤휴 등 남인이 대거 축출되다 조선 숙종
③ 정여립 모반 사건으로 기축옥사가 일어나다 조선 선조
✓④ 위훈 삭제를 주장한 조광조 일파가 제거되다 조선 중종
⑤ 조의제문이 발단되어 김일손 등이 화를 입다 조선 연산군

KEYWORD 임진왜란 중 일어난 사실 정답 ②

24 (가) 전쟁 중에 있었던 사실로 옳은 것은? [2점]

임진왜란

조헌은 금산에서 7백여 명의 의병을 이끌고 왜군과 전투를 벌이다가 전사하였습니다.

(가) 당시 활약한 의병장

김천일 정문부
조헌 사명 대사(유정)

화면을 누르면 설명을 들을 수 있습니다.

① 이종무가 대마도를 정벌하였다. 조선 세종 때 왜구(쓰시마 섬) 토벌
✓② 송상현이 동래성에서 항전하였다. 임진왜란
③ 김상용이 강화도에서 순절하였다. 병자호란
④ 최영이 홍산 전투에서 크게 승리하였다. 고려 말 우왕
⑤ 강홍립 부대가 사르후 전투에 참전하였다. 조선 광해군 때 명·청 전쟁

자료분석 '훈구와 사림의 대립', '반정(反正)으로 연산군이 폐위' 등을 통해 (가)에 들어갈 내용은 조선 중종 시기임을 알 수 있다.

정답 찾기 ④ 조선 중종 때 정계에 진출한 사림 조광조는 위훈 삭제, 소격서 폐지 등 급진적인 개혁을 주장하여 훈구 세력의 반발을 샀다. 이후 주초위왕(走肖爲王) 사건으로 조광조를 비롯한 다수의 사림들이 화를 입었다(기묘사화).

오답 피하기
① 조선 인조 때 이괄이 인조반정의 공신 책봉에 불만을 품고 반란을 일으켜 한성을 점령하였다.
② 조선 숙종 때 허적과 윤휴 등 남인이 대거 축출되었다(경신환국).
③ 조선 선조 때 정여립 모반 사건을 계기로 기축옥사가 일어났다.
⑤ 조선 연산군 때 세조의 왕위 찬탈을 은유적으로 비판한 글인 「조의제문」이 발단이 되어 김일손 등 사림 세력이 큰 화를 입었다(무오사화).

자료분석 '조헌', '사명 대사(유정)' 등 의병장을 통해 (가) 전쟁은 임진왜란임을 알 수 있다. 조선 중기 문신 조헌은 임진왜란이 일어나자 의병을 일으켜 청주를 수복하는 등 큰 공을 세웠으나 금산에서 7백여 명의 의병과 순국하였다.

정답 찾기 ② 임진왜란 때 부산 동래성 전투에서 송상현이 일본군에 맞서 항전하였으나 전사하였다.

오답 피하기
① 이종무는 조선 세종 때 왜구의 소굴인 대마도를 정벌하였다.
③ 조선 인조 때 병자호란이 일어나자 김상용은 강화도에서 청군에 맞서다 순절하였다.
④ 고려 말 우왕 때 최영이 홍산에서 왜구를 크게 격파하였다.
⑤ 조선 광해군 때 강홍립 부대가 명군과 합세하여 사르후 전투에 참전하였다.

합격으로 이끄는 필수 개념: 조선 중종 때의 사실

조광조의 개혁 정치	• 현량과, 향약 실시 주장 • 위훈 삭제, 소격서 폐지 주장
기묘사화	• 배경: 조광조의 급진적 개혁에 대한 훈구 세력의 반발 • 결과: 조광조를 비롯한 사림 세력이 화를 입음
삼포왜란	비변사를 임시 기구로 설치

합격으로 이끄는 필수 개념: 임진왜란

	• 동래성 전투: 송상현
활약	• 충주 탄금대 전투: 신립 • 의병장: 고경명, 조헌, 곽재우 • 행주산성: 권율 • 한산도, 명량, 노량 해전: 이순신

25 밑줄 그은 '시기'의 문화에 대한 설명으로 옳지 않은 것은?

1점

조선 후기 ◀

이 그림은 조영석과 김홍도의 풍속화입니다. 인부들이 말발굽에 징을 박는 모습과 기와를 이어나가는 모습을 묘사하고 있습니다. 이를 통해 이 그림이 그려진 시기 서민들의 일상생활을 생생하게 살펴볼 수 있습니다.

① 금강전도 등 진경 산수화가 그려졌다. 조선 후기
✓ ② 새로운 역법으로 수시력이 도입되었다. 고려 후기
③ 양반 사회를 풍자한 탈춤이 성행하였다. 조선 후기
④ 춘향가, 흥보가 등의 판소리가 유행하였다. 조선 후기
⑤ 홍길동전, 박씨전 등의 한글 소설이 널리 읽혔다. 조선 후기

자료분석 '조영석과 김홍도의 풍속화'를 통해 밑줄 그은 '시기'가 조선 후기임을 알 수 있다. 조선 후기에는 진경 산수화와 풍속화가 발달하였다.

정답 찾기 ② 고려 후기 원나라로부터 새로운 역법인 수시력이 도입되었다.

오답 피하기
① 조선 후기에 중국의 화풍을 모사하는 것에서 벗어나 독자적인 화풍인 진경 산수화를 많이 그렸다. 대표 작품으로 겸재 정선의 「인왕제색도」·「금강전도」 등이 있다.
③ 조선 후기에는 양반 사회를 풍자한 탈놀이(탈춤)가 유행하였다.
④ 조선 후기에는 흥부가, 춘향가 등 판소리가 유행하였다.
⑤ 조선 후기에는 「홍길동전」, 「박씨전」 등의 한글 소설이 널리 읽혔다.

 합격으로 이끄는 필수 개념: 조선 후기의 문화

서민 문화의 발달	• 한글 소설: 「홍길동전」, 「박씨전」 등 • 판소리: 춘향가, 흥보가 등 • 탈춤
그림	• 진경 산수화: 「금강전도」 • 풍속화: 「서당」, 「단오풍정」

26 밑줄 그은 '왕'의 재위 시기에 있었던 사실로 옳은 것은?

2점

▶ 조선 정조

대전통편이 완성되었는데, 나라의 제도 및 법식에 관한 책이다. …… 왕이 말하기를, "속전(續典)은 갑자년에 이루어졌는데, 선왕의 명령으로서 갑자년 이후에 이루어진 것도 많으니 어찌 감히 지금과 가까운 것만을 내세우고 먼 것은 소홀히 할 수 있겠는가?"라고 하였다. 이에 김치인 등에게 명하여 원전(原典)과 속전 및 지금까지의 왕명을 모아 한 책으로 편찬한 것이었다.

✓ ① 인재 양성을 위해 초계문신제를 시행하였다. 조선 정조
② 홍경래 등이 봉기하여 정주성을 점령하였다. 조선 순조
③ 자의 대비의 복상 문제로 예송이 전개되었다. 조선 현종
④ 이인좌를 중심으로 소론 세력 등이 난을 일으켰다. 조선 영조
⑤ 신류가 조총 부대를 이끌고 흑룡강에서 전투를 벌였다. 조선 효종

자료분석 '대전통편이 완성'을 통해 밑줄 그은 '왕'이 조선 정조임을 알 수 있다. 정조는 영조가 편찬했던 『속대전』을 보완하여 『대전통편』을 편찬하였다.

정답 찾기 ① 조선 정조는 과거에 급제한 37세 이하 문신들을 선발하여 재교육하는 초계문신제를 시행하였다.

오답 피하기
② 조선 순조 때 몰락 양반 홍경래가 지역 차별과 지배층의 수탈에 반발하여 반란을 일으켰다. 홍경래가 주도한 반란군은 정주성을 점령하는 등 청천강 이북 지역을 장악하였으나 관군에 진압되었다.
③ 조선 현종 때 효종과 효종 비의 사망에 따른 자의 대비의 복상 문제로 두 차례 예송이 전개되었다.
④ 조선 영조 때 이인좌를 중심으로 소론 세력이 반란을 일으켰다.
⑤ 조선 효종 때 청의 요청에 따라 조선의 조총 부대가 두 차례 파견되어 러시아군과 전투를 벌였다.

 합격으로 이끄는 필수 개념: 조선 정조의 업적

왕권 강화	• 규장각 육성 • 장용영 설치 • 초계문신제 시행 • 수원 화성 건설
법전 편찬	『대전통편』

27 (가) 인물에 대한 설명으로 옳은 것은? 1점

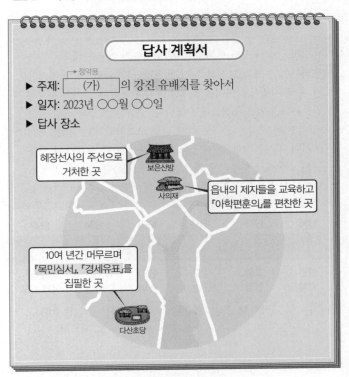

답사 계획서

▶ 주제: (가)[정약용]의 강진 유배지를 찾아서
▶ 일자: 2023년 ○○월 ○○일
▶ 답사 장소

혜장선사의 주선으로 거처한 곳 → 보은산방

읍내의 제자들을 교육하고 『아학편훈의』를 편찬한 곳 → 사의재

10여 년간 머무르며 『목민심서』, 『경세유표』를 집필한 곳 → 다산초당

① 일본에 다녀와 해동제국기를 편찬하였다. 신숙주
② 최초의 서원인 백운동 서원을 건립하였다. 주세붕
③ 북한산비가 진흥왕 순수비임을 고증하였다. 김정희
④ 양명학을 연구하여 강화학파를 형성하였다. 정제두
✓⑤ 기기도설을 참고하여 거중기를 설계하였다. 정약용

자료분석 '강진 유배지', '다산초당', 『목민심서』, 『경세유표』 등을 통해 (가) 인물은 다산 정약용임을 알 수 있다. 조선 후기 정조 때 활약한 정약용은 『목민심서』, 『경세유표』, 『마과회통』, 『기예론』 등을 저술하였다.

정답 찾기 ⑤ 정약용은 『기기도설』을 참고하여 거중기를 설계하였고, 수원 화성 공역에 활용하였다.

오답 피하기
① 조선 성종 때 신숙주는 일본에 다녀온 뒤 『해동제국기』를 편찬하였다.
② 조선 중종 때 풍기 군수 주세붕은 최초의 서원인 백운동 서원을 건립하였다.
③ 김정희는 『금석과안록』에서 서울 북한산비가 신라 진흥왕 순수비임을 처음으로 고증하였다.
④ 조선 후기에 정제두는 양명학을 체계적으로 연구하여 강화학파를 형성하였다.

 합격으로 이끄는 필수 개념: 정약용의 활동

저서	• 『목민심서』 • 『경세유표』 • 『마과회통』
특징	• 여전론과 정전론 주장 • 『기기도설』을 참고하여 거중기 제작

---

28 밑줄 그은 '이 사건'에 대한 설명으로 옳은 것은? 2점

사료로 보는 한국사

온 성의 군민이 모두 울분을 품고, …… 총환과 화살을 어지러이 발사하였으며 사생을 잊고 위험을 무릅쓰지 않는 자가 없었으니, 반드시 오랑캐를 도륙하고야 말 태세였습니다. 강 아래 위의 요해처에서 막고, 마침내 화선(火船)으로 불길이 옮겨 붙게 함으로써 모조리 죽여 살아남은 종자가 없게 된 것은 모두 이들이 …… 용감하게 싸운 것에 기인한 것이었습니다.

[해설] 자료는 『환재집』의 일부로, 평양 군민들이 대동강에서 이양선을 격침한 이 사건[제너럴셔먼호 사건]의 전말을 서술한 것이다. 평안 감사가 여러 차례 조정에 올린 장계를 통해 당시의 생생한 상황을 파악할 수 있다.

① 신유박해가 원인이 되어 발생하였다. 황사영 백서 사건
✓② 신미양요가 일어나는 계기가 되었다. 제너럴셔먼호 사건
③ 전개 과정에서 전주 화약이 체결되었다. 제1차 동학 농민 운동
④ 외규장각 도서가 국외로 약탈되는 결과를 가져왔다. 병인양요
⑤ 오페르트의 남연군 묘 도굴 사건을 배경으로 일어났다. 조선의 서양인 인식 악화

자료분석 '평양 군민들이 대동강에서 이양선을 격침'을 통해 밑줄 그은 '이 사건'은 제너럴셔먼호 사건임을 알 수 있다. 1866년 미국 상선 제너럴셔먼호가 평양 대동강을 거슬러 올라와 통상을 요구하며 행패를 부리자, 박규수와 평양 군민들이 이양선을 불태워 침몰시켰다.

정답 찾기 ② 제너럴셔먼호 사건을 구실로 미국은 1871년 조선에 군대를 파견하여 강화도를 공격하였다(신미양요).

오답 피하기
① 1801년 조선 순조 때 일어난 신유박해로 인해 황사영 백서 사건이 발생하였다.
③ 1894년 제1차 동학 농민 운동 중 동학 농민군은 정부와 전주 화약을 체결하였다.
④ 1866년 병인양요 때 프랑스군은 철수 과정에서 의궤를 비롯한 외규장각 도서를 약탈하였다.
⑤ 조선 정부가 통상 요청을 거부하자, 1868년 독일 상인 오페르트가 흥선 대원군의 아버지인 남연군의 묘를 도굴하는 사건이 벌어졌다.

 합격으로 이끄는 필수 개념: 병인양요와 신미양요

병인양요 (1866)	• 배경: 병인박해 • 항전: 정족산성(양헌수), 문수산성(한성근) • 결과: 외규장각 의궤를 약탈당함
신미양요 (1871)	• 배경: 제너럴셔먼호 사건 • 항전: 광성보(어재연) • 결과: 어재연 장군의 수(帥)자기를 약탈당함

제69회 심화
제68회 심화
제67회 심화
제66회 심화
제65회 심화
제64회 심화
제63회 심화
제62회 심화

29 (가) 인물에 대한 설명으로 옳은 것은? 2점

월간 역사 2023년 4월호

→ 최익현

특집 (가) 의 상소, 조선의 정치를 뒤흔들다!

- 흥선 대원군의 하야를 요구하는 상소를 올리다
- 지부복궐척화의소를 올려 왜양일체론을 주장하다
- 단발령에 반대하는 상소를 올리다

① 대한 광복회를 조직하여 친일파를 처단하였다. 박상진
② 국권 피탈 과정을 정리한 한국통사를 집필하였다. 박은식
✓③ 을사늑약 체결에 반대하여 태인에서 의병을 일으켰다. 최익현
④ 13도 창의군을 지휘하여 서울 진공 작전을 전개하였다. 이인영
⑤ 보국안민을 기치로 우금치에서 일본군 및 관군에 맞서 싸웠다.
전봉준(제2차 동학 농민 운동)

자료분석 '흥선 대원군의 하야를 요구', '왜양일체론', '단발령에 반대' 등을 통해 (가) 인물은 최익현임을 알 수 있다.

정답 찾기 ③ 1905년 을사늑약이 체결되자 최익현의 의병 부대가 태인 등에서 의병을 일으켜 활약하였다.

오답 피하기
① 박상진은 1910년대 국내에서 비밀 결사 형태로 대한 광복회를 조직하여 친일파 처단, 군자금 모금 등의 활동을 하였다.
② 박은식은 국권 피탈 과정을 정리한 『한국통사』를 집필하였다.
④ 정미의병(1907) 때 총대장 이인영이 13도 창의군을 결성하여 서울 진공 작전을 지휘하였다.
⑤ 제2차 동학 농민 운동(1895) 때 전봉준이 이끄는 동학군은 보국안민을 기치로 공주 우금치에서 관군과 일본군에 맞서 싸웠다.

 합격으로 **이끄는** 필수 개념: 시기별 최익현의 활동

흥선 대원군 집권기	흥선 대원군 탄핵 상소
강화도 조약 체결 직전	왜양일체론
을사늑약 체결 직후	을사의병

---

30 다음 사건이 일어난 시기를 연표에서 옳게 고른 것은? 3점

심히 급박한 상황 중에 나는 적의 활동과 청국 군대의 내습을 우려하여 주상을 모시고 지키기 편리한 경우궁으로 옮기시게 한 후 일본 병사로 하여금 호위할 방침을 세웠다. 곧이어 주상께 일본군의 지원을 구하도록 요청하니, 주상은 곧 영숙문 앞 노상에서 연필로 "일본 공사는 와서 나를 보호하라."라는 글을 친히 쓰시어 주시는지라. …… 졸지에 변란을 만난 사대당의 거두들은 주상께서 경우궁에 계심을 듣고 입궐하다가 …… 민영목, 민태호 등은 용감한 우리 집행원의 손에 비참한 최후를 당하였다.
→ 갑신정변의 전개

1866	1873	1882	1885	1894	1899
(가)	(나)	✓(다)	(라)	(마)	
병인 박해	고종 친정	임오 군란	톈진 조약	청일 전쟁 발발	대한국 국제 반포

① (가) ② (나) ✓③ (다) ④ (라) ⑤ (마)

자료분석 '주상께서 경우궁에 계심', '민영목, 민태호 등은 용감한 우리 집행원의 손에 비참한 최후' 등을 통해 1884년에 일어난 갑신정변임을 알 수 있다. 김옥균을 비롯한 급진 개화파는 우정총국 개국 축하연을 이용하여 민씨 세력을 비롯한 온건 개화파를 공격하면서 갑신정변을 일으켰다.

정답 찾기 ③ 1884년 급진 개화파는 우정총국 개국 축하연에서 갑신정변을 일으켰으나 청군의 개입으로 3일 만에 실패로 끝이 났다.

 합격으로 **이끄는** 필수 개념: 갑신정변(1884)

배경	• 김옥균의 차관 도입 실패 • 일본의 군사적 지원 약속
전개	• 우정총국 개국 축하연 때 정변을 일으킴 • 갑신정변 14개조 개혁 정강 발표 • 청군의 개입으로 3일 만에 진압
결과	• 한성 조약 체결(조선 – 일본) • 톈진 조약 체결(청 – 일본)

31 밑줄 그은 '개혁안'의 내용으로 옳은 것을 〈보기〉에서 고른 것은? 2점

> 파리의 외무부 장관 아노토 각하께
>
> 전임 일본 공사는 국왕에게서 사실상 거의 모든 권력을 빼앗고, 개혁 위원회[군국기무처]가 내린 결정을 확인하는 권한만 남겨 놓았습니다. …… 이후 개혁 위원회[군국기무처]는 매우 혁신적인 개혁안을 발표했습니다. 그런데 일부 위원들이 몇몇 조치에 대해 시의적절하지 않다고 판단하더니 이에 대해 동의하기를 거부했습니다. …… 게다가 조선인들은 이 기구가 왕권을 빼앗고 일본에 매수되었다고 비난하면서, …… 어떤 지방에서는 왕권 수호를 위해 봉기했다고 합니다.
>
> 주 조선 공사 르페브르 올림

(제1차 갑오개혁의 중심 기구 / 제1차 갑오개혁)

〈보 기〉

ㄱ. 건양이라는 연호를 제정하였다. 을미개혁
✓ㄴ. 탁지아문으로 재정을 일원화하였다. 제1차 갑오개혁
ㄷ. 양전 사업을 실시하여 지계를 발급하였다. 광무개혁
✓ㄹ. 조혼을 금지하고 과부의 재가를 허용하였다. 제1차 갑오개혁

① ㄱ, ㄴ ② ㄱ, ㄷ ③ ㄴ, ㄷ ✓④ ㄴ, ㄹ ⑤ ㄷ, ㄹ

자료분석 '개혁 위원회[군국기무처]'를 통해 밑줄 그은 '개혁안'은 제1차 갑오개혁에 대한 내용임을 알 수 있다.

정답 찾기 ④ ㄴ, ㄹ – 제1차 갑오개혁 때 호조를 탁지아문으로 바꾸고 재정을 일원화하였다. 또한 조혼을 금지하고 과부의 재가를 허용하였다.

오답 피하기
ㄱ – 건양이라는 연호를 제정한 것은 을미개혁 때이다.
ㄷ – 양전 사업을 실시하여 지계를 발급한 것은 광무개혁 때이다.

인 킅 이끌인 합격으로 이끄는 필수 개념: 갑오·을미개혁의 추진

제1차 갑오개혁	• 군국기무처를 통해 추진 • 탁지아문으로 재정의 일원화 • 조혼 금지, 과부의 재가 허용
제2차 갑오개혁	• 김홍집·박영효 연립 내각이 추진 • 홍범 14조 반포 • 교육 입국 조서 반포
을미개혁	• '건양' 연호 사용 • 단발령 시행

---

32 (가) 단체에 대한 설명으로 옳은 것은? 2점

> (가)[독립 협회] 은/는 독립관에서 경축 모임을 열었다. 회장은 모임을 여는 큰 뜻을 설명하였다. "오늘은 황제 폐하께서 대황제라는 존귀한 칭호를 갖게 되신 계천(繼天) 경축일이니, 대한의 신민은 이를 크게 경축드립니다. 우리는 관민 공동회에서 황실을 공고히 하고 인민을 문명 개화시키며 영토를 보존하고자 여섯 개 조항의 의견안을 바쳤습니다."라고 말하였다. …… 이어 회원들은 조칙 5조와 헌의 6조 10만 장을 인쇄하여 온 나라에 널리 배포하고 학생들에게 그것을 배우고 익히도록 하였다. 경축연을 마친 회원들은 울긋불긋한 종이꽃을 머리에 꽂은 채 국기와 (가) 의 깃발을 세우고 경축가를 부르며 인화문 앞으로 가서 만세를 외치고 종로의 만민 공동회로 갔다. → 독립 협회의 활동

① 일제의 황무지 개간권 요구를 저지시켰다. 보안회
✓② 러시아의 절영도 조차 요구에 반대하였다. 독립 협회
③ 태극 서관을 설립하여 계몽 서적을 보급하였다. 신민회
④ 민립 대학 설립을 위한 모금 운동을 전개하였다. 민립 대학 설립 기성회
⑤ 조소앙의 삼균주의를 기초로 건국 강령을 발표하였다. 대한민국 임시 정부

자료분석 '관민 공동회', '만민 공동회' 등을 통해 (가) 단체가 독립 협회임을 알 수 있다. 독립 협회는 대한 제국 시기에 만민 공동회와 관민 공동회를 개최하여 민권 신장을 추구하였다.

정답 찾기 ② 독립 협회는 구국 선언 상소를 올려 러시아의 절영도 조차 요구를 저지하였다.

오답 피하기
① 보안회는 일제의 황무지 개간권 요구를 저지하였다.
③ 신민회는 태극 서관을 설립하여 계몽 서적을 보급하였다.
④ 이상재 등이 민립 대학 설립 기성회를 만들어 민립 대학 설립을 위한 모금 운동을 전개하였다.
⑤ 대한민국 임시 정부는 조소앙의 삼균주의를 기초로 한 건국 강령을 발표하였다.

인 킅 이끌인 합격으로 이끄는 필수 개념: 독립 협회

창립 배경	아관파천으로 열강의 이권 침탈 가속화
활동	• 영은문 → 독립문, 모화관 → 독립관 • 자주 국권: 만민 공동회 개최(러시아의 절영도 조차 요구 저지) • 자유 민권: 언론·출판·집회·결사·신체의 자유 • 자강 개혁: 관민 공동회 개최(헌의 6조 채택)
해산	황국 협회의 만민 공동회 습격

제69회 심화
제68회 심화
제67회 심화
제66회 심화
제65회 심화
제64회 심화
제63회 심화
제62회 심화

33 다음 규칙이 발표된 이후의 사실로 옳은 것은? [3점]

> **한성 사범 학교 규칙**
> ┌→ 교육 입국 조서 시행에 따른 한성 사범 학교 규칙 발표
> 제1조 한성 사범 학교는 칙령 제79호에 의해 교원에
>   활용할 학생을 양성함
> 제2조 한성 사범 학교의 졸업생은 소학교 교원이 되는
>   자격이 있음
> 제3조 한성 사범 학교의 본과 학생이 수학할 학과목은
>   수신·교육·국문·한문·역사·지리·수학·
>   물리·화학·박물·습자·작문·체조로 함
>   ⋮

① 길모어 등이 육영 공원 교사로 초빙되었다. 1886년
② 정부가 동문학을 세워 통역관을 양성하였다. 1883년
✓③ 이승훈이 인재 양성을 위해 오산 학교를 세웠다. 1907년 신민회의 학교 설립
④ 함경도 덕원 지방의 관민들이 원산 학사를 설립하였다. 1883년
⑤ 교육의 기본 방향을 제시한 교육 입국 조서가 반포되었다. 제2차 갑오개혁

자료분석 제2차 갑오개혁 때 고종은 교육의 기본 방향을 제시한 교육 입국 조서를 반포하였다. 이에 따라 1895년 한성 사범 학교가 설립되고, 이후 외국어 학교·소학교 등의 관제가 반포되었다.

정답 찾기 ③ 1907년 신민회는 인재를 양성하고, 계몽을 위한 민족 교육을 시행하고자 정주에 오산 학교를 설립하였다.

오답 피하기
① 1886년 조선 정부는 육영 공원을 설립하면서 미국인 교사 헐버트와 길모어 등을 초빙하였다.
② 1883년 조선 정부는 외국어 교육 기관인 동문학을 세워 영어, 일본어 등을 교육하고 통역관을 양성하였다.
④ 1883년 함경도 덕원부의 관민이 힘을 합쳐 설립한 우리나라 최초의 근대식 사립 학교인 원산 학사가 설립하였다.
⑤ 제2차 갑오개혁 때 교육 입국 조서가 반포되었으며, 그 이후 한성 사범 학교 규칙이 제정되었다.

인 퀴 합격으로 **이끄는** 필수 개념: 근대 교육 기관

1880년대	• 원산 학사(1883)
	• 동문학(1883)
	• 육영 공원(1886)
1890년대	교육 입국 조서 → 한성 사범 학교 등
1900년대	대성 학교, 오산 학교

---

34 (가) 신문에 대한 설명으로 옳은 것은? [1점]

┌→ 대한매일신보
경천사지 십층 석탑에 대한 일본인의 약탈 행위에 관해 보도한 (가) 기사를 읽어 보았는가? 보도 내용을 접한 헐버트가 사건 현장을 방문하여 사진을 촬영하고 목격자 의견을 청취했다더군.

일본인의 이런 행위가 알려진 것은 양기탁과 베델이 창간한 (가) 의 노력 덕분이라고 하네.

① 상업 광고를 처음으로 실었다. 한성주보
② 천도교의 기관지로 발행되었다. 만세보
✓③ 국채 보상 운동의 확산에 기여하였다. 대한매일신보
④ 일장기를 삭제한 손기정 사진을 게재하였다. 동아일보
⑤ 순 한문 신문으로 열흘마다 발행하는 것이 원칙이었다. 한성순보

자료분석 '양기탁과 베델이 창간'을 통해 (가) 신문은 『대한매일신보』임을 알 수 있다. 『대한매일신보』는 영국인 베델과 양기탁 등이 발행한 신문으로 국한문 혼용체·순 한글·영문으로 발행되었다.

정답 찾기 ③ 『대한매일신보』는 1907년 국채 보상 운동이 일어나자 이를 적극적으로 지원하여 전국으로 확산시키는 데 기여하였다.

오답 피하기
① 최초로 상업 광고가 게재된 신문은 『한성주보』이다.
② 천도교의 기관지로 발행된 신문은 『만세보』이다.
④ 손기정의 베를린 올림픽 마라톤 우승 사진에 일장기를 삭제하여 보도한 신문은 『동아일보』이다.
⑤ 정부에서 열흘마다 발행한 순 한문 신문은 『한성순보』이다.

 합격으로 **이끄는** 필수 개념: 근대 언론 기관

『한성순보』	우리나라 최초의 신문
『독립신문』	• 우리나라 최초의 민간 신문
	• 영문, 한글로 발행
『황성신문』	장지연의 「시일야방성대곡」 게재
『제국신문』	서민과 부녀자 대상으로 발행
『대한매일신보』	• 베델, 양기탁 등이 발행한 신문
	• 국채 보상 운동 적극 지원
	• 장지연의 「시일야방성대곡」 게재

제69회 심화
제68회 심화
제67회 심화
제66회 심화
제65회 심화
제64회 심화
제63회 심화
제62회 심화

| KEYWORD | 러·일 전쟁 중의 사실 | 정답 ④ |

35 밑줄 그은 '전쟁'의 중에 있었던 사실로 옳지 <u>않은</u> 것은? 3점

→러·일 전쟁

당신은 무슨 이유로 이토 히로부미를 살해했는가?

일본은 전쟁 당시 우리나라의 독립을 보장해주겠다고 약속했다. 그러나 포츠머스 조약으로 전쟁이 종결되자, 이토는 우리 군신을 위협해 주권을 뺏으려 하였다.

① 일본이 독도를 불법적으로 편입하였다. 러·일 전쟁 중
② 일본과 미국이 가쓰라·태프트 밀약을 맺었다. 러·일 전쟁 중
③ 일본인 메가타가 대한 제국의 재정 고문으로 초빙되었다. 러·일 전쟁 중
✓④ 대한 제국이 기유각서를 통해 일제에 사법권을 박탈당하였다. 러·일 전쟁 이후(1909)
⑤ 군사 전략상 필요한 지역을 일본에 제공하는 한일 의정서가 강요되었다. 러·일 전쟁 중

자료분석 '포츠머스 조약으로 전쟁이 종결'을 통해 밑줄 그은 '전쟁'은 러·일 전쟁(1904~1905)임을 알 수 있다. 러·일 전쟁 중 일제는 대한 제국의 영토인 독도를 강탈한 것을 비롯하여 한·일 의정서, 제1차 한·일 협약 등을 체결하여 한국의 군사적, 정치적 권리를 침해하였다.

정답 찾기 ④ 일제는 1909년 기유각서를 체결하여 대한 제국의 사법권과 경찰권을 빼앗았다.

오답 피하기
① 러·일 전쟁 중 일제는 독도를 자국의 시마네현에 불법적으로 편입하였다.
② 러·일 전쟁 중 일제는 미국과 가쓰라·태프트 밀약을 체결하여 조선과 필리핀에서 서로의 이익을 인정하였다.
③ 러·일 전쟁 중 제1차 한·일 협약을 체결하여 일제는 대한 제국에 고문정치를 시행하였다. 재정 고문으로 메가타, 외교 고문으로 스티븐스가 부임하였다.
⑤ 러·일 전쟁 중 일제는 대한 제국 영토 내에서 군사와 전략상 필요한 지역을 이용하는 한·일 의정서를 체결하였다.

합격으로 이끄는 필수 개념: 일제의 국권 침탈 과정

| 1904년 | • 러·일 전쟁 발발
• 한·일 의정서 체결
• 제1차 한·일 협약 체결 |
| 1905년 | • 가쓰라·태프트 밀약
• 제2차 영일 동맹
• 러·일 전쟁 종식 → 포츠머스 조약 체결
• 제2차 한·일 협약(을사늑약) 체결 |

| KEYWORD | 1910년대 일제의 식민 통치 | 정답 ① |

36 다음 규정이 시행된 시기에 있었던 사실로 옳은 것은? 1점

→1910년대 무단 통치 시기 토지 조사 사업

임시 토지 조사국 조사 규정

제1장 면과 동의 명칭 및 강계(疆界) 조사와 토지 신고서의 접수
제2장 지주 지목(地目) 및 강계 조사
제3장 분쟁지와 소유권에 부의(付疑)* 있는 토지 및 신고하지 않은 토지에 대한 재조사
제4장 지위(地位) 등급 조사
⋮

– 조선 총독부 관보 –

*부의(付疑) : 이의를 제기함

✓① 회사령이 실시되었다. 1910년대 무단 통치기
② 원산 총파업이 일어났다. 1920년대 문화 통치기
③ 국가 총동원법이 제정되었다. 1930~1940년대 민족 말살 통치기
④ 조선 노동 공제회가 조직되었다. 1920년대 문화 통치기
⑤ 조선 사상범 예방 구금령이 공포되었다. 1930~1940년대 민족 말살 통치기

자료분석 '임시 토지 조사국'을 통해 토지 조사 사업이 시행된 1910년대 무단 통치 시기임을 알 수 있다. 1910년부터 1918년까지 일제는 근대적 토지 소유권 확립을 구실로 토지 조사 사업을 시행하였다.

정답 찾기 ① 1910년대 무단 통치 시기 일제는 민족 자본의 성장을 억제하고자 회사령을 제정하여, 회사 설립 시 조선 총독의 허가를 받도록 하였다.

오답 피하기
② 문화 통치 시기인 1929년 원산 노동자 총파업이 일어났다.
③ 민족 말살 통치 시기인 1938년 일제는 국가 총동원법을 제정하여 인적·물적 수탈을 강행하였다.
④ 문화 통치 시기인 1920년 노동 운동 단체인 조선 노동 공제회가 결성되었다.
⑤ 민족 말살 통치 시기인 1941년 일제는 조선 사상범 예방 구금령을 제정하여 독립운동을 탄압하였다.

합격으로 이끄는 필수 개념: 일제의 시대별 식민 통치 정책

1910년대	• 헌병 경찰 제도 • 회사령	• 조선 태형령 • 토지 조사 사업
1920년대	• 회사령 폐지 • 치안 유지법	• 산미 증식 계획
1930~ 1940년대	• 국가 총동원법 • 조선 사상범 예방 구금령	• 미곡 공출제

37 (가) 단체에 대한 설명으로 옳은 것은? 2점

역사 신문

제△△호 　　　　　　→신간회　　　　　　○○○○년 ○○월 ○○일

민중 대회 개최 모의로 지도부 대거 체포

허헌, 홍명희 등 ___(가)___ 의 지도부는 광주 학생 항일 운동을 ┌신간회의 활동과 검거
전국적 시위 운동으로 확산시키기 위한 민중 대회 개최를 추진하다가 경찰에 체포되었다. 이 단체는 사건 진상 조사 보고를 위한 유인물 배포 및 연설회 개최를 계획하고, 각 지회에 행동 지침을 내리는 등 시위 확산을 도모하였다.

① 암태도 소작 쟁의를 지원하였다. 조선 농민 총동맹
✓② 민족 협동 전선으로 결성되었다. 신간회
③ 부민관 폭파 사건을 주도하였다. 대한 애국 청년당
④ 조선 혁명 선언을 활동 지침으로 하였다. 의열단
⑤ 어린이날을 제정하고 잡지 어린이를 간행하였다. 색동회

자료분석 '민중 대회 개최 모의', '광주 학생 항일 운동을 전국적 시위 운동으로 확산' 등을 통해 (가) 단체는 신간회임을 알 수 있다. 신간회는 정우회 선언을 계기로 비타협적 민족주의자와 사회주의자가 연대하여 창립한 단체로 광주 학생 항일 운동에 진상 조사단을 파견하고 민중 대회 개최를 계획하였다.

정답 찾기 ② 신간회는 비타협적 민족주의자와 사회주의자가 연대한 민족 협동 전선으로 1927년에 결성되었다.

오답 피하기
① 조선 농민 총동맹은 암태도 소작 쟁의를 지원하였다.
③ 대한 애국 청년당은 부민관 폭파 사건을 주도하였다.
④ 의열단은 신채호가 작성한 「조선 혁명 선언」을 활동 지침으로 삼았다.
⑤ 천도교 계열 색동회의 방정환은 어린이날을 제정하고 잡지 『어린이』를 간행하였다.

인 끌 인 합격으로 **이끄는** 필수 개념: 신간회(1927~1931)

결성 배경	• 6·10 만세 운동 • 정우회 선언
활동	• 강연회·연설회 개최 • 광주 학생 항일 운동 외 다수의 운동 지원
강령	• 정치적·경제적 각성을 촉구함 • 단결을 공고히 함 • 기회주의를 배격함
해소	내부적 이념 갈등 등

---

38 밑줄 그은 '이 운동'에 대한 설명으로 옳은 것은? 2점

이것은 평양에서 조만식 등의 주도로 시작된 이 운동의 선전 행렬을 보여주는 사진이야.

→1920년대 물산 장려 운동

이 운동은 '조선 사람 조선 것' 등의 구호를 내세웠지만, 자본가의 이익만을 추구하는 이기적인 운동이라고 비판받기도 했어.

① 통감부의 탄압과 방해로 중단되었다. 국채 보상 운동
✓② 조선 관세령 폐지를 계기로 확산되었다. 물산 장려 운동
③ 황국 중앙 총상회가 설립되는 결과를 가져왔다. 외국 상인들로부터 상권 보호
④ 한성 은행, 대한 천일 은행 설립에 영향을 끼쳤다. 민족 은행 설립 운동의 영향
⑤ 일본, 프랑스 등의 노동 단체로부터 격려 전문을 받았다. 원산 노동자 총파업

자료분석 '조만식 등의 주도', '조선 사람 조선 것' 등을 통해 밑줄 그은 '이 운동'은 물산 장려 운동임을 알 수 있다. 물산 장려 운동은 평양에서 조만식 등이 주도하여 '조선 사람 조선 것', '내 살림 내 것으로' 등의 구호를 외치며 민족 경제 활성화를 위하여 토산품 애용, 절약 등을 실천하였다.

정답 찾기 ② 일제가 조선 관세령 폐지를 결정함에 따라 물산 장려 운동이 촉발되었다.

오답 피하기
① 국채 보상 운동은 통감부의 방해로 중단되었다.
③ 외국 상인들로부터 상권을 보호하기 위해 황국 중앙 총상회가 설립되었다.
④ 민족 은행 설립 운동에 따라 한성 은행, 대한 천일 은행이 설립되었다.
⑤ 원산 노동자 총파업은 일본, 중국, 프랑스 등의 노동 단체로부터 격려 전문을 받았다.

 인 끌 인 합격으로 **이끄는** 필수 개념: 물산 장려 운동

배경	일제의 회사령 폐지와 관세 철폐의 움직임
전개	• 조만식 주도 • 평양에서 시작되어 전국적으로 확산
구호	'내 살림 내 것으로' 등
한계	사회주의자들의 비판을 받음

제69회 심화
제68회 심화
제67회 심화
제66회 심화
제65회 심화
제64회 심화
제63회 심화
제62회 심화

KEYWORD 1930~1940년대 일제의 식민 통치 　정답 ②

39 밑줄 그은 '시기'에 볼 수 있는 모습으로 적절한 것은?

2점

1930~1940년대 민족 말살 통치 시기 ←

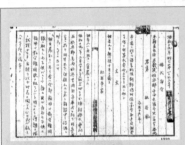

이 자료는 태평양 전쟁 발발 후 일제의 전시 동원 체제가 강화된 <u>시기</u>의 판결문이다. 판결문에는 피고인 임○○이 이웃 주민과의 잡담에서 "자식이 징용되거나 근로 보국대에 가지 않도록 취직시킨다." 등의 발언을 하여 민심을 어지럽혔다는 이유로 징역형을 선고한다는 내용이 담겨 있다.

① 국가 보안법 철폐를 요구하는 학생 이승만 정부 시기
✓② 몸뻬 착용을 권장하는 애국반 반장 1930~1940년대 민족 말살 통치기
③ 경부선 철도 개통식을 구경하는 청년 1905년
④ 형평사 창립 대회 개최를 취재하는 기자 1920년대 문화 통치기
⑤ 헌병 경찰에게 끌려가 태형을 당하는 농민 1910년대 무단 통치기

자료분석 '일제의 전시 동원 체제가 강화', '징용', '근로 보국대' 등을 통해 밑줄 그은 '시기'는 1930~1940년대 민족 말살 통치 시기임을 알 수 있다. 이 시기에는 징용, 근로 보국대, 징병 등의 인적 수탈과 미곡 공출, 금속류 회수 등의 물적 수탈이 이루어졌다.

정답 찾기 ② 민족 말살 통치 시기 일제는 여성에게 몸뻬 바지를 착용하게 하였고 애국반 반장을 통해 관리하였다.

오답 피하기
① 이승만 정부 시기 학생들은 국가 보안법 철폐를 요구하였다.
③ 대한 제국 시기인 1905년에 일제에 의해 경부선이 개통되었다.
④ 1923년 문화 통치 시기 진주에서 조선 형평사가 창립되어 형평 운동이 일어났다.
⑤ 1912년 무단 통치 시기 일제는 조선인에게 태형령을 적용하여 탄압하였다.

인 리 이필인 합격으로 **이끄는** 필수 개념: 1930 · 1940년대 민족 말살 통치

병참 기지화 정책	• 남면북양 정책 • 중화학 공업 육성
인적·물적 자원 수탈	• 국가 총동원법 → 국민 징용령, 학도 지원병, 징병제, 여자 정신 근로령, 배급제, 공출제 등 • 애국반
황국 신민화 정책	• 내선일체, 일선동조 • 황국 신민 서사 암송 강요

KEYWORD 이윤재 　정답 ①

40 다음 인물의 활동으로 옳은 것은?

2점

이달의 독립운동가
→ 이윤재
우리 말과 글을 지키는 데 앞장선 ○○○

• 생몰년 : 1888~1943
• 호 : 환산, 한뫼
• 주요 활동 　→ 이윤재의 활동
　김해 출신으로 합성 학교 등에서 교사로 재직하며 교육 계몽 운동을 전개하였다. 1919년 영변에서 만세 운동을 주도하였으며, 중국의 베이징 대학에서 역사학을 공부하였다. 귀국 이후 조선어 연구회에 가입하여 한글의 연구 및 보급에 앞장섰으며, 1942년 조선어 학회 사건으로 가혹한 고문을 받고 이듬해 옥사하였다. 1962년 건국훈장 독립장이 추서되었다.

✓① 한글 맞춤법 통일안 제정에 참여하였다. 이윤재
② 미국과 유럽을 여행한 뒤 서유견문을 집필하였다. 유길준
③ 국문 연구소를 설립하고 연구위원으로 활동하였다. 주시경
④ 세계지리 교과서인 사민필지를 한글로 저술하였다. 헐버트
⑤ 민족을 역사 서술의 중심에 둔 독사신론을 발표하였다. 신채호

자료분석 '한산, 한뫼', '조선어 연구회에 가입', '조선어 학회 사건' 등을 통해 해당 인물은 이윤재임을 알 수 있다. 그는 조선어 연구회에 가입하여 한글 연구와 보급에 앞장섰으나 1942년 조선어 학회 사건으로 옥사하였다.

정답 찾기 ① 이윤재는 조선어 학회에서 활동하며 한글 맞춤법 통일안 제정에 참여하였다.

오답 피하기
② 유길준은 미국과 유럽을 여행한 뒤 『서유견문』을 저술하였다.
③ 주시경 등은 국문 연구소를 설립하여 연구위원으로 활동하였다.
④ 헐버트는 세계 지리서인 『사민필지』를 한글로 저술하였다.
⑤ 신채호는 『독사신론』에서 역사 서술의 주체를 민족으로 설정하여 민족주의 사학에 기초를 다졌다.

인 리 이필인 합격으로 **이끄는** 필수 개념: 일제 강점기 국어 연구

조선어 연구회	• 주시경의 국문 연구소 계승 • '가갸날(한글날)' 제정
조선어 학회	• 한글 맞춤법 통일안 제정(1933) • 『우리말 큰 사전』 편찬 시도 • 조선어 학회 사건(1942)으로 해산

41 (가) 부대에 대한 설명으로 옳은 것은?   1점

→한국광복군

이것은 (가) 편련 계획 대강의 일부로 병력 모집에 대한 구체적인 계획이 담겨 있습니다. 이를 바탕으로 대한민국 임시 정부는 충칭에서 지청천을 총사령으로 하는 (가) 총사령부를 창설하였습니다.

1. 연내에 동북 방면에서 중국 관내로 들어와 화북 각지에 분포되어 있는 독립군 중에서 모집한다.
⋮
3. 한국 국내와 동북 지방 각자에 있는 장정들에게 비밀리에 군령을 전하여 그들로 하여금 응모하게 한다.
⋮
5. 포로로 잡힌 한인을 거두어 편성한다.

✓① 미국과 연계하여 국내 진공 작전을 계획하였다. 한국광복군
② 쌍성보, 대전자령 전투에서 일본군을 격파하였다. 한국 독립군
③ 조선 민족 전선 연맹의 무장 조직으로 결성되었다. 조선 의용대
④ 중국 의용군과 연합하여 영릉가 전투에서 승리하였다. 조선 혁명군
⑤ 간도 참변 이후 조직을 정비하고 자유시로 이동하였다. 대한 독립 군단

자료분석 '대한민국 임시 정부', 지청천을 총사령관' 등을 통해 (가) 부대는 한국광복군임을 알 수 있다. 일제의 공격을 피해 충칭으로 이동한 대한민국 임시 정부는 1940년 중국 국민당 정부의 지원을 받아 지청천을 총사령관으로 하는 한국광복군을 창설하였다.

정답 찾기 ① 대한민국 임시 정부의 정규군인 한국광복군은 미국과 연계한 국내 진공 작전을 계획하였다.

오답 피하기
② 한국 독립군은 중국 호로군과 연합하여 쌍성보, 대전자령에서 일본군을 격파하였다.
③ 조선 민족 전선 연맹은 중국 우한에서 김원봉을 중심으로 조선 의용대를 조직하였다.
④ 조선 혁명군은 중국 의용군과 연합하여 영릉가, 흥경성 전투에서 일본군에 승리를 거두었다.
⑤ 대한 독립 군단은 간도 참변 이후 조직을 정비하고 러시아 자유시로 이동하였다.

합격으로 이끄는 필수 개념: 조선 의용대와 한국광복군

조선 의용대 (1938)	• 조선 민족 전선 연맹 산하 부대 • 중국 관내에서 결성된 최초의 한인 무장 부대
한국광복군 (1940)	• 대일 선전 포고 • 인도·미얀마 전선에서 영국군과 연합 작전 수행 • 미국 전략 정보국(OSS)와 국내 진공 작전 계획

42 (가) 시기에 있었던 사실로 옳은 것은?   2점

→제2차 미·소 공동 위원회 개최

신문을 보니 며칠 전 정읍에서 이승만이 단독 정부 수립을 시사하는 발언을 했다네.

한국 독립당에서는 단독 정부 수립은 안 된다고 했다더군.

우리 소련의 주장은 작년 제1차 미소 공동 위원회 때와 같습니다.

우리 미국은 신탁 통치에 반대하는 단체를 제외하는 것은 부당하다고 생각합니다.

정읍 발언 → (가) →

① 여수·순천 10·19 사건이 발생하였다. 대한민국 정부 수립 이후
② 유엔 한국 임시 위원단이 서울에 도착하였다. 제2차 미·소 공동 위원회 결렬 이후
③ 송진우, 김성수 등이 한국 민주당을 창당하였다. 광복 직후
✓④ 여운형 등의 주도로 좌우 합작 위원회가 발족되었다. 정읍 발언 직후
⑤ 조선 건국 준비 위원회에서 조선 인민 공화국을 선포하였다. 광복 직후

자료분석 (가) 이전은 이승만의 정읍 발언(1946. 6), (가) 이후는 제2차 미·소 공동 위원회(1947. 5~10)의 결렬에 대한 내용이다.

정답 찾기 ④ 1946년 7월, 여운형과 김규식 등의 주도로 좌우 합작 위원회가 발족되어 좌우 합작 운동을 전개하였다.

오답 피하기
① 여순·순천 10·19 사건은 대한민국 정부가 수립된 이후인 1948년에 발생하였다.
② 유엔 한국 임시 위원단은 제2차 미·소 공동 위원회가 결렬된 이후인 1948년 11월 한국에 입국하였다.
③ 광복 직후 송진우와 김성수 등이 우익 정당으로 한국 민주당을 결성하였다(1945. 9).
⑤ 광복 직후 조선 건국 준비 위원회는 조선 인민 공화국 선포하였다(1945. 9).

합격으로 이끄는 필수 개념: 대한민국 수립 과정

모스크바 3국 외상 회의	• 미·소 공동 위원회 설치 • 최고 5년간 신탁 통치
제1차 미·소 공동 위원회	• 개최 장소: 덕수궁 석조전 • 의견 차이로 무기한 휴회
이승만의 정읍 발언	남한만의 단독 정부 수립 주장
제2차 미·소 공동 위원회	성과 없이 결렬
유엔 총회 결의	인구 비례에 따른 남북한 총선거 결정

43 (가)~(라) 지방 통치 체제에 대한 설명으로 옳은 것을 〈보기〉에서 고른 것은? 3점

(가) 완산주를 다시 설치하고 용원을 총관으로 삼았다. 거열주를 빼서 청주(菁州)를 두니 처음으로 9주가 되었다. 대아찬 복세를 총관으로 삼았다. →9주(통일 신라)

(나) 현종 초에 절도사를 폐지하고, 5도호와 75도 안무사를 두었으나, 얼마 후 안무사를 폐지하고, 4도호와 8목을 두었다. 그 이후로 5도·양계를 정하니, 양광·경상·전라·교주·서해·동계·북계가 그것이다. →5도·양계(고려 시대)

(다) 각 도 각 고을의 이름을 고쳤다. …… 드디어 완산을 다시 '전주'라고 칭하고, 계림을 다시 '경주'라고 칭하고, 서북면을 '평안도'로 하고, 동북면을 '영길도'로 하였으니, 평양·안주·영흥·길주가 계수관이기 때문이다. →8도(조선 시대)

(라) 전국을 23부의 행정 구역으로 나누어 아래에 열거하는 각 부를 둔다. …… 앞 조항 외에는 종래의 목, 부, 군, 현의 명칭과 부윤, 목사, 부사, 군수, 서윤, 판관, 현령, 현감의 관명을 다 없애고 읍의 명칭을 군이라고 하며 읍 장관의 관명을 군수라고 한다. →23부(제2차 갑오개혁)

─〈보 기〉─
✓ㄱ. (가) - 신문왕 재위 시기에 정비되었다. 9주(통일 신라)
　ㄴ. (나) - 지방 장관으로 욕살, 처려근지 등이 있었다. 고구려의 지방 통치 체제
✓ㄷ. (다) - 도에는 관찰사가 임명되어 수령을 감독하였다. 8도(조선 시대)
　ㄹ. (라) - 광무개혁의 일환으로 실시되었다. 13도(대한 제국)

① ㄱ, ㄴ　✓② ㄱ, ㄷ　③ ㄴ, ㄷ　④ ㄴ, ㄹ　⑤ ㄷ, ㄹ

자료분석 (가) 통일 신라 신문왕 때 설치한 9주이다. (나) 고려 현종 때 정비한 5도·양계이다. (다) 조선 시대의 8도 체제이다. (라) 제2차 갑오개혁 때 개편한 23부 행정구역이다.

정답찾기 ② ㄱ. 통일 신라 신문왕 때 전국을 9주로 나누고 주요 지역에 5소경을 두었다.
ㄷ. 조선 시대의 8도에는 관찰사가 임명되어 여러 군현의 수령들을 감독하였다.

오답 피하기
ㄴ. 지방 장관으로 욕살, 처려근지 등이 있던 나라는 고구려이다.
ㄹ. 전국을 23부의 행정 구역으로 개편한 것은 광무개혁이 아닌 제2차 갑오개혁이다. 광무개혁 때는 23부에서 13도로 개편하였다.

인 리 합격으로 **이끄는** 필수 개념: 시대별 지방 통치 체제

삼국	• 고구려: 5부(욕살 파견), 5부	• 백제: 5부, 5방(방령 파견)
	• 신라: 6부, 5주(군주 파견)	• 통일 신라: 9주 5소경
고려	5도 양계(현종)	
조선	8도	
개항기	• 제2차 갑오개혁: 23부 • 광무개혁: 13도	

---

44 다음 상황 이후에 일어난 사실로 옳은 것은? 2점

유엔군과 국군은 서울에서 퇴각하고 한강 이북의 부대를 철수시키기로 결정하였다. 이들은 한강에 설치된 임시 교량을 이용해 철수하였고, 오후 1시경에 마지막 부대가 통과한 후 임시 교량을 폭파시켰다. 이에 앞서 정부는 서울 시민들에게 피란을 지시하였고, 많은 서울 시민들이 보따리를 싸서 피란길에 나섰다.
→6·25 전쟁의 1·4 후퇴(1951)

✓① 한미 상호 방위 조약이 체결되었다. 1·4 후퇴 이후(1953)
② 장진호 전투에서 중국군이 유엔군을 포위하였다. 1·4 후퇴 이전(1950)
③ 경찰이 반민족 행위 특별 조사 위원회를 습격하였다. 1·4 후퇴 이전(1949)
④ 미국의 극동 방어선이 조정된 애치슨 라인이 발표되었다. 1·4 후퇴 이전(1950)
⑤ 우리나라 최초의 보통 선거인 5·10 총선거가 실시되었다. 1·4 후퇴 이전(1948)

자료분석 '유엔군과 국군은 서울에서 퇴각', '서울 시민들에게 피란을 지시' 등을 통해 해당 상황은 6·25 전쟁 중 1·4 후퇴(1951)임을 알 수 있다. 낙동강 전선까지 밀렸던 국군과 유엔군은 인천 상륙 작전을 계기로 반격하여 압록강까지 북진하였다. 그러나 중국군의 개입으로 서울을 도로 내주며 전략상의 후퇴를 하였다.

정답찾기 ① 한·미 상호 방위 조약은 정전 협정 체결 이후인 1953년에 체결되었다.

오답 피하기
② 중국군이 유엔군에 타격을 준 장진호 전투는 1950년 11월에 일어났다.
③ 경찰이 반민족 행위 특별 조사 위원회를 습격한 것은 1949년의 사실이다.
④ 미국의 극동 방위선인 애치슨 라인은 6·25 전쟁 이전에 발표되어 전쟁의 원인으로 작용하였다.
⑤ 우리나라 최초의 보통 선거인 5·10 총선거는 1948년 5월에 실시되었다.

인 리 합격으로 **이끄는** 필수 개념: 6·25 전쟁

배경	애치슨 선언
과정	6·25 전쟁 시작 → 유엔군 참전 → 인천 상륙 작전 → 서울 수복 → 국군의 압록강 진격 → 중국군 개입 → 1·4 후퇴 → 서울 재수복 → 정전 협정 → 한·미 상호 방위 조약
결과	국토 황폐화, 인적·물적 피해, 분단 고착화

제69회 심화
제68회 심화
제67회 심화
제66회 심화
제65회 심화
제64회 심화
제63회 심화
제62회 심화

45 다음 뉴스의 사건이 일어난 정부 시기의 경제 상황으로 옳은 것은?

2점

→ 박정희 정부 시기 광주 대단지 사건

> 경기도 광주 대단지에서 주민들이 차량을 탈취하는 등 대규모 시위를 벌였습니다. 서울시가 도심 정비를 명목으로 10만여 명의 주민들을 광주로 이주시키는 과정에서 약속한 이주 조건을 지키지 않자 주민들이 대지 가격 인하 등을 요구하며 집단으로 반발하였습니다.

✓ ① 경부 고속 도로가 개통되었다. 박정희 정부 시기
② 경제 협력 개발 기구(OECD)에 가입하였다. 김영삼 정부 시기
③ 원조 물자를 가공한 삼백 산업이 발달하였다. 이승만 정부 시기
④ 저유가, 저금리, 저달러의 3저 호황이 있었다. 전두환 정부 시기
⑤ 대통령 직속 자문 기구인 노사정 위원회가 구성되었다. 김대중 정부 시기

자료분석 '경기도 광주 대단지', '대규모 시위' 등을 통해 광주 대단지 사건임을 알 수 있다. 박정희 정부 시기인 1971년 경기도 광주에서 주민 5만여 명이 정부의 무계획적인 도시 정책에 반발하여 시위를 전개하였다(광주 대단지 사건).

정답 찾기 ① 박정희 정부 시기인 1970년 경부 고속 국도를 준공 및 개통하였다.

오답 피하기
② 김영삼 정부 시기 경제 협력 개발 기구(OECD)에 가입하였다.
③ 이승만 정부 시기 미국의 원조 물자를 가공하는 제분·제당·면방직의 삼백 산업이 발달하였다.
④ 전두환 정부 시기 저유가, 저금리, 저달러의 3저 호황이 있었다.
⑤ 김대중 정부 시기 대통령 직속 자문 기구인 노사정 위원회가 구성되었다.

인 퀴 합격으로 **이끄는** 필수 개념: 박정희 정부 시기의 경제와 사회

경제	• 경부 고속 국도(도로) 개통 • 경제 개발 5개년 계획 추진(제3·4차) • 수출 100억 달러 달성
사회	• 전태일 분신 사건 • 새마을 운동 • 광주 대단지 사건

46 (가), (나) 민주화 운동에 대한 설명으로 옳은 것은?

1점

사진으로 보는 민주화 운동
(가) → 4·19 혁명   (나) → 6월 민주 항쟁

대학 교수들이 3·15 부정 선거를 규탄하고 대통령의 퇴진을 요구하며 시위에 나섬

명동 성당에서 시민들이 호헌 철폐, 독재 타도를 외치며 시위를 전개함

① (가) - 굴욕적인 한일 국교 정상화에 반대하였다. 6·3 시위
② (가) - 군부 독재를 타도하려 한 민주화 운동이었다. 5·18 민주화 운동
✓ ③ (나) - 대통령 직선제 개헌을 이끌어냈다. 6월 민주 항쟁
④ (나) - 전개 과정에서 시민군이 자발적으로 조직되었다. 5·18 민주화 운동
⑤ (가), (나) - 대통령이 하야하는 결과를 가져왔다. 4·19 혁명

자료분석 (가)는 '3·15 부정 선거', '대통령의 퇴진을 요구' 등을 통해 4·19 혁명(1960), (나)는 '호헌 철폐, 독재 타도'를 통해 6월 민주 항쟁(1987)임을 알 수 있다.

정답 찾기 ③ 6월 민주 항쟁 당시 시민들은 호헌 철폐와 독재 타도를 구호로 외치며 5년 단임의 대통령 직선제 개헌을 이끌어 냈다.

오답 피하기
① 굴욕적인 한·일 국교 정상화에 반대한 6·3 시위는 박정희 정부 시기에 일어났다.
② 신군부 퇴진을 요구하며 군부 독재를 타도하려 한 운동은 5·18 민주화 운동이다.
④ 시민군이 자발적으로 조직되어 계엄군에 대항한 운동은 5·18 민주화 운동이다.
⑤ 4·19 혁명으로 이승만 대통령은 하야했지만, 6월 민주 항쟁으로 전두환 대통령이 하야하지는 않았다.

인 퀴 합격으로 **이끄는** 필수 개념: 4·19 혁명과 6월 민주 항쟁

4·19 혁명 (1960)	• 배경: 3·15 부정 선거 • 결과: 이승만 대통령 하야, 허정 과도 정부 수립, 제3차 개헌(내각 책임제 등)
6월 민주 항쟁 (1987)	• 배경: 국민의 직선제 개헌 요구, 4·13 호헌 조치 등 • 결과: 6·29 민주화 선언, 제9차 개헌(대통령 직선제 등)

KEYWORD 박정희 정부 시기의 사실 　　정답 ⑤

47 다음 조치를 시행한 정부 시기에 있었던 사실로 옳은 것은? 2점

> 대통령 긴급조치 제9호
> → 박정희 정부의 유신 헌법 시기
> ### 국가안전과 공공질서의 수호를 위한 대통령 긴급조치
> 1. 다음 각 호의 행위를 금한다.
>   가. 유언비어를 날조, 유포하거나 사실을 왜곡하여 전파하는 행위.
>   나. 집회·시위 또는 신문·방송·통신 등 공중 전파 수단이나 문서·도서·음반 등 표현물에 의하여 대한민국 헌법을 부정·반대·왜곡 또는 비방하거나 그 개정 또는 폐지를 주장·청원·선동 또는 선전하는 행위
>   ⋮
> 8. 이 조치 또는 이에 의한 주무부 장관의 조치에 위반한 자는 법관의 영장 없이 체포·구금·압수 또는 수색할 수 있다.
>   ⋮
> 13. 이 조치에 의한 주무부 장관의 명령이나 조치는 사법적 심사의 대상이 되지 아니한다.

① 국민 방위군 설치법이 공포되었다. 이승만 정부 시기
② 내각 책임제를 골자로 하는 개헌이 이루어졌다. 허정 과도 정부 시기
③ 귀속 재산 처리를 위해 신한 공사가 설립되었다. 미 군정 시기
④ 평화 통일론을 주장한 진보당의 조봉암이 구속되었다. 이승만 정부 시기
✓⑤ 장기 독재에 저항하는 3·1 민주 구국 선언이 발표되었다. 박정희 정부 시기

자료분석 '대통령 긴급조치', '법관의 영장 없이 체포·구금·압수 또는 수색할 수 있다' 등의 내용을 통해 해당 시기는 1972년 제7차 개헌(유신 헌법)이 선포된 박정희 정부 시기임을 알 수 있다.

정답 찾기 ⑤ 박정희 정부 시기 유신 헌법 반대와 장기 독재에 저항하는 3·1 민주 구국 선언 발표되었다. 이 선언을 통해 긴급 조치 철폐 등을 요구하였다.

오답 피하기
① 국민 방위군 설치법이 공포된 시기는 이승만 정부 시기이다.
② 내각 책임제를 골자로 하는 제3차 개헌이 이루어진 시기는 허정 과도 정부 시기이다.
③ 미 군정은 광복 직후 귀속 재산 처리를 위하여 신한 공사를 설립하였다.
④ 평화 통일론을 주장한 진보당의 조봉암을 구속한 시기는 이승만 정부 시기이다.

합격으로 이끄는 필수 개념: 박정희 정부 시기의 사실

제3공화국	• 한·일 협정(한·일 기본 조약) 체결 • 베트남 파병 • 제6차 개헌(3선 개헌) → 3선 개헌 반대 투쟁
제4공화국	• 제7차 개헌(유신 헌법) • 개헌 청원 100만인 서명 운동, 3·1 민주 구국 선언 • YH 무역 사건 → 부·마 민주화 운동 → 10·26 사태

KEYWORD 김대중 정부의 통일 노력 　　정답 ①

48 다음 연설문을 발표한 정부의 통일 노력으로 옳은 것은? 2점

→ 김대중 정부의 6·15 남북 정상 회담

> 저는 김정일 국방위원장과 분단 55년 만에 처음 정상 회담을 가졌습니다. 세 차례에 걸친 회담을 통해 우리 두 사람은 민족의 장래와 통일을 생각하는 마음과 열정에 큰 차이가 없으며, 이를 추진하는 방법에 공통점이 많다는 것을 확인했습니다. …… 남북이 열과 성을 모아, 이번의 정상 회담을 성공적으로 마쳐 온 세계를 깜짝 놀라게 했습니다. 남과 북의 화해와 협력을 향한 새 출발에 온 세계가 축복해 주고 있습니다. 불가능해 보였던 남북 정상 회담을 이뤄냈듯이 남과 북이 마음과 정성을 다한다면 통일의 날도 반드시 오리라 저는 확신합니다.

✓① 남북 교류 협력을 위한 개성 공업 지구 조성에 합의하였다. 김대중 정부
② 평화 통일 외교 정책에 관한 6·23 특별 성명을 발표하였다. 박정희 정부
③ 남북 사이의 화해와 불가침 및 교류·협력에 관한 합의서를 채택하였다. 노태우 정부
④ 남북 관계 발전과 평화 번영을 위한 10·4 남북 정상 선언에 서명하였다. 노무현 정부
⑤ 7·4 남북 공동 성명을 실천하기 위해 남북 조절 위원회를 구성하였다. 박정희 정부

자료분석 '분단 55년 만에 처음 정상 회담'을 통해 해당 시기는 제1차 남북 정상 회담이 개최된 김대중 정부 시기임을 알 수 있다. 김대중 대통령은 최초로 남북 정상 회담을 개최하였고 6·15 남북 공동 선언을 발표하였다.

정답 찾기 ① 김대중 정부는 6·15 남북 공동 선언에 따라 경의선 복구 사업과 개성 공업 지구(개성 공단) 조성 등에 합의하였다.

오답 피하기
② 박정희 정부는 평화 통일 외교 정책에 관한 6·23 특별 선언을 발표하였다.
③ 노태우 정부는 남북 사이의 화해와 불가침 및 교류·협력에 관한 내용을 담은 남북 기본 합의서를 채택하였다.
④ 노무현 정부는 남북 관계 발전과 평화 번영을 위해 10·4 남북 정상 선언에 서명하였다.
⑤ 박정희 정부는 7·4 남북 공동 성명을 발표하고 이를 실천하기 위해 남북 조절 위원회를 구성하였다.

합격으로 이끄는 필수 개념: 김대중 정부의 통일 정책

1998년	• 정주영 소떼 방북 • 금강산 해로 관광 시작
2000년	• 제1차 남북 정상 회담 개최 • 6·15 남북 공동 선언 　→ 경의선 복구 사업·개성 공단 건설 합의

제69회 심화
제68회 심화
제67회 심화
제66회 심화
제65회 심화
제64회 심화
제63회 심화
제62회 심화

49 (가)~(마)에 들어갈 내용으로 옳지 <u>않은</u> 것은? 3점

□ ○○ 고 한국사 교실 + — □ X

← → ○○ 고 한국사 교실 ☆ ★ ♣ ●

전체 글보기 | 이미지 모아보기 | 카페 태그 보기 | 카페 캘린더

▤ 전체 글보기(91)
▤ 카페북 책꽂이

▤ 공지사항
▤ 카페 회칙

▤ 강의 계획서
▤ 과제 제출방
▤ Q&A 게시판

■ 모둠별 주제 탐구 과제 안내

　인물로 보는 역사 속 외교 활동을 주제로 보고서를 작성한 후 제목과 함께 게시판에 올려주세요.

※ 과제 마감일은 4월 15일입니다.

번호	제 목
1	1모둠 – 강수, **(가)** 통일 신라
2	2모둠 – 서희, **(나)** 고려 시대
3	3모둠 – 이예, **(다)** 조선 시대
4	4모둠 – 김홍집, **(라)** 근대(조선 말)
5	5모둠 – 김규식, **(마)** 일제 강점기

① (가) – 외교 문서 작성에 능하여 청방인문표를 짓다 강수

② (나) – 외교 담판을 통해 강동 6주를 확보하다 서희

③ (다) – 일본에 파견되어 계해약조 체결에 기여하다 이예

✓④ (라) – 보빙사의 전권대신으로 미국에 파견되다 민영익

⑤ (마) – 파리 강화 회의에 독립 청원서를 제출하다 김규식

자료분석　(가) 강수는 6두품 출신으로 외교 문서 작성에 능하였으며, 「답설인귀서」, 『청방인문표』 등을 저술하였다. (나) 서희는 거란의 제1차 침입 때 적장 소손녕과의 외교 담판을 통해 강동 6주를 획득하였다. (다) 이예는 태종과 세종 시기에 일본 및 대마도와의 외교를 전담한 외교가이다. (라) 김홍집은 제2차 수신사로 일본에 다녀와 『조선책략』을 국내에 들여왔다. (마) 김규식은 신한 청년당으로 파리 강화 회의에 참석하여 독립 청원서를 제출하였다.

정답 찾기　④ 보빙사의 전권대신으로 미국에 파견된 것은 민영익이다. 김홍집은 제2차 수신사로 일본에 파견되었다.

오답 피하기
① 강수는 외교 문서 작성에 능하여 「청방인문표」를 지었다.
② 서희는 외교 담판을 통하여 강동 6주를 확보하였다.
③ 이예는 일본에 파견되어 계해약조 체결에 기여하였다.
⑤ 김규식은 파리 강화 회의에 참석하여 독립 청원서를 제출하였다.

인 퀵　합격으로 **이끄는** 필수 개념: 개항기 해외 시찰단

수신사	• 일본에 파견 • 김기수(제1차), 김홍집(제2차) → 『조선책략』 수입
조사 시찰단	일본에 박정양, 홍영식 등 비밀리에 파견
영선사	• 청에 파견(김윤식) • 근대적 무기 제조법과 군사 훈련 습득
보빙사	• 미국에 파견(민영익, 서광범, 유길준) • 최초로 서양에 파견된 사절단

---

50 (가) 지역에 대한 탐구 활동으로 가장 적절한 것은? 2점

우리 모둠에서는 대한민국 임시 정부 국무령을 역임한 석주 이상룡의 생가인 임청각과 그의 독립 운동에 대해서 발표하려고 합니다.

지역사 모둠 발표

(가) 지역의 역사와 문화
→ 경상북도 안동

| 1모둠
고창 전투와
후삼국 통일
과정 | 2모둠
봉정사
극락전과
고려 후기
불교 건축물 | 3모둠
도산 서원과
퇴계 이황의
성리학 |

4모둠
임청각과
이상룡의
독립운동

① 김헌창이 반란을 일으킨 근거지를 파악한다. 웅천주(공주)

② 강주룡이 고공 시위를 전개한 장소를 알아본다. 평양

✓③ 공민왕이 홍건적의 침입 때 피란한 지역을 찾아본다. 복주(안동)

④ 신립이 배수의 진을 치고 전투를 벌인 위치를 검색한다. 충주 탄금대

⑤ 김사미가 가혹한 수탈에 저항하여 봉기한 곳을 조사한다. 운문(청도)

자료분석　'고창 전투', '봉정사 극락전', '도산 서원' 등을 통해 (가) 지역은 경상북도 안동임을 알 수 있다.

정답 찾기　③ 고려 공민왕은 홍건적의 침입으로 서경과 개경이 함락되자 안동으로 피란하였다.

오답 피하기
① 통일 신라 헌덕왕 때 웅천주 도독 김헌창은 아버지 김주원이 왕이 되지 못한 것에 불만을 품고 웅천주(공주)에서 반란을 일으켰다.
② 강주룡이 을밀대에 올라가 고공 농성을 전개한 곳은 평양이다.
④ 신립이 배수진을 치고 왜군과 전투를 벌인 곳은 충주 탄금대이다.
⑤ 김사미가 가혹한 수탈에 저항하여 봉기한 곳은 운문(청도)이다.

인 퀵　합격으로 **이끄는** 필수 개념: 안동의 역사

건축물	안동 봉정사 극락전: 주심포 양식
불상	안동 이천동 마애여래 입상
역사	홍건적의 침입 때 고려 공민왕이 피신한 지역

더욱더 명쾌하고 자세한 해설

더 이상의 시간 낭비는 No! 시험 직전 **스피드한 문제 회독**은 필수!
문제 풀이에 필요한 **핵심 키워드**만 쏙쏙 뽑아 드립니다.

제 **63** 회

KEYWORD 구석기 시대 생활 모습 　　정답 ⑤

01 밑줄 그은 '이 시대'의 생활 모습으로 옳은 것은? [1점]

이 그림은 한 미군 병사가 경기도 연천군 전곡리에서 이 시대의 대표적인 유물인 주먹도끼 등을 발견하고 그린 것입니다. 그가 발견한 아슐리안형 주먹도끼는 이 시대 동아시아에는 찍개 문화만 존재하고 주먹도끼 문화는 없었다는 모비우스(H. Movius)의 학설을 뒤집는 증거가 되었습니다. →구석기 시대

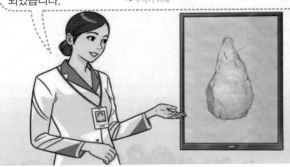

① 소를 이용하여 깊이갈이를 하였다. 신라 지증왕
② 빗살무늬 토기에 식량을 저장하였다. 신석기 시대
③ 지배층의 무덤으로 고인돌을 만들었다. 청동기 시대
④ 거푸집을 사용하여 세형동검을 제작하였다. 초기 철기 시대
✓ ⑤ 주로 동굴이나 강가의 막집에서 거주하였다. 구석기 시대

자료분석 '연천군 전곡리', '주먹도끼' 등을 통해 밑줄 그은 '이 시대'는 구석기 시대임을 알 수 있다.

정답 찾기 ⑤ 구석기 시대 사람들은 주로 동굴이나 강가의 막집에서 거주하였고 주먹도끼 등 뗀석기를 도구로 사용하였다.

오답 피하기
① 신라 지증왕 때 소를 이용하여 농사를 짓는 우경을 장려하였다는 기록이 『삼국사기』에 있다.
② 신석기 시대 사람들은 빗살무늬 토기를 만들어 음식을 저장하거나 조리하는 용도로 사용하였다.
③ 청동기 시대 사람들은 지배층의 무덤으로 고인돌을 만들었는데 대표적으로 탁자식 고인돌과 바둑판식 고인돌이 있다.
④ 초기 철기 시대에 거푸집을 사용하여 세형동검을 제작하였다. 세형동검은 한반도에서 독자적인 청동기 문화가 발전하였음을 보여주는 유물이다.

 합격으로 **이끄는** 필수 개념: 선사 시대의 문화

구석기 시대	• 주먹도끼, 찍개 등 뗀석기 • 주로 동굴이나 강가의 막집에 거주
신석기 시대	빗살무늬 토기
청동기 시대	고인돌
초기 철기 시대	세형동검

KEYWORD 동예 　　정답 ④

02 밑줄 그은 '이 나라'에 대한 탐구 활동으로 가장 적절한 것은? [2점]

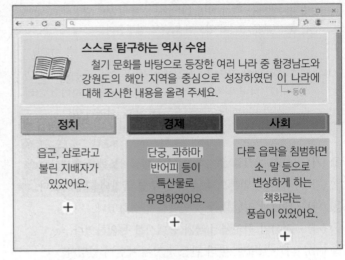

① 신성 지역인 소도의 역할을 알아본다. 삼한
② 포상 8국의 난 진압 과정을 찾아본다. 가야와 신라
③ 삼국유사에 실린 김알지 신화를 분석한다. 신라
✓ ④ 무천이라는 제천 행사를 개최한 이유를 파악한다. 동예
⑤ 마가, 우가, 저가, 구가 등이 다스렸던 지역을 조사한다. 부여

자료분석 '읍군, 삼로', '단궁, 과하마, 반어피' 등을 통해 밑줄 그은 '이 나라'는 동예임을 알 수 있다.

정답 찾기 ④ 동예는 10월에 무천이라는 제천 행사를 개최하였다. 또한 남의 영역을 침범하면 소나 말로 배상하는 책화라는 폐쇄적인 사회 풍습도 있었다.

오답 피하기
① 삼한에는 제사장인 천군과 신성 지역 소도가 있었다.
② 경상남도 해안가 일대에 있었던 8개의 소국인 포상 8국이 가야를 공격하였으나 신라의 도움을 얻어 이를 진압하였다.
③ 『삼국유사』에 실린 김알지 신화는 신라의 건국과 관련된 기록이다.
⑤ 부여에서는 왕이 중앙을 다스리고, 마가, 우가, 저가, 구가 등이 별도로 다스리는 사출도가 있었다.

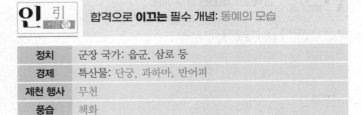 합격으로 **이끄는** 필수 개념: 동예의 모습

정치	군장 국가: 읍군, 삼로 등
경제	특산물: 단궁, 과하마, 반어피
제천 행사	무천
풍습	책화

03 (가), (나) 국가의 사회 모습에 대한 설명으로 옳은 것은?

2점

┌► 백제
(가) 왕의 성은 부여씨이고, [왕을] '어라하'라고 하며 백성들은 '건 길지'라고 부른다. 모두 중국 말로 왕이라는 뜻이다. …… 도성 에만 1만 가(家)가 거주하며 5부로 나뉘는데 상부·전부·중 부·하부·후부라고 하며, 각각 5백 명의 군사를 거느린다. [지 방의] 5방에는 각기 방령 1인을 두는데 달솔로 임명하고, 군에 는 군장(郡將) 3인이 있으니 덕솔로 임명한다.

– 『주서』 –

┌► 고구려
(나) 60개의 주현이 있으며, 큰 성에는 녹살 1인을 두는데 도독과 비슷하다. 나머지 성에는 처려근지를 두는데 도사라고도 하 며, 자사와 비슷하다. …… [수도는] 5부로 나뉘어 있다.

– 『신당서』 –

① (가) – 사회 질서를 유지하기 위해 범금 8조를 두었다. 고조선
② (가) – 거란도, 일본도 등을 통해 주변 국가와 교류하였다. 발해
✓③ (나) – 태학과 경당을 두어 인재를 양성하였다. 고구려
④ (나) – 정사암 회의에서 국가 중대사를 논의하였다. 백제
⑤ (가), (나) – 골품에 따라 관등 승진에 제한이 있었다. 신라

[자료분석] (가) '왕의 성은 부여씨', '[지방의] 5방' 등을 통해 백제임을 알 수 있다. (나) '처려근지', '[수도는] 5부' 등을 통하여 고구려임을 알 수 있다.

[정답 찾기] ③ 고구려는 수도에 태학이라는 국립 대학을 세우고 지방에는 경 당을 두어 인재를 양성하였다.

[오답 피하기]
① 고조선에는 사회 질서를 유지하기 위한 범금 8조가 있었다.
② 발해는 거란도, 일본도, 신라도 등을 통하여 주변 국가와 교류하였다.
④ 백제는 귀족 회의인 정사암 회의에서 국가의 중요한 일을 논의하였다.
⑤ 신라에는 폐쇄적 신분제인 골품제가 있었다. 골품제는 관등 승진의 제한 뿐만 아니라 일상생활까지 규제하였다.

인 **이끌인** 합격으로 **이끄는** 필수 개념: 고구려와 백제의 사회 모습

고구려	• 귀족 회의: 제가 회의 • 교육 기관: 태학, 경당 • 지방관: 욕살, 처려근지
백제	• 귀족 회의: 정사암 회의 • 지방 제도: 5부 5방

---

04 다음 상황이 나타난 시기를 연표에서 옳게 고른 것은?

2점

┌► 황산벌 전투
[당의] 고종이 소정방을 신구도대총관(神丘道大摠管)으로 삼아 군사를 이끌고 바다를 건너 신라와 함께 백제를 정벌하도록 하였 다. 계백은 장군이 되어 죽음을 각오한 군사 5천 명을 뽑아 이들을 막고자 하였다. …… 황산의 벌판에 이르러 세 개의 군영을 설치하 였다. 신라군을 만나 전투를 시작하려고 하자, [계백은] 여러 사람 앞에서 맹세하며 "지난날 구천(句踐)은 5천 명으로 오(吳)의 70만 무리를 격파하였다. 오늘 마땅히 힘써 싸워 승리함으로써 나라의 은혜에 보답하자."라고 하였다. 드디어 격렬히 싸우니, 일당천(一 當千)이 아닌 자가 없었다.

– 『삼국사기』 –

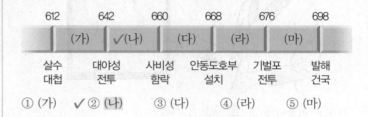

① (가)   ✓② (나)   ③ (다)   ④ (라)   ⑤ (마)

[자료분석] '계백은 장군이 되어', '군사 5천 명을 뽑아', '황산의 벌판에 이르 러' 등을 통해 백제 멸망(사비성 함락) 직전에 있었던 황산벌 전투임을 알 수 있다.

[정답 찾기] ② 660년 계백은 5천 결사대를 이끌고 신라 김유신의 5만 대군에 맞서 황산벌에서 항전하였으나 패배하였다. 이후 사비성이 함락되면서 백제 는 멸망하였다.

인 **이끌인** 합격으로 **이끄는** 필수 개념: 7세기의 삼국의 상황

살수 대첩(612)	고구려(을지문덕) vs 수 → 고구려 승
대야성 전투(642)	백제 vs 신라 → 김춘추의 사위와 딸 사망
백제 멸망(660)	황산벌 전투 → 사비성 함락
고구려 멸망(668)	평양성 함락 → 안동 도호부 설치
나·당 전쟁	매소성 전투 → 기벌포 전투 → 신라의 삼국 통일

제69회 심화
제68회 심화
제67회 심화
제66회 심화
제65회 심화
제64회 심화
제63회 심화
제62회 심화

KEYWORD 통일 신라의 경제 상황　　　　　정답 ⑤

05 (가) 국가의 경제 상황으로 옳은 것은?　1점

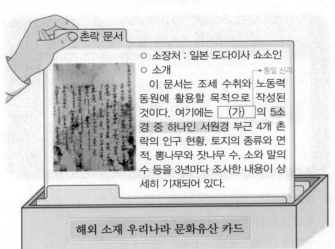

촌락 문서

○ 소장처 : 일본 도다이사 쇼소인
○ 소개
　　　　　　　　　　　　　　　→ 통일 신라
　이 문서는 조세 수취와 노동력 동원에 활용할 목적으로 작성된 것이다. 여기에는 　(가)　의 5소경 중 하나인 서원경 부근 4개 촌락의 인구 현황, 토지의 종류와 면적, 뽕나무와 잣나무 수, 소와 말의 수 등을 3년마다 조사한 내용이 상세히 기재되어 있다.

해외 소재 우리나라 문화유산 카드

① 낙랑군과 왜에 철을 수출하였다. 금관가야
② 집집마다 부경이라는 창고가 있었다. 고구려
③ 활구라고 불리는 은병이 유통되었다. 고려
④ 특산품으로 솔빈부의 말이 유명하였다. 발해
✓⑤ 울산항, 당항성이 무역항으로 번성하였다. 통일 신라

자료분석 '촌락 문서', '5소경 중 하나인 서원경' 등을 통해 (가) 국가는 통일 신라임을 알 수 있다.

정답 찾기 ⑤ 통일 신라는 울산항, 당항성의 무역항을 통하여 다양한 국가와 교역하였다. 특히 울산항은 아라비아 상인이 왕래할 정도의 국제 무역항으로 번성하였다.

오답 피하기
① 철이 풍부한 금관가야는 낙랑군과 왜에 철을 수출하였고 덩이쇠를 화폐처럼 사용하였다.
② 고구려에는 집집마다 부경이라는 작은 창고가 있었다.
③ 고려는 화폐 주조 기관인 주전도감을 두어 해동통보, 삼한통보, 은병(활구) 등의 화폐를 제작하였다.
④ 발해는 목축이 발달하여 특산품으로 솔빈부의 말이 유명하였다.

인큅 합격으로 **이끄는** 필수 개념: 남북국 시대의 경제

통일 신라	• 민정 문서: 조세 수취와 노동력 동원에 활용할 목적으로 작성 • 무역항: 울산항, 당항성
발해	• 특산품: 솔빈부의 말 등 • 대외 교역로: 거란도, 신라도, 일본도 등

KEYWORD 최치원　　　　　정답 ③

06 (가)에 들어갈 내용으로 적절한 것은?　2점

〈다큐멘터리 기획안〉

○○○, 새로운 시대를 바라다

◈ 기획 의도
　6두품 출신 학자인 ○○○의 생애를 다룬 다큐멘터리를 제작하여 혼란한 당시 상황과 그의 활동을 살펴본다.
◈ 구성
　1부 당에 유학하여 빈공과에 급제하다
　2부 격황소서를 써서 세상에 이름을 떨치다
　3부 _____(가)_____ → 최치원
　4부 관직에서 물러나 해인사에 은거하다

① 화왕계를 지어 국왕에게 조언하다 설총
② 외교 문서인 청방인문표를 작성하다 강수
✓③ 진성 여왕에게 시무책 10여 조를 올리다 최치원
④ 청해진을 중심으로 해상 무역을 전개하다 장보고
⑤ 인도와 중앙아시아를 순례하고 왕오천축국전을 남기다 혜초

자료분석 '6두품 출신 학자', '격황소서' 등을 통해 (가)에 들어갈 내용은 최치원과 관련된 내용임을 알 수 있다.

정답 찾기 ③ 당에서 귀국한 최치원은 혼란스러운 신라 사회를 개혁하기 위해 사회 개혁안인 시무책 10여 조를 진성 여왕에게 올렸으나 받아들여지지 않았다.

오답 피하기
① 설총은 통일 신라 신문왕에게 화왕계를 지어 조언하였다.
② 강수는 외교 문서 작성에 능하여 당나라 고종에게 무열왕의 아들인 김인문을 석방시켜 달라고 요청한 「청방인문표」를 작성하였다.
④ 장보고는 통일 신라 흥덕왕에게 건의하여 청해진을 설치하였고, 이후 청해진을 중심으로 황해와 남해 일대의 해상 무역을 장악하였다.
⑤ 혜초는 인도와 중앙아시아 지역을 순례하고 기행문인 「왕오천축국전」을 저술하였다.

인큅 합격으로 **이끄는** 필수 개념: 신라의 유학자

최치원	• 당 유학 → 빈공과 급제 • 「토황소격문」 • 시무책 10여 조
강수	「청방인문표」, 「답설인귀서」
설총	• 「화왕계」 • 이두 정리

07 밑줄 그은 '왕'의 업적으로 옳은 것은? 　2점

> ○ 담당 관청에 명하여 월성의 동쪽에 새 궁궐을 짓게 하였는데, 그곳에서 황룡이 나타났다. 왕이 이것을 기이하게 여기고는 [계획을] 바꾸어 사찰을 짓고, '황룡'이라는 이름을 내려 주었다.
> → 신라 진흥왕
> ○ [거칠부가] 왕의 명령을 받들어 여러 문사(文士)를 모아 국사를 편찬하였다.
>
> - 『삼국사기』 -

① 이사부를 보내 우산국을 복속시켰다. 신라 지증왕
② 예성강 이북에 패강진을 설치하였다. 통일 신라 선덕왕
③ 관료전을 지급하고 녹읍을 폐지하였다. 통일 신라 신문왕
✓④ 국가적인 조직으로 화랑도를 개편하였다. 신라 진흥왕
⑤ 이차돈의 순교를 계기로 불교를 공인하였다. 신라 법흥왕

---

08 (가) 왕에 대한 설명으로 옳은 것은? 　3점

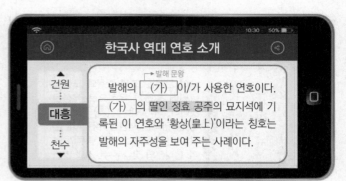

한국사 역대 연호 소개
건원
⋮
대흥
⋮
천수
발해의 (가) 이/가 사용한 연호이다. → 발해 문왕
(가) 의 딸인 정효 공주의 묘지석에 기록된 이 연호와 '황상(皇上)'이라는 칭호는 발해의 자주성을 보여 주는 사례이다.

① 북연의 왕을 신하로 봉하였다. 고구려 장수왕
② 지린성 동모산에서 나라를 세웠다. 발해 고왕 대조영
③ 신라에 군대를 파견하여 왜를 격퇴하였다. 고구려 광개토 대왕
✓④ 수도를 상경 용천부로 옮겨 체제를 정비하였다. 발해 문왕
⑤ 5경 15부 62주의 지방 행정 조직을 확립하였다. 발해 선왕

자료분석 '사찰을 짓고, 황룡이라는 이름을 내려주었다.', '국사를 편찬하였다.' 등을 통해 밑줄 그은 '왕'은 신라 진흥왕임을 알 수 있다.

정답 찾기 ④ 신라 진흥왕은 화랑도를 국가적인 조직으로 개편하였고, 거칠부로 하여금 『국사』라는 역사서를 편찬하도록 하였다.

오답 피하기
① 신라 지증왕은 이사부를 보내 우산국(울릉도 일대)를 복속하였다.
② 통일 신라 선덕왕은 북쪽 변방을 방어하기 위하여 패강진을 설치하였다.
③ 통일 신라 신문왕은 관료전을 지급하고 녹읍을 폐지하여 귀족의 경제 기반을 약화시켰다.
⑤ 신라 법흥왕 때 이차돈의 순교를 계기로 불교가 공인되었다.

 합격으로 이끄는 필수 개념: 6세기 신라의 국왕

지증왕	• 우산국 복속: 이사부 • 국호 '신라', '왕' 칭호 사용
법흥왕	• 이차돈의 순교 → 불교 공인 • 율령 반포
진흥왕	• 『국사』 편찬: 거칠부 • 화랑도를 국가적인 조직으로 개편

자료분석 '대흥', '딸인 정효 공주' 등을 통해 (가) 왕은 발해 문왕임을 알 수 있다.

정답 찾기 ④ 발해 문왕은 수도를 상경 용천부로 옮겨 체제를 정비하였다. 또한 국립 대학인 주자감을 두어 인재를 양성하고자 하였다.

오답 피하기
① 고구려 장수왕은 북연의 왕 풍홍이 고구려로 망명해 오자 그를 신하로 봉하였다.
② 고구려 장수 출신 대조영은 지린성 동모산에서 '진'이라는 나라를 세웠다. 이후 진은 발해가 되었다.
③ 고구려 광개토 대왕은 신라의 지원 요청을 받아 기병과 보병 5만 명을 파견하여 신라에 침입한 왜를 격퇴하였다.
⑤ 발해 선왕은 5경 15부 62주의 지방 행정 조직을 확립하였다.

 합격으로 이끄는 필수 개념: 발해의 주요 국왕

대조영	지린성 동모산에서 진(발해) 건국
무왕	• 연호: 인안 • 당의 산둥 반도 공격(장문휴)
문왕	• 연호: 대흥 • 상경 용천부 천도
선왕	• 연호: 건흥 • 지방 행정 체제: 5경 15부 62주 • 해동성국이라 불림

KEYWORD 최충헌 집권기 이후의 사실 　　정답 ⑤

09 다음 상황 이후에 있었던 사실로 옳은 것은? 2점

> 청교역(靑郊驛) 서리 3인이 최충헌 부자를 죽일 것을 모의하면서, 거짓 공첩(公牒)을 만들어 여러 사원의 승려들을 불러 모았다. 공첩을 받은 귀법사 승려들은 그 공첩을 가져온 사람을 잡아서 최충헌에게 고해 바쳤다. [최충헌은] 즉시 영은관에 교정별감을 둔 후 성문을 폐쇄하고 대대적으로 그 무리를 색출하였다. → 최충헌 집권기의 사실

① 김부식이 묘청의 난을 진압하였다. 고려 인종
② 원종과 애노가 사벌주에서 봉기하였다. 통일 신라 진성 여왕
③ 이자겸이 금의 사대 요구를 수용하였다. 고려 인종
④ 정중부 등이 정변을 일으켜 권력을 차지하였다. 고려 의종
✓⑤ 최우가 인사 행정 담당 기구로 정방을 설치하였다. 최씨 무신 집권기

자료분석 '[최충헌은] 즉시 영은관에 교정별감을 둔 후'를 통해 다음 상황은 무신 집권기 최충헌 집권기에 있었던 사실임을 알 수 있다.

정답 찾기 ⑤ 최우는 아버지 최충헌으로부터 권력을 이어받아 최씨 무신 정권을 유지하였다. 최우는 자신의 집 안에 인사 담당 기구인 정방을 두었다.

오답 피하기
① 고려 인종 때 묘청이 난을 일으키자 김부식이 관군을 이끌고 가서 진압하였다.
② 통일 신라 진성 여왕 때 원종과 애노가 사벌주에서 봉기하였다.
③ 고려 인종 때 금이 고려에 사대관계를 요구하였고 이를 이자겸이 수용하였다. 이로 인해 고려 태조 때부터 추진되었던 북진 정책은 좌절되었다.
④ 고려 의종 때 무신에 대한 차별 대우에 반발하여 정중부 등이 정변을 일으켰다(무신 정변). 무신 정변 이후 이의방, 정중부, 경대승, 이의민 순으로 최고 권력자가 되었으나 최충헌이 이의민을 제거하면서 최씨 무신 정권이 시작되었다.

합격으로 이끄는 필수 개념: 최씨 무신 집권기

최충헌 집권 시기	• 교정도감 설치 • 봉사 10조 올림 • 만적의 난 발생
최우 집권 시기	• 정방 설치 • 서방 설치 • 삼별초 설치

 KEYWORD 불국사 삼층 석탑 　　정답 ①

10 밑줄 그은 '이 탑'으로 옳은 것은? 2점

유물로 보는 한국사

[해설]
불국사 삼층 석탑
경주 불국사에 있는 이 탑의 해체 보수 과정에서 발견된 금동제 사리 외함이다. 2층 탑신부에 봉안되어 있던 이 유물 안에는 은제 사리 내·외합과 무구정광대다라니경 등이 함께 놓여 있었다. 이를 통해 당시의 뛰어난 공예 기술 및 사리 장엄 방식과 특징을 알 수 있다.

✓①  경주 불국사 삼층 석탑
②  부여 정림사지 오층 석탑
③ 익산 미륵사지 석탑
④  구례 화엄사 사사자 삼층 석탑
⑤  평창 월정사 팔각 구층 석탑

자료분석 '경주 불국사에 있는', '무구정광대다라니경' 등을 통해 밑줄 그은 '이 탑'은 불국사 삼층 석탑임을 알 수 있다.

정답 찾기 ① 경주 불국사 삼층 석탑을 보수하기 위해 해체하는 과정에서 현존하는 가장 오래된 목판 인쇄물인 「무구정광대다라니경」이 발견되었다.

오답 피하기
② 부여 정림사지 오층 석탑은 백제의 대표적인 석탑으로, 당나라 장수 소정방이 백제를 멸망시킨 후 탑에 '백제를 정벌하고 세운 탑'이라는 글귀를 새겨 놓아 '평제탑'이라고도 불렀다.
③ 익산 미륵사지 석탑은 현존하는 우리나라의 가장 오래된 목탑 양식의 석탑이다.
④ 구례 화엄사 사사자 삼층 석탑으로 통일 신라 시대에 만들어졌으며, 기단과 탑신에 화려한 조각이 새겨져 있다.
⑤ 평창 월정사 팔각 구층 석탑으로 송의 영향을 받아 제작된 고려 전기의 다각 다층 석탑이다.

합격으로 이끄는 필수 개념: 신라의 대표적인 탑

경주 분황사 모전 석탑	• 선덕 여왕 때 축조 • 돌을 벽돌모양으로 깎아 제작 • 신라에서 현존하는 가장 오래된 탑
경주 감은사지 삼층 석탑	신문왕 때 축조
경주 불국사 삼층 석탑	내부에서 「무구정광대다라니경」 출토

제69회 심화
제68회 심화
제67회 심화
제66회 심화
제65회 심화
제64회 심화
제63회 심화
제62회 심화

11 (가) 인물에 대한 설명으로 옳은 것은? 2점

> → 견훤
> 완산주를 도읍으로 삼아 나라를 세운 (가) 에 대해 말해 볼까요?
>
> 신라의 금성을 습격하여 경애왕을 죽게 하였어요.
>
> 금산사에 유폐되었다가 탈출하여 고려에 귀부하였어요.

① 공산 전투에서 전사하였다. 고려의 신숭겸

② 금마저에 미륵사를 창건하였다. 백제 무왕

✓③ 후당과 오월에 사신을 파견하였다. 후백제 견훤

④ 김흠돌 등 진골 세력을 숙청하였다. 통일 신라 신문왕

⑤ 국호를 마진으로 바꾸고 철원으로 천도하였다. 후고구려 궁예

자료분석 '완산주를 도읍으로 삼아 나라를 세운', '금산사에 유폐' 등을 통해 (가) 인물은 견훤임을 알 수 있다.

정답 찾기 ③ 견훤은 후백제를 세우고 중국의 오월과 후당에 사신을 파견하여 대외 관계에 힘썼다.

오답 피하기

① 고려의 신숭겸 등은 공산 전투 때 후백제군의 공격을 받아 전사하였다.

② 백제 무왕은 금마저(익산) 지역에 미륵사를 창건하였다.

④ 통일 신라 신문왕은 진골 귀족 김흠돌 등이 난을 일으키자 이들을 진압하고 관련 진골 귀족들을 숙청하였다.

⑤ 궁예는 송악(개성)을 도읍으로 후고구려를 건국하였다. 이후 국호를 후고구려에서 마진으로 바꾸고 철원으로 천도하였다.

인 클 인 합격으로 **이끄는** 필수 개념: 궁예와 견훤

궁예	• 송악(개성)을 도읍으로 삼아 후고구려 건국
	• 광평성(최고 중앙 기구) 설치
	• 국호: 후고구려 → 마진 → 태봉
견훤	• 완산주(전주)를 도읍으로 삼고 후백제 건국
	• 중국 오월 및 후당과 외교
	• 신라 수도(금성)·포석정 공격 → 신라 경애왕 살해
	• 아들 신검에 의해 금산사 유폐

---

12 (가) 왕의 재위 시기에 있었던 사실로 옳은 것은? 2점

> ❖우리 고장의 유적❖
>
> ### 충주 숭선사지
>
>
>
> 유적 발굴 현장
>
> → 고려 광종
> 숭선사는 (가) 이/가 어머니인 신명 순성 왕후의 명복을 빌기 위하여 세운 절로, 현재 그 터만 남아 있다. 이곳에서는 '숭선사(崇善寺)'라는 명문이 새겨진 기와 등 다양한 고려 시대 유물이 출토되었다.
>
> (가) 은/는 치열한 왕위 쟁탈전 속에서 외가인 충주 유씨 세력 등 여러 호족의 도움으로 왕위에 올랐다. 하지만 즉위 이후 노비안검법 등 호족을 견제하는 정책을 펼쳤다.

① 최승로가 시무 28조를 건의하였다. 고려 성종

✓② 광덕, 준풍 등의 연호가 사용되었다. 고려 광종

③ 관리의 규범을 제시한 계백료서가 반포되었다. 고려 태조

④ 쌍성총관부를 공격하여 철령 이북을 수복하였다. 고려 공민왕

⑤ 지방 세력 견제를 목적으로 한 상수리 제도가 실시되었다. 통일 신라

자료분석 '즉위 이후 노비안검법 등 호족을 견제하는 정책'을 통해 (가) 왕은 고려 광종임을 알 수 있다. 광종은 호족들의 군사적, 경제적 기반을 약화시키기 위해 노비안검법을 시행하였다.

정답 찾기 ② 고려 광종은 스스로를 황제로 칭하고, '광덕', '준풍' 등의 연호를 사용하였다.

오답 피하기

① 최승로는 고려 성종에게 국정 개혁안인 시무 28조를 건의하였다.

③ 고려 태조는 관리의 규범을 제시한 『계백료서』를 남겼다.

④ 고려 공민왕 때 유인우 등은 쌍성총관부를 공격하여 철령 이북 지역을 차지하였다.

⑤ 통일 신라는 지방 세력을 견제하기 위하여 일종의 인질 제도인 상수리 제도를 실시하였다.

인 클 인 합격으로 **이끄는** 필수 개념: 고려 초 국왕의 업적

태조	• 정략결혼, 역분전 지급
	• 사심관 제도, 기인 제도
	• 훈요 10조, 『정계』와 『계백료서』
광종	• 노비안검법
	• 과거제: 쌍기의 건의
	• 연호: 광덕, 준풍
성종	• 최승로의 시무 28조 수용
	• 12목 설치 → 지방관 파견

13 (가)에 들어갈 내용으로 옳은 것은?   1점

최충의 9재 학당을 비롯한 사학이 융성하였던 시기에 위축된 관학을 진흥하기 위해 정부가 추진한 정책을 대화창에 올려주세요.

ON 대화창

서적포를 두어 출판을 담당하게 하였어요.

국자감에 전문 강좌인 7재를 개설하였어요.

(가)

보내기

① 독서삼품과를 통해 인재를 등용하였어요. 통일 신라 원성왕

② 사액 서원에 서적과 노비를 지급하였어요. 조선 시대

③ 중등 교육 기관으로 4부 학당을 설립하였어요. 조선 시대

✓ ④ 양현고를 설치하여 장학 기금을 마련하였어요. 고려 예종

⑤ 초계문신제를 시행하여 문신을 재교육하였어요. 조선 정조

자료분석 '관학을 진흥하기 위해 정부가 추진한 정책', '서적포', '국자감' 등을 통해 (가)에 들어갈 내용은 고려의 관학 진흥책과 관련된 내용임을 알 수 있다.

정답찾기 ④ 고려 예종은 관학 진흥책의 일환으로 양현고를 설치하여 장학 기금을 마련하였다.

오답피하기

① 통일 신라 원성왕 때 유교 경전의 이해 수준에 따라 인재를 등용하고자 독서삼품과를 시행하였으나 진골 귀족의 반발과 골품제의 모순으로 제대로 시행되지 못하였다.

② 조선 명종 때 최초의 사액 서원(소수 서원)이 공인되었고, 이때부터 조선 정부는 사액 서원에 서적과 노비를 지급하였다.

③ 조선은 수도 한성에 4부 학당을 설치하고 유교 경전을 교육하였다.

⑤ 조선 정조는 젊고 유능한 문신들을 재교육하는 초계문신제를 시행하였다.

인ㄹ끌인 합격으로 이끄는 필수 개념: 고려 시대 사학 부흥과 관학 진흥책

사학	• 최충의 9재 학당(문헌공도) • 사학 12도 융성
관학 진흥책	• 고려 숙종: 서적포 설치 • 고려 예종: 전문 강좌 7재·양현고·청연각·보문각 설치 • 고려 인종: 경사 6학 정비

14 (가) 국가에 대한 고려의 대응으로 옳은 것은?   2점

→ 거란

○ ___(가)___ 의 임금이 개경으로 침입하여 궁궐을 불사르고 퇴각하였다. …… 양규는 ___(가)___ 의 군대를 무로대에서 습격하여 2,000여 급을 베고, 포로가 되었던 남녀 3,000여 명을 되찾았다. 다시 이수에서 전투를 벌이고 추격하여 석령까지 가서 2,500여 급을 베고, 포로가 되었던 1,000여 명을 되찾았다.

○ ___(가)___ 의 병사들이 귀주를 지나가자 강감찬 등이 동쪽 교외에서 전투를 벌였다. …… 적병이 북쪽으로 달아나자 아군이 그 뒤를 쫓아가서 공격하였는데, 석천을 건너 반령에 이르기까지 시신이 들에 가득하였다.

① 강화도로 도읍을 옮겨 항전하였다. 몽골(고려 시대)

✓ ② 광군을 조직하여 침입에 대비하였다. 거란(고려 시대)

③ 박위를 파견하여 근거지를 토벌하였다. 왜구(고려 시대)

④ 압록강 상류 지역을 개척하여 4군을 설치하였다. 여진(조선 시대)

⑤ 신기군, 신보군, 항마군으로 구성된 별무반을 편성하였다. 여진 (고려 시대)

자료분석 '양규', '귀주를 지나가자 강감찬 등이 동쪽 교외에서 전투' 등을 통해 (가) 국가는 거란임을 알 수 있다.

정답찾기 ② 고려는 거란의 침입에 대비하고자 일종의 예비군인 광군을 조직하고, 이를 관리하기 위해 광군사라는 기구를 설치하였다.

오답피하기

① 고려 최씨 무신 집권기에 최우는 수도를 개경에서 강화도로 옮겨 몽골에 대항하고자 하였다.

③ 고려 창왕은 왜구의 침입이 잦아지자 박위를 파견하여 왜구의 근거지인 쓰시마섬을 정벌하였다.

④ 조선 세종 때 최윤덕은 여진을 상대로 압록강 상류 지역을 개척하고 4군을 설치하였다.

⑤ 고려 숙종 때 여진에 대항하기 위해 윤관의 건의에 따라 신기군, 신보군, 항마군으로 구성된 별무반이 편성되었다.

 인ㄹ끌인 합격으로 이끄는 필수 개념: 거란의 침입

제1차 침입 (고려 성종)	• 배경: 고려의 친송배거 정책 • 서희와 소손녕의 외교 담판 → 강동 6주 획득
제2차 침입 (고려 현종)	• 배경: 강조의 정변 • 고려 수도 개경 함락, 고려 현종의 나주 피신 • 양규의 활약
제3차 침입 (고려 현종)	• 배경: 고려 현종의 친조 불이행 • 강감찬의 귀주 대첩 • 나성·천리장성 축조

15 (가)에 들어갈 문화유산으로 옳은 것은? `1점`

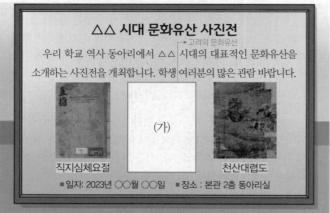

△△ 시대 문화유산 사진전

→ 고려의 문화유산

우리 학교 역사 동아리에서 △△ 시대의 대표적인 문화유산을
소개하는 사진전을 개최합니다. 학생 여러분의 많은 관람 바랍니다.

(가)

직지심체요절   천산대렵도

■일자: 2023년 ○○월 ○○일   ■장소 : 본관 2층 동아리실

① 금동 대향로
백제의 문화유산

② 호우총 청동 그릇
신라의 문화유산

✓③ 청자 상감 모란문
표주박모양 주전자
고려의 문화유산

④ 이불병좌상
발해의 문화유산

⑤ 인왕제색도
조선의 문화유산

`자료분석` '직지심체요절', '천산대렵도' 등을 통해 (가)에 들어갈 문화유산은 고려의 문화유산임을 알 수 있다.

`정답 찾기` ③ 고려만의 독자적인 기법으로 제작된 상감 청자는 무신 집권기에 주류를 이루었다가 원 간섭기 때 퇴조하였다. 청자 상감 모란문 표주박모양 주전자는 상감 기법으로 모란 무늬를 새겨 넣은 고려 청자 주전자이다.

`오답 피하기`
① 금동 대향로는 백제의 문화유산으로 도교와 불교 사상이 반영되어 있다.
② 호우총 청동 그릇은 신라의 문화유산으로 5세기 고구려와 신라의 관계를 보여준다.
④ 이불병좌상은 발해의 문화유산으로 발해가 고구려 문화를 계승하였음을 보여준다.
⑤ 인왕제색도는 조선 후기 겸재 정선이 그린 진경산수화 중 하나이다.

인 퀵 **합격으로 이끄는 필수 개념:** 고려의 문화유산

금속 활자	『직지심체요절』
공예	상감 청자
그림	『천산대렵도』
불상	• 논산 관촉사 석조 미륵보살 입상 • 하남 하사창동 철조 석가여래 좌상

---

16 (가) 인물에 대한 설명으로 옳은 것은? `2점`

한국사 인물 탐구 Q&A

| 고대 | 고려 | 조선 | 근대 | 현대 |

불교계 개혁에 앞장선 (가) → 지눌

Q. 그는 어떤 인물인가요?
A. 8세에 승려가 되어 25세에 승과에 급제하였습니다. 선종의 승려였음에도 교종을 포용하였으며, 당시 불교계의 문제점을 비판하며 개혁에 앞장섰습니다. 시호는 '불일보조국사'입니다.

Q. 불교계 개혁을 위해 어떤 노력을 하였나요?
A. 전라남도 순천에 있는 송광사에서 신앙 결사 운동을 펼치며 승려 본연의 모습으로 돌아가 수행에 힘쓸 것을 주창하였습니다.

✓① 참선을 강조하고 돈오점수를 주장하였다. 지눌
② 불교 교단 통합을 위해 해동 천태종을 개창하였다. 의천
③ 선문염송집을 편찬하고 유불 일치설을 제창하였다. 혜심
④ 승려들의 전기를 정리하여 해동고승전을 편찬하였다. 각훈
⑤ 보협십원가를 지어 불교 교리를 대중에게 전파하였다. 균여

`자료분석` '선종의 승려였음에도 교종을 포용', '불일보조국사', '송광사에서 신앙 결사 운동' 등을 통해 (가) 인물은 지눌임을 알 수 있다.

`정답 찾기` ① 지눌은 선종을 중심으로 교종을 통합하고 조계종을 창시하였다. 수행 방법으로 참선을 강조하고 돈오점수와 정혜쌍수를 주장하였다.

`오답 피하기`
② 의천은 불교 교단 통합을 위해 국청사를 중심으로 해동 천태종을 창시하였다.
③ 혜심은 『선문염송집』을 편찬하고 유불 일치설을 제창하며 심성의 도야를 강조하였다.
④ 각훈은 왕명을 받아 우리나라 역대 승려들의 전기를 정리하여 『해동고승전』을 편찬하였다.
⑤ 균여는 향가집인 『보현십원가』를 지어 불교 교리를 대중에게 전파하였다.

 합격으로 이끄는 필수 개념: 의천과 지눌

의천	• 문종의 넷째 아들 • 숙종에게 화폐 유통의 필요성 건의 • 교종 중심의 선종 통합 • 해동 천태종 창시
지눌	• 수선사 결사 조직 • 선종 중심의 교종 통합 • 돈오점수, 정혜쌍수의 수행 방법 제시

KEYWORD 고려 말의 상황   정답 ①

17 (가)~(다)를 일어난 순서대로 옳게 나열한 것은? 2점

(가) 우왕이 요동을 공격하는 일을 최영과 은밀하게 의논하였다. …… 마침내 8도의 군사를 징발하고 최영이 동교에서 군사를 사열하였다. → 고려 우왕 때 최영의 요동 정벌 추진

(나) 대군이 압록강을 건너서 위화도에 머물렀다. …… 이성계가 회군한다는 소식을 듣고 앞다투어 모여든 사람이 천여 명이나 되었다. → 위화도 회군

(다) 도평의사사에서 글을 올려 과전을 지급하는 법을 정할 것을 청하니, 그 의견을 따랐다. …… 경기는 사방의 근본이므로 마땅히 과전을 설치하여 사대부를 우대하여야 한다. 무릇 수도에 거주하며 왕실을 지키는 자는 현직, 산직(散職)을 불문하고 각각 과(科)에 따라 받게 한다. → 과전법 실시

✓ ① (가) - (나) - (다)   ② (가) - (다) - (나)
③ (나) - (가) - (다)   ④ (나) - (다) - (가)
⑤ (다) - (나) - (가)

자료분석 (가) '우왕이 요동을 공격하는 일을 최영과 은밀하게 의논' 등을 통해 고려 우왕 때 최영의 요동 정벌 추진임을 알 수 있다. (나) '이성계가 회군' 등을 통해 최영의 요동 정벌에 반대한 이성계의 위화도 회군임을 알 수 있다. (다) '경기는 사방의 근본이므로 마땅히 과전을 설치' 등을 통해 고려 공양왕의 과전법 실시임을 알 수 있다.

정답 찾기 ① (가) 요동 정벌 추진(1388. 4) - (나) 위화도 회군(1388. 5) - (다) 과전법 실시(1391) 순으로 사건이 일어났다.

합격으로 **이끄는** 필수 개념: 고려의 멸망 과정

고려 우왕	명의 철령위 설치 요구 → 요동 정벌론(최영) vs 4불가론 (이성계) → 이성계의 위화도 회군(1388)
고려 공민왕	• 과전법 시행(1391) • 고려 멸망(1392)

KEYWORD 고려의 경제   정답 ①

18 다음 상황이 나타난 시기의 경제 모습으로 옳은 것은? 2점

도병마사가 아뢰기를, "안서도호부에서 바친 철은 예전에는 무기용으로 충당하였습니다. 근래에 흥왕사를 창건하면서 또다시 철을 더 바치라고 명령하셨으니 백성들이 고통을 감당하지 못하고 있습니다. 청컨대 염주, 해주, 안주 세 곳에서 2년 동안 바치는 철을 흥왕사 창건에 쓰게 하여 수고로운 폐단을 풀어 주십시오."라고 하니, 이를 따랐다. → 고려 시대

✓① 관리에게 전지와 시지를 지급하였다. 고려 경종
② 시장을 감독하기 위해 동시전을 설치하였다. 신라 지증왕
③ 허적의 제안에 따라 상평통보를 발행하였다. 조선 후기
④ 일본과의 교역 규모를 규정한 계해약조를 체결하였다. 조선 세종
⑤ 상권 수호를 목적으로 황국 중앙 총상회를 조직하였다. 대한 제국 고종 황제

자료분석 '도병마사', '흥왕사 창건' 등을 통해 고려 시대의 상황임을 알 수 있다.

정답 찾기 ① 고려 경종은 관리들의 복무 대가로 전지와 시지를 지급하고자 전시과 제도를 마련하였다.

오답 피하기
② 신라 지증왕은 시장인 동시를 설치하고, 동시를 감독하기 위한 기구로 동시전을 설치하였다.
③ 조선 후기 숙종 때 허적의 제안에 따라 상평통보가 발행되었다.
④ 조선 세종 때 일본과의 제한된 범위에서만 무역을 허용한 계해약조를 체결하였다.
⑤ 대한 제국 고종 황제 때 시전 상인들은 상권 수호를 목적으로 황국 중앙 총상회를 조직하였다.

합격으로 **이끄는** 필수 개념: 시대별 경제 특징

신라	• 시장 감독: 동시전 설치(지증왕) • 국제 무역항: 당항성 등
고려	• 전시과 제도: 전지와 시지 지급 • 화폐: 활구(은병), 해동통보 등 • 국제 무역항: 벽란도
조선 후기	• 상품 작물 재배 • 모내기법 널리 시행 • 상평통보 발행

제69회 심화
제68회 심화
제67회 심화
제66회 심화
제65회 심화
제64회 심화
제63회 심화
제62회 심화

19 (가) 왕에 대한 설명으로 옳은 것은? 2점

이것은 『어전준천제명첩』에 담긴 →조선 영조
어제사언시(御製四言詩)로, (가)
이/가 홍봉한 등 청계천 준설 공사에
공이 있는 신하들의 노고를 치하하
며 지은 것이다.

청계천 준설을 추진한 (가) 은/는 탕평, 균역 등도 자신의
치적으로 거론한 글을 남겼다.

① 나선 정벌에 조총 부대를 파견하였다. 조선 효종
② 경기도에 한해서 대동법을 실시하였다. 조선 광해군
③ 삼수병으로 구성된 훈련도감을 창설하였다. 조선 선조
✓ ④ 통치 제도를 정비하고자 속대전을 편찬하였다. 조선 영조
⑤ 한양을 기준으로 한 역산서인 칠정산을 만들었다. 조선 세종

자료분석 '청계천 준설을 추진', '탕평, 균역' 등을 통해 (가) 왕은 조선 영조임을 알 수 있다.

정답 찾기 ④ 조선 영조는 통치 제도를 정비하고자 『속대전』을 편찬하였다.

오답 피하기
① 조선 효종 때 청의 요청에 따라 두 차례 나선 정벌에 조총 부대를 파견하였다.
② 조선 광해군 때 방납의 폐단을 바로잡고자 경기도에 한해서 대동법을 처음으로 실시하였다.
③ 조선 선조 때 임진왜란이 일어나자 유성룡의 건의에 따라 포수, 살수, 사수의 삼수병으로 구성된 훈련도감이 창설되었다.
⑤ 조선 세종은 한양을 기준으로 한 역산서인 『칠정산』을 편찬하였다.

합격으로 **이끄는** 필수 개념: 조선 영조의 업적

탕평책	• 완론 탕평 • 탕평비 건립 • 탕평파 중심의 정국 운영
개혁 정책	• 균역법 시행 • 신문고 부활
법전 편찬	『속대전』

---

20 다음 상황이 나타난 시기를 연표에서 옳게 고른 것은? 2점

왕이 전지하기를, "김종직은 보잘것없는 시골의 미천한 선비였는데, 선왕께서 발탁하여 경연에 두었으니 은혜와 총애가 더없이 컸다고 하겠다. 그런데 지금 그의 제자 김일손이 사초에 부도덕한 말로써 선왕 대의 일을 거짓으로 기록하고, 또 스승인 김종직의 조의제문을 싣고서 그 글을 찬양하였으니, 형명(刑名)을 의논하여 아뢰어라."라고 하였다. → 무오사화(조선 연산군)

1468		1494		1506		1518		1545		1589	
	(가)		✓(나)		(다)		(라)		(마)		
남이의 옥사		연산군 즉위		중종 반정		소격서 폐지		명종 즉위		기축 옥사	

① (가)　✓ ② (나)　③ (다)　④ (라)　⑤ (마)

자료분석 '김일손', '사초', '김종직의 조의제문' 등을 통해 무오사화가 일어난 조선 연산군 시기임을 알 수 있다.

정답 찾기 ② 조선 연산군 때 두 차례의 사화가 발생하였다. 무오사화(1498)는 김종직의 「조의제문」이 발단이 되었고, 갑자사화(1504)는 폐비 윤씨 사사 사건이 발단이 되었다. 이후 연산군은 중종반정으로 왕위에서 쫓겨나게 되었다.

 합격으로 **이끄는** 필수 개념: 사화의 발생

무오사화	• 배경: 김종직의 「조의제문」 • 결과: 김일손 등 처형
갑자사화	• 배경: 폐비 윤씨 사사 사건 • 결과: 훈구·사림 세력의 피해
기묘사화	• 배경: 조광조의 개혁 정치(위훈 삭제 등) • 결과: 조광조를 비롯한 사림 세력의 피해
을사사화	• 배경: 외척 간 권력 다툼(윤임의 대윤 vs 윤원형의 소윤) • 결과: 대윤파 및 인종의 개혁 정치에 동참하였던 사림 세력 제거

21 (가) 왕의 재위 시기에 있었던 사실로 옳은 것은? [2점]

□□신문

제△△호 　　　　　　　　　　○○○○년 ○○월 ○○일

원각사 창건 당시 작성된 계문(契文) 공개

원각사의 낙성을 축하하는 경찬회 때 　(가)　 이/가 조정 신하와 백성에게 수륙재 참여를 권하는 내용이 담긴 원각사 계문이 공개되었다. 조선의 임금과 왕실이 불교 행사를 직접 후원하였다는 기록이 희소하기에 의미가 있다.

　　한명회, 권람 등의 조력으로 → 조선 세조 김종서, 황보인 등을 제거하고 왕위에 오른 　(가)　 은/는 간경도감을 설치하여 불경을 한글로 번역, 간행하고 원각사를 창건하는 등 불교를 후원하였다.

① 주자소에서 계미자를 주조하였다. _{조선 태종}
② 국가의 의례를 정비한 국조오례의를 완성하였다. _{조선 성종}
③ 삼남 지방의 농법을 소개한 농사직설을 편찬하였다. _{조선 세종}
✓④ 현직 관리에게만 수조지를 지급하는 직전법을 시행하였다. _{조선 세조}
⑤ 우리나라와 중국의 의서를 망라한 동의보감을 간행하였다. _{조선 광해군}

자료분석 '간경도감을 설치', '원각사를 창건' 등을 통해 (가) 왕은 조선 세조임을 알 수 있다.

정답 찾기 ④ 조선 세조는 관리들의 복무 대가로 지급할 수조지가 부족해지자 현직 관리에게만 수조지를 지급하는 직전법을 시행하였다. 또한 수신전과 휼양전을 폐지하였다.

오답 피하기
① 조선 태종 때 주자소를 설치하여 금속 활자 계미자를 주조하였다.
② 조선 성종 때 신숙주 등이 왕명을 받아 국가의 의례를 정비한 『국조오례의』가 완성되었다.
③ 조선 세종 때 삼남 지방의 농법을 소개한 『농사직설』이 편찬되었다.
⑤ 조선 광해군 때 허준이 우리나라와 중국의 의서를 망라하여 전통 한의학을 체계적으로 정리한 『동의보감』이 간행되었다.

합격으로 이끄는 필수 개념: 조선 세조 때의 사실

단종 복위 운동	성삼문 등 일부 집현전 학자 주도
왕권 강화 정책	• 6조 직계제 재시행 • 집현전과 경연 폐지 • 유향소 폐지
통치 체제 정비	『경국대전』 편찬 시작
경제	직전법 시행

---

22 밑줄 그은 '이 인물'에 대한 설명으로 옳은 것은? [3점]

① 명에 대한 의리를 내세운 기축봉사를 올렸다. _{송시열}
② 청으로부터 시헌력을 도입하자고 건의하였다. _{김육}
③ 양반의 허례와 무능을 풍자한 양반전을 저술하였다. _{박지원}
④ 예학을 조선의 현실에 맞게 정리한 가례집람을 지었다. _{김장생}
✓⑤ 군주가 수양해야 할 덕목과 지식을 담은 성학집요를 집필하였다. _{이이}

자료분석 '해주향약', '동호문답', '격몽요결' 등을 통해 밑줄 그은 '이 인물'은 이이임을 알 수 있다.

정답 찾기 ⑤ 이이는 군주가 수양해야 할 덕목과 지식을 담은 『성학집요』를 편찬하여 선조에게 올렸다.

오답 피하기
① 송시열은 조선 효종 때 명에 대한 의리를 내세우고 청에 대한 복수를 주장하는 『기축봉사』를 올렸다.
② 김육은 청으로부터 24절기의 시각과 하루의 시각을 정밀하게 계산하여 만든 역법인 청의 시헌력을 도입하자고 건의하였다.
③ 박지원은 양반의 허례와 무능을 풍자한 『양반전』 등의 한문 소설을 저술하였다.
④ 김장생은 예학을 조선의 현실에 맞게 접대성한 『가례집람』을 지었다.

합격으로 이끄는 필수 개념: 이황과 이이

이황	• 주리론 • 『성학십도』 편찬 • 예안향약 시행
이이	• 주기론 • 『성학집요』, 『격몽요결』 편찬 • 해주향약 시행

23 (가), (나) 사이의 시기에 있었던 사실로 옳은 것은? 3점

(가) 처음에 심의겸이 외척으로 권세를 부리니 당시 명망 있는 사람들이 섬겨 따랐다. 그런데 김효원이 전랑(銓郎)이 되어 그들을 배척하자 심의겸의 무리가 그를 미워하니, 점차 사람이 나뉘어 동인과 서인이라는 말이 나오게 되었다.
└→ 조선 선조 때 붕당의 형성

(나) 기해년에 왕이 승하하자 재신 송시열이 사종(四種)의 설을 인용하여 "대행 대왕은 왕대비에게 서자가 된다. 왕통을 이었으나 장자가 아닌 경우이니 기년복(朞年服)*을 입어야 마땅하다."라고 하였다. 이에 대해 허목 등 신하들은 전거를 들어 다투기를, "대행 대왕은 왕대비에게 서자가 아니라 장자가 된 둘째이니, 삼년복을 입어야 한다."라고 하였다.
└→ 조선 현종 때 기해예송

*기년복(朞年服) : 1년 동안 입는 상복

✓① 인조반정으로 북인 세력이 몰락하였다. 조선 광해군의 폐위와 인조 즉위
② 목호룡의 고변으로 옥사가 발생하였다. 조선 경종 시기
③ 양재역 벽서 사건으로 이언적 등이 화를 입었다. 조선 명종 시기
④ 인현 왕후가 폐위되고 남인이 권력을 차지하였다. 조선 숙종 시기
⑤ 이인좌를 중심으로 소론 세력 등이 난을 일으켰다. 조선 영조 시기

자료분석 (가) '동인과 서인이라는 말이 나오게 되었다.'를 통해 조선 선조 때 동인과 서인의 붕당이 형성되었음을 알 수 있다. (나) '기해년에 왕이 승하하자', '기년복', '삼년복' 등을 통해 조선 현종 때 있었던 1차 예송(기해예송)임을 알 수 있다.

정답 찾기 ① 조선 광해군 때 인조반정으로 광해군이 폐위되고 북인 세력이 몰락하였다.

오답 피하기
② 조선 경종 때 목호룡의 고변으로 임인옥사가 발생하였다.
③ 조선 명종 때 외척인 윤원형 등이 대윤 세력을 몰아내기 위해 양재역 벽서 사건을 확대하여 이언적 등이 화를 입었다.
④ 조선 숙종 때 기사환국으로 인현 왕후가 폐위되고 남인이 권력을 차지하였다.
⑤ 조선 영조 때 이인좌를 중심으로 소론 세력 등이 난을 일으켰다.

합격으로 이끄는 필수 개념: 예송

제1차 예송 (기해예송)	• 배경: 효종 사망
	• 전개: 자의 대비의 상복 입는 기간을 둘러싸고 의견 대립 [서인(1년) vs 남인(3년)]
	• 결과: 서인의 주장 채택
제2차 예송 (갑인예송)	• 배경: 효종 비 사망
	• 전개: 자의 대비의 상복 입는 기간을 둘러싸고 의견 대립 [서인(9개월) vs 남인(1년)]
	• 결과: 남인의 주장 채택

24 (가) 국가에 대한 조선의 정책으로 옳은 것은? 2점

<답사 보고서>

◈ 주제: 남한산성에서 삼학사의 충절을 만나다.
◈ 날짜: 2023년 ○○월 ○○일
◈ 내용: 현절사(顯節祠)는 삼학사(홍익한, 윤집, 오달제)의 충절을 기려 남한산성에 세운 사당이다. 그들은 (가) 의 침입으로 발생한 전쟁에서 화의를 반대하며 결사 항전을 주장하였다. 항복 이후 그들은 (가) (으)로 압송되어 처형되었다. 그들과 함께 척화를 주장하였던 김상헌, 정온도 추가로 이곳에 모셔졌다. └청
◈ 사진

① 만권당을 세워 학문 교류를 장려하였다. 원(몽골)
✓② 어영청을 강화하는 등 북벌을 추진하였다. 청
③ 화통도감을 설치하여 군사력을 증강하였다. 왜구
④ 사신 접대를 위해 한성에 동평관을 설치하였다. 일본
⑤ 포로 송환을 목적으로 유정을 회답 겸 쇄환사로 파견하였다. 일본

자료분석 '삼학사(홍익한, 윤집, 오달제)', '남한산성', '척화를 주장하였던 김상헌' 등을 통해 (가) 국가는 청나라임을 알 수 있다.

정답 찾기 ② 조선 효종은 인조 때 설치된 어영청을 강화하여 청을 정벌하자는 북벌을 추진하였다.

오답 피하기
① 고려 충선왕은 원의 연경에 만권당을 세워 원 학자와 학문 교류를 장려하였다.
③ 고려 우왕 때 왜구의 침입에 대비하기 위해 최무선의 건의에 따라 화통도감을 설치하여 화약과 화포를 제작하였다.
④ 조선은 일본 사신 접대를 위해 한성에 동평관을 설치하였다.
⑤ 임진왜란 이후 조선은 포로 송환을 목적으로 일본에 승려 유정을 회답 겸 쇄환사로 파견하였다.

합격으로 이끄는 필수 개념: 조선 효종 때의 사실

병자호란	• 배경: 청의 군신 관계 요구
	• 전개: 척화론 vs 주화론 → 척화론 우세 → 청의 침입 → 조선 인조의 남한산성 피신
	• 결과: 삼전도의 굴욕, 청의 군신 관계 요구 수용
북벌 운동	• 송시열이 『기축봉사』를 올려 뒷받침
	• 어영청 강화
나선 정벌	청의 요청으로 조총 부대 파견

제69회 심화
제68회 심화
제67회 심화
제66회 심화
제65회 심화
제64회 심화
제63회 심화
제62회 심화

KEYWORD 조선 후기의 경제 상황 　정답 ⑤

25 밑줄 그은 '이 시기'의 경제 상황으로 옳은 것은? 1점

시(詩)로 만나는 한국사

이현과 종루 그리고 칠패는
도성의 3대 시장이라네
온갖 장인들이 살고 일하니
사람들이 많아서 어깨를 부딪히네
온갖 재화가 이익을 좇아
수레가 끊임없네
봉성의 털모자, 연경의 비단실
함경도의 삼베, 한산의 모시
쌀, 콩, 벼, 기자, 조, 피, 보리
……

[해설] 이것은 한양의 모습을 그린 「성시전도」를 보고 박제가가 지은 시의 일부이다. 시의 내용을 통해 이 시기 →조선 후기 생동감 있는 시장의 모습을 엿볼 수 있다.

① 백성에게 정전이 지급되었다. 통일 신라 성덕왕
② 서경에 관영 상점이 설치되었다. 고려 시대
③ 금속 화폐인 건원중보가 주조되었다. 고려 성종
④ 벽란도가 국제 무역항으로 번성하였다. 고려 시대
✓⑤ 인삼, 담배 등이 상품 작물로 재배되었다. 조선 후기

자료분석 '이현과 종루 그리고 칠패', '박제가' 등을 통해 밑줄 그은 '이 시기'는 조선 후기임을 알 수 있다.

정답 찾기 ⑤ 조선 후기에 인삼, 담배, 면화, 고추 등의 상품 작물이 널리 재배되었다.

오답 피하기
① 통일 신라 성덕왕은 백성에게 정전을 지급하였다.
② 고려는 개경과 서경 등 대도시에 관영 상점을 설치하였다.
③ 고려 성종 때 금속 화폐인 건원중보가 주조되었다.
④ 고려 시대에 예성강 하구의 벽란도가 송과 아라비아 상인이 드나드는 국제 무역항으로 번성하였다.

 합격으로 **이끄는** 필수 개념: 조선 후기의 경제

농업	• 농업 생산력의 발달: 모내기법(이앙법) 널리 시행 → 노동력 절감 → 광작 유행, 지주의 직접 경영 증가 → 농민의 계층 분화 • 상품 작물의 재배: 인삼·면화·담배 등
상업	• 신해통공: 육의전을 제외한 시전 상인의 금난전권 폐지 • 사상의 성장: 송상, 만상, 내상 등

KEYWORD 비변사 　정답 ③

26 (가) 기구에 대한 설명으로 옳은 것은? 1점

오늘에 와서는 큰일이건 작은 일이건 중요한 것으로 취급되지 않는 것이 없어, 의정부는 한갓 헛이름만 지니고 6조는 모두 그 직임을 상실하였습니다. 명칭은 '변방의 방비를 담당하는 것'이라고 하면서 과거 시험에 대한 판하(判下)*나 비빈 간택 등의 일까지도 모두 　(가)　을/를 경유하여 나옵니다. 명분이 바르지 못하고 말이 이치에 맞지 않음이 이보다 심할 수가 없습니다. 신의 어리석은 소견으로는 　(가)　을/를 고쳐 정당(政堂)으로 칭하는 것이 상책이라 생각합니다. →비변사

*판하(判下) : 안건을 임금이 허가하는 것

① 사헌부, 사간원과 함께 3사로 불렸다. 홍문관
② 서얼 출신 학자들이 검서관에 등용되었다. 규장각
✓③ 흥선 대원군이 집권한 시기에 혁파되었다. 비변사
④ 서울과 수원에 설치되어 국왕의 호위를 맡았다. 장용영
⑤ 대사성을 수장으로 좨주, 직강 등의 관직을 두었다. 성균관

자료분석 '의정부는 한갓 헛이름만 지니고 6조는 모두 그 직임을 상실', '변방의 방비를 담당하는 것' 등을 통해 (가) 기구는 비변사임을 알 수 있다.

정답 찾기 ③ 세도 정치기 소수 가문이 비변사를 중심으로 권력을 장악하여 정국을 좌지우지하였다. 이에 흥선 대원군이 집권하면서 비변사를 혁파하고 의정부와 삼군부의 기능을 부활시켰다.

오답 피하기
① 조선 시대에 홍문관은 사헌부, 사간원과 함께 3사로 불리며 언론 기능을 담당하였다.
② 조선 정조 때 이덕무, 유득공, 박제가 등 서얼 출신 학자들이 규장각 검서관에 등용되었다.
④ 조선 정조 때 창설된 장용영은 내영과 외영으로 구성되었다. 내영은 서울, 외영은 수원 화성에 두어 국왕을 호위하였다.
⑤ 성균관의 수장을 대사성이라 하며 그 아래 좨주, 약정, 직강 등의 관직을 두었다.

 합격으로 **이끄는** 필수 개념: 비변사의 변천

사건	변화
삼포왜란(중종)	임시 기구로 처음 설치
을묘왜변(명종)	상설 기구화
임진왜란(선조)	최고 기구화 → 의정부와 6조 유명무실화

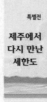 **KEYWORD** 김정희 정답 ③

27 (가) 인물에 대한 설명으로 옳은 것은? 2점

이 작품은 <u>(가)</u>의 세한도로, 완당이라는 그의 호가 도인(圖印)
으로 찍혀 있습니다. 그는 제주도에서 유배 생활을 할 때 청에서 귀한
책을 구해다 준 제자 이상적에게 고마움의 표시로 이 그림을 그려
주었습니다.

① 남북국이라는 용어를 처음 사용하였다. 유득공
② 기기도설을 참고하여 거중기를 설계하였다. 정약용
✓③ 북한산비가 진흥왕 순수비임을 고증하였다. 김정희
④ 양명학을 연구하여 강화학파를 형성하였다. 정제두
⑤ 안평 대군의 꿈을 소재로 몽유도원도를 그렸다. 안견

자료분석 '세한도', '완당이라는 그의 호' 등을 통해 (가) 인물은 김정희임을
알 수 있다.

정답 찾기 ③ 김정희는 『금석과안록』을 통해 북한산비가 진흥왕 순수비임을
처음으로 고증하였다.

오답 피하기
① 유득공은 『발해고』에서 남북국이라는 용어를 처음 사용하였다.
② 정약용은 『기기도설』에 실린 도르래의 원리를 참고하여 거중기를 설계하
였다.
④ 정제두는 양명학을 연구하여 강화학파를 형성하였다.
⑤ 안견은 안평 대군의 꿈을 바탕으로 현실 세계와 이상 세계를 표현한 「몽유
도원도」를 그렸다.

 합격으로 이끄는 필수 개념: 조선 후기의 회화

진경산수화	• 정선: 「인왕제색도」, 「금강전도」 등 • 강세황: 「영통동구도」 등
풍속화	• 김홍도: 「씨름」, 「서당」, 「무동」 등 • 신윤복: 「월하정인」, 「단오풍정」 등
문인화	김정희: 「세한도」

KEYWORD 신해박해~병인박해 사이의 사실 정답 ⑤

28 (가), (나) 사이의 시기에 있었던 사실로 옳은 것은? 3점

→ 조선 정조 때 발생한 신해박해(1791)

(가) 전라도 관찰사 정민시가 [진산의] 죄인 윤지충과 권상연에
대한 조사 결과를 아뢰었다. "…… 근래에 그들은 평소 살아
계신 부모나 조부모처럼 섬겨야 할 신주를 태워 없애면서도
이마에 진땀 하나 흘리지 않았으니 정말 흉악한 일입니다.
제사를 폐지한 일은 오히려 부차적입니다."
→ 조선 고종 때 발생한 병인박해(1866)
(나) 의금부에서 아뢰었다. "얼마 전 죄인 남종삼은 명백한 근거
도 없이 러시아에 변란이 있을 것이고, 프랑스와 조약을 맺
을 계책이 있다는 요망한 말로 여러 사람을 현혹하였습니
다. 감히 나라를 팔아먹고자 몰래 외적을 끌어들일 음모를
꾸몄으니, 즉시 참형에 처해야 합니다. …… [베르뇌를 비롯
한] 서양인 4명을 군영에 넘겨 효수하여 본보기로 삼도록
하였습니다."

① 대종교 계열의 중광단이 결성되었다. 일제 강점기 1910년대
② 한용운이 조선불교유신론을 저술하였다. 일제 강점기 1910년대
③ 보은에서 교조 신원을 요구하는 집회가 열렸다. 조선 고종 시기
④ 이수광이 지봉유설에서 천주실의를 소개하였다. 조선 광해군 시기
✓⑤ 황사영이 외국 군대의 출병을 요청하는 백서를 작성하였다. 조선
순조 시기

자료분석 (가) '[진산의] 죄인 윤지충과 권상연', '신주를 태워 없애면서도' 등
을 통해 조선 정조 때 일어난 신해박해(1791)임을 알 수 있다. (나) '프랑스와
조약을 맺을 계책', '서양인 4명을 군영에 넘겨 효수' 등을 통해 조선 고종 때
일어난 병인박해(1866)임을 알 수 있다.

정답 찾기 ⑤ 조선 순조 때 신유박해(1801)가 일어나자 황사영은 외국 군대의
출병을 요청하는 백서를 작성하여 전달하고자 하였으나 사전에 적발되어 처
형되었다(황사영 백서 사건).

오답 피하기
① 1911년 서일 등은 대종교 계열의 중광단을 결성하였다. (나) 이후의 사실이다.
② 1913년 한용운은 불교계의 개혁안을 담은 『조선불교유신론』을 편찬하였다.
(나) 이후의 사실이다.
③ 1893년 보은에서 동학교도들의 교조 신원 운동이 전개되었다. 이 집회에
서는 '척왜양창의'라는 정치적 구호가 등장하기도 하였다. (나) 이후의 사실
이다.
④ 조선 광해군 때 이수광이 백과사전인 『지봉유설』에서 『천주실의』를 소개하
였다. (가) 이전의 사실이다.

 합격으로 이끄는 필수 개념: 천주교 박해

신해박해(정조)	• 윤지충 신주 사건: 유교식 제사 거부 • 결과: 윤지충 등 사형
신유박해(순조)	• 정조 사후 노론 벽파가 남인 시파를 숙청하는 과정에 서 일어난 박해 • 결과: 황사영 백서 사건, 정약용 강진 유배, 정약전 흑산도 유배 등
기해박해(헌종)	프랑스 선교사 및 조선 신자들이 처형됨
병인박해(고종)	프랑스 선교사의 정치적 지원 약속 철회 → 프랑스 선 교사 9명과 천주교 신도 8천여 명 처형

29 (가) 인물에 대한 설명으로 옳은 것은? [2점]

개화사상의 선구자

박지원의 손자이며, 진주에서 농민 봉기가 일어나자 안핵사로 파견되었다. 자신의 사랑방에서 양반 자제들에게 세계정세를 전하였으며, 청에 다녀온 경험을 바탕으로 문호 개방을 주장하는 등 개화사상 형성에 선구적인 역할을 하였다.

(가) → 박규수

① 조선 중립화론을 건의하였다. 유길준
② 베델과 함께 대한매일신보를 창간하였다. 양기탁
✓ ③ 대동강에 침입한 제너럴 셔먼호를 격침하였다. 박규수
④ 서양의 과학 기술을 정리한 지구전요를 저술하였다. 최한기
⑤ 강화도 조약 체결의 전말을 기록한 심행일기를 남겼다. 신헌

자료분석 '박지원의 손자', '진주에서 농민 봉기가 일어나자 안핵사로 파견' 등을 통해 (가) 인물은 박규수임을 알 수 있다.

정답찾기 ③ 박규수가 평안도 관찰사로 있을 때 대동강에 침입한 미국 상선 제너럴셔먼호를 불태워 침몰시켰다.

오답 피하기
① 1884년 갑신정변 직후 유길준 등은 조선 중립화론을 건의하였다.
② 양기탁은 베델과 함께 『대한매일신보』를 창간하여 항일 언론 활동을 전개하였다.
④ 최한기는 서양의 과학 기술을 정리한 『지구전요』를 저술하였다.
⑤ 신헌은 조선 정부를 대표하여 강화도 조약에 참여하였고 강화도 조약 체결의 전말을 기록한 『심행일기』를 남겼다.

합격으로 **이끄는** 필수 개념: 박규수의 활동

조선 철종	임술 농민 봉기 당시 안핵사로 파견
조선 고종	• 제너럴셔먼호 격침 • 통상 개화론자: 개화 사상의 선구자

---

30 밑줄 그은 '이 사건'에 대한 설명으로 옳은 것은? [2점]

이번 시간에는 근대 국가 수립을 위해 김옥균 등이 일으켰던 이 사건에 대한 의견을 들어 보고자 합니다. 갑신정변

그들이 개혁안에서 내세운 인민 평등권 확립 등은 이후의 근대적 개혁에 영향을 주었습니다.

하지만 일부 급진 개화파를 중심으로 개혁을 추진하였고, 청과의 사대 관계 청산을 주장하면서도 일본의 힘에 의존하였다는 한계가 있습니다.

① 보국안민, 제폭구민을 기치로 내걸었다. 제1차 동학 농민 운동
✓ ② 한성 조약이 체결되는 결과를 가져왔다. 갑신정변의 결과
③ 개혁 추진을 위해 교정청을 설치하였다. 제1차 동학 농민 운동
④ 구식 군인에 대한 차별 대우가 발단이 되었다. 임오군란
⑤ 민영익 등이 보빙사로 파견되는 계기가 되었다. 조·미 수호 통상 조약의 결과

자료분석 '김옥균 등이 일으켰던', '급진 개화파를 중심으로 개혁을 추진' 등을 통해 밑줄 그은 '이 사건'은 갑신정변임을 알 수 있다.

정답찾기 ② 갑신정변으로 일본 공사관이 불타게 되자 조선은 일본과 한성 조약을 체결하여 일본 공사관 신축 비용을 배상하였다.

오답 피하기
① 제1차 동학 농민 운동 당시 동학 농민군은 보국안민, 제폭구민을 기치로 내걸며 봉기하였다.
③ 제1차 동학 농민 운동의 결과 체결된 전주 화약에 따라 정부는 개혁 추진을 위해 교정청을 설치하였다.
④ 1882년 구식 군인에 대한 차별 대우가 발단이 되어 임오군란이 일어났다.
⑤ 조·미 수호 통상 조약의 결과 민영익 등이 미국에 보빙사로 파견되었다.

합격으로 **이끄는** 필수 개념: 갑신정변(1884)

배경	• 김옥균의 차관 도입 실패 • 일본의 군사적 지원 약속
전개	• 김옥균, 박영효 등 급진 개화파 세력이 우정총국 개국 축하연을 이용하여 정변을 일으킴 • 14개조 정강 발표 • 청군 개입으로 3일 만에 실패
결과	• 한성 조약 체결 • 톈진 조약 체결

제69회 심화
제68회 심화
제67회 심화
제66회 심화
제65회 심화
제64회 심화
제63회 심화
제62회 심화

31 (가) 운동에 대한 설명으로 옳은 것은?   1점

> 국가보훈처는 광복 73주년을 맞아 독립 유공자를 발굴하여 포상하기로 하였습니다. 이번 포상에는 <u>(가)</u> 의 1주년에 만세 운동을 전개하다가 체포되어 옥고를 치른 배화 여학교 학생 여섯 명이 포함되었습니다. 이들은 일제 강점기 최대 민족 운동인 <u>(가)</u> 의 영향을 받아 수립된 대한민국 임시 정부의 활동 소식을 접하면서 민족의식을 키웠다고 합니다.

→ 3·1 운동

김경화 등 6명의 독립운동가, 독립운동 유공 인정

① 김광제 등의 발의로 본격화되었다. 국채 보상 운동
② 순종의 인산일을 기회로 삼아 추진되었다. 6·10 만세 운동
✓③ 제암리 학살 등 일제의 가혹한 탄압을 받았다. 3·1 운동
④ 신간회에서 진상 조사단을 파견하여 지원하였다. 광주 학생 항일 운동
⑤ 성진회와 각 학교 독서회에 의해 전국적으로 확산되었다. 광주 학생 항일 운동

자료분석 '일제 강점기 최대 민족 운동', '(가)의 영향을 받아 수립된 대한민국 임시 정부' 등의 내용을 통해 (가) 운동은 3·1 운동임을 알 수 있다.

정답 찾기 ③ 3·1 운동 당시 일제는 경기도 수원군 제암리에 사는 마을 사람들을 교회 건물에 가두고 건물에 불을 질러 학살하였다(제암리 학살 사건).

오답 피하기
① 대구에서 시작된 국채 보상 운동은 김광제 등의 발의로 본격화되어 전국으로 확산되었다.
② 6·10 만세 운동은 순종의 인산일을 기회로 삼아 학생들의 주도로 추진되었다.
④ 신간회는 광주 학생 항일 운동이 일어나자 사건의 진상을 규명하기 위해 진상 조사단을 파견하고 민중 대회를 계획하는 등의 지원을 하였다.
⑤ 광주 학생 항일 운동은 신간회, 성진회와 각 학교 독서회에 의해 전국적으로 확산되었다.

인 퀴 이끌인   합격으로 **이끄는** 필수 개념: 3·1 운동(1919)

배경	• 고종의 독살설 • 윌슨의 민족 자결주의
전개	• 도시에서 농촌으로 확산 • 국외로 확산
탄압	• 제암리 학살 사건 • 유관순 순국
결과	• 일제의 통치 방식 변화: 무단 통치 → 이른바 문화 통치 • 대한민국 임시 정부 수립

32 밑줄 그은 '개혁'의 내용으로 옳은 것은?   3점

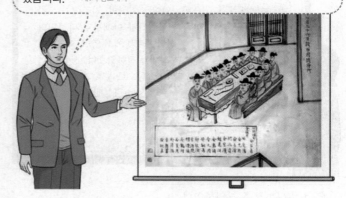

> 이 그림은 군국기무처에서 회의하는 모습입니다. 그림의 아래쪽에는 총재 김홍집 등 회의에 참여한 관리들의 이름이 적혀 있습니다. 군국기무처는 개혁을 추진하면서 수개월 동안 200여 건의 안건을 의결하였습니다.

→ 제1차 갑오개혁

① 원수부를 두었다. 광무개혁
② 재판소를 설치하였다. 제2차 갑오개혁
✓③ 은본위제를 도입하였다. 제1차 갑오개혁
④ 태양력을 공식 채택하였다. 을미개혁
⑤ 5군영을 2영으로 통합하였다. 1880년 개화 정책

자료분석 '군국기무처', '총재 김홍집' 등을 통해 밑줄 그은 '개혁'은 제1차 갑오개혁임을 알 수 있다.

정답 찾기 ③ 제1차 갑오개혁 시기에 탁지아문으로 재정을 일원화하고, 은본위 화폐 제도를 채택하였다.

오답 피하기
① 광무개혁에 따라 황제 직속 부대인 원수부가 설치되었다.
② 제2차 갑오개혁에 따라 재판소가 설치되면서 사법권의 독립이 이루어졌다.
④ 을미개혁 때 태양력이 공식 채택되었다.
⑤ 1880년에 개화 정책이 추진되면서 5군영은 2영으로 통합되고, 신식 군대인 별기군이 설치되었다.

인 퀴 이광인   합격으로 **이끄는** 필수 개념: 갑오·을미개혁 주요 내용

제1차 갑오개혁	• 공사 노비법(신분제) 폐지 • 과거제 폐지
제2차 갑오개혁	• 홍범 14조 반포 • 의정부 + 8아문 → 내각 + 7부 • 지방 8도 → 23부 • 교육 입국 조서 반포
을미개혁	• 태양력 사용 • 단발령 시행 • '건양' 연호 제정

33 (가)에 들어갈 내용으로 가장 적절한 것은? 2점

한국사 동영상 제작 계획안

○○○○, 공론의 장을 열다

△학년 △반 △모둠

■ 제작 의도

　지식인뿐 아니라 농민, 상인, 노동자 등 다양한 계층이 참여한 집회 등을 통해 공론의 장을 마련한 ○○○○의 활동을 살펴본다.

■ 장면별 구성 내용

#1. 독립문 건립을 위해 성금을 모으다

#2. 러시아의 절영도 조차 요구를 규탄하는 집회를 열다 ← 독립 협회의 활동

#3. [(가)]

#4. 황국 협회의 습격으로 사망한 구두 수선공의 장례를 치르다

① 평양에 대성 학교를 설립하다 신민회

② 고종 강제 퇴위 반대 운동을 주도하다 대한 자강회

③ 집강소를 중심으로 폐정 개혁안을 실천하다 동학 농민군

✓ ④ 관민 공동회를 개최하여 헌의 6조를 결의하다 독립 협회

⑤ 개혁의 기본 방향을 제시한 홍범 14조를 반포하다 제2차 갑오개혁

자료분석 '독립문', '러시아의 절영도 조차 요구를 규탄', '황국 협회의 습격' 등을 통해 (가)에 들어갈 내용은 독립 협회의 활동임을 알 수 있다.

정답 찾기 ④ 독립 협회는 의회 설립 운동을 추진하면서 관민 공동회를 개최하여 헌의 6조를 결의하였다.

오답 피하기

① 신민회는 교육의 발전을 위해 평양에 대성 학교와 정주에 오산 학교를 설립하였다.

② 대한 자강회는 고종의 강제 퇴위 반대 운동을 전개하다가 통감부의 탄압으로 해산되었다.

③ 동학 농민군은 농민 자치 기구인 집강소를 설치하고 폐정 개혁안을 실천하였다.

⑤ 제2차 갑오개혁 때 고종은 종묘에서 개혁의 기본 방향을 제시한 홍범 14조를 반포하였다.

인킹 합격으로 **이끄는** 필수 개념: **독립 협회의 활동**

자주 국권	만민 공동회 개최: 러시아의 절영도 조차 요구 저지 등
자유 민권	언론·출판·집회·결사·신체의 자유
자강 개혁	• 의회 설립 운동 • 관민 공동회 개최: 헌의 6조 채택

---

34 다음 기사를 활용한 탐구 활동으로 가장 적절한 것은? 3점

해외 언론 보도로 본 민족 운동

THE CALL
Shot Down by Korean Conspirators, Diplomat Stevens Is at Point of Death

→ 장인환, 전명운의 스티븐스 저격

오늘 나는 스티븐스를 쏘았다. 그는 대한 제국의 외교 고문에 임명되어 후한 대접을 받고 있음에도 일본의 이익을 위해 한국인에게 온갖 잔인한 일을 자행하였다. …… 나는 어떤 처벌에도 불만이 없으며, 조국의 자유를 위한 투쟁에 도움이 된다면 영광스럽게 죽을 것이다.

✓ ① 제1차 한일 협약의 내용을 알아본다. 장인환·전명운 의거의 배경

② 삼국 간섭이 발생한 원인을 분석한다. 시모노세키 조약의 결과

③ 일제가 조작한 105인 사건의 영향을 파악한다. 신민회의 해체

④ 영국이 거문도를 불법 점령한 과정을 조사한다. 러시아의 남하와 조·러 협상 진행

⑤ 고종이 러시아 공사관으로 피신한 이유를 찾아본다. 을미사변의 결과

자료분석 '나는 스티븐스를 쏘았다.', '대한 제국의 외교 고문에 임명' 등을 통해 대한 제국의 외교 고문이었던 스티븐스를 샌프란시스코에서 장인환, 전명운 의사가 저격한 내용임을 알 수 있다.

정답 찾기 ① 제1차 한·일 협약에 따라 고문 정치가 시작되었다. 외교 고문에 미국인 스티븐스, 재정 고문에 일본인 메가타가 파견되었다.

오답 피하기

② 청·일 전쟁의 결과 시모노세키 조약에 따라 일본이 청으로부터 랴오둥 반도를 받게 되자 러시아는 독일, 프랑스와 함께 일본을 압박하였다(삼국 간섭). 그 결과 일본은 청에 랴오둥 반도를 반환하게 되었다.

③ 신민회는 국내에서 조직된 비밀 결사로 일제가 조작한 105인 사건으로 해체되었다.

④ 갑신정변 직후 청을 견제하기 위해 조선이 러시아와 협약을 맺으려 하자 영국은 러시아의 남하를 견제한다는 구실로 거문도를 불법 점령하였다.

⑤ 을미사변 이후 신변의 위협을 느낀 고종은 러시아 공사관으로 거처를 옮기는 아관파천을 단행하였다.

인킹 합격으로 **이끄는** 필수 개념: **항일 의거 활동**

장인환·전명운	미국 샌프란시스코에서 스티븐스 저격
안중근	• 만주 하얼빈에서 이토 히로부미 저격 • 『동양평화론』 저술
이재명	명동 성당에서 이완용 저격

35 (가) 인물의 활동으로 옳은 것은? 2점

11:07

나는 지금 군산근대역사박물관 광장에 와 있어. 이곳에 (가) 의 동상이 있네. →임병찬

그에 대해 설명해 줄래?

최익현과 함께 의병을 일으켰다가 일본에 의해 쓰시마섬으로 끌려가 고초를 겪었어. 이후에는 조선 총독에게 국권 반환 요구서를 발송하려다가 체포되어 순국하였지.

임병찬의 활동

① 명동 성당 앞에서 이완용을 습격하였다. 이재명
✓② 고종의 밀지를 받아 독립 의군부를 조직하였다. 임병찬
③ 국권 침탈 과정을 정리한 한국통사를 저술하였다. 박은식
④ 13도 창의군의 총대장으로 서울 진공 작전을 지휘하였다. 이인영
⑤ 논설 단연보국채를 써서 국채 보상 운동에 적극 참여하였다. 장지연

자료분석 '최익현과 함께 의병', '조선 총독에게 국권 반환 요구서를 발송' 등을 통해 (가) 인물은 임병찬임을 알 수 있다.

정답 찾기 ② 임병찬은 1912년 고종의 밀명을 받아 의병과 유생들을 모아 독립 의군부를 조직하였다. 독립 의군부는 복벽주의를 내세우며 의병 전쟁을 준비하였다.

오답 피하기
① 이재명은 명동 성당 앞에서 을사오적 중 한 명인 이완용을 습격하여 중상을 입혔다.
③ 박은식은 국권 침탈 과정을 정리한 『한국통사』를 저술하였다.
④ 이인영은 정미의병 당시 13도 창의군의 총대장으로 서울 진공 작전을 지휘하였다.
⑤ 장지연은 『황성신문』에 논설 「단연보국채」를 써서 국채 보상 운동에 적극 참여하였다.

합격으로 이끄는 필수 개념: 독립 의군부와 대한 광복회

독립 의군부 (1912)	• 고종의 밀명으로 임병찬이 조직 → 복벽주의 지향 • 국권 반환 요구서 제출
대한 광복회 (1915)	• 박상진, 김좌진 등이 조직 → 공화정 지향 • 무관 학교 설립 계획, 군자금 모금, 친일파 처단

---

36 (가) 부대에 대한 설명으로 옳은 것은? 2점

→ 조선 혁명군

주제: (가) 의 무장 독립 전쟁

국민부 산하 군사 조직으로 편성되었다가 이후 여러 부대를 통합하여 재편되었습니다.

총사령에 양세봉, 참모장에 김학규가 임명되어 부대를 이끌었습니다.

만주 사변 이후 중국 의용군과 함께 남만주 일대에서 항일 투쟁을 벌였습니다.

① 간도 참변 이후 자유시로 이동하였다. 대한 독립 군단
✓② 영릉가 전투에서 일본군과 싸워 크게 승리하였다. 조선 혁명군
③ 조선 독립 동맹 산하의 군사 조직으로 개편되었다. 조선 의용군
④ 영국군의 요청으로 인도·미얀마 전선에 투입되었다. 한국광복군
⑤ 중국 국민당 정부의 지원을 받아 우한에서 창설하였다. 조선 의용대

자료분석 '국민부 산하 군사 조직', '총사령에 양세봉', '중국 의용군과 함께' 등을 통해 (가) 부대는 조선 혁명군임을 알 수 있다.

정답 찾기 ② 양세봉이 이끈 조선 혁명군은 중국 의용군과 연합하여 영릉가, 흥경성 전투에서 일본군을 상대로 승리하였다.

오답 피하기
① 서일을 총재로 하는 대한 독립 군단은 간도 참변 이후 자유시로 이동하였다.
③ 조선 의용대 화북 지대는 조선 독립 동맹 산하의 군사 조직인 조선 의용군으로 개편되었다.
④ 한국광복군은 1943년 영국군의 요청으로 인도·미얀마 전선에 투입되었다.
⑤ 조선 의용대는 1938년 중국 국민당의 지원을 받아 우한에서 창설되었으며, 중국 관내에서 결성된 최초의 한인 부대이다.

합격으로 이끄는 필수 개념: 1930년대 초반 한·중 연합 작전

한국 독립군	• 지청천 중심 • 중국 호로군과 연합 • 쌍성보, 대전자령 전투에서 활약
조선 혁명군	• 양세봉 중심 • 중국 의용군과 연합 • 영릉가, 흥경성 전투에서 활약

제69회 심화
제68회 심화
제67회 심화
제66회 심화
제65회 심화
제64회 심화
제63회 심화
제62회 심화

KEYWORD 형평 운동 　　정답 ④

37 (가) 운동에 대한 설명으로 옳은 것은? 1점

└─▶ 일제 강점기 형평 운동

이것은 (가) 을/를 주도한 단체의 제7회 전국대회 포스터입니다. '모히라! 자유평등의 기치하에로'라는 문구가 있으며, '경성 천도교 기념관'에서 개최된다고 알리고 있습니다. 진주에서 시작된 (가) 은/는 '공평은 사회의 근본이요, 애정은 인류의 본량(本良)' 이라는 구호 아래 전개되었습니다.

① 통감부의 탄압으로 중단되었다. 국채 보상 운동

② 중국의 5·4 운동에 영향을 주었다. 3·1 운동

③ 대한 자강회가 결성되는 배경이 되었다. 헌정 연구회의 해체

✓ ④ 백정에 대한 사회적 차별 철폐를 주장하였다. 형평 운동

⑤ 여성 교육의 중요성을 강조한 여권통문을 발표하였다. 서울 북촌의 부인들 중심

자료분석 '진주에서 시작', '공평은 사회의 근본' 등을 통해 (가) 운동은 형평 운동임을 알 수 있다.

정답 찾기 ④ 형평 운동은 제1차 갑오개혁 때 신분제가 폐지되었음에도 불구하고 백정에 대한 잔존하는 사회적 차별을 없애기 위해 조선 형평사를 중심으로 전개되었다.

오답 피하기
① 대구에서 시작되어 전국으로 확산된 국채 보상 운동은 통감부의 탄압으로 중단되었다.
② 3·1 운동은 중국의 5·4 운동과 인도의 비폭력·불복종 운동에 영향을 끼쳤다.
③ 헌정 연구회를 계승한 대한 자강회는 고종의 강제 퇴위 반대 운동을 전개하다가 통감부의 탄압을 받아 해산되었다.
⑤ 서울 북촌의 부인들을 중심으로 1898년 여성 교육의 중요성을 강조한 「여권통문」이 발표되었다.

 합격으로 이끄는 필수 개념: 일제 강점기 사회 운동

형평 운동	• 배경: 백정에 대한 사회적 차별 • 조선 형평사(1923): 진주에서 백정 이학찬 등이 조직
여성 운동	• 배경: 여성 계몽과 차별 철폐 추구 • 목표: 여성의 단결과 지위 향상 • 근우회(1927): 신간회 자매단체
소년 운동	• 주도: 방정환의 천도교 소년회 • 활동: 어린이날 제정, 잡지 「어린이」 발간

KEYWORD 1910년대 일제의 식민 통치 　　정답 ③

38 밑줄 그은 '이 시기'에 볼 수 있는 모습으로 적절한 것은? 1점

└─▶ 일제 강점기 1910년대의 식민 통치

이 사진은 조선 물산 공진회가 열렸던 당시 일장기가 내걸린 근정전의 모습을 보여 줍니다. 조선 총독부는 토지 조사 사업이 진행되던 이 시기에 식민 통치를 미화하고, 그 성과를 선전하기 위해 이 행사를 개최하였습니다. 공진회장 조성 과정에서 경복궁의 많은 건물이 헐렸습니다.

① 황국 신민 서사를 암송하는 학생 1930~1940년대 민족 말살 통치기

② 경성 제국 대학에서 강의하는 교수 1920년대 문화 통치기

✓ ③ 조선인에게 태형을 집행하는 헌병 경찰 1910년대 무단 통치기

④ 원산 총파업에 연대 지원금을 보내는 외국 노동자 1920년대 문화 통치기

⑤ 나운규가 감독한 아리랑의 첫 상영을 준비하는 단성사 직원 1920년대 문화 통치기

자료분석 '토지 조사 사업이 진행되던'을 통해 밑줄 그은 '이 시기'는 1910년대임을 알 수 있다.

정답 찾기 ③ 1912년 일제는 조선 태형령을 제정하여 조선인에 한해 태형을 집행하였다.

오답 피하기
① 1930~1940년대에 일제는 황국 신민화 정책의 일환으로 황국 신민 서사 암송을 강요하였다.
② 1924년 일제는 경성 제국 대학을 설립하였다.
④ 1929년 일제 강점기 최대 규모의 노동 운동인 원산 총파업이 일어났다. 이 소식이 해외로 알려지면서 일본, 프랑스 등의 노동 단체들이 총파업을 격려하는 전문을 보내기도 하였다.
⑤ 우리나라 최초의 영화인 「아리랑」은 단성사에서 1926년에 개봉하였다.

합격으로 이끄는 필수 개념: 1910년대 일제의 무단 통치

정책	• 조선 총독부 설치 • 중추원 설치: 조선 총독부 자문 기구 • 헌병 경찰 제도 • 일반 관리·교원도 제복 및 칼 착용 • 조선 태형령(1912)
경제 수탈	• 토지 조사 사업 • 회사령 제정

39 다음 검색창에 들어갈 단체에 대한 설명으로 옳은 것은?
2점

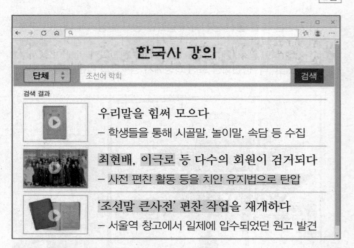

한국사 강의

단체 ▼   조선어 학회   검색

검색 결과

▶ **우리말을 힘써 모으다**
– 학생들을 통해 시골말, 놀이말, 속담 등 수집

▶ **최현배, 이극로** 등 다수의 회원이 검거되다
– 사전 편찬 활동 등을 치안 유지법으로 탄압

▶ **'조선말 큰사전'** 편찬 작업을 재개하다
– 서울역 창고에서 일제에 압수되었던 원고 발견

① 한글 신문인 제국신문을 간행하였다. 이종일
② 태극 서관을 설립하여 서적을 보급하였다. 신민회
③ 파리 강화 회의에 독립 청원서를 제출하였다. 대한민국 임시 정부의 신한 청년당
✓④ 한글 맞춤법 통일안과 표준어 사정안을 제정하였다. 조선어 학회
⑤ 국문 연구소를 두어 한글을 체계적으로 연구하였다. 대한 제국의 학부

---

40 (가), (나) 인물에 대한 설명으로 옳은 것을 〈보기〉에서 고른 것은?
2점

독립과 통일 정부 수립을 열망한 인물

(가) → 김구   (나) → 여운형

• 생몰: 1876년~1949년
• 호: 백범
• 대한민국 임시 정부 주석 역임
• 남북 협상 참여
• 서울 경교장에서 피살

• 생몰: 1886년~1947년
• 호: 몽양
• 신한 청년당 결성
• 좌우 합작 위원회 조직
• 서울 혜화동에서 피살

〈보 기〉

✓ㄱ. (가) – 상하이에서 한인 애국단을 조직하였다. 김구
ㄴ. (가) – 조선 혁명 간부 학교를 세워 독립군을 양성하였다. 김원봉
✓ㄷ. (나) – 조선 건국 준비 위원회의 활동을 주도하였다. 여운형
ㄹ. (나) – 미국에서 귀국하여 독립 촉성 중앙 협의회를 이끌었다. 이승만

① ㄱ, ㄴ   ✓② ㄱ, ㄷ   ③ ㄴ, ㄷ   ④ ㄴ, ㄹ   ⑤ ㄷ, ㄹ

자료분석 '최현배, 이극로', '사전 편찬 활동 등을 치안 유지법으로 탄압', '조선말 큰사전 편찬 작업' 등을 통해 조선어 학회에 대한 내용임을 알 수 있다.

정답 찾기 ④ 조선어 학회는 잡지 『한글』을 다시 발행하고, 표준어 사정안과 한글 맞춤법 통일안을 제정하였다.

오답 피하기
① 이종일은 서민과 부녀자층을 대상으로 한글 신문인 『제국신문』을 간행하였다.
② 신민회는 태극 서관을 설립하여 계몽 서적을 보급하였다.
③ 대한민국 임시 정부는 김규식을 전권 대사로 임명하여 파리 강화 회의에 독립 청원서를 제출하였다.
⑤ 대한 제국은 학부 내에 국문 연구소를 두어 한글을 체계적으로 연구하였다.

자료분석 (가) '백범', '대한민국 임시 정부 주석', '남북 협상 참여' 등을 통해 김구임을 알 수 있다. (나)는 '신한 청년당 결성', '좌우 합작 위원회 조직' 등을 통해 여운형임을 알 수 있다.

정답 찾기 ② ㄱ. 김구는 1931년 대한민국 임시 정부의 침체를 극복하기 위하여 상하이에서 의열 투쟁 단체인 한인 애국단을 조직하였다.
ㄷ. 여운형은 광복 직후 조선 건국 동맹을 계승한 조선 건국 준비 위원회를 조직하였다.

오답 피하기
ㄴ. 의열단을 결성한 김원봉은 중국 국민당 정부의 지원을 받아 조선 혁명 간부 학교를 설립하였다.
ㄹ. 이승만은 광복 이후 미국에서 귀국하여 독립 촉성 중앙 협의회를 이끌었다.

인(큐) **합격으로 이끄는 필수 개념:** 일제 강점기의 국어 연구

조선어 연구회	• 잡지 『한글』 간행 • '가갸날(한글날)' 제정
조선어 학회	• 표준어 제정 • 한글 맞춤법 통일안 제정(1933) • 『우리말 큰 사전』 편찬 시도 → 광복 이후 완성 • 조선어 학회 사건(1942)으로 해산

인(큐) **합격으로 이끄는 필수 개념:** 김구와 여운형

김구	• 한인 애국단 조직 • 대한민국 임시 정부 주석 역임 • 남북 협상 추진
여운형	• 신한 청년당 조직 • 조선 건국 동맹 조직 → 조선 건국 준비 위원회로 개편 • 좌우 합작 운동 추진

제69회 심화

제68회 심화

제67회 심화

제66회 심화

제65회 심화

제64회 심화

제63회 심화

제62회 심화

KEYWORD 제헌 국회 　　　　 정답 ③

41 밑줄 그은 '국회'에 대한 설명으로 옳지 않은 것은? 3점

이 우표는 우리나라 최초로 실시된 총선거를 기념하기 위해 발행되었습니다. 보통·직접·평등·비밀 선거 원칙에 따라 치른 이 선거를 통해 구성된 국회에서 활동한 의원의 임기는 2년이었습니다.

5·10 총선거(1948)로 구성된 제헌 국회

① 반민족 행위 처벌법을 제정하였다. 제헌 국회

② 의원들의 선거로 대통령을 선출하였다. 제헌 국회

✓ ③ 민의원과 참의원의 양원제로 운영되었다. 제3차 개헌(장면 내각)

④ 일부 지역의 국회의원이 선출되지 못한 채 출범하였다. 제헌 국회

⑤ 일제가 남긴 재산 처리를 위한 귀속 재산 처리법을 만들었다. 제헌 국회

자료분석 '우리나라 최초로 실시된 총선거', '임기는 2년' 등을 통해 밑줄 그은 '국회'는 제헌 국회임을 알 수 있다. 제헌 국회는 5·10 총선거(1948) 결과 임기 2년의 초대 국회의원으로 구성되었다.

정답 찾기 ③ 제3차 개헌(1960, 장면 내각)에 따라 민의원과 참의원의 양원제로 운영되었다.

오답 피하기
① 제헌 국회는 친일파 청산을 위하여 반민족 행위 처벌법을 제정하고, 반민족 행위 특별 조사회(반민특위)를 설치하였다.
② 제헌 국회 의원들의 선거로 초대 대통령에 이승만, 부통령에 이시영이 선출되었다.
④ 제주 4·3 사건으로 제헌 국회에는 제주도 내 선거구 두 곳을 제외하고 198명의 국회의원이 선출되었다.
⑤ 제헌 국회는 일제가 남긴 재산 처리를 위하여 귀속 재산 처리법을 제정하였다.

합격으로 이끄는 필수 개념: 제헌 국회

5·10 총선거	우리나라 최초의 보통 선거 → 초대 국회(제헌 국회) 구성
초대 국회 (제헌 국회)	• 임기 2년 • 국호 '대한민국', 대한민국 헌법 제정 • 대통령 이승만, 부통령 이시영 선출 • 반민족 행위 처벌법, 농지 개혁법, 귀속 재산 처리법 제정

KEYWORD 6·25 전쟁 　　　　 정답 ①②③④⑤(정답 없음)

42 (가) 전쟁 중에 볼 수 있는 모습으로 적절하지 않은 것은? 2점

역사 뮤지컬

기적의 항해

MEREDITH VICTORY

6·25 전쟁 → 6·25 전쟁의 상황

한 척의 배로 가장 많은 인명을 대피시킨 메러디스 빅토리호!
(가) 전쟁 중의 흥남 철수 당시 배에 실린 군수 물자를 내리고 14,000여 명의 피난민을 구출한 감동적인 이야기가 펼쳐집니다.

◆ 일시: 2023년 ○○월 ○○일 19:00
◆ 장소: △△ 문화회관 대극장

✓ ① 국민 방위군에 소집되는 청년 6·25 전쟁

✓ ② 원조 물자 배급을 기다리는 시민 6·25 전쟁

✓ ③ 지가 증권을 싼값에 매각하는 지주 6·25 전쟁

✓ ④ 거제도 포로수용소에서 석방되는 반공 포로 6·25 전쟁, 사실 관계 불분명

✓ ⑤ 제2차 미소 공동 위원회 개최 소식을 보도하는 기자 6·25 전쟁

자료분석 '흥남 철수' 등을 통해 (가) 전쟁은 6·25 전쟁(1950)임을 알 수 있다. 6·25 전쟁 당시인 1950년 10월 중국군이 개입하며 전세가 불리해진 유엔군과 국군은 같은 해 12월에 흥남 철수 작전을 전개하였다.

정답 찾기 ① 국민 방위군은 6·25 전쟁 때 조직된 군대로, 1951년 국민 방위군의 간부들이 국고금 및 군수 물자를 부정 착복하여 많은 병력이 사망하는 사건이 발생하였다.
② 6·25 전쟁 당시 여러 국가와 국제 기구들이 한국에 물자를 지원하였다.
③ 이승만 정부 시기 농지 개혁법을 제정하여 국가에서 지가 증권을 발행하였는데, 6·25 전쟁의 발발로 지주들이 지가 증권을 헐값에 처분하는 등 개혁 추진에 어려움을 겪었다.
④ 이승만 정부는 1953년 6월 반공 포로를 석방하면서 정전 협정 체결에 대한 반대 의사를 표시하였다. 그러나 이때 거제도 포로 수용소에 수용된 반공 포로들이 석방되었는지 사실 여부를 명확히 판단하기 어려우므로, 해당 문항의 정답 확정이 불가능한 것으로 판정되었고, 따라서 정답 없음 처리되었다.(참고: 제58회 심화 40번에서는 정답으로 인정되었음).
⑤ 제2차 미·소 공동 위원회는 6·25 전쟁 이전인 1947년에 개최되었다.(기존 정답이었으나 4번 선택지의 오류가 인정되며 정답 없음으로 변경됨)

합격으로 이끄는 필수 개념: 6·25 전쟁

배경	애치슨 선언
전개	유엔군 참전 → 인천 상륙 작전 → 서울 수복 → 중국군 개입 → 흥남 철수 → 1·4 후퇴 → 정전 회담 개최 → 정전 협정 체결 → 한·미 상호 방위 조약 체결

43 (가) 정부 시기에 있었던 사실로 옳은 것은? 2점

[국가 기념일에 담긴 역사 이야기]

2·28 민주 운동 기념일

– 학생들, 불의에 저항하여 일어서다 –

경북도청으로 향하는 학생 시위대의 모습

2월 28일 일요일은 민주당 부통령 후보 장면의 대구 유세가 있는 날이었다. [　(가)　] 정부는 이 유세장에 학생들이 가지 못하도록 2월 28일에도 등교할 것을 대구 시내 고등학교에 지시하였다. 각 학교가 내세운 등교의 명분은 시험, 단체 영화 관람, 토끼 사냥 등이었다. 이에 분노한 학생들은 "학원의 자유를 보장하라!" 등의 구호를 외치며 시위에 나섰다. 이날의 시위는 3·15 의거 등 이후 전개된 민주화 운동에 영향을 주었다. 이 시위의 역사적 의의가 인정되어 2018년에 국가 기념일로 지정되었다.

(가 위에) → 이승만 정부

① 프로 야구가 6개 구단으로 출범하였다. 전두환 정부
② YH 무역 노동자들이 야당 당사에서 농성하였다. 박정희 정부
③ 사회 정화를 명분으로 삼청 교육대가 설치되었다. 신군부 집권기
④ 인민 혁명당 재건위 사건으로 관련자가 탄압받았다. 박정희 정부
✓⑤ 평화 통일론을 주장한 진보당의 조봉암이 구속되었다. 이승만 정부

자료분석 '2·28 민주 운동', '민주당 부통령 후보 장면', '3·15 의거' 등을 통해 (가) 정부는 이승만 정부임을 알 수 있다.

정답 찾기 ⑤ 이승만 정부는 제3대 대통령 선거 이후 진보당을 창당하여 평화 통일론을 주장하는 조봉암을 간첩 혐의로 사형시켰다(진보당 사건, 1958).

오답 피하기
① 전두환 정부는 프로 야구단 창단, 야간 통행 금지 해제 등 유화 정책을 펼쳤다.
② 박정희 정부 시기 신민당사에서 YH 무역 노동자들이 회사의 일방적인 폐업 조치에 항의하며 농성을 벌였다(YH 무역 사건, 1979).
③ 신군부 집권기에 사회 정화를 명분으로 삼청 교육대를 설치하여 혹독한 군사 훈련과 강제 노역을 실시하였다.
④ 박정희 정부 시기 유신 체제에 반대하는 인민 혁명당 재건위 사건(1974)으로 관련자가 탄압받았다.

합격으로 **이끄는** 필수 개념: 이승만 정부 시기의 사실

제3대 대통령 선거 결과	• 진보당 사건 → 조봉암 사형 • 『경향신문』 폐간
4·19 혁명	• 배경: 3·15 부정 선거 • 결과: 이승만 하야, 허정 과도 정부 수립, 제3차 개헌

---

44 (가), (나) 헌법이 제정된 시기 사이에 있었던 사실로 옳은 것은? 3점

(가) → 3선 개헌(제6차 개헌, 1969)　　(나) → 유신 헌법(제7차 개헌, 1972)

(가)	(나)
제1조 ① 대한민국은 민주 공화국이다. 　② 대한민국의 주권은 국민에게 있고, 모든 권력은 국민으로부터 나온다. 제64조 ① 대통령은 국민의 보통·평등·직접·비밀 선거에 의하여 선출한다. 제69조 ① 대통령의 임기는 4년으로 한다. 　② 대통령의 계속 재임은 3기에 한한다.	제1조 ① 대한민국은 민주 공화국이다. 　② 대한민국의 주권은 국민에게 있고, 국민은 그 대표자나 국민 투표에 의하여 주권을 행사한다. 제39조 ① 대통령은 통일 주체 국민회의에서 토론 없이 무기명 투표로 선거한다. 제47조 대통령의 임기는 6년으로 한다. 제59조 ① 대통령은 국회를 해산할 수 있다.

① 지방 자치제가 전면 시행되었다. 김영삼 정부
② 여수·순천 10·19 사건이 일어났다. 이승만 정부
③ 일부 군인들이 5·16 군사 정변을 일으켰다. 박정희 군정(1961)
✓④ 서울과 평양에서 7·4 남북 공동 성명이 발표되었다. 박정희 정부(1972)
⑤ 한일 국교 정상화에 반대하는 6·3 시위가 전개되었다. 박정희 정부(1964)

자료분석 (가) '대통령의 계속 재임은 3기에 한한다'를 통해 대통령의 3선 연임을 허용한 3선 개헌(제6차 개헌, 1969)임을 알 수 있다. (나) '통일 주체 국민회의', '대통령의 임기는 6년', '대통령은 국회를 해산할 수 있다' 등을 통해 유신 헌법(제7차 개헌, 1972)임을 알 수 있다.

정답 찾기 ④ 박정희 정부는 유신 헌법을 공표하기 이전 북한과 자주·평화·민족적 대단결의 원칙에 합의한 7·4 남북 공동 성명(1972)을 발표하였다.

오답 피하기
① 김영삼 정부 시기인 1995년 지방 자치 단체장 선거를 포함하는 지방 자치제가 전면적으로 시행되었다. (나) 이후의 사실이다.
② 이승만 정부가 여수에 주둔한 군부대에 제주도로 출동하라는 명령을 내리자 1948년 10월 19일 부대 내 좌익 세력이 제주도 출동을 거부하고 무장 봉기하는 여수·순천 10·19 사건이 일어났다. (가) 이전의 사실이다.
③ 5·16 군사 정변(1961)으로 정권을 장악한 박정희는 국가 재건 최고 회의를 설치하여 군정을 시행하였다. (가) 이전의 사실이다.
⑤ 박정희 정부 시기인 1964년 한·일 국교 정상화에 반대하는 6·3 시위가 전개되었다. (가) 이전의 사실이다.

합격으로 **이끄는** 필수 개념: 박정희 정부 시기의 사실

제3공화국	• 한·일 협정(한·일 기본 조약) 체결 • 베트남 파병 • 국민 교육 헌장 발표 • 제6차 개헌(3선 개헌) → 3선 개헌 반대 투쟁
제4공화국	• 제7차 개헌(유신 헌법) • YH 무역 사건 → 부·마 민주화 운동 → 10·26 사태

KEYWORD **박정희 정부 시기의 사실**   정답 ①

45 다음 뉴스의 사건이 있었던 정부 시기의 사실로 옳은 것은?   3점

→ 박정희 정부 시기 전태일 분신 사건

오늘 오후 2시경 서울 평화시장에서 있었던 노동자들의 시위 도중 재단사 전태일 씨가 분신하는 사건이 발생하였습니다. 전 씨는 "근로 기준법을 지켜라!", "우리는 기계가 아니다!"라고 절규하며 열악한 노동 환경 개선을 요구하였습니다.

✓ ① 함평 고구마 피해 보상 운동이 전개되었다. 박정희 정부
② 저유가·저금리·저달러의 3저 호황이 있었다. 전두환 정부
③ 미국과의 자유 무역 협정(FTA)이 체결되었다. 노무현 정부
④ 경제 협력 개발 기구(OECD)의 회원국이 되었다. 김영삼 정부
⑤ 최저 임금 결정을 위한 최저 임금 위원회가 설치되었다. 전두환 정부

자료분석 '전태일 씨가 분신하는 사건'을 통해 박정희 정부 시기의 상황임을 알 수 있다. 박정희 정부 시기인 1970년 전태일이 근로 기준법 준수를 요구하며 분신자살하였다.

정답 찾기 ① 박정희 정부 시기인 1976년 전남 함평군 농민들이 농협과 정부를 상대로 고구마 피해 보상 운동을 전개하였다.

오답 피하기
② 전두환 정부 시기 저유가·저금리·저달러의 영향으로 물가가 안정되고 수출이 증가하는 3저 호황을 맞이하였다.
③ 노무현 정부 시기인 2007년 한·미 자유 무역 협정(FTA)이 체결되었다.
④ 김영삼 정부 시기인 1996년 경제 협력 개발 기구(OECD)에 가입하였다.
⑤ 전두환 정부 시기인 1987년 최저 임금 결정을 위한 최저 임금 위원회가 설치되었다.

 합격으로 **이끄는** 필수 개념: 박정희 정부 시기의 경제와 사회

경제	• 경부 고속 국도(도로) 개통 • 수출 100억 달러 달성 • 제3·4차 경제 개발 5개년 계획
사회	• 전태일 분신 사건 • 새마을 운동 • 함평 고구마 피해 보상 운동

KEYWORD **영주 부석사 소조 아미타여래 좌상**   정답 ⑤

46 (가)에 해당하는 문화유산으로 옳은 것은?   2점

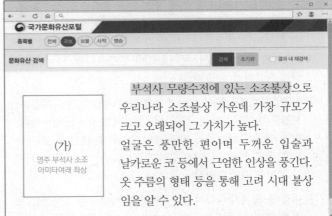

(가)
영주 부석사 소조
아미타여래 좌상

부석사 무량수전에 있는 소조불상으로 우리나라 소조불상 가운데 가장 규모가 크고 오래되어 그 가치가 높다.
얼굴은 풍만한 편이며 두꺼운 입술과 날카로운 코 등에서 근엄한 인상을 풍긴다. 옷 주름의 형태 등을 통해 고려 시대 불상임을 알 수 있다.

① 경주 석굴암 본존불상(통일 신라)
② 금동 관음보살 좌상(고려 말)
③ 하남 하사창동 철조 석가여래 좌상(고려)
④ 금동 미륵보살 반가 사유상 (삼국 시대)
✓ ⑤ 영주 부석사 소조 아미타여래 좌상(고려)

자료분석 '부석사 무량수전에 있는 소조불상'을 통해 (가)의 문화유산이 고려의 불상인 영주 부석사 소조 아미타여래 좌상임을 알 수 있다.

정답 찾기 ⑤ 영주 부석사 소조 아미타여래 좌상은 통일 신라의 석굴암 본존불상 양식을 계승하여 제작된 고려의 불상이다.

오답 피하기
① 통일 신라 때 제작된 경주 석굴암 본존불상이다.
② 고려 말 원의 라마 불교에 영향을 받아 제작된 금동 관음보살 좌상이다.
③ 고려 때 제작된 대형 철불인 하남 하사창동 철조 석가여래 좌상이다.
④ 삼국 시대 때 제작된 금동 미륵보살 반가 사유상이다.

 합격으로 **이끄는** 필수 개념: 영주 부석사

건축	• 부석사 건립: 의상 • 부석사 무량수전: 주심포 양식
불상	소조 아미타여래 좌상
불화	조사당 벽화

제69회 심화
제68회 심화
제67회 심화
제66회 심화
제65회 심화
제64회 심화
제63회 심화
제62회 심화

47~48 다음 자료를 읽고 물음에 답하시오.

┌→ 처인성 전투(1232)

(가) 살리타이가 처인성을 공격하였다. 적을 피해 성에 와 있던 한 승려가 살리타이를 쏘아 죽였다. 국가에서 그 전공을 칭찬하여 상장군 벼슬을 주었다. 승려가 전공을 다른 사람에게 돌리며 말하기를, "전투할 때 나는 활과 화살이 없었으니, 어찌 감히 공 없이 무거운 상을 받겠습니까."라고 하고, 굳게 사양하여 받지 않았다.

┌→ 고구려 멸망(668)

(나) [우리 부대가] 대군(大軍)과 연합하여 평양을 포위하였다. 보장왕이 먼저 연남산 등을 보내 영공에게 항복을 청하였다. 이에 영공은 보장왕과 왕자 복남·덕남 및 대신 등 20여만 명을 끌고 본국으로 돌아갔다. 각간 김인문과 대아찬 조주는 영공을 따라 돌아갔다.

┌→ 정묘호란(1627)

(다) 비국(備局)에서 아뢰기를, "적병이 두 차례나 용골산성을 공격해 왔지만 정봉수는 홀로 고립된 성을 지키면서 충성과 용맹을 더욱 떨쳤습니다. …… 죽음을 두려워하지 않는 용사를 더 모집하여 육로로 혹은 배편으로 달려가서 기세(氣勢)를 돕게 하소서. 용골산성이 비록 포위에서 풀렸으나 이 일은 그만둘 수 없을 듯합니다."라고 하니, 왕이 따랐다.

┌→ 동래성(현재의 부산) 전투(1592)

(라) 부사 송상현은 왜적이 바다를 건넜다는 소식을 듣고 지역 주민과 군사 그리고 이웃 고을의 군사를 불러 모아 성에 들어가 지켰다. …… 성이 포위당하자 상현이 성의 남문에 올라가 전투를 독려하였으나 한나절 만에 성이 함락되었다. 상현은 갑옷 위에 조복(朝服)*을 입고 의자에 앉아 움직이지 않았다. …… 적이 모여들어 생포하려고 하자 상현이 발로 걷어차면서 항거하다가 마침내 해를 입었다.

*조복(朝服) : 관원이 조정에 나아가 하례할 때 입던 예복

KEYWORD 시대별 전투 정답 ③

47 (가)~(라) 전투를 일어난 순서대로 옳게 나열한 것은?
2점

① (가) - (나) - (다) - (라) ② (가) - (나) - (라) - (다)
✓③ (나) - (가) - (라) - (다) ④ (나) - (다) - (가) - (라)
⑤ (다) - (라) - (나) - (가)

자료분석 (가) '살리타이가 처인성을 공격하였다', '한 승려가 살리타이를 쏘아 죽였다.' 등을 통해 고려 시대 처인성 전투(1232)임을 알 수 있다. 고려 고종 때 몽골의 제2차 침입으로 김윤후가 적장 살리타를 죽이고 적을 격퇴한 처인성 전투가 발생하였다.
(나) '평양을 포위하였다.', '보장왕이 먼저 연남산 등을 보내 영공에게 항복을 청하였다.' 등을 통해 고구려 멸망(668) 때임을 알 수 있다. 고구려는 나·당 연합군에 의해 평양성이 함락되고 보장왕이 항복하면서 멸망하였다.
(다) '적병이 두 차례나 용골산성을 공격해 왔지만 정봉수는 홀로 고립된 성을 지키면서'를 통해 조선 인조 때 일어난 정묘호란(1627)임을 알 수 있다. 정묘호란이 일어나자 정봉수는 용골산성에서 후금의 침략에 맞서 항전하였다.
(라) '부사 송상현은 왜적이 바다를 건넜다는 소식을 듣고 지역주민과 군사 그리고 이웃 고을의 군사를 불러 모아 성에 들어가 지켰다.'를 통해 조선 선조 때 일어난 임진왜란 시기임을 알 수 있다. 왜군이 부산에 쳐들어오자 송상현은 부산 동래성에서 항전하였다(동래성 전투, 1592).

정답찾기 ③ (나) 고구려 멸망(668) - (가) 처인성 전투(1232) - (라) 동래성 전투(1592) - (다) 정묘호란(1627) 순으로 전개되었다.

48 (라) 전투가 벌어진 지역에서 있었던 사실로 옳은 것은?
[2점]

✓ ① 내상이 무역 활동을 전개하였다. _{조선 후기 부산}

② 안승이 왕으로 봉해진 보덕국이 세워졌다. _{삼국 통일 시기 금마저(익산)}

③ 지역 차별에 반발하여 홍경래가 봉기하였다. _{조선 순조 시기 서북 지역}

④ 만적을 비롯한 노비들이 신분 해방을 도모하였다. _{고려 시대 개경(개성)}

⑤ 지주 문재철의 횡포에 맞서 소작 쟁의가 일어났다. _{일제 강점기 신안 암태도}

49 (가) 민주화 운동에 대한 설명으로 옳은 것은?
[1점]

박종철 군 고문살인 은폐조작과 호헌 조치를 규탄하는 국민대회 당시의 모습이야. 정부의 원천 봉쇄 방침에도 각 지역에서 열렸어.

이 대회를 주최한 민주 헌법 쟁취 국민운동 본부는 4·13 호헌 조치를 무효라고 선언하였지. 이후 민주화를 요구하는 시민들의 시위가 전국 각지에서 더욱 거세 졌어.

전두환 정부 시기 6월 민주 항쟁 (1987)

(가) 사진전

호헌철폐 독재타도 민주쟁취

① 허정 과도 정부가 구성되는 계기가 되었다. _{4·19 혁명(이승만 정부)}

✓ ② 5년 단임의 대통령 직선제 개헌을 이끌어냈다. _{6월 민주 항쟁(전두환 정부)}

③ 야당 총재의 국회의원직 제명으로 촉발되었다. _{부·마 민주 항쟁(박정희 정부)}

④ 관련 기록물이 세계 기록 유산으로 등재되었다. _{5·18 민주화 운동(전두환 정부)}

⑤ 이승만이 대통령에서 물러나는 결과를 가져왔다. _{4·19 혁명(이승만 정부)}

제69회 심화

제68회 심화

제67회 심화

제66회 심화

제65회 심화

제64회 심화

제63회 심화

제62회 심화

자료분석 (라) 전투는 임진왜란 때 발생한 송상현의 동래성 전투로, 부산에서 발생하였다.

정답 찾기 ① 조선 후기 사상의 성장으로 내상이 부산 지역에서 대일 무역을 주도하였다.

오답 피하기

② 신라의 고구려 부흥 운동 지원으로 안승이 금마저(익산)에서 보덕국왕으로 책봉되었다.

③ 조선 순조 때인 1811년 서북민에 대한 차별 대우에 반발하여 평안도 지역에서 홍경래의 난이 발생하였다.

④ 최충헌의 사노비였던 만적을 비롯한 노비들이 개경에서 신분 해방을 도모하여 봉기를 계획하였으나 사전에 발각되어 실패하였다.

⑤ 1923년 지주 문재철의 횡포에 맞서 신안 암태도에서 소작 쟁의가 일어났다(암태도 소작 쟁의).

자료분석 '박종철 군 고문살인 은폐조작', '4·13 호헌 조치' 등을 통해 (가) 민주화 운동은 6월 민주 항쟁(1987)임을 알 수 있다.

정답 찾기 ② 6월 민주 항쟁의 결과 5년 단임의 대통령 직선제를 골자로 하는 제9차 개헌이 단행되었다.

오답 피하기

① 이승만 정부 시기 발생한 4·19 혁명을 계기로 허정 과도 정부가 구성되었다.

③ 박정희 정부 시기 야당 총재 김영삼의 국회의원직 제명을 계기로 부·마 민주 항쟁이 일어났다.

④ 5·18 민주화 운동(1980)의 관련 기록물이 세계 기록 유산으로 등재되었다.

⑤ 4·19 혁명의 결과 이승만이 대통령직에서 하야하고 허정 과도 정부가 수립되었다.

 합격으로 **이끄는** 필수 개념: 부산의 역사

조선 시대	• 동래성 전투 • 내상의 활동
개항기	강화도 조약: 부산 외 2개 항구 개항
일제 강점기	백산 상회
현대	부·마 민주 항쟁

 합격으로 **이끄는** 필수 개념: 6월 민주 항쟁(1987)

전개	• 박종철 고문치사 사건 • 4·13 호헌 조치 • 이한열 사망 • 6·10 국민 대회 개최
결과	• 6·29 민주화 선언 • 제9차 개헌: 임기 5년 단임제, 대통령 직선제

50 다음 선언을 발표한 정부의 통일 노력으로 옳은 것은?

3점

> 나는 오늘 온 겨레의 염원인 조국의 평화적 통일을 실현해 나가기 위한 새 공화국의 정책을 밝히려 합니다. 우리 민족이 남북 분단의 고통을 겪어온 지 반세기가 가까워 옵니다. …… 민족자존과 통일 번영의 새 시대를 열어나갈 것임을 약속하면서 다음과 같은 정책을 추진해 나갈 것을 내외에 선언합니다.
>
> ……
>
> 셋째, 남북 간의 교역의 문호를 개방하고 남북 간 교역을 민족 내부 교역으로 간주한다.
>
> ……
>
> 여섯째, 한반도의 평화를 정착시킬 여건을 조성하기 위하여 북한이 미국, 일본 등 우리 우방과의 관계를 개선하는 데 협조할 용의가 있으며 또한 우리는 소련, 중국을 비롯한 사회주의 국가들과의 관계 개선을 추구한다.
>
> └▶ 노태우 정부 시기의 통일 노력 및 북방 정책

① 남북 조절 위원회를 구성한다. 박정희 정부
② 개성 공업 지구 건설에 합의하였다. 김대중 정부
③ 10·4 남북 정상 선언을 발표하였다. 노무현 정부
✓④ 남북한이 국제 연합(UN)에 동시 가입하였다. 노태우 정부
⑤ 남북 이산가족 고향 방문을 최초로 실현하였다. 전두환 정부

자료분석 '민족자존과 통일 번영', '소련, 중국을 비롯한 사회주의 국가들과의 관계 개선' 등을 통해 노태우 정부 시기에 발표된 선언문임을 알 수 있다. 노태우 정부는 7·7 선언(민족자존과 통일 번영을 위한 특별 선언, 1988)을 발표하였다.

정답 찾기 ④ 노태우 정부 시기 남북한이 국제 연합(UN)에 동시 가입하였다(1991).

오답 피하기
① 박정희 정부는 북한과 7·4 남북 공동 성명(1972)을 체결하고, 평화 통일 3대 원칙을 실현하기 위하여 남북 조절 위원회를 구성하였다.
② 김대중 정부 시기 발표한 6·15 남북 공동 선언의 결과 경의선 복구 사업과 개성 공업 지구 건설 등에 합의하였다.
③ 노무현 정부 시기 제2차 남북 정상 회담을 개최하고 10·4 남북 정상 선언을 발표하였다.
⑤ 전두환 정부 시기 최초의 남북 이산가족 고향 방문과 예술 공연단 교환이 실현되었다.

 합격으로 **이끄는** 필수 개념: 평화 통일을 위한 노력

박정희 정부	• 7·4 남북 공동 성명 • 남북 조절 위원회 설치
노태우 정부	• 남북한 유엔 동시 가입 • 남북 기본 합의서 채택 • 한반도 비핵화 공동 선언

더욱더 명쾌하고 자세한 해설

더 이상의 시간 낭비는 No! 시험 직전 **스피드한 문제 회독**은 필수!
문제 풀이에 필요한 **핵심 키워드**만 쏙쏙 뽑아 드립니다.

제 **62** 회
심화

KEYWORD 청동기 시대　　　　　정답 ①

01 (가) 시대의 생활 모습으로 옳은 것은?　1점

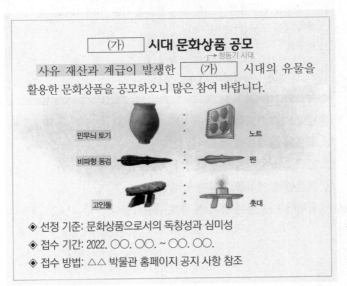

（가） **시대 문화상품 공모**

청동기 시대

사유 재산과 계급이 발생한 （가） 시대의 유물을
활용한 문화상품을 공모하오니 많은 참여 바랍니다.

민무늬 토기　　　노트
비파형 동검　　　펜
고인돌　　　촛대

◈ 선정 기준: 문화상품으로서의 독창성과 심미성
◈ 접수 기간: 2022. ○○. ○○. ~ ○○. ○○.
◈ 접수 방법: △△ 박물관 홈페이지 공지 사항 참조

✓ ① 반달 돌칼로 벼를 수확하였다. 청동기 시대
② 주로 동굴이나 막집에서 거주하였다. 구석기 시대
③ 소를 이용한 깊이갈이가 일반화되었다. 고려 시대
④ 호미, 쇠스랑 등의 철제 농기구를 제작하였다. 초기 철기 시대
⑤ 가락바퀴와 뼈바늘을 이용하여 옷을 만들기 시작하였다. 신석기 시대

자료분석 '사유 재산과 계급이 발생', '민무늬 토기', '비파형 동검', '고인돌' 등을 통하여 (가) 시대가 청동기 시대임을 알 수 있다. 청동기 시대에는 민무늬 토기를 사용하기 시작했으며, 비파형 동검, 거친무늬 거울, 청동 방울 등을 제작하였다. 또한 지배층의 권위를 상징하는 무덤인 고인돌이 축조되었다.

정답 찾기 ① 청동기 시대에는 농기구를 주로 석기로 만들었으며 반달 돌칼을 이용하여 곡식을 수확하였다.

오답 피하기
② 구석기 시대에는 주로 동굴이나 바위 그늘에 거주하거나 강가에 막집을 짓고 살았다.
③ 고려 시대부터 소를 이용한 깊이갈이가 일반화되었다.
④ 초기 철기 시대에는 농업 생산력을 증대하기 위하여 쟁기·호미·괭이 등 철제 농기구를 제작하였다.
⑤ 신석기 시대에는 처음으로 가락바퀴와 뼈바늘을 이용하여 옷이나 그물을 만들었다.

인 큅 이끌인 합격으로 **이끄는** 필수 개념: 선사 시대의 문화

구석기	이동 생활, 동굴이나 막집에 거주, 주먹도끼, 찍개 등 뗀석기
신석기	농경 시작, 정착 생활, 가락바퀴, 빗살무늬 토기, 갈돌, 갈판
청동기	비파형 동검, 반달 돌칼, 고인돌, 청동 방울
철기	세형동검, 거푸집, 명도전, 철제 농기구 사용

KEYWORD 부여　　　　　정답 ②

02 (가)에 들어갈 내용으로 옳은 것은?　2점

지도에 표시된 쑹화강 유역을 중심으로 성장한 이 나라는 평원과 구릉, 넓은 못이 많았습니다. 농업과 목축을 생업으로 하며 12월에 영고라는 제천 행사를 열었습니다. 이 나라에 대해 알고 있는 내용을 대화창에 올려 주세요.

동 해
황 해

ON 대화창

명마, 적옥, 담비 가죽 등이 생산되었어요.

형이 죽으면 형수를 아내로 삼는다는 기록도 있어요.

（가） 부여

글쓰기 ｜

① 정사암에 모여 재상을 선출하였어요. 백제
✓ ② 여러 가(加)가 별도로 사출도를 다스렸어요. 부여
③ 읍락 간의 경계를 중시하는 책화가 있었어요. 동예
④ 사회 질서를 유지하기 위해 범금 8조를 두었어요. 고조선
⑤ 제사장인 천군과 신성 지역인 소도가 존재하였어요. 삼한

자료분석 '쑹화강 유역', '12월에 영고' 등을 통하여 (가)에 들어갈 나라가 부여임을 알 수 있다. 부여는 만주 쑹화강 유역의 평야 지대를 중심으로 성장하였고, 제천 행사로 12월에 영고를 치렀다. 주요 풍습으로는 형이 죽으면 아우가 형수를 아내로 맞이하는 형사취수제와 우제점복이 있었다.

정답 찾기 ② 부여는 왕 아래에 가축 이름을 딴 마가·우가·저가·구가 등이 있었는데, 이들이 별도로 사출도를 다스렸다.

오답 피하기
① 정사암에 모여 재상을 선출한 나라는 백제이다.
③ 읍락 간의 경계를 중시하는 책화가 있던 나라는 동예이다.
④ 사회 질서를 유지하기 위해 범금 8조를 둔 나라는 고조선이다.
⑤ 제사장인 천군과 신성 지역인 소도가 존재한 나라는 삼한이다.

인 큅 이끌인 합격으로 **이끄는** 필수 개념: 부여의 모습

정치	• 5부족 연맹체: 왕 + 사출도(마가·우가·구가·저가가 통치) • 왕권 미약
경제	• 반농반목 • 말·주옥·모피
행사	12월 영고
풍습	순장, 1책 12법, 우제점복, 형사취수제

03 (가) 나라에 대한 설명으로 옳은 것은? 2점

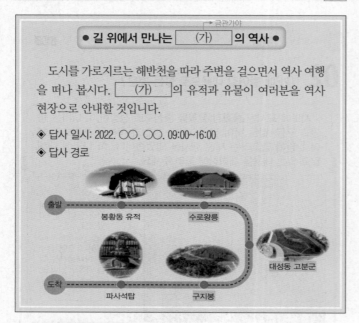

● 길 위에서 만나는 (가) 의 역사 ●
→ 금관가야

도시를 가로지르는 해반천을 따라 주변을 걸으면서 역사 여행을 떠나 봅시다. (가) 의 유적과 유물이 여러분을 역사 현장으로 안내할 것입니다.

◈ 답사 일시: 2022. ○○. ○○. 09:00~16:00
◈ 답사 경로

출발 — 봉황동 유적 — 수로왕릉
도착 — 파사석탑 — 구지봉 — 대성동 고분군

✓① 덩이쇠를 화폐처럼 사용하였다. 금관가야
② 한 무제의 공격으로 멸망하였다. 고조선
③ 혼인 풍속으로 민며느리제가 있었다. 옥저
④ 골품에 따라 관등 승진에 제한이 있었다. 신라
⑤ 빈민을 구제하기 위해 진대법을 시행하였다. 고구려

자료분석 '수로왕릉', '대성동 고분군', '구지봉' 등을 통하여 (가) 나라가 금관가야임을 알 수 있다. 금관가야는 수로왕이 건국하였고, 김해를 중심으로 낙랑과 왜 사이에서 중계 무역으로 성장하였다. 금관가야와 관련된 유물로 대성동 고분군, 판갑옷 등이 있다.

정답 찾기 ① 금관가야는 변한 시절부터 철 생산량이 많아 낙랑과 왜와의 중계 무역에서 덩이쇠를 화폐처럼 사용하였다.

오답 피하기
② 한 무제의 공격으로 멸망한 나라는 고조선이다.
③ 혼인 풍속으로 민며느리제가 있던 나라는 옥저이다.
④ 골품에 따라 관등 승진에 제한이 있던 나라는 신라이다.
⑤ 빈민을 구제하기 위해 진대법을 실시한 나라는 고구려이다.

인 큅 이글인 합격으로 **이끄는** 필수 개념: 금관가야의 역사

시조	김수로(관련 유적: 구지봉, 파사석탑)
정치	• 전기 가야 연맹 주도 • 4세기 말~5세기 초 고구려 광개토 대왕의 공격으로 쇠퇴 • 신라 법흥왕에게 병합
경제	• 철 생산량 많음(덩이쇠를 화폐처럼 사용)
유물 및 유적	• 판갑옷, 도기 기마인물형 뿔잔, 말머리 가리개 • 김해 대성동 고분군

04 밑줄 그은 '왕'에 대한 설명으로 옳은 것은? 2점

〈다큐멘터리 기획안〉
위기에 빠진 고구려를 구하라!
◈ 기획 의도
평양성 전투에서 전사한 고국원왕의 뒤를 이어 즉위한 왕의 위기 극복 노력을 살펴본다.
→ 고구려 소수림왕
◈ 구성
1부 전진으로부터 불교를 수용하다.
2부 태학을 설립하여 인재를 양성하다.

① 평양으로 수도를 옮겼다. 고구려 장수왕
② 병부와 상대등을 설치하였다. 신라 법흥왕
③ 22담로에 왕족을 파견하였다. 백제 무령왕
④ 고흥에게 서기를 편찬하게 하였다. 백제 근초고왕
✓⑤ 율령을 반포하여 통치 체제를 정비하였다. 고구려 소수림왕

자료분석 '불교를 수용', '태학을 설립' 등을 통하여 밑줄 그은 '왕'이 고구려 소수림왕임을 알 수 있다. 소수림왕은 아버지 고국원왕이 백제와의 전투에서 전사한 이후 침체된 고구려의 체제를 정비하기 위해 율령을 반포하고, 불교를 수용·보급하기 위해 전진의 승려 순도를 맞아들였으며, 인재를 양성하는 유교 교육 기관인 태학을 설립하였다.

정답 찾기 ⑤ 고구려 소수림왕은 율령을 반포하여 국가 체제를 정비하였다.

오답 피하기
① 평양으로 수도를 옮긴 왕은 고구려 장수왕이다.
② 병부와 상대등을 설치하고 관제를 정비한 왕은 신라 법흥왕이다.
③ 지방에 22담로를 설치하고 왕족을 파견한 왕은 백제 무령왕이다.
④ 고흥에게 『서기』를 편찬하게 한 왕은 백제 근초고왕이다.

 합격으로 **이끄는** 필수 개념: 고구려 주요 국왕의 업적

소수림왕	불교 수용, 태학 설립, 율령 반포
광개토 대왕	• '영락' 연호 사용 • 신라에 침입한 왜 격퇴 → 가야 중심지 이동
장수왕	• 남진 정책: 평양 천도 • 백제 수도 한성 함락(개로왕 전사)

KEYWORD **익산 미륵사지 석탑**　　　　정답 ③

05 밑줄 그은 '이 탑'으로 옳은 것은?　[3점]

◆ 유물 이야기 ◆

금제 사리봉영기가 남긴 고대사의 수수께끼

→ 익산 미륵사지 석탑

2009년 이 탑의 해체 수리 중에 사리장엄구와 금제 사리봉영기가 발견되었다. 사리봉영기에는 "우리 백제 왕후께서는 좌평 사택적덕의 따님으로 …… 가람을 세우시고 기해년 정월 29일에 사리를 받들어 맞이하셨다."라는 명문이 있어 큰 주목을 받았다. 이 탑을 세운 주체가 삼국유사에 나오는 선화 공주가 아니라 백제 귀족의 딸로 밝혀져 서동 왕자와 선화 공주 설화의 진위 여부에 대한 논란이 일어나기도 하였다.

① 　　② 　　✓③
경주 분황사 모전 석탑　경주 정혜사지 십삼층 석탑　익산 미륵사지 석탑

④ 　　⑤
영광탑　　　　감은사지 삼층 석탑

자료분석 '금제 사리봉영기'의 내용을 통하여 밑줄 그은 '이 탑'이 익산에 있는 목탑 양식을 계승한 미륵사지 석탑임을 알 수 있다.

정답 찾기 ③ 익산 미륵사지 석탑은 백제 무왕이 건립하였다고 전하고 있으며, 탑 내부에서 사리봉안기가 발견되었다. 탑은 동북쪽을 중심으로 절반가량이 남아 있고 나머지는 유실되었다. 탑신은 현재 6층까지만 남아 있으며 각 부분을 수매의 돌로 짜 맞추어 마치 목조 건축의 결구를 연상시킨다.

오답 피하기
① 신라 선덕 여왕 때 건립된 경주 분황사 모전 석탑이다.
② 통일 신라의 경주 정혜사지 십삼층 석탑이다.
④ 발해의 영광탑이다.
⑤ 통일 신라 신문왕 때 건립된 감은사지 삼층 석탑이다.

 합격으로 **이끄는** 필수 개념: 백제의 탑

익산 미륵사지 석탑	• 목탑 양식 석탑 • 건립 연대가 명확하게 밝혀진 한국의 석탑 중 가장 크고 오래됨 • 복원 과정에서 사리장엄구와 금제 사리봉안기 출토
부여 정림사지 오층 석탑	당 장수 소정방이 '평제탑'이라고 새김

KEYWORD **황산벌 전투~고구려 부흥 운동 사이의 역사적 사실**　정답 ⑤

06 (가), (나) 사이의 시기에 있었던 사실로 옳은 것은?　[3점]

→ 황산벌 전투(660)

(가) 왕은 당과 신라 군사들이 이미 백강과 탄현을 지났다는 소식을 듣고 장군 계백을 시켜 결사대 5천 명을 거느리고 황산으로 가서 신라 군사와 싸우게 하였다. 네 번 싸워서 모두 이겼으나 군사가 적고 힘이 모자라서 마침내 패하고 계백이 사망하였다.

→ 고구려 부흥 운동(670)

(나) 검모잠이 국가를 부흥하려고 하여 당을 배반하고 왕의 외손 안승을 세워 왕으로 삼았다. 당 고종이 대장군 고간을 보내 동주도 행군총관으로 삼고 병력을 내어 그들을 토벌하게 하니 안승이 검모잠을 죽이고 신라로 달아났다.

① 당이 안동도호부를 요동으로 옮겼다. 고구려 부흥 운동 이후
② 성왕이 관산성 전투에서 전사하였다. 황산벌 전투 이전
③ 신라군이 기벌포에서 당군을 격파하였다. 고구려 부흥 운동 이후
④ 김춘추가 당과의 군사 동맹을 성사시켰다. 황산벌 전투 이전
✓⑤ 복신과 도침이 부여풍을 왕으로 추대하였다. 황산벌 전투~고구려 부흥 운동 사이

자료분석 (가)는 '장군 계백을 시켜 결사대 5천 명을 거느리고 황산으로 가서 신라 군사와 싸우게 하였다.' 등을 통하여 황산벌 전투(660)임을, (나)는 '검모잠이 국가를 부흥하려고 하여 당을 배반하고 왕의 외손 안승을 세워 왕으로 삼았다.' 등을 통하여 검모잠이 안승을 추대한 고구려 부흥 운동(670)임을 알 수 있다.

정답 찾기 ⑤ 660년 백제가 나·당 연합군의 공격을 받아 멸망하자 복신과 도침은 왕족인 부여풍을 추대하면서 백제 부흥 운동을 벌였다. 백제 부흥 운동은 황산벌 전투와 고구려 부흥 운동 사이의 사실이다.

오답 피하기
① 676년 나·당 전쟁 이후 당나라는 평양에 있던 안동도호부를 요동으로 옮겼다. (나) 이후의 사실이다.
② 554년 백제 성왕은 신라와의 관산성 전투에서 전사하였다. (가) 이전의 사실이다.
③ 나·당 전쟁 막바지에 신라군은 설인귀가 이끄는 당군을 기벌포에서 격파하였다. (나) 이후의 사실이다.
④ 신라의 김춘추가 당 태종과의 군사 동맹을 체결한 시기는 648년으로 (가) 이전의 사실이다.

 합격으로 **이끄는** 필수 개념: 삼국의 항쟁과 통일 과정

백제 멸망	• 황산벌 전투(계백 vs 김유신) → 사비성 함락 • 백제 부흥 운동: 흑치상지(임존성), 부여풍·복신·도침(주류성), 백강 전투
고구려 멸망	• 나·당 연합군의 침공 → 평양성 함락 • 고구려 부흥 운동: 검모잠(한성), 신라의 지원(안승을 보덕국왕으로 책봉)
나·당 전쟁	매소성·기벌포 전투 → 신라의 삼국 통일

제69회 심화
제68회 심화
제67회 심화
제66회 심화
제65회 심화
제64회 심화
제63회 심화
제62회 심화

07 (가) 국가에 대한 설명으로 옳은 것은? 1점

기획 전시

→발해

(가), 다양한 문화를 융합하다

우리 박물관에서는 (가) 의 문화에 대해 깊이 이해할 수 있는 전시회를 개최합니다. 많은 관람 바랍니다.

• 기간: 2022. ○○. ○○. ~ ○○. ○○.
• 장소: △△ 박물관 기획 전시실
• 전시관 안내

[1관] 고구려 문화의 계승

연꽃무늬 수막새와 치미

[2관] 당 문화의 수용

상경성 평면도

[3관] 말갈 문화의 요소

말갈계 토기

[4관] 서역과의 교류

청동 낙타상

① 후당과 오월에 사신을 파견하였다. 후백제

✓② 주자감을 설치하여 인재를 양성하였다. 발해

③ 9서당과 10정의 군사 조직을 운영하였다. 통일 신라

④ 화백 회의에서 국가의 중대사를 논의하였다. 신라

⑤ 내신좌평, 위사좌평 등 6좌평의 관제를 마련하였다. 백제

자료분석 '고구려 문화의 계승', '당 문화의 수용', '말갈 문화의 요소' 등을 통해 (가) 국가가 발해임을 알 수 있다. 발해는 고구려를 계승하면서 그들의 문화를 이어받고, 당의 문화와 제도를 수용하여 수도와 중앙 행정 조직을 정비하였다. 그리고 지배층은 고구려계이지만, 피지배층은 말갈족이 다수를 이루었다.

정답 찾기 ② 발해 문왕은 인재 양성을 위해 국립대학인 주자감을 설치하였다.

오답 피하기
① 후당과 오월에 사신을 파견한 나라는 견훤의 후백제이다.
③ 9서당과 10정의 군사 조직을 운영한 나라는 통일 신라이다.
④ 화백 회의에서 국가의 중대사를 논의한 나라는 신라이다.
⑤ 내신좌평, 위사좌평 등 6좌평의 관제를 마련한 나라는 백제이다.

인 퀴 합격으로 **이끄는** 필수 개념: 발해의 건국과 발전

건국	고왕 대조영이 동모산에서 발해 건국
외교	• 돌궐·일본과 친선(뒤에 당·신라와 친선) • 장문휴로 하여금 당의 등주 공격(발해 무왕)
행정	• 3성 6부 마련 • 5경 15부 62주 정비
교육	주자감 설치
문화	고구려 계승: 온돌 장치, 이불병좌상, 치미 등

08 (가)에 들어갈 내용으로 옳은 것은? 2점

한국사 웹툰 기획안

제목	○○왕, 왕권을 강화하다.	
구성 내용	1화	진골 귀족 김흠돌의 반란을 진압하다.
	2화	국학을 설치하여 인재를 양성하다.
	3화	9주를 정비하여 지방 통치 체제를 갖추다.
	4화	(가)
주의 사항	사료에 기반하여 제작한다.	

→통일 신라 신문왕

✓① 관료전을 지급하고 녹읍을 폐지하다. 통일 신라 신문왕

② 마립간이라는 칭호를 처음 사용하다. 신라 내물 마립간

③ 이사부를 보내 우산국을 복속시키다. 신라 지증왕

④ 화랑도를 국가적 조직으로 개편하다. 신라 진흥왕

⑤ 이차돈의 순교를 계기로 불교를 공인하다. 신라 법흥왕

자료분석 '김흠돌의 반란', '국학을 설치하여 인재를 양성', '9주를 정비' 등을 통해 통일 신라 신문왕과 관련된 사실을 고르는 문제임을 알 수 있다. 삼국 통일 이후 즉위한 통일 신라 신문왕은 즉위하면서 진골인 김흠돌의 반란을 진압하고, 유교 교육을 통하여 인재를 양성하고자 국학을 설립하였다. 그리고 9주 5소경을 설치하여 지방 행정을 정비하였다.

정답 찾기 ① 통일 신라 신문왕은 왕권 강화 정책을 추진하면서 관리의 복무 대가로 관료전을 지급하고 이후 녹읍을 폐지하였다.

오답 피하기
② 마립간이라는 칭호는 신라 내물 마립간 때부터 사용되었다.
③ 이사부를 보내 우산국을 복속시킨 왕은 신라 지증왕이다.
④ 화랑도를 국가적 조직으로 개편한 왕은 신라 진흥왕이다.
⑤ 이차돈의 순교를 계기로 불교를 공인한 왕은 신라 법흥왕이다.

인 퀴 합격으로 **이끄는** 필수 개념: 통일 신라 신문왕의 업적

왕권 강화	• 감은사 완성 • 김흠돌의 난을 계기로 귀족 세력 숙청 • 만파식적 설화 • 관료전 지급 및 녹읍 폐지
통치 체제 정비	• 중앙 통치 체제(집사부 예하 13부) • 지방 행정 정비(9주 5소경) • 군사 제도 정비(9서당 10정)
유학 장려	국학 설립

KEYWORD **장보고** 정답 ③

09 밑줄 그은 '이 인물'에 대한 설명으로 옳은 것은? 2점

오전 10:40 61%

적산 법화원 ✕

적산 법화원은 산동반도에 있었던 신라인 집단 거주지에 세워진 절이다. 이 절을 창건한 이 인물은 당에 건너가 무령군 소장이 되었다가 흥덕왕 때 귀국하여 활발히 활동하였다. 그러나 왕위 쟁탈전에 휘말려 암살당했다.

① 구법 순례기인 왕오천축국전을 지었다. 혜초
② 진성 여왕에게 시무책 10여 조를 올렸다. 최치원
✓③ 청해진을 중심으로 해상 무역을 전개하였다. 장보고
④ 9산 선문 중의 하나인 가지산문을 개창하였다. 도의
⑤ 한자의 음과 훈을 차용한 이두를 체계적으로 정리하였다. 설총

자료분석 '법화원', '신라인 집단 거주지', '무령군 소장' 등을 통하여 밑줄 그은 '이 인물'이 신라 하대에 활동한 장보고임을 알 수 있다. 신라에서 태어난 장보고는 당나라로 건너가 무령군 소장을 역임하고, 끌려온 신라인들이 집단 거주지를 형성하자 그들을 위해 법화원을 만들었다. 이후 장보고는 통일 신라 흥덕왕 때 귀국하여 무역 활동을 전개하다가 왕위 쟁탈전에 휘말렸고 비참한 최후를 맞이하였다.

정답 찾기 ③ 통일 신라 흥덕왕(신라 하대) 때 장보고가 청해진을 설치하여 해상 무역을 장악하였다.

오답 피하기
① 통일 신라의 승려 혜초는 인도와 중앙아시아 풍물에 대한 기록을 정리한 『왕오천축국전』을 저술하였다.
② 통일 신라 진성 여왕 때 국가를 쇄신하기 위한 시무책 10여 조를 올린 인물은 최치원이다.
④ 9산 선문 중의 하나인 가지산문을 개창한 인물은 도의이다.
⑤ 이두를 체계적으로 정리하여 한문 교육에 공헌한 인물은 통일 신라의 설총이다.

 합격으로 이끄는 필수 개념: 신라 하대 장보고의 활약

| 사원 건립 | 당나라 산동 반도 적산에 법화원 설치(엔닌의 『입당구법순례행기』) |
| 무역 활동 | 통일 신라 흥덕왕 때 청해진 설치, 황해와 남해의 해상 무역 장악 |

KEYWORD **고려 태조 왕건** 정답 ①

10 밑줄 그은 '왕'의 정책으로 옳은 것은? 2점

┌→ 고려 태조 왕건
왕이 천덕전에 거둥하여 백관을 모아놓고 말하기를, "내가 신라와 굳게 동맹을 맺은 것은 두 나라가 길이 우호를 유지하고 각자의 사직(社稷)을 보전하기 위해서였다. 지금 신라왕이 굳이 신하로 있겠다고 요청하고 그대들도 그것이 옳다고 하니, 나의 마음이 매우 부끄러우나 여러 사람의 뜻을 거스르기가 어렵다."라고 하였다. 이에 신라왕이 뜰에서 예를 올리니 여러 신하가 하례하여 함성이 궁궐을 진동하였다. …… 신라국을 없애 경주라 하고, 그 지역을 김부의 식읍으로 하사하였다.

✓① 빈민 구제 기관인 흑창을 설치하였다. 고려 태조 왕건
② 12목을 설치하고 지방관을 파견하였다. 고려 성종
③ 국자감에 7재라는 전문 강좌를 운영하였다. 고려 예종
④ 광덕, 준풍 등의 독자적 연호를 사용하였다. 고려 광종
⑤ 전시과 제도를 마련하여 관리에게 토지를 지급하였다. 고려 경종

자료분석 '신라왕이 굳이 신하로 있겠다고 요청', '신라국을 없애 경주라 하고, 그 지역을 김부의 식읍으로 하사' 등을 통하여 밑줄 그은 '왕'이 고려 태조 왕건임을 알 수 있다. 태조 왕건은 후삼국 통일 과정에서 후백제와는 격렬히 싸우는 한편, 신라에는 우호적인 자세를 보여주었다. 이에 935년 신라 경순왕의 항복을 받아들이고, 경순왕에게 경주를 식읍으로 내려 사심관으로 삼았다.

정답 찾기 ① 고려 태조 왕건은 빈민을 구제하기 위하여 흑창을 설치하였다.

오답 피하기
② 12목을 설치하고 지방관을 파견한 왕은 고려 성종이다.
③ 국자감에 7재라는 전문 강좌를 운영한 인물은 관학 진흥책을 펼친 고려 예종이다.
④ 광덕, 준풍 등의 독자적 연호를 사용한 인물은 고려 광종이다.
⑤ 전시과 제도를 마련하여 관리에게 토지를 지급한 인물은 고려 경종이다(시정 전시과).

합격으로 이끄는 필수 개념: 고려 태조 왕건의 업적

호족 통합 정책	정략결혼, 사성 정책, 역분전 지급
호족 견제 정책	사심관 제도, 기인 제도
민생 안정 정책	흑창 설치
훈요 10조	• 거란을 멀리하라(제4조) • 서경을 중시하라(제5조) → 풍수지리의 영향 → 북진 정책 → 영토 확장(청천강~영흥만)
저서	『정계』, 『계백료서』

11 (가)에 대한 역대 왕조의 대응으로 옳은 것은? 2점

함길도 도절제사 김종서에게 전지하기를, "동북 지역의 경계는 공험진(公嶮鎭)으로 삼았다는 말이 전하여 온 지가 오래다. 그러나 정확하게 어느 곳에 있는지 알지 못한다. …… 고려사에 이르기를, '윤관이 공험진에 비를 세워 경계를 삼았다.'고 하였다. 지금 듣건대 선춘점(先春岾)에 윤관이 세운 비가 있다 하는데, 공험진이 선춘점의 어느 쪽에 있는가. 그 비문을 사람을 시켜 찾아볼 수 있겠는가. …… 윤관이 ___(가)___ 을/를 쫓고 9성을 설치하였는데, 그 성이 지금 어느 성이며, 공험진의 어느 쪽에 있는가. 거리는 얼마나 되는가. 듣고 본 것을 아울러 써서 아뢰라."라고 하였다.

↳여진

① 신라 문무왕 때 청방인문표를 보내어 인질의 석방을 요구하였다. 당

② 고려 우왕 때 나세, 심덕부 등이 진포에서 크게 물리쳤다. 왜구

③ 고려 창왕 때 박위를 파견하여 근거지를 토벌하였다. 왜구

✓④ 조선 태종 때 경성과 경원에 무역소를 설치하여 회유하였다. 여진

⑤ 조선 광해군 때 기유약조를 체결하여 무역을 재개하였다. 일본

[자료분석] '윤관', '9성을 설치' 등을 통하여 (가)가 여진족임을 알 수 있다. 고려 시대에 윤관이 별무반을 이끌고 여진 정벌을 단행하여 동북 9성을 축조하였다.

[정답 찾기] ④ 조선 태종은 북방의 경성과 경원에 무역소를 설치하여 교류를 하면서 여진에 대한 회유책을 실시하였다.

[오답 피하기]
① 신라 문무왕 때 강수는 당나라에 「청방인문표」를 보내 억류되어 있던 김인문의 석방을 요구하였다.
② 고려 우왕 때 나세, 심덕부 등이 진포에서 왜구를 크게 격퇴하였다.
③ 고려 창왕 때 박위를 파견하여 왜구의 근거지인 쓰시마섬을 토벌하였다.
⑤ 조선 광해군 때 일본과 기유약조를 체결하여 무역을 재개하였다.

합격으로 이끄는 필수 개념: 역대 왕조와 여진의 관계

고구려·발해	'말갈'이란 이름으로 공존
고려 시대	• 고려 숙종 때 여진과 충돌 → 별무반 설치 • 고려 예종 때 윤관의 여진 정벌(동북 9성) • 여진의 금이 고려에 사대관계 요구
조선 시대	• 조선 태종 때 여진과의 교역을 위해 무역소 설치 • 조선 세종 때 최윤덕·김종서로 하여금 여진을 몰아내고 4군 6진 개척 • 여진의 성장 및 후금(청) 건국 이후 충돌(정묘호란·병자호란), 삼전도의 굴욕

---

12 (가) 국가의 경제 상황으로 옳은 것은? 2점

이것은 양산 통도사 국장생 석표입니다. 통도사의 경계를 표시하기 위해 세운 석표 중 하나로 '상서호부(尙書戶部)의 승인으로 세웠다'는 내용이 새겨져 있습니다. 국사·왕사 제도를 두어 불교를 장려했던 ___(가)___ 시대에 국가와 사찰의 관계를 파악할 수 있는 문화유산입니다.

↳고려

✓① 삼한통보, 해동통보 등이 발행되었다. 고려

② 특산품으로 솔빈부의 말이 유명하였다. 발해

③ 만상이 대청 무역으로 부를 축적하였다. 조선 후기

④ 시장을 감독하는 관청인 동시전이 설치되었다. 신라

⑤ 광산을 전문적으로 경영하는 덕대가 등장하였다. 조선 후기

[자료분석] '국사·왕사 제도를 두어 불교를 장려' 등을 통하여 (가) 국가가 고려임을 알 수 있다. 따라서 고려 시대의 경제 상황을 고르는 문제이다.

[정답 찾기] ① 고려 숙종 때 삼한통보·삼한중보·해동중보·해동통보·은병(활구) 등이 발행되었다.

[오답 피하기]
② 발해는 특산품으로 솔빈부의 말이 유명하였다.
③ 조선 후기에 만상이 대청 무역으로 부를 축적하였다.
④ 신라 지증왕 때 시장을 감독하는 관청인 동시전이 설치되었다.
⑤ 조선 후기에 광산을 전문적으로 경영하는 덕대가 등장하였다.

합격으로 이끄는 필수 개념: 고려 시대의 경제

상업	경시서 설치(상행위 감독)
수공업	관청·소 수공업(전기) → 민간·사원 수공업(후기)
화폐	• 성종: 건원중보 주조 • 숙종: 의천의 건의로 삼한통보·해동통보·활구(은병) 주조
무역	• 예성강 하구의 벽란도가 국제 무역항으로 번성 • 이슬람(아라비아) 상인 왕래(COREA)

| 제69회 심화 |
| 제68회 심화 |
| 제67회 심화 |
| 제66회 심화 |
| 제65회 심화 |
| 제64회 심화 |
| 제63회 심화 |
| **제62회 심화** |

KEYWORD 고려의 문화유산   정답 ②

13 (가) 국가의 문화유산으로 옳은 것을 〈보기〉에서 고른 것은?   2점

미(美)·색(色)
벨기에 소장 우리 문화유산 특별전

초대의 글

우리 박물관에서는 국내에 들여와 보존 처리를 마친 벨기에 왕립 예술 역사박물관 소장 ☐(가)☐의 공예품 8점을 공개하는 특별전을 개최합니다.

이번 전시에서는 ☐(가)☐의 대표적 문화유산인 상감청자 6점을 비롯하여 청동 정병, 금동 정통 등을 자세히 감상할 수 있도록 전시 공간을 연출하였으니 많은 관심 바랍니다.

■ 기간: 2022. ○○. ○○. ~ ○○. ○○.
■ 장소: △△ 박물관 기획 전시실

─〈보 기〉─

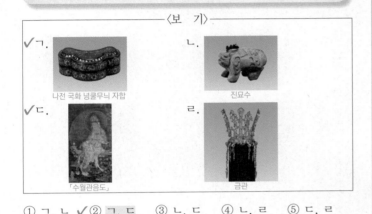

✓ ㄱ. 나전 국화 넝쿨무늬 자합
ㄴ. 진묘수
✓ ㄷ. 「수월관음도」
ㄹ. 금관

① ㄱ, ㄴ ✓② ㄱ, ㄷ ③ ㄴ, ㄷ ④ ㄴ, ㄹ ⑤ ㄷ, ㄹ

자료분석 '상감청자'를 통하여 (가) 국가가 고려임을 알 수 있다. 고려의 공예는 상감 기법이 발달하였는데 이는 고려만의 독창적 기술로 그릇의 표면을 파낸 부분에 백토나 흑토를 채워 무늬를 내는 기법이었다.

정답 찾기 ② ㄱ. 고려의 나전 국화 넝쿨무늬 자합이다.
ㄷ. 고려 시대에 그려진 「수월관음도」이다.

오답 피하기
ㄴ. 백제 무령왕릉에서 발견된 진묘수이다.
ㄹ. 신라에서 제작된 금관이다.

합격으로 이끄는 필수 개념: 고려의 주요 문화유산

금속 활자	『상정고금예문』, 『직지심체요절』
공예	• 상감 청자(상감 기법) • 나전 국화 넝쿨무늬 자합
불상	• 안동 이천동 마애여래 입상 • 파주 용미리 마애 이불 입상
탑	• 평창 월정사 팔각 구층 석탑: 송의 영향 • 개성 경천사지 십층 석탑: 원의 영향
그림	문인화·산수화(전기) → 「천산대렵도」·「수월관음도」(후기)

KEYWORD 거란의 제1차 침입~거란의 제2차 침입 사이의 사실   정답 ③

14 (가) 시기에 있었던 사실로 옳은 것은?   2점

→ 거란의 제1차 침입

누가 거란 진영에 가서 담판을 벌여 군대를 물러가게 하겠는가?

신. 서희가 폐하의 분부를 받들겠습니다.

→ 거란의 제2차 침입

양규가 적을 무로대와 이수 등지에서 크게 무찌르고 포로를 되찾았다고 합니다.

성종 → (가) → 현종

① 묘청이 서경에서 난을 일으켰다. 묘청의 난(고려 인종)
② 이자겸이 척준경에 의해 축출되었다. 이자겸의 난(고려 인종)
✓③ 강조가 정변을 일으켜 국왕을 폐위하였다. 거란의 제2차 침입 배경
④ 김윤후가 처인성에서 살리타를 사살하였다. 몽골의 침입(고려 고종)
⑤ 다인철소의 주민들이 충주에서 항전하였다. 몽골의 침입(고려 고종)

자료분석 (가) 이전에는 거란의 제1차 침입 때 고려 성종의 명으로 '거란' 진영으로 떠나는 '서희'의 모습이 나타나 있고, (가) 이후는 현종 때 거란의 제2차 침입으로 거란군에 대적하고자 하는 '양규'의 모습이 나타나 있다.

정답 찾기 ③ 강조가 고려 목종을 폐위하고 현종을 즉위시킨 강조의 정변은 거란 제2차 침입의 배경이 되었다.

오답 피하기
① 고려 인종 때 묘청이 서경 천도를 주장하며 난을 일으켰다. 거란의 제2차 침입 이후의 사실이다.
② 고려 인종 때 권력을 잡은 문벌 귀족 이자겸이 척준경에 의하여 축출되었다. 거란의 제2차 침입 이후의 사실이다.
④ 김윤후는 몽골의 제2차 침입 당시 처인성에서 살리타를 사살하였다. 거란의 제2차 침입 이후의 사실이다.
⑤ 몽골의 제6차 침입 당시 충주 다인철소의 주민들이 방호별감 김윤후의 지휘 아래 몽골군에 항전하였다. 거란의 제2차 침입 이후의 사실이다.

합격으로 이끄는 필수 개념: 거란의 침입과 고려의 항전

거란의 제1차 침입 (993)	• 원인: 친송배거 정책 • 과정: 소손녕이 80만 대군으로 침공 • 결과: 서희의 담판, 강동 6주 획득
거란의 제2차 침입 (1010)	• 원인: 강조의 정변(고려 목종 폐위) • 과정: 현종의 나주 피란, 양규 활약 • 결과: 현종의 거란 친조 약속
거란의 제3차 침입 (1018)	• 원인: 현종의 친조 불이행 • 과정: 소배압이 10만 대군으로 침공 • 결과: 강감찬의 귀주 대첩(1019)

15 다음 상황이 나타난 시기의 사회 모습으로 옳은 것은? 1점

　　제국 대장 공주가 일찍이 잣과 인삼을 [원의] 강남 지역으로 보내 많은 이익을 얻었다. 나중에는 환관을 각지에 파견하여 잣과 인삼을 구하게 하였다. 비록 나오지 않는 땅이라 하더라도 강제로 거두니 백성들이 매우 괴로워하였다. → 원 간섭기 고려 사회의 모습

① 원종과 애노가 사벌주에서 봉기하였다. 신라 하대 진성 여왕

② 대각국사 의천이 해동 천태종을 개창하였다. 고려 숙종

✓ ③ 지배층을 중심으로 변발과 호복이 유행하였다. 고려 원 간섭기

④ 기근에 대비하기 위해 구황촬요가 간행되었다. 조선 명종

⑤ 국난 극복을 기원하며 초조 대장경이 조판되었다. 고려 현종

자료분석 '제국 대장 공주'를 통하여 원 간섭기의 상황임을 알 수 있다. 고려가 몽골에 복속된 이후 원 간섭기가 시작되었는데 원나라는 고려에 물적, 인적 수탈을 자행하여 백성들의 삶을 피폐하게 만들었다.

정답 찾기 ③ 원 간섭기에 지배층인 권문세족을 중심으로 몽골풍(변발과 호복 등)이, 원에서는 고려양이 유행하였다.

오답 피하기
① 한국사 최초의 농민 봉기인 원종·애노의 난은 신라 하대 진성 여왕 때 일어났다.
② 대각국사 의천은 고려 숙종 때 해동 천태종을 개창하였다.
④ 기근에 대비하기 위하여 『구황촬요』가 간행된 시기는 조선 명종 때이다.
⑤ 국난 극복을 기원하며 초조대장경을 조판한 시기는 고려 현종 때이다.

인 퀴 합격으로 이끄는 필수 개념: 원 간섭기 고려 사회의 모습

영토 상실	쌍성총관부, 동녕부, 탐라총관부 설치
관제 격하	• 중서문하성, 상서성 → 첨의부 • 중추원 → 밀직사
왕실 용어 격하	왕의 시호: '조'와 '종' → '왕'
내정 간섭	• 만호부, 다루가치 • 정동행성
자원 수탈	공녀(결혼도감), 매(응방)
문화 교류	몽골풍(변발·호복·철릭)과 고려양 유행(원)

16 다음 사건의 배경으로 가장 적절한 것은? 2점

　　조위총이 동·북 양계(兩界)의 여러 성에 격문을 돌려 군사를 불러 모아 말하기를, "소문에 따르면 개경의 중방(重房)에서 '북계의 여러 성은 거칠고 사나운 무리를 많이 거느리고 있으니 토벌해야 한다.'고 논의하고 이미 많은 병력을 동원했다고 하니 어찌 가만히 앉아서 스스로 죽을 수 있겠는가? 각자 군사와 말을 규합하여 빨리 서경으로 달려와야 한다."라고 하였다. → 조위총의 난(1174)

① 노비 만적이 반란을 모의하였다. 최충헌 집권기

✓ ② 정중부, 이의방 등이 정변을 일으켰다. 무신 정변

③ 신돈이 전민변정도감의 판사가 되었다. 고려 공민왕

④ 망이, 망소이 등이 명학소에서 봉기하였다. 정중부 집권기

⑤ 최충헌이 교정도감을 설치하여 국정을 총괄하였다. 최충헌 집권기

자료분석 '조위총', '서경' 등을 통하여 무신 정변 이후 일어난 조위총의 난(1174)임을 알 수 있다. 서경 유수 조위총은 이의방이 의종을 살해하고 장사도 지내지 않은 것을 비난하며 난을 일으켰으나 진압되었다.

정답 찾기 ② 보현원 사건을 계기로 이고, 이의방, 정중부 등 무신들이 문신들을 제거하고 고려 의종을 폐위하여 정권을 장악하였다(무신 정변, 1170).

오답 피하기
① 최충헌 집권기에 최충헌의 사노비 출신인 만적이 개경에서 공·사노비를 모아 놓고 대규모 신분 해방 운동을 꾀하였으나, 사전에 발각되어 실패하였다.
③ 신돈은 고려 공민왕의 지원으로 전민변정도감의 판사가 되어 개혁 정책을 추진하였다.
④ 정중부 집권기에 망이와 망소이 등은 공주 명학소에서 무신 정권의 부조리를 견디지 못하고 봉기하였다.
⑤ 최씨 무신 정권을 세운 최충헌은 교정도감을 설치하여 국정을 총괄하였다.

인 퀴 합격으로 이끄는 필수 개념: 무신 집권기의 반란

조위총의 난	이의방 집권기에 서경에서 봉기
망이·망소이의 난	정중부 집권기에 공주 명학소에서 일어난 하층민의 봉기
김사미·효심의 난	이의민 집권기에 운문·초전에서 신라 부흥을 주장하며 봉기
만적의 난	최충헌의 사노비 만적이 벌인 신분 해방 운동

제69회 심화
제68회 심화
제67회 심화
제66회 심화
제65회 심화
제64회 심화
제63회 심화
제62회 심화

KEYWORD 삼별초 · 정답 ④

17 (가) 군사 조직에 대한 설명으로 옳은 것은? 1점

처음에 최우가 나라 안에 도적이 많음을 근심하여 용사들을 모아 매일 밤 순행하면서 포악한 짓들을 금하였는데, 이로 인하여 이름을 야별초(夜別抄)라고 하였다. 도적들이 여러 도에서도 일어났으므로 별초를 나누어 보내 이들을 잡게 하였다. 그 군사가 매우 많아 마침내 나누어 좌우로 삼았다. 또 우리나라 사람으로서 몽골로부터 도망쳐 돌아온 자들을 한 부대로 삼아 신의군(神義軍)이라고 불렸는데, 이들이 ___(가)___이/가 되었다.
→ 삼별초

① 광군사의 통제를 받았다. 고려 정종이 조직한 광군
② 정미 7조약에 의해 해산되었다. 대한 제국 군대
③ 4군 6진을 개척해 영토를 확장하였다. 조선 세종이 파견한 김종서와 최윤덕의 군대
✓ ④ 개경 환도 결정에 반발하여 항쟁하였다. 고려 삼별초
⑤ 유사시에 향토방위를 담당하는 예비군이었다. 향토예비군(박정희 정부)

KEYWORD 목은 이색 · 정답 ⑤

18 밑줄 그은 '그'에 대한 설명으로 옳은 것은? 3점

초상화로 보는 한국사 → 이색

이 그림은 고려 말 삼은(三隱) 중 한 사람인 목은(牧隱)의 초상화이다. 이곡(李穀)의 아들인 그는 고려와 원의 과거에 합격했으며, 문하시중 등의 관직을 역임하였다. 고려 후기 성리학의 보급에 노력한 대표적 인물로 평가된다. 이 초상화는 당시의 관복을 충실하게 표현하여 보물로 지정되었다.

① 역옹패설과 사략을 저술하였다. 이제현
② 왕명에 의해 삼국사기를 편찬하였다. 김부식
③ 문헌공도를 설립하여 유학 교육에 힘썼다. 해동공자 최충
④ 불교 개혁을 주장하며 수선사 결사를 제창하였다. 지눌
✓ ⑤ 성균관의 대사성이 되어 정몽주 등을 학관으로 천거하였다. 이색

[자료분석] '최우', '야별초', '신의군' 등을 통하여 (가) 군사 조직이 삼별초임을 알 수 있다. 고려 무신 집권기 때 최우가 군사 기반을 강화하고자 좌별초·우별초·신의군을 포함한 삼별초를 조직하였다. 이들은 최우의 개인 사병으로 기능하였으나 몽골의 침입 이후 몽골과의 강화(대몽강화)에 끝까지 반대하며 강화도, 진도, 제주도로 거점을 옮기며 몽골군에 결사 항전하였다.

[정답 찾기] ④ 삼별초는 몽골과 강화를 맺은 고려 원종의 개경 환도에 반발하며 항쟁하였다.

[오답 피하기]
① 고려 정종은 거란의 침입에 대비하여 광군을 조직하고 이를 관리하기 위한 기관으로 광군사를 설치하였다.
② 1907년 정미 7조약(한·일 신협약)에 의하여 대한 제국의 군대가 강제로 해산되었다.
③ 조선 세종은 북방의 4군 6진을 개척하여 영토를 확장하였다.
⑤ 유사시에 향토방위를 맡은 향토 예비군은 박정희 정부 시기인 1968년에 결성되었다.

[자료분석] '목은', '고려 후기 성리학의 보급에 노력' 등을 통하여 밑줄 그은 '그'가 이색임을 알 수 있다. 목은 이색은 정몽주와 정도전의 스승으로 고려 후기 신진 사대부를 양성한 인물이다.

[정답 찾기] ⑤ 이색은 성균관의 대사성을 역임하며 정몽주 등을 학관으로 천거하는 등 신진 사대부 양성에 힘을 쏟았다.

[오답 피하기]
①『역옹패설』과『사략』을 저술한 인물은 이제현이다.
② 역사서인『삼국사기』를 편찬한 인물은 김부식이다.
③ 유학 교육의 발전을 위하여 문헌공도를 설립한 인물은 해동공자 최충이다.
④ 불교 개혁을 주장하며 수선사 결사를 제창한 인물은 지눌이다.

합격으로 이끄는 필수 개념: 삼별초의 항쟁

주요 인물	강화도와 진도에서는 배중손, 제주도에서는 김통정이 지휘
근거지	강화도(고려 정부의 개경 환도 반발) → 진도 → 제주도
최후	고려와 몽골 연합군에 의해 토벌

합격으로 이끄는 필수 개념: 고려 말 성리학의 발전과 계승

고려 후기	·충렬왕 때 안향에 의해 성리학 소개 ·이색, 정도전, 정몽주 등 신진 사대부에 의해 수용
조선 전기	·성리학을 통치 이념으로 조선 건국 ·사림파에 의해 주요 사상으로 자리매김(서원·향약)
조선 후기	·성리학의 절대화 현상 ·성리학 비판, 실학 등장, 양명학 유입

19 (가) 왕의 재위 시기에 있었던 사실로 옳은 것은? 2점

문화유산이 전하는 이야기 – 광통교

史 한국사 채널   조회수 221,203

청계천이 복원되면서 광통교도 옛 모습을 되찾았어요. 이 광통교에는 능에 썼던 석물들이 있어요. 두 차례 왕자의 난으로 즉위한 (가) 이/가 태조의 계비인 신덕 왕후의 능을 이장하고, 이전 능에 있던 병풍석과 난간석 등 석물 일부를 다리 제작에 사용하게 한 것이에요. └→ 조선 태종

① 최무선의 건의로 화통도감이 설치되었다. 고려 우왕
② 조선의 기본 법전인 경국대전이 완성되었다. 조선 성종
③ 국방 문제를 논의하기 위한 비변사가 설치되었다. 조선 중종
✓ ④ 세계 지도인 혼일강리역대국도지도가 제작되었다. 조선 태종
⑤ 한양을 기준으로 한 역법서인 칠정산이 간행되었다. 조선 세종

자료분석 '두 차례 왕자의 난으로 즉위'를 통하여 (가) 왕이 조선 태종임을 알 수 있다. 태종은 두 차례 왕자의 난을 통해 즉위하였으며 왕권 강화 정책을 펼쳐 6조 직계제 시행, 사병 혁파, 사간원 독립 등을 이루어냈다. 또한 양전 사업과 호패법을 실시하여 국가 재정을 확충하고, 신문고를 설치하여 민생을 안정시켰다.

정답 찾기 ④ 조선 태종 때 이회·이무·김사형 등이 「혼일강리역대국도지도」를 제작하였다. 이 지도는 동양에서 현존하는 가장 오래된 세계 지도이다.

오답 피하기
① 최무선의 건의로 화통도감이 설치된 것은 고려 우왕 때이다.
② 조선의 기본 법전이 『경국대전』이 완성된 것은 조선 성종 때이다.
③ 비변사는 조선 중종 때 발생한 삼포왜란을 계기로 설치되었다.
⑤ 한양을 기준으로 한 역법서인 『칠정산』이 간행된 것은 조선 세종 때이다.

합격으로 이끄는 필수 개념: 조선 태종의 업적

왕권 강화 정책	• 6조 직계제 시행	• 사병 혁파
	• 사간원 독립	
국가 재정 확충	• 양전 사업 시행	• 사원전 몰수
	• 호패법 시행	
민생 안정	신문고 설치	
지도 제작	「혼일강리역대국도지도」	

---

20 밑줄 그은 '이 기구'에 대한 설명으로 옳은 것은? 2점

이 책은 1870년에 편찬된 은대조례입니다. 서문에서 흥선 대원군은 은대라고 불린 이 기구의 업무 처리 규정을 일목요연하게 정리하였으니 앞으로 승지들의 사무에 나침반이 될 것이라고 밝혔습니다. └→ 승정원

✓ ① 왕명의 출납을 관장하였다. 승정원
② 사간원, 사헌부와 함께 3사로 불렸다. 홍문관
③ 천문 연구, 기상 관측 등의 일을 맡았다. 관상감
④ 실록을 보관하고 관리하는 업무를 담당하였다. 춘추관
⑤ 국왕 직속 사법 기구로 강상죄, 반역죄 등을 처결하였다. 의금부

자료분석 '은대', '승지'라는 명칭을 통해 밑줄 그은 '이 기구'가 승정원임을 알 수 있다. 승정원은 '은대' 외에 '후원'으로도 불렸으며 조선 시대 국왕 직속 비서 기관으로 왕권 강화에 기여하였다.

정답 찾기 ① 승정원은 왕명의 출납을 담당하였으며, 그중 수석 승지가 도승지이다.

오답 피하기
② 사간원, 사헌부와 함께 삼사를 이룬 기관은 홍문관이다.
③ 천문 연구와 기상 관측의 일을 맡은 기관은 관상감이다.
④ 실록을 보관하고 관리하는 업무를 맡은 기관은 춘추관이다.
⑤ 국왕 직속 사법 기구로 강상죄, 반역죄를 처벌한 기관은 의금부이다.

합격으로 이끄는 필수 개념: 조선의 중앙 통치 기구

의정부	• 국정 총괄
	• 아래에 6조를 두어 왕의 명령 집행
의금부	• 국왕 직속 사법 기구
	• 반역죄, 강상죄 등 국가의 큰 죄인 처벌
승정원	왕명 출납 관장
삼사	• 사헌부: 관리 비리 감찰
	• 사간원: 왕의 잘잘못을 논함
	• 홍문관: 경연 주관, 왕의 정책 자문, 궁중 서적 관리

제69회 심화

제68회 심화

제67회 심화

제66회 심화

제65회 심화

제64회 심화

제63회 심화

제62회 심화

KEYWORD 신숙주 정답 ⑤

21 다음 검색창에 들어갈 인물의 활동으로 옳은 것은? 3점

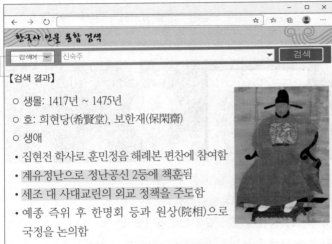

한국사 인물 통합 검색

검색어 ▼ 신숙주 ▼ 검색

【검색 결과】

○ 생몰: 1417년 ~ 1475년

○ 호: 희현당(希賢堂), 보한재(保閑齋)

○ 생애

• 집현전 학사로 훈민정음 해례본 편찬에 참여함

• 계유정난으로 정난공신 2등에 책훈됨

• 세조 대 사대교린의 외교 정책을 주도함

• 예종 즉위 후 한명회 등과 원상(院相)으로 국정을 논의함

① 기해 예송에서 기년설을 주장하였다. 송시열

② 반정 공신의 위훈 삭제를 건의하였다. 조광조

③ 향촌의 풍속 교화를 위해 예안 향약을 시행하였다. 퇴계 이황

④ 최초로 100리 척을 사용한 동국지도를 제작하였다. 정상기

✓ ⑤ 일본의 정치, 사회, 지리 등을 정리한 해동제국기를 저술하였다. 신숙주

자료분석 '계유정난으로 정난공신 2등에 책훈', '세조 대 사대교린의 외교 정책을 주도' 등을 통하여 신숙주에 대한 내용임을 알 수 있다. 신숙주는 집현전 학사를 역임하고, 조선 세조를 옹립시킨 계유정난의 공신으로 책봉되었으며 명과의 사대, 일본과의 교린 외교를 주도하였다.

정답 찾기 ⑤ 신숙주는 조선 세종 때 일본에 다녀와서 성종 때 견문록인 『해동제국기』를 편찬하였다.

오답 피하기

① 조선 현종 때 기해 예송에서 기년설을 주장한 인물은 송시열이다.

② 조선 중종 때 반정 공신의 위훈 삭제를 건의한 인물은 조광조이다.

③ 향촌의 풍속 교화를 위해 예안 향약을 시행한 인물은 퇴계 이황이다.

④ 최초로 100리 척을 사용한 『동국지도』를 제작한 인물은 정상기이다.

인 퀵 합격으로 **이끄는 필수 개념**: 신숙주의 외교 정책과 저서

정책	대명 사대, 대일 교린 정책 주도
저서	『해동제국기』(1471): 조선 세종 때 일본에 다녀온 신숙주가 성종 때 편찬

KEYWORD 조선 세종의 정책 정답 ⑤

22 (가) 왕이 추진한 정책으로 옳은 것은? 3점

□□신문

제△△호 ○○○○년 ○○월 ○○일

관현맹(管絃盲) 공연, 경복궁에서 재현

조선 시대 관현맹의 공연을 재현하는 행사가 경복궁 수정전에서 개최되었다. 관현맹은 궁중 잔치에서 연주한 시각장애인 악사인데, 박연의 상소를 계기로 [(가)] 때 관직과 곡식을 받게 되었다. 이번 공연에서는 [(가)]이/가 작곡한 여민락(與民樂)을 시작으로 여러 곡이 연주되었다. → 조선 세종

① 창덕궁에 신문고를 처음 설치하였다. 조선 태종

② 삼수병으로 구성된 훈련도감을 창설하였다. 조선 선조

③ 붕당 정치의 폐단을 경계하고자 탕평비를 세웠다. 조선 영조

④ 통치 체제를 정비하기 위해 대전통편을 간행하였다. 조선 정조

✓ ⑤ 유교 윤리의 보급을 위해 삼강행실도를 편찬하였다. 조선 세종

자료분석 '박연', '여민락' 등을 통하여 (가) 왕이 조선 세종임을 알 수 있다. 박연은 조선 세종 대에 악보와 악곡을 정리한 신료이고, 여민락은 용비어천가를 아악곡(궁중음악)으로 만든 것이다.

정답 찾기 ⑤ 조선 세종은 유교 윤리의 보급을 위하여 『삼강행실도』를 편찬하였다.

오답 피하기

① 조선 태종 때 창덕궁에 신문고를 처음 설치하였다.

② 조선 선조 때 삼수병으로 구성된 훈련도감을 창설하였다.

③ 조선 영조는 붕당 정치의 폐단을 경계하고자 탕평비를 세웠다.

④ 조선 정조는 통치 체제를 정비하기 위하여 『대전통편』을 간행하였다.

인 퀵 합격으로 **이끄는 필수 개념**: 조선 세종의 업적

의정부 서사제	의정부의 기능을 강화하여 왕권과 신권의 조화를 추구
유교적 정치 이념 추구	• 집현전 설치 • 경연 활성화
편찬	『삼강행실도』, 『농사직설』, 『칠정산』

23 다음 상인이 등장한 배경으로 가장 적절한 것은? 1점

우리 역사 속
직업의 세계

나의 직업은
무엇일까요?

(앞면)

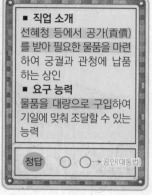

■ 직업 소개
선혜청 등에서 공가(貢價)를 받아 필요한 물품을 마련하여 궁궐과 관청에 납품하는 상인
■ 요구 능력
물품을 대량으로 구입하여 기일에 맞춰 조달할 수 있는 능력

정답 ○ ○ → 공인(대동법)

(뒷면)

① 관수 관급제가 시행되었다. 조선 성종
② 금속 화폐인 건원중보가 주조되었다. 고려 성종
③ 근대적 상회사인 대동 상회가 설립되었다. 조선 고종
✓④ 공납의 폐단을 시정하기 위해 대동법이 실시되었다. 조선 광해군
⑤ 육의전을 제외한 시전 상인의 금난전권이 폐지되었다. 조선 정조 (신해통공)

자료분석 '선혜청 등에서 공가(貢價)를 받아 필요한 물품을 마련'과 '물품을 대량으로 구입' 등을 통하여 공인에 대한 내용임을 알 수 있다. 공인은 조선 광해군 때부터 시행된 대동법으로 인하여 생겨난 어용상인으로 관의 공식 허가를 받고 국가에 필요한 물품을 구입 및 조달하는 역할을 담당하였으며, 특정 물품에 대한 독점권을 확보하여 큰 부를 축적하였다.

정답 찾기 ④ 공납의 폐단을 시정하기 위하여 조선 광해군 때 경기 지방을 대상으로 대동법이 실시되었다. 후에 조선 숙종 때 전국적으로 확대되었다.

오답 피하기
① 관수 관급제가 시행된 시기는 조선 성종 때이다.
② 금속 화폐인 건원중보가 주조된 시기는 고려 성종 때이다.
③ 근대적 상회사인 대동 상회가 설립된 시기는 조선 고종 때인 1883년이다.
⑤ 육의전을 제외한 시전 상인의 금난전권이 폐지된 신해통공이 시행된 시기는 조선 정조 때이다.

 합격으로 이끄는 필수 개념: 대동법의 시행

시행	• 공납의 폐단을 줄이기 위해 시행 • 선혜청에서 담당 • 경기도 시행(이원익의 건의) → 충청도·전라도 시행(김육의 건의) → 전국 시행
방식	• 특산물 대신 쌀·베·동전 등으로 납부(상품화폐 경제의 발달) • 지주에게 1결당 12두 징수
영향	공인 등장: 관청에 물품을 납품

24 밑줄 그은 '이 성곽'에 대한 설명으로 옳지 않은 것은? 2점

한양 도성
이 성곽은 한성부 도심의 경계를 표시하고 외부의 침입을 방어하기 위해 축조되었습니다. 총 둘레는 약 18km로 4대문과 4소문 및 암문, 수문, 여장, 옹성 등의 시설을 갖추고 있습니다.

① 개국 초기 정도전 등이 설계하였다. 한양 도성
② 도성조축도감이 축조를 관장하였다. 한양 도성
✓③ 후금의 침입에 맞서 정봉수가 항전한 곳이다. 용천 용골산성
④ 조선 시대 축성 기술의 변화 과정이 잘 나타나 있다. 한양 도성
⑤ 일제 강점기 도시 정비 계획을 구실로 크게 훼손되었다. 한양 도성

자료분석 '한성부 도심의 경계를 표시하고 외부의 침입을 방어하기 위해 축조'를 통해 밑줄 그은 이 성곽은 조선의 도읍이었던 한성을 지키기 위하여 축조되었던 한양 도성이다. 한양 도성은 조선 태조 이성계가 조선을 건국하고, 1396년 수도를 개성에서 한양으로 옮긴 후 궁궐과 도시를 방어하기 위해 지었다.

정답 찾기 ③ 정봉수가 정묘호란 당시 후금의 침략에 항전한 곳은 오늘날 평안북도 용천 지역에 위치한 용골산성이다.

오답 피하기
① 개국 초기 정도전 등이 한양 도성의 설계를 담당하였다.
② 조선 태조는 도성조축도감을 두어 한양 도성의 축조를 관장하게 하였다.
④ 한양 도성은 조선 태종과 세종, 숙종 등의 여러 시기를 거치면서 유지와 보수가 되었고 이를 통해 조선 시대 축성 기술의 변화를 볼 수 있다.
⑤ 한양 도성은 일제 강점기에 조선 총독부가 도시 정비 계획을 구실로 크게 훼손하였다.

 합격으로 이끄는 필수 개념: 조선 시대 한양 도성

설계	• 조선 건국 초기, 개국 공신인 정도전 등이 주도하여 축조 • 도성조축도감 설치
변화	• 조선 시대 태종, 세종, 숙종 등 전기와 후기에 걸쳐 보수와 증축을 반복 • 일제 강점기 조선 총독부의 경성부 확장과 교통 시설 건설로 인해 성벽 일부 구간 훼손 • 6·25 전쟁 당시 폭격으로 피해

KEYWORD 임진왜란 행주 대첩 이후의 사실 정답 ③

25 다음 전투 이후에 전개된 사실로 옳은 것은? [2점]

> →행주 대첩(임진왜란)
> 권율이 정병 4천 명을 뽑아 행주산 위에 진을 치고는 책(柵)을 설치하여 방비하였다. …… 적은 올려다보고 공격하는 처지가 되어 탄환도 맞히지 못하는데 반해 호남의 씩씩한 군사들은 모두 활쏘기를 잘하여 쏘는 대로 적중시켰다. …… 적이 결국 패해 후퇴하였다.
> - 『선조수정실록』 -

① 최영이 홍산에서 대승을 거두었다. 고려 우왕
② 이순신이 한산도 대첩에서 승리하였다. 행주 대첩 이전
✓③ 휴전 회담의 결렬로 정유재란이 시작되었다. 행주 대첩 이후
④ 이종무가 왜구의 근거지인 쓰시마를 정벌하였다. 조선 세종
⑤ 신립이 탄금대에서 배수의 진을 치고 왜군에 항전하였다. 행주 대첩 이전

KEYWORD 조선 명종 재위 기간에 있었던 사실 정답 ②

26 밑줄 그은 '임금'의 재위 기간에 있었던 사실로 옳은 것은? [3점]

 감히 대비마마를 욕보이다니. 당장 이 벽서를 떼어다 임금께 올리세. 조선 명종(양재역 벽서 사건)

 게다가 누구나 볼 수 있는 양재역 벽에 이런 참담한 내용을 써 붙이다니 당장 고하러 가세나.

> 여주(女主)가 위에서 정권을 잡고 간신 이기(李芑) 등이 아래에서 권세를 제멋대로 휘두르고 있다. 나라가 장차 망할 것을 서서 기다릴 수 있게 됐다. 어찌 한심하지 않은가.
> 중추월 그믐날

① 사림이 동인과 서인으로 나뉘었다. 조선 선조
✓② 외척 간의 대립으로 을사사화가 일어났다. 조선 명종
③ 서인이 반정을 일으켜 정권을 장악하였다. 인조반정
④ 김종직 등 사림이 중앙 정계에 진출하기 시작하였다. 조선 성종
⑤ 폐비 윤씨 사사 사건의 전말이 알려져 김굉필 등이 처형되었다. 조선 연산군

자료분석 '권율이 정병 4천 명을 뽑아 행주산 위에 진을 치고는 책(柵)을 설치하여 방비'를 통하여 자료에 나타난 전투가 임진왜란 중 발생한 행주 대첩임을 알 수 있다. 임진왜란 초기 평양까지 밀린 조선은 명의 도움으로 평양을 되찾고, 서울 근교 벽제관까지 진격했다가 패퇴한 상황이었다. 그 시점에 왜군은 권율이 지키고 있던 행주산성을 포위 공격하였고, 이에 맞서 관군과 백성이 힘을 합쳐 승리를 거두었다.

정답 찾기 ③ 행주 대첩 이후 명이 일본에 사신을 보내 화의를 제의하였고 전황이 불리해진 일본이 이에 응하여 휴전 협상이 진행되었다. 그러나 3년간 진행된 휴전 협상이 결렬되어 왜군이 다시 침략하여 정유재란이 발발하였다.

오답 피하기
① 고려 우왕 때 최영이 홍산에서 왜구를 상대로 대승을 거두었다(홍산 대첩).
② 이순신의 한산도 대첩은 왜군의 평양성 함락 이후에 일어난 전투로, 행주 대첩 이전의 사실이다.
④ 조선 세종의 명을 받은 이종무가 왜구의 근거지인 쓰시마섬을 정벌하였다.
⑤ 임진왜란 초기 빠르게 북진하는 왜군을 막기 위하여 신립이 충주 탄금대에서 배수의 진을 치고 왜군과 격전을 벌였다. 행주 대첩 이전의 사실이다.

자료분석 '양재역 벽'을 통하여 조선 명종 때 발생한 양재역 벽서 사건에 대한 내용임을 알 수 있다. 문정 왕후와 윤원형을 비난하는 내용의 익명서가 양재역에서 발견되었으며 이로 인하여 윤임 집안의 인물들이 사사되거나 유배되었다. 따라서 밑줄 그은 '임금'은 조선 명종이다.

정답 찾기 ② 조선 명종 때 외척 간 권력 다툼으로 을사사화가 발생하였다. 이로 인하여 윤임의 대윤파 및 인종의 개혁 정치에 동참하였던 사림 세력이 제거되었다.

오답 피하기
① 조선 선조 때 사림이 동인과 서인으로 분화하였다.
③ 서인은 조선 광해군이 폐모살제(廢母殺弟)를 저질렀다는 이유로 그를 쫓아내고 인조를 왕으로 세우는 인조반정을 일으켰다.
④ 조선 성종 때 김종직 등 사림이 중앙 정계에 등용되었다.
⑤ 조선 연산군 때 폐비 윤씨 사사 사건을 명분으로 훈구 세력과 김굉필 등 사림 세력이 참혹한 화를 당한 갑자사화가 발생하였다.

 합격으로 **이끄는** 필수 개념: 임진왜란의 전개 과정

배경	도요토미 히데요시의 '정명가도' 요구 → 침략
전개	충주 탄금대 전투(신립) → 조선 선조의 의주 피난 → 한산도 대첩(이순신) → 제1차 진주성 전투(김시민, 곽재우) → 행주 대첩(권율) → 정유재란 → 명량 해전(이순신) → 노량 해전(이순신)
결과	문화재 소실 및 일본의 약탈

 합격으로 **이끄는** 필수 개념: 조선 명종 때의 사실

을사사화	• 배경: 대윤(윤임)과 소윤(윤원형)의 대립 • 결과: 윤임의 대윤파 및 사림 세력 제거
양재역 벽서 사건	양재역에 문정 왕후를 비난하는 내용의 익명서 발견 → 윤임 집안 인물들이 사사됨
을묘왜변	• 삼포 왜란 이후 왜인들의 습격 • 비변사의 상설 기구화

27 (가) 문화유산에 대한 설명으로 옳은 것을 〈보기〉에서 고른 것은? 2점

→ 수원 화성

> 정조가 정치적 이상을 담아 축조한 **(가)** 안의 모습이 참 예쁘네!

> 정조가 행차할 때 머물렀던 행궁과 **장용영** 군사를 지휘했던 서장대도 보여.

───〈보 기〉───

ㄱ. 고종이 아관파천 이후 환궁한 곳이다. 경운궁(덕수궁)

✓ㄴ. 포루, 공심돈 등 방어 시설을 갖추었다. 수원 화성

ㄷ. 당백전을 발행하여 건설 비용에 충당하였다. 경복궁

✓ㄹ. 정약용이 고안한 거중기 등을 이용하여 축조되었다. 수원 화성

① ㄱ, ㄴ ② ㄱ, ㄷ ③ ㄴ, ㄷ ✓④ ㄴ, ㄹ ⑤ ㄷ, ㄹ

자료분석 '정조가 정치적 이상을 담아 축조', '장용영' 등을 통하여 (가) 문화유산이 수원 화성임을 알 수 있다. 조선 정조는 정치적, 군사적 기능을 부여한 수원 화성을 건설하여 왕권을 강화하고자 하였다.

정답 찾기 ④ ㄴ. 수원 화성의 성곽 시설에는 포루, 공심돈 등과 같은 새로운 시설이 도입되었다. 포루는 성벽을 돌출시켜 적을 공격하도록 한 군사 시설물이며, 공심돈은 가운데가 비어 있는 돈대로 전시에는 위아래로 구멍을 뚫어 바깥 동정을 살필 수 있는 방어 시설로서뿐만 아니라 총포를 쏠 수 있어 공격 시 전투 요새로 변신하게 된다.

ㄹ. 정약용은 거중기를 제작하여 수원 화성을 축조하는 데 활용하였다.

오답 피하기

ㄱ. 조선 고종은 1년여 간의 아관파천 이후 경운궁(덕수궁)으로 환궁하였다.

ㄷ. 흥선 대원군은 왕실의 권위를 세우고자 경복궁을 중건하였으며, 중건에 필요한 재정을 확보하기 위하여 당백전을 발행하였다.

인끌인 합격으로 **이끄는** 필수 개념: 조선 정조의 왕권 강화 정책

규장각 육성	규장각을 정치적 기구로 육성
장용영 설치	국왕의 친위 부대로 왕권을 강화하고자 설치
초계문신제 시행	유능한 인재를 재교육
수원 화성 건설	정치적, 군사적 기능을 부여한 수원 화성을 건설 (거중기 사용, 포루와 공심돈 등 방어 시설)
수령의 권한 강화	수령이 향약을 직접 주관하도록 하여 사림의 영향력을 축소

28 (가), (나)를 쓴 인물의 공통점으로 옳은 것은? 2점

> (가) 실옹이 웃으며 말하기를, "······ 대저 땅덩이는 하루 동안에 한 바퀴를 도는데, 땅 둘레는 9만 리이고 하루는 12시이다. 9만 리 넓은 둘레를 12시간에 도니 번개나 포탄보다도 더 빠른 셈이다."라고 하였다. → 홍대용의 『의산문답』

> (나) 허생이 말하기를, "우리 조선은 배가 외국과 통하지 못하고, 수레가 국내에 두루 다니지 못하는 까닭에 온갖 물건이 나라 안에서 생산되어 소비되곤 하지 않아. ······ 어떤 물건 하나를 슬그머니 독점한다면, 그 물건은 한 곳에 갇혀서 유통되지 못하니 이는 백성을 못살게 하는 방법이야."라고 하였다. → 박지원의 『허생전』

① 갑술환국으로 정계에서 축출되었다. 남인 세력

② 양명학을 연구하여 강화학파를 형성하였다. 정제두

③ 서얼 출신으로 규장각 검서관에 기용되었다. 유득공·박제가·이덕무 등

✓④ 연행사의 일원으로 청에 다녀와 연행록을 남겼다. 홍대용·박지원

⑤ 농민 생활의 안정을 위하여 화폐 사용을 반대하였다. 성호 이익

자료분석 (가)는 조선 후기 중상학파 실학자인 홍대용이 저술한 『의산문답』이다. 홍대용은 지전설과 무한 우주론을 주장하여 중국 중심 세계관을 비판하였다. (나)는 조선 후기 중상학파 실학자인 박지원이 저술한 『허생전』이다. 박지원은 수레와 선박의 이용을 주장하였다.

정답 찾기 ④ 홍대용과 박지원은 연행사의 일원으로 청에 다녀와 기행문인 연행록을 남겼다.

오답 피하기

① 조선 숙종 때 발생한 갑술환국으로 서인이 정권을 잡고 남인이 축출되었다.

② 조선 후기에 정제두가 강화도에서 양명학을 연구하여 강화학파를 형성하였다.

③ 조선 정조 때 유득공·박제가·이덕무 등 서얼 출신 학자들이 규장각 검서관에 기용되었다.

⑤ 성호 이익은 전황이 발생하자 화폐 사용을 반대하는 폐전론을 주장하였다.

인끌인 합격으로 **이끄는** 필수 개념: 조선 후기의 실학자

중농학파 (경세치용)	• 유형원: 균전론, 『반계수록』 • 이익: 한전론(영업전), 폐전론, 『성호사설』 • 정약용: 거중기 제작, 『목민심서』, 『경세유표』
중상학파 (이용후생)	• 유수원: 사농공상의 직업적 평등과 전문화 주장, 『우서』 • 홍대용: 지전설·무한 우주론, 『을병연행록』, 『의산문답』 • 박지원: 『열하일기』(연행록), 『허생전』, 화폐 유통의 필요성 주장 • 박제가: 『북학의』

| 제69회 심화 |
| 제68회 심화 |
| 제67회 심화 |
| 제66회 심화 |
| 제65회 심화 |
| 제64회 심화 |
| 제63회 심화 |
| **제62회 심화** |

KEYWORD 조선 후기 사회상 　　정답 ⑤

29 밑줄 그은 '시기'에 볼 수 있는 모습으로 옳지 않은 것은?

1점

→ 조선 후기

이 그림은 책과 함께 도자기, 문방구 등이 놓인 책가를 그린 책가도입니다. 책가도가 유행한 시기에는 다양한 주제의 민화가 왕실과 사대부뿐만 아니라 서민들에게도 인기를 끌었습니다.

① 판소리를 구경하는 농민 　조선 후기
② 탈춤 공연을 벌이는 광대 　조선 후기
③ 장시에서 물품을 파는 보부상 　조선 후기
④ 한글 소설을 읽어주는 전기수 　조선 후기
✓⑤ 벽란도에서 인삼을 사는 송의 상인 　고려

KEYWORD 신미양요(1871) 　　정답 ④

30 밑줄 그은 '이 사건'이 일어난 시기를 연표에서 옳게 고른 것은?

2점

○○○님이 강화도에 있습니다.
23시간 전 · 인천광역시 · 🌐

이곳은 강화도 광성보 끝자락 용두돈대. 광성보는 이 사건 당시 침입한 미군에 맞서 어재연 장군의 지휘 아래 조선군이 결사 항전한 곳임.
→ 신미양요(1871)

👍 △△△님 외 28명　　　댓글 5개

(가)	(나)	(다)	✓(라)	(마)
홍경래의 난 1811	고종 즉위 1863	제너럴 셔먼호 사건 1866	오페르트 도굴 사건 1868	척화비 건립 1871	강화도 조약 1876

① (가)　② (나)　③ (다)　✓④ (라)　⑤ (마)

자료분석 '민화가 왕실과 사대부뿐만 아니라 서민들에게도 인기를 끌었습니다'에서 민화가 유행하였다는 내용을 통하여 밑줄 그은 '시기'가 조선 후기임을 알 수 있다.

정답 찾기 ⑤ 벽란도는 고려의 국제 무역항이다. 고려 시대에는 예성강 하구의 벽란도가 국제 무역항으로 번성하였다.

오답 피하기
①, ② 조선 후기에는 판소리나 탈춤놀이 등의 서민 문화가 발달하였다.
③ 조선 후기 장시가 전국적으로 확대되었으며, 보부상이 각 장시를 하나의 유통망으로 연계시켰다.
④ 조선 후기에는 『홍길동전』, 『춘향전』 등의 한글 소설이 서민들 사이에서 유행하였으며, 소설을 전문적으로 읽어 주는 전기수가 활동하였다.

인큄이끄인 **합격으로 이끄는 필수 개념:** 조선 후기의 경제·사회·문화적 경향

경제	• 인삼·담배·면화·감자·고구마 등 상품 작물 재배 • 공인 등장, 장시에서 활동하는 보부상 • 경강상인·송상·만상·내상 등 사상의 성장
사회	공명첩 발행으로 신분 질서 동요
문화	• 중인의 시사(詩社) 조직 • 한글 소설 유행, 전기수, 새책방 등장, 탈춤·판소리 등 서민 문화 발달

자료분석 '광성보', '미군', '어재연 장군' 등을 통하여 밑줄 그은 '사건'이 신미양요(1871)임을 알 수 있다. 제너럴셔먼호 사건(1866)을 구실로 미군 함대가 강화도를 침입하는 신미양요가 발생하자 어재연 부대가 광성보에서 항전하였다.

정답 찾기 ④ 신미양요(1871)는 오페르트 도굴 사건(1868)과 척화비 건립(1871) 사이에 발생하였다. 흥선 대원군은 신미양요 직후 통상 수교 거부 의지를 밝힌 척화비를 건립하였다.

오답 피하기
홍경래의 난은 1811년(조선 순조), 고종 즉위는 1863년, 제너럴셔먼호 사건은 1866년, 강화도 조약은 1876년에 발생한 사실이다.

인큄이끄인 **합격으로 이끄는 필수 개념:** 신미양요(1871)

배경	제너럴셔먼호 사건
항전	광성보(어재연)
결과	• 어재연 장군의 수(帥)자기를 약탈당함 • 한양, 전국 각지에 척화비 건립

31 밑줄 그은 '개혁'에 해당하는 내용으로 옳은 것은? 2점

삽화로 보는 한국사

[해설]
이 그림은 프랑스 일간지에 실린 삽화로 파리 만국 박람회장에 설치된 한국관의 모습을 담고 있습니다. 경복궁 근정전을 재현한 한국관은 당시 언론의 관심을 끌었습니다. 황제로 즉위한 뒤 **개혁**을 추진하던 고종은 만국 박람회 참가를 통해 대한 제국을 세계에 소개하고, 서구의 산업과 기술을 받아들이고자 하였습니다. → 광무개혁

① 건양이라는 연호를 사용하였다. 을미개혁(1895)
② 신식 군대인 별기군을 창설하였다. 개화 정책(1881)
✓ ③ 관립 의학교와 광제원을 설립하였다. 광무개혁
④ 박문국을 설치하여 한성순보를 발간하였다. 박문국 설치(1883)
⑤ 한일 관계 사료집을 편찬하고 독립 공채를 발행하였다. 대한민국 임시 정부(1919)

자료분석 '황제로 즉위', '대한 제국' 등을 통하여 밑줄 그은 '개혁'이 광무개혁임을 알 수 있다. 조선 고종은 환구단(원구단)에서 황제 즉위식을 거행한 뒤 구본신참의 원칙을 내세워 광무개혁을 추진하였다.

정답 찾기 ③ 대한 제국 시기 광무개혁의 일환으로 실업 학교와 외국어 학교, 관립 의학교, 국립 병원인 광제원(1900) 등을 설립하였다.

오답 피하기
① 을미개혁(1895) 때 '건양'이라는 연호가 제정되었다.
② 조선 정부는 개화 정책의 일환으로 1881년 신식 군대인 별기군을 창설하였다.
④ 1883년 박문국을 설치하여 열흘마다 순 한문으로 『한성순보』를 발행하였다.
⑤ 1919년 대한민국 임시 정부는 임시 사료 편찬 위원회를 설치하여 『한일 관계 사료집』을 편찬하고 군자금 모금을 위하여 독립 공채(애국 공채)를 발행하였다.

인 쿠 이끌인   **합격으로 이끄는 필수 개념:** 대한 제국 고종 황제의 광무개혁

원칙	구본신참의 원칙
정치	• 대한국 국제 선포 • 한·청 통상 조약 체결 • 내장원 설치
경제	원수부 설치
군사	• 양지아문 설치: 양전 사업 • 지계아문 설치: 지계 발급 • 식산흥업 정책: 회사 설립 • 서구의 근대 시설 도입
교육	• 상공 학교, 기예 학교 등 실업 학교 설립 • 유학생 파견 • 관립 의학교 및 광제원 설립

32 (가)에 들어갈 내용으로 옳은 것은? 2점

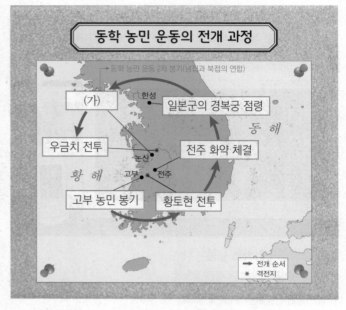

동학 농민 운동의 전개 과정

→ 동학 농민 운동 2차 봉기(남접과 북접의 연합)

(가)
일본군의 경복궁 점령
우금치 전투
전주 화약 체결
고부 농민 봉기
황토현 전투

한성 / 논산 / 고부 / 전주 / 동 해 / 황 해

→ 전개 순서
＊ 격전지

① 교정청 설치 '전주 화약 체결'과 '일본군의 경복궁 점령' 사이
② 전봉준 체포 우금치 전투 이후
③ 13도 창의군 결성 정미의병
④ 안핵사 이용태 파견 '고부 농민 봉기'와 '황토현 전투' 사이
✓ ⑤ 남접과 북접의 연합 '일본군의 경복궁 점령'과 '우금치 전투' 사이

정답 찾기 ⑤ 전주 화약 체결 이후 조선 정부는 청과 일본에 군대 철수를 요구하였으나 일본이 경복궁을 무력으로 점령하고 청·일 전쟁을 일으켰다. 이에 논산에서 남접과 북접이 연합하여 제2차 동학 농민 운동이 발생하였다.

오답 피하기
① 제1차 동학 농민 운동의 결과 농민군과 조선 정부 사이에 전주 화약이 체결되었으며, 조선 정부는 교정청을 설치하여 개혁을 추진하였다. 일본의 경복궁 점령 이전에 발생한 사실이다.
② 공주 우금치 전투 패배 이후 동학 농민 운동은 전봉준 등 주요 지도자들이 체포되며 실패로 끝났다.
③ 1907년 정미의병 당시 결성된 13도 창의군이 서울 진공 작전을 전개하였다.
④ 고부 민란이 발생하자 조선 정부는 안핵사로 이용태를 파견하였다. 이용태가 고부 민란 관련자들을 탄압하자 반봉건 성격을 지닌 제1차 동학 농민 운동이 발발하였다.

 합격으로 이끄는 필수 개념: 동학 농민 운동의 전개

고부 민란	• 배경: 고부 군수 조병갑의 학정(만석보 사건) • 전개: 전봉준 등 사발통문 작성 → 고부 관아 점령 → 신임 군수 박원명, 안핵사 이용태 파견
제1차 동학 농민 운동	• 성격: 반봉건 • 주도: 남접의 전봉준 • 무장 봉기 → 백산 봉기 → 황토현·황룡촌 전투 승리
전주 화약 체결	농민군의 전주성 점령, 조선 정부 교정청 설치
제2차 동학 농민 운동	• 성격: 반외세 • 청·일 양국의 동시 파병 및 일본의 경복궁 무력 점령 → 청·일 전쟁 발발 → 삼례 봉기(남·북접 연합) → 공주 우금치 전투 패배 → 전봉준 체포

제69회 심화
제68회 심화
제67회 심화
제66회 심화
제65회 심화
제64회 심화
제63회 심화
제62회 심화

KEYWORD 조·미 수호 통상 조약(1882)　　정답 ③

33 밑줄 그은 '조약'의 영향으로 가장 적절한 것은?　2점

청의 알선으로 서양과 맺은 최초의 조약이 체결된 장소에 새로운 표석이 설치되었습니다. 기존 한글 안내판에 영어와 중국어 안내문을 추가한 이번 표석 설치는 개항기 대외 관계와 관련한 중요한 장소를 외국인에게도 널리 알리는 기회가 될 것으로 보입니다.

영어, 중국어 안내문을 추가한 표석 설치

① 부산, 원산, 인천 항구가 개항되었다. 강화도 조약(조·일 수호 조규)
② 김홍집이 국내에 조선책략을 소개하였다. 조·미 수호 통상 조약의 배경
✓ ③ 민영익을 대표로 한 보빙사가 파견되었다. 조·미 수호 통상 조약의 영향
④ 일본 군함 운요호가 영종도를 공격하였다. 강화도 조약(조·일 수호 조규)의 배경
⑤ 개화 정책을 총괄하는 통리기무아문이 설치되었다. 1880년

KEYWORD 신민회　　정답 ④

34 교사의 질문에 대한 학생의 답변으로 옳은 것은?　2점

이것은 대한매일신보에 태극 서관이 게재한 서적 할인 광고입니다. 태극 서관은 신지식 보급과 민족의식 고취를 위해 이 단체가 운영한 기관입니다. 인재 양성을 위해 대성 학교도 설립한 이 단체에 대해 말해 볼까요?→신민회

① 민립 대학 설립 운동을 전개하였어요. 조선 민립 대학 기성회
② 러시아의 절영도 조차 요구를 저지하였어요. 독립 협회
③ 파리 강화 회의에 독립 청원서를 제출하였어요. 신한 청년당
✓ ④ 안창호, 양기탁 등이 비밀 결사로 조직하였어요. 신민회
⑤ 국문 연구소를 세워 한글의 문자 체계를 정리하였어요. 국문 연구소(주시경, 지석영 등)

자료분석 '청의 알선으로 서양과 맺은 최초의 조약'을 통하여 1882년 체결된 조·미 수호 통상 조약에 대한 내용임을 알 수 있다.

정답 찾기 ③ 조·미 수호 통상 조약의 체결 이후 미국 푸트 공사가 내한한 답례로 미국에 민영익을 대표로 한 보빙사를 파견(1883)하였다.

오답 피하기
① 강화도 조약(조·일 수호 조규, 1876)의 체결로 부산, 원산, 인천 항구가 개항되었다.
② 제2차 수신사로 파견된 김홍집이 국내에 『조선책략』을 소개하였고, 이는 조·미 수호 통상 조약에 체결되는 배경이 되었다.
④ 일본 군함 운요호가 영종도를 공격하는 운요호 사건(1875)의 영향으로 강화도 조약이 체결되었다.
⑤ 조선 정부는 1880년 개화 정책을 총괄하는 기구인 통리기무아문을 설치하였다.

자료분석 '태극 서관', '대성 학교' 등을 통하여 신민회(1907~1911)에 대한 내용임을 알 수 있다. 신민회는 계몽서적 보급을 위해 태극 서관을, 민족 산업을 육성하기 위하여 자기 회사 등을 설립하였으며 민족 교육을 시행하기 위하여 오산 학교, 대성 학교 등을 세웠다.

정답 찾기 ④ 신민회는 안창호, 양기탁 등이 비밀 결사 형태로 조직한 단체이다.

오답 피하기
① 민립 대학 설립 운동은 1920년대에 이상재 등이 설립한 조선 민립 대학 기성회가 주도하여 전개하였다.
② 독립 협회(1896~1898)가 러시아의 절영도 조차 요구를 저지하였다.
③ 1919년에 신한 청년당의 김규식은 파리 강화 회의에 독립 청원서를 제출하였다.
⑤ 주시경, 지석영 등은 국문 연구소(1907)에서 한글의 문제 체계를 정리하였다.

인 끌 인 합격으로 **이끄는** 필수 개념: 조·미 수호 통상 조약 (1882)

배경	황준헌(황쭌셴)의 『조선책략』 유포, 청의 알선
내용	• 거중 조정 • 치외 법권 • 관세 조항 • 최혜국 대우
결과	보빙사 파견(1883)
의의	서양 국가와 체결한 최초의 근대적 조약

인 끌 인 합격으로 **이끄는** 필수 개념: 신민회의 설립과 해체

조직	안창호, 양기탁을 중심으로 비밀 결사 형태로 조직
활동	• 교육: 오산 학교·대성 학교 설립 • 산업: 태극 서관, 자기 회사 운영 • 군사: 국외에 무관 학교 설립 추진 • 목표: 공화 정체의 근대 국가 건설
해체	105인 사건

KEYWORD 헐버트 정답 ②

35 다음 인물의 활동으로 옳은 것은? [3점]

> 나는 23세 때 육영 공원의 교사로 조선에 와서 학생들을 가르쳤소. 고종의 특사가 되어 만국 평화 회의가 열린 헤이그를 방문하였고, 대한 제국 멸망사를 출간하기도 했소. 나는 한국인의 권리와 자유를 위해 싸워왔으며 한국인에 대한 사랑은 내 인생의 가장 소중한 가치라오. 나는 웨스트민스터 사원보다 한국 땅에 묻히기를 염원하오. → 헐버트

① 화폐 정리 사업을 주도하였다. 메가타

✓② 한글로 된 교재인 사민필지를 집필하였다. 헐버트

③ 여성 교육 기관인 이화 학당을 설립하였다. 스크랜턴

④ 친일 인사 스티븐스를 샌프란시스코에서 사살하였다. 장인환·전명운

⑤ 논설 단연보국채를 써서 국채 보상 운동에 적극 참여하였다. 『황성신문』(장지연)

자료분석 '육영 공원의 교사', '고종의 특사가 되어 만국 평화 회의가 열린 헤이그를 방문' 등을 통하여 미국 출신의 호머 헐버트에 대한 내용임을 알 수 있다. 헐버트는 1886년에 내한하여 육영 공원에서 영어를 가르쳤으며, 1905년 을사늑약 체결 이후 고종에게 헤이그 특사를 파견할 것을 건의하기도 하였다.

정답 찾기 ② 헐버트는 세계 지리서인 『사민필지』를 한글로 저술하였다.

오답 피하기
① 제차 한·일 협약에 따라 파견된 재정 고문 메가타에 의하여 1905년 화폐 정리 사업이 시행되었다.
③ 개신교 선교사 스크랜턴은 여성 교육 기관인 이화 학당을 설립하였다.
④ 1908년에 미국 샌프란시스코에서 장인환, 전명운이 친일 인사인 스티븐스를 사살하였다.
⑤ 『황성신문』(장지연)은 논설 「단연보국채」를 통하여 국채 보상 운동을 국민의 의무 사항으로 규정하고 국채 보상 운동을 적극 지원하였다.

인 퀴 **합격으로 이끄는 필수 개념**: 근대 교육 기관의 설립

원산 학사(1883~1945)	• 덕원부 주민이 세운 최초의 근대식 학교 • 문무일치 교육
동문학(1883~1886)	통역관 양성 기관
육영 공원(1886~1894)	• 미국인 강사(헐버트, 길모어) 초빙 • 상류층 자제 교육
개신교 학교	배재 학당, 이화 학당, 경신 학교

KEYWORD 독립 협회 정답 ②

36 (가) 단체의 활동으로 옳은 것은? [2점]

> 아들아, 제중원 의학교 1회 졸업생이 된 것을 축하한다. 백정의 아들로 태어나 차별을 극복하고 의사가 된다니 정말 자랑스럽구나.

> 10년 전 (가) 이/가 주관한 관민 공동회 개회식에서 당당하게 충군애국의 뜻을 밝히신 아버지의 연설에 감명을 받아 열심히 공부할 수 있었습니다. → 독립 협회

① 일제의 황무지 개간권 요구를 저지하였다. 보안회

✓② 중추원 개편을 통한 의회 설립을 추진하였다. 독립 협회

③ 농촌 계몽을 위한 브나로드 운동을 전개하였다. 『동아일보』

④ 외교 활동을 펼치기 위해 구미 위원부를 설치하였다. 대한민국 임시 정부

⑤ 여성의 평등한 권리를 주장하는 여권통문을 발표하였다. 한성의 양반 부인들

자료분석 '관민 공동회'를 주관하였다는 내용을 통하여 (가) 단체가 독립 협회(1896~1898)임을 알 수 있다.

정답 찾기 ② 독립 협회는 중추원 개편을 통한 의회 설립을 추진하였다.

오답 피하기
① 보안회(1904)는 일제의 황무지 개간권 요구를 저지하였다.
③ 『동아일보』의 주도로 농촌 계몽을 위한 브나로드 운동(1931~1934)이 전개되었다.
④ 대한민국 임시 정부는 외교 활동을 위하여 미국에 구미 위원부를 설치하였다.
⑤ 1898년 한성의 양반 부인들이 모여 여성의 평등한 권리를 주장하는 「여권통문」을 발표하였다.

인 퀴 **합격으로 이끄는 필수 개념**: 독립 협회의 활동

창립 배경	• 아관파천으로 열강의 이권 침탈 가속화 • 서재필 주도로 『독립신문』 발간 → 독립 협회 창립
활동	• 강연회와 토론회 개최 • 영은문 → 독립문, 모화관 → 독립관 • 고종 환궁 요구 • 자주 국권: 만민 공동회 개최 • 자유 민권: 언론·출판·집회·결사·신체의 자유 요구 • 자강 개혁: 관민 공동회 개최(의회 설립 운동)
해산	황국 협회의 만민 공동회 습격

37 (가), (나) 사이의 시기에 있었던 사실로 옳은 것은? 2점

(가) 조선 사회 운동 단체인 정우회는 며칠 전 선언서를 발표하였다. 선언서에서 민족주의적 세력과 과도기적 동맹자적 관계를 구축해야 한다고 밝히고 타협과 항쟁을 분리시켜 사회 운동 본래의 사명을 잊지 말자는 것을 말하였다. →정우회 선언(1926)

(나) 조선 민족 운동의 중추 기관이 되려는 사명을 띠고 창립되었던 신간회가 비로소 첫 번째 전체 대회를 개최하였다. 그러나 간신히 열리는 전체 대회에서 해소 문제 토의를 최대 의제로 하게 된 것은 조선의 현 상황이 아니고서는 보기 어려운 기현상이다. →신간회 해소(1931)

✓ ① 광주 학생 항일 운동이 일어났다. 1929년
② 임병찬이 독립 의군부를 조직하였다. 1912년
③ 독립군이 봉오동에서 큰 승리를 거두었다. 1920년
④ 도쿄 유학생들이 2·8 독립 선언서를 발표하였다. 1919년
⑤ 조선 민족 전선 연맹 산하에 조선 의용대가 창설되었다. 1938년

자료분석 '정우회' '민족주의적 세력과 과도기적 동맹자적 관계를 구축해야 한다' 등을 통해 (가)는 1926년 사회주의 진영에서 발표된 정우회 선언이라는 것을 알 수 있다. 정우회는 사회주의자와 비타협적 민족주의자가 연대하여 신간회가 창설되는 배경이 되었다. (나)는 '신간회' '해소 문제 토의' 등을 통해 신간회 해소임을 알 수 있다. 사회주의자들의 주장으로 신간회는 전체 회의를 개최하고 신간회 해소 운동을 전개하였고 그 결과 해소안이 가결되어 해체되었다(신간회 해소, 1931).

정답 찾기 ① 1929년에 광주 학생 항일 운동이 일어나자 신간회는 진상 조사단을 파견하여 이를 지원하였다.

오답 피하기
② 1912년 임병찬이 고종의 밀명을 받아 독립 의군부를 조직하였다. (가) 이전의 사실이다.
③ 1920년 홍범도의 대한 독립군을 비롯한 독립군이 봉오동에서 큰 승리를 거두었다(봉오동 전투). (가) 이전의 사실이다.
④ 일본 도쿄 유학생들은 조선 청년 독립단을 결성하고 1919년 2·8 독립 선언서를 발표하였다. (가) 이전의 사실이다.
⑤ 1938년 조선 민족 전선 연맹 산하에 조선 의용대가 창설되었다. (나) 이후의 사실이다.

인 (이끌인) 합격으로 이끄는 필수 개념: 신간회

배경	• 민족주의 진영의 분열: 자치론(이광수 등, 타협적 민족주의) vs 비타협적 민족주의 • 정우회 선언(1926)
결성	비타협적 민족주의자 + 사회주의자
조직	초대 회장(이상재), 부회장(홍명희)
강령	정치적·경제적 각성 촉구, 단결을 공고히 함, 기회주의 배격
활동	광주 학생 항일 운동(1929) 외 여러 운동 지원
해소	내부적 이념 갈등과 사회주의자들의 이탈(코민테른의 노선 변경)

---

38 밑줄 그은 '이곳'에 해당하는 지역을 지도에서 옳게 고른 것은? 1점

박용만은 1905년 국외로 떠난 이후 네브라스카주에서 대학을 다니며 독립군 양성 기관인 한인 소년병 학교를 창설하고, 국민개병설을 집필했습니다. 그 후 이곳으로 건너와 대조선 국민 군단을 조직하여 독립 전쟁을 준비했습니다. →미주 하와이

대조선 국민 군단이 사용한 건물과 군복을 입은 박용만

(가)서간도 　(나)연해주 　→대조선 국민 군단 (라)하와이 　(마)멕시코 　(다)상하이

① (가) 　② (나) 　③ (다) 　✓④ (라) 　⑤ (마)

자료분석 '박용만'은 하와이에서 '대조선 국민 군단'을 조직하여 무장 투쟁을 준비하였다.

정답 찾기 ④ 대조선 국민 군단은 미국 하와이에서 조직되었다.

오답 피하기
① 서간도 지역에는 신민회가 삼원보 지역을 개척하여 설립한 신흥 강습소(이후 신흥 무관 학교로 개편) 등이 설립되었다.
② 연해주 지역에는 성명회, 권업회 등 독립운동 단체와 대한 광복군 정부 등이 수립되었다.
③ 상하이에서 조직된 신한 청년당은 김규식을 파리 강화 회의의 대표로 파견하였다.
⑤ 멕시코에는 독립군 양성을 위한 숭무 학교가 세워졌다.

인 (이끌인) 합격으로 이끄는 필수 개념: 미주 지역의 독립 운동

미국 본토	장인환·전명운: 스티븐스 처단 의거를 계기로 결성된 대한인 국민회가 샌프란시스코에 중앙 총회를 설치
하와이	박용만: 하와이에서 대조선 국민 군단을 조직

39 (가), (나) 인물에 대한 설명으로 옳은 것은? 　3점

국외 독립 전쟁을 이끈 독립운동가

(가)→양세봉　　　　(나)→지청천

- 생몰: 1896년 ~ 1934년
- 대한 통의부 의군으로 활동
- 조선 혁명군 총사령관으로 항일 투쟁 전개
- 일제의 밀정에 의해 사망
- 1962년 건국훈장 독립장 추서

- 생몰: 1888년 ~ 1957년
- 신흥 무관 학교 교성 대장으로 독립군 양성
- 한국 독립군 총사령관으로 항일 투쟁 전개
- 한국광복군 총사령관에 취임
- 1962년 건국훈장 대통령장 추서

① (가) - 조선 혁명 간부 학교를 설립하였다. 김원봉
② (가) - 대한 광복회를 조직하여 친일파를 처단하였다. 박상진
✓③ (나) - 대전자령 전투에서 일본군에 대승을 거두었다. 지청천
④ (나) - 중광단을 중심으로 북로 군정서를 조직하였다. 서일
⑤ (가), (나) - 황푸 군관 학교에 입학하여 군사 훈련을 받았다. 의열단 단원

자료분석 (가) 인물은 '조선 혁명군 총사령관' 등을 통하여 양세봉을, (나) 인물은 '한국 독립군 총사령관', '한국광복군 총사령관' 등을 통하여 지청천임을 알 수 있다.

정답 찾기 ③ 지청천이 이끄는 한국 독립군은 중국 호로군과 연합하여 쌍성보·대전자령 전투 등에서 일본군에 대승을 거두었다.

오답 피하기
① 의열단을 결성한 김원봉은 중국 국민당 정부의 지원을 받아 조선 혁명 간부 학교를 설립하였다.
② 박상진은 1915년 대한 광복회를 조직하여 친일파를 처단하고 군자금을 모았다.
④ 대종교도인 서일 등이 설립한 중광단이 3·1 운동 이후 북로 군정서로 개편되었다. 1920년 김좌진이 이끄는 북로 군정서는 청산리 대첩에서 활약하였다.
⑤ 의열단 단원들은 황푸 군관 학교에 입학하여 군사 훈련을 받았다.

 합격으로 이끄는 필수 개념: 1930년대 한·중 연합 작전

한국 독립군	지청천을 중심으로 한국 독립군과 중국 호로군은 연합하여 쌍성보·대전자령·동경성·사도하자 등의 전투에서 일본군 격파
조선 혁명군	양세봉을 중심으로 조선 혁명군은 중국 의용군과 연합하여 영릉가·흥경성 전투에서 일본군 격파

40 밑줄 그은 '시기'의 일제 정책으로 옳은 것은? 　1점

부평 공원 내에 있는 이 동상은 일제의 무기 공장인 조병창 등에 강제 동원된 노동자의 모습을 형상화한 작품입니다. 중일 전쟁 이후 침략 전쟁을 확대하던 시기에 일제는 한국인을 탄광, 군수 공장 등으로 끌고 가 열악한 환경에서 혹사시켰습니다.
└민족 말살 통치기

① 치안 유지법을 공포하였다. 1925년(문화 통치기)
② 토지 조사령을 제정하였다. 1912년(무단 통치기)
③ 헌병 경찰 제도를 실시하였다. 1910년대(무단 통치기)
✓④ 식량 배급 및 미곡 공출제를 시행하였다. 1930~1940년대(민족 말살 통치기)
⑤ 보통학교의 수업 연한을 4년으로 정하였다. 1911년(무단 통치기)

자료분석 '중일 전쟁(1937) 이후 침략 전쟁을 확대', '한국인을 탄광, 군수 공장 등으로 끌고 가' 등을 통해 '이 시기'가 일제의 민족 말살 통치기임을 알 수 있다.

정답 찾기 ④ 1930~1940년대 민족 말살 통치기에 일제는 식량 배급 및 미곡 공출제를 시행하여 물적 자원을 수탈하였다.

오답 피하기
① 일제는 문화 통치기인 1925년 치안 유지법을 공포하여 항일 독립운동을 탄압하였다.
② 일제는 무단 통치기인 1912년 토지 조사령을 제정하여 토지 조사 사업을 추진하였다.
③ 일제는 1910년대 무단 통치기에 헌병 경찰제를 실시하였다.
⑤ 일제는 무단 통치기인 1911년에 제1차 조선 교육령을 공포하여 보통학교의 수업 연한을 4년으로 정하였다.

 합격으로 이끄는 필수 개념: 민족 말살 통치기 일제의 정책

병참 기지화 정책	남면북양 정책, 중화학 공업 육성
인적·물적 수탈	• 조선 육군 특별 지원병 제도(1938) • 국가 총동원법(1938): 지원병 제도, 국민 징용령, 학도 지원병제, 징병제, 여자 정신 근로령, 식량 배급제, 공출제(식량, 놋그릇, 목재 등)
주요 정책	• 내선일체, 일선동조론, 우리말 사용 금지 • 조선사상범 보호 관찰령 및 예방 구금령 • 황국 신민 서사 암송, 황국 신민 체조 실시

제69회 심화
제68회 심화
제67회 심화
제66회 심화
제65회 심화
제64회 심화
제63회 심화
제62회 심화

KEYWORD 대한민국 임시 정부 　　　정답 ⑤

41 (가) 정부에 대한 설명으로 옳은 것은? [2점]

이것은 [가] 요인들의 가족이 중심이 되어 조직한 한국 혁명 여성 동맹의 창립 기념 사진입니다. 이 단체는 **충칭에서 대일 선전 성명서를 발표한** [가] 의 독립운동을 지원하고 교육 활동 등에 주력하였습니다. └→ 대한민국 임시 정부

① 좌우 합작 7원칙을 발표하였다. 좌우 합작 위원회
② 한인 자치 기관인 경학사를 조직하였다. 신민회
③ 조선 혁명 선언을 활동 지침으로 삼았다. 의열단
④ 한글 맞춤법 통일안과 표준어를 제정하였다. 조선어 학회
✓⑤ 삼균주의를 기초로 한 건국 강령을 선포하였다. 대한민국 임시 정부

자료분석 '충칭에서 대일 선전 성명서를 발표'를 통하여 (가) 정부가 대한민국 임시 정부임을 알 수 있다.

정답 찾기 ⑤ 대한민국 임시 정부는 조소앙의 삼균주의에 기초하여 대한민국 임시 정부 건국 강령을 선포하였다(1941).

오답 피하기
① 1946년 10월 좌우 합작 위원회가 좌우 합작 7원칙을 발표하였다.
② 1911년에 신민회 인사들이 서간도 지역에 한인 자치 기관인 경학사를 조직하였다.
③ 김원봉이 결성한 의열단은 신채호의 「조선 혁명 선언」을 활동 지침으로 삼았다.
④ 조선어 학회(1931)는 한글 맞춤법 통일안과 표준어를 제정하였다.

인 컵 의괄인 **합격으로 이끄는 필수 개념:** 1940년대 대한민국 임시 정부의 활동

1940년	중국 국민당 정부의 지원을 받아 한국광복군을 창설
1941년	• 대일 선전 포고 • 조소앙의 삼균주의에 기초하여 건국 강령 제정
1942년	• 김원봉 등 조선 의용대 일부 세력을 흡수 • 지청천: 총사령관, 김원봉: 부사령관
1943년	인도·미얀마 전선에서 영국군과 연합 작전을 수행
1945년	미국 전략 정보국(OSS)과 연합하여 국내 진공 작전을 준비

KEYWORD 제주 4·3 사건 　　　정답 ③

42 (가) 사건에 대한 설명으로 옳은 것은? [2점]

기념관에 있는 이 비석은 왜 아무 글자도 새겨져 있지 않은 걸까?

　　┌→ 제주 4·3 사건(1948)
[가] 의 역사적 평가가 아직 마무리되지 못했음을 상징하는 거래. 제주도에서 일어난 [가] 은/는 남한만의 단독 선거를 반대하는 무장대와 이를 진압하는 토벌대 간의 무력 충돌이 있었고, 그 뒤 진압 과정에서 수많은 사람이 희생된 사건이야.

① 유신 헌법의 철폐를 요구하였다. 100만 인 서명 운동(1973), 3·1 민주 구국 선언(1976) 등
② 통일 주체 국민 회의가 설치되는 결과를 가져왔다. 유신 헌법(1972)
✓③ 희생자들의 명예 회복을 위한 특별법이 제정되었다. 제주 4·3 사건(1948)
④ 4·13 호헌 철폐와 독재 타도 등의 구호를 내세웠다. 6월 민주 항쟁(1987)
⑤ 귀속 재산 처리를 위한 신한 공사 설립의 계기가 되었다. 미 군정기

자료분석 '제주도', '남한만의 단독 선거 반대' 등을 통하여 (가) 사건이 제주 4·3 사건(1948)임을 알 수 있다. 남한만의 단독 총선거가 결정되자 제주도의 좌익 세력이 통일 정부 수립을 주장하며 봉기하였다. 토벌대를 진압하는 과정에서 무고한 제주도민이 희생되는 피해가 발생하였다.

정답 찾기 ③ 2000년에 제주 4·3 사건 희생자들의 명예 회복을 위하여 「제주4·3사건 진상규명 및 희생자 명예회복에 관한 특별법」이 제정되었다.

오답 피하기
① 1972년 유신 헌법이 선포되자 개헌 청원 100만 인 서명 운동(1973), 3·1 민주 구국 선언(1976) 등 유신 헌법의 철폐를 요구하는 운동이 전개되었다.
② 유신 헌법의 선포로 통일 주체 국민 회의가 설치되었다.
④ 1987년 전두환 정부가 대통령 직선제 개헌과 민주화 요구를 외면하는 내용의 4·13 호헌 조치를 발표하자, 호헌 철폐와 독재 타도를 요구하는 6월 민주 항쟁이 전개되었다.
⑤ 미 군정기에 귀속 재산 처리를 위하여 신한 공사가 설립되었다.

 인 컵 의괄인 **합격으로 이끄는 필수 개념:** 제주 4·3 사건

발발	제주도의 좌익 세력이 5·10 총선거를 앞두고 단독 선거 저지와 통일 정부 수립을 주장하여 봉기
결과	제주도 내 선거구 세 곳 중 두 곳에서 선거가 시행되지 못하였고, 몇 개월에 걸친 진압 과정에서 제주도민이 희생되는 피해가 발생
특별법 제정	김대중 정부 시기인 2000년에 희생자들의 명예를 회복시키기 위하여 「제주4·3사건 진상규명 및 희생자 명예회복에 관한 특별법」 제정

43 (가) 전쟁 중 있었던 사실로 옳은 것은? [1점]

> → 6·25 전쟁(1950~1953)
> 국민 보도 연맹 사건은 우리 현대사의 커다란 비극입니다. 좌우 대립의 혼란 속에서 수많은 사람들이 국민 보도 연맹에 가입되었고, (가) 의 와중에 영문도 모른 채 끌려 가 죽임을 당했습니다. 그리고 그 유가족들은 연좌제의 굴레에서 고통받으며 억울하다는 말 한마디 못한 채 수십 년을 지내야 했습니다. 저는 대통령으로서 국가를 대표해서 당시 국가 권력이 저지른 불법 행위에 대해 진심으로 사과드립니다.
> – 「울산 국민 보도 연맹 사건 희생자 추모식에 보내는 편지」 –

① 6·3 시위가 발생하였다. 1964년
② 애치슨 선언이 발표되었다. 1950년 1월
③ 브라운 각서가 체결되었다. 1966년
④ 부마 민주 항쟁이 일어났다. 1979년
✓⑤ 인천 상륙 작전이 전개되었다. 1950년(6·25 전쟁)

자료분석 보도 연맹은 해방 직후 좌익 활동을 하다가 전향한 사람들이 가입한 반공 단체로, '국민 보도 연맹 사건'은 정부와 경찰이 6·25 전쟁 중 보도 연맹원이 북한군에 유리한 활동을 할 것을 염려하여 보도 연맹원을 집단 학살한 사건이다. 따라서 (가) 전쟁은 6·25 전쟁이다.

정답 찾기 ⑤ 6·25 전쟁 도중인 1950년 9월 15일에 인천 상륙 작전이 전개되어 연합군과 국군이 서울을 수복하였다.

오답 피하기
① 박정희 정부 시기인 1964년 굴욕적인 한일 회담에 반발하여 6·3 시위가 발생하였다.
② 1950년 1월에 애치슨 선언이 발표되어 한국이 미국의 극동 방위선에서 제외되었다. 이는 6·25 전쟁이 발발하는 배경이 되었다.
③ 박정희 정부 시기인 1966년 베트남 파병에 관한 브라운 각서가 체결되었다.
④ 박정희 정부 시기인 1979년에 유신 체제에 저항하여 부마 민주 항쟁이 일어났다.

 합격으로 이끄는 필수 개념: 6·25 전쟁

배경	애치슨 선언
전개	북한의 남침 → 유엔군 참전 → 인천 상륙 작전 → 서울 수복 → 중국군 개입 → 흥남 철수 → 1·4 후퇴 → 정전 회담 개최, 체결 → 한·미 상호 방위 조약 체결

44 밑줄 그은 '개헌안'이 발표된 이후의 사실로 옳은 것은? [3점]

① 반민족 행위 처벌법이 제정되었다. 제헌 국회(1948)
② 제2차 미소 공동 위원회가 결렬되었다. 1947년
✓③ 국회가 민의원과 참의원의 양원제로 운영되었다. 3차 개헌
④ 평화 통일론을 주장한 진보당의 조봉암이 구속되었다. 진보당 사건(1958)
⑤ 유상 매수, 유상 분배 원칙의 농지 개혁법이 제정되었다. 제헌 국회(1949)

자료분석 '내각 책임제', '허정 과도 정부가 총선을 실시' 등의 내용으로 밑줄 그은 '개헌안'은 제3차 개헌임을 알 수 있다. 4·19혁명(1960)의 결과 이승만이 하야하고 허정을 수반으로 하는 과도 정부가 수립되었다. 허정 과도 정부는 내각 책임제와 양원제를 골자로 하는 3차 개헌을 추진하여 이에 따라 장면 내각이 수립되었다.

정답 찾기 ③ 제3차 개헌에 따라 국회가 민의원과 참의원의 양원제로 운영되었다.

오답 피하기
① 5·10 총선거(1948)에 따라 구성된 제헌 국회에서 친일파를 처단하기 위하여 반민족 행위 처벌법을 제정하였다.
② 제2차 미소 공동 위원회는 1947년 5월 결렬되었다.
④ 제3대 대통령 선거(1956)에서 선전한 조봉암이 진보당을 창당하자 위기감을 느낀 이승만은 조봉암을 간첩 혐의로 구속하였다(진보당 사건, 1958).
⑤ 제헌 국회에서 1949년에 유상 매수·유상 분배 원칙의 농지 개혁법을 제정하였다.

인퀴 합격으로 이끄는 필수 개념: 4·19 혁명

배경	3·15 부정 선거
전개	마산 시위 → 김주열 시신 발견 → 시위가 전국으로 확산 → 비상 계엄령 선포 → 대학교수단의 시국 선언 및 시위행진 → 이승만 하야
결과	허정 과도 정부 수립 → 제3차 개헌(내각 책임제·양원제) → 장면 내각 출범

KEYWORD 박정희 정부 시기의 경제 상황 　　정답 ⑤

45 다음 정부 시기에 볼 수 있는 모습으로 가장 적절한 것은? [2점]

실감 콘텐츠로 만나는 ○○○ 정부

포항 제철소 착공식 | 제1차 석유 파동으로 멈춰 선 버스 | 100억 불 수출 달성

└→ 박정희 정부 시기의 경제 상황

① 최저 임금법 제정으로 최저 임금을 심의하는 위원 전두환 정부
② 금융 실명제에 따라 신분증 제시를 요구하는 은행원 김영삼 정부
③ 한·칠레 자유 무역 협정(FTA)의 비준을 보도하는 기자 노무현 정부
④ 전국 민주 노동조합 총연맹 창립 대회에 참가하는 노동자 김영삼 정부
✓⑤ 정부의 도시 정책에 반발해 시위를 하는 광주 대단지 이주민 박정희 정부

KEYWORD 5·18 민주화 운동(1980) 　　정답 ④

46 (가) 민주화 운동에 대한 설명으로 옳은 것은? [1점]

└→ 5·18 민주화 운동(1980)

이 곡은 (가) 기념식에서 제창하는 노래입니다. (가) 당시 계엄군에 맞서 시민군으로 활동하다 희생된 윤상원과 광주에서 야학을 운영하다 사망한 박기순의 영혼 결혼식에 헌정된 노래입니다. 여러 나라에서 민주화를 염원하는 사람들이 이 곡을 함께 부르고 있습니다.

임을 위한 행진곡

외국인 친구와 함께 하는 온라인 협동 수업

① 시위 도중 대학생 이한열이 희생되었다. 6월 민주 항쟁(1987)
② 경무대로 향하던 시위대가 경찰의 총격을 받았다. 4·19 혁명(1960)
③ 박종철 고문 치사 사건의 진상 규명을 요구하였다. 6월 민주 항쟁(1987)
✓④ 신군부의 비상계엄 확대와 무력 진압에 저항하였다. 5·18 민주화 운동(1980)
⑤ 3·1 민주 구국 선언을 통해 긴급 조치 철폐 등을 주장하였다. 3·1 민주 구국 선언(1976)

제69회 심화
제68회 심화
제67회 심화
제66회 심화
제65회 심화
제64회 심화
제63회 심화
제62회 심화

자료분석 '포항 제철소', '제1차 석유 파동', '100억 불 수출 달성' 등을 통하여 박정희 정부 시기에 대한 내용임을 알 수 있다.

정답 찾기 ⑤ 박정희 정부 때인 1971년 경기도 광주 대단지에서 주민 5만여 명이 정부의 무계획적인 도시 정책에 반발하여 시위를 전개하였다(광주 대단지 사건).

오답 피하기
① 전두환 정부 시기에 최저 임금법을 제정하였다.
② 김영삼 정부 시기에 금융 거래의 투명성을 확보하기 위하여 금융 실명제를 시행하였다(1993).
③ 노무현 정부 시기에 한·칠레 자유 무역 협정(FTA)이 비준되었다.
④ 김영삼 정부 시기에 전국 민주 노동조합 총연맹(민주 노총)이 창립되었다.

인 리 이끄는 합격으로 **이끄는** 필수 개념: 박정희 정부의 경제 정책

제3·4차 경제 개발 5개년 계획	· 중화학 공업 육성 정책 · 포항 종합 제철 공장 건설
새마을 운동	· 농촌 환경 개선과 소득 증대 목표 · 농촌에서 시작되어 도시로 확산
산업화·도시화	· 도시와 농촌 간 소득 격차 · 정부의 도시 정책에 반발(광주 대단지 사건)
기타	· 경부 고속 국도 개통(1970) · 전태일 분신 사건(1970) · 수출 100억 달러 달성(1977) · 제1차 석유 파동 → 중동 건설로 극복

자료분석 '계엄군에 맞서 시민군으로 활동', '광주' 등을 통하여 (가) 민주화 운동이 5·18 민주화 운동(1980)임을 알 수 있다. 광주의 학생과 시민들이 신군부 퇴진을 요구하며 시위를 전개하였으며, 시위대는 시민군을 조직하여 대항하였으나 계엄군에게 진압되었다.

정답 찾기 ④ 5·18 민주화 운동은 신군부의 정권 장악과 비상계엄령 전국 확대에 저항하여 일어났다.

오답 피하기
① 6월 민주 항쟁(1987)은 연세대학교 학생 이한열이 4·13 호헌 조치에 반대하는 시위 도중 최루탄을 맞고 뇌사 상태에 빠졌다 사망하게 되면서 민주화 투쟁이 전국적으로 확산되었다.
② 4·19 혁명(1960) 당시 경무대로 향하던 시위대가 경찰의 총격을 받았다.
③ 6월 민주 항쟁(1987)에 대한 설명이다. 남영동 대공분실에서 고문을 받던 박종철이 사망하자 사건의 진상 규명을 요구하며 민주화 운동이 급격하게 고조되었고, 이는 6월 민주 항쟁으로 이어졌다.
⑤ 유신 체제를 반대하는 김대중, 윤보선 등은 긴급조치 철폐, 박정희 정권 퇴진 등을 요구하며 명동 성당에서 3·1 민주 구국 선언을 발표하였다(1976).

인 리 이끄는 합격으로 **이끄는** 필수 개념: 5·18 민주화 운동

배경	12·12 사태 이후 신군부의 비상계엄 확대 조치
전개	광주 시위대 무력 진압 → 시민군 결성 vs 계엄군
특징	관련 기록물이 유네스코 세계 기록 유산으로 등재(2011)

47 (가), (나) 사이의 시기에 있었던 사실로 옳은 것은? 2점

> (가)
> 2. 남과 북은 나라의 통일을 위한 남측의 연합제 안과 북측의 낮은 단계의 연방제 안이 서로 공통성이 있다고 인정하고, 앞으로 이 방향에서 통일을 지향시켜 나가기로 하였다.
> ─「6·15 남북 공동 선언」─
> → 김대중 정부(2000)

> (나)
> 4. 남과 북은 현 정전 체제를 종식시키고 항구적인 평화 체제를 구축해 나가야 한다는 데 인식을 같이하고 직접 관련된 3자 또는 4자 정상들이 한반도 지역에서 만나 종전을 선언하는 문제를 추진하기 위해 협력해 나가기로 하였다.
> ─「10·4 남북 정상 선언」─
> → 노무현 정부(2007)

① 남북 조절 위원회가 구성되었다. 박정희 정부(1972)
② 7·4 남북 공동 성명이 발표되었다. 박정희 정부(1972)
✓③ 개성 공업 지구 건설이 착공되었다. 노무현 정부(2003)
④ 남북한 비핵화 공동 선언이 채택되었다. 노태우 정부(1991)
⑤ 남북 이산가족 고향 방문단의 교환 방문이 최초로 성사되었다.
전두환 정부(1985)

자료분석 (가)는 김대중 정부가 제1차 남북 정상 회담을 개최하여 발표한 '6·15 남북 공동 선언(2000)'이며, (나)는 노무현 정부가 제2차 남북 정상 회담을 개최하고 발표한 '10·4 남북 정상 선언(2007)'이다.

정답 찾기 ③ 6·15 남북 공동 선언의 결과 경의선 복구 사업과 개성 공업 지구 건설 등에 합의하였으며, 이에 따라 노무현 정부 때인 2003년에 개성 공업 지구 건설이 착공되었다.

오답 피하기
①, ② 박정희 정부는 7·4 남북 공동 선언(1972)을 발표하고 평화 통일 3대 원칙을 실현하기 위하여 남북 조절 위원회를 설치하였다.
④ 노태우 정부 때인 1991년에 한반도 비핵화 공동 선언이 채택되었다.
⑤ 전두환 정부 때인 1985년 남북 이산가족 고향 방문단의 교환 방문이 최초로 성사되었다.

 합격으로 이끄는 필수 개념: 역대 정부의 주요 통일 정책

박정희 정부	7·4 남북 공동 성명(1972) → 남북 조절 위원회 설치
전두환 정부	이산가족 고향 방문단·예술 공연단(1985)
노태우 정부	• 남북한 유엔(UN) 동시 가입 • 남북 기본 합의서(1991) • 한반도 비핵화 공동 선언
김대중 정부	• 정주영 소떼 방북(1998) • 금강산 해로 관광 시작(1998) • 6·15 남북 공동 선언(2000) • 경의선 복구 사업·개성 공단 건설 합의
노무현 정부	• 개성 공단 착공식, 완공 • 10·4 선언(남북 관계 발전과 평화 번영을 위한 선언, 2007)

48 (가) 문화유산에 대한 설명으로 옳은 것을 〈보기〉에서 고른 것은? 2점

> 저는 지금 파리에서 열린 한지 공예 특별전에 나와 있습니다. 이 작품은 영조와 정순 왕후의 혼례식 행렬을 1,100여 점의 닥종이 인형으로 재현한 것입니다. 조선 시대 왕실이나 국가의 큰 행사가 있을 때 일체의 관련 사실을 글과 그림으로 기록한 책인 (가) 을/를 바탕으로 제작되었습니다.
> → 의궤

─〈보 기〉─
ㄱ. 사초와 시정기를 바탕으로 편찬되었다. 『조선왕조실록』
ㄴ. 연대순으로 기록하는 편년체로 구성되었다. 『조선왕조실록』, 『동국통감』 등
✓ㄷ. 왕의 열람을 위한 어람용이 따로 제작되었다. 의궤
✓ㄹ. 병인양요 당시 일부가 프랑스군에게 약탈되었다. 의궤

① ㄱ, ㄴ ② ㄱ, ㄷ ③ ㄴ, ㄷ ④ ㄴ, ㄹ ✓⑤ ㄷ, ㄹ

자료분석 '조선 시대 왕실이나 국가의 큰 행사가 있을 때 일체의 관련 사실을 글과 그림으로 기록한 책'으로 (가)에 들어갈 문화유산은 '의궤'이다. 『조선왕조의궤』는 2007년 유네스코 세계 기록 유산으로 지정되었다.

정답 찾기 ⑤ ㄷ. 의궤는 왕의 열람을 위하여 고급 재료로 화려하게 만드는 어람용이 따로 제작되었다.
ㄹ. 1866년 병인양요 당시 프랑스군이 외규장각에 보관되던 많은 수의 의궤를 약탈하였다. 1990년대 초에 한국 정부가 외규장각 의궤의 반환을 공식적으로 요청하였고, 2011년에 '5년마다 갱신 가능한 대여' 방식으로 반환받았다.

오답 피하기
ㄱ. 사초와 시정기를 바탕으로 편찬된 서적은 『조선왕조실록』이다.
ㄴ. 『조선왕조실록』, 『동국통감』 등은 연대순으로 기록하는 편년체로 구성되었다.

인 합격으로 이끄는 필수 개념: 『조선왕조의궤』

개요	조선 시대에 왕실의 주요 행사와 나라의 건축 사업 등의 진행 과정을 그림과 글로 기록한 책
특징	• 왕의 열람을 위한 어람용이 별도 제작 • 행사에 사용된 도구·복식 등이 그림으로 상세히 표현 • 왕실 혼례·장례·잔치·국왕의 행차 등 왕실 문화를 연구하는 데 중요한 자료 • 병인양요 당시 일부가 프랑스군에게 약탈되어 현재는 대여 방식으로 국내 소장

49~50 다음 자료를 읽고 물음에 답하시오.

(가) 처음으로 독서삼품을 정하여 관리를 선발하였다. 춘추좌씨전, 예기, 문선을 읽고 그 뜻에 능통하면서 아울러 논어와 효경에 밝은 자를 상품(上品)으로, 곡례와 논어, 효경을 읽은 자를 중품(中品)으로, 곡례와 효경을 읽은 자를 하품(下品)으로 하였다. → 독서삼품과 (통일 신라)

(나) 쌍기가 의견을 올리니 처음으로 ㉠이 제도를 마련하여 시행하였다. 시·부·송 및 시무책으로 시험하여 진사를 뽑았으며, 겸하여 명경업·의업·복업 등도 뽑았다. → 과거제(고려)

(다) 조광조가 아뢰기를, "중앙에서는 홍문관·육경·대간, 지방에서는 감사와 수령이 천거한 사람들을 대궐에 모아 시험을 치르면 많은 인재를 얻을 수 있을 것입니다. ㉡이 제도는 한(漢)에서 시행한 현량방정과의 뜻을 이은 것입니다."라고 하였다. → 현량과(조선)

(라) 제4조 의정부 및 각 부 판임관을 임명할 시에는 각기 관하 학도 및 외국 유학생 졸업자 중에서 시험을 거쳐 해당 주무 장관이 전권으로 임명한다. 단, 졸업자가 없을 시에는 문필과 산술이 있고 시무에 통달한 자로 시험을 거쳐서 임명한다. → 의정부 및 판임관 임명 규칙(대한 제국)

KEYWORD | 시대별 관리 등용 제도 | 정답 ③

49 (가)~(라)를 활용한 탐구 활동으로 적절한 것을 〈보기〉에서 고른 것은? [2점]

― 〈보 기〉 ―
ㄱ. (가) - 최승로의 시무 28조를 받아들여 달라진 제도를 살펴본다. 지방관 파견
✓ㄴ. (나) - 광종이 왕권 강화를 위해 추진한 정책에 대해 알아본다. 과거제
✓ㄷ. (다) - 중종 때 사림파 언관들이 제기한 주장을 조사해 본다. 현량과
ㄹ. (라) - 임술 농민 봉기를 수습하기 위한 정부의 대책을 파악한다. 삼정이정청 설치

① ㄱ, ㄴ   ② ㄱ, ㄷ   ✓③ ㄴ, ㄷ   ④ ㄴ, ㄹ   ⑤ ㄷ, ㄹ

`자료분석` (가)는 통일 신라 원성왕 때 시행한 '독서삼품과', (나)는 고려 광종 때 '쌍기'의 건의로 시행한 과거제, (다)는 조선 중종 때 '조광조'의 건의에 따라 시행된 천거 제도인 현량과, (라)는 대한 제국 시기에 규정된 '의정부 및 판임관 임명' 규칙에 대한 사료이다.

`정답 찾기` ③ ㄴ. 고려 광종은 왕권 강화를 위하여 쌍기의 건의를 받아들여 과거제를 시행하였다.
ㄷ. 조선 중종 때 조광조를 비롯한 사림파 언관들이 일종의 천거 제도인 현량과 시행을 건의하였다.

`오답 피하기`
ㄱ. 고려 성종은 최승로가 올린 시무 28조를 받아들여 지방관을 파견하는 등의 제도를 시행하였다. 통일 신라 원성왕이 실시한 독서삼품과와는 관련이 없다.
ㄹ. 조선 철종은 임술 농민 봉기의 원인인 삼정의 문란을 시정하기 위하여 삼정이정청을 설치하였다.

 | **합격으로 이끄는 필수 개념:** 고려와 조선의 관리 등용 제도

고려 시대	· 광종 때 쌍기의 건의 과거제 시행 · 음서 제도
조선 시대	· 과거+음서 등으로 선발 · 천거(대표적으로 중종 때 현량과)

KEYWORD | 과거제와 현량과 | 정답 ②

50 밑줄 그은 ㉠, ㉡에 대한 설명으로 옳은 것은? [3점]

① ㉠ - 역분전이 제정되는 결과를 가져왔다. 공로와 인품에 따라 지급
✓② ㉠ - 지공거와 합격자 사이에 좌주와 문생 관계가 형성되었다. 과거제 (고려)
③ ㉡ - 제술과, 명경과, 잡과, 승과로 구성되었다. 과거제(고려)
④ ㉡ - 성균관에서 보는 관시, 한성부에서 보는 한성시, 각 지방에서 보는 향시로 나뉘었다. 과거제(조선)
⑤ ㉠, ㉡ - 홍범 14조 반포를 계기로 시행되었다. 제2차 갑오개혁

`자료분석` ㉠은 고려 광종 때 시행된 과거 제도이며, ㉡은 조선 중종 때 '조광조'의 건의로 시행된 현량과 제도이다.

`정답 찾기` ② 과거제가 시행됨에 따라 과거 시험관인 지공거를 '좌주', 합격자를 '문생'으로 불렀으며 좌주와 문생 관계가 형성되었다.

`오답 피하기`
① 고려 태조는 고려 건국에 공을 세운 공신에게 공로와 인품에 따라 역분전을 지급하였다.
③ 고려의 과거제는 문과인 제술과·명경과, 잡과, 승과로 구성되었다.
④ 조선 시대 과거제에 대한 설명이다.
⑤ 홍범 14조는 제2차 갑오개혁 때 고종이 개혁의 기본 방향을 밝히며 반포한 강령으로 과거제, 현량과와는 관계가 없다.

인 | **합격으로 이끄는 필수 개념:** 과거제와 현량과

과거제	· 고려 광종 때 첫 시행(제술과, 명경과, 승과, 잡과) · 지공거와 합격자는 서로 좌주와 문생 관계 형성 · 조선 때 이르러 무과 제도화, 문과, 잡과, 승과(폐지와 부활 반복)
현량과	조선 중종 때 조광조가 일종의 천거 제도인 현량과 시행을 건의

제69회 심화
제68회 심화
제67회 심화
제66회 심화
제65회 심화
제64회 심화
제63회 심화
제62회 심화

2024
설민석 한국사능력검정시험 기출문제집 심화(1·2·3급)

발행일	2024년 4월 29일 1쇄
저자	설민석
발행인	설민석
발행처	(주)단꿈아이
기획·구성	김준창, 박정환, 최일주
편집	신민용
영업	박민준, 최연수, 황단비
디자인·제작	(주)더원그라픽, 성림기획
출판등록	제 2019-000111호
주소	경기도 성남시 분당구 판교로 242, 씨동 701호 일부 701-2호(삼평동)
대표전화	1670-0285
팩스	031-602-1277
ISBN	979-11-93031-62-9 (13910)